Anatomia do Sarriá
Brasil × Itália, 1982

Anatomia do Sarriá Brasil × Itália, 1982

Piero Trellini

GRANDE ÁREA

Tradução
Felipe Barbalho

Preparação
Luciana Baraldi

Revisão
BR75 | Aline Canejo

Adaptação da capa original
BR75 | Raquel Soares

Projeto gráfico de miolo
BR75 | Raquel Soares

Diagramação
BR75 | Ligia Barreto

Produção editorial
BR75 | Clarisse Cintra e Silvia Rebello

Questo libro è stato tradotto grazie ad un contributo alla traduzione assegnato dal Ministro degli Affari Esteri e della Cooperazione Internazionale Italiano.
Obra traduzida com a contribuição do Ministério das Relações Exteriores e da Cooperação Internacional da Itália.

Dados Internacionais de Catalogação na Publicação (CIP)
Angélica Ilacqua CRB-8/7057

T723a Trellini, Pero
Anatomia do Sarriá: Brasil x Itália, 1982/Piero Trellini; tradução de Felipe Barbalho. Campinas: Editora Grande Área, 2022.
512 p. : il.

ISBN: 978-65-88727-20-1
Título original: La partita

1. Copas do mundo (Futebol) - História 2. Copa do Mundo (Futebol) (1982: Espanha) I. Título II. Barbalho, Felipe

22-4132 CDD 927.96334

Índices para catálogo sistemático:
1. Copas do mundo (Futebol)

Introdução 15

PRÓLOGO

1. O homem que veio de Haifa 25
2. A memória histórica dos italianos 30
3. A Copa do Mundo 32

PRÉ-HISTÓRIA

1. O litoral vermelho 37
2. O país dos sonhos 39
3. Brasil, Itália 40
4. O professor que perdeu o *Titanic* 43
5. O homem da Copa do Mundo 44
6. A cobra fumou 46
7. Os Dasslers 48
8. O Conde 52
9. O braço direito de Bernabéu 55
10. A revelação 56
11. *La dolce vita* 57
12. Pai e filho 59
13. O Natal de 1956 62

14. O Plano Paulo Machado de Carvalho	66
15. Os sete magníficos	67
16. A afronta	69
17. Com as mãos no bolso	71
18. O terror	74
19. Os subversivos	78
20. O Timão	79
21. A guerra dos filhos	81
22. A czarina	84
23. Os duelistas	86
24. O pacto	89
25. O presente	92
26. As novas regras do operador de fantoches	95
27. Um outro 5 de julho	98
28. O dilúvio	100
29. O melhor negócio de uma vida	102
30. Do futebol total ao futebol social	104
31. A dança das cadeiras	107
32. O Real Vicenza	111
33. A faísca	113
34. A propriedade oculta	113
35. A troca	115
36. Anjos de caras feias	116
37. O silêncio	121
38. Maçom, Mason e Massera	121
39. Pablito	124
40. Marmelada peruana	126
41. De repente, a Copa passada	127
42. O cenário	128
43. O pacote	129
44. Pela primeira vez, um patrocinador	131
45. O gato e a raposa	132
46. Sujo de lama	135
47. O Brasil de Telê Santana	136
48. Um lance a quatro	138
49. O estrangeiro	142
50. O Mundialito	144

51. Um reino não basta 145
52. O processo 148
53. A lista 150
54. A democracia socrática 152
55. O retorno 155
56. Lugar proibido 157
57. Um navio na tempestade 160
58. O convite do destino 161

A COPA DO MUNDO

1. O negócio Espanha 82 167
2. Todos os inimigos de Saporta 169
3. A folia de Reis 171
4. O sonho de Ossie 173
5. O boicote 176
6. Os dois mestres 179
7. A fé cega 183
8. O lado místico do número 1 184
9. A tarde de um dia de cão 186
10. O Canhão 187
11. As combinações binárias de Telê 189
12. O Quadrado Mágico I 192
13. O Quadrado Mágico II 194
14. A gaiola dourada 195
15. A Grande Guerra 197
16. O jogo para o massacre 198
17. O Quadrado Mágico III 202
18. O encontro com o rei 204
19. O outro *furlan* 208
20. O vazio 209
21. Deus é brasileiro 211
22. A escala da vergonha 214
23. A cura 217
24. O clube dos senis 219
25. O silêncio é de ouro 220
26. O grupo da morte 226
27. O Sarriá 232

28. A vigília 234
29. A primeira dança 237
30. A revolta dos excluídos 240
31. O exército de Brancazot 243
32. A guerra das canetas 244
33. O Grangiuàn 246
34. O grande resfriado 249
35. A valsa de despedida 255
36. O fracasso 261
37. O calcanhar de Aquiles 262
38. O plano do Velho 265
39. Serginho 269
40. A guerra dos mundos 272
41. O movimento da Torre 277
42. O blefe 280
43. Hotel Majestic, quarto 427 282
44. A última sessão 286
45. *Quelli che...* 289
46. A noite 295
47. Maratona-Sarriá 299
48. Contra a lenda 301
49. A banda do *Corriere* 305
50. O artista 307
51. O exercício 308
52. A dúvida 310
53. Lettera 32 311
54. O matador 314
55. O futuro chegou 317

O JOGO

1. Por quê? 321
2. Os presidentes 323
3. Três homens e um cachimbo 325
4. O cavalheiro 326
5. O contador de histórias 329
6. Itália, faça-nos sonhar 332
7. Uma alma dividida em duas 335

8. O jogo não é igual para todos 336
9. As últimas palavras 338
10. O italiano 339
11. "Fratelli d'Italia" 341
12. No centro do campo 343
13. As certezas do senhor Tim 345
14. As luvas de Zoff 347

PRIMEIRO TEMPO

1. O pontapé inicial 353
2. O ponto P 354
3. O momento fugaz 356
4. O Galinho 358
5. O Doutor 360
6. Os 12 passos 362
7. O palhaço 363
8. O homem que corre 366
9. A defesa com o bigode 368
10. A escolha certa 371
11. O Tio 372
12. Os últimos incêndios 373

INTERVALO

1. Na tribuna 379
2. O plano B 384

SEGUNDO TEMPO

1. O segundo ato 393
2. A última lembrança 394
3. Sem trégua 397
4. O grito do Judas 399
5. A hora do Tiziu 403
6. Três a dois 406
7. Os sofrimentos do jovem Waldir Peres 408
8. O último quarto de hora 412
9. Um leão na jaula 413
10. A inveja dos deuses — primeira parte 415

11. A inveja dos deuses — segunda parte 416
12. A promessa 417
13. O carvalho azul 419
14. O Oscar de Zoff 421
15. O fim 423

CONCLUSÃO

1. O menino do Sarriá 433

EPÍLOGO

1. O destino de José 439
2. A tragédia do Sarriá 440
3. Rumo à glória 444
4. Os camisas pretas 450
5. O avião do *scopone* 453
6. No vagão dos vencedores 456
7. O destino dos poderosos 461
8. O homem que não queria os Estados Unidos 467
9. *Made in Italy* 471
10. A evolução do futebol italiano 472
11. Bearzot 474
12. Depois de Bearzot 478
13. Telê 480
14. A geração derrotada 482
15. A busca por explicações 488
16. Os tristes destinos dos campeões 490
17. O fim do Sarriá e o Jogo do Século 491

NOTA DO AUTOR

Os ares da Copa 499

Para Dabò,
Arturo e Olivia.
E para minha família.
Comigo agora e sempre.

Em Barcelona, estávamos na chave mais difícil, com Argentina e Brasil; isto é, os campeões mundiais e os mais fortes do mundo. Ninguém, ninguém mesmo, achou que pudéssemos ter uma chance.

MARIO SCONCERTI

Introdução

Será uma festa memorável, daquelas
de que ainda se falará quando tiverem
se passado muitos anos e seus principais
protagonistas forem apenas nomes
relacionados à mitologia do futebol.

MARIO VARGAS LLOSA,
"Uma partida para a memória", ***ABC*****,**
7 de julho de 1982

O futebol é uma metáfora. Simplifica os conceitos que estruturam nossa existência: justiça, fatalidade, razão, instinto, compaixão, astúcia, gratidão, moralidade. Abstrações que encontram plena expressão ao longo de um jogo. Uma representação que pode adentrar a esfera dos mitos, revelando a ordem profunda que regula a vida, tornando épicos temas que raramente estão presentes na experiência cotidiana: a glória, a coragem, a hostilidade.

Para um jovem do começo dos anos 1980, assistir a uma partida de futebol poderia resultar em uma espécie de educação sentimental, um processo de mudança, um percurso de formação. E se isso se fazia coletivamente, poderia se transformar em algo importante, um evento capaz de construir e, então, modificar a história. Naquele tempo, tínhamos uma desesperada carência de heróis. O imaginário coletivo estava se renovando de sonhos inéditos capazes de, após anos de escuridão, preencher de novo com esperança nossas expectativas. Acompanhávamos uma nova epopeia, utopias revigoradas, sagas capazes de mobilizar o planeta. Era a época de *Guerra nas estrelas*, de *Rocky*, de *Superman* e de *Goldrake*.[1] Em uma Itália espremida entre "Un sabato italiano"[2] e "Domenica bestiale",[3] iluminados pelas bolas de futebol, nós nos perdíamos numa euforia desesperada, porque o resto da semana era escuro como breu. Inflação, intrigas, sindicatos, atentados, especulações. A Bota cobria-se de um tom cinzento. Mas não imutável. Os italianos ainda viviam com um sentimento de pobreza e estavam passando por tempos de espera. E, entre os momentos que ditaram o ritmo das mudanças que viriam depois, um não pode ser esquecido.

Em 5 de julho de 1982, a Itália de Enzo Bearzot venceu o Brasil, tornando-se campeã do mundo seis dias depois. Foi um momento crucial para a redefinição da identidade italiana. Um momento que, como havia previsto Giovanni Spadolini ao saudar os jogadores da Azzurra antes do embarque para a Espanha, iria afetar nossas vidas muito mais do que qualquer outro evento político, mesmo os mais importantes.

Tudo aconteceu em uma tarde de verão, a mais longa, a mais dramática, a mais iluminada de toda a minha vida de apaixonado por esporte. Eu tinha 12 anos quando vi Itália × Brasil. A idade perfeita para viver um jogo de futebol no ápice do próprio entusiasmo sonhador. Um ímpeto ingênuo e puro, capaz de candidamente escancarar as portas ao mito, para deixá-lo se sedimentar dentro de si para sempre. Lembro-me de cada detalhe daquelas horas. Meu avô tinha partido alguns meses antes do início da Copa do Mundo, e eu estava com minha família na parte fresca da casa onde vivíamos naquela época, em frente à televisão. Era um aparelho Telefunken com um controle remoto de dois

---

1 Criado pelo japonês Kiyoshi Nagai na década de 1970, foi um mangá de super-robôs e naves espaciais que ganhou uma série em desenho animado. Chamado originalmente de *UFO Robot Grendizer*, recebeu o nome de *Goldrake* na Itália.

2 Canção do álbum homônimo, lançado em 1983 pelo cantor e compositor italiano Sergio Caputo.

3 *Single* do álbum *Fabio Concato*, do cantor e compositor italiano de mesmo nome, lançado em 1982.

botões. Por uma estranha interferência, se eu espirrasse mudava o canal, e precisava passar por todos os outros até voltar ao que estava assistindo. Mas, naquela tarde de verão, eu não podia estar resfriado. Fazia um calor infernal e não batia uma brisa. Tanto em Roma, onde eu estava, como em Barcelona, onde se jogava.

Aquele Brasil era imbatível. E ninguém apostava na Itália. Mas, naquele cenário, a equipe que parecia nascida para conquistar o mundo o perdeu, e a outra, que até então não tinha consciência de si, encontrou-se a tempo de entrar para a história. A lembrança mais nítida que tenho daquela tarde é uma finta errada de Júnior, que fez a bola sair pela lateral. Meu pai chamou a atenção para a ingenuidade. E aquela imagem ainda hoje permanece para mim como um símbolo do jogo. Um semideus que, num gesto ousado, habitual para ele, abre as pernas para deixar a bola passar. E falha.

Mas o encontro entre Itália e Brasil foi muito mais do que isso, e esta obra tenta revivê-lo, pretende derrubar lugares-comuns (do paradigma alegórico do ataque contra defesa) ou reabilitar bodes expiatórios (como o corpulento Serginho ou o hesitante Waldir Peres, que desempenham dois dos papéis mais literários e fascinantes desse jogo), superando a ingênua visão dos mocinhos que derrotam os bandidos. Porque aquele Brasil era belo como um deus e, como tal, tinha seu calcanhar de aquiles. Que não era um jogador. Sua fraqueza era do mesmo gênero da beleza. Era a fragilidade.

O jogo aconteceu em um estádio decrépito, um caldeirão, que não existe mais, de nome Sarriá, em plena Guerra Fria, na estação mais quente do século, durante a mais bela Copa do Mundo de todos os tempos (perfeitamente encaixada entre os dois grandes boicotes: o dos Estados Unidos às Olimpíadas de Moscou de 1980 e o da União Soviética aos Jogos de Los Angeles de 1984), da qual foi o epicentro em termos de beleza. Tão bem calibrada que teve a mesma estrutura em cinco atos de uma película cinematográfica: evento desencadeador (1-0), complicações progressivas (1-1 e 2-1), crise (2-2), clímax (3-2), resolução (o gol anulado, a defesa final, o epílogo). É um roteiro redondo. Um filme impecável. Pela forma como o jogo se apresentava (ao Brasil, bastava um empate; a Itália tinha de vencer), a evolução do placar foi criando uma opressora alternância nos estados de ânimo. Noventa minutos de emocionante beleza.

Uma diante da outra, encontravam-se duas escolas, a do futebol-espetáculo e aquela que foi erroneamente associada ao *catenaccio*, mas que na realidade representava a estratégia. Milcíades, ao vencer a Maratona, livrou os gregos e todo o Ocidente da dominação persa. Giotto, ao pintar a Capela Scrovegni, em Pádua, emancipou a pintura do opressor domínio bizantino, abrindo o caminho para a modernidade. Bearzot, ao vencer o Brasil, não só o impediu de conquistar o quarto título, mas dobrou em ângulo reto a história do futebol, que daquele dia em diante perdeu em leveza, mas ganhou em empenho. O desfecho desse embate significou, de fato, a morte daquele futebol brasileiro e o renascimento do futebol italiano que conseguiu se livrar de décadas de "retranca e contra-ataque".

Duas escolas, dois continentes, uma só bola, mil histórias que conduzem tudo e todos àquele campo. Porque um jogo não é só um jogo. É um portal que leva a outro lugar. É o ponto de contato entre os dois cones de uma ampulheta. Provém de um passado e conduz a um futuro. Um movimento único e irrepetível. Uma obra de arte. E isso bastaria. Todavia, o jogo igualmente esconde um incontrolável emaranhado de histórias subterrâneas. Fios entrelaçados, destinos cruzados, casualidades fatais (mas também amizades, promessas, juramentos, lealdade, maldades, humilhações, desobediências, erros e renascimentos) que cruzaram as vidas dos homens que a protagonizaram, reunindo-os em um momento crítico que os imortalizou para a eternidade.

Em seu centro, uma fábula de gratidão e redenção, a do técnico Enzo Bearzot e sua confiança cega em um jogador que todos achavam que estava acabado: Paolo Rossi. Considerado igualmente acabado, além de velho, era o goleiro Dino Zoff, com seus 40 anos, que no nonagésimo minuto reteve em suas mãos a bola fatídica, capaz de mudar a sorte de uma nação. Ao redor deles, um mundo já desaparecido de figuras monumentais sentadas nas tribunas de imprensa (de um lado, as penas áureas de Gianni Brera, Oreste del Buono, Giovanni Arpino, Juca Kfouri, dos três Marios: Soldati, Sconcerti, Vargas Llosa; do outro, os vorazes cronistas italianos capazes de massacrar sua seleção como nunca antes), no setor das autoridades (João Havelange, Artemio Franchi, Primo Nebiolo), nas poltronas institucionais (Sandro Pertini, Giovanni Spadolini, o rei Juan Carlos, João Baptista de Oliveira Figueiredo), no lugar destinado aos poderosos (Horst Dassler, Raimundo Saporta, Carlos

Alberto Lacoste, Sepp Blatter) ou aos grandes contadores de histórias (de Carmelo Bene a Umberto Eco, passando por Vittorio Gassman).

Como pano de fundo, o ocaso da ditadura brasileira e o amanhecer de um novo, efêmero, *boom* italiano. Atrás no tempo, infâncias irrepetíveis: os jogadores sul-americanos temerosos de deixarem a família pelo futebol, e os italianos obrigados a se sustentar (Zoff, como mecânico; Tardelli, como garçom; Gentile, como operário; Conti, como pedreiro; Causio, como aprendiz de barbeiro). Denominadores comuns sociogenéticos de países distantes e vizinhos, de história entrelaçada (o Brasil, descoberto por um florentino, vai se tornar a terra prometida dos italianos no século breve, até o dia em que suas estrelas, filhos de emigrantes itálicos, regressarão para jogar no *Belpaese*). E mesmo entre aqueles que narravam os acontecimentos, os jornalistas, a história se fazia sentir e pesava sobre suas cabeças. Eles a sentiam perto. Os cronistas brasileiros ainda sofriam com a mordaça do regime. Para os italianos, a guerra era um evento familiar: eles a tinham vivido, seus pais nela haviam combatido. E até as penas mais apressadas conseguiam convocar à cena líderes de todos os tipos (Pirro, Aníbal, Augusto, Armínio, Napoleão, Leônidas, Carl von Clausewitz, Helmuth von Moltke, Emmanuel de Grouchy, Gebhard Leberecht von Blücher), historiadores de todas as épocas (de Tácito a Maquiavel), batalhas de todos os lugares (de Termópilas ao rio Piave, passando por Curtatone e Montanara). Homens e conflitos praticamente esquecidos. Como os soldados brasileiros que combateram a Itália na Segunda Guerra Mundial.

A partida, apesar do que havia em disputa, acabou sendo um espetáculo maravilhoso, jogado com espírito esportivo e de forma incrivelmente correta. Depois daquele Mundial, tudo começou a mudar. O futebol perdeu sua última porção de inocência, espontaneidade e ingenuidade. E foi outro. Acredito de verdade, como muitos, que os italianos podem se dividir entre aqueles que "viveram" a Copa do Mundo da Espanha e aqueles que nasceram depois dela. Grande parte das pessoas que amam falar sobre aquele jogo tinha minha idade quando o viram. Doze anos. Para muitos deles, o futebol nasceu e morreu ali. De fato, nada de tão belo poderia acontecer de novo. Porque, assim como nós, o próprio futebol transformou-se. Mas ainda nos resta a lembrança indelével daquela tarde de verão, daquele pedaço de vida que vivemos diante da TV sentados na sala de nossas casas, daquela felicidade louca que se abateu sobre nós inesperadamente e que, fazendo-se sentir pela primeira vez depois do que parecia uma eternidade, meus irmãos de Itália, nos convenceu de que, sim, fomos capazes de realizar nossos sonhos. Este foi o Itália × Brasil de 5 de julho de 1982.

Por uma miríade caleidoscópica de motivações magníficas, não se testemunharam mais jogos de futebol como esse. O século que abandonamos o cristalizou como o mais belo dos primeiros 100 anos do futebol. Pela forma como as coisas no mundo e no futebol se modificaram, não é difícil acreditar que ele provavelmente permanecerá sendo o mais bonito para sempre e que para nós não restará nada além de olhar para o futuro com pungente nostalgia. Aqueles 90 minutos foram o esporte, o futebol, o jogo, o estádio, os homens, as histórias de um momento específico, como nunca antes haviam sido e como não mais voltariam a ser.

Por isso, penso frequentemente sobre esse Itália × Brasil. Sobre as infinitas peripécias dos homens que dele fizeram parte, os caprichosos emaranhados do acaso que acorrentaram para sempre os personagens dessa trama, uns aos outros. Mas, sobretudo, penso no meu avô que não estava mais lá e nos meus filhos que ainda não existiam. Não estavam lá e não viram. A eles, à minha esposa e à minha família, dedico esta história.

Anatomia do Sarriá

Prólogo

Minha grande paixão é o jazz,
em particular o Dixieland.
Isso não impede que eu me arrepie cada vez
que escuto "Stelutis Alpinis"*,*
mas o jazz é a voz do sangue...
Isso, eu gostaria de uma equipe jazzística,
um grande trabalho como um todo, uma
enorme harmonia e, de repente,
o improviso do solista.

ENZO BEARZOT

1. O homem que veio de Haifa

Cinco da tarde, a hora das touradas. Um homem sozinho está no centro do gramado do estádio Sarriá de Barcelona. Seu nome é Abraham Klein. Usa um relógio em cada pulso: um, tradicional; outro, digital. Não pode deixar nada ao sabor do acaso, não pode certamente se permitir errar. Justo agora, logo hoje. É o seu dia. Há uma semana, foi devastado pelo desaparecimento de seu filho. Agora está prestes a dirigir sua única partida na 12ª Copa do Mundo, na Espanha: o último confronto do Grupo C, Itália *versus* Brasil. Em disputa, a vaga na semifinal. Quem passar se recoloca entre as quatro primeiras seleções do mundo.

É uma segunda-feira. Para estar aqui, Klein superou todo tipo de preconceito, dificuldade e manobras políticas. Mas é um sobrevivente e não tem medo de mais nada. Deve ser por isso que exibe todo o espaço de sua testa fixando o cabelo para trás, como se usava em outras épocas. Talvez não faça jus a seus 48 anos, mas para ele está bem assim. Precisão, rigor, clareza, honestidade e coragem são os seus valores. E Klein pertence à geração que confia à aparência a tarefa de o apresentar. Veste uma blusa de algodão de manga comprida, completamente preta, à exceção da gola larga e dos punhos brancos. Na altura do coração, um bolso cheio de todo o seu orgulho. Acima dele, a estampa diz "Juiz Fifa", e, bordadas entre essas simples palavras, que fazem dele um árbitro internacional do órgão máximo do futebol, veem-se as duas faces do planeta. Sobre uma, encontra-se a Itália. Sobre a outra, o Brasil. Faz um calor insuportável. Trinta e quatro graus à sombra; no campo, serão 40.

Veio à Espanha diretamente de Haifa, onde supervisiona as atividades atléticas das escolas israelenses para o Instituto da Saúde. Treina todos os dias. Dez quilômetros de corrida, duas horas de ginástica, dieta rigorosa, checagem da frequência cardíaca. Às vésperas da Copa do Mundo no México, para se habituar à altitude, escalou as montanhas da Galileia; antes do Mundial disputado na Argentina, escolheu o clima da Cidade do Cabo. Dessa vez, temendo que sua forma física não pudesse mais alcançar o nível dos anos anteriores, contratou um preparador físico. Klein perdeu nove quilos em quatro semanas e treinou o corpo para suportar uma carga de estresse físico por 120 minutos, de modo a estar pronto para a prorrogação, caso viesse a ser necessária. Um massacre para um homem no limiar dos 50 anos. Mas ele sente que deve fazer tudo isso: o árbitro é um só contra 22 homens. E deve estar sempre no lugar certo. Se errar uma decisão, pode destruir o jogo. Em vez disso, quer dominá-lo; por isso, estuda continuamente os vídeos. Tenta entender as táticas das equipes, conhecer seus elementos, ver quais jogadores teriam a tendência de intimidar os adversários. Ou os árbitros. Evita usar as palavras em campo. Seu papel é o de fazer a gestão do jogo, sem dar explicações. Todavia, antes de cada encontro, procura igualmente aprender as expressões básicas da língua de cada lugar. Fala perfeitamente hebraico, inglês, húngaro e romeno, e também alemão, espanhol, francês e italiano, porque na escola lhe ensinaram o latim, e as línguas europeias são todas filhas da mesma mãe.

Por mais de uma década, ele domou os melhores do mundo e agora acha que conheceu todos os segredos sobre o que é ter controle. Mas a Copa do Mundo espanhola acabou de lhe dar um ensinamento de que não poderá se esquecer. Uma lição marcada por três telefonemas cruciais que mudaram para sempre o curso de sua vida.

O primeiro acontece em março. Aguarda-se a lista dos árbitros que farão parte da Copa, mas, com a classificação de Kuwait e Argélia, as emissoras de televisão árabes ameaçam boicotar o Mundial se for permitido a um israelense dirigir um confronto. A Fifa se reúne. O veredito é marcado para a segunda-feira, dia 15, e naquela manhã Klein está tomado por uma insólita inquietude. Em 1970, o chamado mal de Montezuma não o deixou ir mais à frente no torneio; dois anos depois, o massacre da equipe olímpica israelense em Munique o impediu de fazer parte do Mundial alemão de 1974; no seguinte, a ditadura argentina negou-lhe a final. Agora, que outra coisa poderia acontecer? A Copa da Espanha será a de Zico, Platini, Rummenigge, Boniek, Maradona, e ele não quer faltar. Caminha pela casa, impaciente, brinca nervosamente com o telefone, levanta o fone para verificar se dá linha. Até que o aparelho finalmente toca. "Você é um dos 44", comunica uma voz do outro lado da linha. "Abraham, você conseguiu: vai à Copa do Mundo!" Sua candidatura foi aprovada por unanimidade na 59ª reunião da Comissão de Árbitros da Fifa. A solução adotada, sugerida por Artemio Franchi, foi fruto do habitual compromisso diplomático: as televisões dos países do Golfo Pérsico (Qatar, Bahrein, Omã, Emirados Árabes, Arábia Saudita e o próprio Kuwait) poderiam escolher se transmitiriam ou não a partida ou transmiti-la sem mostrar seu nome nos créditos.

Assim, dois meses depois, Klein prepara a mala e parte para a Espanha. Mal chega e, em Londres, três homens atiram na testa do embaixador israelense Shlomo Argov. É 3 de junho. Usando o atentado como justificativa, três noites depois, Israel invade o Líbano. Exatamente uma semana antes da Copa. Naquele dia, o telefone toca em seu quarto de hotel. É sua mulher: "Estamos em guerra, Abraham!". O filho deles está fazendo o serviço militar, e os pensamentos de Klein se voltam para Amit: "Não podem mandar um jovem recruta para uma zona de tiro". Em vez disso, por aquele mesmo aparelho de telefone, Klein descobre que o filho já foi enviado para o *front*. De repente, seu corpo é invadido por emoções desconhecidas. O medo o impede de respirar. O destino de seu filho está em mãos alheias. E pela primeira vez na vida ele descobre que não tem o controle da situação. Tudo o que pode fazer é desabar na cama e chorar.

Três dias mais tarde, ao saber que Amit está combatendo na área de conflitos mais acalorados, em Damour, a poucos quilômetros de Beirute, Klein pede um encontro com Franchi: "Não conseguirei", murmura. O presidente da Uefa e da Comissão de Árbitros olha fixamente em seus olhos: "Está certo disso?". "Sim, 100%. Não posso arbitrar um jogo nesta Copa. Meu filho está combatendo no Líbano, e há alguns dias não tenho notícias dele, não sei nem se está vivo." Existe um entendimento particular entre os dois. Como Klein, Franchi conhece todos os regulamentos do futebol e as principais línguas do planeta. Ele também, quando jovem, foi árbitro. Agora, enquanto está escutando a história de Klein, é o presidente da Uefa, o vice-presidente da Fifa, o membro do comitê organizador das Copas do Mundo e, naturalmente, seu presidente na Comissão de Árbitros. É um titânico defensor dos interesses do futebol, mas aqui e agora só tem olhos e interesses voltados para o árbitro israelense. Quando Klein para de falar, Franchi abandona por um instante o sorriso amigo e confiável que sempre lhe deu simpatia na dose certa para ser aceito por todos. Não quer fazer uma escolha definitiva. Nunca foi assim. Sempre deixou todas as margens de manobra possíveis: "O equilíbrio é sempre a escolha mais honesta para um dirigente": seu credo em 11 palavras essenciais, indispensáveis como os elementos de uma equipe. Ele as sussurrou alguns meses antes para o jornalista romano do *Il Messaggero*, Lino Cascioli, que o acusava de saber antes o resultado do sorteio da Copa da Espanha. Franchi entende o drama de Klein e aceita o pedido de não o escalar como árbitro, mas o convida a permanecer na Espanha: "Por ora, farei você ir a campo como bandeirinha".

Passam-se quase duas semanas, durante as quais Klein não recebe uma só notícia do *front*. Ele começa a temer que seu menino esteja morto. Joga-se o Itália × Peru. É 18 de junho, o dia do aniversário de Amit. Seu filho faz 20 anos no *front*, enquanto ele corre sobre a linha lateral do Balaídos, o estádio de Vigo. Klein tenta fazer seu trabalho, seus olhos veem o sensacional gol de Bruno Conti, a atuação apagada de Paolo Rossi e a célebre queda em campo do colega, o árbitro alemão Walter Eschweiler, mas sua mente está em outro lugar. Terminado o jogo, ele volta ao hotel e encontra um telegrama que o espera na recepção. Hesita. Depois pega o telegrama e o abre.

> Shalom*, querido papai,*
>
> *Hoje, como sabe, é meu aniversário. E comemoro a data aqui, no Líbano; muitos dos meus amigos estão mortos, e meu coração está partido, mas falamos muito da Copa do Mundo e eu estou esperando com impaciência para vê-lo arbitrar uma partida.*
>
> *Com amor.*
>
> *Amit*

Klein não consegue parar de chorar. Ele sobe para o quarto e ouve o telefone tocar. Do outro lado, parece ouvir a voz do filho. Pensa ser uma alucinação. Como é possível Amit, que está no meio de uma guerra, conseguir contatá-lo em seu quarto de hotel? Mas é ele, e Abraham é tomado por uma emoção que não consegue conter, a mais poderosa de sua vida. Seu filho abandonou a linha de frente e lhe implora para que volte a arbitrar. "Dentro de menos de uma semana, serei de novo bandeirinha, em Brasil × Nova Zelândia." Mas Amit quer vê-lo dentro das quatro linhas. "Estarei lá, meu menino", promete entre lágrimas. Assim, Klein, ainda atordoado, corre até Franchi: "Estou pronto, me dê um jogo". Poucos dias depois, sábado, 26 de junho, o árbitro israelense é escalado para a terceira rodada do Grupo C, entre Brasil e o vencedor de Itália × Argentina. "Fará Argentina × Brasil, contente?", comunica-lhe Franchi. Um verdadeiro presente para ele. Mas, em vez disso, encontrará Itália e Brasil, as equipes que são sua sina: antes desse encontro, arbitrou jogos dos dois times cinco vezes. Nesta Copa, já viu ambos da beira do campo. Na nova ocasião, será ele a conduzir a orquestra.

Convoca para o círculo central Zoff e Sócrates, os dois capitães. Vira-se para o brasileiro e joga a moeda. Cara ou coroa, campo ou bola. Sócrates perde. E Zoff escolhe o campo. O sol ainda está alto, e o jogador da Itália escolhe perfilar os seus à direita. Quando o sol cair, serão os adversários que o terão de frente para os olhos. O pontapé inicial será do Brasil. A torcida se agita. Para respeitar o protocolo, Klein deve esperar as 17h15. Pousa a bola no chão, curvando-se no círculo central, em perfeito alinhamento com a linha que corta as duas metades do campo. É pequeno em estatura e não tem o que chamam de autoridade física. Mas consegue igualmente impor a própria lei. Em suas posturas eretas, em seus gestos amplificados, em seus olhares teatrais, tem uma expressão solene, autoritária, quase bélica.

Os verde-amarelos olham para o gol sul. O centro do campo abriga três figuras: Zico, Serginho e Klein, que tem o braço esquerdo levantado e o olho fixo no cronômetro. O Galinho tem o número 10 incrustado entre as escápulas e as mãos apoiadas na cintura, como se fosse começar uma caminhada. Dá a hora. Quarenta e quatro mil olhares, 88 mil olhos, fitam aquele cavalheiro ereto vestido de preto. Klein entende que é o momento, toma fôlego e impulsiona toda a sua autoridade para dentro do apito. Talvez já saiba: será a última partida que arbitra na vida. É a sua final.

2. A memória histórica dos italianos

A Itália começou a respirar os ares de Copa do Mundo 33 dias antes do jogo com o Brasil. Da pior maneira: entre tapas, cuspes e lágrimas. Para a seleção, é o dia do adeus. Em frente ao Hotel Villa Pamphili de Roma, onde se reuniu a delegação italiana, o técnico Enzo Bearzot, submetido a exaustivas demandas num período ao longo do qual as críticas superaram muito o consenso, é chamado de "burro bastardo" por uma torcedora — Anna Ceci, de 20 anos, sócia do Club Boys Nerazzurri na cidade de Roma —, furiosa com ele por não ter convocado Evaristo Beccalossi, o meio-campista da Inter que vinha entusiasmando sua torcida. "Críticas, sim; insultos, não" é o credo cravado na consciência do técnico nascido na região de Friuli, e o Velho, assim sempre o chamaram, responde à ofensa com um tapa. É uma palmada paterna, educativa ("Um pai é também pai dos filhos dos outros, dei-lhe um tapa assim como teria dado na minha filha"), em que se segura a mão para que a lição não machuque, mas o gesto passa para a história e dá a volta ao mundo. No dia anterior, mesmo contexto, idêntica cena, dessa vez com um torcedor romanista — admirador de Roberto Pruzzo, também excluído da seleção —, que cospe no braço do técnico. Bearzot, a essa altura, tira a jaqueta da seleção nacional e a entrega ao exaltado: "Aí está, o uniforme é seu; você é o técnico". Para os jornais italianos, os dois episódios são os enésimos indícios de um estado de nervosismo. Pouco depois, às 16h, no Boeing 727 Città di Sulmona AZ 8236, direto para Santiago de Compostela, Bearzot relembra o passado vivido na Argentina: "Sofreremos na primeira fase com as três equipes que encontraremos, mas ressurgiremos na segunda. Os valores sempre aparecem a longo prazo, e tenho certeza de que meus jogadores não me trairão". É isso o que pensa o Velho, "imensamente confiante", voando sobre a Espanha. O resto são tolices à italiana, e ele não tagarela sobre isso. Nesse aspecto, Enzo Bearzot é um italiano diferente.

Em seu país, os eventos de futebol interessam à opinião pública mais do que os enormes rombos que se abrem nos balanços estatais, os litígios partidários, as dolorosas consequências da luta armada, as impressionantes sequências de homicídios de políticos sicilianos ou, ainda, os atrozes epílogos dos acontecimentos envolvendo o Banco

Ambrosiano.[1] É uma Itália confusa, imatura e tumultuada, mas também cansada, espartana e sonolenta. O presidente da República (Sandro Pertini), o secretário da maior confederação sindical dos trabalhadores (Luciano Lama), o poeta dos jornalistas (Gianni Brera), o técnico da seleção e até o médico da Azzurra (Leonardo Vecchiet) compartilham desse jeito de ver as coisas.

São dias inquietantes; na sexta-feira anterior, a gasolina rompeu a barreira das 1.000 liras, enquanto os ventos da crise sopram ameaçadoramente sobre o governo, que, como acontece nessas horas, parece estremecido. A procura desesperada por uma solução para o problema do gatilho salarial criou uma cisão entre os partidos, e um abismo parece separar os ministros democratas-cristãos dos socialistas. É o início da semana mais difícil para o presidente do Conselho de Ministros, Giovanni Spadolini, o primeiro não democrata-cristão na história da República. Ele acaba de voltar de sua visita oficial à Espanha, onde deu um jeito de encontrar-se também com os *azzurri*. Comparou o destino deles ao seu. Salvar a Itália. A seleção chegando à semifinal. Ele, exorcizando a quarta dissolução antecipada consecutiva das câmaras legislativas. Solene e bem-humorado, Spadolini ama a história e se orgulha de fazer parte dela. Mas sabe que às vezes o desenrolar dos fatos é imprevisível. Episódios aparentemente menores que os de natureza política influenciam a vida da sociedade. Quando, em 1º de junho, na véspera da partida da seleção italiana rumo à Espanha, recebeu os *azzurri* no Palazzo Chigi, sugeriu a eles uma hipótese audaz e visionária: "Se vencerem a Copa, a memória histórica dos italianos de 1982 será muito mais ligada aos nomes de vocês que aos do governo Spadolini". Disse que tinha certeza de que os reencontraria no início de julho, na ocasião da visita oficial a seu homólogo espanhol.

E, antes de partir para a Espanha, Spadolini começou a trabalhar, sondando em três longas conversas os humores da máxima autoridade monetária da República, o governador do Banco Central Italiano, Carlo Azeglio Ciampi, de um dos mais importantes industriais privados, o presidente da Fiat, Gianni Agnelli, e de um dos líderes históricos da Democracia Cristã, Giulio Andreotti.

---

1 O Banco Ambrosiano foi um dos principais bancos privados católicos italianos. Fundado em 1896, faliu em 1982 após um dos mais graves fracassos bancários italianos do século XX, estimado em 1,2-1,3 bilhão de dólares, sob a presidência de Roberto Calvi, apelidado de "o banqueiro de Deus".

Os trabalhos foram retomados naquela manhã, com uma série de conversas do presidente com líderes dos principais partidos. Para deputados e senadores, poderia ser a última semana de trabalho. Se ao término das conversas se concluísse que o governo Spadolini devia se demitir, seria automático o bloqueio das atividades legislativas e a caducidade de todos os projetos de lei apresentados. Mas ainda não havia sido dita a última palavra. Esperando a hora fatídica, Câmara e Senado seguem avante ignorando a crise iminente. À tarde, em Montecitorio, sede da Câmara dos Deputados, será discutido o caso do assessor democrata-cristão Ciro Cirillo, liberado pelas Brigadas Vermelhas mediante o pagamento de resgate. Certamente não será um debate acalorado, já que o recinto poderá estar até mesmo deserto, pois ao mesmo tempo será disputado o jogo Itália × Brasil.

3. A Copa do Mundo

No mesmo dia do mesmo mês, mas seis anos antes. Joaquín Viola Sauret está sentado à mesa lendo sua correspondência. Os ares estão mudando. Há apenas 48 horas, don Adolfo Suárez González se tornou o primeiro chefe de governo espanhol nomeado democraticamente depois de Franco. Viola não foi escolhido pelo povo. Rodolfo Martín Villa, o governador civil da província, cuidou disso, dando-lhe o cargo de prefeito de Barcelona. Ele está nessa cadeira há 10 meses, tempo suficiente para ser qualificado como "o prefeito mais impopular de Barcelona". Tem 63 anos, a boca permanentemente entreaberta e dois olhos brilhantes. Ele pega um envelope que chama sua atenção. O remetente é José Antonio Zalba, presidente da comissão encarregada de organizar a Copa do Mundo na Espanha. A carta contém o pedido de detalhamento das obras necessárias para a escolha de sedes de uma edição do torneio. Estádios, estacionamentos, alojamentos e serviços. Naquele exato momento, Viola desvia o olhar do papel para pousá-lo sobre o mapa da cidade que preside: "A Copa do Mundo vai acontecer". Ele sabe que Barcelona, assim como a capital, será o palco principal. E treme só de pensar em fazer parte da cena. Mas o brilho em seus olhos não enxerga longe. O presidente do governo, Suárez, o destituirá cinco meses depois, e seu posto passará a ser ocupado por José María Socías Humbert, último prefeito a tomar posse sem o apoio das urnas; e Viola nunca verá a Copa do Mundo. A morte lhe aparece de repente enquanto se decidia a ler outra carta de diretrizes. O que está em jogo não é a cidade de Barcelona, mas sua própria vida. Na manhã de 25 de janeiro de 1978, quatro terroristas invadem sua residência no Paseo de Gràcia. Eles o pegam de pijama no quarto, prendem uma bomba em seu peito com fita adesiva e lhe dão uma folha: "Leia a carta com atenção. Se você não pagar dentro do prazo, vai se estourar todo". Ele seguiria as instruções; tem uma esposa rica e cinco filhos. Mas a bomba explode antes do tempo, e sua cabeça voa pelos ares, levando embora todos os seus sonhos. No ano seguinte, a Espanha aceita oficialmente o convite. Sim, a Copa do Mundo será realizada. Ainda que sem ele. E será Barcelona mesmo que receberá "o jogo do século".

A história desse embate, porém, tem início muito antes.

Anatomia do Sarriá

Pré-história

Ninguém se escandalizaria,
ou talvez fosse mais justo dizer,
ninguém se escandalizará com
uma eliminação dos azzurri.

CARLO GRANDINI
Corriere della Sera

1. O litoral vermelho

Vermelho é a cor das brasas. Da mesma cor era a seiva das árvores que cobriam a costa do país. Por isso o chamaram de Brasil, sob inspiração do termo "brasa" em português. Mas Brasil (*Brazil* ou *Hy Brazil*) era também um lugar lendário, que os geógrafos tinham certeza de que existia além do oceano visível, a ponto de registrá-lo em seus mapas. No passado, Plínio, o Velho, o havia chamado de *Insulae Purpuricae*. Da costa italiana, o tinha avistado mesmo sem vê-lo, aquela cor arroxeada, com mais de 1.000 anos de antecedência, antes de morrer nas encostas do Vesúvio, durante a erupção de 79 d.C., envolto na roxa fumaça das brasas.

Itália e Brasil estão ligados pelo destino, pela história, pelos afetos. O navegador que avista pela primeira vez as costas brasileiras é um italiano, o florentino Américo Vespúcio, em 1499. Ele também é arrebatado pelas árvores: "São de tamanha beleza que parecem estar no paraíso terrestre". Em vez disso, era "a quarta parte do globo". E ele acabava de a descobrir.

O litoral vermelho, ainda antes de o Brasil se tornar uma potência mundial na produção de açúcar, um século depois — durante a era do grão-duque Fernando (1587-1609) —, começa a despertar a atenção dos comerciantes italianos, sobretudo os da Toscana, atraídos pelas técnicas de semeadura, produção e refino.

Um deles é o jovem florentino Filippo Cavalcanti, descendente do poeta Guido e amigo de Dante Alighieri, que, em 1560, decide atravessar o Atlântico a fim de observar de perto os canaviais em Pernambuco. Filippo deixa Florença, dá as costas a um futuro sólido e promissor para apostar seu destino no desconhecido, o Brasil, onde se casa com Catarina de Albuquerque, com quem traz ao mundo 12 filhos. Não poderia saber que ele, um italiano, estava criando aquela que seria considerada pelo Colégio Brasileiro de Genealogia a maior família brasileira descendente de um ancestral único, mais numerosa que a dos Silva. Quando explodem os primeiros distúrbios contra Pedro II, os Cavalcanti estão espalhados por todo o país.

Aquelas mesmas costas avermelhadas que atraíram Filippo recebem, em 1835, Giuseppe Garibaldi, que embarcou para o Rio de Janeiro depois de tomar conhecimento de que as ideias republicanas estavam se espalhando pela província meridional do Rio Grande do Sul, onde o povo não acreditava que podia se beneficiar da política econômica imperial. Quando ele desembarcou no Brasil, já estava em curso uma revolução, a dos Farrapos, capitaneada pelo caudilho gaúcho Bento Gonçalves, cujo secretário era o bolonhês Livio Zambeccari, que aquecia os ânimos dos membros brasileiros da organização política Jovem Itália. Garibaldi combate com ousadia, captura e emancipa o "negro Antônio", primeiro escravizado liberto de todo o litoral atlântico da América Latina (50 anos antes da total abolição da escravatura no Brasil), é ferido e conhece a prisão e a tortura. Mas também uma amazona rebelde, Ana Maria Ribeiro da Silva, que ele chama de Anita, filha indomável de pais migrantes, revoltada contra o Império. Garibaldi a cativa à primeira vista ("Você deve ser minha"), e ela não hesita um instante em segui-lo nas empreitadas mais arriscadas, tornando-se primeiro sua esposa, depois mãe de seus quatro filhos. Após ter dedicado ao Brasil e à América Latina 12 anos de vida e de luta, Garibaldi torna a atravessar o oceano para reunificar a Itália: fala com Cavour, Mazzini e Vittorio Emanuele II, defende Roma, participa dos movimentos de 1848, das Guerras de Independência e, como um caudilho à frente de seus gaúchos, lidera a Expedição dos Mil, episódio beligerante que muda a história da Itália. Escolhe para uniformizar seus homens uma camisa vermelho-púrpura e um lenço preto. Para lembrar a lava do Vesúvio. Ficará para sempre ligado aos dois mundos, Brasil e Itália, dos quais é e será, por excelência, o herói.

2. O país dos sonhos

Itália e Brasil conhecem o despertar no mesmo ano. No ambiente de uma economia já amplamente capitalista, a Itália, unificada há pouco tempo, começa a ser dominada por atividades produtivas em larga escala. Mas o impetuoso desenvolvimento industrial dos fins de 1800 está inexoravelmente relegando o mundo rural às margens da vida moderna. No Brasil, a princesa Isabel — filha da napolitana Teresa Cristina de Bourbon, chamada em vida de "Mãe dos Brasileiros" — está abolindo definitivamente a escravidão (1888). Gesto magnânimo que vale a alcunha de "A Redentora", mas que lhe custa o trono, marcando para sempre o fim da monarquia.

A recém-nascida república percebe que conta com imensa disponibilidade de terra, mas não tem suficientes trabalhadores. É nesse ponto que a Sociedade de Promoção da Imigração, depois de um primeiro teste com os alemães pouco inclinados a interagir com os locais, vê na Itália o terreno ideal de recrutamento da mão de obra que está procurando. Os italianos são perfeitos: brancos, católicos, sociáveis, necessitados de uma ocupação e hábeis nos trabalhos manuais. Assim, em 1894, diversos estados brasileiros começam a promover a imigração subsidiada das famílias italianas. No *Belpaese*, surgem em toda parte agências promotoras de emigração. Mais de 7 mil agentes, muitas vezes sem escrúpulos, percorrem a Península de ponta a ponta pintando o Brasil como o país onde os sonhos podem se realizar. Nos folhetos, lê-se "Terras no Brasil para os italianos". Em seguida: "Navios partem toda semana do porto de Gênova. Venham construir seus sonhos com a família. Um país de oportunidades. Clima tropical, muita comida, riquezas minerais. No Brasil, você pode ter seu castelo". Cúmplices involuntários da propaganda são também os relatos de um cronista de fantasia que faz os italianos sonharem naqueles anos.

A partir das árvores vermelhas, Emilio Salgari cria em suas páginas tudo o que é necessário para viver — de roupas a louçaria, além de sucos, pomadas, bálsamos e temíveis venenos. O Brasil descrito por ele é um verdadeiro paraíso terrestre, no qual o homem e a natureza convivem em perfeita harmonia. Um país feliz, onde é possível cavalgar numa tartaruga ou navegar sobre uma folha gigante. Como Plínio, nunca tinha visto aquela terra, nunca se mudou de Verona, no máximo se transferiu a Turim, mas ainda assim, como romancista, conseguia descrever de modo surpreendente as terras brasileiras com toda a sua fauna exótica, a impenetrabilidade das florestas, a natureza selvagem, os usos e costumes dos índios, contribuindo, com o ilustrador Alberto della Valle, para fazer os jovens da época conhecerem o mundo misterioso das terras amazônicas e dos trópicos.

Encantado com essas sugestões, Natale Pastorin, agricultor veneziano, sem terras na Itália, decide pegar a mulher, Policena, o filho, Giovanni, e tentar o grande salto, reinventando-se como barbeiro na América do Sul. Os Pastorins que deixam, com pungente nostalgia, um mundo inteiro de recordações em Santa Maria di Sala são somente três entre as milhões de almas italianas que veem a sutil linha vermelha da costa brasileira antes de desembarcar nos portos de Santos e do Rio de Janeiro, entre 1887 e 1902. O núcleo regional italiano de origem mais considerável nas travessias é exatamente o Vêneto, correspondendo a 30% das partidas. Os imigrantes se reagrupam segundo as regiões de procedência, reconstruindo em terras brasileiras as comunidades rurais de origem. Natale se estabelece em Cascatinha, em São João Nepomuceno, no estado de Minas Gerais, onde se divide entre o trabalho de agricultor e o de barbeiro, enquanto a mulher encontra emprego em uma fábrica têxtil. Pelas ruas dos quarteirões italianos, os dialetos de Verona, da Lombardia, do Trentino, da Emília-Romanha, da Campânia, da Puglia e da Calábria ressoam mais do que a língua portuguesa. Italianos são os nomes das ruas, os letreiros das lojas e os santos aos quais se deve recorrer.

3. **Brasil, Itália**

Um século antes do jogo no Sarriá. O Brasil não sabe ainda o que é o futebol. Em 1894, desembarca em São Paulo um jovem de 20 anos de idade, proveniente de Southampton. Onze anos antes, seu pai, John, um engenheiro escocês imigrante no Brasil, onde tinha se casado com Carlota Alexandrina Fox Miller, brasileira de origem inglesa, tinha o enviado à Inglaterra para fazê-lo estudar. Seu nome é Charles William

Miller. Ele chega em terras brasileiras com uma bolsa nas mãos. Dentro, duas bolas de couro, uma bomba de ar e um livro de regras do futebol.

Faz pouco tempo que estão abertas as portas da São Paulo Railway, e Charles encontra trabalho no setor de contabilidade. A menos de um quilômetro da casa de seus avós, no número 24 da Rua Monsenhor de Andrade, quase esquina com a Rua Rangel Pestana, no quarteirão do Brás, onde ele nasceu em 24 de novembro de 1874, encontra-se a Várzea do Carmo. É um campo entre o Gasômetro e Santa Rosa que todos os dias os jovens da São Paulo Railway percorrem para ir ao trabalho e que Charles acha perfeito para uma partida de futebol, esporte que conheceu na Banister Court School, no Velho Continente.

Começa assim a atormentar os colegas com as histórias e regras de um jogo, desconhecido para eles, disputado por duas equipes que chutam a bola entre um retângulo e outro. Forma uma equipe com alguns funcionários da Estrada de Ferro São Paulo Railway, depois uma outra composta de gente da São Paulo Gas Company e do London Bank. Consolidada a prática, organiza a primeira disputa com regras: São Paulo Railway contra o Gaz Team. Em 14 de abril de 1895, os jogadores chegam ao campo sem uniforme, vestindo roupas do dia a dia, afastam os animais da grama e se dispõem contrapostos. É a primeira partida do futebol brasileiro. Acaba 4 × 2 para os ferroviários. Quando deixam o campo, os jogadores, extenuados, mas entusiasmados, combinam de disputar um segundo jogo. É o início. Nascido em um ambiente de homens brancos e entre a classe média alta, graças às viagens de trabalho se difunde por todos os estados brasileiros. Logo, também os estratos mais pobres da população aprendem as regras e começam a praticar. Onde isso acontece, é com bolas de trapos que se joga.

Quando os Pastorins chegam ao Brasil, um terço dos habitantes de São Paulo é composto de italianos. As condições de vida melhoram com o passar dos anos, até que se forma uma classe média que começa a forjar um grande país. Os escravizados brancos, os *carcamanos*, tornam-se empresários, arquitetos, construtores, jornalistas, escritores e pintores: ao nome de Antonio Jannuzzi está ligado todo o desenvolvimento imobiliário do Rio: não existe rua onde um prédio, uma escola ou uma casa não tenham sido construídos por sua empresa; Pasquale Segreto, o "fabricante da alegria", o "ministro da diversão", inventa a *belle époque* tropical do Rio, ritmada por apostas, loterias, casas de jogos, *cafès chantants*, cinemas e teatros; Francesco Matarazzo, saído de Castellabate em 23 de novembro de 1881, aos 27 anos torna-se milionário em São Paulo, no Brasil: começa uma fábrica de banha de porco e, depois, com seus irmãos, funda uma empresa de navegação, fábricas de tecidos, licores, majólica,[1] fósforos, açúcar, sal e sabão. Giuseppe Martinelli constrói o primeiro arranha-céu da América Latina em São Paulo; Geremia Lunardelli passa a ser o maior produtor e vendedor de café para o mundo, tanto que é apelidado de Rei do Café; e também Giuseppe Guazzone e Pietro Morganti se tornam, respectivamente, o Rei do Trigo e o do Açúcar. Até que se chegam os italianos que se tornaram, para o bem ou para o mal, presidentes do Brasil: Paschoal Ranieri Mazzilli (em dois breves momentos, em 1961 e em 1964), filho de pais de Montemurro; e Emílio Garrastazu Médici (de 1969 a 1974), neto de Raffaello, originário de Palermo. Sem que se possa esquecer de todos aqueles que tiveram sucesso como grupo, como os jornaleiros do Rio de Janeiro, quase todos de origem calabresa (a ponto de, em partes do Brasil, as bancas serem símbolo de italianidade), ou os agricultores que, desfrutando da experiência italiana, passaram a produzir os melhores vinhos da América do Sul.

E, se Charles Miller é o patrono do futebol, nos anos sucessivos a seu trabalho pioneiro são os próprios imigrantes italianos que difundem o jogo através da fundação de clubes em todo o país. Em 1913 e 1914, chegam também para uma turnê no Brasil a Pro Vercelli e o Torino, duas das equipes italianas mais representativas da época. O futebol é um esporte em ascensão, e a colônia italiana é a mais numerosa. Assim, Luigi Cervo, Vincenzo Ragognetti, Ezequiel Simone e Luigi Emanuele Marzo, quatro funcionários das Indústrias Reunidas Matarazzo de São Paulo, têm a ideia de criar uma equipe italiana. Em 14 de agosto de 1914, publicam no *Fanfulla*, o jornal dos italianos no Brasil, um anúncio para encontrar jogadores interessados no projeto. Aparecem 46 pessoas, e em 26 de agosto nasce a Sociedade Esportiva Palestra Itália, com uniforme tricolor (verde, branco e vermelho) e escudo de Savoia no peito. São jogadores que preparam o terreno para a afirmação do esporte mais amado do país,

1 Também chamada de maiólica, é uma técnica de decoração em cerâmicas de baixa temperatura. Popular na Itália durante o Renascimento, tem esse nome provavelmente por sua origem em Mallorca, na Espanha.

sem saber que, um dia, nos campos de futebol, o Brasil jogará seu destino frente à Itália.

4. O professor que perdeu o *Titanic*

Entre os europeus que se deslocam entre o Velho e o Novo Continente, está o professor Faustin Havelange. Há dez anos ele ensina engenharia de minas na Universidade de San Marcos, em Lima, e para honrar seu cargo, deve fazer longas travessias desde a Bélgica. As muitas viagens, no entanto, o deixam exausto, e ele agora está ansioso para mudar de vida. Em pouco tempo enfrentará sua última viagem ao Peru. No retorno a sua pátria, se casará com Juliette Ludivine Calmeau, filha de um industrial de Liége, e buscará com ela uma nova vida no Brasil.

Para gozar sua licença, escolheu um bilhete especial: o da primeira viagem do *Titanic*, o transatlântico que parte às 12h do dia 10 de abril de 1912, de Southampton, às ordens do comandante Edward John Smith, também ele em sua última jornada. O destino é Nova York, de onde tomaria outro navio até Lima. Mas na manhã da partida, por um fio, ele perde o trem para Liége. E, como consequência, perde também a embarcação para atravessar o canal a tempo de chegar ao porto inglês. Salva assim a própria vida. E desse modo também a de seu filho, Jean-Marie Faustin Goedefroid "João" de Havelange, que nasce quatro anos depois.

Afortunado desde antes do nascimento, João desfruta ao máximo a ocasião única de uma existência terrena bastante facilitada pelo bem-estar que o cerca. Seu pai começou a comercializar armas por causa da Société Française des Munitions, mas representa também a United States Steel, empresa produtora de aço em rápido crescimento graças à imensa reserva encontrada em Chuquicamata, no Chile, e às aquisições lucrativas feitas pelo banco J. P. Morgan durante o pânico bancário de 1907.

O jovem Havelange estuda no Liceu Francês, forma-se em direito e acompanha o futebol. Joga como meio-campista no Fluminense e, em 1931, torna-se campeão carioca com a equipe de juniores. Mas seu pai, que aos 18 anos, junto a outros estudantes do College di Saint-Servais, tinha fundado o time de futebol do Standard Liége, acha que o melhor esporte para ele é a natação. Sob sua orientação, João treina ininterruptamente. Seis mil metros de manhã e outros tantos à noite. Todo dia, inclusive nos feriados. Mesmo aos domingos, quando a única piscina aberta em todo o Rio é a da Associação Cristã de Moços (ACM). Tem uma única obsessão: tornar-se o número 1. Tanta constância dá seus frutos e, de repente, ele começa a vencer. Quatrocentos, 800, 1.000 metros. É seu o degrau mais alto de cada uma das competições de que participa. Torna-se o campeão do Rio, de São Paulo e, depois, do Brasil. Finalmente, o nadador mais veloz da América do Sul.

Em 1933, seu pai sofre uma hemorragia cerebral. A poucas horas da despedida definitiva, Faustin arranca do filho uma promessa: "Deve continuar a ser o melhor, João. Jure para mim que fará qualquer esforço para representar seu país nas Olimpíadas de Berlim". O homem que escapou do naufrágio do *Titanic* morre em seu leito deixando como herança ao filho o peso de uma promessa a ser mantida. João se classifica para os Jogos Olímpicos e, em 1936, depois de 21 dias de navegação, chega ao porto de Bremerhaven. Uma semana antes de sua prova. A bordo, não havia piscina, e ele não tem tempo para recuperar a forma. Fica, no entanto, deslumbrado com o esplendor da organização orquestrada por Hitler. E com o herói desses Jogos: Jesse Owens.

5. O homem da Copa do Mundo

No momento em que Adolf Hitler assume o comando supremo das Forças Armadas alemãs, Raimundo é uma criança que passa seus dias no número 145 do boulevard Malesherbes. Lá estão os alicerces do Liceo Carnot, onde ele estuda com o irmão, Marc. A invasão da França pela Alemanha modifica, entre milhões de destinos, também o curso de sua pequena história, impondo-lhe um segredo que terá de guardar por toda a vida. É por isso que don Raimundo Saporta Namias nunca poderá escrever suas memórias, falar publicamente de sua infância, recordar em entrevistas suas origens. Deve mentir. Escreve-se que seu pai é espanhol e sua mãe, francesa, mas também que são marroquino e armênia, respectivamente. Ou que ela é suíça. Ou mesmo que ambos são romenos. A única certeza é o mistério. Um segredo que cerca sua família, protegido constantemente por declarações secas. Sempre suas, sempre lapidares. "Nasci em Paris, de pai espanhol e mãe francesa." Ponto. Talvez seja também por isso que sempre evitou qualquer protagonismo. Com a Copa do Mundo, porém, os holofotes inevitavelmente se voltam para sua direção. Em 9 de outubro de 1978, por proposta do ministro da Cultura, Pio Cabanillas Gallas, e graças a um decreto assinado pelo rei Juan Carlos de Bourbon, será escolhido presidente do Real Comitê Organizador da Copa do Mundo. Solteiro e apegadíssimo à mãe, Saporta se tornará o pai da organização do torneio. "O homem da Copa do Mundo."

Em todos os documentos espanhóis, consta que nasceu em 16 de dezembro de 1926, em Paris. Os mesmos dados são relatados em seu visto consular para o Brasil, expedido em 1961. Mas a verdade, em 1982, é conhecida apenas por Saporta e sua mãe. Seu pai, Jaime Saporta Magriso, era um banqueiro nascido em Tessalônica (então Império Otomano, hoje Grécia), em 27 de setembro de 1887; sua mãe, Simona Nahmias, por sua vez, nasceu em Constantinopla (Império Otomano, hoje Istambul, na Turquia), em 8 de fevereiro de 1902. Ambos judeus sefarditas, descendentes diretos de judeus expulsos da Espanha em 1492. Após a crise de 1929, a família se mudou para Paris.

Dez anos depois, o cônsul espanhol Bernardo Rolland de Miota aconselha sua família a não indicar as cidades orientais como locais de nascimento. A partir de informações como essas, alguém poderia adivinhar suas origens sefarditas. Jaime e Simona nunca tinham posto os pés na Espanha, mas eram espanhóis graças ao decreto de 1924 assinado pelo general Miguel Primo de Rivera, que concedia nacionalidade a quem comprovasse origem judaica. De fato, seus pais aparecem nas fichas do consulado espanhol da capital. A ficha de Raimundo, por outro lado, está sumida. Não existe em qualquer assentamento. Não há qualquer vestígio, nem mesmo no registro civil de Paris (*État civil de la Ville de Paris*). Então, quem é ele? Para descobrir, é preciso seguir seu destino de trás para a frente. Tornando a percorrer toda a sua existência, não encontramos respostas até chegar os tempos de seu colégio parisiense. Nos arquivos da escola ainda permanecem, quietos e imperturbáveis, boletins de outras épocas. E na pasta que reúne os registros do ano letivo 1938-1939 está o cartão de Raimundo Saporta, de 13 anos. Nascido não em Paris, mas em Constantinopla. Seu pai conseguiu consumar, em seguida, uma omissão, e o campo relativo a seu local de nascimento ficou em branco na folha do ano letivo 1940-1941. Um acordo misterioso, secreto, de compaixão, que, então, deve ter permitido o posterior preenchimento com "Paris", localidade que viria a aparecer a partir daquele momento em toda a sua documentação espanhola. Foi assim que a guerra começou a mudar a vida do artífice da Copa do Mundo da Espanha.

6. A cobra fumou

"É mais fácil uma cobra fumar do que o Brasil ir para a guerra." Quando explode a Segunda Guerra Mundial, é o presidente Getúlio Vargas quem se apressa para acalmar os ânimos: "O país se manterá neutro". Proposta coerente com a política de não se alinhar com qualquer das grandes potências para tentar aproveitar as vantagens oferecidas por elas.

No início de 1942, no entanto, o governo começou a apoiar os Estados Unidos ao lhes conceder a ilha de Fernando de Noronha e o litoral nordestino brasileiro para abastecimento de bases militares americanas. A tomada de posição foi paga com 36 torpedos lançados contra navios mercantes brasileiros por parte de submarinos alemães. Abalada pela morte de civis, a opinião pública pediu que o Brasil reconhecesse o estado de beligerância contra os países do Eixo.

Em 31 de agosto de 1942, o Brasil declarou guerra à Alemanha e à Itália. A cobra, então, fumou. Mas só depois de quase dois anos, em 2 de julho de 1944, o primeiro contingente partiu para a Itália sob o comando do general João Batista Mascarenhas de Morais. Vinte e cinco mil brasileiros, reunidos na Força Expedicionária Brasileira, conhecida pela sigla FEB, impelidos pelo lema "A cobra vai fumar", chegam à Península Itálica em cinco grupos. Aportam em Nápoles e Livorno e cruzam todo o país em direção aos Alpes Apuanos. Na Itália, a FEB se junta ao IV Corpo do 5º Exército, liderado pelos generais Willys Crittenberger e Mark Clark, ambos profundamente convictos da inutilidade de enviar tropas despreparadas para enfrentar uma guerra que não conheciam.

Já desde os primeiros dias ficam evidentes as carências no treinamento da FEB e, por todo o período de guerra, verificam-se incidentes de todas as espécies. Os motoristas da Força Expedicionária carecem totalmente de experiência de direção. Vinte e quatro brasileiros morrem em decorrência de avanços banais pela estrada, longe da linha de frente. A esses, juntam-se mais sete baixas por acidentes com armas de fogo, quatro por afogamento, três por homicídio, um por suicídio. A primeira vítima brasileira morre à noite, por causa do disparo de uma metralhadora manejada desajeitadamente por um camarada. Seu nome é Antenor Ghirlanda: nascido em São Paulo, pertencente à 9ª companhia do II/6º e apelidado de Mussolini pela semelhança com o ditador italiano.

Nos cerca de 200 dias que se seguem, a FEB, nas batalhas de Monte Castello, Montese, Fornovo e Castelnuovo, realiza quase 3 mil missões ofensivas, durante as quais atinge mais de 4 mil objetivos militares. Quatrocentos e sessenta são os mortos brasileiros, quase 3 mil os feridos, 35 foram feitos prisioneiros e 15 desapareceram. A eles, são dedicados monumentos nas províncias de Bolonha, Pisa, Modena e Parma (no local onde se renderam a infantaria alemã e os franco-atiradores italianos, derrotados na Batalha de Fornovo di Taro).

Muitos são os jogadores de futebol envolvidos no conflito do outro lado das trincheiras. O antifascista Vittorio Staccione, meio-campista do Torino, cai numa armadilha e é preso em Mauthausen, um dos piores entre os campos de extermínio, onde morre. No mesmo local de concentração de prisioneiros, o milanista Ferdinando Valletti é salvo, aceitando participar do torneio dos *kapò* (prisioneiros escolhidos como sentinelas). Armando Frigo, meio-campista do Spezia, é capturado e fuzilado pelos nazistas após o armistício. O meia Aldo Fabbro, do Napoli, morre com a mãe e a avó sob um bombardeio. O mesmo destino recai sobre Pietro Tabor, jogador da Juventus. O capitão do Casale, Luigi Barbesino, morre durante uma missão de reconhecimento. O lateral Dino Fiorini, do Bologna, alistado na Guarda Republicana, perde a vida em uma emboscada. O *partigiano* Antonio Turconi, goleiro do Pro Patria, é assassinado por nazifascistas com menos de 24 anos. O último a cair é Cecilio Pisano, um meio-campista que chegou a Gênova vindo do Uruguai, naturalizado italiano graças a seus ancestrais imigrantes e que foi arremessado de uma janela ao final da guerra. O bicampeão mundial Eraldo Monzeglio, que morreria sete meses antes do início da Copa do Mundo, evita o fuzilamento por compatriotas seus em Salò justamente pelos méritos futebolísticos (entre aqueles que deveriam colocá-lo contra a parede, não eram poucos os entusiasmados pelos triunfos da Azzurra nos quais foi protagonista), enquanto seu técnico Vittorio Pozzo trabalha para ajudar famílias judias e facilitar a fuga de prisioneiros aliados para a Suíça. Apesar disso, será para sempre rotulado como fascista.

Depois da guerra, o governo do Rio de Janeiro, que inicialmente havia confiscado todos os bens de cidadãos alemães, italianos e japoneses, supera todos os ressentimentos e devolve as propriedades apreendidas a seus legítimos proprietários. Com esse gesto, fecha todas as feridas abertas pela guerra.

O Brasil, que de qualquer forma aparece entre os vencedores, paga caro pela decisão de tomar parte no conflito. Excluído das negociações de reparação de guerra, deve saldar integralmente o empréstimo concedido pelos Estados Unidos a Vargas em 1942. A última parcela dos 361 milhões de dólares que chegaram à América do Sul é paga em 1º de julho de 1954. Quatro dias depois da saída do país da Copa do Mundo da Suíça, nas quartas de final, quando o Brasil é derrotado por 4 a 2 por uma equipe lendária, a Hungria de Puskás. Dois dias antes da final que verá os magiares contra os alemães, ainda desalentados pela guerra. Tudo parecia já estar escrito. Mas um outro Adolf, secretamente, acrescentou à história um capítulo que seria revelado alguns momentos depois do apito inicial.

7. Os Dasslers

Todos o chamam de Adi. Ele fala pouco, pensa muito e ama correr. Na furtiva encruzilhada dos mundos que o cercam, percebe um vazio. Não existem calçados adequados para a prática de esportes. Então, ele tem uma ideia simples e revolucionária: calçados específicos para diferentes modalidades. Os atletas precisam dos sapatos certos para vencer. Só que simplesmente não sabem disso. Adolf Dassler vai ao encontro deles. Seu irmão Rudolf, então, é quem se dedica a fechar os negócios. Os dois não se amam, mas juntos se completam. Enviam seus calçados a jogadores, treinadores e dirigentes de clubes esportivos da região. Adi deixa aberto o livro de possibilidades: modifica incessantemente suas criações, testa ele mesmo os seus produtos, entra em acordo com os atletas sobre as melhorias a serem feitas.

A partir de 1924, com a Gebrüder Dassler Schuhfabrik, Fábrica de Sapatos Irmãos Dassler, os dois filhos do sapateiro Christoph von Wilhelm Dassler começaram a fazer chuteiras na lavanderia da mãe Pauline, em Herzogenaurach, uma cidade da Baviera. E 1936 acabou sendo um ano mágico. Adi se tornou pai do pequeno Horst, e Jesse Owens triunfou nos Jogos de Hitler com os calçados Dassler no pé.

O calçado de Owens foi produzido especialmente para ele. Adi pensou em cada um de seus aspectos. Fez a parte superior em pele curtida de bezerro, revestida com couro de vaca. Na área do antepé, decidiu não adicionar placas de metal; em vez disso, para aumentar a flexibilidade, escolheu uma sola em crosta cromada. A fim de economizar peso, criou ilhoses pequenos e cadarços finos. Na parte de baixo, o trabalho mais ignorado e decisivo. Para alargar a pisada, inclinou as seis travas para fora, graduando à mão o comprimento de suas pontas, de acordo com as especificações de Owens, de 15 a 17 milímetros. Ao modelo, deu o nome do técnico da seleção alemã de atletismo, Josef Waitzer.

Adolf Hitler tinha visto nas Olimpíadas de Berlim de 1936 uma grandiosa oportunidade de promover a teoria da supremacia ariana. Adi igualmente reconheceu uma oportunidade, mas naquele rapaz americano de 23 anos batizado James Cleveland, porém conhecido por todos pela assonância de suas iniciais: Jesse.

"Eu quero Owens", disse ao irmão.

"É negro, não podemos apoiá-lo. Nós só apoiamos os atletas alemães."

"Mas ele é o melhor."

"Mandaria pelos ares o acordo com os nacional-socialistas."

"Não me importo: ele será o campeão olímpico."

Adi Dassler tinha corajosamente oferecido a Owens suas sapatilhas de atletismo por intermédio de Waitzer. Era um risco, mas ele foi em frente. E esse gesto deu início a toda a história.

Quando se espalha a notícia de que o homem mais rápido do mundo ganhou o ouro olímpico com os calçados do sapateiro alemão, o destino da fábrica dos Dasslers se transforma. Pouco depois, no entanto, é a guerra que altera o destino dos dois irmãos. Rudolf é chamado às armas; Adi é liberado por ser considerado um trabalhador indispensável. Em 28 de outubro de 1943, Albert Speer, ministro dos Armamentos, impõe a ordem de se interromper imediatamente a produção da fábrica de calçados Dassler. Máquinas e pessoal são, então, redirecionados ao esforço bélico.

Quando a guerra termina, os americanos planejam fechar a fábrica. Os Dasslers — vistos com suspeita pelos nazistas por terem ajudado um americano negro a derrotar seus próprios atletas, e pelos americanos por fabricar armas usadas contra eles — tentam desesperadamente provar que são apenas fabricantes de calçados. Não conseguem. Tudo parece terminado. Até que a esposa de Adi, Käthe, pega uma foto e diz um nome. O fiel da balança ainda é Owens. Os oficiais americanos acreditam nos Dasslers e permitem que a fábrica permaneça em pé, mas em troca levam para casa um lote de calçados para o Exército. É a última remessa.

O conflito mundial apenas suspendeu o embate familiar. Adi e Rudolf se afogam em um pântano de suspeitas. O segundo está convencido de que foi preso pelos americanos por causa de uma denúncia do irmão. O primeiro desconfia de que Rudi tenha assediado sua esposa. E, pior, que seja o verdadeiro pai de Horst. Quando a política de "desnazificação" os pressiona separadamente, ambos têm certeza de que foram traídos. A absolvição não muda nada, e o rompimento é inevitável.

A Gebrüder Dassler Schuhfabrik é oficialmente fechada em abril de 1948, e os dois irmãos dividem a empresa e os funcionários. Setenta e três trabalhadores de mão de obra escolhem Adi; 49 funcionários administrativos seguem Rudolf. A partir desse momento, os Dasslers não se falam mais. O rio Aurach se encarrega de separar suas vidas. Adi abre a fábrica ao norte, perto da estação ferroviária; Rudolf no lado oposto, na Würzburger Strasse. A Dassler não pode mais existir, então Rudolf pega a primeira sílaba de seu nome e a adiciona à primeira de seu sobrenome. Ruda. O som, no entanto, lhe parece infeliz. Ele muda as duas consoantes e, em 1948, renomeia a empresa como Puma (Puma Schuhfabrik Rudolf Dassler). Em 16 de junho do mesmo ano, seu irmão Adi tem a mesma ideia e registra a marca Addas (*Adolf Dassler Spezialsportschuhfabrik Addas*). Mas o nome "Adda" já é utilizado por uma empresa que fabrica calçados infantis. Assim, em 18 de agosto do ano seguinte, com uma caneta ele acrescenta um "i" no formulário de registro de marca. Ad(i)das.

A disputa entre os irmãos não afeta apenas seus empregados, mas atinge toda a cidade de Herzogenaurach. Como pelo menos um membro de cada família trabalha em alguma das duas empresas, quase ninguém consegue escapar dos efeitos da briga fratricida. E a cidade divide-se em duas facções. As famílias Puma e Adidas tornam-se como guelfos e gibelinos.[2] Têm suas próprias padarias, açougues e bares separados. Quando alguém entra pela porta, o olhar dos presentes volta-se sempre para os sapatos. Herzogenaurach torna-se "a cidade dos olhos baixos".

Para evitar disputas, Adi não quer usar as costuras laterais adotadas na velha Dassler Schuhfabrik. Então, recorre a três tiras paralelas que dão maior estabilidade ao calçado e ao pé. A inovação torna seus sapatos muito reconhecíveis, e as três listras brancas viram a marca registrada da empresa.

Poucos anos depois, os calçados com as três listras estão nos pés da seleção alemã, no estádio de Berna, na final da Copa do Mundo de 1954. Os selecionados de Itália e Brasil são figurantes naquela Copa do Mundo. Um ficou fora das quartas de final depois do jogo desempate da fase de grupos; o outro avançou, mas não chegou à semifinal. O exército invencível é a Hungria de Puskás. Não perde há mais de quatro anos. Foram os húngaros que mandaram o Brasil para casa com quatro gols, que despacharam os atuais campeões uruguaios nas semifinais e foram eles que, na fase de grupos do mesmo Mundial, marcaram oito gols na Alemanha, a rival no jogo final, que iria conduzi-los definitivamente à glória. Para os alemães, chegar à decisão já é uma conquista extraordinária; o melhor que podem fazer é evitar mais uma derrota humilhante. Eles se apegam a uma esperança. Que chova. A água poderia neutralizar as habilidades dos húngaros. Na manhã de 4 de julho de 1954, o céu sobre Berna estava azul. Mas, quando os jogadores partem para o estádio, uma chuva impressionante cai sobre a cidade. Para os alemães, é como música.

Antes do início da Copa do Mundo, Dassler revelou ao técnico Sepp Herberger que acabava de inventar travas destacáveis, que podiam ser aparafusadas ou desparafusadas dependendo do estado do campo. No vestiário, Sepp vira-se para ele: "Adi, vamos parafusar". Os magiares

---

2 Alcunhas dadas aos partidários do papa (guelfos) e aos partidários da supremacia do império sobre o papado (gibelinos) que entraram em conflito pela sucessão do imperador romano-germânico Henrique V, morto em 1125.

escorregam, a Alemanha joga. A seis minutos do final, o gol de Rahn põe fim à supremacia da invencível equipe húngara. A conquista da Taça Jules Rimet encerra os anos de miséria e sofrimento dos alemães após a guerra. De repente, a Alemanha volta a ser alguém, e Adi torna-se o herói do "Milagre de Berna".

No mesmo ano, novamente em Berna, "Heinz" Ludwig Fütterer vence os 100 metros e os 200 metros no Campeonato Europeu de Atletismo com os calçados Puma de Rudolf. Os dois irmãos entram para a história. Mas o filho de Adi, Horst, em pouco tempo a mudará para sempre.

8. O Conde

Durante a guerra, a Taça Jules Rimet, vencida pela Itália em 1938, é mantida em Roma, a dois passos da Basílica de São Pedro, na casa da praça Adriana, do presidente da Federação de Futebol.

Ottorino Barassi a manteve escondida dos olhos dos nazistas que a queriam para derreter seu ouro. Mas o caráter do dirigente é ainda mais valioso. Depois de ter cuidado da organização da Copa do Mundo de 1934, ele foi contratado pela Fifa para dar uma ajuda aos cartolas brasileiros na edição de 1950. E foi ele, um italiano, quem propiciou o bom andamento do evento, certificando-se de que o estádio do Maracanã estivesse apto a tempo para o torneio. Ele estava prestes a ser nomeado membro do Comitê Executivo da Fifa e, com esse título, contribuiria para a fundação da Uefa. Antes disso, porém, elabora uma reforma, a chamada "Lodo Barassi", que visa a criar os mecanismos de promoção e rebaixamento das séries do futebol italiano, reduzindo o número de equipes por divisão e limitando a contratação de jogadores estrangeiros no país. O Conde acaba de colocar as mãos no esboço desse estatuto. Na Itália, todos o chamam assim. Basta o título para saber de quem se trata. Ele é a sombra mais influente do futebol nacional.

Alberto Rognoni da Calisese di Cesena, filho de um magistrado proprietário de terras, fundou, em 21 de abril de 1940, aos 22 anos, a Associazione Calcio Cesena, gesto que, entre outras coisas, criou um fio condutor que se entrelaça com a história da seleção nacional italiana. Em uma de suas pontas está Azeglio Vicini, nascido em Cesena, em

1933, e que, além de futuramente comandar as seleções sub-23 e sub-21 da Itália, será auxiliar de Enzo Bearzot em 1982. No limiar oposto está um treinador pouco conhecido, Arrigo Sacchi, que levará o time da cidade a vencer o último campeonato italiano de juniores antes da Copa, na temporada 1981-82. Enquanto Vicini joga pelo Conde (é um dos primeiros a vestir a camisa do Cesena e marca 12 gols que ajudam a equipe a obter o acesso), o Conde joga pelo futebol.

Quando, em 1951, deveria ser aprovada a reforma dos campeonatos, Rognoni passa uma noite inteira reescrevendo o Estatuto. Está em um hotel florentino com 18 altos executivos à frente, dos quais se sobressai Barassi. Ao amanhecer, Rognoni caminha em direção ao salão e atravessa o corredor com vista para os quartos dos poderosos. Cada um deles havia deixado seus sapatos em frente à porta para serem engraxados. Trinta e seis. O Conde pega dois pares de cada vez, abre a janela e, com calma seráfica, joga-os no Arno. Quando chega a hora da reunião, os delegados, embaraçados pelo destino inusitado, primeiro furiosos e depois perplexos, finalmente cedem e aparecem de chinelos e meias para ouvir o que Barassi, lendo as anotações de Rognoni, tem a comunicar. Assim, o futebol renasce na Itália.

A "cabana do porto", na cidade de Cesenatico, a sede do Conde, torna-se a Meca da Bola, e ele, o Grande Inquisidor: criador da Comissão de Controle, o Gabinete de Investigações da Federação de Futebol, órgão encarregado de desmascarar os ilícitos cometidos no esporte.

Alberto Rognoni faz de tudo. Nunca delega, está sempre na linha de frente. Chega a se esconder no porta-malas de um carro para localizar o culpado de uma transgressão que resulta no rebaixamento da Udinese para a *Serie B*, em 1955, ou a se apresentar, disfarçado de frade, na casa do principal corrupto do futebol da época, Gegio Gaggiotti, o fazendeiro de Bréscia.

O evento mais recente é o Escândalo Scaramella, a infração que, também em 1955, faz o Catania ser rebaixado no tapetão, provoca o banimento do árbitro romano Ugo Scaramella, o abandono de profissão de seu corruptor, o correspondente da *Gazzetta* Giulio Sterlini, e sua substituição por um jovem de Catânia de nome Candido Cannavò, que será vice-diretor do periódico muitos anos depois, durante a Copa do Mundo da Espanha.

Até que o Conde compra o *Guerin Sportivo*, a mais antiga revista de esportes do mundo. Em suas colunas, brilhará a intelectualidade, não só esportiva, que ilumina boa parte do século XX: de Indro Montanelli a Gianni Brera, de Luciano Bianciardi a Camilla Cederna, de Pierpaolo Pasolini a Rino Tommasi, de Oreste del Buono a Gianni Mura. Uma experiência editorial única. Um laboratório de ideias jornalísticas revolucionárias apreciadas até por Paulo VI: "O *Guerin Sportivo* é como Giovenale, *que castigat ridendo mores*".[3]

Editor "faz-tudo" e patrão absoluto entre 1953 e 1973, o Conde acompanha cada sopro de vida de sua criatura. Aos seus, dita regras precisas. Primeiro: todo artigo deve começar bem e terminar melhor, porque um começo brilhante estimula o leitor a prosseguir e o fim deve deixá-lo satisfeito. Segundo: nunca escreva que um jogo foi ruim. Terceiro: sempre ande pela tribuna de imprensa, escute o que os jornalistas dizem e escreva exatamente o contrário. A receita funciona. À margem das guerras travadas pelos jornais, o semanário do Conde resiste à moda, às crises e às oscilações de humor. Um dia, em Milão, Rognoni faz toda a redação parar, atravessa a praça da estação e pede que quatro carregadores se dirijam até o *Guerino* — como é carinhosamente chamado o *Guerin Sportivo* — para escrever sobre futebol: "Vamos apostar que eles são mais capazes que vocês?". Depois de uma hora em que os jornalistas, fora de seus postos, observam fixamente a cena, ele sorri, afasta os convidados com uma gorjeta generosa e, como se nada tivesse acontecido, chama os colaboradores de volta à sede na Piazza Duca d'Aosta 8b. Lá, em 1961, o jovem Ítalo Cucci pisará pela primeira vez, mas terá que esperar 12 anos — e a transferência de propriedade do periódico, do Conde para (Luciano) Conti — antes de se tornar o chefe da equipe. Um dia Dino Zoff lhe dirá: "Seria bom ver a cada semana as fotos e os desenhos dos gols". Ele atenderá ao desejo do goleiro, e a novidade fará o semanário alcançar seu ápice de circulação. "Diretor operário", assim como o Conde, Conti escreverá, fará manchetes, diagramação, fotolitos, corte e impressão. E irá a campo. Por isso, no dia 5 de julho, estará sentado na tribuna do Sarriá.

3 Décimo Júnio Juvenal (ou Giovenale) foi um poeta romano que viveu nos séculos I e II d.C. É o autor de *Sátiras*, coleção de poemas satíricos no qual retrata de maneira crítica a sociedade romana da época. A frase em latim, que pode ser traduzida como "que corrige os costumes rindo", é interpretada como a própria essência da sátira.

9. O braço direito de Bernabéu

Espanha. O início de uma nova vida. Raimundo começa a saboreá-la em 1941, quando os Saportas se mudam para Madri, longe dos soldados alemães. Enquanto o Holocausto leva embora o resto de sua família e quase toda a comunidade sefardita de Tessalônica, para Jaime, Simona, Raimundo e Marc é hora de iniciar um caminho cheio de esperança. A ilusão, no entanto, dura pouco tempo. Alguns dias depois de sua chegada, um bonde atropela e mata Jaime Saporta. Dona Simona fica viúva com dois filhos em um país que não conhece, recém-saído da guerra civil e governado por um ditador que simpatiza com o nazismo do qual fugiram para sobreviver.

À mãe, Raimundo deve sua existência duas vezes. Foi ela quem lhe deu a vida e quem a salvou. Dona Simona é culta e inteligente. Em Madri, sabe que tem de se reinventar rapidamente. Assim, assume a personalidade de viúva francesa de um banqueiro espanhol. O domínio perfeito da língua francesa e um sobrenome que poucos teriam remetido a uma linhagem hebraica fazem o resto. Ela matricula Raimundo em uma escola francesa. E então o incentiva a seguir o esporte. Consciente de não possuir habilidades atléticas, o menino se dedica a organizar o time de basquete e, aos 16 anos, torna-se delegado escolar. O cargo o põe em contato permanente com os dirigentes da Federação Espanhola de Basquete (FEB), em particular com o presidente Jesús Querejeta. Aos 19 anos, ele se torna membro da Federação; dois anos depois, é nomeado tesoureiro e, no ano seguinte, é eleito vice-presidente. Suas habilidades de gestão, um cérebro predisposto a números e sua fluência em idiomas o levam a se revelar uma figura-chave. Mas ele não pode viver apenas do esporte: a morte de seu pai o impede de ir para a universidade uma vez completada a escola secundária e o obriga a encontrar um emprego.

Ele começa numa loja de eletrodomésticos na Gran Vía, até conseguir trabalhar no Banco Exterior de España, onde permanece por toda a vida. A Federação cresce e, em 1952, Santiago Bernabéu, presidente do Real Madrid, faz contato com ele a propósito de um torneio de basquete. Saporta é jovem, mas já sabe se virar bem, e Bernabéu não o deixa escapar.

Raimundo entra como contador em 1953; no ano seguinte, vira tesoureiro; uma década depois, o braço direito de Bernabéu: torna-se vice-presidente do Real Madrid. O que mais gosta é de operar nas sombras. Um trabalhador discreto que, no entanto, é o gênio organizacional da equipe: tira Alfredo Di Stéfano (que Gianni Brera definiria como superior a Pelé) do caminho do Barcelona e o põe lado a lado com fenômenos como Raymond Kopa, Ferenc Puskás, José Santamaría, Francisco Gento e Pachín. Uma das formações mais fortes da história.

10. **A revelação**

Durante a Segunda Guerra Mundial, em Auschwitz, a família inteira de seus pais foi deportada. Em 1938, o pai, Vilmos, que trabalhava como alfaiate, fugiu para a Palestina para salvar a própria vida. Sua mãe, Sarah, o havia deixado em Timișoara, Romênia, em um trem com destino à Holanda. O pequeno Abraham Klein chegou a Apeldoorn depois de três semanas, exausto e com fome.

Terminada a guerra, ele retorna a Israel e acaba em um *kibutz*. Reencontra o pai em Haifa apenas em 1948. Já tem idade para usar calças compridas, mas, como Vilmos está doente, sua mãe o manda procurar sozinho o sr. Jonas. O homem está fechando a loja. "Tenho que correr para arbitrar um jogo, vem comigo. Falamos das suas calças mais tarde." Abraham o segue. Durante o jogo, o alfaiate se machuca. O homem se vira para ele e lhe passa o apito: "É simples: se acontecer uma falta, você apita". Aptidão é uma predisposição da alma. Muitas vezes pode ser inata, algumas vezes não sabemos que a temos, e outras a descobrimos tardiamente. Em Klein, ela se manifesta naquele dia. Ele conhece as regras, seu pai foi jogador do MTK Budapest, um dos mais importantes clubes húngaros, e ele próprio joga como atacante. Não tem a habilidade do pai. Sabe, porém, ler o jogo. Com aquele apito, dá início a seu futuro. Jonas tem a mesma percepção: "Se você se empenhar, pode se tornar um verdadeiro árbitro". Abraham tem 19 anos. Muda-se para Tel Aviv, onde se forma em ciências médicas e, durante o serviço militar, vive sua primeira experiência como árbitro nos Jogos Militares. É ali que aprende a importância da disciplina, da psicologia e da forma física, os três pilares de sua formação.

11. *La dolce vita*

Terminada a Grande Guerra, Giovanni Pastorin, que já não é mais criança, volta a Verona para se tornar trabalhador ferroviário. Quando a República e a Constituição nascem na Itália, seu filho Elio, ao lado da esposa Leda, dá as costas ao destino de seu país para confiar, como o avô havia feito, no exótico sonho brasileiro. No Novo Mundo, poucos dias após a final da Copa do Mundo de 1954, forças militares conservadoras se voltam contra Vargas, e o estadista se suicida.

Sua pesada herança recai sobre um médico. Seu nome é Juscelino Kubitschek de Oliveira, e ele é governador do Estado de Minas Gerais. Eleito presidente do Brasil em 1955, consegue dar um novo impulso à atividade econômica do país. Constrói a nova capital, Brasília, desenvolve indústrias e financia obras públicas. O Brasil respira finalmente uma atmosfera de renascimento.

Rio e Roma vivem suas "doces vidas" quase simultaneamente. Pela orla de Ipanema e nas calçadas da Via Veneto, músicos, intelectuais e artistas se reúnem. O mundo parece viver apenas lá. Não existe outra vida. A brasileira se move num ritmo minimalista, mas complexo. Chama-se Bossa Nova. João Gilberto e Tom Jobim acabam de inventá-la. Depois, a eles se juntará Antonio Pecci Filho, conhecido como Toquinho, de origem italiana.

Nos primeiros dias de setembro de 1955, a Livraria Martins Editora publica *O pensamento vivo de Darwin*, de Julian Huxley. Leda Pastorin recebe o livro alguns dias antes do parto e começa a lê-lo avidamente. Quando seu filho vem ao mundo, em 18 de setembro, não tem dúvidas sobre o nome. Será Darwin.

Na mesma hora desse mesmo dia, no Maracanã, no Rio de Janeiro, disputa-se a primeira partida de um torneio recém-lançado, a Copa Bernardo O'Higgins, entre Brasil e Chile. A estrela da seleção é Júlio Botelho, o Julinho. O mundo começou a reparar nesse brasileiro de bigode à la Clark Gable e ar sóbrio no ano anterior, durante a Copa do Mundo realizada na Suíça. Ele também despertou a atenção do técnico italiano que precederá Bearzot no banco da seleção nacional, Fulvio Bernardini. A Fiorentina, aliás, acaba de contratar o jogador, como italiano, por 5.500 dólares. Providencial para a contratação é a descoberta de um avô proveniente da cidade de Lucca, um certo Bottelli, na árvore genealógica do ponta brasileiro.

Mas a Confederação Brasileira de Desportos convoca para a seleção somente os jogadores que atuam nos campeonatos jogados no país. Não poderia, portanto, usar seu melhor ponta-direita naquelas circunstâncias. No entanto, decide não seguir a prática usual. O futebol brasileiro está vivendo um momento histórico particular. A lembrança do *Maracanazo*, a derrocada na Copa do Mundo de 1950, ainda está gravada na memória coletiva. A atribuição de responsabilidade pela derrota ao goleiro Barbosa e ao lateral-esquerdo Bigode, ambos negros, dá origem a reflexões sobre o racismo e à necessidade de uma abordagem mais rigorosa em relação ao tema no futebol. Condições que pouco têm a ver com as características mais destacadas do maior ponta do país: Manuel Francisco dos Santos, o Garrincha.

Genial, mas imprevisível, indisciplinado e individualista, Garrincha é visto com ceticismo também por buscar excessivamente o drible. É o próprio Julinho, porém, quem recusa a convocação: "Prefiro não tirar o lugar de quem o conquistou jogando em casa. São companheiros menos famosos e não tão bem remunerados que merecem essa oportunidade". É um gesto generoso que muda a história do futebol. Para substituí-lo, o Brasil concorda em escalar "o Anjo das Pernas Tortas", que de outra forma não teria tido a oportunidade de explodir.

E assim o dia do nascimento de Darwin coincide com a estreia acidental de Garrincha na seleção canarinho. Ele se tornará em sua posição o maior de todos os tempos. Poucos meses depois, Julinho presenteia a Fiorentina com o *Scudetto* e, no ano seguinte, com a final da Copa dos Campeões da Europa. O jogo é disputado no Santiago Bernabéu, de Madri, e o adversário é o temível Real de Kopa, Gento, Muñoz e Di Stéfano. O esquadrão orquestrado por Saporta. Julinho mostra que não tem medo dos rivais, mas a *Viola* cai no fim da partida, quando Di Stéfano decide a final com um gol de pênalti, marcado depois de falta cometida fora da área. O sonho continental florentino termina assim. De volta ao Brasil, Julinho percebe que nunca ganhará uma Copa do Mundo. Sua posição é ocupada pelo homem a quem ele a cedeu. Com Garrincha (e Pelé) em campo, a seleção não perde.

Mas os ecos do *boom* italiano se revelam mais fortes. Três anos depois da Copa do Mundo de 1958, são ouvidos também no Brasil. Quem percebe esse clima no ar são os Pastorins, que decidem deixar para sempre a terra que enfeitiçou três gerações de sua família para regressar ao *Belpaese*. Vive-se o centenário da unificação da Itália. Turim é a nova meca. Darwin se vê crescendo na Via Madama Cristina, na cidade da Mole e da Fiat, torcendo pela Juventus e se tornando jornalista no diário esportivo da cidade, o *Tuttosport*, pelo qual será enviado à Espanha durante a Copa do Mundo de 1982.

12. **Pai e filho**

As raízes de todos os acontecimentos que se seguem têm origem no conflito entre um pai e um filho. Um drama psicológico com sabor de século XIX será, de fato, o primeiro motor imóvel dos eventos que ajudarão a criar a fisionomia da Itália de 1982. Um rancor privado que mudará a história, o governo, as escolhas de Pertini[4] e as mentes dos italianos, ajudando ainda a se compreender a explosão do *catenaccio*, a ascensão de Carraro[5] ao Coni e de Sordillo[6] à Federcalcio, e a criar o DNA futebolístico do técnico Enzo Bearzot, bem como a inesperada possibilidade de um governo Spadolini. Além de abarcar, para o bem ou para o mal, outros aspectos ligados à Copa do Mundo espanhola: a escolha de um editor, a propriedade do maior jornal esportivo da Itália, a fuga de um figurão, o advento do amuleto dos *azzurri*, a amargura de alguns cronistas e até mesmo o envio de um septuagenário às terras hispânicas.

Angelo Rizzoli, o velho, sempre manteve uma atitude implacável em relação ao filho Andrea. O "*cumenda*"[7] cresceu em um orfanato,

---

4 Alessandro Pertini (1896-1990) foi o presidente da Itália de 1978 a 1985. Militante do Partido Socialista Italiano desde a juventude, foi preso algumas vezes por se opor ao regime de Benito Mussolini. Chegou a ser capturado durante a Segunda Guerra, mas conseguiu fugir e organizou um movimento de *partizans* que combateu fascistas e nazistas. No pós-guerra, tornou-se figura proeminente do Partido Socialista até chegar à presidência.

5 Franco Carraro (1939-) é um dirigente esportivo e político italiano. Foi presidente do Milan na virada dos anos 1960 para 1970 e presidiu também a Federação Italiana de Futebol em três mandatos, além de ter sido prefeito de Roma, ministro e senador da República. De 1978 a 1987, foi o mandatário do Comitê Olímpico Nacional Italiano (Coni).

6 Advogado e dirigente esportivo, Federico Sordillo (1927-2004) presidiu o Milan no início da década de 1970 e, depois, tornou-se presidente da Federação Italiana de Futebol. Foi sob seu mandato (1980 a 1986) que a seleção conquistou o título mundial na Espanha.

7 Termo usado pelos milaneses para se referir a *commendatore* (comendador). Angelo Rizzoli recebeu em 1931 o título de comendador da Ordem da Coroa da Itália, honraria que o acompanhou como apelido até o fim de sua vida, em 1970.

conheceu a angústia de viver na miséria e se fez sozinho. Lançaria publicações como *Annabella*, *Oggi* e *L'Europeo*, imprimiria a enciclopédia *Treccani*, publicaria todos os clássicos da literatura, produziria filmes memoráveis e viria a ganhar todos os prêmios mais prestigiosos do cinema (o Oscar e o Nastro d'Argento por *8 ½*, o Globo de Ouro por *Julieta dos espíritos*, a Palma de Ouro por *La dolce vita*, o Leão de Ouro por *Deserto rosso — o dilema de uma vida* e *O ano passado em Marienbad*). Em torno dele, orbitou a história cultural da Itália. Sem sua figura, o imaginário que envolve o cinema italiano seria diferente. Mesmo assim, ele ostentava com orgulho sua ignorância e detestava os ricos. Principalmente aqueles que tiveram vida fácil. E nessa categoria estavam incluídos também seus filhos.

Andrea, o mais velho, era humilhado publicamente em todas as ocasiões. Nos jantares públicos, o "*cumenda*" mostrava a garrafa aos convidados: "Esta montanha alta sou eu". Então, pegando um copo, dizia: "E este monte é Andrea". Apesar disso, o filho, que entrou na empresa ainda criança, tentou durante toda a vida estar à altura das circunstâncias. Muito jovem, convenceu Vittorio Metz e Giovanni Mosca a deixarem a *Marc'Aurelio*[8] em Roma para virem a Milão fundar o *Bertoldo*.[9] E foi sempre ele quem deu vida ao *Candido*,[10] de Guareschi. Sucessos que nunca impediram o pai de ridicularizá-lo em público sem piedade, diante de sua cúpula de poder: "Quieto, moleque, cala a boca, estúpido". Aquele filho não se parecia com ele. Até porque, para criar sua própria identidade, procurava de todas as formas se afastar do pai. À jovial segurança paterna contrapunha uma timidez complexada. O otimismo contra a desconfiança. O mundanismo contra a discrição. Mesmo nas roupas: chapéu-panamá contra tons acinzentados. No entanto, Andrea se esbaldava no conforto de sua vida. Jogava golfe, apostava em cassinos, era dono do maior iate do Mediterrâneo, o *Sereno* (cinquenta metros rebatizados, em tom jocoso, como "o iate das privadas" devido ao grande número de banheiros a bordo), de um avião particular e uma vila em Cap Ferrat (adquirida do ator Curd Jürgens, que morreria em 1982, no dia de Itália × Peru e Brasil × Escócia).

8 Revista satírica italiana publicada entre 1931 e 1958. Federico Fellini iniciou ali sua carreira, como cartunista.

9 Semanário satírico que pertenceu ao grupo editorial de Angelo Rizzoli, circulou entre 1936 e 1943.

10 Outra publicação satírica, o periódico foi lançado em 1945 e encerrou suas atividades em 1961. O tom político de suas páginas era, essencialmente, anticomunista.

Encontra a oportunidade de ostentar uma glória para chamar de sua em 1954, enquanto seu pai se empenha em produzir a saga de don Camillo.[11] O diretor do Milan, Tony Busini, procura alguém disposto a assinar cheques de sete dígitos sem preocupações. Andrea, de 40 anos, é forçado a pedir permissão ao pai. "Faça o que quiser, mas não me leve à ruína." Obtida a aprovação, ele se lança na nova aventura, organizando o clube como se fosse uma empresa familiar. Se o pai fez história no mundo editorial e no cinema, ele é capaz de fazer no futebol. É o presidente de Gipo Viani, Nereo Rocco, Cesare Maldini, José Altafini,[12] Angelo Sormani e Gianni Rivera. Faz sua equipe ganhar quatro títulos italianos e uma Copa dos Campeões da Europa, a primeira de um clube da Itália. Uma vitória que vem de longe, do futebol dos "*poareti*" (pobrezinhos), e que marca o triunfo do *catenaccio*. Aquele Milan também cava o sulco mais profundo no futebol italiano, e o curso que nele flui desembocará no futuro técnico da seleção, Enzo Bearzot. Mas Andrea não consegue superar o pai, que está possuído por uma obsessão prestes a se materializar naqueles anos: ter um jornal diário.

É algo que sempre faltou em seu império. Ele tinha se apresentado em Montecarlo a Giuseppina Fossati Bellani Crespi, esposa de Aldo, dono do *Corriere della Sera*. A ideia era ambiciosa: reunir os periódicos de Rizzoli e o jornal da Rua Solferino a fim de criar um cartel nas vendas de publicidade. Mas a mulher não o considerou à altura do projeto e o colocou porta afora: "Sossega seu coração, querido Rizzoli. Nunca levará nosso *Corriere*". A humilhação deu-lhe nova energia. Tentou nos anos seguintes botar as mãos em *Il Giorno*, *La Notte*, *Il Tempo* e *Il Messaggero*.[13] Em vão. Então, decidiu criar seu próprio jornal. Foi até Montanelli: "Venha e seja o editor do meu jornal. Ele se chamará *Buondì*; assim, quem cumprimentar o dono da banca automaticamente o comprará". Depois o bom senso o levou ao *Oggi*,

11 Série de seis filmes baseada nos contos de Giovanni Guareschi. O protagonista da trama é o padre Camillo, que trava uma luta pelo poder com o prefeito comunista do vilarejo de Brescello, o senhor Peppone.

12 José João Altafini (1938-), conhecido como Mazzola, é um atacante ítalo-brasileiro campeão do mundo com a seleção em 1958. Nascido em Piracicaba, interior de São Paulo, naturalizou-se italiano e defendeu a Azzurra na Copa do Mundo de 1962. Bicampeão da liga e campeão da Copa dos Campeões da Europa (hoje Champions League) com o Milan, integra o *hall* da fama do clube.

13 *Il Giorno* é um jornal de Milão. O diário *La Notte*, também de Milão, encerrou suas atividades em 1995. *Il Tempo* e *Il Messaggero* têm sede em Roma.

que seria, como dizia o *slogan*: "O jornal de amanhã". A coroação de uma vida inteira. A sua.

Começa então a investir uma fortuna no projeto. Por isso, em 1963, logo após o título de Andrea na Copa dos Campeões, Angelo Rizzoli tira o brinquedo do filho, ordenando que a família se desligue do Milan. Em seguida, compra as rotativas, organiza a redação, contrata dois editores (Gianni Granzotto e Gaetano Afeltra, que trocou justo o *Corriere* pelo cargo) e imprime dezenas de números 0. Nesse meio-tempo, fica atento às contas. Faz do seu jeito, rabiscando o verso branco da caixa de cigarros Turmac, e lhe bastam três colunas: créditos, dívidas e caixa. Depois de três anos de trabalho, são essas anotações que o fazem perceber que o jornal de amanhã vai arruiná-lo. E ele tem a coragem de abrir mão dos 11 bilhões gastos para não dilapidar o resto de seu patrimônio. Tem o maior dos impérios editoriais, mas intui os limites de suas possibilidades, além dos quais o próprio império desmoronaria.

A saída do Milan se mostra, assim, inútil. Mas aquela equipe deixou uma marca. Ao longo dos 20 anos seguintes, que desembocarão na Copa do Mundo de 1982, o período de nove anos da presidência de seu filho será sempre lembrado como a época de ouro da história *rossonera*.

13. O Natal de 1956

É outono na Europa em 1956. Um ano de emaranhados existenciais. Bearzot e Telê Santana, futuros treinadores da Itália e do Brasil, são dois jovens que jogam futebol com as camisas da Inter de Milão e do Fluminense. Ambos relegados a perseguir os clubes predestinados aos títulos. O carioca fica nas mãos do Vasco da Gama; o *Scudetto* italiano, por sua vez, é do Milan, produto de Andrea Rizzoli, dirigido por Gipo Viani e liderado por Cesare Maldini. As duas seleções nacionais se enfrentaram alguns meses antes em Milão, e os *azzurri* venceram por 3 a 0 o mesmo Brasil que se tornaria campeão mundial dois anos depois. Bearzot não estava em campo. A camisa azul que o revestiu pela primeira vez em 27 de novembro de 1955 será a de seu único jogo pela seleção italiana.

No Brasil, Juscelino Kubitschek deu início a um período de forte industrialização que culminou com a construção da nova capital,

Brasília. Foi também um ano de primeiras vezes para a Itália. Cortina d'Ampezzo sediou as Olimpíadas de Inverno, Anna Magnani ganhou o Oscar de melhor atriz pelo filme *A rosa tatuada*, nasceu o *Il Giorno*, jornal do ENI de Enrico Mattei, e foi assentada a primeira pedra da Autostrada del Sole.[14] A jovem televisão italiana, todos os sábados à noite, mantinha metade do país grudada à tela, graças a Mike Bongiorno e seu *Lascia o Raddoppia*; no cinema, por sua vez, o ano foi marcado por quatro filmes de Totò, todos dirigidos por Camillo Mastrocinque (de *La banda degli onesti* a *Totò Peppino e la... malafemmina*).

Para o mundo, foi o ano dos casamentos estelares: ao de Grace Kelly com o príncipe Ranier de Mônaco responderam Marilyn Monroe e Arthur Miller. Mas também foi um ano de divórcios excepcionais, como o artístico entre Dean Martin e Jerry Lewis, depois de uma década juntos. Ou de mortes ilustres. Como as de Jackson Pollock, de Alfonso de Bourbon, irmão do futuro rei Juan Carlos da Espanha, e sobretudo de Jules Rimet, o criador da Copa do Mundo. Um nascimento, por outro lado, seria crucial para a Itália e o Brasil. O outono de 1956 é o primeiro de uma criança que acaba de chegar ao mundo: Paolo Rossi.

Naqueles mesmos dias, do outro lado do planeta, cruzam-se os destinos de Havelange, futuro herdeiro de Rimet, soberano indiscutível da Copa do Mundo de 1982, e de Horst Dassler, o homem que lhe dará o poder. Os dois se encontram sob o mesmo céu. O de Melbourne, quando, durante o verão australiano, pela primeira vez os Jogos Olímpicos são realizados no hemisfério sul do planeta. O esporte tem sede de universalidade e quer ir além das fronteiras ocidentais. Mas a crise de Suez e a ocupação soviética da Hungria correm o risco de ofuscar o evento. Zombados pelo destino, jogadores de polo aquático húngaros e soviéticos se confrontam na mesma piscina durante o célebre "banho de sangue". Na mesma água olímpica, também se move o nadador napolitano Carlo Pedersoli, que um dia se tornará Bud Spencer. E a água está prestes a entrar até na cabeça de Horst Dassler.

Ele tem só 20 anos: ainda não sabe que vai fundar uma marca de roupas para a natação esportiva e que em 1982 será ele mesmo quem mudará o futebol para sempre. Por enquanto, mantém os pés no chão.

---

14 Em italiano, a Estrada do Sol. Mais importante autoestrada da Itália, corta o território do país como uma espécie de espinha dorsal que liga o norte ao sul, de Milão a Nápoles.

E é nos calçados que deve pensar. A mãe, Käthe Dassler, apelidada de Catarina, a Grande, colocou em suas mãos o destino da empresa. Horst é o único da família que fala inglês. Seu trabalho é promover a Adidas durante as primeiras Olimpíadas a serem transmitidas pela televisão. Para ele, não é tarefa fácil. Precisa lidar com a Puma de seu tio e com a Tiger do japonês Kihachiro Onitsuka. Mas, acima de tudo, com o presidente do COI, Avery Brundage, que defende vigorosamente a ética amadorística de Pierre de Coubertin.

São os primeiros Jogos celebrados sob sua presidência, e Brundage não consegue adaptar esses princípios aos tempos modernos. Não aceita a ideia de que as Olimpíadas devam chegar a um acordo com o mercado. Não entende que os Jogos podem trazer justamente do mercado os meios para organizar a própria vida e o desenvolvimento. "O esporte", ele declara, "é um passatempo, uma diversão, um momento de recreação, o oposto do trabalho". Iludindo-se de que é capaz de bloquear por decreto os caminhos nascentes do profissionalismo, proíbe os atletas de aceitarem remuneração ou produtos gratuitos: os esportistas devem adquirir seus próprios equipamentos ou recebê-los de suas respectivas federações olímpicas. Mas Horst encontra uma brecha.

Os regulamentos do COI permitem que os atletas obtenham o "equipamento técnico" necessário para sua disciplina gratuitamente. E para a Adidas não existe equipamento mais técnico do que os próprios calçados. "Funcionalidade em primeiro lugar" é o *slogan* da empresa. E a brecha se torna uma autoestrada.

Antes de partir, Horst dá um pulo na fábrica e a esvazia. Na véspera dos Jogos, no entanto, as autoridades portuárias australianas retêm todas as suas mercadorias. O jovem Dassler consegue liberá-las graças aos atletas norte-americanos, que escrevem cartas de protesto. Ao mesmo tempo, garante que a entrega da Puma fique retida na alfândega até o fim das Olimpíadas. Assim que chega à Vila Olímpica, vai jantar com os chefes das delegações, beber com os técnicos, passear com os dirigentes. Mas, sobretudo, entra e sai dos quartos dos atletas. A todos, oferece calçados: os seus. Os atletas apreciam o gesto e começam a caminhar, correr, saltar, competir involuntariamente patrocinados pela Adidas. O símbolo das três listras começa, a partir de Melbourne, a girar o mundo. Horst é jovem, mas já entendeu tudo muito cedo: "Ter amigos é fazer negócios". Para aumentar a demanda, enche uma loja de esportes com pilhas de caixas da Adidas. Elas ficam famosas como os "picos de Melbourne". Equipes inteiras correm para retirá-las de lá gratuitamente. Para eles, o Natal já chegou.

A estratégia se revela um sucesso. Os atletas com as três listras nos pés levam para casa 72 medalhas. Nos 400 metros com revezamento, os três melhores corredores usam tênis Adidas. Entre eles o vencedor Bobby Joe Morrow, o último grande velocista branco dos Estados Unidos, campeão olímpico também nos 100 e 200 metros. O tempo do atleta texano na segunda distância, 20,6", iguala o recorde mundial e estabelece o olímpico, desintegrando o recorde de Jesse Owens passados 20 anos. De pai para filho, os louros olímpicos norte-americanos de Owens e Morrow permanecem unidos sob o nome da Adidas. Em 10 de dezembro, a revista *Life* escolhe para sua capa a foto do campeão cruzando a linha de chegada. Seus sapatos acariciam a faixa vermelha que marca todas as edições do magazine. A Adidas se torna subitamente uma marca olímpica. E sinônimo de vitória.

Se Dassler foi enviado a Melbourne pela mãe, Havelange viajou convidado pelo Comitê Olímpico Brasileiro na qualidade de chefe da delegação. Dos Jogos de Berlim ele havia voltado ao Brasil sem medalha no pescoço, com memórias nítidas e perspectivas incertas. Os assuntos do pai tinham passado para outras mãos. Ele tinha começado a trabalhar na seção administrativa da Siderúrgica Belgo-Mineira. Dez dólares por semana para cuidar das questões envolvendo funcionários e clientes. Passados quatro anos, os mais anônimos e alienantes de sua vida, ele bateu à porta do patrão: "Eu me demito. Nunca mais vou trabalhar para ninguém em minha vida novamente". Abriu uma exceção nos dois anos seguintes, quando assumiu o papel de advogado de uma empresa de ônibus. Conseguiu retornar aos Jogos Olímpicos mais uma vez, em 1952, na seleção de polo aquático.

Mas em Melbourne, Havelange não está competindo: este é seu primeiro passo político. E ele precisa desesperadamente levar para casa uma medalha para orgulhar sua nação. Dassler também busca visibilidade, e atletas de pódio dão prestígio a sua empresa. O Brasil não é considerado um país vencedor. Os dois se cruzam, mas sem trocar uma palavra. Deverão esperar quase 20 anos para fazer isso. Na verdade, Horst sabe que, dos 47 atletas da delegação brasileira, apenas um pode estar destinado à glória. O detentor do ouro olímpico no salto triplo, Adhemar Ferreira da Silva. Não perde tempo com os outros ou com Havelange e só a ele apresenta seu revolucionário calçado desenhado para aliviar a pressão do corpo na ponta do pé. Perfeito para um saltador. A competição é acirrada, mas para o brasileiro valerá ouro novamente. A única medalha olímpica da delegação de Havelange. Graças a Horst.

14. O Plano Paulo Machado de Carvalho

Havelange, assim como Saporta, é seduzido pela política esportiva. E, como o espanhol, queima etapas: torna-se diretor da Federação Paulista de Natação, presidente da Federação Metropolitana de Natação do Rio e membro do Comitê Olímpico Brasileiro. Até que, em 1958, é coroado presidente da Confederação Brasileira de Desportos (CBD), número 1 do esporte — inclusive do futebol — em seu país. Tem 41 anos. É ano de Copa do Mundo: o Brasil nunca venceu uma. Para curar os males da equipe, ele aplica os mesmos princípios de organização que utilizou na Viação Cometa, transportadora da qual se tornou proprietário. A empresa precisava de um grande número de especialistas para resolver os mais diversos problemas, desde mecânicos a administrativos. Para cada transtorno, devia haver um diagnóstico e um remédio. Aos jogadores não basta apenas um treinador, eles também precisam de especialistas.

Havelange contrata um novo técnico, Vicente Feola, um médico de equipe, Hilton Gosling, um psicólogo, João Carvalhaes, e até um dentista, Mário Trigo (porque em uma Copa do Mundo é necessário prever e prevenir tudo). Todos de São Paulo. Muitos dos jogadores vêm de bairros pobres, passaram por grandes privações e, em pouco tempo, têm que se estabelecer em um contexto totalmente diferente, aceitando regras e disciplina. "Devem abandonar a violência natural deles", pede Havelange a Carvalhaes. Na "Batalha de Berna" (quartas de final contra a Hungria na Copa do Mundo de 1954), dois jogadores brasileiros foram expulsos. Na turnê de 1956, houve agressões (contra a Áustria, em Viena). Havelange quer acabar com tanta indisciplina e assume a responsabilidade de criar um projeto que apresente ao mundo a imagem de um país moderno. A fim de se construir a mentalidade vencedora, a psicologia desempenha um papel vital. O dr. Carvalhaes realiza testes comportamentais em toda a equipe. Os resultados sugerem que Pelé e Garrincha não podem ser escalados. Pelé, de 17 anos, é "obviamente infantil" e "irresponsável demais para jogar em equipe", enquanto Garrincha, que no teste teve a menor pontuação (38 em 123, menos que o necessário para dirigir ônibus em São Paulo), é considerado inapto para suportar a pressão de uma Copa do Mundo. O técnico Vicente Feola se encarrega da mediação entre o presidente e o psicólogo: "Doutor, talvez você tenha razão, mas não sabe nada de futebol". Entre 1958 e 1966, Pelé e Garrincha entrarão em campo juntos pelo Brasil 40 vezes: 36 vitórias, quatro empates e nenhuma derrota.

O principal responsável pela empreitada, porém, está fora do campo. Chama-se Paulo Machado de Carvalho, ficará conhecido em seu país como "O marechal da vitória" e é o chefe da delegação. Constrangido com as atitudes dos jogadores, Havelange confia totalmente em Machado. "Preciso de uma equipe que faça as pessoas esquecerem a derrota de 1950, uma equipe vencedora, uma equipe campeã. Faça o que for preciso. Você tem carta branca." E essa carta é então preenchida de tinta. Machado, já influente na política do futebol paulista, elabora um plano escrito com a colaboração de alguns jornalistas — o Plano Paulo Machado de Carvalho — para "civilizar" os atletas que representarão o Brasil na Copa do Mundo.

A operação funciona. Pela primeira vez na história do Mundial, o trabalho de uma seleção brasileira é realizado de forma profissional e organizada. Carvalho cuida da logística do grupo, transmite informações aos atletas, estuda a Suécia (país desconhecido para os jogadores) e toma precauções por causa da temperatura. O plano se revela perfeito. O Brasil é campeão do mundo não só uma vez, mas duas: em 1958 e 1962.

15. **Os sete magníficos**

O sangue púrpura ítalo-brasileiro tinge grande parte da história do futebol. Se o Brasil se sagrou campeão mundial pela primeira vez em 1958, deve isso a pelo menos sete "italianos". Liderando a seleção, esteve Vicente Ítalo Feola, filho de um artesão e camponês de Castellabate, no Cilento. O capitão da equipe era Hideraldo Bellini, filho de um emigrante de Comacchio e que será campeão mundial também em 1962. Quando a taça lhe é entregue, os fotógrafos brasileiros, bloqueados pela altura de seus colegas suecos, gritam para que ele a mostre mais no alto. Bellini os ouve e a ergue para o céu. O gesto a partir de então se torna um ritual. Seus companheiros são: Dino Sani, filho de pais italianos, verdadeiro farol do meio de campo e muito talentoso para os passes rápidos; Mário Jorge Lobo Zagallo, nascido no Brasil, mas de origem italiana, que também conquista a Copa do Mundo seguinte e, como treinador, a de 1970 — ao lado do ponta-esquerda Roberto Rivellino, natural de São Paulo, mas de uma família proveniente de Molise, e do zagueiro José de Anchieta Fontana. Na equipe de 1958, Feola, surpreendentemente, põe para jogar dois meninos, de 17 e 19 anos. O primeiro se chama Pelé. O outro José. O pai do segundo, Joaquim, coletor de cana-de-açúcar, obrigou o filho a se dividir entre a escola e o trabalho até obter o diploma de mecânico. Pedaço de papel na mão, José João Altafini chega ao Palmeiras, onde se exibe uma foto do grande Torino. Os companheiros o acham idêntico ao Mazzola italiano e assim o apelidam. E "Mazzola" é o nome com o qual ele entrará para a história (naturalizado italiano, disputa as Copas do Mundo seguintes de camisa azul, acabando depois por jogar o Campeonato Italiano como companheiro de equipe de Zoff).

Aquela Copa do Mundo de 1958 não viu a Itália, eliminada da fase final depois de perder por 2 a 1 para a Irlanda do Norte nas eliminatórias, em 15 de janeiro de 1958. O único gol azul foi marcado por Dino da Costa, nascido no Rio de Janeiro, filho de um italiano condutor de trólebus, que ingressou nas categorias de base do Botafogo aos 14 anos e depois se naturalizou italiano, após ter formado com o campeão Garrincha e o quase contemporâneo Luís Vinício um formidável trio de ataque pela equipe carioca.

Antes dele, Amphilóquio Marques Guarisi, também conhecido pelo nome italianizado de Anfilogino Guarisi, e chamado no Brasil de "Filó", jogou pelo Corinthians e pela seleção em meados dos anos 1920, para então pousar na Lazio (chamada na época de *Brasilazio*, pela presença massiva de jogadores ítalo-brasileiros: 14) e se sagrar campeão mundial com a seleção italiana em 1934.

Destino oposto ao de José Oscar Bernardi, que em 1982 defende a área sagrada de Telê Santana no Brasil contra os *azzurri*. Sua família vem de Lucia, na província de Rovigo. Por isso, quando criança o chamavam de "Italiano". Certamente, se não tivesse se tornado jogador de futebol, teria trabalhado ao longo da vida em Monte Sião, a pequena cidade mineira que é sustentada pelo setor têxtil (sem agulhas, porém, apenas crochê; é a tradição). Sua mãe foi uma das pioneiras locais. Seu pai, Dino, fazia parte de uma família de sapateiros que saiu da Itália para se estabelecer no Brasil. Para Oscar, o exemplo de como se deve viver. Ninguém na família conheceu a riqueza; todos sempre trabalharam. Isso lhe ensinou muito. Humildade, acima de tudo. Tradicionalistas (seis crianças) e religiosos (na missa todos os domingos, nas procissões em todos os aniversários, em peregrinação a Aparecida todos os anos), os Bernardis foram os primeiros italianos a se mudar para aquela região.

Angelo Benedicto Sormani tem as mesmas origens: avós paternos de Garfagnana e maternos de Rovigo. Apelidado de "Pelé Branco", companheiro do Rei original no Santos, encerra sua brilhante carreira no Lanerossi Vicenza, quando chega contratado pelo clube um jovem desconhecido de nome muito comum entre os italianos: Paolo Rossi.

16. **A afronta**

Quem ocupa o lugar de Andrea Rizzoli no Milan é Felice Riva. Cabelos platinados, *foulard* e camisas de seda. Sem mencionar as Lacostes. As mesmas que Beppe Viola, correspondente da RAI, usa na Copa do Mundo da Espanha. Mas ele é o primeiro a exibi-las fora de uma quadra de tênis.

As pessoas o chamam de "Loirinho". Ele acaba de receber em mãos as chaves de um império. Assim como Andrea Rizzoli, é filho de um homem que se fez sozinho. Quatro anos antes, depois da morte repentina do pai, ficou órfão (havia perdido a mãe em 1955, por um câncer), mas tremendamente rico. Do pai, Giulio, herdou o negócio da família, Cotonificio Vallesusa, grupo têxtil que produzia as famosas camisas Popeline Capri, um dos símbolos do *boom* econômico italiano, um colosso com 30 unidades fabris e 15 mil funcionários.

Milão é o topo do mundo. Ele, que almeja ser um magnata conhecido, também quer um time para chamar de seu. Ao encontrá-lo, reafirma pertencer ao mundo dourado com o qual o destino o presenteou, mas distrações, passos em falso e maus investimentos o levam à ruína rapidamente. Em 1965, as empresas de Felicino se afundam em um abismo de 46 bilhões de liras. Evaporam. É a falência, o fechamento de todas as fábricas, com 8 mil pessoas, entre operários e outros empregados, que, da noite para o dia, perdem o emprego. O diretor da fábrica Rivarolo Canavese se suicida para não assinar outras 1.580 cartas de demissão. Às greves de seus funcionários, segue-se a inquietação de seus jogadores, que se recusam a treinar por falta de pagamento de prêmios. A quebra é inicialmente escondida com balanços adulterados, e Riva é condenado a quatro anos de prisão por fraude falimentar. Ele é preso ao sair do cinema, mas a sorte não o abandona: fica na cela apenas alguns dias porque o mandado judicial tem um defeito formal. Como seu passaporte italiano não é apreendido, ele foge para Nice, depois para Paris, em seguida para Atenas e finalmente se estabelece em Beirute.

Em 27 de outubro do ano anterior, durante a assembleia extraordinária convocada no teatro da Cassa di Risparmio, na Via delle Erbe, assim que se tornou presidente do clube pediu a seu jovem advogado, Federico Sordillo, para integrar o secretariado do conselho diretor do Milan e a um dirigente apaixonado por futebol, Luigi Carraro, para ser seu vice. Em sua ausência, o posto vago é ocupado temporariamente por Sordillo, que assume o cargo de comissário por alguns anos, até que, em 20 de abril de 1966, é Luigi Carraro quem decide ocupar a cadeira mais alta na hierarquia *rossonera.*

Faltam pouco mais de dois meses para a Copa do Mundo na Inglaterra. Algumas semanas mais tarde, é Havelange quem aparece em Milão. Quer falar com Carraro. O Brasil é o campeão mundial corrente, graças à vitória conquistada no Chile, onde Pelé se machucou cedo, dando lugar a Amarildo, que no ano seguinte acabou no Milan. Havelange quer que o jogador fique livre para treinar e, assim, participe da Copa do Mundo inglesa. Luigi não fala outras línguas, e seu filho Franco entra em negociações com o presidente da confederação brasileira. A disponibilidade dos Carraro é total. Em troca, eles pedem apenas que Amarildo assine o contrato para a temporada seguinte. Mas o valor proposto não satisfaz o jogador, e a negociação se arrasta.

Os dias vão passando e nesse período, ainda pontuado por almoços e jantares ao ar livre, nasce uma amizade entre os Carraro e Havelange.

Na Inglaterra, Havelange está confiante de que o Brasil conquistará seu terceiro Mundial, e a Taça Jules Rimet em definitivo. Quer garantir que Paulo Machado de Carvalho não ofusque seu triunfo. O mérito dessa empreitada deve estar ligado apenas a seu nome. Então, livra-se do "Marechal". A equipe é a mesma que já venceu duas vezes: não haverá problemas. Mas os jogadores, em comparação com 1958, estão oito anos mais velhos e deixam a competição na primeira fase. Para Havelange, é uma afronta. O presidente da Fifa é um inglês. Nos três jogos contra Bulgária, Hungria e Portugal, a seleção encara a arbitragem de um alemão e dois ingleses. Para ele, significa apenas uma coisa: "O plano é tirar o Brasil". Decidida a eliminação brasileira, segundo ele, Inglaterra e Alemanha vão organizar o torneio para se encontrar na final. E o epílogo do torneio vê exatamente as duas seleções brigando pelo título, que fica com os donos da casa.

Em outubro, Havelange volta a Milão para agradecer aos Carraro. Reclama da forma como o Brasil foi tratado na Copa do Mundo e anuncia a Luigi: "Um dia serei presidente da Fifa".

Carraro não conhecerá bem esse futuro porque alguns meses depois, em 7 de julho de 1967, morre de infarto durante a assembleia de sócios. Seu lugar é ocupado dramaticamente por seu filho, Franco. Três anos depois, em 1970, Angelone Rizzoli, de 27 anos (neto de Angelo e filho de Andrea), passa a ocupar o lugar do pai assim como Franco. É o ano da Copa do Mundo no México. Havelange esperou mais quatro anos para conquistar o cobiçado terceiro título que os britânicos lhe roubaram. Mas o destino lhe guarda uma surpresa: a Inglaterra está no grupo do Brasil.

17. Com as mãos no bolso

Naquele dia, Abraham Klein mantém as mãos no bolso. Tem 36 anos e está em vias de arbitrar sua primeira partida de Copa do Mundo.

"Vamos, pegue o envelope", incentivou-o um colega húngaro alguns dias antes. Ele o segurou entre os dedos, pensativo. "Não consigo", respondeu, "estou nervoso". Depois, foi em frente:

Jogo número 15
Guadalajara, 7 de junho de 1970
Inglaterra contra Brasil

Os então atuais campeões contra os prováveis herdeiros do trono, o berço do futebol contra o país do futebol. E abaixo, escrito com uma caneta preta, seu nome: "Abraham Klein".

O jovem árbitro israelense deve ter impressionado os observadores da Fifa dois anos antes, nas Olimpíadas do México. Eles tinham acompanhado seu trabalho desde a estreia. Seu trampolim foi em Roma. A Itália estava em campo, contra a Polônia, pelas eliminatórias da Copa do Mundo. Sua primeira partida importante. Klein tinha 31 anos. Até então, havia apitado em Israel diante de 20 mil pessoas; agora, estava para arbitrar para quase 70 mil torcedores. Não queria ser pego despreparado: então, na manhã de 24 de outubro de 1965, uma semana antes do jogo, embarcou em um voo da Alitalia, pagando do próprio bolso, dirigiu-se ao Estádio Olímpico e comprou um ingresso para assistir a Roma × Napoli. Ninguém sabia quem ele era, e Klein aprendeu muito. Especialmente sobre a multidão que gritava e chorava como ele nunca tinha visto antes.

Quando voltou para casa tarde daquela noite, escreveu a um amigo na Polônia pedindo informações sobre a seleção do país e convenceu a redação da *Gazzetta dello Sport* a enviar-lhe dezenas de recortes: sabia que na Itália os jornais esportivos conhecem mais sobre os jogadores do que suas próprias famílias. Descobriu, assim, que Gianni Rivera era o astro e que os defensores rivais tentavam derrubá-lo ao longo de toda a partida. Como amante do futebol, Klein sempre quis ver o jogo fluir. É um defensor da vantagem, sua lei preferida no conjunto de regras do jogo. Decide, portanto, que deixará a bola rolar o máximo possível. Quando volta a Roma na semana seguinte, sente que sua preparação não poderia ter sido mais adequada. Estava calmo, decidido e seguro. A Itália vence por 6 a 1. Três gols dos italianos resultaram de vantagens bem concedidas. Os observadores da Fifa tomam nota.

No ano anterior à Copa do Mundo, no verão de 1969, enquanto o mundo voltava os olhos para a Lua e os ouvidos para Woodstock, enfrentavam-se o Bayern Hof e o Hapoel Nahariya. Era a primeira vez, depois da Segunda Guerra Mundial, que um campo de futebol recebia um time alemão e um israelense. Era preciso escolher o árbitro mais idôneo. A questão era política. Os alemães queriam o melhor que Israel pudesse oferecer. E ele já era o melhor. A federação, porém, conhecia a história da família de Klein. Um homem que teve que usar a estrela amarela quando criança e perdeu seus familiares no Holocausto talvez não conseguisse arbitrar um confronto desse tipo. "Aceita apitar, Klein?"

Ele hesitou por um instante, depois proferiu um seco "sim". E acrescentou: "Sou um árbitro, não um juiz". Aquele 12 de julho foi o mais belo dia de sua vida esportiva. Naquela ocasião, deixou seus medos em casa. Tratou os homens em campo como jogadores, todos do mesmo modo, sem vítimas ou algozes.

Mas, dessa vez, ninguém, nem mesmo ele, entende por que foi designado para Inglaterra × Brasil. "A Fifa está assumindo um grande risco", pensa. De um lado Pelé, do outro Bobby Moore, duas lendas. Mas também Jairzinho, Bobby Charlton, Rivelino, Geoff Hurst, Carlos Alberto e Gordon Banks. A partida mais importante da Copa do Mundo até aquele momento, a final antes da final. Alguns dizem que escolhê-lo para arbitrar era como mandar um escoteiro para o Vietnã. Mas o desconhecido Klein confia em sua capacidade, e essa mesma confiança nele é depositada por Sir Stanley Rous, presidente da Fifa, e Ken Aston, presidente da Comissão de Árbitros, ex-juiz do famigerado Chile × Itália de 1962, a Batalha de Santiago — e aquele que, iluminado pela visão de um semáforo no trânsito, pouco tempo antes tinha introduzido no esporte o uso do cartão amarelo para as advertências e do cartão vermelho para as expulsões.

Klein já arbitrou quatro partidas internacionais, mas nenhuma remotamente comparável àquela que é chamado a dirigir nessa oportunidade. Vinte dólares de reembolso para pagar as despesas, mas ele iria até mesmo de graça. E, agora, vê-se diante de uma obra-prima do futebol.

É por isso que suas mãos tremem como corda de violino. Klein, então, coloca-as no bolso. Não quer que os jogadores as vejam. Manda chamar as equipes e decide ser forte. Afinal, deu sua alma para estar ali e tem méritos. Em Guadalajara há duas semanas, ignorou todas as possíveis tentações para se concentrar apenas na preparação. Não saiu do hotel por um dia sequer. Em sua cabeça, havia apenas o jogo. Sabe que não pode estragá-lo. Sai dos vestiários, vai ao encontro dos capitães, tira as mãos dos bolsos e os cumprimenta com um aperto firme. Os jogadores olham para ele se perguntando quem é aquele homem no meio do campo. Eles não sabem nada sobre Klein, mas Klein sabe tudo sobre eles. Essa é sua vantagem. Então, olha primeiro para um lado, depois para o outro, e apita o início da partida. Ele a controla com calma, correndo com certa graça de um extremo a outro do gramado. E logo percebe, olhando nos olhos dos jogadores, que eles o estão respeitando. Quando Pelé cai na área depois de um choque com Alan Mullery, Klein não se deixa seduzir pelo maior jogador do mundo. Simplesmente gesticula para que continue jogando. Mais tarde, definirá essa como a melhor decisão de sua vida.

Aos 45 minutos do segundo tempo, para encerrar o jogo, Klein apita com o fôlego que lhe resta no corpo. Mas logo percebe que nenhum dos jogadores o ouviu. Presenciou uma partida incrivelmente acirrada, foi testemunha daquela que viria a ser chamada de "a defesa do século" (de Banks, em cabeçada de Pelé), dirigiu uma batalha que, imagina, entrará para a história do futebol, independentemente do fato de estarem se enfrentando os então campeões mundiais e os que logo se consagrarão. Então, uma vez, a primeira e última, decide se entregar ao instinto, deixando o jogo seguir por alguns instantes. A única escolha feita de coração em sua carreira.

18. **O terror**

Durante a presidência de João Goulart, conhecido como "Jango", a Câmara de Comércio Americana e o First National Citybank, em 1962, criaram o Ipes, um centro de estudos financiado por 300 empresas norte-americanas, destinado a se embrenhar em todos os setores da sociedade brasileira para buscar o consenso entre as pessoas comuns e ao mesmo tempo favorecer seus próprios interesses. Para ter sucesso, o centro cooptou diretores de rádio, televisão e jornais para divulgar notícias manipuladas relacionadas a má governança, crimes e custo de vida. Com a ajuda de John Fitzgerald Kennedy, o Ipes conseguiu criar um novo clima — que também chegaria à Itália, inspirando o Plano de Renascimento Democrático de Licio Gelli e da Loja Maçônica P2 — e preparar o terreno para o golpe militar que aconteceu dois anos depois, na madrugada de 31 de março e no dia 1º de abril, justamente quando Goulart estava lançando as reformas sociais que poderiam mudar o destino de seu país.

Muitos dos males futuros do Brasil têm origem aí. É a partir desse momento que a melhor parte de uma geração inteira se perde na vala comum. O desmoronamento do país começa diante dos olhos de milhões de inocentes. Leandro é um menino de 5 anos. Luizinho tem 6. Éder é um ano mais velho. Cerezo está prestes a completar 9 anos. Júnior, Oscar e Sócrates, 10; Serginho, Zico, Falcão e Paulo Isidoro, 11. Waldir Peres, 13. Os generais Castelo Branco (1964-1967) e Costa e Silva (1967-1969) manobram a Constituição como bem entendem ao governar por meio da emanação de leis especiais, os Atos Institucionais (AI), criados para legitimar ações inconstitucionais do regime militar. Os AIs fecham o Congresso, expulsam políticos, infiltram falsos professores nas universidades, impõem um bipartidarismo ilusório, transformam greves em crimes, instituem a censura e dão início à tortura. Em março de 1968, dois meses antes do "Maio Francês", o assassinato do estudante Edson Luís no Rio faz explodir o movimento estudantil. Mas o fogo do ímpeto juvenil no Brasil é abafado no nascedouro. Sérgio Paranhos Fleury se torna comandante do Esquadrão da Morte da Polícia Civil; seus homens, os torturadores brasileiros, são formados segundo o "Manual da Tortura" publicado pela CIA. Diante do escandaloso número de suicídios suspeitos entre os presos políticos, os estudantes são forçados a conter a própria raiva. Com o famigerado AI-5 (de 13 de dezembro de 1968), direitos civis dos brasileiros são cassados e prisões passam a ser realizadas sem mandado judicial.

Todos os jornais são ocupados por revisores do regime. Alguns tentam informar aos leitores que as notícias estão sob censura. Inserem mensagens para serem interpretadas, com alusões enigmáticas. Até os boletins meteorológicos denunciam que "o ar é irrespirável" ou que o Rio, às portas de um verão abrasador, será varrido por fortes ventos. Em escritores, músicos e até autores de novelas, o AI-5 suscita o desejo de buscar estratagemas para se desviar da censura, que também afeta as formas de representação da esfera íntima das pessoas (desaparecem da cultura os triângulos amorosos, os casais não casados, os homossexuais e as partes do corpo descobertas).

Apenas os esportistas se curvam. Durante a ditadura militar do terceiro general, Emílio Garrastazu Médici, período de maior terror de todo o regime, tudo se militarizou, da Confederação Brasileira de Desportos à comissão técnica da seleção. E a Copa do Mundo de 1970 se tornou uma verdadeira máquina de propaganda. Os preparadores da seleção, Admildo Chirol e Carlos Alberto Parreira (que em 1982, na Espanha, fará sua estreia como técnico no banco do Kuwait), vêm da Escola de Educação Física do Exército; Jerônimo Bastos, chefe da delegação, é general de brigada; Claudio Coutinho, preparador físico, é capitão de artilharia. Sócrates e Júnior têm 16 anos; Zico e Falcão, 17, Cerezo, somente 15; Éder, apenas 13. Os craques de Telê Santana são apenas adolescentes. Pelé e os demais jogadores da seleção, por outro lado, são considerados deuses. Poderiam falar: seriam ouvidos. Mas preferem manter o silêncio.

Aquele que nunca fica calado acaba, no fim, treinando a seleção. Chama-se João Saldanha, trabalha como jornalista, fuma quatro maços de Continental por dia, anda de Volkswagen e maneja com pouco remorso o "ferrinho", uma pequena pistola calibre 32, cano curto. O cargo lhe é conferido diretamente por Havelange, presidente da Confederação Brasileira de Desportos. Saldanha teve 1.000 vidas até aquele momento: veio ao mundo no Rio Grande do Sul, palco das façanhas de Garibaldi, foi contrabandista de armas quando criança, líder estudantil aos 20 anos, aprendiz de tabelião aos 30. Mas também jogador de futebol. É membro do Partido Comunista Brasileiro: participou da Longa Marcha com Mao, desembarcou na Normandia com Montgomery e assistiu a todas as Copas do Mundo. Havelange conhece sua história, mas também sabe que ele é o homem certo para ressuscitar o Brasil depois do colapso de 1966.

No dia da entrevista coletiva de apresentação do novo treinador, Saldanha deixa a redação do *Última Hora* como se nada estivesse acontecendo e segue para a confederação. Quando Havelange o aponta na multidão como aquele que levará o Brasil ao México, seus colegas ficam incrédulos. Ele, calmo e atrevido, levanta-se, vai sentar no centro da mesa, põe a mão no bolso, tira um pedaço de papel e pega o microfone: "Caros colegas, sei que antigamente os outros selecionadores que me precederam partiam de uma lista de 40 ou mais nomes que apenas alguns meses antes da Copa do Mundo se reduziam aos 22 definitivos a serem comunicados à Fifa. Sei também que faltam quase dois anos para a Copa do Mundo, mas igualmente comunico oficialmente quem serão os 11 titulares e seus respectivos reservas". Os jornalistas estão cada vez mais incrédulos. Uma coisa do gênero nunca tinha sido vista antes. "A minha equipe será composta por 11 homens dispostos a tudo. À glória ou ao abismo." Saldanha pede ao governo um decreto para humanizar o futebol brasileiro: menos partidas e mais espetáculo. Escolhe os melhores jogadores do Brasil, acoberta suas escapadas noturnas e lhes confia tarefas simples: "Ninguém é dono de uma área do campo, não há posições fixas. Quatro homens na mesma linha só servem para desfiles militares".

O Brasil de Saldanha vence em poucos meses todas as partidas das eliminatórias para a Copa do Mundo (22 gols em seis jogos, apenas dois sofridos), restituindo a um povo aflito a felicidade perdida depois do fiasco na Copa do Mundo da Inglaterra. Uma pesquisa revela que 68% da população paulista e 78% da carioca o apoiam. Nunca na história do futebol brasileiro um técnico da seleção gozou de tanta popularidade. O dramaturgo Nelson Rodrigues rebatiza-o de "João sem Medo". "Um guerreiro mais fogoso que o dragão de São Jorge, capaz de levar o Brasil ao tricampeonato em meio àquela selva de gângsteres que é uma Copa do Mundo."

No entanto, seus pendores comunistas se tornam intoleráveis. Saldanha fala abertamente sobre tortura e presos políticos. A junta militar não aceita suas entrevistas ao *Le Monde*. Então, cerca-o de espiões. Quando o ministro da Educação, Jarbas Passarinho, fica sabendo que Saldanha é seguidor de Stalin e Mao, dá sua ordem ao capitão do Exército Cláudio Coutinho (que será o treinador do Brasil na Copa do Mundo de 1978, na Argentina): "Relate ao presidente Médici que a seleção brasileira está nas mãos de um homem em total desacordo com as ideias da revolução militar: um subversivo bolchevique".

Mas o que custa caro a Saldanha são três participações televisivas. Quando questionado em Hamburgo sobre o que pensa do genocídio dos índios na Amazônia, responde: "Em 469 anos de história brasileira, matamos menos gente do que vocês, alemães, em dez minutos". Em Londres, convidado da BBC, responde com um sorriso a uma ilação sobre a suposta desonestidade dos sul-americanos: "Se os ingleses são tão honestos, a que se deve a fama da Scotland Yard?". Não teme nem mesmo a autoridade. Quando o general Emílio Garrastazu Médici — que ele considera "o maior assassino da história do Brasil" — faz pressão para que Dario jogue pela seleção, Saldanha responde diretamente às câmeras de televisão de Porto Alegre: "Vamos fazer um pacto, senhor presidente: eu não digo a você quem selecionar para o seu governo e você não me diz quem colocar na equipe". Médici chama Havelange: "Tem que tirá-lo do cargo. Imediatamente!". Havelange obedece. Somente 406 dias após chamá-lo, deve assinar sua destituição. Acontece no dia 17 de março de 1970, uma terça-feira. Três meses antes da Copa do Mundo. Saldanha aceita o veredito com serenidade: "É muito fácil compreender por que me expulsaram. É mais difícil explicar por que me contrataram". No dia seguinte, para seu lugar é chamado Zagallo, que havia sido seu jogador no Botafogo. A primeira coisa que Zagallo faz é convocar Dario. Ele o levará para o México, onde o atleta não jogará um minuto sequer. O mais belo Brasil de todos os tempos vence pela terceira vez a Taça Jules Rimet, contra a Itália, e a entrega para Médici. A equipe é a mesma nomeada por Saldanha em sua primeira entrevista coletiva como treinador. Os "11 homens dispostos a tudo" indicados naquele pedaço de papel dois anos antes.

19. **Os subversivos**

Com a vitória de 1970, o tipo de organização militarizada que havia sido testada pela seleção se espalha igualmente entre os clubes do país. Os atletas são obrigados a pentear o cabelo, fazer a barba, aceitar o confinamento em concentrações, treinar de acordo com as regras de educação física do Exército.

Afonso Garcia Reis, conhecido como Afonsinho, 23 anos, estudante de medicina, meio-campista do Botafogo, promessa do futebol brasileiro, é o único que protesta contra as condições de trabalho dos jogadores. Entende que está numa espécie de fronteira. Sua visibilidade o protege da repressão. Decide, assim, combater o regime explorando o palco do futebol. Em 1970, deixa crescer barba e cabelo. É classificado como comunista de carteirinha. Seu treinador, Mário Jorge Lobo Zagallo, exige que ele apare a barba. A seleção lhe fecha as portas. Ele não desiste. É punido, sendo impedido de treinar e jogar. O Santos o quer, mas o Botafogo não o cede. O plano é fazê-lo desaparecer mantendo-o parado, longe dos holofotes.

Afonsinho levanta a cabeça e, encorajado pelo pai, trabalhador ferroviário, dirige-se ao Superior Tribunal de Justiça Desportiva com seus dois advogados, Rui Piva e Raphael de Almeida Magalhães, para pedir sua desvinculação do clube, a fim de escolher ele mesmo seu futuro. No Brasil, ninguém jamais foi senhor do próprio destino para decidir onde jogar. Ganha a causa. É o primeiro a conseguir. Joga então por Santos, Flamengo, Atlético Mineiro e Fluminense, prosseguindo na luta pelos direitos dos mais fracos.

Poucos anos depois, quem o segue é José Reinaldo de Lima, centroavante do Atlético Mineiro, artilheiro do Campeonato Brasileiro em 1977. Rei, para sua torcida. Um rei que comemora os gols atrevidamente, com o punho cerrado. Um gesto revolucionário. Demais para o Brasil dos militares. Antes da Copa do Mundo da Argentina, ele é levado à frente do presidente do Brasil, general Ernesto Geisel: "Rapaz, deixe a política conosco; você só pensa em futebol". Aterrorizado, concorda. Mas não mantém a palavra. Em 3 de junho de 1978, em Mar del Plata, depois do gol contra a Suécia, ergue o fatídico punho. Depois do segundo jogo, numa entrevista, apela ao retorno da democracia. Não joga nem mais um minuto. Sua vaga é ocupada, no restante da Copa do Mundo, por Roberto Dinamite. Heleno Nunes, presidente da Confederação Brasileira de Desportos, gostaria que o mesmo destino fosse reservado a Zico, irmão de Fernando Antunes Coimbra (Nando), talento "subversivo" forçado a abandonar o futebol aos 26 anos.

Os campos de treinamento se transformam em quartéis. A aparente ordem formal contrasta com as precárias condições de trabalho dos jogadores e com um cenário futebolístico deteriorado pela presença de políticos e generais nos postos de comando das equipes. Nesse contexto, em 1971, nasce o Campeonato Brasileiro, com 20 clubes que disputam dois turnos. A equipe que marca mais pontos no primeiro turno daquele ano é o Corinthians.

20. O Timão

O Sport Club Corinthians Paulista, o Timão, é a equipe das classes populares de São Paulo. Um dos primeiros no Brasil a ter recebido em seu elenco jogadores de origem proletária. Foi fundado em 1910 por um grupo de operários e trabalhadores não qualificados, principalmente de origem italiana, espanhola e portuguesa, com o objetivo de formar um time de futebol para as camadas mais baixas da sociedade paulista, de forma a se opor aos clubes de elite já existentes.

No clube, sete décadas depois, Sócrates Brasileiro Sampaio de Souza Vieira de Oliveira, conhecido como Sócrates, conheceu, pela primeira vez, outras pessoas que pensavam como ele: jogadores, treinadores e torcedores. E começou a falar de democracia, de uma forma diferente de vivenciar a realidade profissional do futebol.

A organização do futebol no Brasil é feudal e opressora, principalmente para os jogadores, a quem impõe o modo de trabalhar, pensar, vestir-se e viver. No Corinthians, Sócrates encontra espaço para falar não só dos deveres do jogador, mas também dos direitos. Porque só o conhecimento pode dar a liberdade. O que lhe foi ensinado por seu pai, seu Raimundo — que, afastado da vida escolar no segundo ano do ensino fundamental, escolheu buscar para si aquilo que o destino não tinha podido lhe conceder. A liberdade é o conhecimento. Que seu Raimundo encontrou guardado nos livros, abrindo um após o outro. Textos clássicos. Ficou apaixonado a ponto de chamar seus primeiros três filhos com nomes tirados daquelas páginas. Sócrates, Sófocles e Sóstenes. A cultura era uma conquista diária para ele. A descoberta de uma mina da qual podia fazer a extração para se libertar da própria condição.

Em 1964, ano do golpe, no dia em que o Exército toma o poder, o menino Sócrates vê o pai ser forçado a queimar os livros que o regime considera subversivos. Para o pai, é uma dor insuportável, mas necessária. Para o filho, o início de um desejo que se torna uma necessidade: lutar pela liberdade. Sócrates tem 10 anos. Aquele gesto permanece gravado em sua memória.

Ele se sente filho da ditadura. Seus heróis são Maquiavel, Che Guevara, Hobbes e John Lennon. E, claro, Platão. Seu pai escolheu seu nome depois de ler *A república*.

Sete anos mais tarde, ao ingressar na Faculdade de Medicina da Universidade de São Paulo, na sede de Ribeirão Preto, Sócrates inicia a carreira de jogador de futebol no Botafogo da mesma cidade, mas se recusa a assinar um contrato profissional. Fará isso apenas três anos depois, com uma condição: continuar os estudos. Os dirigentes não têm alternativa senão aceitar.

Quando Sócrates se torna "Doutor", divide-se entre o hospital e o campo. São tempos duros, o futebol não é terra de privilégios, mas de privação de liberdades. Os jogadores ganham pouco, os árbitros são corruptos, os gramados vivem sob péssimas condições, os pagamentos sempre atrasam. Ninguém fala sobre direitos. A condução dos clubes mais importantes está nas mãos de homens poderosos ligados às hierarquias militares, que administram o futebol brasileiro de forma autoritária. A opção pela concentração antes dos jogos predomina: é o pretexto dos clubes brasileiros para manter os jogadores sob observação, como tropas de um exército, dificultando qualquer forma possível de liberdade, inclusive o pensamento. "O objetivo final da concentração", diz Sócrates, "é humilhar as pessoas".

21. **A guerra dos filhos**

Adi não compartilha dos métodos e da conduta de vida do filho. Católico fervoroso e dedicado ao dever, não é capaz de aprovar o casamento de Horst com Monika Schäfer, uma artista de circo protestante. O que consegue transmitir a ele, no entanto, é o ódio visceral pela família do irmão. A guerra dos pais é continuada pelos filhos, e Horst tem que lidar com o primo Armin, herdeiro de Rudi.

A final da Copa do Mundo de 1966, em Wembley, é a obra-prima de Horst: os dois finalistas, Inglaterra e Alemanha, carregam suas três listras. Depois do aquecimento, o goleiro inglês Gordon Banks e o zagueiro Ray Wilson deixam o campo com as chuteiras Adidas nos pés. No banheiro, dentro da caixa de descarga, uma surpresa os espera. E, momentos depois, os dois voltam a campo calçando Puma. Por esse gesto, ambos teriam recebido 10 mil francos.

Em 1968, Lee Evans vence a seletiva da equipe nacional norte-americana para os Jogos Olímpicos ao bater o recorde mundial dos 400m (44s1), mas a marca não é homologada porque suas sapatilhas com cravos são consideradas em desconformidade com os regulamentos. São da Puma e têm mais que os seis pregos regulamentares. Quem primeiro apela para a Federação de Atletismo não é um atleta nem um treinador, mas o empresário Dassler: as travas devem ser contadas como pregos. E como, sem dúvida, são mais de seis, o recorde de Evans é anulado. Nas Olimpíadas da Cidade do México de 1968, Evans ganha a medalha de ouro com um novo recorde mundial (43s86). Na mesma edição dos Jogos Olímpicos, fatura outro ouro ao correr a etapa final do revezamento 4×400m. Os quatro atletas comparecem à cerimônia de premiação vestindo boinas pretas e fazendo uma saudação com os punhos cerrados em sinal de solidariedade ao movimento dos Panteras Negras. Exatamente como haviam feito anteriormente Tommie Smith e John Carlos na cerimônia de premiação dos 200m. Quando levantam os punhos para o céu, os atletas estão usando apenas meias pretas. Os espectadores se impressionam, a América está dividida. Mas um pequeno detalhe traz a cena de volta à Terra. Cada um deles subiu ao pódio com um calçado Puma no ombro. Lembrando-se depois de deixá-lo bem visível na plataforma. Proteste sim, mas com o patrocinador.

Durante os mesmos Jogos, o atleta de salto em altura Richard Douglas "Dick" Fosbury atravessa a barra inclinando o corpo para trás pela primeira vez, caindo de costas. Conquista a medalha de ouro, revoluciona sua disciplina e bate o novo recorde olímpico com a marca de 2,24m. Na corrida que o leva à história, calça dois tênis de cores diferentes. Mas são Adidas. E, se dois anos depois a Puma concorda em pagar a Pelé 120 mil dólares para fazê-lo usar suas chuteiras durante a Copa do Mundo de 1970 (Armin Dassler pede que as amarre antes do apito inicial, para que o mundo as veja), na Copa seguinte Horst consegue calçar a Alemanha de Franz Beckenbauer com suas Adidas. E desde a Copa do Mundo de 1970 também é de sua empresa a bola oficial das partidas do Mundial. Quando Horst desenvolve o primeiro tênis de couro, batiza-o de Robert Haillet, nome do melhor jogador de tênis francês; mas, então, para conquistar o mercado americano, recorre a Stan Smith, que tinha acabado de se tornar o número 1 do mundo com os Haillet nos pés. Nos anos seguintes, os tênis Stan Smith tornam-se mais famosos do que o jogador que lhes emprestou o nome. Mas isso não basta para Horst: os tempos estão mudando, e é o passado mais recente que lhe indica o caminho. Na década de 1960, Mark McCormack, advogado de Cleveland, Ohio, fundou o International Management

Group (IMG). Seu primeiro cliente foi a lenda do golfe Arnold Palmer. A dobradinha marcou o advento da televisão no golfe e a consequente era de ouro dessa modalidade. O fabricante de esqui Franz Kneissl também conquistou o mercado internacional de esportes nórdicos com seus patrocínios. As fotos dos vencedores com esquis colados ao peito valeram ouro em retornos de vendas para sua empresa austríaca. Mas o Comitê Olímpico Internacional não fica parado e, às vésperas das Olimpíadas de Inverno de 1972, em Sapporo, desqualifica o campeão mundial Karl Schranz por violação à lei do amadorismo devido ao contrato firmado com Kneissl. Durante as Olimpíadas de Munique do mesmo ano, o roteiro é quase idêntico. Horst pede ao campeão de natação Mark Spitz que segure seus sapatos no pódio durante o hino. O presidente do COI, Brundage, enlouquece e abre uma investigação; Spitz se retira do mundo da natação. É nesse momento que Dassler decide ir para a água. Como forma de enfrentar a Speedo, funda a Arena, marca de maiôs de competição que aderem ao corpo como uma segunda pele. Livre finalmente das restrições do amadorismo olímpico, Spitz assina contrato com Horst. Três anos depois, no Mundial de natação da Colômbia, dois terços dos nadadores usam maiôs Arena.

Quando o COI ameaça excluir das competições todos os atletas que anunciam equipamentos ou roupas esportivas, Dassler corre para se resguardar e convoca uma cúpula com os maiores fabricantes europeus de artigos esportivos: "Não basta mais pagar os atletas, temos que comprar as Federações". Traduzindo: patrocinar oficialmente as seleções nacionais. Se Kneissl estava prestes a confrontar a Federação Internacional de Esqui (FIS), Dassler deve jogar seu jogo com a Fifa, em cuja poltrona de presidente senta-se empedernido Sir Stanley Rous — ele também firmemente apegado à ideia do esporte como atividade amadora. Os amadores no esporte, para Horst, são só um jogo de aparências. Grande parte dos atletas é, na realidade, de profissionais: para praticar uma atividade em alto nível, devem se dedicar em tempo integral. Para isso, precisam ser patrocinados. Os adeptos do amadorismo sabem bem disso, pois têm como aliados os países do Oriente, onde reina o "amadorismo estatal". Dassler, para não ver os esforços das indústrias (que pagam os atletas) frustrados pelas decisões de senhores que querem reduzir o esporte a uma atividade elitista, destinada apenas a um pequeno círculo de pessoas abastadas, ataca abertamente a hipocrisia do falso amadorismo.

E o presidente do COI acaba em sua mira. Avery Brundage, americano nascido em 1887, deixa o cargo no mesmo ano e morre pouco depois.

22. **A czarina**

Com a morte de Angelo Rizzoli, seus três filhos herdam o comando de seu império, um patrimônio de 100 bilhões, nenhum passivo e um único aviso ao final do testamento: "Não se endividem com os bancos, amem-se sempre e permaneçam unidos". Nenhuma de suas vontades será respeitada.

Nesse momento, o *Corriere* está nas mãos da família Crespi e é dirigido por Giovanni Spadolini. A jovem, rica e rebelde Giulia Maria Crespi, conhecida como "a czarina" pelo estilo assertivo de gestão, chamou-o para fazer um jornal mais democrático e aberto. Ele, no entanto, é muito orgânico ao poder para se afastar dos partidos tradicionais, recusa-se a alertar a opinião pública burguesa sobre o perigo de uma onda reacionária e permanece insensível ao germe das novas rebeliões com os ideais de 1968. Quando em 16 de dezembro de 1969, poucos dias após o massacre da Piazza Fontana,[15] crucifica Giuseppe Pinelli na primeira página do jornal por ter saído em defesa da polícia, Crespi entende que seu *Corriere* tinha se tornado o escritório central dos ministérios e seu diretor era incapaz de fazer frente ao presente.

Nascida rica, com pai importante, de uma família que fez fortuna com fios e seda, Crespi percebe que vive numa época de profundas transformações e tende a virar à esquerda. Para lançar a nova linha editorial, consegue destituir seu diretor (3 de março de 1972) para substituí-lo por Piero Ottone. Desde quando a família Crespi se tornou dona do jornal, isso nunca tinha acontecido. Spadolini grita: "Assim

---

15 No dia 12 de dezembro de 1969, uma bomba explodiu no interior do Banco Nacional da Agricultura, localizado na Piazza Fontana, em Milão, causando a morte de 17 pessoas e ferindo outras 88. Nesse mesmo dia, três bombas explodiram em Roma e um quinto explosivo, encontrado também em Milão, no Banco Comercial Italiano, acabou não explodindo. Após décadas de investigação, a Corte de Cassação, tribunal supremo da Itália, emitiu em 2005 uma sentença na qual estabeleceu que dois membros do grupo neofascista Nova Ordem participaram da organização do ataque. Eles, porém, não poderiam ser processados, pois em 1987 já haviam sido absolvidos de forma definitiva, pelo mesmo tribunal, por falta de evidências de participação no atentado.

vocês me arruínam como figura pública". Mas essa saída de cena é sua sorte. No dia seguinte, ele é contatado por Ugo La Malfa para ingressar no Partido Republicano Italiano. Dois meses depois, em 8 de maio de 1972, é eleito senador. O *Corriere*, por sua vez, desmorona. Começa a faltar dinheiro para os salários. A fim de tentar reanimá-lo, Giulia Maria Crespi vende dois terços das ações a Angelo Moratti e Gianni Agnelli. Tenta de tudo. Envolve o *Washington Post* e sobretudo Carlo Caracciolo, cunhado de Gianni Agnelli (que se casou com sua irmã Marella) e editor do *L'Espresso*. Carlo lhe fala sobre a hipótese de uma *holding* que reúna o *Corriere*, o *L'Espresso* e o *La Stampa*. Mas nada avança. É Agnelli quem aniquila a última esperança. De acordo com Moratti, ele lhe dá as costas, não tem mais dinheiro em caixa; os bancos exigem o pagamento das dívidas; o papel para imprimir acaba. Não é mais uma questão de água que bate no pescoço: o *Corriere* já está submerso. Crespi começa a entender que talvez não tenha mais cartas para jogar. Montanelli, que Spadolini colocara contra ela, a rotula como "déspota guatemalteca" ao final de uma longa disputa interna. Ela ordena que Otto o despeça. Não sabe, mas é seu último ato no comando. Andrea Rizzoli fareja o ar e faz uma oferta. Crespi não tem coragem de cortar o cordão umbilical de quase um século de comprimento. Ainda tem fé num milagre. Num sinal. Que acaba chegando, mas não como ela esperava.

Sente uma dor no ombro e corre para ver o que é. Tem câncer nos seios. A notícia acaba com suas incertezas. Deve se recuperar, não sabe se nem quando sairá do hospital. O primeiro pensamento se dirige aos filhos. E o primeiro temor diz respeito ao legado do *Corriere*. Um peso muito grande para eles. O passivo dos jornais do grupo é de 7 bilhões de liras. Dessa forma, oferece a Rizzoli seus 33% do jornal que pertenceu a sua família por quase 90 anos, que vale 21 bilhões, mas pode fazer você perder 100. O que Andrea Rizzoli está encarando não é a perspectiva de um negócio, mas de um suicídio. E apesar de ser uma pessoa prudente, dotada de bom senso e capacidade empreendedora, sua história familiar o impede de avaliar a situação com clareza. A mulher que lhe entrega o jornal é Giulia Maria Crespi, filha daquela Giuseppina que tinha batido a porta na cara de seu pai. E todo o seu bom senso é devorado pelo ressentimento acumulado ao longo dos anos em relação a ele.

Ela, Giulia Maria, conheceu esse pai. Uma noite, em 1960, sua amiga Franca Santi Invernizzi propôs que fosse à casa de Angelo Rizzoli para ver um filme. Era a esposa do produtor Lionello Santi: "Seremos poucos amigos íntimos, é só uma prévia". Ela, não convidada, recusou, mas a amiga insistiu: "Venha! Parece ser algo especial. Fellini trabalhou nele". Giulia Maria Crespi entrou assim pela primeira vez na casa dos Rizzolis. E naquela noite seus olhos estiveram entre os primeiros no mundo a ver *La dolce vita.*

23. **Os duelistas**

"Quero divulgar a marca Adidas em todo o mundo." Ao ouvir essas palavras, o executivo italiano responde com um sorriso: "Quero fazer o mesmo com a marca Itália".

É durante a Copa do Mundo inglesa de 1966 que os caminhos de Dassler e Artemio Franchi se cruzam. Eles são muito diferentes, mas encontram desejos comuns que os fazem se tornar amigos. A Azzurra, na Copa do Mundo de 1962, no Chile, tinha sofrido uma grande injustiça. A Batalha de Santiago, na qual a Itália jogou com 9 contra 11 "pugilistas" chilenos, teve apenas um responsável, o árbitro Aston, e apenas uma causa: a federação italiana não tinha nenhum peso. Franchi era o chefe da delegação e dava os primeiros passos na Uefa. Não vivia apenas de futebol. De fato, era seu trabalho que lhe garantia o bem-estar que o esporte, ao qual se dedicava por paixão, não podia assegurar.

Em 1954, ele fundou com outros sócios a Angiolo Bruzzi S.p.A., empresa de comercialização de petróleo e seus derivados. Na Itália, a recuperação da economia exigia grande quantidade de matérias-primas e combustíveis, e a escolha se revelou vitoriosa. A empresa se estabeleceu no mercado, tornou-se parceira de cidadãos, empresas, administrações públicas e criou um vínculo preferencial com a ENI, conglomerado de energia fundado por Enrico Mattei, inspirado numa visão moderna da economia e da política italianas. A mesma que Franchi projetava nos negócios de sua empresa e também no futebol. O entendimento entre os dois se transformou em verdadeira parceria, a ponto de a Agip se tornar sócia da Bruzzi S.p.A. O elemento decisivo que convenceu a empresa a dar esse passo foi a presença de Franchi.

No futebol, seu bom senso, a diplomacia persuasiva, a ironia cortante e a habilidade para aparar arestas já fazem de Franchi uma referência. A Itália não vence nada desde antes da guerra, e ele está em busca de uma forma de trazer sua seleção de volta ao auge, garantindo-lhe o respeito que merece. Como verdadeiro sienense e, portanto, profundo conhecedor do Palio[16] (além de capitão do distrito), sabe que não basta ter o melhor cavalo para vencer. É preciso ter estratégia. Intui que Dassler pode se tornar um aliado formidável e com ele inicia um trabalho de propaganda para tornar o futebol conhecido na África e no Oriente. Dassler distribui camisas e chuteiras, conquistando mercados virgens, e Franchi começa a fortalecer a imagem da seleção italiana. E também a sua. No ano seguinte, torna-se presidente da Federação Italiana de Futebol (Federcalcio). Com ele, a Itália conquista a Eurocopa de 1968 e quase leva a Copa do Mundo de 1970. Com méritos, mas também graças à coincidência de circunstâncias favoráveis, aquelas que sempre existem e que poucos sabem manejar. Não tem a intenção de reivindicar os méritos para si; esquiva-se, move-se longe dos holofotes. Lamenta o segundo lugar na Copa, mas não se penaliza: a Itália finalmente está de volta ao círculo das seleções que importam.

Em 1973, torna-se presidente da Uefa e, em 1974, vice-presidente da Fifa. Quando assume o cargo de chefe da federação europeia de futebol, deixa claro que a Uefa pode prescindir da Fifa — porque o futebol na Europa é mais sólido e organizado —, mas a Fifa não pode agir da mesma maneira com a Uefa. Franchi quer fazer os melhores jogadores de futebol participarem das Olimpíadas e quer levar o futebol ao mundo todo. É um plano grandioso que força não só a Fifa a se mexer, mas também o COI. As Olimpíadas sempre foram para os "amadores". Franchi quer abolir essa regra incoerente e injusta. Naturalmente, não encontra apoio dos países do leste, mas em compensação obtém o de Dassler.

Enquanto isso, a crise do petróleo chega para abalar a economia da Itália e do mundo ocidental. A repentina e inesperada interrupção do fornecimento de petróleo das nações pertencentes à Organização dos Países Exportadores de Petróleo (Opep) provoca um apagão de energia na Itália. Artemio Franchi não se surpreende. Sabe se mover no cenário mundial e conhece pessoas muito influentes, fora do ambiente do futebol. Faz bom

---

16 O Palio di Siena é uma tradicional corrida de cavalos que acontece na Piazza del Campo, no centro de Siena, comuna da Toscana. A disputa reúne os 17 bairros da cidade, chamados de "*contrada*", cada um com suas próprias cores e bandeiras.

uso de sua amizade com Mohammad Reza Pahlevi, o último xá da Pérsia que governará o Irã até a Revolução Islâmica de 1979. O soberano, graças aos pedidos de Franchi, age para fazer chegar à Itália um navio carregado de ouro negro. Será o único da rota do Oriente Médio a atracar nas costas italianas. Se naqueles dias difíceis de austeridade alguma linha de montagem pôde funcionar ou algum carro pôde viajar, foi só por causa dele.

Pouco depois, Franchi recebe um privilegiado levantamento de informações acerca das estruturas e organização do setor de energia da imensa China: um país em muitos aspectos desconhecido e isolado dentro dos muros de seu poder. Com a morte de Mao Tsé-Tung, o sucessor Deng Xiaoping deu início a um processo de reforma. O gigante do Oriente boicotou por muito tempo todos os eventos esportivos em que Taiwan recebia reconhecimento, mas agora as autoridades chinesas querem direcionar a nação a um futuro de grande potência emergente, também no esporte. Assim, Franchi é identificado como o dirigente internacional com quem iniciar um diálogo para o retorno chinês ao universo esportivo. Ele é convidado a ir a Pequim, atravessando portas consideradas quase intransponíveis. Em breve, a bandeira vermelha com as estrelas amarelas voltará a tremular nos mastros do mundo olímpico junto à dos cinco anéis.

Mas a conjunção astral se consuma em 1974. Com propósitos diferentes (respeito, negócios e poder), três homens buscam um objetivo idêntico. Franchi acaba de assumir o cargo de presidente da Uefa. Dassler controla a maioria das federações nacionais, que cobre com ouro em troca de visibilidade. No alvorecer da Copa do Mundo da Alemanha, no mês de junho, dentro de um salão do hotel Steigenberger, em Frankfurt, disputam o cetro da Fifa os duelistas Stanley Rous e João Havelange, recém-chegado de três títulos mundiais sob sua regência. Quem ganhar será o terceiro homem no conclave: o futuro rei do futebol.

24. **O pacto**

Para ter sucesso em seu objetivo, Havelange enfrenta uma viagem cansativa e muito cara, ao redor do mundo, para difundir suas crenças. Durante a campanha pela presidência, visita 86 países em dez semanas, promete aumentar as vagas na Copa do Mundo para países de fora de Europa e América do Sul, assim como o auxílio na construção de estádios e apoio técnico, educacional e médico. A fim de ser mais convincente, faz-se acompanhar da estrela mais brilhante de sua seleção (e do mundo que representa): Pelé. Mas provoca um rombo de 6 milhões de dólares nos cofres da Confederação Brasileira de Desportos. Havelange se torna amigo de chefões locais, cúmplice de ditadores sul-americanos e se compromete em todas as frentes. Nem mesmo Dassler consegue um encontro com ele. Parece ser o favorito dos conselhos militares do Brasil e da Bolívia, estar envolvido na venda de armas, relacionado com o jogo ilegal em seu país. No entanto, não são essas as atividades que incomodam Dassler. Havelange acaba de rejeitar um acordo com a Adidas para o fornecimento de material esportivo ao Brasil na Copa do Mundo. Já contratou uma empresa brasileira para cuidar disso. O apoio de Horst, portanto, só pode se dirigir ao inglês Rous.

Na última semana de campanha, Havelange desembarca no México e em seis países da América Central. Em seguida, vai a Londres, freta um Mystère-Falcon e voa para Estrasburgo a fim de assistir ao amistoso entre Brasil e Racing Strasbourg antes da Copa do Mundo de 1974. Terminada a partida, deixa o Stade de la Meinau, retorna ao aeroporto onde o Mystère o espera e parte para Londres. Bebe um café, toma banho, fecha o quarto do hotel, tira o telefone da tomada e dorme por 24 horas ininterruptamente. No dia seguinte, pega o avião e voa até Frankfurt para a eleição. Na cidade alemã, um correspondente do *Times* identifica um destacamento de diplomatas da África Ocidental em torno do hotel Steigenberger. Personalidades do alto escalão, com formação de estirpe francesa, requintada. Sim, provavelmente diplomatas, certamente desconectados do mundo dos esportes. A presença deles é má notícia para Rous. No entanto, o britânico acredita em suas possibilidades. É secretário da Fifa desde 1934 e presidente desde 1961. Fazendo as contas, mesmo com os países da África e da América do Sul, Havelange tem 20 votos a menos. Europa e Concacaf (América Central, Canadá, Caribe e Estados Unidos) estão com o inglês.

Pouco antes da votação, Dassler é advertido por Blagoja Vidinić, ex-goleiro iugoslavo medalhista de ouro em Roma em 1960, e atual treinador do Zaire, recém-vitorioso na Copa Africana de Nações: "Amigo, você está montando o cavalo errado".

Havelange obteve os apoios africano, asiático e latino-americano; por isso, a vitória está em suas mãos. Se Dassler quer difundir seu evangelho em um mundo "inexplorado", Havelange é o homem certo e, portanto, é melhor estar a seu lado. Além disso, o brasileiro é muito mais parecido com ele do que pensa. A Fifa de Rous ainda não é um negócio: não tem patrocínios bilionários, é pouco televisiva e seus dirigentes não recebem nem 10 dólares de diária. Havelange, homem de grande poder que sabe esconder seus mistérios, quer transformá-la numa multinacional: futebol profissional, livre comercialização, direitos televisivos e grandes torneios internacionais. Convenceu as federações com presentes. Assim como Horst faz. Quando o encontra em particular na noite anterior à votação, Dassler vê tudo com clareza: "Você tem que me ajudar; se o fizer, ambos ficaremos ricos". O plano é este: Havelange tem o consentimento do Terceiro Mundo, ao qual prometeu participação em Copas. Para agradar seus eleitores, deve aumentar o número de participantes na fase final do Mundial, de modo a criar vagas fixas para os países asiáticos, africanos e sul-americanos. Mas, a fim de alcançar esse propósito, precisa de dinheiro. Se Dassler lhe garantir os recursos, terá campo livre nas negociações internacionais e a Fifa será sua casa. Os dois se olham nos olhos. Sentem o ardor das ambições compartilhadas. Países africanos, asiáticos, latino-americanos e do Leste Europeu são o passe-livre até o poder. Dassler sabe que a reduzida capacidade econômica dessas nações não levará à expansão de suas atividades. Politicamente, porém, elas têm um peso considerável, porque juntas representam a maioria dos votos. Tê-las nas mãos significa tocar em ouro. Horst Dassler se certifica de que o brasileiro é capaz de manter suas promessas. No contrato com a Fifa para a exploração publicitária da Copa do Mundo, insere uma cláusula: se o torneio permanecer com 16 seleções, pagará 18 milhões de marcos; mas, se acontecer o aumento para 24, a cifra dobrará. Trinta e seis milhões de marcos. Uma soma que nenhuma organização poderia jamais recusar. Mas os anfitriões dos Mundiais são igualmente encorajados (mais seleções significam mais gastos com instalações). Assim, pelo uso da marca e da mascote, promete a eles 30 milhões (em vez de 15) em caso de ampliação do torneio.

O segredo da vitória está nos amigos. Seu pai sempre lhe disse. Pouco depois de sua morte, ainda durante os Jogos de Berlim, o jovem Havelange conheceu alguém que nos anos seguintes se tornaria diretor da Lufthansa no Brasil. Quando lhe foi oferecida uma promoção para trabalhar na Austrália, essa pessoa pensou em deixar a empresa. Foi Havelange quem o convenceu a aceitar a promoção, exaltando as virtudes do continente australiano. Pouco antes da eleição, Havelange foi a Sydney e visitou o amigo. "Para agradecer pelo conselho que me deu", diz o homem, "enviarei seis delegados a você em Frankfurt".

Para vencer no primeiro turno, os candidatos teriam que obter um mínimo de 79 votos. Se isso não ocorre, quem ganha a primeira votação muito provavelmente faz pender a seu favor as intenções dos delegados e costuma selar a vitória na segunda.

A primeira rodada termina em 62 a 56. Havelange é quem tem seis votos a mais. O amigo da Lufthansa Airlines cumpriu a promessa e encontrou os seis delegados. Eles, apenas, não bastam, mas as cartas estão na mesa. Segue-se o segundo turno da votação. Aquele em que o que importa é obter maioria simples. Trinta minutos depois, o vice-presidente russo anuncia o fim de uma era: 68 a 52. Havelange é o novo rei do futebol. Também em razão dos seis votos amigos do primeiro turno.

Depois das eleições, os delegados propõem a Rous a presidência honorária. Sucessivamente, Havelange tenta convencê-lo a aceitar um auxílio de 6 mil francos suíços por mês. Rous recusa a oferta. "Não é justo ser pago por um trabalho que não está sendo feito." Havelange tenta novamente. Podemos chamar a Copa do Mundo de "Copa Stanley Rous". O inglês rejeita novamente. Não é seu estilo. O afã por dinheiro e o desejo de fama pertencem mais ao candidato vencedor. Os olhos dos generais estão sobre ele. Querem de volta os milhões da Confederação Brasileira de Desportos que sumiram do mapa. Contudo, acusar de corrupção o mandachuva do esporte mais querido do planeta, um brasileiro, significaria envergonhar um país inteiro. A rede de influências de Havelange, além disso, envolve muitas pessoas. Uma eventual investigação poderia funcionar como um bumerangue. Ele se torna intocável.

Em 11 de junho de 1974, graças ao consenso das federações do Terceiro Mundo, Havelange se torna o primeiro presidente não europeu da Fifa. Dassler não se esquece de Vidinić e lhe é eternamente grato. Poucos dias depois, porém, os rapazes comandados pelo técnico iugoslavo entram para a história no papel de pior seleção da Copa do Mundo da Alemanha, imortalizada pela inusitada "cobrança de falta ao contrário" no jogo contra o Brasil. Os atletas do Zaire usam uniformes verde-amarelos com um leopardo rugindo desenhado nas camisas. Nos ombros, as três listras. A assinatura do amigo Horst.

A fim de arrecadar fundos para as metas ambiciosas da Fifa, Horst deve olhar além de seu negócio de roupas esportivas. Seu futuro e o do futebol dependerão cada vez menos das bilheterias e mais das televisões. Se antes uma foto bastava para ter retorno publicitário, agora a capilaridade da difusão dos aparelhos de TV pode multiplicá-lo de forma ilimitada. Da mesma forma, se no início seu trabalho se concentrava em um único atleta, depois em uma equipe, e por fim em uma federação, agora, com o advento da televisão, é o próprio evento esportivo que pode ser comprado e vendido. E um evento como a Copa do Mundo de futebol também consegue atrair capital de fora do setor. Horst multiplica o potencial do negócio: a TV chega a todos os lugares do mundo; por isso, aparecem patrocinadores dos mais variados segmentos.

25. **O presente**

Diante da possibilidade de comprar o *Corriere* e, assim, obter sucesso no empreendimento em que o pai fracassou, Andrea Rizzoli não consegue resistir. Se arrematar o jornal e boa parte do resto do mercado, seu grupo editorial superará o criado por seu progenitor e finalmente será sua figura que obscurecerá a de Angelo Rizzoli. A vingança cega contra seu passado o empurra na tentativa de superar as Colunas de Hércules do bom senso, fazendo-o mergulhar na ilusão de que o futuro será seu. Mas outra história vem fluindo impetuosamente e pode salvar um destino condenado.

Em 18 de outubro de 1973, Indro Montanelli havia deixado o *Corriere* por incompatibilidade com a proprietária. Giulia Crespi tinha bloqueado três vezes sua nomeação como editor, preferindo primeiro Alfio Russo, depois Giovanni Spadolini e por fim Piero Ottone. Algumas de suas declarações ao *Mondo*, em evidente contrariedade, cogitavam a criação de um jornal que faria oposição àquele no qual trabalhava. Para Crespi, que um dia o amou, mas já não o suportava mais, aquilo não podia ser verdade e ela o mandou embora. Oito meses depois, no meio da Copa do Mundo de 1974, o *Giornale Nuovo* de Montanelli apareceu nas bancas com 28 jornalistas do *Corriere* que o acompanharam. Entre eles, Alfio Caruso e Carlo Grandini, aos quais confiou a seção de esportes. Pouco antes, no entanto, Montanelli tinha ido ver os Rizzolis.

"Eu ofereço a vocês *Il Giornale Nuovo*."

"Obrigado, mas não nos interessa", respondeu Andrea.

"Ora, você me cortejou por três anos para dirigir o seu jornal, e agora que lhe trago um periódico bonito e pronto você me diz não?"

"Estamos prestes a comprar o *Corriere*."

"Está brincando? É um grande erro!"

Angelo [o filho de Andrea], que estava sentado entre eles, ficou perplexo. Ele também não sabia de nada.

"Estou lhe dando meu jornal. Vocês são os editores, eu gerencio."

"Sinto muito, mas você chegou atrasado. Já concluí tudo com Angelo Moratti e estou em negociações com a Crespi e os Agnelli pelas ações deles. Seremos os editores do *Corriere*."

"Faça o que quiser, mas lembre-se: assim que vocês colocarem os pés naquela empresa, perderão tudo. Tudo!"

Montanelli sai do escritório pensando: "Coitado do Angelo, vai acabar pagando pelos erros de todos". Voltaria a vê-lo novamente na prisão.

Para chegar ao *Corriere*, porém, é preciso negociar com os democratas-cristãos. O secretário do partido é Amintore Fanfani, que concede o aval com uma condição: "É preciso expulsar em 24 horas o diretor Piero Ottone, que nos fez perder o referendo do divórcio". Andrea concorda e convida Ottone para almoçar em sua casa na Via Gesù para demiti-lo. Mas, assim que chegam ao momento do café, o contrato do editor já havia sido renovado por mais três anos. Ottone tinha aumentado em 40 mil exemplares a tiragem do jornal em comparação com o período de Giovanni Spadolini. E para Andrea Rizzoli, no fim, é só isso que conta. Mas ele pagará caro por essa decisão. Fanfani lhe jura vingança. Faz correr o boato de que os Rizzolis não são confiáveis, que são perigosos e subversivos. Para estrangulá-los, congela o preço dos jornais e ordena aos grandes bancos, todos estatais na época, que não concedam crédito à família.

Os Rizzolis tentam reparar as coisas, mas a timidez de Andrea o impede de enfrentar a situação de peito aberto. Ele, então, manda o filho a Roma. Fanfani recebe Angelone no terraço de sua cobertura na Via Platone, sentado em um sofá de balanço. Os pés não tocam o chão, e sua esposa Maria Pia é forçada a empurrá-lo. A cena aumenta o constrangimento do jovem Rizzoli, enquanto é coberto de insultos: "Mentirosos! Irresponsáveis! Incapazes! Canalhas!". Fanfani não o deixa pronunciar uma palavra. Conclui com o dedo em riste: "Não venha nos pedir mais nada. Nós, democratas-cristãos, para vocês, Rizzolis, não existimos mais". E assim será.

Para pagar pelo *Corriere,* os Rizzolis têm de vender os hotéis que o velho Angelo havia construído em Ischia. O pai recomenda a Angelone um servidor público com boa entrada no mercado imobiliário. Chama-se Umberto Ortolani. Em seu apartamento, na Via Condotti em Roma, Angelone encontra Licio Gelli e Roberto Calvi esperando por ele. Em pé ao lado deles, Alberto Ferrari, gerente geral do Banco Nacional do Trabalho; Giovanni Cresti, administrador do banco Monte dei Paschi de Siena; e Gaetano Stammati, presidente do Banco Comercial Italiano, que em breve se tornará ministro das Finanças no quinto governo Moro — e depois ministro do Tesouro no quarto governo de Andreotti.

Durante as negociações, Angelone, que carrega apenas um diploma obtido em Pavia e uma especialização feita em Columbia, Nova York, nota a deferência de todos os presentes com Gelli. Posteriormente, ele o reencontra no Quirinale, no Palazzo Chigi, na sede do partido democrata-cristão na Piazza del Gesù, no escritório de Carlo Donat Cattin, na casa de Giacomo Mancini. Aonde quer que vá, lá está ele.

Angelo diz ao pai que o grupo está disposto a financiá-los mantendo a família no comando. Andrea se afasta e deixa campo livre para o filho. Mas a realidade será infinitamente maior que aquele jovem ambicioso.

Durante os meses quentes do cortejo do *Corriere* pelos Rizzolis, Ottone também havia recorrido a Caracciolo e Scalfari para encontrar uma solução alternativa que pudesse impedir uma operação tão arriscada para o equilíbrio democrático do país. Os dois chegaram a envolver a Pirelli. Mas ninguém está pronto para assumir tamanha responsabilidade, e todas as tentativas fracassam. No dia da conquista dos Rizzolis, é o próprio Ottone quem dá a notícia a Caracciolo e

Scalfari. Naquela noite, na cabeça de ambos, nasce a ideia de fundar um jornal próprio.

26. **As novas regras do operador de fantoches**

Com a eleição de Havelange, Dassler recorre a Patrick Nally, consultor especialista em marketing que, em 1970, fundou, com o jornalista esportivo da BBC Peter West, a West Nally Group, agência de relações públicas especializada na gestão de eventos esportivos. Com o faro dos pioneiros, a empresa localizada no número 12 da Berkeley Square, em Londres, começa a redefinir os negócios que envolvem os esportes inventando pacotes de patrocínio e aquisição de direitos para os maiores torneios esportivos do mundo em nome das federações correspondentes. Horst convida Nally para ir à Landersheim, quartel-general da Adidas na França. O alemão é como um rio caudaloso: conta sobre como o esporte está mudando e detalha as guerras comerciais que estão por trás da Copa do Mundo e das Olimpíadas. Nally fica perplexo. Horst percebe e o convida amigavelmente para jantar a dois passos dali. Ao lado da fábrica, localiza-se o restaurante estrelado Auberge du Kochersheim, o reino da *nouvelle cuisine* francesa. O Auberge é seu segundo escritório: "Quero falar com você sobre como vejo o futuro". Naquela mesma noite, os dois homens começam a construir o plano que transformará o mundo dos esportes.

"Havelange prometeu aos países africanos acesso à Copa do Mundo."

"Para quando?"

"1982."

"E como ele fará isso?"

"Com a minha ajuda."

"E como você fará isso?"

"Com a sua ajuda."

"Você deve fazê-lo reescrever as regras da Fifa primeiro."

"Isso não é problema."

"Sem falar que a própria Fifa deve modernizar a sua estrutura comercial."

"Nós somos a estrutura comercial dele."

"Façamos um teste primeiro."

"Sim, só para ver se o jogo funciona."

"Algo como um campeonato mundial de juniores. Existe?"

"Ainda não."

"Então, vamos começar com isso."

"Seria perfeito. Um evento global, mas sem dar muito na vista."

"E façamos diretamente na África."

"Precisamos de um grande patrocinador."

"O que me diz da Coca-Cola?"

"Seria fantástico."

"Se pudermos convencê-los, estamos no caminho certo."

"Se tivermos a Coca-Cola, todos os outros vão segui-la."

Os dirigentes americanos não estão familiarizados com o futebol, só sabem que é um esporte que está conquistando novas fronteiras. Incluindo as norte-americanas: os 47 mil jovens jogadores registrados no país em 1965 se transformaram em quase 600 mil em 1975. Nally mostra os números aos executivos da Coca-Cola. A maior presença de público do mundo? Uma partida de futebol. Brasil × Uruguai, no Rio de Janeiro, em 1950: 200 mil espectadores. A maior audiência de televisão de um evento esportivo em todos os tempos? Mais uma partida de futebol. Final da Copa do Mundo, Alemanha Ocidental × Holanda, em Munique, em 1974: 400 milhões de espectadores. O esporte com mais praticantes no mundo? O futebol: 18 milhões de jogadores profissionais, 42 milhões de semiprofissionais e amadores, sem falar nos milhões de jovens que jogam sem se registrar. Esse é o quadro. Apesar da popularidade mundial, o futebol é dominado competitivamente sempre pelas mesmas nações da Europa e da América do Sul. O torneio de juniores idealizado por Dassler, Nally e Havelange é, portanto, estruturado de forma a contar com equipes da África e da Ásia ao lado dos demais classificados de sempre. O Mundial de Juniores da Fifa será aberto a 16 seleções juniores (duas africanas, duas envolvendo América do Norte e América Central, três sul-americanas, duas asiáticas, seis europeias, mais o país anfitrião) e será uma vitrine para futuras estrelas da Copa do Mundo. Dará aos jogadores a oportunidade de competir em alto nível, diante de grandes multidões, com cobertura televisiva. E, é claro, oferecerá à Coca-Cola uma identificação muito forte com o futebol. A Coca-Cola Company será a única a ter direito de anunciar em volta do gramado na final e nas semifinais, será a única bebida à venda nos estádios, e seu nome estará vinculado ao troféu oferecido à seleção campeã: a Coca-Cola Cup. Também há espaço para Dassler no acordo. Em competições dessa natureza, a presença de um fabricante de artigos esportivos é essencial. Assim, a Adidas disponibilizará os prêmios (Bola de Ouro Adidas e Chuteira de Ouro Adidas), os uniformes e demais equipamentos.

"É do interesse de todas as partes envolvidas", conclui Nally, "que a Coca-Cola Cup possa se tornar o campeonato mais importante depois da Copa do Mundo".

A negociação dura 18 meses. Os dois artífices do plano são convincentes. É um empreendimento que mira longe no futuro. O negócio é fechado. A Coca-Cola investe 8 milhões de dólares para se tornar o primeiro patrocinador exclusivo da história do esporte e a primeira marca parceira da Fifa. Logo depois, Dassler e Nally convencem Havelange de que, para honrar sua promessa de campanha e, assim, expandir o programa de desenvolvimento global da federação, as normas e os regulamentos da Fifa devem ser reformados. O trabalho em andamento passa pelas mãos de Nally e Dassler e envolve novamente a empresa de bebidas sediada em Atlanta. A Coca-Cola e a Fifa não estão interessadas em promover só um evento. Ambas têm um forte desejo de "evangelização". Um processo que exige consistência e bastante tempo. E a única maneira de alcançar isso é criando um programa especialmente desenhado. O Programa de Desenvolvimento do Futebol Mundial Fifa/Coca-Cola, patenteado pela West Nally, inicia-se a partir de quatro *pools* (dois ingleses, um francês e um espanhol), montados diretamente pela Fifa, compostos de especialistas em administração, treinamento, arbitragem e medicina esportiva. As equipes planejam visitar cerca de 100 nações em desenvolvimento no futebol (principalmente na África, na Ásia e na Oceania) entre 1976 e 1979. Permanecerão em cada país, visitando escolas e associações locais, entre 6 e 12 dias, durante os quais serão realizados seminários, conferências, passeios, demonstrações práticas, concursos (relacionados com as tampas de garrafa da Coca-Cola), testes e premiações. Os participantes usarão o conhecimento adquirido para divulgá-

-lo virtuosamente, acelerando assim o ritmo de desenvolvimento do futebol local. Os jovens jogadores da misteriosa seleção de Camarões, que se classificarão para a Copa do Mundo da Espanha e encontrarão a Itália em seu grupo, em jogo de 23 de junho de 1982, participam do projeto entre os dias 6 a 16 de maio de 1977. A igualmente desconhecida Nova Zelândia, que enfrentará o Brasil na mesma data, é visitada por emissários da Fifa de 20 a 30 de janeiro de 1977. A brochura destinada aos líderes de área do Programa Mundial de Desenvolvimento do Futebol os avisa de que a tarefa não será um passeio no parque, mas "um relacionamento contínuo". E "serão necessários anos de árduo trabalho para se alcançar o máximo de benefícios para ambos os lados". Fifa e Coca-Cola. Dassler encontrou uma maneira de cumprir a promessa de Havelange: com o dinheiro do refrigerante americano, a Fifa poderá fazer o esporte crescer nos países que elegeram o dirigente. O futebol muda a partir de então. Mas o efeito cascata deixa todos os envolvidos felizes por fazerem parte do jogo. Nos países a serem colonizados, o futebol é tão importante que os próprios governos têm interesse em promovê-lo. Uma equipe vencedora exibe a ilusão de poder do estado. Se ajudar esses países a se desenvolver no futebol, a Coca-Cola se verá construindo relacionamentos com governos de todo o mundo, atraindo influência e respeito.

Enquanto isso, Nally planeja o Mundial de Juniores da Fifa. Será disputado na Tunísia, em 1977. As placas ao redor dos campos anunciarão uma única bebida. Vinda de um país muito distante da África e do futebol. É o ensaio geral. O recital está programado para o ano seguinte: a Copa do Mundo da Argentina.

27. Um outro 5 de julho

O herói da Copa do Mundo de 1982 era pouco mais que um adolescente quando avistou a costa do Brasil. Foi convocado para uma viagem ao país do futebol pelo técnico Carlo Parola, o homem cuja imagem se imortalizou na iconografia do futebol graças a uma bicicleta espetacular que realizou, quando jogador, no mesmo ano do *Maracanazo*.

Paolo Rossi nasceu na época em que se construía o mito do Brasil. Quando tinha 12 anos, foi levado pelo pai, de lambreta, para ver o amistoso da Fiorentina contra o Santos. Não tirou os olhos de Pelé por 90 minutos. Dois anos depois, viu-o da sala de sua casa na final da Copa do Mundo de 1970. O Brasil povoou sua imaginação desde então. Mesmo quando dava seus primeiros chutes no Sporting Santa Lucia (onde também jogaria o jornalista Mario Sconcerti), clube de jovens montado pelo médico da região, o dr. Paiar. Joga com o irmão Rossano; é o menor de todos, mas já sabe bem como se virar. É ponta pela direita, rápido e instintivo. A linha de cal passa a ser sua referência, e no espaço limitado do campo libera sua criatividade como um pintor com a tela à sua frente. No ano seguinte, está no Cattolica Virtus, treinado por Enrico Orioli: poucos recursos, muita paixão e muita humanidade. Passam-se 153 partidas e 119 gols. Veste então a camisa da Juventus. Parece ter conseguido, mas é só o começo. De um calvário.

Em sua estreia no time juvenil, no clássico contra o Torino, rompe o menisco lateral do joelho direito. Perde um ano na carreira, o moral e a convicção. Volta e quebra um pulso. Recupera-se e finalmente faz sua estreia na equipe profissional. No gol, está Dino Zoff. Paolo tem apenas 17 anos: aquilo tudo parece um sonho. Em vez disso, no entanto, novamente contra o Torino, ele rompe os meniscos, medial e lateral, dessa vez do joelho esquerdo. Mais uma vez, consegue se recuperar. É a essa altura que, no verão de 1975, Parola o chama para a turnê que será realizada pela Juventus. Paolo se vê dividindo o quarto com um *oriundo* de 38 anos, em fim de carreira. Alguém que, em sua idade, já tinha sido campeão mundial, com a camisa da seleção brasileira: José Altafini. A disputa contra o Flamengo leva seu nome: Taça José João Altafini "Mazzola". E será justamente no dia 5 de julho. À noite, José conta-lhe histórias de terras verdes, águas cristalinas e pés mágicos. Paolo Rossi escuta encantado.

28. O dilúvio

Sexta-feira, 25 de julho de 1975, às 16h30. Carlo Caracciolo e Eugenio Scalfari sobem em um Alfa Romeo Giulia verde-oliva, alugado em Milão, e, em meio a uma verdadeira inundação, dirigem pela rodovia A4 até o quilômetro 145, onde pegam a saída para Sommacampagna, a sudoeste de Verona. Embrenham-se pela estrada provincial 54 e, depois de cinco quilômetros, viram à direita em um caminho de terra. A viagem se encerra em frente a um grande portão de ferro forjado, encimado no centro pela letra "M". Cai um dilúvio. O mundo parece em suspensão. O futebol também está parado. Quando voltar, após o verão, a seleção nacional italiana encontrará Bearzot no banco pela primeira vez. Para Caracciolo e Scalfari, importa pouco ou nada. Na verdade, eles planejam fazer um jornal sem esportes. E estão onde estão para isso.

Jamais teriam chegado àquele gradil fechado se poucos meses antes não tivessem estado entre os convidados de um *vernissage* organizado por Andrea Rizzoli, no terraço do Hotel Palace de Milão. A ocasião foi o relançamento do jornal *Mondo*. Presentes: os melhores textos do *Corriere*. De Biagi a Ronchey, passando por Siciliano. Convidados: todos. Spadolini, Rusconi, Mondadori, Visentini, Ottone, políticos, jornalistas, editores e concorrentes. Em meio a todos eles, Andrea Rizzoli finalmente saboreava sua vingança. Quando viu Scalfari, aproximou-se.

"Vai ser um grande periódico e não pouparemos despesas."

Era a entrada na guerra contra os semanários informativos: *L'Espresso* e *Panorama*.

"O senhor deu início esta noite a um jogo do qual não calcula as consequências. Tem a intenção de trazer a guerra até a nossa porta? Bem, vamos levá-la até a sua. Se quer minar a primazia do *L'Espresso*, nós também faremos carga contra o *Corriere*."

Rizzoli ri sem entender bem e dá um tapinha no ombro dele.

"Bravo, sempre combativo."

Scalfari também ri para suavizar o tom, mas naquela noite todas as dúvidas que ainda restavam acabam sepultadas.

Uma semana depois, o plano de negócios estava pronto. Vinte páginas, 65 jornalistas, 150 mil exemplares. Recuperação do capital investido em três anos. Faltava o dinheiro. Cinco bilhões. Projeto engavetado. Pouco depois, no entanto, o *L'Espresso* reduziu seu formato, os custos do papel diminuíram 20%, e as vendas aumentaram em 20 mil exemplares. Os lucros tornaram-se substanciais. Mas não o suficiente. Era necessário um editor. Um ótimo editor. Eles começaram a tecer uma teia de relacionamentos. Armaram tudo. O último fio a se entrelaçar na costura, o mais grosso, havia acompanhado os movimentos deles ao longo daquela tempestade de verão.

No portão da mansão, dois homens os aguardam com grandes guarda-chuvas enrolados em um manto de lona amarela. A luz fraca da tocha acesa os guia por um caminho lamacento até uma marquise. Scalfari e Caracciolo se encontram ao pé de uma escada. Na última etapa do percurso, há uma mão estendida esperando por eles. É a de Giorgio Mondadori: "Bem-vindos".

Todo o estado maior da Mondadori está na casa. Após as gentilezas, sentam-se à mesa. É tarde: os convidados estão cansados e fingem se interessar por outras coisas: o campeonato da Juventus; a Lazio, que o perdeu quando Maestrelli foi diagnosticado com câncer de fígado; a missão espacial Apollo Soyuz, a primeira colaboração entre os programas espaciais das superpotências EUA e URSS; a nova sede da Mondadori, inaugurada no ano anterior e projetada por Oscar Niemeyer, arquiteto que criou a cidade de Brasília para Kubitschek. E o filme produzido por Andrea Rizzoli, *Meus caros amigos*. Seu diretor é Mario Monicelli. O pai, Tomaso Monicelli, foi o primeiro autor publicado por Arnoldo Mondadori.

Nascido em 1889 e filho de uma vendedora ambulante analfabeta, Arnoldo, a partir desse livro, publicado em 1912, passou a disputar com Angelo Rizzoli (também nascido em 1889) a primazia das publicações na Itália. No ano seguinte, casou-se com Andreina, irmã de Tomaso, fato que torna Giorgio Mondadori e Mario Monicelli primos. É esse o cardápio do bate-papo. O assunto para o qual todos vieram é adiado para o dia seguinte.

Na manhã que se segue, a chuva diminui, e Mondadori chega ao ponto no café da manhã.

"Como deveria ser chamado o jornal?", pergunta o dono da casa.

"*La Repubblica*", responde Scalfari. "Como o jornal português, o da Revolução dos Cravos."

"Hummm, *La Repubblica*..."

A aquisição do *Corriere* por Rizzoli ainda queima na alma dos Mondadori.

"Pode ser feito."

Elabora-se, então, o esboço do estatuto. No campo "Lançamento previsto para", Caracciolo escreve "14 de janeiro de 1976". À noite, o céu se abre. A Lua cheia ilumina Verona. O grupo veste paletó e gravata e corre até a Arena para ver a ópera *Aída*. Alberto Mondadori também se junta a eles. Está de fraque e cartola. O pacto é ratificado mais tarde no restaurante Tre Corone, na Piazza Bra, com quatro garrafas de champanhe. É uma noite perfeita. E Scalfari percebe.

Poucos meses depois, assim que Alberto Mondadori realiza seu sonho, as irmãs o colocam em minoria, combinando suas ações. Designado pelo pai Arnoldo como seu sucessor, Alberto de repente vê o cetro arrancado de si. Vende suas ações e não põe mais os pés em Segrate.[17] Exatamente um mês após o lançamento do jornal, em 14 de fevereiro, ele morre de infarto. No sétimo brinde daquela noite mágica de julho de 1975, ele próprio, exausto, tinha pousado a cabeça sobre a mesa e caído em sono profundo. Ao despertar, o *La Repubblica* já era uma realidade.

29. O melhor negócio de uma vida

Em poucos dias, Dassler, por meio da Société Monégasque de Promotion Internationale (SMPI), registrada em Monte Carlo, com 55% das ações de sua propriedade e 45% pertencendo a West Nally), assinou um contrato de 2 milhões e 200 mil dólares com os argentinos para a exploração da marca da Copa do Mundo. Com a Fifa, celebrou um acordo de 8 milhões e 300 mil dólares para o patrocínio e a divulgação dos direitos publicitários e televisivos da Copa (a serem reembalados e revendidos a empresas de todo o mundo). O total a ser pago é de 10 milhões e 500 mil dólares, montante que Dassler não possui, mas que a Coca-Cola lhe garante ao se tornar o principal patrocinador da Copa do Mundo, deixando-lhe, em troca da gestão dos negócios, 30% dos lucros.

É o maior programa de patrocínio corporativo em todo o planeta. O acordo, firmado em 1976, marca uma virada na evolução dos negó-

17 Comuna italiana da região da Lombardia, na província de Milão.

cios do esporte. Até então, as empresas que desejavam fazer propaganda pagavam aos proprietários de estádios para alugar espaços onde pudessem exibir suas marcas. Nada ia para a Fifa. Dassler e Nally patentearam uma nova lógica. O ativo valioso é o futebol. E quem o detém é a Fifa. Portanto, é a Fifa que deve controlar a publicidade nos estádios. Uma vez que o princípio tenha sido estabelecido, as regras devem ser organizadas. E isso se traduz em pacotes de direitos. Dassler e Nally estão posicionados sob a estrutura da Fifa para comprar no atacado e revender no varejo. Para Nally, é "o melhor negócio" de sua vida. Os de Dassler, por outro lado, nunca param. Ele consegue adquirir a marca Le Coq Sportif num momento em que a empresa francesa sofre com a competição asiática no mercado têxtil e com o aumento dos preços das matérias-primas em razão da crise do petróleo de 1973. Para sua família, comprou 49% de participação na sociedade. Na verdade, por meio de um amigo, ele também controla os 51% restantes. O amigo se chama André Guelfi. Apelidado de Dédé la Sardina, é um homem de negócios de perfil inusitado, que, antes de se tornar piloto de corrida, fez fortuna com a pesca de sardinhas. Horst decide dar à marca uma dimensão internacional, uma rede mundial de distribuidores e agentes. Graças a essa operação, Guelfi também consegue pôr as mãos no negócio de publicidade da Fifa.

Para administrar o dinheiro da Coca-Cola, porém, é preciso ter o homem certo. Os executivos de marketing da empresa de Atlanta insistem em contar com um representante capaz de proteger seus interesses dentro da Fifa. Alguém que conheça o esporte, saiba negociar e fale várias línguas. Dassler encontra essa pessoa em um de seus compromissos comerciais habituais, é o diretor de relações públicas da marca de relógios *Longines*. O raciocínio lógico do homem o impressiona. Trata-se de um suíço que, por causa da empresa em que atua, participou da organização das Olimpíadas de Munique, em 1972. Chama-se Joseph Blatter. Tem a mesma idade de Horst, 40 anos, e muitas vidas atrás de si. Foi jogador amador de futebol, diretor de relações públicas do *Office du Tourisme Valaisan*,[18] secretário-geral da seleção de hóquei da Suíça, jornalista esportivo e gerente do clube de futebol Neuchâtel Xamax. Os dois se afeiçoam. Sentem-se almas gêmeas. Não é por acaso que nasce-

---

18 Secretaria de Turismo de Valais, na Suíça. Região montanhosa conhecida pelo turismo de esportes de inverno e pelos vinhos.

ram no mesmo ano, 1936, sob as mesmas estrelas no céu, com dois dias de intervalo (Blatter, em 10 de março; Horst, no dia 12).

Horst o leva a Landersheim, na Adidas, para treiná-lo e lhe ensinar tudo o que sabe. Blatter ostenta o perfil certo: é poliglota, tem formação em economia e sempre trabalhou no esporte. Os funcionários veem o suíço repetir com exatidão as instruções recebidas, como um fantoche, mas o jovem Joseph é ambicioso, nunca se separa de Dassler e logo aprende todas as nuances de cada engrenagem da empresa. Quando o considera pronto, Horst o envia para a Fifa, inicialmente contratado por ele mesmo, como diretor técnico indicado para administrar os novos programas de desenvolvimento internacional que a entidade está implementando com o dinheiro recebido da Coca-Cola.

Enquanto isso, o pai de Horst, Adi, sente-se cada vez mais desconfortável. Ficou chocado ao descobrir que, na Copa do Mundo de 1974, a seleção alemã havia pedido dinheiro para usar seus produtos. Não resolveu os problemas de relacionamento com Horst e escreve cartas longas e amargas que renegam o trabalho empreendido pelo filho. Passa a maior parte de seus últimos anos na oficina, fazendo o que sabe, calçados, cada vez mais desinteressado pelos aspectos comerciais de sua empresa. Não tem ideia de quantas fábricas da Adidas existem no mundo e, francamente, não se importa. Morre pouco depois do encerramento da Copa do Mundo da Argentina e é sepultado no cemitério de Herzogenaurach, no local mais distante do túmulo de seu irmão Rudi, falecido quatro anos antes. Nesse ponto, a empresa Adidas, que contava com mais de 3 mil funcionários só na Alemanha, é dividida em partes iguais entre Horst, suas quatro irmãs e sua mãe, Käthe. No entanto, muitos dos negócios de Horst não são compartilhados com o restante da família e permanecem fora dos livros de controle em Landersheim. O império do marketing esportivo, que ele construiu ao longo da última década, permanece oculto até mesmo de seu círculo mais íntimo.

30. **Do futebol total ao futebol social**

Não agrada a todos: sua timidez é confundida com arrogância; seu trabalho silencioso, com presunção. Percorrendo seu caminho sem fazer concessões, ganhou muitos inimigos, mas conquistou a confiança de um grupo de jovens. São os mesmos com quem agora quer tentar entrar para a história. Ele é "o Velho"; não só pela idade, mas pelo rosto marcado de cansaço, que endureceu antes do tempo, pelo cabelo ralo e pela testa enrugada. Dos velhos, tem a doçura no coração que, por pudor, nem sempre demonstra. Uma vida no futebol e poucos amigos entre os jornalistas. No entanto, dá a eles tudo o que têm direito, também com riqueza de detalhes. Sua disponibilidade é sempre absoluta com todos. À frente da seleção sub-23, conhece uma jovem geração de correspondentes que farão carreira a seu lado: Giuseppe Pistilli, Bruno Bernardi, Piero Dardanello e Franco Mentana, que se mantém em sua cola como um selo postal num envelope. Seu primeiro grande aliado é Giovanni Arpino, do *La Stampa*. É ele quem lhe dá o apelido de "Velho". Quando Valcareggi termina sua experiência como técnico da seleção italiana no verão de 1974, Rivera, Mazzola e Riva estão no ocaso da carreira. A seleção precisa ser reconstruída, e Artemio Franchi pensa em Fulvio Bernardini, o único naquele momento dotado de coragem para arriscar uma revolução. O presidente pede ao novo técnico que escolha seu colaborador mais direto entre Bearzot e Azeglio Vicini, que já atuavam como técnicos empregados pela Federação. Bernardini os convoca a sua casa em Balduina, na cidade de Roma, e pede à esposa que os acolha na sala de estar. Em seguida, recebe os dois técnicos separadamente, fala com eles e os dispensa.

"Gosto mais do Vicini", sussurra a esposa.

"Tem razão", responde Bernardini. "Ele é aberto e comunicativo. Bearzot é um friulano fechado e sombrio, mas sabe de futebol." E escolhe este último.

Após seis jogos e apenas uma vitória, Bernardini é substituído por seu auxiliar. Passa a supervisor, o segundo responsável pela seleção italiana. E, assim, o verão de 1975 presenteia Bearzot com o comando da seleção nacional. O da sub-23 é confiado a Azeglio Vicini. O "Velho" foi o primeiro a contar sua ideia a Franco Mentana, da *Gazzetta dello Sport*: uma equipe em que os homens contarão mais do que os pés, com uma espinha dorsal jovem, à qual também terão acesso jogadores mais velhos que saibam criar e ajudem os companheiros menos experientes. Deve encontrar seu grupo escavando nas cinzas de Bernardini, manter aqueles que permaneceram valorosos e descobrir novos recrutas. Depois de um empate com a Finlândia, logo enfrenta duas das maiores referências do futebol europeu: Polônia e Holanda, que acabam de se laurear terceira e segunda potências mundiais do futebol, respectivamente, contra as quais empata e vence. Graças a Bearzot, a Itália está começando a sair do túnel escuro. O técnico aplica psicologia ao futebol, defende todos os jogadores, acena com uma família de 22 filhos, acredita nas relações humanas e no espírito de equipe. Depois de um punhado de jogos, começa a delinear seus princípios, a falar sobre ecletismo, a querer jogadores que saibam fazer de tudo. O treinador não acredita mais no futebol que se fecha na defesa e pensa apenas em contra-atacar. Para ele, o "jogo à italiana" morreu. Quer superar a especialização de tarefas, demasiado rígida, que caracteriza o futebol italiano, estrutura ainda ligada ao tradicional papel do *regista* (meio-campista armador), e se volta a uma preparação atlética mais desenvolvida, uma cuidadosa cobertura dos espaços — que só é possível se todos correrem —, uma maior participação dos atacantes na defesa e vice-versa. É uma nova forma de conceber o futebol. Mas a imprensa se distrai com os nomes e as formas, então ninguém percebe que a seleção nacional, ao renunciar ao *catenaccio*, sofre uma reviravolta tática.

É 1976. Um ano louco, de nascimentos e renascimentos. Nascem o jornal *La Repubblica*, de Eugenio Scalfari, a Apple Computadores, de Steve Jobs, a ditadura militar de Jorge Rafael Videla, na Argentina, o *Domenica In*,[19] de Corrado, e *The Other Sunday*,[20] de Renzo Arbore. *Rocky* é lançado, tem início a filmagem de *Star Wars*, Niki Lauda ressurge do terrível acidente na Alemanha, Felice Gimondi leva o *Giro d'Italia*, Björn Borg ganha o torneio de Wimbledon, e o tenista italiano Adriano Panatta muito mais: em Roma, em Roland Garros e (com Paolo Bertolucci, Corrado Barazzutti e Tonino Zugarelli) também a Copa Davis no Chile. Enzo Bearzot é o técnico da seleção já faz alguns meses. Não é um bom momento para a Itália. A lira se desvaloriza em 12%; os governos Moro IV e V caem um após o outro para dar lugar ao terceiro governo de Andreotti: o da "não desconfiança" da Câmara, com a abstenção do Partido Comunista, que reúne socialistas, social-demo-

---

19 Programa dominical da rede de televisão RAI 1, no ar desde 1976. Foi criado por Corrado Mantoni, que o apresentou por quatro temporadas.

20 Show de variedades da RAI 2, ficou marcado pelos quadros de humor. Entre os humoristas do programa, esteve Roberto Benigni, ator ganhador do Oscar por sua atuação em *A vida é bela*.

cratas, republicanos e liberais. O técnico, entretanto, está com a cabeça em outro lugar. Os jogos das eliminatórias para a Copa do Mundo da Argentina começarão no outono, e o treinador segue à procura de seu jogo. A vanguarda é a Holanda, com seu futebol total. Mas o futebol dos laranjas talvez seja displicente demais para as características da Itália. E Bearzot vê isso com clareza imediatamente, escolhendo como modelo de referência o polonês, também moderno, mas menos desinibido. O início foi assustador: duas derrotas contra Inglaterra e Brasil no Torneio Bicentenário dos Estados Unidos. Bearzot está pronto para pedir demissão, mas, antes de comunicar sua decisão, reúne os jogadores no vestiário, na véspera do amistoso contra a Romênia, no San Siro.

"Rapazes, na minha opinião, este é o caminho certo. Vale a pena insistir. Mas estejam atentos: se vocês me seguirem, eu arriscarei mais. Mas vocês também pagarão um preço."

Os jogadores não pensam duas vezes, e todos se pronunciam a favor do novo modelo tático, sem ressalvas: "Estamos com você, vamos em frente, *mister*".

No dia do jogo, o banco é alvo de ataques ferozes, e os jogadores em campo são vaiados. O San Siro é hostil. O motivo é óbvio, o estádio está ligado a Rivera e Mazzola, jogadores ainda em atividade, porém excluídos da seleção por Bernardini. Bearzot, que acabava de tomar as rédeas, evitou chamá-los para não ofender o homem a quem sucedia. Ele se desanima, mas não desiste: tem a confiança de seus rapazes. Pode seguir em frente. E a Itália avança. Vence por 4 a 2, mas talvez o resultado importe pouco. A data é histórica por outro motivo: pela primeira vez, a seleção abandona o jogo à italiana. A equipe de Bearzot nasce neste 4 de junho de 1976.

31. A dança das cadeiras

O *Guerin Sportivo* não percebe a mudança. Critica a equipe, os esquemas e, acima de tudo, o treinador. O semanário é um dos inimigos mais ferozes de Bearzot. Naqueles dias, ataca-o sem piedade. "A seleção nacional está presente, falta o treinador." O novo modelo de jogo proposto por Bearzot "é todo baseado no dinamismo frenético dos meias, que, na realidade, acabam por ser de pouca ajuda aos atacantes e em nada apoiam a defesa, setor em que se materializa mais uma falha desastrosa de quem está sentado no nosso banco". Por essas razões, Italo Cucci clama por "um técnico novo, mais inteligente, moderno, preparado e seguro". Mas o rancor do jornalista tem origens sentimentais. É uma história de pais. Achados e perdidos.

Seu pai o deixou quando ele ainda era jovem e secretamente dava seus primeiros passos no jornalismo, tomando cuidado para não o deixar ver seus primeiros artigos no *Carlino*.[21] Na verdade, tinha vontade de exibi-los com orgulho. Por fim, deu-se conta de aquele seria seu ofício. Contratado pelo editor Giovanni Spadolini, foi obrigado a escolher o caminho do jornalismo esportivo. Mas, no curso de sua atividade anterior como repórter de temas judiciários, escreveu sobre o episódio em que o Bologna se envolveu no "Caso do Doping". Foi nessa ocasião que o jovem Italo Cucci conheceu Fulvio Bernardini.

Ficou fascinado: Fulvio era generoso, inteligente, tinha classe, conhecimento de futebol e a habilidade rara de abordar o jogo com cultura e humanidade. Como jogador, foi goleiro, meio-campista e atacante. Tinha jogado de forma excepcional na seleção de Pozzo, mas foi clamorosamente excluído das seleções que participaram das conquistas das Copas do Mundo de 1934 e 1938, pois o técnico o considerou inadequado para o projeto técnico: "Veja, Bernardini, você atualmente joga de uma forma superior; perfeitamente do ponto de vista do desempenho individual. Os outros não conseguem chegar à sua concepção do jogo e acabam submissos. Eu deveria pedir a você que jogasse pior. Sacrificar você ou todos os outros? O que faria no meu lugar?".

Bernardini foi um dos poucos esportistas com formação superior na época (era chamado de "Doutor") e começou a trabalhar de verdade como jornalista depois do sucesso da seleção em Paris em 1938, escrevendo mais tarde para *Corriere dello Sport*, *Il Resto del Carlino*, *La Gazzetta dello Sport* e *Il Messaggero* (pelo qual fará a cobertura da Copa do Mundo na Espanha). Como treinador, conseguiu vencer o *Scudetto* no período pós-guerra por duas equipes que não eram de Turim nem de Milão: Fiorentina e Bologna; além da Copa da Itália de 1958 pela Lazio, primeiro troféu oficial da história do time *biancoceleste*.

Depois do colapso italiano na Copa de 1974, Cucci acha que ele é o homem certo para a seleção nacional. Então, pede que escreva um

21 *Il Resto del Carlino* é um jornal de Bolonha, fundado em 1885 e ainda em atividade.

artigo indicando como iria reconstruí-la. "Farei isso", responde o técnico, "mas não basta: eu quero mais, quero dizer coisas, propor soluções, montar um programa de renovação e depois conduzi-lo sozinho, e não o deixar para a Federação". No Palácio,[22] não o querem. Consideram-no "incômodo", "velho" (está na casa dos 70 anos) ou "senil". Mas, quando Cucci liga para Franchi, o "Grão-duque da Toscana" imediatamente responde: "Já pensei nisso, ele é o homem certo, só teremos que fazer algumas pessoas digerirem a ideia...".

Na estreia no banco italiano, em 28 de setembro de 1974, em Zagreb, no amistoso com a Iugoslávia, ele fica resfriado e passa mal do estômago. Um jogo que faz os desconfiados se vangloriarem. Bernardini segue seu próprio caminho, escolhendo, porém, o mais complicado: convoca jogadores aos montes. Em apenas três jogos, reúne mais de 50 deles. Leva ao desfile todo o futebol italiano, um exército confuso que deveria corresponder a duas seleções hipotéticas: a mais experiente e a jovem, que é acompanhada por Bearzot. O Velho conhece os pontos fortes e fracos desses rostos e ressalta a ele que o trabalho em andamento pode ser contraproducente. Bernardini segue em frente, contra todos, mas, apesar das diferenças, encontra em Bearzot o amigo e aliado que procura. Quando fica claro para ele que sua curta passagem pela seleção está destinada a se encerrar, abre-se diante de Cucci, com lágrimas nos olhos: "Agora podem me dizer ou fazer qualquer coisa comigo, mas eu tive a seleção nas mãos, trabalhei com entusiasmo, era o propósito da minha vida, lancei muitos jovens inteligentes que me amam. Quando decidirem tirá-la de mim, vou devolvê-la sem fazer estardalhaço". Sua mão, naquele dia, em Bogliasco, aperta a de sua esposa. "E quando acontecer", diz ele, olhando-a com um sorriso cúmplice, "não será um drama. Vamos continuar a amar um ao outro, certo, Ines?"

Pouco depois, começa a prever o fim: "Em breve, Bearzot será capaz de se virar sozinho. E vai se dar bem". Cucci não acredita nisso e no *Guerino* ataca o Velho de forma implacável. "Fuffo" Bernardini é o pai que Cucci havia perdido. Não pode tolerar tamanha injustiça. Mas é o próprio Doutor quem o tranquiliza: "Em muitos casos você pode ter razão, mas neste não. Bearzot é leal, é o homem certo".

---

22 Sede da Federação Italiana de Futebol, Palazzo (palácio, em português) é como o edifício da Rua Gregorio Allegri, em Roma, costuma ser chamado.

Nesse ínterim, a dança das cadeiras continuou. O sucesso do Milan fez Carraro chegar à Federcalcio como presidente do setor técnico. Sordillo segue seus passos, ocupando primeiro a poltrona *rossonera*, depois ingressando no conselho federal da seleção nacional. Carraro, então, passa à *Lega Calcio*[23] e, quando o mandato de Franchi expira, assume seu lugar na Federação Italiana de Futebol (FIGC, também chamada de Federcalcio), enquanto Sordillo vai ocupar sua antiga cadeira no setor técnico.

Passados alguns meses, o técnico da seleção, Fulvio Bernardini, vai até Carraro e lhe diz: "Meu mandato acabou, vou parar". Carraro muda de assunto. Ele insiste: "Ouça, deixe-me ir embora, coloque o Bearzot no comando. Você verá: a seleção vai se dar muito bem com ele". Na noite do dia 8 de junho de 1977, em Helsinque, no fim da partida entre Itália e Finlândia válida pelas eliminatórias para a Copa do Mundo, a Federação organiza um banquete à base de peixe cru no hotel da seleção nacional. Entre os jornalistas está também Elio Domeniconi, correspondente do *Guerino*, encarregado de ficar no encalço de Bearzot. No entanto, ele é inesperadamente abordado por Carraro, o qual implora para que tenham uma conversa em sua suíte. "Domeniconi, preciso de um grande favor. Você tem as conexões certas em Gênova. Peça a seus amigos na Sampdoria que chamem Bernardini de volta." Já em Gênova, Domeniconi telefona para o vice-presidente do clube, Roberto Montefiori. Que o interrompe imediatamente: "Carraro também já me telefonou. Relaxe, vamos trazer Fulvio de volta como diretor esportivo". E a seleção passa a ser somente de Bearzot.

Mas Cucci não consegue digerir o encaminhamento que a Federação deu a Bernardini. Quando o banco da Azzurra é confiado exclusivamente ao técnico friulano, escreve um editorial inflamado: "Tenho vergonha de ser italiano". E, novamente no *Guerino*, postula que, se Bearzot for homem de verdade, deve mostrar gratidão a seu antecessor. Desde esse momento, Bearzot deixa de falar com ele e com seu periódico. Mesmo assim, ainda que não intencionalmente,

23 A *Lega Nazionale Professionisti*, conhecida como *Lega Calcio*, foi a entidade que organizou as duas principais divisões da liga italiana de 1946 a 2010, quando foram criados dois órgãos: a *Lega Serie A*, que passou a administrar a primeira divisão, e a *Lega Serie B*, organizadora do segundo escalão.

o *Guerino*, por meio de seu correspondente, lhe havia feito um favor: durante anos não precisou haver diálogo. Até que um dia Cucci enviou para cobri-lo o ainda muito jovem Darwin Pastorin. Cheio de esperanças, bons modos, serenidade brasileira e grande admiração pelo Velho. O técnico se derrete, e Pastorin volta entusiasmado à redação: "Bearzot é uma pessoa maravilhosa!". Mas com o restante do jornal a guerra fria continua.

32. O Real Vicenza

Durante três anos, ele usou mais gesso do que chuteiras e tem consciência de que se encontra na última parada da viagem. A mais decisiva. O jovem Paolo Rossi ainda não sabe nada do que o espera. Conhece apenas seu passado.

Depois do *Scudetto* da Juventus, campanha da qual não participou, foi emprestado ao Como. Para ganhar experiência, disseram a ele. Não teve oportunidades. Lutou para se adaptar, jogou apenas seis partidas e se entristeceu no banco. Foi devolvido antes do fim do campeonato. E, na Juve, não era esperado. Então, quando Giuseppe "Giussi" Farina apareceu com 110 milhões para levá-lo a Vicenza, o presidente Boniperti ficou feliz em lhe dar a metade do dinheiro. Não restava mais nada a Rossi senão ter esperança. O futebol é sua vida, mas ele também tem de começar a pensar na possibilidade de não conseguir vencer como jogador. Se a oportunidade não surgir, o futuro será forçado a se construir por conta própria. Ele terá que terminar os estudos, encontrar um emprego e se tornar um dos muitos jovens que tentaram perseguir um sonho que se desfez. Ainda teria o entusiasmo de seus 20 anos, um único menisco incólume, o Fiat A112 azul com bancos dobráveis, o corpo magro e o rosto limpo de bom rapaz. Ingredientes perfeitos para se tornar um senhor Rossi.

Com esses pensamentos em mente, o aspirante a campeão Paolo Rossi, na manhã do primeiro dia de agosto de 1976, atravessa o portão do estádio Menti, em Vicenza. O clube acaba de deixar para trás uma temporada miserável, em que correu o risco de ser rebaixado para a *Serie C*. Não sonha com a glória, vendeu os poucos jogadores que valiam alguma coisa e contratou apenas atletas experientes em fim de carreira ou jovens desconhecidos a preço de custo. Como Rossi. Nas arquibancadas, alguns curiosos, a maioria aposentados. "Seria aquele o novo atacante?", "Com esse físico como é que vai chegar na área?", "Ainda bem que será reserva". O titular é Alessandro Vitali, atacante que explodiu alguns anos antes, e que também havia jogado na *Serie A* pela Fiorentina e pelo Cagliari. Paolo Rossi é, na verdade, um ponta-direita a quem prometeram 50 mil liras por jogo disputado. "Quem sabe algum dia verei o dinheiro", pensa. "Aqui o risco é que eu assista ao campeonato do banco."

Mas o destino bate à sua porta. Vitali, durante as negociações de seu contrato, briga com o presidente Farina e foge da concentração de Rovereto à noite, encerrando, assim, sua carreira. Acabará por bater o carro numa árvore nos arredores de Bolonha, em 26 de agosto de 1977, morrendo instantaneamente aos 32 anos. Rossi, que vinha conquistando a confiança do treinador Giovan Battista Fabbri, o "Gibì", passa a ser titular. O presidente Farina, alguns meses antes, não tinha sido sutil ao lhe apresentar Rossi: "Gibì, veja bem, na minha opinião esse Rossi é uma enganação, tem os meniscos rompidos também...". Fabbri, vendo seu poder de explosão nos últimos metros do campo, decide testá-lo no returno como centroavante. Seus joelhos encontram novas conexões; a inspiração antes adormecida começa a florescer e daquele momento em diante Rossi não para de fazer gols.

É o alvorecer de uma temporada inesquecível. A do "Real" Vicenza. Rossi é rápido, ágil, entrosa-se maravilhosamente bem com seus companheiros: Cerilli, rejeitado pela Inter, Salvi, a quem a Sampdoria havia dispensado, Carrera, que não conseguiu encontrar lugar na Reggiana, e Filippi, conhecido como "Calimero"[24] por causa de sua baixa estatura, descartado pelo Bologna. Todos eles têm algo a provar. Fabbri, que também teve Bearzot como um de seus jogadores no passado, está inventando o futebol total antes mesmo de ele existir, sem sequer ter ido estudar na Holanda.

24 Produção ítalo-japonesa dos anos 1960, o desenho animado conta a história de Calimero, um pintinho negro que reclama bastante e se diz sempre injustiçado.

33. **A faísca**

Dez anos antes de Joaquín Viola Sauret abrir o envelope com os requisitos para o país escolhido como sede da Copa do Mundo, o congresso de Londres havia decretado as potenciais candidatas para as edições de 1974 e 1982. A de 1978, destinada a um país de outro continente, seria na Argentina. A anterior e a seguinte seriam disputadas pelas duas nações europeias derrotadas na designação da Copa do Mundo de 1966: Espanha e Alemanha Ocidental. As candidatas, a fim de garantir o bom resultado, chegaram a um acordo: os espanhóis desistiram da disputa pela edição mais próxima, e os alemães, da mais distante. Em 1966, ninguém podia imaginar o que viria a acontecer no tempo ainda por ser vivido. Argentina e Espanha, oprimidas por regimes ditatoriais, em épocas e de formas diferentes, tiveram de confrontar "sua" Copa do Mundo com estados de espírito completamente distintos. Se as decisões da Fifa, depois do golpe de Estado de 1976, deram aos generais argentinos grandes possibilidades de propagandear o Mundial, o que surgiu para a Espanha — que confirmaria sua aceitação em 31 de agosto de 1979, quando don Adolfo Suárez González completa a dissolução do regime franquista — foi a chance de demonstrar que seu passado militaresco estava sepultado para sempre.

No momento apropriado, a Real Federación Española de Fútbol constitui uma comissão encarregada dos preparativos para a Copa do Mundo. Todo o seu planejamento, dessa forma, encaixa-se no processo de transição democrática pós-franquista.

34. **A propriedade oculta**

"O verdadeiro poder está nas mãos dos detentores dos meios de comunicação de massa." A Loja Maçônica P2.[25]de Licio Gelli, atua amparada

25 A Propaganda Due (P2) foi uma loja maçônica fundada no fim do século XIX para que personalidades públicas da Itália pudessem aderir à maçonaria de forma reservada. Com acesso e influência sobre todas as esferas de poder, a P2 reuniu empresários, jornalistas, magistrados, líderes militares e políticos, incluindo Silvio Berlusconi. A organização esteve diretamente ligada à quebra fraudulenta do Banco Ambrosiano, em 1982, além de uma série de outros crimes. Licio Gelli, seu líder, morreu em 2015, aos 96 anos, enquanto cumpria prisão domiciliar.

por essa certeza. E o único modo de conquistá-lo é fazendo o maior jornal da Itália submeter-se a seus obscuros desígnios.

Para completar a aquisição do *Corriere*, Gelli foi auxiliado por seu braço direito, Umberto Ortolani, pelo banqueiro Roberto Calvi, pelo empresário Eugenio Cefis e pelos cofres do IOR, o Instituto para as Obras da Religião.[26] Faltava apenas um editor que se interessasse pela compra. Identificou como suas vítimas os Rizzolis. Financiados por Cefis, em 1974, os novos editores foram convencidos a fazer a aquisição. Até então, o pacote de ações da Editoriale Corriere della Sera havia sido dividido entre três famílias: os Crespis, os Morattis e os Agnellis. Portanto, para um novo proprietário seria suficiente adquirir duas das três participações. Mas Andrea Rizzoli não se contentava com o simples controle acionário e assumiu 100% da sociedade. Logo percebeu, no entanto, que a operação era muito mais cara do que esperava. Foi, assim, obrigado a procurar outras formas de financiamento junto aos bancos, sem saber que muitos deles eram presididos ou dirigidos por filiais da P2 e que, portanto, a decisão de lhe conceder mais liquidez estava condicionada pelo parecer de Gelli.

Em julho de 1977, forçado a recapitalizar a empresa, Rizzoli encontra os 20 bilhões de liras de que precisava. Naquele momento, não fica claro de onde vem o dinheiro. As primeiras hipóteses apontam para duas fortalezas da direita internacional: Baviera e Texas. O melhor trajeto, contudo, leva a Milão. Com esforços de sensata dedução, há quem chegue ao presidente do Banco Ambrosiano, Roberto Calvi, "o banqueiro de Deus", e ao financista Umberto Ortolani, ambos muito próximos do universo do catolicismo e dos democratas-cristãos. Ninguém, porém, identifica com precisão os tecelões da trama que enreda o grupo editorial. Como forma de garantia, Rizzoli cede 80% das ações a Calvi, a serem resgatadas após três anos a um valor maior. Na prática, concede-lhe a empresa, permitindo a penetração do proprietário oculto em todos os gânglios editoriais e financeiros do grupo. O endividamento aumenta, e a presença do Banco Ambrosiano como credor depositário das ações empenhadas é o sinal da invisível mudança de titularidade em curso. Com os Rizzolis cada vez mais fracos economicamente, Calvi se torna o verdadeiro patrão.

---

26 Conhecido como Banco do Vaticano, o IOR é uma instituição financeira ligada à Santa Sé, com sede no Vaticano.

Sob a regência oculta de Calvi-Gelli-Ortolani-Cefis, a cabine de comando é repovoada. Bruno Tassan Din, que ingressou no grupo Rizzoli em 1973 como funcionário, torna-se administrador delegado e proprietário de parte do empreendimento. Umberto Ortolani, advogado, braço direito de Gelli, passa a integrar o conselho de administração. Franco Di Bella, depois de um jantar à carbonara com o empresário Silvio Berlusconi, torna-se o novo diretor do *Corriere*, no lugar de Piero Ottone. Gelli alcança, assim, seu primeiro objetivo: colocar seus homens em posições-chave no conglomerado Rizzoli.

35. A troca

Pouco antes da Copa, o Comité pour le Boycott de L'Organisation par l'Argentine de la Coupe du Monde (Coba), uma associação formada por franceses e argentinos de esquerda reunidos à sombra do jornal *L'Equipe* (que por sua vez conta com o apoio de intelectuais e artistas do calibre de Jean-Paul Sartre, Roland Barthes e Yves Montand), consegue sensibilizar as principais organizações de defesa dos direitos humanos, incluindo a Anistia Internacional. Inicialmente, Suécia, Holanda e França, os países mais envolvidos na batalha contra os horrores do genocídio argentino, parecem querer aderir ao boicote, mas na realidade suas respectivas seleções nunca pensam em ficar em casa e abandonar o Mundial.

Se as equipes querem jogar a Copa do Mundo, deve-se tentar então mudar o país-sede. O golpe militar acontecido abriria a possibilidade de mudança e a oportunidade de se celebrar a 11ª edição do torneio em um país que não fosse dominado por um regime ditatorial. Os órgãos de direitos humanos aconselham o presidente da Fifa, Havelange, a pensar em um local alternativo. Cogita-se pedir à Espanha, que deveria sediar a Copa do Mundo de 1982, a heroica empreitada de adiantar seu encargo em quatro anos. Ou chamar o Brasil, para respeitar a alternância entre os continentes. As questões burocráticas são avaliadas até que um pequeno grande evento recoloca a história de volta nos trilhos.

Em 1975, dois jovens brasileiros foram presos pelos "grupos de trabalho" do Exército argentino. Chamam-se Paulo Antônio de Paranaguá e Maria Regina Pilla. O pai do rapaz, membro da alta sociedade paulista, move céus e terras para trazer o filho de volta para casa: unem-se banqueiros brasileiros, o político democrata americano Ted Kennedy, o cardeal Eugenio Sales, o general brasileiro Danilo Venturini e o embaixador da Unesco Paulo Carneiro. Nada acontece. Quando a bola é passada a Antônio Leite, avô materno de Paulo, bastam-lhe dois graus de separação para chegar à meta final: ele implora diretamente ao maior representante do mundo do futebol, o brasileiro João Havelange, para que exponha o problema ao maior representante do país que deve sediar a Copa do Mundo, o general argentino Jorge Rafael Videla. A troca de palavras entre os dois muda o destino dos jovens sequestrados e recoloca as coisas no lugar. "Tudo bem, vamos libertá-los", promete o ditador, "mas em troca precisamos que a Fifa confirme a Argentina como sede da Copa do Mundo". "General, tem a minha palavra", promete o presidente. Paulo é transferido para Paris e recebido por Robert Mitterrand, amigo dos Paranaguá e irmão de François. A Espanha terá que pensar somente em 1982. A última Copa do Mundo dos anos 1970 será argentina.

36. **Anjos de caras feias**

Com a atenção voltada para a Copa do Mundo argentina, Pier Cesare "Pierce" Baretti vai com Cucci a Budapeste para ver Hungria × Tchecoslováquia. Bearzot também vai. A Hungria pode ser rival da Itália na Copa do Mundo. É uma noite de primavera de 1977, véspera do jogo. Os três se encontram no saguão do Hotel Hilton. Ao ver Bearzot, Cucci se enrijece, fechando-se na distância de um silêncio. Baretti conhece os dois e, depois de um primeiro momento de constrangimento, aproxima-os: "Vocês ainda não se entenderam. Por que não experimentam esta noite?". São 23 horas. Cucci e Bearzot começam a falar. Eles afastam as diferenças, se explicam e se entendem. Tudo termina às cinco da manhã. Conversam sobre tudo. As raízes comuns, o colégio secundário, os jesuítas, a política e, claro, o futebol. Bearzot não lhe fala sobre esquemas ou jogadores. Mas sobre homens. Cucci fica maravilhado. De repente, entende suas qualidades morais antes mesmo das técnicas. Encontra nele um inovador extraordinário. Cucci, naquela noite, passa a estar ao lado de Bearzot. De inimigo mais feroz, torna-se, assim, seu defensor mais sincero. É o começo de uma amizade. Um dos poucos que o técnico atende entre os jornalistas. Mas não será o único.

Poucos meses depois, o treinador está em Buenos Aires para o sorteio da Copa do Mundo. Cucci permanece em Bolonha e manda Elio Domeniconi com o fotojornalista Guido Zucchi: "Recomendo que fique próximo de Bearzot; ele é um amigo nosso". No aeroporto milanês de Linate, Domeniconi conhece seu colega Giampaolo Ormezzano.

"Onde você vai se hospedar?"

"No Grand Hotel. E você?"

"No Lancaster."

"Quase fiquei lá."

"Bearzot também estará lá."

Alguns anos antes, Ormezzano, torcedor *granata*[27] desde sempre, estava convencido de que, depois de Valentino Mazzola, nunca mais existiria um verdadeiro capitão do Torino, alguém que fosse "de Turim". Mas Enzo Bearzot chegou. Ao ouvir seu nome, o editor do *Tuttosport* não tem dúvidas: "Vou até vocês".

Os dois correspondentes do *Guerino*, por sua vez, estão mais do que felizes por tê-lo na equipe, porque o colega fala todas as línguas do mundo. E graças a ele, de fato, eles conseguem se encontrar com o técnico da seleção argentina César Luis Menotti no Bagni San Giorgio, em Mar del Plata. Ormezzano também escreveu um livro sobre Omar Sívori e, por isso, tornou-se seu amigo; então, à tarde, chama-o pelo telefone.

"Estou aqui em Buenos Aires. Gostaria de me encontrar com você. Estou também com o Velho."

Bearzot, quando jogador, tinha sido o marcador de Sívori no Derby della Mole.[28] Sívori sempre ia a campo sem caneleiras e com as meias baixadas nos tornozelos para desafiá-lo.

"Bearzot? Claro! Então eu convido vocês para um jantar. Enzo nunca me viu em campo. Pode finalmente me achar." E cai na gargalhada.

Ormezzano conta ao técnico. Bearzot responde rindo e aceita o convite.

---

27 Como são chamados os torcedores do Torino, em razão da cor grená da camisa do clube.

28 O clássico disputado entre Juventus e Torino. Recebe esse nome em homenagem à Mole Antonelliana, ícone arquitetônico da cidade de Turim.

Sívori está fora do futebol e passa o tempo com a esposa María Elena Casas e os três filhos, Néstor, Miriam e Humberto, em uma grande propriedade em San Nicolás de los Arroyos, de frente para o rio Paraná.

Ao vê-lo, Ormezzano murmura: "Boniperti não entendeu nada".

"Por quê?", Sívori lhe pergunta.

"Continua morando em um condomínio da Corso Agnelli."

"Não se preocupe. Ele também construirá sua vila nas colinas."

Sívori, aliás, pensou em batizar sua morada de "Juventus". O jantar é organizado rapidamente na Boca, no restaurante de um imigrante italiano, Los Años Locos (Os Anos Loucos). Néstor Rossi, outro campeão argentino, também aparece. A noitada transcorre alegremente, e as memórias esportivas transbordam a cada prato servido. Mas, quando a conversa se volta para a questão dos generais, Sívori muda de tom. Quatro anos antes, havia sido expulso do comando da Alviceleste por sua antipatia em relação a Juan Domingo Perón, que acabava de retornar à Argentina. Desde aquele dia, não via a bola.

"O que você escreve na Itália sobre a repressão militar é besteira."

"Omar, hoje mesmo um jornalista italiano que trabalha aqui me contou sobre os carros sem placa da polícia de Videla", diz Ormezzano.

"Eu moro aqui e sei melhor do que você. Nunca vi nada assim. Não existe ditadura na Argentina."

É inverno, mas o clima esquenta. Para acalmar os ânimos, o dono do restaurante oferece um sorvete italiano num lugar não muito distante dali: "Deixem as jaquetas aqui. Ninguém vai roubá-las. A Argentina é um país seguro".

Todos atendem ao convite e rumam até a sorveteria. Estacionam, e depois de alguns segundos um carro encosta. É um Ford Falcon. E sem placa. Uma freada brusca, e saem do veículo algumas figuras, cada um com uma metralhadora apontada para o grupo.

"Documentos!"

Apenas Ormezzano está com os seus, os outros os deixaram em seus casacos no restaurante.

Sem documentos está também Sívori, *El Cabezón*, o anjo de cara feia, o dono da casa, o herói nacional. Sentindo-se desorientado aos olhos dos outros, ele grita nervosamente aos policiais: "Sou Sívori!". Acha que isso basta. Mas aqueles rapazes uniformizados nunca testemunharam seus dribles com as meias abaixadas. Não sabem quem é Enrique Omar Sívori. Para eles, é apenas um estranho sem documentos. Decidem prendê-lo. Ele, como no campo, se rebela e consegue se livrar das garras dos policiais. Sempre foi inquieto e estourado; passou a carreira toda provocando brigas. Só nos 12 anos jogados na Itália, cumpriu 33 jogos de suspensão.

"Fui um grande jogador, também joguei pela nossa Argentina, há pouco tempo fui o treinador da seleção, é impossível que não me conheçam! Este é Néstor Rossi, ídolo dos seus pais."

Mas, na Argentina, o grande Sívori, campeão continental de 1957, o Bola de Ouro de 1961, passa a ser um homem qualquer.

Bearzot sussurra a Ormezzano: "Você que tem mais intimidade com ele do que eu, tente acalmá-lo. Os nervos dele estão à flor da pele; se ele explodir, vão matar todos nós". Enquanto isso, os policiais conversam entre si em tom nada tranquilizador. Ormezzano entende espanhol e fica com medo. O colega italiano que ele havia mencionado antes na mesa lhe contou sobre os assassinatos noturnos da polícia secreta de Videla.

Todos estão com as mãos apoiadas no capô do carro, sob um poste, os policiais logo atrás deles, os canos das metralhadoras em contato com as costas.

"Por que vocês estacionaram aqui?"

E Sívori cada vez mais furioso:

"Porque tinha vaga."

"Você nos acha idiotas? Digam o verdadeiro motivo!"

Outro carro chega. Também sem placa.

Quando um deles aponta a lanterna sobre o técnico italiano, Sívori grita: "Este é o Bearzot!". Ormezzano está prestes a dizer: "Ele era o capitão do Torino!". Mas sua voz é abafada pela do argentino: "Comanda a seleção italiana de futebol, está aqui para o sorteio, hoje a sua foto está em todos os jornais".

Um dos policiais sussurra aos colegas: "É o técnico da seleção italiana". Bearzot, naquela época, havia conquistado a simpatia dos argentinos graças a Miguel María Muñoz, príncipe dos comentaristas locais, que o havia convidado várias vezes à rádio. Ormezzano aproveita o momento inesperado de pausa e em duas palavras, em castelhano, explica-lhes quem são, de onde vêm e para onde vão. Segue-se uma consulta interna em voz baixa. Depois a ordem: "Saiam daqui. Imediatamente!".

O grupo obedece. Mas Omar quer explicações e começa a gesticular. É nesse ponto que Bearzot vai a seu encontro. Naquele momento, é como se o visse entrar na área, a boca escancarada em busca de oxigênio, os braços abertos como asas, as pernas que não ficam paradas. Dessa vez, ele sabe como marcar o adversário de sua vida. E o agarra, arrasta-o para longe e o coloca dentro do carro. Que escapa noite adentro.

Depois de se acalmar, Sívori implora a Ormezzano que não conte nada. No dia seguinte, acontece o sorteio da Copa do Mundo. Bearzot hesita, mas concorda. Notícias desse tipo talvez sejam perigosas e inoportunas. Quando amanhece, Ormezzano se encontra com o colega italiano que o tinha alertado. É Giangiacomo Foà, correspondente do *Corriere della Sera*: "É a rua das casas onde residem os generais do poder. E você estacionou embaixo da casa de Galtieri, o número 2 do governo de Videla. Poderia ser um carro-bomba. Foi por sorte que não os mataram atirando de longe. Podiam ter levado vocês rapidamente e jogado os corpos no rio". Ormezzano concorda em não escrever. Mas vai se arrepender para sempre.

Na manhã seguinte, 14 de janeiro de 1978, em Buenos Aires, o sorteio dos grupos é transmitido pela televisão ao vivo, na presença do presidente da Fifa, o brasileiro João Havelange, do secretário-geral, o suíço Helmut Käser, e do vice-presidente, o alemão Hermann Neuberger. Quem retira da urna os cilindros nos quais estão inseridos os papéis com os nomes das equipes participantes é um menino de 3 anos, Ricardo Teixeira Havelange. O neto do presidente da Fifa. Na véspera do sorteio, não faltaram insinuações sobre a precariedade do sistema adotado. Foram recordados sorteios anteriores confiados a crianças que, de formas muito simples, foram dissimulados para favorecer o time da casa. Franco Mentana é o único jornalista que consegue saber com antecedência qual será o desfecho do grupo argentino, onde também estará a Itália de Bearzot. Uma semana antes do sorteio, manda o furo à *Gazzetta dello Sport*, mas a redação não o leva em consideração. Ao retornar à Itália, percebe que suas informações nunca foram publicadas. Um erro que o deixa perplexo e amargurado. Não tem como saber que aquela *Gazzetta* acabou sob uma propriedade oculta ligada ao poder argentino.

37. O silêncio

Quando, às vésperas da Copa do Mundo da Argentina, Andrea passa as rédeas do grupo a seu filho Angelo (conhecido como "Angelone"), a Loja Maçônica P2 pressiona Rizzoli a adquirir também o *La Gazzetta dello Sport*. O controle dos jornais dá à P2 uma enorme capacidade de manobra: capaz de afetar a conduta de políticos, cuja adesão à agenda *piduista* é recompensada com artigos e entrevistas complacentes que garantem visibilidade junto à opinião pública. Ao mesmo tempo, permite monitorar repórteres. Giovanni Russo é censurado; Giangiacomo Foà, transferido (de Buenos Aires para o Rio de Janeiro); Enzo Biagi, advertido. Di Bella o convida a ir para a Argentina no lugar de Foà por ocasião da Copa do Mundo, mas o impele a não ferir a suscetibilidade dos generais. "Você sabe, Enzo, não é por nada, mas eles poderiam favorecer os Rizzolis em alguma aquisição do grupo naquele país." Biagi se recusa a viajar.

Gelli zelosamente coloca o editor em contato com o almirante Emilio Eduardo Massera. "Licio é um grande amigo e não posso lhe recusar nada." Nesse ponto, tem início a trajetória do grupo editorial milanês na Argentina. Rizzoli primeiro adquire a um ótimo preço toda a estrutura da Editorial Abril, a maior editora argentina expropriada dos irmãos italianos Civita; em seguida, graças às intervenções de Gelli e Ortolani, que conseguem obter uma autorização "extraordinária" das autoridades argentinas, abre o grupo editorial Crea. Em troca, Gelli assegura o silêncio do *Corriere* em relação às violações de direitos humanos cometidas pelos militares. O jornal milanês se limita a oferecer um "retrato tranquilizador" do país, escondendo o drama dos desaparecidos, a tortura da ditadura, a situação econômica desastrosa e os protestos contra a visita de Massera à Itália no outono de 1977.

38. Maçom, Mason e Massera

Às vésperas da Copa do Mundo, a Federação Nacional da Imprensa Italiana (FNSI) havia feito um apelo aos jornalistas italianos presentes na Argentina, para que não se limitassem a divulgar apenas notícias esportivas, mas aproveitassem a oportunidade para pôr em evidência as violações dos direitos humanos cometidas pela junta militar.

E o apoio incondicional da Fifa não basta para proteger Videla por completo dos perigos criados por informações internacionais objetivas e independentes. A junta militar, a fim de melhorar a imagem da Argentina no exterior, conta com a maior agência de relações públicas do mundo: a Burson-Marsteller, de Nova York. A agência elabora um relatório (custando US$ 1.100.000) significativamente intitulado "Aquilo que vale para os produtos vale também para os países". Portanto, o produto "ditadura argentina" podia ser vendido como qualquer outra mercadoria a ser lançada no mercado. A essência do relatório se condensa em uma recomendação: é preciso "influenciar quem influencia a opinião pública", isto é, os jornalistas, mostrando-lhes a imagem de uma sociedade ordeira e pacífica, muito diferente daquela pintada pela "propaganda subversiva". De fato, uma densa programação de entretenimento está prevista para os repórteres: fornecimento abundante de material de propaganda, viagens turísticas, almoços com empresários argentinos, shows no teatro Colón em Buenos Aires, noites em boates da moda e até "encontros pessoais com a juventude argentina", de modo a oferecer uma "amostra da variedade de diversões existente no país" e da "normalidade da vida cotidiana".

O apelo da FNSI é aceito pelos dois enviados do *La Repubblica* em Buenos Aires, Franco Recanatesi e Saverio Tutino. O *Corriere della Sera*, por outro lado, para o bem da Copa do Mundo, inesperadamente fornece uma imagem "tranquilizadora" da Argentina.

Já em 10 de dezembro de 1977, tendo a seleção italiana acabado de se classificar para a Copa do Mundo, o *Corriere della Sera* publicou na primeira página um artigo de Leonardo Vergani intitulado "A indústria de gols dá trabalho e esperança à Argentina", para transmitir uma imagem festiva e alegre do país, sem fazer menção à repressão que produziu milhares de vítimas inocentes entre o povo argentino: "O governo militar que comanda a Argentina está fazendo um enorme esforço para garantir que tudo funcione bem nos dias da Copa do Mundo, estádios, ruas, telefones. Não haverá problemas de segurança [...]. A Copa do Mundo deixará uma Argentina mais moderna, pois quantias astronômicas estão sendo gastas em infraestrutura. [...] Apesar do regime policialesco, as cidades são alegres, a noite vai até tarde e, nas discotecas, ouvem-se músicas que cantávamos há 30 anos, melodias de Claudio Villa".

O artigo de Vergani passa a ser objeto de crítica do *Il Manifesto*, que, na edição do dia seguinte, pergunta: "Por que então o jornal de Di Bella apoia de forma tão descarada a propaganda da junta militar argentina?". O *Manifesto* ainda não tinha como saber o que estava por trás da atitude "positiva" do *Corriere*. Mas o artigo saído da Via Solferino[29] que mais desperta reações é, sem dúvida, aquele assinado em 29 de maio de 1978 por Paolo Bugialli, enviado à Argentina para a Copa do Mundo: "Que os jogadores joguem sua Copa do Mundo, que centenas de milhões de pessoas em todo o mundo dela desfrutem, que os argentinos expressem sem hesitar a satisfação de a ter organizado, e bem, pagando do próprio bolso. Talvez seja hora de parar com as bobagens. Mas, repetimos, não pode ser que sejam todos policiais e fascistas os que nos param na rua pedindo para dizermos a verdade. Que é a seguinte: o país inteiro se esforça para que tudo funcione, para que os visitantes façam amizades, o país inteiro se sente sob escrutínio e a tudo encara de forma trepidante. Videla passa, a Argentina fica".

O silêncio significativo sobre a Argentina durante os anos de repressão por parte do principal órgão de informação da imprensa italiana só pode ser explicado a partir das manobras engendradas pela Loja Maçônica P2. Gelli, de fato, exerce funções de diplomacia paralela entre Itália e Argentina, tecendo laços cada vez mais estreitos entre os sistemas político e econômico das duas nações, e também exercitando seu poder oculto sobre os meios de comunicação de massa. Os laços de Gelli com o país sul-americano remontam ao imediato pós-guerra, quando ele, combatente fascista na guerra civil espanhola e ex-*repubblichino* (colaboracionista da República Social Italiana), fugiu para a Argentina de Perón, que acolhia fascistas italianos e nazistas alemães. Entrado no círculo de Perón, vinculou-se, sobretudo, a López Rega, inscrevendo-o na Loja Maçônica P2. Depois da morte de Perón e do golpe, Gelli, apesar de seus vínculos anteriores com a direita peronista, pôde permanecer em seu cargo graças à proteção do general Suárez Mason e do almirante

29 Rua de Milão onde fica a histórica sede do *Corriere della Sera*, inaugurada em 1904.

Massera, ambos membros da Loja Maçônica P2. Sua relação de camaradagem com Mason, presidente da entidade estatal argentina ligada ao petróleo (YPF), fortaleceu seu papel como corretor internacional de contratos de petróleo.

39. Pablito

Também no fim de 1977, Bearzot inclui o nome de Paolo Rossi na lista de convocados graças à quarta *doppietta*[30] marcada no campeonato. O teste acontece em um amistoso em Liège, contra a Bélgica. Termina 1 a 0 para a Itália, gol de Antognoni. Quando está prestes a deixar o Stade de Sclessin, o atacante do Vicenza olha para o treinador, que não lhe diz nada, mas estende a mão. Pela maneira como aperta, Rossi sabe que foi bem. Um mês depois, Bearzot reapresenta a mesma seleção contra a Espanha, no Santiago Bernabéu, em Madri. A Itália perde por 2 a 1, mas Rossi se destaca. Até László Kubala, o selecionador dos espanhóis, elogia o recém-chegado: "*Me gustó muchísimo Rossi*". A imprensa o exalta, e seu apelido é cunhado no avião que está levando os jornalistas italianos de volta da capital espanhola. Giorgio Lago, chefe dos serviços esportivos do *Gazzettino*, senta-se ao lado de Piero Dardanello, do *Tuttosport*, quando se aproxima Sandro Ciotti, que está fazendo algumas entrevistas para um programa de rádio da RAI. "A Itália encontrou seu centroavante para a Copa do Mundo. A partir de agora, podemos chamá-lo de Pablito", diz Lago, carregando o boneco de um vaqueiro dos pampas como representação do Mundial a ser jogado na Argentina. Ciotti sorri, Dardanello escreve. No dia seguinte, Paolo Rossi é para todos Pablito, um nome perfeito para acompanhá-lo nas futuras Copas do Mundo em que pode atuar, todas latinas.

Em 9 de maio de 1978, em Roma, no mesmo momento em que um Renault 4 vermelho é estacionado pelas Brigadas Vermelhas na Via Caetani com o corpo do ilustre Aldo Moro trancado no porta-malas, Enzo Bearzot entrega à Federcalcio a lista dos 22 jogadores que jogariam a Copa do Mundo na Argentina.

---

30 Quando um jogador marca dois gols em um mesmo jogo.

E naquele dia chega um telegrama a Vicenza:

Confirmamos convocação seu jogador Rossi que pedimos esteja Villa Pamphili Roma até 18h30 sexta-feira 12 munido uniforme jogo passaporte válido e vacinas ponto cumprimentos Federcalcio.

É o chamado oficial. Mas a notícia é ofuscada pelo assassinato do presidente dos democratas-cristãos. Seu sequestro, iniciado em 16 de março, também havia colocado em segundo plano a grande tragédia ocorrida em Villa Devoto, o maior presídio da capital argentina, onde se encarceravam presos políticos. Os guardas, ateando fogo nos colchões, iniciaram um incêndio que causou a morte de 150 detentos. A imprensa próxima ao regime militar não deixa de "recomendar" ao governo italiano uma "solução à Argentina" no combate ao terrorismo. O próprio Videla tenta, por meio da história do sequestro de Moro, obter solidariedade internacional na guerra do governo argentino contra o terrorismo e a subversão: "Nós, argentinos, sentimos parte da angústia vivida hoje por outros povos, que também são vítimas do terrorismo. Como consequência dessas duras circunstâncias, talvez encontremos neste momento aquele entendimento que não tínhamos quando a subversão nos escolheu como alvo preferencial dos seus projetos criminosos".

Terminado o campeonato nacional, Rossi, com 24 bolas na rede, é o rei dos gols. O Vicenza, em segundo lugar, rende-se na corrida pelo título apenas para a Juventus, que, em seguida, teria o prazer de resgatar seu atleta. Farina, no entanto, não quer perdê-lo. O destino do melhor jogador do Campeonato Italiano é decidido em um envelope lacrado. Farina recebeu o recado na noite anterior: "Se chegar com 2,6 bilhões, Rossi é seu". Na manhã seguinte, ele escreve no papel "2.612.510.000 liras". Boniperti, porém, pede mais 875 milhões.

A guerra dos envelopes é vencida pelo Vicenza. Alguém chega a dizer que a Juventus teve que se segurar em razão do momento difícil da Fiat, que vinha demitindo trabalhadores. Há ares de escândalo, Carraro renuncia à Liga, o presidente do Vicenza é imediatamente acusado de desperdício imoral de recursos e a soma oferecida é maior que a quantia gasta pelo Museu Paul Getty, em Malibu, para comprar um Van Gogh, um Renoir, um Cézanne e um Matisse. Farina se defende: "O esporte é arte, e Paolo é a *Mona Lisa* do nosso futebol". Uma obra que vale um total de mais de 5 bilhões. Nunca um jogador tinha chegado a valer tais cifras. Mas, ao mesmo tempo, numa contradição em perfeito estilo italiano, essa *Mona Lisa* é convocada por aclamação popular para a Copa do Mundo. Elevado surpreendentemente à posição de titular no lugar de um apagado Graziani — que, no entanto, teve o mérito de levar com seus gols a seleção italiana à Argentina —, Rossi ajuda a colocar a Itália entre os grandes. O mundo passa a notá-lo.

40. **Marmelada peruana**

A poucos meses da Copa do Mundo, o capitão da Argentina, Jorge Omar Carrascosa, deixa a seleção sem explicar suas razões. Nenhum jornalista da imprensa argentina tenta investigar os motivos que podem ter levado o homem de referência do time da casa a dar as costas para a fama, o dinheiro e a possibilidade de imensa glória que o espera ao virar a esquina. Sua faixa é herdada por Daniel Passarella. Na primeira fase da Copa, a Argentina vai bem no grupo da Itália de Bearzot. Rossi brilha; as duas seleções derrotam França e Hungria, que também compõem a chave e se classificam para a etapa seguinte.

A fórmula de disputa prevê a formação de dois outros grupos de quatro equipes, com acesso direto à final para o primeiro colocado. Os anfitriões caem na chave que têm Brasil, Polônia e Peru, o Grupo B. Na outra parte da tabela, o Grupo A, estão Itália, Holanda, Alemanha Ocidental e Áustria.

Depois das duas primeiras partidas, a classificação do Grupo B é uma dança a dois entre Brasil e Argentina. Ambos têm uma vitória e um empate (no confronto direto). Resta o último jogo. Em caso de vitória de ambos, contará o saldo de gols. No Grupo A, os últimos jogos são marcados para a mesma hora (13h45). Inicialmente, também os do Grupo B deveriam ser disputados no mesmo horário (16h45), mas, posteriormente, se decide que será reservado aos anfitriões o horário de 19h15. O Brasil tenta pedir que os dois confrontos ocorram simultaneamente. Em vão. A Argentina vai jogar já sabendo o resultado dos brasileiros. Algumas horas antes dos argentinos, o Brasil vence a Polônia por 3 a 1. Nesse momento, o Brasil tem seis gols marcados e um sofrido, enquanto a Alviceleste conta com saldo positivo de dois gols e está obrigada, assim, a vencer o Peru por quatro gols de diferença para ir à final. A empreitada seria exasperante se a meta do Peru, que não tem mais nada a almejar na Copa, não estivesse sendo defendida por Ramón Quiroga, um argentino nascido em Rosário, incrivelmente a mesma cidade de disputa da partida; ele havia obtido a cidadania peruana apenas alguns meses antes. Os argentinos o vazam seis vezes. Este resultado entra para a história como a *Marmelada peruana*.

Quatro dias mais tarde, a Argentina se torna campeã mundial depois de vencer a Holanda. Quem arbitra o jogo é o italiano Sergio Gonella; para Ruud Krol, capitão dos holandeses, o juiz foi "o melhor defensor argentino". Na véspera, disputa-se a final dos rejeitados: Itália, Brasil e Klein.

41. **De repente, a Copa passada**

Estádio Monumental, Buenos Aires, tarde de 24 de junho de 1978. Itália *versus* Brasil. Os grandes desiludidos que se reencontram. Um contra o outro, na "final" que não mereciam: o Brasil invicto, a Itália que jogou o melhor futebol. E no meio, sempre ele, Klein, que deveria ter apitado a final entre Argentina e Holanda. Os anfitriões — na pessoa do vice-almirante Carlos Alberto Lacoste, vulgo "El Gordo" — conseguiram que a Fifa — isto é, João Havelange — o substituísse em nome de possíveis ligações políticas entre Holanda e Israel. O verdadeiro motivo, na realidade, está em sua arbitragem inflexível na única partida perdida pelos alvicelestes na Copa: aquela contra os *azzurri* de Bearzot. O jogo mais difícil da carreira de Klein.

Ambas as seleções, Argentina e Itália, já tinham se classificado para a segunda fase. No fundo, parecia só uma formalidade, ainda que na verdade os perdedores tivessem que sair de Buenos Aires, sede preferida de ambas as equipes. O peso intimidador da junta militar até aquele momento tinha conseguido influenciar todas as decisões dos árbitros, mesmo as mais inocentes, porque essa Copa do Mundo tinha que ter apenas um vencedor: os anfitriões. E esse jogo não seria exceção: vencer não era uma opção, mas uma obrigação. A Argentina realmente não queria ter de jogar em outro lugar. E, para evitar isso, os árbitros já a haviam ajudado contra a Hungria, com duas expulsões, e contra a França, com um pênalti. Para alguém como Klein, a multidão, os generais e as pressões não assustavam. No primeiro tempo, sob uma tempestade de 70 mil vaias, ele teve a ousadia de negar um pênalti aos donos da casa. Mas na volta do intervalo, para não sentir o peso da desaprovação, decidiu atrasar a retomada do jogo e, em vez de se antecipar às equipes, deixou que os argentinos o precedessem. Com os organizadores, fingiu não entender a língua. Com seus bandeirinhas, sussurrou: "Não vamos nos mover até que eu veja a cabeça do Kempes". Assim que as camisas dos alvicelestes apareceram, a multidão enlouqueceu, e o retorno do trio de árbitros a campo se perdeu em meio ao culto aos heróis. Aos 22 minutos do segundo tempo, os *azzurri* fizeram o gol da vitória com uma obra-prima orquestrada por Giancarlo Antognoni e Paolo Rossi, concluída magnificamente por Roberto Bettega. Disseram-lhe para ter cuidado: "A multidão pode matar você!". Naquele momento, Klein pensou: "Se eu estiver certo, ninguém poderá me culpar".

Quando apitou o fim do jogo, as equipes fizeram fila para apertar sua mão. Klein, então, era uma certeza para a final. Em vez disso, sua imparcialidade marcará o destino que separa os justos dos alinhados, concedendo-lhe diretamente o passe para a final de consolação e não ao último ato.

E no gramado do Monumental, naquela tarde de 24 de junho de 1978, Klein já pôde ver 6 dos 11 atletas da Itália espanhola (Zoff, Cabrini, Gentile, Scirea, Antognoni e Rossi) e um par de astros do Brasil de Telê Santana (Oscar e Toninho Cerezo), além de cruzar os rostos de Tardelli, Graziani, Zico e Waldir Peres, então reservas sentados em seus respectivos bancos, depois protagonistas da Copa do Mundo de 1982. É a Itália quem domina o jogo, marca com Causio e acerta quatro vezes a trave. Mas dois chutes de longe (de Nelinho e Dirceu) são suficientes para o Brasil conquistar o terceiro lugar na final dos desiludidos.

42. **O cenário**

Terminada a Copa do Mundo, em julho de 1978, a direção geral do grupo Rizzoli prepara uma publicação para circulação interna. É denominada *Cenário 1979-1981* e se propõe a prever a evolução da sociedade italiana. Todos os jornalistas do grupo devem se adequar às diretrizes colocadas. Trata-se de uma maneira de dizer a eles como fazer os jornais. Uma evidente infração no contrato da categoria que prevê total autonomia do corpo editorial em relação à administração.

É nesse clima que, em 3 de setembro de 1979, Carlo Grandini volta ao *Corriere* como redator-chefe do Esporte e correspondente especial: três anos depois, seguirá o caminho percorrido pela seleção italiana rumo à Copa do Mundo na Espanha. Quando a família Rizzoli entrou inicialmente no *Corriere*, ele, a convite de Indro Montanelli, tinha saído para montar a equipe esportiva do *Giornale*.

Um dia, enquanto estava na redação, foi informado da morte de seu pai. Antes de partir, decidiu terminar o artigo que estava escrevendo. Quando se dirigiu até Montanelli para tratar dos últimos assuntos editoriais, o diretor olhou atônito para ele.

"Mas, meu bom Deus, o que você ainda está fazendo aqui depois que seu pai acaba de morrer?"

"Vou embora logo. Prefiro terminar meu trabalho primeiro."

Montanelli colocou a mão em seu ombro.

"Vá agora a Ferrara, até o túmulo de seu pai. E, quando voltar, saiba que tem outro pai aqui."

Grandini, no entanto, também acaba se separando desse segundo pai, dando lugar a Alfio Caruso.

43. **O pacote**

Concluída a Copa do Mundo da Argentina, Horst e Nally começam a trabalhar para os espanhóis. Os dois sócios têm uma dupla missão. Por um lado, conseguir que a Fifa lhes conceda os direitos de marketing da nova Copa do Mundo. Por outro, desencavar os 36 milhões de francos suíços que o país anfitrião reivindica da Fifa.

As promessas de Havelange exigem a ampliação da participação na Copa do Mundo para 24 seleções, solução que, no entanto, torna os custos da competição ainda mais proibitivos. Dassler se encontra com Nally no Palácio do Congresso de Madri. Chama-o até o banheiro e abre a torneira. "A primeira parte já está resolvida. Por 1 milhão de dólares, o contrato está no nosso bolso." Resta ainda a tarefa que envolve os 36 milhões para a Espanha. Ele os encontrará concentrando-se nos direitos do mercado televisivo. Mas os anúncios publicitários têm um novo inimigo: o controle remoto. Durante os intervalos, os espectadores mudam de canal, e os anunciantes se calam. Dassler, contudo, encontra uma solução: "Temos um evento esportivo transmitido para todo o mundo. Vamos exibir os anúncios diretamente no programa que está sendo visto". Na verdade, nos jogos. São ideias novas, que encontram um caminho. Enquanto ele escreve as regras, sua influência na federação vai se tornando absoluta.

A West Nally detém os direitos de todas as competições da Fifa e da Uefa, incluindo a Eurocopa. A Copa do Mundo da Espanha representa a maturidade completa da empresa. É criado um pacote de quatro anos chamado *InterSoccer4*, que garante um patrocinador exclusivo para cada categoria comercial (é uma ideia nova, e a Coca-Cola, por exemplo, torna-se a "bebida oficial" da Copa do Mundo de 1982), exposição publicitária, ingressos e acesso VIP. O modelo se mostra um sucesso imediato e rapidamente se transforma no novo padrão de comercialização dos direitos de patrocínio de eventos esportivos internacionais.

Dassler e Nally se tornam o grupo que transforma as metodologias da gestão esportiva, os padrinhos fundadores do marketing no esporte. Com eles, o futebol começa a se estruturar, o preço dos direitos televisivos sofre forte alta pela primeira vez e o dinheiro começa a fluir. Em pouco tempo, todos os aspectos comerciais dos grandes eventos passam para o controle de Horst por meio de uma rede de empresas que também influenciam os destinos do futebol. Através de uma delas, a *Rofa Sport Management*, ele tem o direito de nomear patrocinadores exclusivos para a Copa do Mundo, estabelecer os horários das partidas, alocar assentos para o pessoal a trabalho nos jogos, como os fotógrafos; além disso, obtém da Fifa a garantia de que seus painéis publicitários nunca serão obstruídos, nem mesmo parcialmente ou temporariamente.

Horst move os fios do futebol mundial e se torna o *drahtzieher*, o mestre das marionetes, o operador dos fantoches. Sua proposta pela publicidade estática nos estádios e pelos direitos televisivos relativos à Copa do Mundo chega a uma mesa do Real Comitê Organizador em 13 de março de 1979. Em torno dela, estão sentados Raimundo

Saporta, que chefia a delegação espanhola, Manuel Benito, Pablo Porta, Agustín Domínguez e o presidente do comitê organizador da Fifa, Hermann Neuberger. Um mês antes, a Fifa já havia aceitado o contrato com a West Nally, de 36 milhões de francos suíços, que também incluiu direitos de televisão para os Estados Unidos e o Canadá. Três meses depois (em 20 de maio de 1979), Havelange, pelo valor de 30 milhões de marcos alemães, oferece à mesma empresa os direitos de exploração comercial dos produtos derivados da Copa (mascotes, símbolos, cartazes etc.). Para gerir todo o negócio, propõe a Saporta a criação de uma empresa mista, combinando a West Nally e o Real Comitê Organizador.

44. **Pela primeira vez, um patrocinador**

As fábulas inacabadas não guardam segundas chances. Ao fim do Campeonato Italiano de 1978-79, o "Real" Vicenza de Paolo Rossi — que havia explodido na Copa do Mundo da Argentina, com três gols — acaba rebaixado. A temporada, porém, oferece outra surpresa: o "Perugia dos milagres", de Franco D'Attoma. Que termina invicto na *Serie A*, em segundo lugar, três pontos atrás do Milan. O presidente vermelho e branco se sente a um passo da glória. Ele quer levar o atacante do Vicenza para o Perugia. No entanto, precisa encontrar uma maneira de diminuir o valor de seu salário e de conseguir o dinheiro. Os jogadores só podem mudar de clube se comprados "por inteiro", mas D'Attoma inventa uma nova fórmula. O empréstimo. Ao presidente Farina, faz um discurso simples: "Com a equipe na *Serie B*, um jogador desse calibre vai se desvalorizar. Não é melhor, então, que você o deixe em Perugia durante um ano?". Oferece a Farina 700 milhões de liras. O Vicenza, ainda dono do jogador, pode tê-lo de volta no fim da temporada. O acordo é fechado. Reduzido o preço, basta achar o dinheiro.

Os cofres do Perugia não permitem tamanho investimento. D'Attoma, junto ao diretor-geral Spartaco Ghini e ao advogado Gabriele Brustenghi, pede 400 milhões à fábrica de massas perugina Ponte para patrocinar a equipe. Mas a FIGC se opõe: o logotipo da empresa não pode aparecer nas camisas dos atletas, pois o regulamento admite apenas o nome do fornecedor de material esportivo. D'Attoma não desanima. Percebe que as regras contidas nos documentos da federação se prestam a uma dupla interpretação e recorre a um admirável estratagema para contorná-las. Sua esposa é a perugina Leyla Servadio, que, com o irmão Leonardo, fundou a empresa de roupas Ellesse em 1959. Para D'Attoma, então, é brincadeira de criança fundar uma fábrica de malhas com o nome da fábrica de massas. Em 48 horas, nasce a Ponte Sportswear, que formalmente é uma simples fornecedora de vestimentas, mas, na realidade, se constitui como a primeira patrocinadora de camisas do futebol italiano. No fim do verão de 1979, Marino Mignini, da fábrica de massas Ponte, e o presidente do Perugia, Franco D'Attoma, apresentam os novos patrocinadores dos uniformes do clube vermelho e branco para a temporada 1979-80.

Em 26 de agosto de 1979, por ocasião da estreia na Copa Itália contra a Roma, o Perugia ostenta uma camisa com patrocinador pela primeira vez em um torneio disputado no país. A operação viabiliza financeiramente a contratação de Paolo Rossi. Curiosamente, por já estar vinculado a um acordo de publicidade pessoal no mesmo setor agroalimentar (com a Polenghi Lombardo), Rossi é o único alvirrubro que não pode mostrar o patrocinador na camisa. A Federação, no entanto, não tolera o estratagema e multa o clube da Úmbria. Mas D'Attoma não desiste e providencia que o nome do macarrão seja escrito no gramado e nas redes do estádio. Ninguém tinha pensado nisso antes. As multas continuam vindo, mas a estrada tinha sido pavimentada.

É uma onda que não pode mais ser contida. A Federação entende que precisa se adequar. Está para começar a era moderna do futebol. O paraíso para Rossi parece próximo. Uma equipe jovem e ambiciosa como ele que sonha em vencer o campeonato. Pena que tudo dá errado. O Perugia perde seu capitão, Franco Vannini, e Rossi faz poucos gols. O pior, porém, ainda está por vir.

45. O gato e a raposa

Nos mesmos dias em que Havelange, Horst e Saporta sentam-se à mesa para discutir os destinos da Copa do Mundo, um cidadão romano toma uma decisão que em poucos meses será crucial para o futebol italiano e para o centroavante de sua seleção. Ele tem 30 anos e é dono de uma venda na Via di Porta Fabbrica nº 18, a poucos passos da Praça São Pedro. Com o irmão, fornece vegetais aos cardeais do Vaticano. O negócio vai bem, sua conta bancária está no azul e seu faturamento é alto. Seus dias, porém, são cansativos; as caixas de frutas inflaram seus bíceps, mas também abalaram seu entusiasmo. As únicas diversões a que se permite são as apostas em cavalos no hipódromo Tor di Valle e o futebol. Dedica todo o tempo livre a isso. Corre para ver os treinos, segue os jogadores por toda parte, é fotografado com eles e cobre as paredes de sua loja com centenas de fotos (em uma delas, tirada por ocasião de um amistoso em Roma e colocada à vista de todos, aparece orgulhoso ao lado de Pelé). Além disso, convida os jogadores a visitar seu balcão, enche seus bagageiros de frutas e se oferece para vários serviços. Em troca, pede pequenas ilusões. Ser reconhecido, para se destacar de todos os outros. Um abraço quando descem do ônibus, uma saudação ao encontrá-lo na rua, um ingresso como favor especial para poder acompanhá-los nos jogos. Mas também acesso a seus vestiários, carros, quartos de hotel. Assim, ele se insinua nas vidas dos atletas, compartilhando hábitos, vícios e segredos. Também se apropria das palavras deles. E as distribui, com suas frutas, no dia seguinte no mercado, iludindo-se de que também faz parte do universo dourado do futebol. Massimo Cruciani, o amigo dos jogadores.

O primeiro a conhecê-lo é Franco Cordova, cliente de sua loja, que, além de fazer dele o fornecedor do hotel Leonardo da Vinci, pertencente a seu sogro, Álvaro Marchini, apresenta-o a outros jogadores. Giordano, Manfredonia, Wilson, D'Amico, Garlaschelli e Cacciatori. O Estado-maior da Lazio.

O presidente do clube azul de Roma, Umberto Lenzini, está convicto de que o risoto de mariscos e o dourado grelhado do restaurante La Lampara, na Via dell'Oca, trazem sorte à equipe. E, assim, todas as quintas-feiras uma mesa é reservada. O proprietário se chama Alvaro Trinca. É um ex-peixeiro, conhecido pelo talento para fazer dourados e peixes-espada congelados parecerem frescos. Possui ações e apartamentos, passa férias na Cote d'Azur, veste-se de maneira excêntrica e sempre usa óculos fumê de aro branco. A aparência é tudo para ele. Graças a isso, é considerado uma pessoa de respeito. Até mesmo pelos tomadores de apostas. É um dos poucos que pode apostar até 100 milhões "levantando o dedo", ou usando a voz, sem pagar um centavo — ou até mesmo apostar pelo telefone. Vem fazendo isso há três anos. Numa mesma semana, foi abordado várias vezes por um grupo de apostadores clandestinos. Os amigos sabem que ele anda com jogadores de futebol, que campeões como Giordano e Manfredonia o convidaram para seus casamentos. E ele, por sua vez, sabe que rios de dinheiro fluem em torno do futebol, ligados a apostas clandestinas. Por isso não se surpreende quando é convidado para apostar num jogo do campeonato local.

Nos primeiros três anos, aposta pouco. Mas começa a conhecer os pequenos grandes segredos desse mundo. As casas de apostas controlam o jogo principalmente a partir de Gênova, Milão e Turim; um maior número de apostas é dirigido a partidas de copas internacionais, e as mais volumosas são desviadas e "descarregadas" além da fronteira, na Suíça, na Áustria e na Inglaterra, onde estão montados os centros de operação. Trinca e Cruciani tornam-se amigos, e o futebol é a paixão de ambos. Cruciani é também, desde 1977, fornecedor de Trinca. Este, então, o envolve nas apostas. Eles nem sempre ganham, mas as relações com as casas de apostas são excelentes, e o dia de recolher os ganhos ou pagar as perdas é respeitado por todos: a quinta-feira após o domingo do jogo.

Um dia, em outubro de 1979, os dois se dirigem ao aeroporto de Fiumicino para cumprimentar os jogadores da Lazio que partiam para um amistoso contra o Palermo. No balcão, Wilson se aproxima de Cruciani: "Este jogo não conta para nada, o resultado é combinado. Concordamos em empatar. Pode apostar nisso". E lhe dá um número de telefone. É de um jogador do Palermo, Guido Magherini. Ao receber a ligação, o jogador não demonstra nenhuma surpresa. "Pode apostar forte no empate porque o resultado está garantido." Em seguida, ele se despede com uma dica: "Desta vez é um amistoso, mas podemos fazer também em outras partidas das *Series A* e *B*". Trinca propõe a Cruciani que os dois reúnam seus patrimônios em termos de contatos. "Você convence os jogadores a combinar o resultado da partida com antecedência, eu cuido das apostas." Aí, olhando o homem nos olhos, diz: "Agora vou ganhar dinheiro de verdade!".

Em dezembro, a organização decola: Cruciani, designado assessor de relações públicas, começa a fazer viagens-relâmpago por toda a Itália para enredar os jogadores. E nos locais aonde não vai pessoalmente, sua agenda telefônica, lotada de números de apartamentos particulares, refúgios e casas de praia, facilita as coisas. Trinca aguarda as dicas e depois se movimenta conforme as combinações. Quem dá uma mão aos dois é Fabrizio Esposti, funcionário do município de Roma e homem de confiança de Cruciani, além de responsável pelo balanço da empresa recém-formada. Que se compõe de apenas dois tópicos: saídas (valores destinados aos jogadores) e entradas (os ganhos). Estão presentes todas as condições para que a ideia se transforme no negócio do século: lucro máximo e risco mínimo. Mas a rodada de apostas segue a trajetória de um bumerangue, e o que acontece é a ruína absoluta de todos.

O gato e a raposa começam imediatamente a perder. Para compensar, põem em curso o método *martingale*, um esquema de apostas combinadas que vinculam vários jogos em sucessão. Mas basta um só problema no encadeamento para que tudo dê errado. Um jogador que passa a ter dúvidas ou um gol inesperado. O canto do cisne acontece no domingo, 13 de janeiro de 1980. É o dia da redenção. Trinca e Cruciani configuram o *martingale* em quatro jogos, três dos quais combinados: a vitória da Lazio sobre o Avellino e os empates da Juventus com o Bologna (acordado, segundo eles, pelos dois presidentes, Boniperti e Fabretti) e do Genoa com o Palermo. Na quarta partida, Pescara × Inter, a única limpa, faz fé na vitória dos *nerazzurri*. Eles comprometem 177 milhões de liras. Além de apostas em nome de outros jogadores. Se tudo correr bem, as recompensas serão de 1 bilhão e 350 milhões. Para eles, significa poder pagar todas as suas dívidas com as casas de apostas. Os empates esperados acontecem, e a vitória da Inter também. Mas a Lazio não vence o Avellino e implode todo o plano. A dívida com as casas de apostas chega a 950 milhões de liras.

46. **Sujo de lama**

No dia 27 de dezembro de 1979, Rossi deveria comparecer a um amistoso organizado pela Unicef, Borussia Dortmund × Resto da Europa. Quando no último momento o jogo passa para o dia seguinte, uma sexta, o centroavante se recorda do Campeonato Italiano: no domingo, terá de enfrentar o Avellino. Então, decide não jogar o amistoso. É uma decisão que mudará sua vida.

Em vez de ir à Alemanha, Paolo continua com a equipe do Perugia na concentração em Vietri sul Mare, na Costa Amalfitana. Chove lá fora. Depois do jantar, ele está jogando bingo com a equipe no *lobby* do hotel quando Mauro Della Martira se aproxima: "Dois amigos querem conhecê-lo". Rossi não pode dizer não e se levanta da mesa. Essa escolha aparentemente inofensiva cria uma das encruzilhadas mais dramáticas de sua carreira.

Diante dele estão Massimo Cruciani e Cesare Bartolucci, porteiro do mercado geral de Roma.

"Paolo, o que você vai fazer no domingo?", Cruciani pergunta a ele.

"Venceremos, ou pelo menos tentaremos vencer."

"E se empatassem? Talvez você até possa marcar dois gols."

O rumo da conversa não agrada a Rossi, que a encurta:

"Com licença, estão me esperando; Mauro, fique com eles."

Dois dias depois, em um campo encharcado pela chuva, o destino inconsciente de Paolo Rossi se consuma: ele marca depois de 30 segundos de jogo; o Avellino empata e depois passa à frente. No fim, Rossi sela o empate. Essa *doppietta* inocente se sujará de lama.

Poucos meses mais tarde, a Lega Nazionale Professionisti autoriza o Perugia a entrar em campo com uma marca publicitária na camisa. O patrocínio faz sua estreia na *Serie A* com bênçãos oficiais. É 23 de março de 1980, um dia que mudará o destino do futebol. Por motivos muito mais graves.

47. O Brasil de Telê Santana

O Brasil de 1982 nasceu de uma combinação de fatores. Em 15 de março de 1979, chegou ao poder João Baptista de Oliveira Figueiredo, quinto general consecutivo desde o golpe de 1964. Ele herdou o comando de Ernesto Geisel, presidente desestabilizado por problemas econômicos intransponíveis: a dívida externa gerada pelo governo Médici, a crise internacional do petróleo e as altas taxas de inflação. Geisel, no entanto, começou a abraçar uma abertura democrática incomum à qual seu sucessor dá continuidade. Figueiredo, de fato, suprime a censura, permite o retorno de políticos exilados e reintroduz no país o multipartidarismo. Além de libertar o futebol dos interesses de quem se aloja no poder.

O primeiro passo é o desmembramento da histórica Confederação Brasileira de Desportos controlada pelo almirante Heleno de Barros Nunes. Criada para superar os contrastes entre a Federação Brasileira de Futebol (FBF) e a Federação Brasileira de Sports (FBS), a CBD ao longo da década de 1970 expandiu progressivamente o campeonato nacional de futebol com objetivos políticos: de 20 equipes em seu início, em 1971, o torneio passou a ter 42 em 1975, 74 em 1978 e 94 em 1979. A multiplicação de clubes foi consequência de uma política governamental baseada no uso propagandístico do futebol. "Onde a Arena vai mal, mais um time no Nacional." Onde a Aliança Renovadora Nacional (Arena) encontrava dificuldades, a entrada da equipe local no campeonato nacional tornava-se a ferramenta para reverter a situação.

Com isso, a Confederação de Desportos foi dissolvida, formando-se então a Confederação Brasileira de Futebol (CBF); para comandá-la é eleito presidente Giulite Coutinho, que decide chamar, a fim de liderar a seleção, um técnico de apelo popular, admirado pelos fãs e respeitado pela imprensa.

Para fazer sua escolha, ele aguarda o resultado da pesquisa realizada pelo jornal paulistano *O Estado de S. Paulo*, com 218 jornalistas esportivos do Brasil, para decretar o melhor técnico do país. Um mesmo homem ganha o voto de 197 jornalistas: Telê Santana, graças ao excelente ano do seu Palmeiras. Em 18 de janeiro de 1980, Giulite Coutinho o anuncia oficialmente. O técnico, porém, mostrou-se relutante. Sua resistência não dependia dos 750 mil cruzeiros por mês que receberia de salários. Ele tem uma empresa de produtos metalúrgicos que lhe rende 900 mil cruzeiros por mês, é diretor de uma imobiliária e também faz propagandas para o Banco Bradesco.

Enfim aceita o cargo quando a única condição que impõe lhe é garantida: não ter mais laços com os clubes enquanto dirige a seleção. "A independência vai me permitir impor o meu estilo sem fazer concessões." São oito os princípios nos quais baseia sua independência: 1) ter um auxiliar técnico e um preparador físico permanentes;

2) ter total autonomia na convocação e na dispensa de jogadores; 3) organizar o calendário, de forma a conciliar os interesses da CBF e das Federações; 4) observar pessoalmente os jogadores que se destacam em cada estado, para dar oportunidade a todos; 5) viajar pelo Brasil para manter contato direto com os jogadores em seus locais de treinamento; 6) buscar maior proximidade com os técnicos brasileiros que formam uma classe marginal e desinformada; 7) exigir tempo para treinar a seleção, mesmo que seja apenas para um jogo; 8) acompanhar periodicamente a evolução do futebol em outros países, principalmente na Europa.

Na história do Brasil, Telê Santana é o primeiro treinador contratado exclusivamente pela Confederação para servir a seleção. Até então, os treinadores que o haviam precedido não abandonavam o clube que comandavam ao passar a dirigir a seleção brasileira, o que provocava inevitáveis conflitos ligados a preferências pessoais e episódios de ciúmes; e também permaneciam sensíveis às influências externas, o que geralmente os levava a convocar uma dezena de jogadores do Rio, outra dezena de São Paulo e apenas alguns poucos mineiros ou gaúchos, de estados onde o futebol não tinha a mesma força, pelo menos politicamente. Essa foi a realidade inclusive de seu antecessor, o capitão do Exército Cláudio Coutinho, treinador sempre disposto a cumprir ordens superiores, chamado em 1970 para ser preparador físico da seleção brasileira, alguns anos antes de ser promovido a técnico.

Como treinador, Coutinho impôs sua marca de iluminista, libertando-se do talento individual e confiando na coesão dos jogadores. O time não deslumbrou, mas na Argentina, em 1978, não perdeu um jogo. Ele, porém, viria a perder a vida poucos meses antes da Copa da Espanha, por afogamento nas águas que banham a praia de Ipanema.

48. **Um lance a quatro**

A Itália sedia a Eurocopa de 1980. A seleção de Bearzot, recém-saída da excelente Copa do Mundo de dois anos antes, acalenta, como anfitriã, o sonho do título continental. No ataque, conta com uma dupla fenomenal formada por Rossi e Giordano, artilheiros do campeonato nacional em 1978 e 1979, respectivamente. O país sonha. Para alguns, porém, o futebol é o que lhes tira o sono. Alvaro Trinca, quatro meses antes do início da Euro, liga com urgência para o cunhado Nando Esposti, marido de sua irmã Laura. "Vamos ver o Massimo imediatamente, tenho que falar com vocês." Eles se encontram na casa de Cruciani: "Estou arruinado. Apostei 1 bilhão nos jogos e perdi tudo". Trinca amaldiçoa os jogadores que não respeitaram os acordos. Os do campo, para a modificação dos placares, e os extracampo, pelo não pagamento do dinheiro perdido nas apostas.

"Vou levá-lo a um advogado especializado nas coisas do submundo", encoraja o cunhado, "é um bom advogado, vai lhe dizer o que fazer". Dois dias depois, em 12 de fevereiro de 1980, Trinca e Cruciani se veem diante do criminalista Goffredo Giorgi.

É um dia especial. Poucas horas antes, na La Sapienza, um comando armado das Brigadas Vermelhas assassinou o professor Vittorio Bachelet. O pânico se espalha pela cidade universitária de Roma. A universidade inteira é sitiada por veículos blindados e milhares de alunos são retidos.

Perturbado, Giorgi acolhe os dois novos clientes. Faz frio em Roma, e o advogado, por cima da camisa listrada, veste um colete de lã e um paletó. Trinca e Cruciani têm pouco interesse pelo clima e pelo enésimo assassinato dos últimos meses. Já virou rotina. Bachelet é a 11ª vítima do terrorismo desde o início do ano. Sentados em frente ao advogado criminal, e abalados, eles contam toda a história e lhe pedem para recuperar apenas uma coisa: o dinheiro perdido. Giorgi é uma autoridade na área jurídica, mas pouco sabe sobre os eventos futebolísticos, por isso recorre a um colega, Marcello Lorenzani, sócio da Roma.

Os quatro agem rapidamente. Três dias depois, Giorgi registra em cartório as provas que lhe foram fornecidas por seus clientes — enganados por 27 jogadores (22 deles da *Serie A*), que não respeitaram os acordos firmados — e dá entrevista ao *Messaggero*. O telefone residencial de Cruciani começa a tocar repetidamente.

Uma semana depois, o segundo movimento. Por sugestão de Lorenzani, Giorgi pega o telefone e liga para o *Corriere dello Sport* pedindo para falar com quem está escrevendo sobre o caso. Paolo Biagi lhe responde, encarregado por seu diretor Giorgio Tosatti para tratar do assunto. "Se vier até nós, ouvirá tudo diretamente dos interessados."

A reunião é marcada após algumas horas. Tosatti faz apenas uma recomendação a seu correspondente: "Ouça tudo e não diga nada. Depois conversamos". Enquanto isso, três jovens dos Núcleos Armados Revolucionários entram em uma casa no quarto andar da Via Monte Bianco, 114, no bairro romano de Monte Sacro. Onde mora Valerio Verbano, de 18 anos, que está voltando da escola. Quando ele chega, matam-no com um tiro nas costas, diante dos olhos dos pais: um funcionário ministerial inscrito no Partido Comunista Italiano e uma enfermeira.

Enquanto isso, no escritório de Lorenzani, Biagi ouve as impressionantes revelações de Trinca e Cruciani. "O assunto é grave, não posso tomar uma decisão tão importante, vocês têm que falar com Tosatti." O grupo segue até a Piazza Indipendenza e é recebido pelo diretor do *Corriere dello Sport*. Tosatti tem nas mãos o furo de sua vida, que pode mudar o curso da história do futebol. Mas a prudência o toma de assalto. A questão é grande demais, e os dois não o convencem. Ele e seu jornal poderiam enfrentar ações judiciais por difamação. "Senhores, não faremos nada por enquanto, mas sugiro que informem a Justiça comum e a esportiva."

Às 8h30 da manhã seguinte, Biagi corre até a Federação de Futebol para ver o amigo Franchi. Não pode lhe esconder a história que ouviu, os dois são íntimos. O presidente da FIGC, ao saber dos fatos e nomes envolvidos, fica perplexo. "Obrigado, meu amigo, contarei ao juiz De Biase imediatamente." Mas o chefe do gabinete de investigações judiciais, depois de ler as primeiras notícias do escândalo nos jornais, já fez contato com Giorgi, que, no entanto, lhe responde de forma seca: "A justiça esportiva não nos interessa". Seus clientes só têm chance de recuperar o dinheiro que perderam na justiça comum. Mas, então, ele repensa: "Eu aceitaria falar apenas com o presidente da Federação de Futebol".

Enquanto De Biase corre até Franchi, Giorgi se dirige até Lorenzani. O encontro está marcado para a mesma noite na sede da Via Allegri, às 19h30, 13 horas depois do encontro com Biagi. De um lado, a dupla Giorgi-Lorenzani; do outro, a dupla Franchi-De Biase. Defesa contra ataque. No carro estacionado em frente: Trinca e Cruciani. O primeiro pedido é dos advogados.

"Os interessados estão aí embaixo. Por que não os deixamos subir?"

Franchi mantém distância.

"Não, continuemos assim."

Giorgi, então, parte para o ataque.

"Os jogadores fizeram nossos clientes perderem 1 bilhão. Temos evidências em abundância. O que a Federação de Futebol pode fazer para ajudá-los?"

Franchi fareja o aroma da chantagem. O próximo passo seria o apelo ao judiciário. Se o escândalo explodir, pode se tornar uma bomba para a Itália, para o campeonato e para a iminente Eurocopa. Mas o presidente não se curva.

"A Federação de Futebol não pode fazer nada."

Giorgi tenta novamente.

"Poderia interceder junto aos presidentes das equipes em questão."

Franchi hesita por um momento.

"Eu não posso fazer contato com todos eles. Vou ouvir apenas um, e ele ouvirá os outros. Por enquanto, aguarde."

Os advogados saem à rua com uma promessa que tem gosto de vitória para eles: "Não se preocupe. Tudo será resolvido". Mas Franchi pode ter errado na escolha do cavalo. Liga para Umberto Lenzini, que está em plena crise financeira. O presidente da Lazio corta a iniciativa pela raiz. Franchi tenta ainda Manin Carabba, o braço direito de Carrabba Biase, que vai ao escritório de Lorenzani com uma lista de nomes: "Vamos explodir sete cabeças em fim de carreira e encerramos o escândalo". Mas o acordo não é fechado. Depois de uma semana de silêncio, os advogados convencem seus clientes a apresentarem a denúncia ao Ministério Público. "Vocês verão que, assim que os detalhes do caso se tornarem públicos, os interessados correrão para nos trazer o dinheiro. E vocês poderão recuperá-lo."

Assim, na manhã de sábado, 1º de março, Cruciani e Trinca chegam à corte romana em um Renault preto. Eles sobem os degraus rapidamente, com quatro folhas nas mãos. Cheias de nomes. Entre eles os de Paolo Rossi e Bruno Giordano. Jogadores que farão barulho, o que será útil para eles. Às 13h10, o advogado Giorgi apresenta a denúncia dos apostadores ao gabinete de reclamações do Ministério Público de Roma. À tarde, Cruciani e Trinca voltam à redação do *Corriere dello Sport* e entregam a Biagi uma cópia das folhas. Tosatti, porém, mais uma vez, por prudência, decide não publicar o documento. No dia seguinte, acontecem dois clássicos, Milan × Inter e Lazio × Roma. A bomba tem que esperar.

Ela é detonada na segunda-feira, 3 de março. Os nomes dos 27 jogadores são divulgados. Quatro dias depois, o primeiro a ser algemado é Álvaro Trinca, encontrado pela Guarda de Finanças em sua casa na Via degli Ammiragli nº 82, em Roma. Cinco dias depois, Massimo Cruciani entra por um porão e se apresenta à corte de Roma. Diante dos magistrados, os dois grandes acusadores confirmam nomes e fatos fornecendo evidências e pistas. O juiz Ciro Monsurrò apelidará Cruciani de "relógio", pela riqueza de detalhes com que desenvolve o enredo de sua história. E o caso misterioso tem seu primeiro grande lance.

49. O estrangeiro

São 16h45 do dia 23 de março de 1980. A sacralidade do estádio é profanada. Os carros da polícia entram na pista de atletismo do Olímpico, em Roma. Ao fim do jogo com a equipe da casa, dois agentes detêm Della Martira e Zecchini, do Perugia, por cumplicidade em fraude continuada e agravada. Os dois vão às lágrimas. Eles imploram para não serem algemados. Os agentes dão a Rossi um aviso da Polícia Judiciária convidando-o a se apresentar aos magistrados. Pablito fica parado com o papel na mão enquanto observa seus camaradas desaparecerem dentro do Alfette 2000 da Guarda de Finanças. Destino: Regina Coeli,[31] como dois bandidos.

Ao mesmo tempo, em outros estádios da Itália, são presos Bruno Giordano, Ricky Albertosi, Giorgio Morini, Pino Wilson, Massimo Cacciatori, Lionello Manfredonia, Stefano Pellegrini, Guido Magherini, Sergio Girardi e o presidente do Milan, Felice Colombo. Gianfranco Casarsa, companheiro de Rossi, e Claudio Merlo se juntam ao mesmo grupo à noite. O presidente da Lazio, Umberto Lenzini, com a notícia das prisões, sofre um colapso nervoso.

Diante do nome de Rossi, o país se divide em dois: ele é culpado ou inocente? O jornalista Giorgio Lago lhe pergunta frente a frente: "Paolo, diga-me a verdade". A resposta do jogador é igualmente direta:

31 Maior presídio da capital italiana, fica próximo ao Vaticano.

"Acredite em mim, Giorgio, sou inocente, não tenho nada a ver com essa história".

Quarta-feira, 14 de maio de 1980, em Milão, na sede da Lega Calcio: inicia-se o processo sobre as apostas clandestinas no âmbito esportivo. O caso começa com as partidas Milan × Lazio e Avellino × Perugia. No tribunal, Rossi está calmo: "Foi um empate clássico aceito por duas equipes que não queriam fazer mal uma à outra". Ele não sabe nada sobre apostas. Mas a justiça esportiva não acredita em sua versão. Seu destino está nas mãos de um verdureiro. Suas palavras contra as dele. Nenhuma evidência, alguma foto, um papel, um cheque que pudesse incriminá-lo. Rossi segue o processo todo como se presenciasse algo irreal, como se houvesse outra pessoa em seu lugar. Quase não reage às acusações. Incorpora Meursault, o estrangeiro de Camus. Tudo é tão absurdo que ele pensa: "Jamais poderão me condenar por um episódio tão desimportante".

À comissão disciplinar da Federação de Futebol, bastam quatro dias para proferir a sentença. Ela chega domingo, às 10h: Milan na *Serie B*, Avellino e Perugia penalizados com a redução de cinco pontos. Os juízes impõem uma suspensão de três anos a Paolo Rossi. Parece inacreditável para ele. Que percebe que é tudo verdade quando chega em casa e vê os rostos de seus pais. Fábio Dean, o advogado alto e corpulento que o defende com Brustenghi, o chama: "Paolo, foi uma sentença combinada desde antes; eles querem dar o exemplo. Mas vamos em frente, nós podemos apelar".

Dois meses depois, no prédio de vidro da pequena Via Allegri, a carreira de Rossi é decidida. Às nove da manhã de sexta-feira, 18 de julho, o jogador se apresenta diante do presidente da Comissão Federal de Recursos, o magistrado napolitano Alfonso Vigorita. Depois de consultar a defesa, estruturada em cinco pontos distribuídos em sete páginas, contestando a versão de Cruciani e exigindo a absolvição total, o juiz levanta a cabeça e o encara: "Pablito, eu o respeito muito como jogador de futebol. Digo a você que me proporcionou momentos de alegria na Copa do Mundo da Argentina. Mas aqui estamos discutindo outros assuntos. Você tem alguma coisa para acrescentar?".

Ser chamado de Pablito lhe dá esperança. "Eu sou inocente, repito para você também, com a certeza de que acredita em mim." Vinte e quatro horas depois, no quarto 312 do Hotel Leonardo da Vinci, ele fica sabendo do veredito. O tribunal se dividiu. Dois juízes pela absolvição, três pela condenação. A suspensão é reduzida para dois anos. A de Bruno Giordano sobe para três. O futebol perde sua inocência. Bearzot, seus melhores atacantes. A sombra do *totonero* obscurece o Campeonato Italiano e a iminente Eurocopa. Franchi se sente responsável, vê nos acontecimentos o primeiro sinal de uma degradação moral destinada a se disseminar. E se demite. Sem querer opinar, Dario Borgogno sussurra apenas algumas palavras ao secretário-geral da FIGC: "Nunca mais serei presidente da federação, mesmo que me reelejam. Também é minha culpa o que aconteceu". Franchi participa sem força do Conselho Federal, mas com uma última brilhante explanação convence os amigos a eleger Sordillo. O advogado ganha 4.077 votos de 4.337 eleitores.

50. **O Mundialito**

Encerrada a era Geisel-Nunes-Coutinho, o novo presidente e o novo técnico brasileiro traçam juntos o plano: fazer de 1980 um ano de experiências para que sejam enfrentadas, a seu tempo, a Copa de Ouro dos Campeões Mundiais, mais conhecida como Mundialito, as eliminatórias e a aguardada Copa da Espanha. O novo treinador tem apenas um punhado de jogos antes do evento que, nas intenções da junta militar que comanda o Uruguai após o golpe de 1973, deve relançar a imagem do país latino-americano e de seu governo golpista no cenário internacional, rompendo seu isolamento político.

Participam da competição as seleções de Argentina, Brasil, Alemanha Ocidental, Itália (apesar da reclamação pública contra a ditadura uruguaia assinada por 41 jogadores da *Serie A*) e Holanda (substituindo a Inglaterra, que declarou não querer participar de um torneio propagandístico inventado por uma junta militar sem legitimidade).

O Mundialito se torna um evento televisivo destinado a recordes de audiência, o palco onde a equipe de Telê Santana poderia exibir todo o seu talento. Uma empresa panamenha surrupia os direitos de TV da Eurovisione[32] e em 24 horas os vende para o Canale 5 por estupendos

32 Rede formada por canais de televisão da Europa, fundada em 1954, para o intercâmbio de programas e imagens entre diferentes países. Pertence à União Europeia de Radiofusão.

900 mil dólares. Para a recém-formada emissora privada italiana, é um movimento arriscado. A fim de transmitir para a Europa, ela precisa do satélite, que é administrado pela Telespazio, de propriedade da RAI. O impasse só é resolvido depois de acaloradas negociações com a televisão estatal, que cede o satélite ao Canale 5 em troca da cobertura ao vivo dos jogos da Itália. Mas, para Silvio Berlusconi, o Mundialito acaba sendo o primeiro grande evento esportivo transmitido por sua rede. Os jogos, exibidos ao vivo na Lombardia e em videoteipe em outras regiões italianas, alcançam audiências recordes para a TV privada. Assim, 8 milhões de espectadores italianos têm a oportunidade de conhecer as maravilhas da seleção de Telê Santana. O Brasil empata a partida de estreia com a Argentina, num confronto que já parecia decisivo, e depois derrota inapelavelmente a Alemanha Ocidental. A final é a anunciada: Uruguai contra Brasil. A Celeste é uma formação jovem; o Brasil, um conjunto de solistas: Cerezo, Éder, Sócrates, Oscar, Júnior e Batista já são certezas. Zico, infelizmente, teve de ficar no Rio devido a uma lesão. O Brasil controla o jogo, os uruguaios respondem no contra-ataque. A final termina como deveria, com a glória sendo reservada aos donos da casa, que vencem por 2 a 1. Mas é o Brasil que manda o recado.

Pouco depois, a seleção chega à Europa para uma turnê amistosa contra adversários que poderá encontrar na Copa do Mundo. Começa pela Inglaterra, no templo de Wembley, onde Zico dá ao Brasil sua primeira vitória em solo inglês diante dos donos da casa na história. Três dias depois, é a vez da França: a seleção brasileira se impõe por 3 a 1 no Parc des Princes. Quatro dias depois, a Alemanha, campeã europeia: o enredo é o mesmo, e o time de Telê Santana sai vitorioso por 2 a 1. Uma viagem triunfante. De volta para casa, os brasileiros têm a Espanha pela frente, a futura anfitriã da Copa do Mundo: vitória por 1 a 0. Toda a Europa se curva ao Brasil. E a Itália? Não está nos planos. É uma seleção menor e mal resolvida. Além disso, está "desacreditada" pelo escândalo das apostas.

51. **Um reino não basta**

Se Havelange é o rei do futebol, Dassler é seu imperador. Um reino não lhe basta. Ele quer todo o esporte. O futebol é apenas uma das federações do Comitê Olímpico Internacional. Seu alvo é o COI. Sua vitrine são as Olimpíadas. Para sustentar seus objetivos, cultiva relacionamentos em nível global com todos os envolvidos. E também treina seus colaboradores para fazer o mesmo: gestores de relações públicas em todos os países onde a Adidas está presente. Monitora constantemente as políticas esportivas locais, em busca de novas oportunidades, ótimos contratos ou simplesmente novos amigos. Possui um arquivo enciclopédico que coleta todo tipo de informação sobre atletas, técnicos, dirigentes e funcionários. Para cada nome, um relatório. Sabores, pratos, vícios, fraquezas e tamanho do sapato. Toma nota de tudo.

Mas ele é igualmente espionado. A Stasi segue seus passos e seus homens. A melhor fonte é o colaborador não oficial Karl-Heinz Wehr, também conhecido como "Gaivota". Durante 20 anos, o executivo de Berlim Oriental informou detalhadamente a Stasi sobre as intrigas do grupo de "lobistas" comandados por Dassler, no qual foi admitido.

Dassler sabe disso. E se torna uma vítima da paranoia que ele mesmo gerou. Também instala microfones nos dois hotéis que pertencem à Adidas: o Auberge, em Landersheim, e o Sporthotel, em Herzogenaurach. Viaja pela Europa Oriental com um dispositivo de escuta telefônica com o qual procura microfones ocultos em quartos de hotel antes de desfazer as malas. Dassler também ensina seu pessoal de confiança a usar o detector. Ele organiza cursos de treinamento para agentes, durante os quais aconselha seus homens a manterem documentos falsos em suas pastas de couro para confundir policiais, serviços secretos ou ladrões.

Alguns anos antes, em 1972, em Munique, um de seus funcionários, Christian Jannette, chefe de protocolo dos Jogos na Alemanha, conheceu seu homólogo e membro do Conselho Executivo do COI, Juan Antonio Samaranch Torelló. Dois anos depois, Samaranch lhe diz: "Eu gostaria de conhecer o sr. Adidas". O enviado leva o recado adiante. Dassler já sabe qual será o final da história e marca um encontro. Samaranch faz o ritual de peregrinação a Landersheim e joga tênis com Horst. É amigável, cortês e prestativo. Para Dassler, o candidato ideal para ocupar a cúpula do COI.

O espanhol tem muitos pontos em comum com Havelange. Ambos de passado esportista, favorecidos por famílias ricas quando jovens e por ditaduras militares quando adultos. Conhecido "pela qualidade de ficar calado", Samaranch recebeu em 1967, um ano depois de ingressar no COI, o posto de Delegado Nacional de Educação Física e Desporto — de Francisco Franco, com quem mantém forte vínculo profissional e amizade. Permanece no cargo até 1971, e então, entre 1973 e 1977, vira presidente do Conselho Provincial de Barcelona. Após a morte de Franco, o povo o dispensa. "Samaranch, vá embora!", grita a turba furiosa em frente a seu escritório. Ele escapa por uma porta lateral, protegida por seguranças, e vai como embaixador a Moscou, onde se realizariam os Jogos Olímpicos de 1980. Lá, recebe Jannette, o assistente de Dassler, em 72 visitas ao longo de cinco anos. Graças a Horst, é eleito presidente do COI em 1980. A gratidão nos negócios é coisa rara, e o novo rei do esporte retribui garantindo ao chefe da Adidas a gestão do marketing olímpico por mais de uma década.

Em 1980 em Moscou, quando Juan Antonio Samaranch, catalão de Barcelona, professor de economia, ex-embaixador na URSS, torna-se presidente do Comitê Olímpico Internacional, o esporte não é uma religião universal, reconhecida e venerada por toda parte, mas uma pequena profissão de fé que passa por dificuldades. Fragmentado por um boicote, cheio de divisões, com os cofres em apuros. Samaranch muda tudo: estilo, modo de agir, custos. Seu antecessor, Lord Killanin, irlandês, graduado em Eton e Cambridge, ex-boxeador, ex-cavaleiro, ex-jornalista, voluntário no desembarque na Normandia, ia a Lausanne apenas algumas vezes por ano, porque alegava que o preço dos hotéis "era exagerado". Samaranch aumenta o número de membros do Comitê Olímpico, assina contratos bilionários, democratiza o sistema, amplia a pirâmide de comando, promove comitês olímpicos locais, administra direitos de televisão e abre-se para multinacionais. O COI se torna a ONU do esporte. E Samaranch seu deus *ex machina*. Um ano depois de sua coroação, em 29 de setembro de 1981, no congresso de Baden-Baden, ele finalmente abre caminho para a participação de atletas profissionais nas Olimpíadas: "O COI não pode correr o risco de que os melhores atletas participem dos campeonatos mundiais organizados pelas federações internacionais e encontrem fechada a porta para os Jogos".

Para tornar sua teia mais efetiva, Dassler, que já conta com os figurões do futebol e dos esportes olímpicos, quer ter seu homem também na federação mais importante. A de atletismo. A federação internacional está decidindo naqueles dias se confirma seu presidente. Horst tem contrato com a IAAF até 1983. À frente da federação, desde 1976, está um prestigiado holandês, Adriaan Paulen, conhecido por sua atitude independente, portanto, considerado pouco disposto a proteger os interesses da empresa alemã. Sua reeleição é dada como certa. Já para Horst, o homem certo é o italiano Primo Nebiolo, a favor de quem usará toda a sua influência e capacidade de orientar escolhas para conseguir o que deseja. Assim, em 1981, Nebiolo é eleito para a presidência da IAAF. E Dassler ganha os contratos de comercialização por mais 20 anos.

Ambíguo, mas revolucionário, megalomaníaco, mas realista, contador de histórias, mas moderno, Nebiolo muda o esporte. Em 1982, a organização começa a pagar atletas por suas participações em competições e a aceitar patrocínios abertamente. Acusam-no de ter bagunçado todo aquele universo, de ter introduzido mercadores em um templo sagrado, de ter transformado em circo uma disciplina puríssima. É verdade, mas com ele os adeptos do atletismo estão deixando os cenários periféricos para fazerem a entrada triunfal no grande palco. Nebiolo também cria uma Comissão de Solidariedade Olímpica, com o objetivo de administrar a arrecadação dos direitos televisivos, redirecionando-os aos atletas das nações mais pobres, a fim de garantir a presença deles nos Jogos. Um sistema que funciona e, portanto, também é usado por seu amigo Samaranch no COI. Nebiolo martela os jornais com informações sobre a natureza extraordinária dos acontecimentos, e os registros jornalísticos finalmente passam de curtas notas esportivas para grandes manchetes. A modalidade que representa está se tornando um espetáculo moderno, irrefreável, impelida pelos negócios. Um esporte que destaca o tremendo esforço de seus homens.

52. **O processo**

O veredito para Paolo Rossi é: "Suspensão até 29 de abril de 1982". Dois longos anos. Parece-lhe inconcebível que possam tê-lo condenado por duas palavras trocadas enquanto jogava bingo. E se os gols marcados em Avellino foram resultado de uma combinação de resultados, por que é que nenhum dos defensores adversários foi julgado? Duas palavras, dois gols, dois anos. Provas inconsistentes, pistas irreais levam a uma sentença concreta e uma condenação real. Rossi de uma só vez perde a credibilidade, a carreira e a Eurocopa na Itália. Mas a Copa do Mundo da Espanha também está comprometida: é muito improvável que consiga chegar em condições físicas aceitáveis para a disputa com a seleção algumas semanas depois de retornar aos gramados. Na verdade, com o início do novo campeonato, começa para ele um longo período de inatividade competitiva. Rossi volta ao Vicenza, dono de seu passe, e treina com o time tristemente afundado na *Serie B*: alguns exercícios com ex-companheiros e o coletivo do meio da semana com os reservas, mas depois, no domingo, está em casa ou nas tribunas.

No julgamento da ação penal, o futuro de Rossi está nas mãos de Cesare Bartolucci, o porteiro dos mercados gerais, amigo de Cruciani, testemunha ocular dos encontros ocorridos entre o verdureiro e os jogadores. Depois das versões conflitantes de Cruciani e Trinca, na manhã de 13 de novembro é a vez de Bartolucci fazer seu relato. E as suas palavras podem ser decisivas para o ex-centroavante do Perugia, a respeito de quem surgem acusações caluniosas, mas ao mesmo tempo contraditórias. Se Bartolucci confirmar a versão de Cruciani, não haverá escapatória para Rossi. Caso contrário, Rossi iria ao encontro de uma absolvição certa, pois todo o "castelo" iria ruir.

Bartolucci declara: "O que eu disse em Milão já não conta. Fiquei irritado com as fortes provocações dos advogados de Rossi, que quase me insultaram. Aqui, no tribunal, contarei toda a verdade, como fiz na investigação. É verdade, eu apresentei Cruciani a Della Martira e os acompanhei a Vietri sul Mare, mas nunca achei que Rossi tivesse levado dinheiro. E ele nunca disse que iria marcar dois gols. Cruciani, então, nunca falou em combinação na minha presença".

Rossi, vestido com uma jaqueta de couro marrom, ouve atentamente o interrogatório. Esses são os piores momentos de seu calvário. Ao fim do depoimento, um longo suspiro sai espontaneamente, o que libera meses de tensão. "Bartolucci disse coisas verdadeiras. Ainda bem que ele reconheceu que contou algumas mentiras. A verdade está vindo à tona." E depois: "Com licença, vou parar por aqui, não quero desrespeitar os juízes. Além disso, todas as minhas frases podem ser mal interpretadas. E também seria imprudente e ofensivo deixar o tribunal com ares de triunfo". Paolo, no entanto, começa a acreditar na absolvição. Depois de mais de seis meses de julgamento e dez horas de reunião, vem a sentença. Os juízes da quinta seção da Vara Criminal de Roma absolvem Rossi e os demais jogadores indiciados por inexistência do fato criminoso. O centroavante exulta: "Eu sempre disse que era inocente e agora vocês têm de acreditar em mim. Em breve, voltarei a jogar, também vou treinar no Natal. O pesadelo acabou".

Na verdade, para a justiça esportiva, a ausência de punição na justiça criminal não significa inocência. Ainda falta um ano e meio de suspensão por ser cumprida.

Para Giordano, a vitória é igualmente cruel: "A minha consciência está em ordem, a minha amargura é enorme. Não levei dinheiro e não fiz nada de errado, mas Paolo Rossi e eu somos os jogadores mais importantes da Itália, e foi conveniente mencionar nossos nomes. Infelizmente, os juízes decidiram acreditar naqueles que nos acusaram, mesmo na ausência de provas. Então, eu também devo ficar agora sentado, quieto, ou jogando só partidas amadoras com amigos. É um preço muito alto a pagar, porque a suspensão me impediu de jogar uma Eurocopa em casa e, sobretudo, não me permitirá participar da Copa do Mundo de 1982".

Boniperti acompanha de perto a história de Pablito. Ele nunca digeriu a "grosseria" de Farina e, ao voltar à carga em março de 1981, encontrou o presidente do clube do Vêneto muito mais disponível, pronto para vender o jogador a fim de compensar os prejuízos de seu clube. A Juventus paga com juros o que Farina havia desembolsado antes e, assim, Pablito voltará a vestir a camisa preta e branca. O novo contratado não se faz de rogado e logo ataca a justiça esportiva: "Quero pensar que na Juventus me veem como inocente, mas, se tudo voltasse a acontecer, eu não apareceria perante os juízes esportivos. O julgamento foi uma piada. É terrível ser julgado por essas pessoas, ser acusado de crimes nunca cometidos, ser condenado sem a menor prova. E essa mancha, agora, quem a apaga de mim?".

53. A lista

A lista de afiliados da Loja Maçônica P2 foi encontrada em 17 de março de 1981, durante as buscas na vila de Licio Gelli, em Castiglion Fibocchi, não muito longe de Arezzo, como parte da investigação sobre o suposto sequestro de Michele Sindona. A Presidência do Conselho de Ministros decidiu torná-la pública dois meses depois, em 20 de maio de 1981. Um ano antes da Copa do Mundo.

O rol de 963 membros aparece em todos os jornais, até no *Corriere*, mas numa página cinzenta e ilegível, com os nomes impressos em sucessão, sem manchetes. Entre os afiliados, há 44 parlamentares, 2 ministros, 1 secretário de partido, 41 generais (incluindo os Carabinieri, a Guardia di Finanza, o Exército e a Força Aérea) e 8 almirantes. Além de magistrados e funcionários públicos, jornalistas e empresários. Entre as figuras institucionais, aparecem políticos que ocupam ou já ocuparam funções estratégicas, enquanto os grandes financistas estão quase todos presentes. Claro, o jornalismo também foi esmagado pelo escândalo. A lista inclui toda a alta direção do grupo Rizzoli, assim como seus satélites. Angelo Rizzoli (presidente da Rizzoli-*Corriere della Sera*), Bruno Tassan Din (diretor-geral da Rizzoli Editore), Franco Di Bella (diretor do *Corriere della Sera*), Paolo Mosca (diretor da *Domenica del Corriere*), Roberto Ciuni (diretor dos jornais *Il Mattino*, *Il Giornale di Sicilia* e *La Nazione*), Maurizio Costanzo (diretor do *Occhio*[33]), Stefano de Andreis (fundador da agência de notícias *Il Velino*), Massimo Donelli (diretor da *Epoca*[34]), Giampiero Orsello (vice-presidente da RAI), Giampaolo Cresci (vice-diretor geral da RAI e diretor do *Tempo*), Giuseppe Pieri (vice-diretor da RAI), Luigi Nebiolo (diretor do TG1[35]), Mario Tedeschi (diretor encarregado da *Il Borghese*[36] e senador por duas legislaturas pelo Movimento Sociale Italiano), Carmine "Mino" Pecorelli (assassinado em 1979) e Roberto Gervaso. As repercussões no RCS são enormes. Os líderes do grupo empresarial são presos (Angelone Rizzoli é responsabilizado criminalmente, assim como Calvi e Tassan Din); são encerrados o *Occhio*, o *Corriere d'Informazione*, os suplementos semanais e a rede de televisão; e são fechadas as publicações *Il Piccolo, Alto Adige* e *Il Lavoro*. A tempestade afeta todos os setores do país. A começar pelas instituições.

33 Jornal popular milanês, publicado em formato tabloide, que pertenceu ao grupo Rizzoli. Operou de 1979 a 1981.

34 Revista ilustrada semanal de Milão, inspirava-se em publicações como a norte-americana *Time* e circulou entre as décadas de 1950 e 1990.

35 Jornal televisivo da RAI 1, é transmitido desde 1952.

36 *Il Borghese* é uma revista de direita fundada em 1950, na cidade de Roma. Mario Tedeschi foi diretor da publicação entre 1957 e 1993.

54. A democracia socrática

A um ano da Copa do Mundo da Espanha, o regulamento eleitoral interno não permite que Vicente Matheus, presidente do Corinthians por uma década, possa se reeleger. Para se manter no poder, ele propõe em seu lugar um fantoche, o tímido Waldemar Pires, convencido de que pode continuar dando as cartas como vice-presidente. Com Pires eleito, o líder de fato continua sendo ele. Matheus não o apresenta aos jogadores, não lhe deixa a sala presidencial, não permite que ele tome decisões pelo clube.

O Corinthians está desarrumado. As atuações de Sócrates são oscilantes, o treinador Oswaldo Brandão saiu de cena e a equipe, que precisou ser comandada pelo preparador físico Julinho, disputa um dos piores campeonatos de sua história. Para jogar a culpa por um eventual fracasso nas costas de Pires, Matheus foge para a Europa. É um passo em falso. Durante sua ausência, a equipe não se desintegra. Na verdade, ela se regenera. Pires a toma pelas mãos e a reconstrói em tempo recorde. Muitos dos jogadores ganham abaixo de suas necessidades, e ele promete aumentos salariais.

A grande quantidade de contratações, cessões, renovações e empréstimos chega aos ouvidos de Matheus, que retorna ao posto de comando, o qual, no entanto, se encontra ocupado. Surpreendendo a todos, o tímido e submisso Pires decide continuar na cadeira: "Precisamos ter coragem e romper com o passado". Matheus ri. Mas, ao perceber que já havia perdido o controle de seu fantoche, seu deboche se transforma em raiva: "Cuidado, Waldemar, eu criei você e posso te destruir".

Pires mantém a calma: "O país está mudando. Não há mais espaço para uma gestão personalista".

É o mesmo pensamento de Sócrates, que tenta transmiti-lo aos companheiros: "O que queremos mudar? Sobre o que gostaríamos de decidir?".

O primeiro debate é sobre a concentração. Depois vêm os horários de treinamento. O salário. E, pouco a pouco, tudo mais. Parece uma brincadeira, mas está acontecendo de verdade. Pires toma consciência de seu papel. Mesmo sem perceber, cria a primeira centelha de uma revolução. Em vez de dirigir, participa. De tudo. A primeira coisa que faz é inventar um sociólogo como diretor esportivo. Ele se chama Adilson Monteiro Alves e não tem experiência no futebol. Oferece apenas uma garantia: "Eu prometo a você novas ideias, ideias de mudança". Ao se apresentar aos jogadores na academia do Parque São Jorge, avisa que será um bate-papo de dez minutos.

"Só quero lhes dizer uma coisa: não entendo muito de futebol e ainda não sei o que fazer. Mas tenho certeza de que não é assim que deve ser feito. E acho que vocês terão que me dizer por onde começar, porque só vocês sabem o que precisa ser mudado. É por isso que vim hoje, para dizer a vocês que estou aqui para escutá-los."

Sócrates não acredita no que está ouvindo. São as palavras que ele vinha esperando durante toda a vida. A rápida apresentação se transforma em uma assembleia. O diretor e os jogadores passam seis horas na sala. Sem saber, Alves implantou as bases de um projeto que seria revolucionário.

O primeiro a falar é o próprio Sócrates.

"Nós, os jogadores, não devemos mais ser excluídos das decisões do clube."

Adilson olha para ele e concorda.

"Temos lá fora milhares de fãs esmagados por 15 anos de ditadura, vamos deixá-los ouvir a nossa voz."

"E como?", alguém sussurra.

"Pelo voto", intervém Sócrates, como se as palavras sempre tivessem estado na ponta de sua língua.

Oito letras que pesam como chumbo. No Brasil, ninguém tem direito de voto.

"Somos nós que entramos em campo, somos nós que perdemos ou ganhamos, somos nós que ganhamos dinheiro para o clube. Nós devemos falar. Temos que votar. Estamos implementando aquilo que não acontece em nosso país há quase 20 anos. Vamos decidir de forma direta."

Sócrates apela para que todos se envolvam nas mudanças no clube: "A hora de calar acabou". Assim, começa uma pequena revolução. Cada proposta — de jogadores, técnicos ou dirigentes — é discutida por todos. No fim, há uma votação e a maioria decide. O treinador estabelece o número de horas de treino, mas é Sócrates, em conjunto com os outros jogadores, que propõe o horário e acerta o local. Mesma coisa com as premiações das partidas. Não cabe só ao técnico definir quem ganha por ter sido escalado. Os prêmios são compartilhados entre todos, titulares e reservas. Sócrates, ao lado do companheiro de equipe Casagrande, dá início a um incrível processo de autogestão do clube. Ao lado deles, estão Wladimir, Zenon, Biro-Biro, Juninho, Alfinete e todos os outros.

No Brasil, existe um sindicato de jogadores que tem a função de proteger seus filiados, mas, para Sócrates, o Calcanhar de Ouro, o que falta a seus membros é a consciência de que são trabalhadores como todo mundo. Para ele, correr atrás de uma bola é como ser operário de uma fábrica: "Somos pagos para fazer um bom jogo e trabalhamos todos os dias para a nossa preparação física. Só existe uma diferença. O jogador também é um artista". Para ele, o futebol é um espetáculo. Torce o nariz, porém, diante das atuações do aposentado Pelé, que, como Buffalo Bill, encena sua reapresentação no mundano mercado norte-americano. Sócrates odeia quem vive de explorar a própria imagem. E jura que simplesmente nunca será capaz de ser uma marionete.

No Brasil da ditadura, o time do Corinthians se transforma em uma pequena república democrática. Graças a uma daquelas raras coincidências da história, de repente, no mesmo lugar, pessoas com cabeças diferentes, mas orientadas na mesma direção, reúnem-se. Nem tudo acontece por acaso. Os arquitetos dessa mudança são pessoas iluminadas. Adilson Monteiro Alves, para avançar em seu projeto, blinda os jogadores: só podem entrar os técnicos e os médicos no vestiário. Sem interferência de repórteres ou cartolas. Até o estacionamento dos dirigentes é afastado do campo. Alves sabe que está se arriscando. Mas aquele é apenas o começo. Pires chama o técnico Mário Travaglini ao Parque São Jorge. O novo treinador encontra jogadores bons, mas desanimados. A primeira decisão é drástica: "Só ficam os que acreditam". Ele também oferece à equipe a chance de escolher quem jogará. E o grupo decide. Travaglini avisa: "Cada dispensa é um drama, mas não haverá lista negra. Os jogadores serão tratados como seres humanos, e o Corinthians cuidará da redistribuição deles a outros clubes". O elenco é reduzido à metade, e Travaglini conduz 18 homens, a quem transmite segurança — "Entrem em campo e façam a parte de vocês. Se errarem, não se preocupem. Eu confio em vocês" — e, depois, um novo conceito: o "Carrossel". Travaglini inventa um losango que deve girar sem parar, como um cata-vento, no meio de campo. Mas o ensinamento mais importante que transmite aos atletas é outro: "A liberdade é uma ilusão se não for acompanhada de responsabilidade". Caso contrário, é anarquia. E o voto se torna o instrumento para demonstrar essa diferença.

Nas entrevistas, os jogadores começam a falar sobre igualdade, participação e liberdade. Alguns deles desistem, limitando-se a cumprir o dever apenas em campo. Isso também é um sinal de democracia. Mas o moral do grupo cresce. Eles começam a jogar bem. E a vencer. Um jogador de futebol pode naufragar em suas qualidades ou nelas florescer. A nova democracia interna permite aos jogadores que seus talentos explodam, que eles abandonem seus temores mais íntimos. Os homens de Alves se unem e se fortalecem. Cada um completa o outro. E todos têm a alegria de jogar futebol. Chegam a 25 jogos sem sofrer uma derrota. No entanto, não é o bastante para recuperar o mau início de temporada. A classificação final no Campeonato Paulista compromete o acesso direto à primeira divisão do subsequente Campeonato Brasileiro. Portanto, no fim de 1981, é como se o Corinthians tivesse sido rebaixado. Mas ninguém desanima. Sócrates principalmente. Ele recusa uma transferência milionária para o Barcelona no início de 1982. É um forte sinal.

Travaglini começa a fazer experiências com os garotos da equipe juvenil. O início do campeonato seguinte é bom, e algumas vitórias consecutivas permitem ao Corinthians retornar ao primeiro escalão do futebol brasileiro, a Taça de Ouro. Com Magrão, Casão, Biro-Biro e Zenon, o clube tem um de seus melhores setores ofensivos de todos os tempos. Começa uma era de vitórias. Mas Sócrates fala de democracia mais do que de seus gols. Os jornalistas se perguntam se faz sentido dar aos jogadores o direito de voto. Ele afasta qualquer dúvida: "Sempre funcionou, desde os tempos de Atenas, na Grécia antiga". E, se quem diz isso tem o nome de Sócrates, há que se acreditar.

55. **O retorno**

É tarde de 12 de novembro de 1981, quinta-feira, antevéspera de Itália × Grécia, penúltimo teste para a Copa da Espanha. Os *azzurri* treinam em um gramado do velho Campo Combi de Turim. Bearzot os segue com insólito distanciamento. Sua atenção se volta cada vez mais para o gramado adjacente, onde a Juventus enfrenta uma equipe de juniores. Ao fim da sessão de treinos, o técnico finge ir embora, mas, depois de se certificar da saída dos repórteres, retorna. Tem um motivo válido. Paolo Rossi está em campo.

Não o vê há muito tempo. Rossi engordou. Suspenso por mais de um ano e meio, ainda precisa cumprir seis meses de punição. No fim do jogo, vai a seu encontro. Ambos estão constrangidos. O Velho põe as mãos em sua cintura: "Parece a daquelas éguas reprodutoras da Normandia". Rossi esboça um sorriso. Entende que o técnico está esperando por ele. "A partir de hoje, tenho um bom motivo para fazê-la afinar." Bearzot está convencido da inocência do atleta. Mas seu papel exige que respeite a sentença e a suspensão imposta pelo tribunal esportivo. No inverno, antes mesmo de abordar a questão pelos aspectos técnicos, ele a enfrenta pelo espectro moral. A Copa do Mundo é a competição máxima para um jogador profissional. E Rossi, uma vez paga sua dívida, estará de prontidão. Terminada a suspensão, Bearzot o levará para a Espanha.

Quando o jogador volta à vida que o esperava, é um homem diferente. Pálido e fechado. Os meses de ausência pesam: dois anos perdidos que ele não pode apagar. Casado recentemente, em setembro completou seu primeiro quarto de século de existência. Não se sente mais como um menino. Precisa viver sua vida. Continua fazendo caridade: conselheiro de uma fundação, ele se apresentou no *quiz* televisivo *Bis* de Mike Bongiorno para doar os resultados da ação a crianças com doenças cardíacas em Vicenza. Está desiludido, com o povo e com os repórteres, não esperava tanta maldade. "Paolo é muito sensível e generoso", explica sua mulher Simonetta a Antonio Corbo, "deu muito de si, não dizia não a ninguém, chegava a negligenciar seus entes queridos. Talvez esperasse mais afeto". Por isso, tudo se fechou. Mas, acima de todas as coisas, ele quer a camisa *azzurra*. "Porque a bola", ele diz, "é um amor, e porque só a seleção pode me ajudar".

No dia 2 de maio de 1982, exatamente um mês antes de partir para a Copa, em Udine, Rossi entrou em campo oficialmente pela primeira vez. Brera, no jornal *La Repubblica*, acolhe-o como a um filho: "Paolo não voltou purificado porque nunca havia se contaminado, foi vítima da falta de respeito humano". Depois de 49 minutos, ele marca. Pablito está lá.

Poucos dias depois, chega a convocação para a Espanha. Apesar de apenas três partidas no campeonato, Rossi é chamado para a seleção.

Pruzzo fica em casa. Em seu lugar, Bearzot convoca Selvaggi, atacante do Cagliari. Ele o avisa por telefone.

"*Mister*, para ir à Copa, eu mesmo carregaria as minhas malas."

"Não precisa. Basta que traga as chuteiras."

O plano é claro: proteger Rossi. O técnico sabe bem que as condições dele são precárias. Rossi precisa jogar para voltar à forma e, se a corda permanecesse no pescoço do artilheiro, isso não seria possível. Com esse propósito, no entanto, irá fazê-lo permanecer em campo o tempo todo. As críticas, duríssimas, não tardam a chegar, mas esta é a única forma de protegê-lo, assumindo todas as responsabilidades. Bearzot sabe muito bem que não existem jogos fáceis. Mas Rossi só poderá recuperar a forma durante a Copa. Um risco enorme que praticamente nenhum treinador correria.

56. **Lugar proibido**

Para atender ao desejo dos clubes brasileiros endividados e de jogadores sem salário há meses, o Conselho Nacional de Desportos (CND) ratifica um dispositivo que libera as camisas dos times para fins publicitários. Enquanto outros clubes fazem as contas para as novas potenciais receitas, Adilson Monteiro Alves vai na direção oposta. Os torcedores devem estar envolvidos na revolução. Eles têm o direito de saber que no Corinthians o voto de um almoxarife é tão válido quanto o do presidente. Então, para preencher o espaço na camisa, ele não está procurando uma empresa, mas um homem. É um corintiano de 30 anos, de nome curioso, descendente de italianos da Ligúria. Chama-se Washington Olivetto.

Quando jovem, a caminho da faculdade, o pneu de seu Volkswagen Karmann Ghia 1969 furou em frente a uma agência de publicidade. Em vez de pedir ajuda, ele pediu um emprego. Com um *slogan*: "Estou aqui por causa de um pneu furado. Mas esta é uma ótima oportunidade para você. Porque um pneu não fura duas vezes na mesma estrada". A estratégia deu certo. Aquele foi o início de uma carreira brilhante, que mais tarde o colocou diante do diretor esportivo de seu time do coração: "Quero que você nos ajude com sua criatividade. Muitas coisas estão mudando, e com suas ideias podemos fazer as mudanças chegarem às pessoas". Olivetto aceita a missão, não quer dinheiro e coloca apenas uma condição: "Ninguém deve aproveitar esse aperto de mão, só o Corinthians e sua gente". Então, ele começa a tecer sua rede: apresentadores de TV, cantores, locutores de rádio, mulheres, fãs, opositores do regime. Os novos processos revolucionários de tomada de decisão dentro do clube se tornam um tópico de discussão. O Corinthians deixa de ser um time à margem e passa a ser um clube de ponta, uma marca, o time da moda. Para falar sobre essa nova forma de tomada de decisão, a equipe é convidada ao Tuca, teatro da Pontifícia Universidade Católica de São Paulo (PUC-SP), que foi o centro da oposição democrática do país. Participam do debate Alves, Sócrates, Wladimir e Washington Olivetto. O moderador é Juca Kfouri, o jovem diretor de *Placar*. Cabelo cacheado, camiseta casual, rosto sorridente, um passado difícil de esquecer.

No governo Médici, em 7 de setembro de 1971, José Carlos Kfouri foi preso em São Paulo. Ele tinha 20 anos. O carro de um amigo seu, Eduardo Ralston, foi encontrado cheio de panfletos considerados subversivos. Junto a Ralston e outro amigo, Fabio Ionesco, Kfouri e sua esposa, Susanna, também acabaram sendo levados. Eles foram entregues ao temido Departamento de Operações de Informação — Centro de Operações de Defesa Interna (DOI-Codi), na Rua Tutoia, de onde quase nunca se saía vivo. A sucursal do inferno. Os militares despiram Eduardo e o penduraram no pau de arara. Kfouri estava na sala ao lado. Os gritos desesperados de seu amigo encheram seus ouvidos. Quando um soldado ameaçou sua esposa, Kfouri bateu com a mão na mesa: "Senhor, esta é minha esposa, exijo que a trate com respeito". Não conseguiria dizer mais nada. Um punho o nocauteou. Era apenas o começo, mas ele se salvou.

Tem 32 anos, é um jornalista estabelecido. Para retratar com mais precisão a incrível história daquele Corinthians, Kfouri faz uma analogia ao roubar uma frase de Millôr Fernandes: "Vamos acabar caindo em uma democracia corinthiana". Washington Olivetto se arrepia. Agarra-se às últimas duas palavras, tira o caderno do bolso e as registra rapidamente no papel. Se precisa vender a mudança do país, não basta um *slogan*: é preciso um grito de guerra. E naquele momento pensa: "Encontrei". A Democracia Corinthiana é o rótulo que serve para impulsionar o produto. E de democracia começa a se falar em todos os cantos.

Sócrates se torna o catalisador do novo movimento. Na primavera de 1982, o Doutor prende os cabelos com uma bandana e começa a escrever a experiência mais original, corajosa e fascinante da história do futebol mundial. Primeiro, parte da imprensa o segue; depois, a multidão. Seu gol número 200 vale a vitória no jogo de ida das quartas de final do Brasileirão. No fim do jogo, os repórteres o cercam. "O governo não quer que falemos livremente, e nós aceitamos. Não quer que os cidadãos decidam diretamente, e nós aceitamos. Escreva isso." Os jornalistas sabem que Sócrates rasga as páginas do caderno de esporte nos jornais que os companheiros leem. "Neste país, todos entendem de futebol, mas ninguém entende de política. Se continuarmos falando só de futebol, as pessoas continuarão a ignorar todo o resto. Ignorância é opressão. E o futebol é um meio de mantê-la. Só com mais informações podemos romper esse ciclo." Parece suicídio, mas a utopia casa com a concretude e, por incrível que pareça, o Timão de Mário Travaglini chega à semifinal do Brasileirão, enquanto o balanço do clube, cuidadosamente administrado pelos jogadores, obtém lucros inesperados.

Poucos dias antes da Copa do Mundo, a questão dos direitos dos jogadores já ganhou relevância nacional. Até mesmo Zico foi ao encontro de Wladimir para que estabelecessem uma estratégia comum. O Brasil tem a impressão de que está a um passo de recuperar o direito de votar para presidente da República. Nas ruas, começam a ganhar corpo as primeiras aspirações de liberdade, tem-se a impressão de se estar pisando em lugar proibido. A Democracia Corinthiana não é mais apenas futebol. Torna-se uma interferência maravilhosa e saudável nos níveis social e comportamental. O primeiro tapa na cara de um Brasil entorpecido por tantos anos de ditadura. Outros clubes podem até ganhar mais títulos, mas não estão fazendo nada pelo país. Criar uma equipe com dinheiro é fácil. Mas há coisas que o dinheiro não pode comprar.

A imprensa conservadora de direita ataca-os por todos os meios, com qualquer pretexto. Mesmo que falso. Até que, numa manhã, o enésimo artigo envenenado sobre a nova forma de gerenciamento do clube provoca uma reação. A secretária eletrônica do Corinthians fica repleta de mensagens de solidariedade. Alunos, fãs e até jornalistas. Eles querem dar uma resposta aos que estão tentando boicotar a Democracia Corinthiana. Jogadores de clubes adversários também ligam, dizem que estão igualmente passando a usar o voto. E agradecem. É um momento delicado, o início de um sonho de cristal. Qualquer derrapada é suficiente para estilhaçá-lo. Monteiro Alves toma partido para proteger seus rapazes: "Os jogadores não são crianças; eles sabem que decisões tomar". Mas percebe a pressão que eles têm de suportar. E entende que precisam de apoio. É maio de 1982. O Brasil está no meio de vários campeonatos, o nacional e os estaduais. A Copa está chegando. Alves telefona para o *pop star* da psicoterapia brasileira, e colunista da *Folha de S.Paulo*, Flávio Gikovate. "Ninguém usa psicologia no futebol. Nós gostaríamos de tentar. Os rapazes estão passando por um momento difícil, precisam de apoio. E nós precisamos de alguém que compartilhe das nossas ideias." Gikovate fica lisonjeado, mas pede algum tempo, reservando-se o direito de responder depois da Copa do Mundo na Espanha. Mas não sem antes lhe dar um conselho: "Você tem que garantir que a Copa do Mundo não coloque o movimento em segundo plano". Alves sorri: "Se Sócrates jogar como sabe, o efeito será o contrário". Da atuação do craque depende toda uma revolução.

57. Um navio na tempestade

Esmagado por um duplo colapso, causado pelo escândalo da Loja Maçônica P2 e pela crise econômica, e agora reduzido a uma pilha de entulhos, o jornal da Via Solferino enfrenta seu primeiro, e dramático, ano de reconstrução. O escândalo provocou terremotos que abalaram também a política italiana. A renúncia do primeiro-ministro Forlani levou Pertini a tomar uma decisão crucial. A fim de enfrentar a crise, ele confiou o cargo a Spadolini, o primeiro democrata não cristão a presidir um governo na história republicana da Itália. Igualmente instigado por Pertini, Alberto Cavallari foi chamado à direção do *Corriere*. Para convencê-lo, o político chegou a estimulá-lo como um pai faria. "Só você pode limpar a lama e impedir a falência. Se não aceitar, é um covarde." Assim, um ano antes da Copa, Cavallari assumiu o comando de um pedaço da democracia italiana. Para reconstruí-la.

Enquanto seus enviados estão em Barcelona para assistir a Itália × Brasil, ele trava sua batalha desesperada, enfrentando a hostilidade de todos. Concorrentes interessados em matar o *Corriere* para dividir suas partes; partidos ansiosos por sujeitá-lo ao poder deles; credores concentrados apenas em sufocar o jornal. Com a equipe editorial dilacerada por lutas internas intermináveis, dois proprietários na prisão, um terceiro encontrado enforcado sob uma ponte, colaboradores que fogem, tinta e papel que faltam, o novo diretor começa a desviar o navio para longe da tempestade.

Até aquele momento, Cavallari teve uma carreira de ascensão meteórica como enviado especial (culminando na primeira entrevista feita com um papa, Paulo VI); suas memórias estão repletas de história; seus olhos, saturados de acontecimentos; suas gavetas, cheias de reportagens. Mas sua obra-prima, talvez, ele esteja começando a produzir.

58. **O convite do destino**

A "questão moral", que Pertini, Spadolini e Cavallari consideram o primeiro problema italiano, é desprezada como se fosse uma mania de velhos. No entanto, foi em nome dela que Cavallari deixou sua residência em Paris para entrar no jornal da Via Solferino. Enfrenta a tarefa com determinação, mas absolutamente só. Sabia que seria assim. O *Corriere*, no entanto, tinha sido seu jornal nos bons anos. Não podia recusar a missão nos anos mais difíceis. O jornal, porém, não tarda a perder seu peso.

Nove dias antes da nomeação de Cavallari, Enzo Biagi, declarando não estar disposto a trabalhar num jornal controlado pela maçonaria, tinha ido ao *La Repubblica*. Assim, com vistas à Copa do Mundo, o novo diretor decide contratar um nome de envergadura equivalente, mandá-lo à Espanha e fazê-lo dizer o que passa por sua cabeça. Sem freios, limites ou regras.

E de fato junta-se ao *Corriere* no Sarriá um profissional excepcional: o escritor Mario Soldati, um dos poucos intelectuais dispostos a acreditar no impossível. Depois de uma carreira lendária dividida entre romances, filmes, reportagens e programas de televisão, ele estreia como correspondente especial, aos 76 anos. Cavallari fez a proposta depois de ter levado em conta três considerações: Soldati ama futebol; Soldati nunca foi à Espanha; Soldati sempre vai em busca do desconhecido. Por incrível que pareça, esse homem que viveu 1.000 vidas em 1.000 lugares nunca pôs os pés em terras ibéricas. Sendo que aos 28 anos ele por muito pouco não as tocou.

Em 1934, quando se encontrava em Lourdes para uma reportagem para publicação na *Gazzetta Padana*,[37] propôs ao jornal *Il Lavoro*,[38] de Gênova, fazer uma série como correspondente na Espanha. Parecia ter conseguido, mas um telegrama do diretor Nello Quilici chegou até ele: "Nós só reconhecemos as diárias francesas. Não podemos pagar pelos artigos". Com pouco dinheiro, Soldati não pôde cruzar os Pireneus e desistiu da Espanha. Tentou uma segunda vez. Por amor a uma jovemloura. Ela o esperava em Zaragoza, mas Franco existia. E veio a guerra civil. Ele não pôde encontrá-la e a perdeu. O arrependimento o perseguiu ao longo de toda a vida. O "convite do destino" chegou quase meio século depois. O escritor piemontês, seguido do artista plástico Antonio De Rosa, junta-se, assim, à patrulha dos cronistas milaneses. E parte para a aventura com o entusiasmo sagaz, o eterno charuto na boca e um fragmento de Heráclito como talismã: "Quem não espera o inesperado não descobrirá a verdade". Para ele, mergulhar nessa "barafunda cosmopolita" é um "retorno irresistível e explosivo à juventude".

37 Jornal da comuna de Ferrara, localizada na região da Emília-Romanha.

38 *Il Lavoro* foi um importante diário genovês, que circulou de 1903 a 1992.

Anatomia do Sarriá

A Copa do Mundo

O exército de Brancazot[1] cresceu à imagem e semelhança de seu condutor de ossos grandes e salientes, cujo estilo de jogo sombrio, sem impulsividade, monótono, preso a esquemas muito antiquados materializa personagens que não são nossos e não nos pertencem, porque são de Bearzot, que, por apenas 10 quilômetros, não nasceu do outro lado, na Iugoslávia.

GIANNI MELIDONI
Il Messaggero

---

1 *L'armata Brancazot* (o exército de Brancazot) era uma das formas como era chamada a equipe de Enzo Bearzot antes do Mundial de 1982. O apelido é uma referência ao filme *L'armata Brancaleone* (*O incrível exército de Brancaleone*), comédia italiana de 1966 que retrata um medroso cavaleiro aristocrata, espécie de Dom Quixote esfarrapado, que monta um pequeno exército de quatro homens para reivindicar um feudo que supostamente lhe é de direito. Para Bearzot, porém, houve alcunhas até piores, como *Homo bearzoticus*.

1. O negócio Espanha 82

Existe um homem encarregado da tarefa de transformar a festa em negócio. É Saporta. Dizem que onde ele põe a mão jorra dinheiro. E que conseguiu vender o ar do estádio Santiago Bernabéu, um espaço publicitário acima da passarela. Ele propôs o valor de 700 milhões primeiro à Coca-Cola, que recusou, depois à Pepsi. Após a segunda negativa, voltou à Coca-Cola: "Se nos derem só a metade, deixo de oferecer o espaço à sua concorrente". Funcionou. O mesmo truque com a Pepsi. Resultado: os 700 milhões chegaram, e sem qualquer venda. Mais tarde, o mesmo espaço foi comprado por outra empresa. Diante das primeiras dúvidas sobre os números da Copa do Mundo, ele alardeava com segurança: "Todas as despesas já estão cobertas. A partir de agora, todas as receitas serão um ativo do tesouro espanhol".

Quando foi incumbido da organização da Copa do Mundo, Saporta aceitou com duas condições: a indicação por decreto real, para evitar a interferência do governo, e nenhuma remuneração. O Real Comitê Organizador da Copa Mundial de Futebol (RCOM) é uma gigantesca caravana de interesses que tem sob sua tutela as oito faces da Copa da Espanha de 1982: leis, finanças, transporte, segurança, relações públicas, calendário, instalações e comunicação. Colaboram com o Comitê tanto os ministérios competentes quanto as principais empresas privadas, como Iberia, Aviaco, Telefónica, Renfe e RTVE. Oficialmente, Saporta não está envolvido em política, mas sempre se fez acompanhar do poder: ontem com os franquistas, hoje com os moderados. No entanto, para efeitos fiscais, ele é apenas um simples bancário. Quando Gianfranco Civolani, correspondente do *Guerin Sportivo*, foi a Madri para investigar, Saporta olhou para ele horrorizado: "Você se engana; eu trabalho pela Copa de graça porque sou um esportista e porque o rei me confiou a tarefa". Convida os céticos a visitá-lo na Rua Doctor Fleming, número 34, sede do Banco Exterior de España: "Pergunte por Raimundo Saporta. Sou um dos seis gerentes departamentais do Banco".

Mas, enquanto ele leva adiante "a Copa do Mundo mais bilionária da história", a Espanha continua naufragando no oceano de suas frustrações econômicas. Com 3 milhões de desempregados, inflação de 26% ao ano e dívida externa de 30 bilhões de dólares, vive a pior crise política de sua história. Saporta não esconde: "Não é o melhor momento para fazer uma Copa. Teria sido melhor organizá-la há dez anos ou daqui a dez anos, com o governo autárquico ou a democracia consolidada". A transição não é o período ideal, e Saporta está estudando como lidar com a grande quantidade de dinheiro que falta para organizar um evento esportivo de tamanha magnitude, evitando que seja financiado com recursos públicos. Sem desperdício para o Estado. Não com esse evento.

O país, contudo, deve fazer frente a um grande número de obras, algumas das quais não podem ser adiadas, para atender às condições mínimas exigidas pela Fifa; entre elas, estão a superação do obsoleto sistema de telecomunicações e a reestruturação dos estádios de acordo com os novos regulamentos. Só o Sarriá, em Barcelona, precisa de mais de 200 milhões de pesetas. Muito dinheiro para um país tão pobre. A polêmica na imprensa logo começa a afetar o trabalho de Saporta, mas, em sua cabeça, já estão sendo traçadas as quatro linhas de receita que financiarão a Copa: ingressos, direitos de televisão, publicidade e *merchandising*.

A venda de ingressos gira em torno da Mundiespaña, empresa privada composta de quatro agências de viagens (Wagon Lits, Equador, Viajes Meliá e Marsans) e outras tantas redes de hotéis (Entursa, Hotasa,

Husa e Meliá). Um aporte de 39 milhões de francos suíços viria do consórcio de multinacionais da televisão pelos direitos de TV, rádio e fitas de videocassete. Outros 36 milhões chegam da West Nally para publicidades em estádios e direitos televisivos nos Estados Unidos, aos quais se somam mais 30 milhões de marcos alemães para a exploração dos produtos da Copa, de mascotes a pôsteres (confia-se à Galeria Maeght de Paris a criação de 14 cartazes, correspondentes às cidades-sede da Copa do Mundo; o de Barcelona é projetado por Antonio Tapis: vale 750.000 pesetas com sua assinatura, apenas 15.000 sem ela). As licenças para exploração de produtos que carregam a mascote ou o símbolo da Copa do Mundo devem render no mínimo 120 milhões de pesetas e passar pela IberMundial 82, empresa autorizada pela Fifa e de propriedade da West Nally e da Real Federación Española. As camisetas com os símbolos da Copa são produzidas pela Mundi-Fútbol, outra empresa nascida em torno do evento. A essas receitas, o Real Comitê acrescenta a de loterias extraordinárias, cunhagem de moedas e quatro edições de selos.

Parece que nada pode deter o negócio Espanha 82.

2. **Todos os inimigos de Saporta**

Durante décadas, todos os dias, com impecável pontualidade, meia hora depois das oito, ele entra em seu escritório no Banco Exterior de España. Depois de um dia de trabalho, tem que esperar até duas da manhã para poder chegar à casa de sua amada mãe. Primeiro, deve sincronizar suas obrigações com as necessidades do Real Madrid, as urgências da federação de basquete e as tarefas ligadas à Copa do Mundo (ocupações pelas quais nunca quis receber um centavo).

Ao voltar exausto para casa, Saporta encontra uma secretária eletrônica cheia de mensagens que não conseguirá responder. O telefone é seu maior inimigo. Recebe centenas de ligações todos os dias. E, claro, não pode lidar com todas. Os atrasos se acumulam numa eterna perseguição em múltiplas frentes: à organização da Copa junta-se o Campeonato Mundial de Basquete que se realizará na Espanha e começará em 5 de julho, mas no ano de 1986 (e que lhe impõe a dificuldade de construção de novos ginásios, os intermináveis problemas logísticos e, sobretudo, uma série de questões ligadas a publicidade que já o preocupam muito). Compromissos que se sobrepõem aos comuns. Sem falar em conflitos e emergências. Para onde quer que olhe, ele encontra inimigos. Nos ministérios, em todas as entidades esportivas, nas empresas públicas, em toda a Federação Espanhola de Futebol e também entre os políticos (enfrentou publicamente tanto o embaixador Raimundo Pérez-Hernández como o ministro da Fazenda Jaime Julián García Añoveros). Sua independência cria problemas para todas as instâncias do poder. Desde o início, o Comitê da Copa teve que se chocar com as administrações e os partidos ligados às cidades da Copa. E a pressão nessas esferas sempre foi fortíssima. Mas Saporta queria o Comitê nas mãos de esportistas. E tornou públicos seus temores: "Se o Comitê não retornar a seus princípios iniciais, à independência e ao esporte, não continuarei". Assim, quando percebeu que o futuro da Copa do Mundo estava sob grave ameaça, foi o governo que o salvou: "Continue seu trabalho, Saporta, você é a pessoa mais preparada para fazê-lo".

Ele continua, mas seja qual for a decisão a ser tomada, Saporta inexoravelmente colide com um muro de borracha: o da própria Federação Espanhola. Saporta e Porta, os dois dirigentes mais influentes da Copa do Mundo, a fim de deter o controle das decisões cruciais tornam-se protagonistas de uma luta pelo poder até a última gota de sangue. Porta rejeita sistematicamente qualquer proposta feita por Saporta: financiamento para novos projetos, reforma de estádios, aluguéis de sedes, escolha de colaboradores estratégicos.

A organização da Copa continua em risco. Havelange decide mediar o conflito valendo-se de um amigo: Juan Antonio Samaranch. O jantar está marcado para o início de dezembro de 1981. Faltam seis meses para a Copa do Mundo. Samaranch não consegue entrar no avião. No restaurante Zalcain, em Madri, Porta e Saporta, além de seu vice, Anselmo López, e Havelange sentam-se à mesa. Num clima de alta tensão, o enésimo ato de uma arrastada crise se desenrola sob o olhar atônito do presidente da Fifa. Havelange sai chocado de um jantar que deveria ser usado para mediar, descomplicar, resolver e, em vez disso, piorou as coisas. "Se eu soubesse antes que Porta e Saporta não podiam se ver, nunca sonharia em permitir que a Espanha organizasse a Copa do Mundo." O momento das decisões sem volta parece cada vez mais próximo.

3. A folia de Reis

A menos de dois meses da Copa, Saporta, o homem que construiu todo o evento, está em pedaços. Seu trabalho foi impecável, mas a enorme pressão do Comitê e as extenuantes disputas internas custaram-lhe a perda da saúde, a chegada de uma enorme exaustão e o início de uma depressão. Os primeiros a perceberem foram seus amigos. Fazem de tudo para protegê-lo, mas, com o agravamento de seus distúrbios, dar--lhe proteção se torna impossível. Seu comportamento irrepreensível está começando a se desmantelar.

O estado de saúde não era bom desde dezembro, mas Saporta resistiu até o sorteio dos grupos. Na primavera, aproveitando as visitas regulares à Suíça ao lado da mãe, inseparável, ele faz um novo *check-up*. Os jornais dizem que está em tratamento médico, sendo forçado a tomar todo tipo de remédio. Pílulas que o ajudam a relaxar, mas que lhe causam uma sonolência incontrolável em todos os eventos públicos, como quando vai a Baden-Baden para o Congresso Olímpico, convidado especial de seu querido amigo Juan Antonio Samaranch. Ou drogas que o fazem se comportar de maneira absolutamente incomum durante as visitas institucionais.

Em fevereiro, ele quebrou o protocolo por ocasião da visita do Secretário de Estado dos Estados Unidos, Alexander Haig. No início da sessão plenária da Conferência de Segurança e Cooperação de Madri, o político americano foi abordado por um homem com excesso de peso que o agarrou pela mão repetindo confusamente palavras soltas como "Futebol" ou "Kissinger". O homem em questão era ninguém menos que o presidente do Comitê Organizador da Copa, que, depois de driblar o controle policial e um convite de uma *hostess* para deixar o plenário, interrompeu Haig a fim de tirar uma foto, tentando convidar seu antecessor, Henry Kissinger, para ir à Copa. A partir desse momento, passou a ocupar as primeiras páginas dos jornais com declarações fortes e impacientes. A mais célebre rodou o mundo: "Dependo do rei da Espanha, e só dele!". Frase que criou constrangimentos e irritação. Alguns dizem que enlouqueceu, mas ele encontra forças para responder: "É possível que me prendam, mas espero aguentar até o fim da Copa do Mundo". Não consegue.

Quando Manuel Benito, seu homem-forte e secretário do Real Comitê, renuncia ao cargo que ocupava, o "Pacto da Porta de Ferro", que leva o nome da área onde se realiza a reunião, retira todos os poderes de Saporta, transformando-o numa figura decorativa (com o prêmio de consolação de seguir cuidando da coordenação cultural do evento) e fazendo de Benito o artífice do sucesso da Copa.

Depois de cinco anos exaustivos na ponta de lança do Comitê, Saporta perde espaço a apenas dois meses da abertura. Por ironia do destino, no mesmo dia em que Havelange retorna à Espanha para encontrar tudo em ordem, mas nada resolvido.

Indiferente às mudanças internas no Comitê e à humilhação sofrida por Saporta, Havelange entra furioso em seu escritório jogando um maço de 400 ingressos sobre a mesa. São os da partida de estreia do Brasil.

"Pode pegá-los de volta. Não são os que pedi!"

Na sala existe um mapa do estádio Ramón Sánchez Pizjuán, em Sevilha. Havelange aponta o dedo para a tribuna das autoridades: "É aqui que eu quero meus lugares".

Saporta olha para ele atordoado.

"Eu não posso obtê-los, não sou eu quem lida com isso."

O dono do futebol explode.

"Não posso dar esses lugares aos meus amigos, então me escute com atenção, Raimundo: eu fico três dias sem comer, dormir e ir ao banheiro, então não vou sair daqui até que você me encontre 400 lugares na tribuna das autoridades."

Saporta o observa enquanto, sentado na cadeira com ar sereno, Havelange aponta para o telefone: "Por que você não telefona?".

O espanhol, já no extremo de suas forças, balbucia.

"Eu não trabalho para você."

Havelange responde bruscamente: "Ligue".

Saporta pega o fone mecanicamente, liga, suspira, perambula pelo escritório, telefona de novo, de novo e de novo. Até que um funcionário entra sem fôlego com os ingressos. Havelange os recolhe, agradece e vai embora. Políticos, juízes, editores e presidentes têm seus lugares nas tribunas.

4. **O sonho de Ossie**

Brasil e Itália chegarão à segunda fase da Copa espanhola. Se esse desfecho parecia óbvio para os brasileiros, considerados favoritos ao título, o mesmo não se podia dizer da Itália, para a qual se esperava um rápido e não muito glorioso retorno à casa. A equipe continua à procura daquela forma de jogar que quatro anos antes, na Argentina, tinha feito a Azzurra brilhar e que agora parece irremediavelmente perdida. Os resultados e a classificação para o Mundial não significam redenção. E então o sorteio dos grupos parece brincar com o destino de ambas as seleções.

As duas equipes se veem enredadas por um Mundial de roupagem totalmente renovada: as confederações africana e asiática, depois de terem pressionado a Fifa para conseguir maior peso nos gramados do futebol mundial, obtiveram um aumento no número de seus representantes. Em troca, a Europa exigiu uma contrapartida: que suas afiliadas passassem a contar com 14 vagas, que acabaram somadas às seis da América, às duas da Ásia e Oceania e às outras duas da África. Os participantes da Copa do Mundo, que passaram de 16 para 24 seleções, foram então divididos em seis grupos de quatro, escolha que complicou muito o trabalho da organização espanhola. O primeiro pote no sorteio ficou com os cabeças de chave; o segundo com os países do Leste Europeu; o terceiro com os sul-americanos e europeus não selecionados antes; e o último com as demais equipes classificadas.

No sorteio a ser realizado em Madri, em 16 de janeiro de 1982, a Itália está no Grupo 1; a Alemanha, no 2; a Argentina, no 3; a Inglaterra, no 4; a Espanha, no 5; e o Brasil, no 6. O calendário é um facilitador para os anfitriões espanhóis, que evitam o confronto com os brasileiros até a final e disputam o último jogo previsto para a primeira fase, tendo assim a oportunidade de fazer todos os cálculos para a classificação. Os dois primeiros de cada grupo passam à segunda fase (em caso de igualdade de pontos, aplica-se o critério do melhor saldo de gols).

A segunda fase prevê quatro grupos de três times cada. E os segundos colocados dos grupos da Itália e da Argentina terão que enfrentar o primeiro do grupo do Brasil, que, na verdade, quase com certeza, será o próprio Brasil.

No sorteio, porém, o primeiro europeu sorteado no terceiro pote, a Bélgica, acaba fazendo companhia à Itália, e o segundo, a Escócia, fica com a Argentina. Considerando que Chile e Peru só podem estar em chaves lideradas por um europeu (cada grupo não pode conter mais de um sul-americano), o secretário-geral da Fifa, Joseph Blatter, em sua estreia numa competição global, interrompe descaradamente os procedimentos e faz tudo recomeçar. Assim, a Bélgica termina no Grupo 3, em que está a Argentina; em seu lugar, no grupo da Itália, fica o Peru, e a Escócia migra para o Grupo 6, no qual está o Brasil. Se pelo menos uma dessas seleções tivesse permanecido onde estava, a história teria sido diferente e provavelmente o fatídico 5 de julho não teria marcado os destinos de Itália e Brasil.

A complexidade de um evento de tal porte se traduz especialmente nas 36 partidas da primeira fase, que serão disputadas de 13 a 25 de junho em 12 estádios periféricos (com exceção do jogo de abertura no Camp Nou, em Barcelona), sendo que da segunda fase em diante os jogos serão sediados apenas em Barcelona e Madri.

Mas há um acontecimento que corre o risco de mudar os rumos da Copa. A sangrenta escalada do conflito entre a Grã-Bretanha e a Argentina nas remotas Ilhas Malvinas. Inglaterra, Escócia e Irlanda do Norte, aliás, podem deixar o torneio, revolucionando-o. Inicialmente, o governo inglês pede às autoridades esportivas britânicas que preparem um plano de boicote internacional contra os atletas de seleções argentinas. O ministro do Esporte, Neil McFarlane, pede a expulsão imediata da Argentina da Copa do Mundo. Mas tanto a Fifa quanto os organizadores espanhóis não consideram a proposta aceitável. Para a entidade que comanda o futebol mundial, seria impensável ter uma Copa do Mundo sem os atuais campeões: "Aqui tratamos de futebol, não de política", sentencia Havelange sem hesitar.

Vale dizer que, no deserto gelado das Malvinas, entre as fileiras dos "melhores jovens" argentinos mandados para o *front* pelo general Galtieri, também se movem os destinos de jogadores de futebol. Como o do soldado raso Omar De Felippe, zagueiro do Huracán, que, aos 20 anos, ferido e perdido — enquanto os *gurkhas*[2] ingleses atiram até em folhas de

2 Os *gurkhas* são soldados originários do Nepal que servem ao Exército britânico desde o início do século XIX. Houve redução significativa no contingente de gurkhas a partir de 1997, com a transferência da soberania de Hong Kong à China por parte do Reino Unido.

grama, as mesmas que ele gostaria de pisar com uma bola de futebol nos pés —, encontra-se desesperado a ponto de roubar pão dos mortos. De seus compatriotas argentinos, 649 não verão a Copa do Mundo. Entre eles, José Leónidas Ardiles, 28 anos, capitão da 6ª Brigada Aérea, abatido pelos ingleses em 2 de maio no Atlântico Sul, a bordo de seu Mirage M5 Dagger. É primo-irmão de Osvaldo, titular absoluto da Argentina de Menotti, dividido entre o país onde cresceu e aquele onde mora.

Quando tocou pela primeira vez na bola na semifinal da Copa da Inglaterra, no Villa Park, um mês antes, Osvaldo Ardiles foi engolido pelas vaias dos torcedores do Leicester City, não por ser o meio-campista do Tottenham, mas por ser argentino e, portanto, inimigo. Leopoldo Galtieri, poucas horas antes, havia desencadeado a guerra entre os dois países. Para os britânicos, foi um ataque à soberania nacional, embora a maioria deles nem soubesse que possuía as Ilhas Falkland. Osvaldo, por outro lado, passou a noite entre os dias 2 e 3 de abril ao telefone com sua família na Argentina. Pela manhã, junto a Ricky Villa, o outro argentino do Tottenham, informou ao técnico, Keith Burkinshaw, que suas duas nações estavam em guerra: "É um dos piores momentos da minha vida, é terrível para mim ver um contra o outro, os dois países que amo".

Naquele dia, enquanto sua família passava a estar sob escolta, Ardiles decidiu entrar em campo. Quando os torcedores do Leicester cantaram "Inglaterra! Inglaterra!", seus torcedores, os do Tottenham, que aprenderam a amá-lo, responderam em coro "Argentina! Argentina!" e exibiram uma magnífica faixa: "Podem ficar com as Malvinas se nos deixarem o Ossie". O futebol deu um tapa na guerra. A Osvaldo — Ossie para os fãs do Tottenham —, o primeiro verdadeiro estrangeiro dos Spurs, capaz de conduzi-los ao triunfo em Wembley na Copa da Inglaterra no ano anterior, os torcedores dedicavam uma música, *Ossie's Dream*, mas as metáforas de guerra do hino passaram a soar fora de lugar: *"We are the boys from Keithy's army / And we're marching off to war / We're sending our soldiers to Wembley Under General Burkinshaw /* [...] *We know the enemy will fear us / In the battle coming up / They won't even get near us / We're gonna capture the cup / In our ranks there's Ossie Ardiles / He's had a dream for a year or two / That one day he's gonna play at Wembley / Now his dream is coming true"*.[3]

3 Somos os garotos do exército de Keithy / E estamos marchando para a guerra / Estamos enviando nossos soldados a Wembley sob as ordens do General Burkinshaw / [...] Sabemos que o inimigo tem

A morte de José destruiu o sonho de Osvaldo: como muitos de sua geração, ele considerava a guerra um acontecimento distante, mas ela agora havia entrado em sua casa. Mais tarde, sua partida para Buenos Aires para se unir à seleção argentina foi interpretada como um gesto político e quando, às vésperas da Copa do Mundo da Espanha, ele foi levado com seus companheiros para a campanha "As Malvinas são argentinas", entendeu que seria impossível voltar a jogar na Inglaterra.

5. O boicote

A Espanha não morre de amores pelos ingleses, já que a Grã-Bretanha não pretende desistir da península de Gibraltar, há muito reivindicada pelo governo de Madri. Nas Nações Unidas, o delegado espanhol se abstém de votar a favor da Resolução 502, que definia a Argentina como um Estado agressor. Portanto, as autoridades anglo-saxãs mudam de direção: "Se os argentinos não se retirarem, serão as seleções britânicas que não participarão da Copa do Mundo", disse à imprensa o ministro escocês do Esporte, Alex Fletcher. "Não é bom para o futebol inglês ter de ficar em casa por causa dos outros, mas vivemos circunstâncias extraordinárias."

"Em certos momentos, o esporte fica em segundo plano", faz eco o presidente da Associação Inglesa, Bert Millichip. "Faremos o que nosso governo mandar." Ele é seguido por seu principal funcionário, o técnico do time inglês Ron Greenwood ("Será doloroso para os nossos rapazes, mas futebol não é tudo na vida. Existem valores mais importantes, e você tem que estar disposto a fazer sacrifícios para defendê-los"); pela Associação Escocesa de Futebolistas, através do Secretário Harry Lawrie ("Somos a favor da retirada de nossa equipe de todos os jogos com países que estão de acordo com a Argentina no conflito das Falkland"); pela seleção irlandesa, que cancelou o amistoso contra a Argentina; pelo capitão da seleção inglesa Kevin Keegan ("Não se pode

medo de nós / Na batalha que virá / Eles nem se aproximarão / Capturaremos a copa / Em nossas fileiras está Ossie Ardiles / Ele sonhou por um ano ou dois / Que um dia jogaria em Wembley / Agora seu sonho está se tornando realidade.

esperar que nossos garotos sejam mortos nas Malvinas e poucos dias depois enfrentem a Argentina em uma partida de futebol") e, finalmente, por Jimmy Greaves, o atacante mais prolífico da história da Primeira Divisão inglesa, que propõe a organização de um torneio apenas entre as *Home Nations*[4] destinando-se a arrecadação às famílias dos militares engajados nas Falkland.

A situação lança ao caos a Fifa, a Football Association (FA) e o Ministério das Relações Exteriores. A primeira-ministra Margaret Thatcher decidirá se deixa em casa ou não Inglaterra, Escócia e Irlanda do Norte. Seria um terremoto, embora precedentes não faltem: em 1938, a Áustria, após a invasão alemã, decidiu desistir da Copa do Mundo na França e, em 1974, a União Soviética se recusou a enfrentar o Chile em Santiago, por se opor ao governo militar de Augusto Pinochet.

O eventual boicote da Grã-Bretanha é bem recebido pelo técnico da seleção brasileira, Telê Santana: "Uma coisa ruim para a Copa, mas excelente para nós". De fato, sua equipe perderia a Escócia em seu grupo, substituída pela Suécia: "Teremos, assim, um adversário mais fraco e, mais tarde, não correremos o risco de enfrentar a Inglaterra, uma das favoritas". Diferentemente, o treinador da seleção italiana Enzo Bearzot está preocupado: "Quanto mais mortos, mais a Copa do Mundo vai sofrer. Tirando a questão das seleções britânicas, com a guerra esta seria uma competição sem entusiasmo, sobrecarregada por um clima pesado. Eu aconselharia todas as seleções a jogar: pode ser que a Copa do Mundo faça acontecer uma reaproximação".

Entretanto, o trabalho de Artemio Franchi, presidente da Uefa e da comissão de arbitragem do Mundial, também é condicionado pela guerra em curso. Para organizar a escala de árbitros, mais cuidados são necessários. O inglês Clive White, por exemplo, não poderá apitar Argentina × Bélgica.

Do ponto de vista político e logístico, é uma Copa "terrível": 104 árbitros têm que se deslocar dentro da Espanha, que sofre com os problemas de comunicação. Mas o treinador italiano não se preocupa: "Tudo vai voltar ao normal". Até porque, do contrário, quem mais sofreria seria a própria Grã-Bretanha. A fim de se evitar boicotes, existem mecanismos destinados a impor drásticas sanções esportivas e econômi-

4 Escócia, Inglaterra, Irlanda do Norte e País de Gales.

cas. Um país que promove um boicote, por exemplo, é automaticamente excluído do Mundial seguinte. Para a Inglaterra, que, justamente por causa da Itália de Bearzot, já não conseguiu se classificar para a Copa do Mundo de 1978, isso significaria perder três edições seguidas.

Margaret Thatcher desata o nó perante a Câmara dos Comuns: "Um bom desempenho da seleção inglesa na Espanha será um excelente incentivo para os militares nas Falkland". A questão do boicote, portanto, perde-se em espuma. De sua poltrona em Madri, Raimundo Saporta manteve-se todo o tempo tranquilo. A ideia dos boicotes nunca o abalou. "Você verá", disse ele. "Não haverá surpresas. Vai ser uma Copa maravilhosa."

Há que se acreditar nele. Pela primeira vez, uma Copa do Mundo irá receber todos os cinco continentes e as seis confederações. Para a Espanha, é um *debut* na sociedade. Empoleirada além dos Pirineus, ela dança sozinha há décadas, mas desde a morte do Caudillo de España, Francisco Franco, o país descobriu sua vocação ocidental. Há apenas 35 dias, ingressou na Otan, e o campeonato mundial parece ter vindo para se anunciar ao resto do planeta que a nação é agora uma democracia. No jogo de abertura, em Barcelona, o chefe do governo, don Leopoldo Calvo-Sotelo y Bustelo, que um ano antes se escondeu sob as bancadas do Parlamento, em meio ao crepitar das metralhadoras de duzentos rebeldes da Guarda Civil,[5] ergue-se orgulhoso no palco das autoridades, enquanto Antonio Tejero, o coronel golpista que, de arma em punho, o havia feito refém, está preso em Alcalá de Henares, condenado a 30 anos de reclusão.

Um país, um mês. Tudo em 30 dias incríveis, durante os quais, pela primeira vez, é o espaço que determina o tempo.

---

5 No dia 23 de fevereiro de 1981, durante a votação para a eleição do novo presidente do Governo da Espanha, cerca de 200 membros armados da Guarda Civil, comandados pelo tenente-coronel Antonio Tejero, irromperam o Parlamento e atiraram para o teto, além de terem tomado parlamentares como reféns. A tentativa de golpe, entretanto, fracassou depois que o rei Juan Carlos I fez um pronunciamento televisivo, já na madrugada do dia 24, no qual convocou as Forças Armadas à defesa da Constituição, o que tirou força dos golpistas. Tejero terminou por render-se ao meio-dia de 24 de fevereiro.

6. **Os dois mestres**

O cachimbo e o chiclete. O jazz e o samba. A escola e a rua. Duas trilhas paralelas, dois mundos distantes, duas linhas retas destinadas a nunca se encontrarem. Um propósito comum, no entanto, coloca-os frente a frente pela primeira vez, mostrando que, no fim, eles não são tão diferentes assim.

Bearzot é um "velho" de apenas 55 anos que passou a vida em campos de futebol, ouve discos de Dixieland e fuma cachimbo. É alto, anguloso nos traços e espirituoso, com rosto comprido, nariz de boxeador, mãos nervosas e um sorriso malicioso. Nasceu em Aiello del Friuli. Pessoa fechada, reservada, tímida, acostumada a se defender, mas sempre atraída pela fagulha de uma revanche. Sua terra esteve na rota dos aviões americanos que iam bombardear a Alemanha. Alemães, guerrilheiros, cossacos: todos passaram por lá. Os nascidos em 1926 foram todos convocados, e muitos enviados à Alemanha nunca mais voltaram. Se a guerra durasse mais alguns meses, ele teria sido chamado também, pois havia nascido em 1927. E Bearzot sente que teve sorte. "Quem não é friulano não consegue entender certas coisas: em uma terra de fronteira, é preciso fazer tudo de novo da noite para o dia. É por isso que o friulano é cauteloso; eu diria reativo." É por isso que o Velho encontrou seus homens de confiança em Friuli: o capitão, Dino Zoff, o médico da equipe e seu conselheiro, Leonardo Vecchiet. E também é friulana a peça-chave em seu plano para derrotar o Brasil, Fulvio Collovati.

Telê Santana da Silva, para os seus, é "o Mestre", o professor. Mas não um pensador como Bearzot. Tem a pele enrugada e bronzeada dos homens que viveram ao ar livre em todos os tipos de clima e um maravilhoso perfil de falcão que começa a se afinar nas linhas do queixo. Passa o tempo no banco de reservas mascando chiclete. Como se estivesse com raiva. Ao contrário de Cláudio Coutinho, seu antecessor e perfeito poliglota, ele se gaba de falar apenas o "mineirês", o dialeto de Minas Gerais (e mineira é parte do setor esquerdo de seu time, com Luizinho e Éder). Nasceu no município de Itabirito (na antiga língua tupi, o significado é "pedra que risca vermelho"), em 1931, quatro anos depois de Bearzot, o terceiro de dez filhos (os demais eram Jorivê, Atiê, Goitê, Dalva, Alva, Ervê, Lindalva, Marialva e Clodovê) de "Seu" Zico, chefe de departamento de uma siderúrgica, e de "Dona" Corina Silva, dona de casa. O futebol foi a primeira paixão de sua infância. Como goleiro. No limiar de seus 8 anos, uma festa junina depois de um comício complica seus planos para o futuro. Um foguete explode em sua mão esquerda, fazendo-o perder o movimento de dois dedos. A necessidade o impulsiona a tal ponto que, apesar de sua estatura franzina, ele se torna atacante titular dos alunos da Itabirense e depois do América Recreativo de São João del-Rei, do qual seu pai havia sido presidente.

Em 1938, Telê e Bearzot seguiram sua primeira Copa do Mundo ainda crianças. Os dois ouvem no rádio o jogo entre seus países, que dará vaga na final de Paris, vencido por 2 a 1 pela Azzurra. Na noite de 19 de junho, Bearzot se encontra, com toda a cidade, na praça de Gradisca para ouvir a voz de Carosio nos alto-falantes. Os 4 a 2 contra a Hungria na final, que decretam a Itália de Pozzo campeã mundial pela segunda vez consecutiva, chegam com dois gols de Gino Colaussi, conhecido como "Ginùt", que é de Gradisca.[6] É nesse dia que Bearzot decide: "Serei jogador de futebol". Sem saber para onde irá, mas sabendo muito bem que seus pais preferem torná-lo médico, farmacêutico ou pelo menos banqueiro, como o pai Egidio, diretor da Cassa Rurale di Cervignano e San Vito al Torre. Mas o destino bate à sua porta quando um observador do Pro Gorizia o vê jogar primeiro no time do colégio no torneio estudantil e depois no Aiello, em um campeonato de verdade. Pedem-no por empréstimo para um jogo em Verona, e daí começa sua aventura. Ele é um adolescente que adora ouvir música e fumar. De vez em quando, rouba um Tre Stelle[7] de seu pai para fumá-lo, aos poucos. Anda de lambreta e ouve "Ma l'amore no" e "Polvere di stelle". Sabe tocar piano: aprendeu com o pai, organista da igreja aos domingos. Interno de um colégio salesiano, é atraído por Horácio e Sócrates. Desenvolve um amor profundo pela cultura humanística. É excelente nos estudos, é disciplinado; o reitor tranquiliza os pais: vai ser médico.

Com apenas 12 anos, porém, Telê, que já mora sozinho com os tios depois que o pai foi trabalhar em uma fábrica de tecidos a 120 quilômetros de casa, é empregado da Cooperativa de Alimentos Esperança, em Queiroz Júnior, uma ocupação que muda logo depois quando ele

6 Comuna da província de Gorizia, em Friuli-Venezia Giulia.

7 Marca italiana de cigarros.

se torna ajudante de sapataria. Nessa época, Telê tem dois vícios: fumar cigarros (dos quais mais tarde seria um dos mais ferozes críticos, não permitindo que ninguém fumasse em sua presença) e mascar as raízes de grama (que mais tarde ele substituiria pelo chiclete), as quais consegue encontrar facilmente porque ingressa nos juniores do Itabirense. O jovem Enzo igualmente se distrai nos intervalos da escola jogando futebol no pátio. Os salesianos incutem nele princípios de vida. Um deles penetra suas veias: para ter sucesso, é preciso saber lutar. O espírito de sacrifício está inculcado nele. O colégio se torna sua oficina, da qual sai um homem feito. Mas a combatividade, ele só traz à tona em campo. O pessoal do Pro Gorizia percebe, e Bearzot vira jogador de futebol sem perceber. A família desaprova; a faculdade de medicina vai ficando mais longe. O futebol está para entrar definitivamente em sua existência.

A chegada dos 18 anos presenteia os dois futuros técnicos com a vida de seus sonhos. O jovem Telê vê pela primeira vez o Rio de Janeiro, faz testes para a equipe juvenil do Fluminense, marca cinco gols e é contratado como atacante titular na temporada seguinte. A Inter disputa um amistoso em Gorizia. Bearzot joga o jogo da vida e é contratado. O pai cede ao destino escolhido pelo filho. As portas de Milão se abrem para Bearzot. Ele, porém, resiste às tentações da cidade grande e é um exemplo de educação. Não sai à noite, não vive como um astro. Ama ficar sozinho. Certa manhã, em setembro de 1948, no bonde número 3 que passa pela Corso Italia, conhece uma garota. Luisa, o amor de toda uma vida. Telê tem a mesma idade dele quando, em 1951, no Rio, conhece Ivonete, com quem se casará dois anos depois.

Duas tragédias tocam de perto Bearzot e Telê. Em 1949, a Tragédia de Superga, e, em 1950, a do Maracanã, destruíram de diferentes maneiras os sonhos da geração da qual fazem parte. No ano seguinte, Telê já ocupava o posto de titular da equipe principal, contratado como ponta-direita. Não é um artista requintado, faz mais o tipo cumpridor, incansável marcador no meio de campo; mas é um oportunista implacável na grande área. Põe a bola na rede como se fosse uma metralhadora de repetição e, nos 11 anos de carreira no Fluminense, marca 162 gols.

Bearzot também se sente em casa no meio de campo. É um volante sólido e teimoso, o clássico "sete pulmões" que corre atrás dos outros sem nunca se cansar e se fixa como uma sombra nos tornozelos do craque adversário para sufocar sua criatividade e seu espaço. Tem dois filhos, Cinzia e Glauco (Telê segue na mesma toada, sendo pai de Sandra e Renê), e chega ao topo do futebol: o Torino. Joga pelo clube 442 jogos, começando a trajetória contra Silvio Piola e encerrando-a contra Sandro Mazzola, passando por Sívori, Charles e Schiaffino. Em seus ombros, a história do futebol. *Granata* de coração, lembra-se nostalgicamente dos tempos do Filadelfia.[8] Não tinha chuveiros quentes, mas todo o resto aquecia seu coração. "Treinávamos no campo de bocha, éramos pobres, mas também éramos do *Toro*." Consegue uma infeliz passagem pela seleção italiana, na Hungria. Tem de marcar o imenso Ferenc Puskás. Não o deixa tocar na bola. A dez minutos do fim, vem um cruzamento da direita; as têmporas de ambos acertam na bola de raspão. A trajetória é errante e desloca o goleiro *azzurro*. Gol.

Para Telê, a maior oportunidade de disputar uma Copa do Mundo veio em 1954. O técnico da seleção é Zezé Moreira, o homem que o lançou como profissional quando comandava o Fluminense. Está em boa fase, é o ponta de lança em sua equipe, num esquema criado pelo próprio Moreira ao qual se adaptou perfeitamente. Dessa vez, tem esperança de ser convocado. Mas Zezé prefere levar Julinho e o são-paulino Maurinho, que também pode jogar na esquerda. Telê fica em casa para torcer pelos companheiros de clube Pinheiro, Castilho e Veludo. Poderia ter voltado nos anos seguintes se não tivesse esbarrado em verdadeiras lendas do futebol. Vavá, Garrincha e Pelé bloqueiam seu caminho. Em 1962, está no fim da carreira e percebe que não tem mais esperanças. As Copas do Mundo, ele verá para sempre de longe.

O público, porém, o adora e, seguindo o costume brasileiro, lhe dá mais de um apelido, principalmente relacionando-os à aparência física. Seus 57 quilos, espalhados por 1,70 m, libertam a imaginação e a ironia afetuosa dos torcedores. Magro, Banquete de Cachorro, Fiapo e Tarzan das Laranjeiras são apenas alguns dos nomes dados a Telê Santana. O *Jornal dos Sports*, do jornalista e editor Mário Filho — que passa a nomear o estádio do Maracanã em 1966, um mês após sua morte —, lança um concurso com a premiação de 5 mil cruzeiros para rebatizar o magro artilheiro do Fluminense. A alcunha vencedora é "Fio de

8 O estádio Filadelfia, em Turim, foi a casa do Torino entre 1926 e 1963. No período, sediou jogos da histórica equipe *granata* que encantou o futebol italiano na década de 1940. O time teve sua trajetória tristemente encerrada pelo acidente aéreo de Superga, em 1949.

Esperança", apelido que se inspira em um filme americano de 1954, *The High and the Mighty*, com John Wayne, que no Brasil foi traduzido como *Um Fio de Esperança*.

Em Bearzot, por outro lado, é outro rótulo que pega: "O Velho", porque, aos 38 anos, ele ainda está em campo. Durante sua última temporada, 1963-64, uma longa série de lesões o fez jogar apenas duas partidas. Foi então que o técnico *granata* Nereo Rocco lhe fez o convite formal: "Ei, *bruta mona*, quando você vai parar e me dar uma mão?". Bearzot, na condição de capitão e não apenas jogador, coloca-se à disposição do técnico enquanto ele permanecer no comando do Torino. Em três temporadas, aprende "a cultura do grupo", para Rocco — e depois para o próprio Bearzot — o primeiro dos valores fundadores de uma equipe. Em razão dessas credenciais, o presidente da Federação Italiana de Futebol, Franchi, o testa em um clube de província, o Prato. Bearzot ajuda a equipe a escapar do rebaixamento e passa no teste. Franchi, então, o integra ao estafe da seleção, confiando-lhe a responsabilidade pela sub-23 e a colaboração com a equipe principal.

Telê pendura as chuteiras um ano depois de Bearzot, quando, aos 30 anos, percebe que seu nível não é mais o mesmo. Abre uma sorveteria na Vila da Penha, onde mora. O sabor mais popular de sua loja é o de queijo, criação do tio Eurico, com quem conviveu durante a infância. Mas ele não desiste do futebol: concorda em participar dos Jogos Beneficentes da Associação Desportiva do Estado da Guanabara (Adeg) ao lado de craques veteranos como Barbosa, Nilton Santos e Zizinho. E é aí, quando tudo parece acabado, que descobre ter uma vocação: ser treinador. Então finalmente tem a oportunidade de disputar sua primeira Copa do Mundo, o que nunca havia experimentado como jogador.

7. **A fé cega**

Bearzot e Telê têm muito em comum. Eles querem um jogo limpo, sem truques. São radicalmente contra a violência. Acreditam nos homens, antes mesmo dos jogadores. E os escolhem por seus valores morais. Ambos não tiveram vida fácil às vésperas da Copa. Bettega, o farol do ataque italiano, havia se machucado, Paolo Rossi tinha voltado a jogar depois de dois anos de inatividade, Antognoni levou uma forte pancada na cabeça, Tardelli estava mal e Conti vinha com o joelho machucado. O técnico italiano confirmou todos. E, se não teve Bettega, foi só porque o próprio jogador disse não. Bearzot confia firme e obstinadamente em seus rapazes. Sempre jogou com os mesmos jogadores durante anos, contra tudo e contra todos. Ele sabe que a seleção nacional é precária por natureza: "As mudanças não fazem nada além de aumentar a precariedade".

Telê, por sua vez, não consegue encontrar paz. Nos 17 jogos do ano anterior à Copa, usou 35 jogadores sem conseguir resolver seus dilemas. E, a poucos meses do Mundial, tem quatro posições ainda não definidas: goleiro, lateral-direito, lateral-esquerdo e centroavante.

Depois de testar seis goleiros, finalmente escolhe um.

8. O lado místico do número 1

Waldir Peres sorri. Por dentro, já sabe. Está convencido de que sempre possuiu esse dom divinatório, profético, premonitório. É seu lado místico. Nem sempre foi assim, mas acontecia na maioria dos jogos. Antes mesmo de jogar, tinha certeza do desfecho da partida. E, com ele no gol, o Brasil nunca perdeu. Diversas vezes, a imprensa brasileira o criticou por sua tendência a sorrir enquanto joga. Alguns acham que é um mecanismo de defesa: rir para não chorar. Para ele, o sorriso é uma certeza. Entendeu que certos sinais podem ser um presente, um aviso ou talvez até uma proteção divina.

Alguns anos antes, às vésperas da final do Campeonato Brasileiro entre Atlético-MG e São Paulo, ele sonhou estar numa caverna e tentar três vezes alcançar um lenço. O jogo terminou na disputa por pênaltis, e Waldir Peres não defendeu nenhum. Mas o título ainda assim ficou com seu time, o São Paulo. Graças às três cobranças desperdiçadas pelos adversários.

Na véspera da convocação para a Copa do Mundo na Espanha, ele sonhou estar no topo de um prédio muito alto, olhando para baixo e se sentindo tonto. Era a confirmação de que seria chamado: já havia acontecido em 1974 e 1978, ou seja, em cada uma das Copas do Mundo em que fora convocado.

Em 1980, três goleiros estão sendo testados na seleção. Raul Plassmann, Carlos e João Leite. Waldir Peres sequer pensa em fazer parte do grupo. Não joga há algum tempo. Depois da eliminação de seu São Paulo no Campeonato Brasileiro, tirou um mês de folga, passando as férias de dezembro em sua casa no Guarujá, litoral paulista. De lá, veria o Mundialito pela televisão.

E, de fato, em 4 de janeiro de 1981, está confortavelmente assistindo a Brasil × Argentina em seu sofá, quando, aos 20 minutos do segundo tempo, Carlos contunde o cotovelo. João Leite vira titular, e o restante da comissão começa a pedir: "Telê", dizem os assistentes, "chama o Waldir! Liga para ele!". No dia seguinte, depois de um mês de folga, Waldir retorna a seu apartamento em São Paulo para iniciar a pré-temporada. Quando abre a porta, o telefone já está tocando. É Roberto Silva, da Rádio Bandeirantes: "Waldir, Carlos está fora. Você foi convocado. Vai para o Uruguai".

"Amigo, eu não estou sabendo de nada!"

Uma hora depois, o São Paulo Futebol Clube liga para ele: deve estar no aeroporto às 19h. Está completamente fora de forma, mas aquele é um convite ao país das maravilhas. Uma porta mágica escancarada para a Copa do Mundo. Naquela mesma noite, Waldir pega o avião para Montevidéu pensando que terá a chance de jogar ao lado de jogadores como Zico e Sócrates. Ao chegar, é levado até a concentração brasileira. Quando entra, o tesoureiro lhe entrega 1.000 dólares. "O que é isso?", pergunta ele.

"É o prêmio da partida pelo empate com a Argentina."

"Mesmo que eu a tenha visto do sofá?"

"Você se tornou um de nós enquanto estava sentado lá."

Assim, Waldir se torna parte da geração de ouro. Mas o mérito é conquistado em campo, durante a turnê europeia: contra a Alemanha, campeã da Europa, em 19 de maio de 1981, no Neckarstadion, em Stuttgart. Fischer abre o placar. Toninho Cerezo e Júnior viram. Até que é apitado um pênalti para a Alemanha. Breitner bate. Ele nunca errou. Um de frente para o outro, o estádio em silêncio, preparando-se para explodir com o gol de empate. Breitner parte, breca a passada, olha para Peres, continua e cobra fraco na direita. Peres pula e agarra a bola. É quase um milagre. Mas o pênalti precisa ser repetido. Peres se mexeu, a regra proíbe. Breitner, agora, muda tudo: cobra forte e do lado oposto.

Peres defende. Novamente. Duas vezes em duas cobranças. Isso, sim, é um verdadeiro milagre. Com Breitner, nunca tinha acontecido. No dia seguinte, todo o Brasil está ao lado de Waldir Peres. Ele foi eleito o melhor em campo e ganhou a primeira página do *Jornal da Tarde*. Foi nesse jogo que conquistou a titularidade da seleção. O dia em que o Brasil o aceitou. Até então, seu nome gerava polêmica. E o país tinha outros bons goleiros. Acontece outra partida contra os alemães, no dia 21 de março de 1982, dessa vez às vésperas da Copa do Mundo, no Maracanã, sob o olhar atento de 150 mil pessoas. Waldir Peres faz grandes defesas. Uma memorável, em que voa para desviar uma bola alta com a ponta dos dedos da mão direita. A imagem daquele momento único é utilizada para a campanha publicitária da bola Topper, patrocinadora da seleção, ladeada pelo *slogan*: "A bola que o Waldir Peres convocou". Os dois jogos contra a Alemanha lhe deram, enfim, uma Copa do Mundo como titular: a de 1982.

9. A tarde de um dia de cão

A lateral-direita ficou vaga até o último dia. Edevaldo, revelação do Mundialito, pensava ter no bolso o posto de titular, que havia conquistado sobre Getúlio e Perivaldo. Mas, depois de 17 jogos, Telê o tirou do time pouco antes da Copa do Mundo, substituindo-o definitivamente pelo jovem Leandro.

Na esquerda do ataque, no entanto, as dúvidas de Telê se embaralham entre três jogadores: Zé Sérgio, Éder e Mário Sérgio.

José Sérgio Presti, conhecido como Zé Sérgio, jovem, rápido e com grande habilidade para driblar, eleito o melhor jogador do Brasil em 1980, parece fadado à glória, mas sua carreira acaba arrasada por lesões: depois de quebrar o braço direito contra o México, permanece parado por dois meses; recupera-se, mas, em um jogo pelo São Paulo, contra o Noroeste, sofre uma falta e quebra o braço novamente. Poucos dias antes da convocação, um terceiro acidente o tira da Copa do Mundo de uma vez. Assim, os tormentos do técnico se concentram no "afilhado" Éder, cujos inegáveis méritos técnicos garantiriam lugar certo no time se não fossem acompanhados de seus inúmeros problemas disciplinares.

É então que Telê decide recorrer também a Mário Sérgio Pontes de Paiva, um fora de série muito habilidoso e inteligente. Em campo, parece um velho: careca e atarracado, com a barba espessa. O olhar se volta para o horizonte, nunca para a bola. Não é um truque ocasional, mas sua maneira de jogar. No Brasil, é apelidado de "Vesgo". Na verdade, tem excelente visão do jogo. É um talento, e a Copa do Mundo pode ser sua vitrine. Depois de quatro anos no Vitória, longe dos grandes centros, vai para o Fluminense. É o grande salto, mas ele não suporta a pressão e começa a se entregar ao álcool. Para piorar as coisas, tem a língua afiada e o temperamento explosivo. Aos 29 anos, Mário Sérgio ainda não tinha conquistado nada na vida e se via jogando num rincão remoto do Campeonato Argentino. Foi então que Falcão, o craque do Internacional, indicou a seu clube aquele talento esquecido. Mário Sérgio aproveita a chance com as duas mãos e, aos 31 anos, finalmente estreia na seleção brasileira.

A Copa do Mundo de 1982 está se aproximando e o time de Telê está repleto de meios-campistas criativos e tão talentosos quanto ele, porém mais jovens e menos confiáveis. Mas, em 1980 e 1981, Mário vence a Bola de Prata como o melhor jogador de sua posição. É seu visto para a Espanha. Seus instintos naturais, contudo, vêm à tona novamente enquanto percorre o último trecho da estrada que o separa da Copa: na tarde de um dia de cão, num momento de exaltação, ele puxa uma arma e atira da janela do ônibus contra um grupo de torcedores que ousam contestá-lo. O expediente funciona para dispersar o bando, mas emperra sua carreira. Prêmios, talento e vitórias já não bastam: Mário Sérgio fica em casa. Telê deixa o coração falar mais alto e escolhe Éder.

10. **O Canhão**

Éder Aleixo de Assis. Um nome que é como uma arma engatilhada e descarregada. Está quase alcançando o ápice de sua vida: entrar na mitologia do futebol. Tornar-se um semideus para a torcida. O rosto é o de quem não tem nada a temer, porque já lhe fizeram tudo o que se pode imaginar.

Não existe preparação por trás de seu talento. Ele joga como joga e basta. Uma coisa instintiva, algo que sempre fez desde que chutava bola descalço em Vespasiano. Lá teria permanecido se o próprio Telê não o tivesse tirado do anonimato, dando-lhe, de uma vez, a camisa do Grêmio, a entrada no profissionalismo e a independência econômica. Mas Éder é um rapaz inquieto, anda com arruaceiros, fuma 30 cigarros por dia e se joga no álcool à noite. A impetuosidade de seus 20 anos engole também sua gratidão. Em retorno pelo favor recebido, desafia seu mentor em razão de suas escolhas táticas, não aparece para treinar e chega a defecar nas pantufas do técnico. No primeiro clássico gaúcho, quando todos os olhos estão voltados para ele, dá um soco no rosto de Batista.

Telê tenta ajudá-lo, mas Éder não lhe dá ouvidos e continua a enfileirar problemas. Um deles é fatal para ele. Acontece numa noite de maio de 1978, faltando alguns dias para a Copa do Mundo na Argentina. Numa boate de Porto Alegre, Éder começa a espreitar uma mulher que está acompanhada. Dois tiros são disparados contra ele. E o acertam no braço direito. Ele se salva, mas perde a Copa do Mundo. Fica com uma cicatriz que lhe é deixada como aviso. Não é suficiente. Ele se recupera: engana, seduz e depois abandona a filha do presidente do time em que joga. Telê não o abandona: aos poucos o convence a romper com as más companhias, a seguir treinando, a parar de fumar. Quase consegue, mas em 1980 seus caminhos parecem se separar: enquanto o jovem canhoto é vendido para o Atlético-MG, Telê se torna o técnico da seleção. O treinador, porém, deixa-lhe a porta entreaberta: primeiro como reserva de Zé Sérgio, depois de Mário Sérgio. Éder conquista a posição de titular pouco antes de partir para a Espanha. Suas jogadas despertam a paixão e a imaginação nos torcedores. A perna direita é quase infantil, mas a canhota é implacável. E para ele a esquerda é suficiente, pode caminhar com orgulho de si mesmo, principalmente depois de ter feito dois gols a 40 metros de distância da meta no Flamengo de Zico. Por isso, é apelidado de "Exocet", "Dinamite", "Torpedo", "Bomba de Vespasiano". Mas para todos torna-se, afinal, "o Canhão".

11. As combinações binárias de Telê

O problema que mais angustia o técnico brasileiro é a escolha do centroavante: oito jogadores em dois anos, uma via-crúcis. Jogo após jogo, Telê Santana precisa decifrar os códigos secretos de sua equipe, enfrentando uma espécie de batalha abstrata personalíssima, um enigma futebolístico. Quando Sócrates, Serginho, Nunes e Zé Sérgio entram em campo, Telê não vê os uniformes amarelo e azul: apenas jogadores nos lugares certos ou errados. Pode ter grandes campeões, mas não conta com um time sólido. Diferentemente de Bearzot, ainda não conseguiu formar uma família. A seleção não é para ele o que os *azzurri* são para o Velho: seus rapazes, sempre os mesmos, que nele confiaram e que confirmaram a união nos momentos bons e nos ruins. Se Bearzot forjou um pacto de ferro com seus jogadores, Telê titubeia, tem dúvidas, sente-se escravo das sensações mais recentes. E a questão do comando do ataque o aflige acima de tudo.

O verão de 1980 é o espelho de sua angústia, um mar agitado em que, a cada onda, a última impressão afoga qualquer certeza anterior. No dia 8 de junho, na primeira partida à vera contra uma seleção nacional — o México —, Serginho é o titular. O centroavante marca e ajuda o Brasil a vencer por 2 a 0, mas Zé Sérgio também balança a rede. Uma semana depois, Telê faz um teste, mantém Zé Sérgio no time pela esquerda, tira Serginho e coloca Nunes. A experiência não corre bem, o Brasil perde para a URSS por 2 a 1, mas é Nunes quem marca. Dez dias depois, contra o Chile, ele alterna Nunes e Serginho, artilheiros dos últimos dois jogos. Vitória por 2 a 1. "Está feito", pensa ele. Poucos dias depois, em 29 de junho, contra a Polônia, Telê confirma Serginho e Zé Sérgio como titulares, pela primeira vez juntos em campo desde o início. O Brasil empata por 1 a 1, faz sua pior partida e é contestado. No mês seguinte, em 27 de agosto, Serginho sai e Zé Sérgio fica: o Brasil vence o Uruguai por 1 a 0, mas o jogo revela um novo lateral, Getúlio, que naturalmente Telê confirma como titular na partida seguinte. No fim do verão, no dia 25 de setembro, com Zé Sérgio no ataque e em seu primeiro jogo fora de casa, o Brasil de Telê vence o Paraguai por 2 a 1, após a saída de campo de Sócrates — que atuava como centroavante. Quem marca é seu substituto, Reinaldo, que amplia a vantagem conseguida inicialmente por Zé Sérgio. Trinta dias depois, novamente contra o Paraguai, Zé Sérgio continua insubstituível, e Sócrates ainda está destinado a jogar apenas um dos tempos (escolha que faz Serginho voltar). O resultado é de tênis: 6 a 0, com Zé Sérgio fazendo dois, mas Sócrates também marca. Assim, no último amistoso do ano, no dia 21 de dezembro, Sócrates volta a atuar no comando do ataque (antes de ser substituído por Serginho de novo): o Brasil vence a Suíça por 2 a 0, com gols de Sócrates e Zé Sérgio.

O ataque continua no centro dos pensamentos de Telê: Baltazar, César, Roberto e até o artilheiro do campeonato nacional, Nunes, queimam-se e Careca talvez seja jovem demais, enquanto Reinaldo, embora inteligente e tecnicamente talentoso, parece frágil fisicamente para reivindicar o posto. Restam Serginho — que mais de uma vez perdeu o embalo na seleção devido aos constantes problemas com a justiça brasileira por causa de seus acessos de raiva contra jogadores, familiares, fotógrafos — e Carlos Roberto de Oliveira, conhecido como Roberto Dinamite, lenda viva do Vasco da Gama, atacante extremamente prolífico, com um chute potente que lhe valeu o apelido. Três meses antes da Copa, Telê o coloca em campo, mas os gols não saem. Com ele como titular, a seleção é sonoramente vaiada pela primeira vez.

Antes do anúncio da lista definitiva dos 22, Telê experimenta a enésima cartada: Careca, a revelação do Guarani. O centroavante não marca, mas satisfaz plenamente o treinador. Suas características se encaixam perfeitamente no estilo de jogo da equipe. "Encontramos o homem", confidencia Telê a seus colaboradores da comissão técnica depois do amistoso contra a Alemanha Ocidental. O atacante de Araraquara é a última peça do quebra-cabeça. No dia 10 de junho, a seleção já está concentrada em Mairena del Aljarafe, perto de Sevilha, palco de sua estreia na Copa. O treino começou há 13 minutos; Careca corre em direção à bola, levanta a perna e vai chutar, mas desiste do lance e põe a mão na coxa. Oscar, à sua frente, entende na hora. Poucas horas depois, o diagnóstico de Neylor Lasmar, médico da seleção, torna-se para ele uma sentença: "Lesão no músculo adutor da coxa esquerda". Careca tem que ficar parado por 20 dias. Cabe a Telê decretar a exclusão definitiva do atacante: "Eu, Gilberto Tim e os médicos nos reunimos imediatamente para analisar a situação. O relato do dr. Neylor é claro: Careca está fora da Copa". Alguns repórteres estão convencidos de que ele não resistiu aos métodos do preparador físico. Justamente com eles, alguns dias antes, Tim havia cometido a imprudência de brincar a respeito de seu método de trabalho: "Eu conheço os músculos. E prometo que ninguém terá qualquer tipo de problema. Os jogadores só podem machucar os ossos".

Telê, então, perde o homem que havia escolhido. Com os dirigentes da CBF inicia uma corrida contra o tempo a fim de substituí-lo. Mas há um problema: o regulamento da Fifa proíbe a inscrição de jogadores na lista dos 22 após o prazo. Para conscientizar os integrantes do Comitê Executivo da Fifa, os dirigentes da CBF em cada uma de suas argumentações, valem-se do peso da tradição de um país tricampeão mundial de futebol. Não é suficiente. Dissecam o regulamento: o artigo 19, inciso 5, traz uma exceção: "Apenas em caso de força maior". Nélson Medrado Dias, o Diretor de Futebol da CBF decide recorrer a essa prerrogativa. Giulite Coutinho tenta se comunicar com a Fifa, mas os dois aparelhos de fax apresentam problemas. Finalmente consegue falar por telefone com Hermann Neuberger, presidente do comitê organizador, que está em vias de promover a transferência da sede da Copa do Mundo de 1986 da Colômbia para o Brasil. O pedido é aceito.

Telê e Tim analisam os nomes da lista de não convocados e encontram Nunes e Roberto Dinamite. Nunes acaba de ser operado. No dia 11 de junho, dizem a Roberto Dinamite que embarque imediatamente para a Espanha. Também em 1978, o atacante foi convocado para a Argentina no lugar de Nunes, que igualmente havia se lesionado. Para a imprensa carioca, tanta sorte tem explicação: a influência mística da mulher do jogador, Jurema, que ele conheceu dez anos antes em um ônibus lotado da linha Caxias-Praça Mauá e de quem, contra tudo e contra todos, não se separou mais. Ele ainda não era o Dinamite, mas já era bom em lutar pelo que queria. Ela não era ninguém. Para ele, tornou-se tudo. Viúva, com um filho e seis anos mais velha, Jurema Crispim de Oliveira torna-se o ícone feminino mais influente do machista futebol brasileiro. Como acontece com todos os mitos, em torno dela também se constrói um vasto e pitoresco folclore, no qual não faltam alusões a seus supostos poderes sobrenaturais, que teriam ajudado a levar seu marido a duas Copas do

Mundo consecutivas graças à exclusão de outro jogador na véspera do torneio. Mas Jurema sabe bem como se livrar das más línguas e usa a ironia: "Se eu tivesse esse dom, ninguém jamais cometeria a injustiça de não o convocar".

Crendices à parte, Dinamite chega à Espanha disposto a retomar a disputa pela vaga na equipe titular com Paulo Isidoro e Serginho: "Vim lutar por uma vaga na equipe, não para ajudar do banco de reservas". Reivindicação desafiadora: o campeonato começaria no dia seguinte.

Assim, Careca está fora da Copa; Nunes, parado; e Dinamite, sem treinar: mais uma vez, por uma sequência de casualidades aleatórias, e depois de muitos meses de buscas exaustivas, Telê Santana finalmente encontra seu homem quando ele está prestes a entrar em campo contra a União Soviética, para sua primeira partida de sua primeira Copa do Mundo. É Serginho Chulapa.

12. O Quadrado Mágico I

O que está por nascer é uma espécie de revelação. Envolve um grupo de homens que de repente se encontram ligados por esperanças comuns. Mas também constitui uma experiência coletiva que precisa de contingências. Especialmente as do acaso. O famoso Quadrado Mágico da seleção, que "está para nascer", surgiu três anos antes do Mundial: em 17 de maio de 1979, data que marca a estreia na equipe nacional de Sócrates, Éder e Júnior, no Maracanã, o Brasil apresenta o embrião do time que passará a encantar na Copa. O time do técnico Cláudio Coutinho que entrou em campo para enfrentar o Paraguai reúne, pela primeira vez, uma constelação de campeões comparável à da seleção de 1970: Cerezo, Falcão, Zico e Sócrates já são individualmente consagrados como astros indiscutíveis em seus clubes.

Ninguém ainda considerava esses quatro jogadores como vértices de um quadrado, e a foto oficial tirada antes do jogo ainda não mostra aquele meio de campo que será chamado de "Mágico" (Toninho Cerezo entraria após o início do jogo no lugar de Paulo César Carpegiani). E, de qualquer forma, ainda não se trata do verdadeiro "quadrado" que forma em 1982 o meio de campo da seleção, já que um dos grandes, Sócrates, joga centralizado, no comando do ataque, posição em que se destaca ocasionalmente no Botafogo de Ribeirão Preto. Cinco meses depois, Cláudio Coutinho deixa o banco da seleção, e, com a chegada de Telê, muitos jogadores perdem a vaga no time. Entre eles, Falcão, que participa apenas da primeira temporada de treinos da era Telê Santana antes de partir para a Itália e ser esquecido. São as contingências que vão socorrer o técnico. A princípio, parecem nefastas, mas o demorado caminho percorrido pelo acaso começa longe e levará a soluções impensáveis.

Em 22 de fevereiro de 1981, a vitória fácil sobre a Bolívia, válida pelas eliminatórias da Copa, deixou um único senão: o cartão vermelho dado injustamente ao intocável Toninho Cerezo. A súmula do árbitro peruano Enrique Labo agrava a situação, e a Fifa decide puni-lo pesadamente com três jogos de suspensão. Falta mais de um ano para a Copa do Mundo, dois jogos oficiais ainda precisam ser disputados antes do evento (contra Bolívia e Venezuela) e os demais são amistosos. Cerezo tem, assim, a certeza de que estará fora da estreia na Copa da Espanha. Esse lugar vago será a primeira força motriz de um mecanismo que colocará em movimento, sob o olhar de Telê, todos os possíveis pretendentes.

Em 11 de fevereiro de 1982, Telê Santana foi ao estádio Santiago Bernabéu, em Madri, para espionar os futuros adversários soviéticos. Depois do jogo, e antes de embarcar de volta ao Brasil, o técnico passa a noite no apartamento do jornalista Castilho de Andrade, que está há um mês na capital espanhola como correspondente do *Jornal da Tarde* e da *Rádio Globo* para preparar o trabalho de cobertura da Copa do Mundo. Castilho mostra alguns recortes de jornais espanhóis que falam de Dirceu, o "formiguinha", titular na Copa do Mundo de 1978, que agora joga, como único brasileiro, no Campeonato Espanhol. "Dirceuzinho" atravessa boa fase no Atlético de Madrid: joga bem, comete poucas faltas e mostra respeito pelo adversário. Qualidades caras à comissão técnica da seleção. Castilho tem recebido de Dirceu contatos fundamentais para seu trabalho. Tem uma dívida com ele. "Um profissional com bons conhecimentos de futebol europeu pode ser muito útil para sua seleção." Telê Santana ainda não fechou a lista: "Vou considerar a sugestão".

13. O Quadrado Mágico II

No dia 12 de abril, Telê anuncia os primeiros nomes que carimbam o passaporte para a Espanha: Cerezo, Renato, Serginho, Waldir Peres, Paulo Sérgio, Carlos, Edevaldo, Oscar, Juninho, Luizinho, Edinho e Pedrinho. "Segui um critério de justiça", parece justificar-se Telê. "Até pode haver algum erro, mas tentei convocar quem considero melhor."

Quarenta e oito horas depois, Telê Santana adoece com pneumonia, desmaia e é levado às pressas para a Clínica Cardiológica do Rio de Janeiro. As más línguas aproveitam para insinuar que a súbita enfermidade de Telê se deve às maldições de Leão, Mário Sérgio, Roberto Dinamite e Jorge Mendonça, que ficaram fora da lista.

Três dias depois, o treinador, da cama do hospital, faz uma declaração que surpreende a todos: "Temos interesse em contar com o Dirceu, um jogador que já participou de duas Copas do Mundo e que joga no país onde será realizada a próxima". Até então, os treinadores da seleção nunca haviam considerado jogadores (como Falcão ou o próprio Dirceu) que tivessem optado pelo exterior. O conselho de Castilho de Andrade garantiu a Dirceu o bilhete para sua terceira Copa. O jornalista pode ter certeza de que retribuiu da melhor forma possível os favores prestados pelo jogador. Mas, em maio, com os primeiros treinos, o entusiasmo do meio-campista se choca com os métodos de trabalho do preparador físico Gilberto Tim: "Vim mais do que preparado, mas os exercícios dele me fizeram explodir". E o jogador que fala conta com grandes reservas de energia. Quando, em 1970, aos 18 anos, ingressou num regimento de infantaria, Dirceu participou dos campeonatos militares nas provas de 1.000, 5.000 e 10.000 metros. Na primeira distância, superou o recorde mundial. No Brasil, foi apelidado de "formiguinha" por sua enorme resistência. E, ainda que esteja mais velho, continua correndo, conseguindo cobrir todas as áreas do meio de campo. Mas Tim trabalha em linha com a filosofia tática de Telê, e o treinador quer um time dinâmico ao extremo. Em um amistoso contra a Suíça, Dirceu segue fora, e os suíços garantem o empate. Telê não gosta: "Foi uma partida anormal, a pior desde que cheguei". No amistoso seguinte, o último antes da estreia na Copa, contra a República da Irlanda, Dirceu entra no segundo tempo e, com ele em campo, o Brasil faz cinco gols em 24 minutos. É a opção para a vaga de Cerezo.

14. A gaiola dourada

Milhões de italianos optam por ficar grudados na televisão para esquecer, pelo menos por alguns dias, os casos discutidos nos telejornais, as tramas do terrorismo e das finanças. No entanto, o clima continua quente nas primeiras semanas de Copa: três dias após a chegada da delegação italiana à concentração de Pontevedra, o Exército israelense invade o Líbano; passam-se 24 horas e em Roma, ao lado do Estádio Flamínio, dois policiais do Comissariado Villa Glori são executados pelo grupo subversivo dos Núcleos Armados Revolucionários (NAR); na manhã da estreia da Azzurra, a Argentina se dobra à Grã-Bretanha, fechando o conflito pelo domínio das Ilhas Malvinas/Falkland, e no dia do segundo jogo o banqueiro italiano Roberto Calvi é encontrado enforcado, debaixo da ponte dos Frades Negros, em Londres. Mas ameaças do ETA, a organização terrorista que luta pela independência do povo basco, também pesam sobre a competição espanhola. Para enfrentá-la, a monarquia de Juan Carlos mobilizou 22 mil agentes que defenderão sua Copa do Mundo.

Carregando, enquanto crescia, o rótulo de monarca fraco, fantoche que caiu de paraquedas no trono para continuar a servir aos interesses da ditadura (fazendo-o seu herdeiro, Franco planejava deixar *todo atado y bien atado*, tudo amarrado e bem amarrado), Juan Carlos, em vez disso, tornou-se, ao lado de Suárez, González e Carrillo,[9] um dos *Fab Four* da transição para a democracia. Encerrado esse papel, transforma-se no representante planetário da marca "España", o país que mais surpreendeu a Europa nos últimos tempos. A Copa é como uma festa de inauguração. Sufocando no berço as ambições do golpe militar que queria voltar atrás na transição pós-Franco, movendo-se com deslocamentos suaves, sabedoria institucional e alguns lampejos, o rei está fazendo da coroa um anacronismo que funciona. E da Espanha uma espécie de

9 Adolfo Suárez González foi o primeiro presidente espanhol eleito após a morte de Francisco Franco. Presidiu a Espanha de 1977 a 1981 e morreu em 2014, aos 81 anos.
Felipe González Márquez, ex-secretário geral do Partido Socialista Operário Espanhol, foi o terceiro presidente espanhol desde o retorno à democracia. Governou o país de 1982 a 1996.
Santiago José Carrillo Solares foi um dos artífices da redemocratização da Espanha ao lado de Suárez e González. Histórico dirigente do Partido Comunista Espanhol, passou 38 anos no exílio durante o governo de Franco antes de retornar ao país. Morreu em 2012, aos 97 anos.

"monarcorrepública". Os olhos do mundo inteiro pousam então sobre seus 17 gramados verdes, e os inconvenientes não fazem parte do plano. É também por isso que ele assinou um pacto de não agressão entre o Reino de España e o Euskadi Ta Askatasuna. Mas as medidas protetivas arranjadas para proteger a Casa del Barón — o parador de três estrelas (3.900 pesetas a diária com pensão completa, 50 mil liras) construído quatro séculos antes, inspirado na planta de uma *villa romana*, que a Itália requisitou em janeiro, tirando-o do Peru — permanecem igualmente impressionantes. A embaixada italiana em Madri, acompanhando o estado de tensão que se alastrou no país com as sentenças infligidas aos protagonistas do golpe fracassado de 23 de fevereiro de 1981, pediu à *Fuerza de Seguridad del Estado* que intensificasse a vigilância da seleção. A equipe se encontra, assim, vivendo reclusa num hotel esplêndido, mas ao mesmo tempo sombrio. Uma gaiola de ouro. Um retiro, para usar as palavras de Oreste del Buono, que teria conseguido erradicar qualquer resíduo de vontade, até mesmo de Vittorio Alfieri.[10]

Antes da chegada da delegação da Azzurra a Pontevedra, todas as casas vizinhas foram cuidadosamente inspecionadas. Os 620 inquilinos foram interrogados, fichados, removidos ou colocados sob vigilância especial e, até a Itália deixar o hotel, os quatro atiradores de elite encarregados da vigilância "aérea" não se moverão dos telhados dos edifícios mais próximos ao retiro. Alternam-se do lado de fora do retiro, 124 gendarmes, Polícia Nacional, Polícia Secreta, Guarda Municipal e Guarda Civil, 24 horas por dia, enquanto oito inspetores à paisana do corpo superior da polícia, estacionados dentro do hotel com o P38 no coldre, dormem em frente ao quarto de Bearzot. Ele recebeu o quarto 101, aquele em que o Generalíssimo Franco passava as noites quando subia para a Galícia, assim como o jovem Juan Carlos, antes de se tornar rei da Espanha, que, provavelmente, dormiu ali também numa noite de março de 1956 — às vésperas de outro Itália × Brasil, terminado em 3 a 0 para os italianos e jogado em Milão — antes de chegar à Villa Giralda, residência de seus pais em Estoril, onde, na noite de Quinta-feira Santa, após mirar um revólver no irmão Alfonso para se divertir, sem saber que a arma estava carregada, acertou-o na testa, matando-o. A pistola foi um presente do general Franco.

10 Vittorio Alfieri (1749-1803) foi um importante autor italiano de tragédias. De espírito impulsivo e inquieto, era boêmio e mulherengo.

15. A Grande Guerra

Engolida entre as enseadas de uma baía castigada pelo Atlântico, Pontevedra é uma cidade entediada que já não espera nada do futuro, nem mesmo desse campeonato mundial que olha com cada vez mais desprendimento. Longe da euforia da Copa, dentro de seus muros reúne poucas lojas, alguns restaurantes e apenas três cinemas. Mas que aos *azzurri* pouco interessam: eles estão proibidos de sair e trouxeram seus filmes da Itália. Com um total de 33 fitas. Parece ser muito, mas quem os escolheu na verdade fez os cálculos: de 2 de junho a 5 de julho, ou seja, passagem pela primeira fase e saída ao fim da segunda, 33 crepúsculos e depois todos em casa. Imediatamente em seguida ao jogo contra o Brasil.

Na primeira noite na Casa del Barón, o treinador mostrou a seus rapazes o filme *A Grande Guerra*, de Mario Monicelli. Talvez não por acaso: os soldados Oreste Jacovacci e Giovanni Busacca (que Alberto Sordi e Vittorio Gassman personificam), inicialmente considerados dois canalhas, encerram suas empreitadas como heróis no conflito que une o país pela primeira vez. A vitória, por enquanto, não parece ao alcance dos *azzurri*, e o próprio Gassman, o Busacca do filme, junta-se ao coro dos pessimistas: "Não vejo como essa Itália possa nos representar dignamente".

Poucos dias antes da convocação para a Espanha, Bearzot ainda vivia sua tormenta particular. Sua dupla de ataque era Bettega-Rossi, que havia criado faíscas na Argentina. Mas o primeiro sofreu um acidente meses antes do torneio e ainda não havia se recuperado. O treinador esperou por ele até o fim, como um pai paciente. Dois dias antes da convocação, Bearzot o chamou para propor que fosse à Espanha como capitão do grupo, não como jogador, uma forma de demonstrar sua gratidão (na Argentina, Bettega tinha estado entre os principais jogadores da equipe), mas o atacante, embora lisonjeado, recusou. Magro e fora de forma, Rossi teve de enfrentar dois anos de suspensão. E fez apenas um punhado de jogos. O técnico o convocou mesmo assim. A imprensa queria Altobelli e Pruzzo. Bearzot, fechado com Rossi, chamou o primeiro e, para o lugar do segundo, escolheu Selvaggi. Uma convocação estratégica: se Rossi não funcionasse, ninguém o pediria como reserva. Mas os jornalistas se insurgem de novo, querem Massaro na frente. Antes de iniciar a Copa do Mundo, a Azzurra joga em Portugal contra um time local, o Sporting Braga. Para eles, é pouco mais do que um treino; para os repórteres, é o ensaio geral. A Itália vence por apenas 1 a 0, a novidade invocada, Massaro, decepciona, a volta de Rossi parece ainda mais inadequada e a equipe não impressiona. A Copa do Mundo está chegando, e para os jogadores machucar-se seria um despropósito, mas os jornalistas não dão respiro ao treinador. Bearzot quase se escandaliza: "As condições dos grandes guerreiros podem ser verificadas no momento da batalha". Assim, a quatro dias da estreia na Copa, a seleção, para a imprensa, ainda se encontra em meio ao caos. O presidente da Associação de Futebol, Sordillo, a figura institucional que em teoria deveria defendê-la, faz declarações inflamadas: "Se essa é a nossa seleção, então era melhor ter ficado em casa". Em seguida, acrescenta: "Em 20 anos de futebol, nunca vi nada tão mortificante". Bearzot responde com serenidade a todas as críticas veementes da imprensa italiana: "Quem vive no futebol sabe interpretar o valor relativo de certos amistosos". Alguns dos jornalistas perguntam ao técnico se já devem reservar o voo de volta diretamente de Vigo. "Se não chegarmos a Barcelona", responde Bearzot, "para vocês seria só uma história que terminaria rapidamente, enquanto para mim seria algo muito importante. Eu continuaria aqui sozinho chorando". Tal confissão desarmada não é suficiente para acalmar os espíritos e, no dia seguinte, no *Mattino*, Bearzot é impiedosamente definido: "O personagem mais impopular da bota depois de Tarquínio, o Soberbo".[11]

16. **O jogo para o massacre**

A Itália de Enzo Bearzot faz companhia na primeira fase a uma seleção europeia, uma sul-americana e uma africana (Polônia, Peru e Camarões). Enfileira três empates decepcionantes, mas os companheiros de

11 Tarquínio, o Soberbo, foi o último rei de Roma do período monárquico. De origem etrusca, desagradou os aristocratas por sua aproximação com as camadas mais pobres da população romana. Tirano, foi deposto em 509 a.C., episódio que deu origem à República.

chave não se saem melhor e, no fim, na esquálida contabilidade que governa os destinos do Grupo A, ainda chega como segunda colocada, atrás da Polônia, e às custas dos surpreendentes camaroneses, que deixam a Copa do Mundo invictos. O grupo é considerado o "mais surrado e seco do Mundial" (Sergio Rotondo), o dos "desajeitados" (Oreste del Buono), o do "não jogar, pouca técnica, desleixo e esterilidade" (Manlio Scopigno). Ao quarto de hotel do correspondente do *Corriere dello Sport* Antonio Corbo (número 321, na cidade de Vigo, com vista para o porto, em cima do restaurante Bella Napoli), chegam dezenas de telegramas da Itália: "Ataque a seleção". Depois do discreto jogo com a Polônia, Piero Sessarego, enviado do *Secolo XIX*, grita a Bearzot: "Se tenho de falar de futebol, irei a outro lugar, porque aqui se joga totó". As péssimas condições de Paolo Rossi também horrorizam os jornalistas italianos. Giorgio Tosatti, um dos mais conceituados, ao tratar da escolha do treinador que levou o centroavante até a Espanha, indaga em voz alta: "Que conhecimentos de esporte pode ter uma pessoa que insiste em trazer um jogador nessas condições?"— com três meniscos operados, dois anos de inatividade, cinco quilos a menos e nenhuma chance de voltar ao que havia sido na Argentina. Mas Bearzot carrega todas as culpas: sua Itália não ganha um jogo desde 1981; a equipe está velha; para trazer Rossi, deixou em casa gente como Eraldo Pecci, Evaristo Beccalossi ou Roberto Pruzzo, o artilheiro do campeonato nacional; esperou até o último dia pelo lesionado Roberto Bettega, mas não colocou em campo jovens promissores como Daniele Massaro e Giuseppe Dossena; sua comissão conta com três técnicos (além dele, estão presentes Azeglio Vicini e Cesare Maldini), mas apenas um médico, o professor Leonardo Vecchiet, e nenhum preparador físico; os amistosos que programou (em Genebra, Braga e Pontevedra), em vez de aclarar suas ideias, não mostraram nada de útil; as condições físicas da equipe são péssimas; a expedição foi mal preparada, e a escolha de Alassio como retiro inicial foi infeliz.

Bearzot foi cercado por inimigos durante anos e odiado por quase todos os jornalistas. É um técnico duro, não abandona suas ideias e tem firmeza moral. É, portanto, absolutamente incapaz de suportar as concessões necessárias no futebol e de se valer da elasticidade dos romanos, que, por exemplo, permitiu a seu antecessor, Fulvio Bernardini, também jornalista além de técnico, estabelecer laços com colegas da imprensa, apesar dos resultados medíocres. Estão contra ele quase todos os jornais italianos, e se tornou o alvo favorito das frustrações nacionais. Enviados de todo o mundo assistiam atônitos à sua crucificação diária. Os 150 repórteres de seu país o esperam na próxima esquina, aguardando apenas que ele falhe. Mesmo um intelectual do nível de Carmelo Bene faz suas críticas, dizendo que "pior do que nós não existe ninguém". Nunca no futebol uma seleção e a imprensa de seu país travaram uma batalha tão implacável.

O Teatro de Guerra é uma sala de estar da Casa del Barón, onde os jogadores e os jornalistas se confrontam todos os dias durante uma hora. Às 11h, o sinal verde é dado pelo marquês Carlo De Gaudio, tutor dos *azzurri* que também ocupa o lugar de assessor de imprensa. Numa salinha do piso térreo, diante de uma lareira constantemente acesa, Bearzot, sentado num sofá, oferece-se ao pelotão munido de cadernos belicosos e canetas impacientes, passando em revista os rostos de seus algozes.

Na primeira fila, está a patrulha de "repórteres armados". São os correspondentes de *Messaggero*, *Tempo*, *Paese Sera*, *Corriere dello Sport* e *Mattino* (jornais romanos e napolitanos que odeiam o trabalho do técnico por ter concentrado suas escolhas para o Mundial entre os times do norte do país). De outro lado, sentam-se os "amigos guerreiros" Franco Mentana, Gian Maria Gazzaniga e Carlo Grandini. Seus jornais — *Gazzetta dello Sport*, *Giorno* e *Corriere della Sera* — os fazem se encontrar há 20 anos nas tribunas de imprensa dos estádios: beijos, abraços, jantares, contas divididas e marcação homem a homem; mas aquele entre eles que sabe que está contando com alguma primazia é capaz de mentir até a morte para não a compartilhar com os outros. Em um canto, estão os grandes velhos: Giovanni Arpino (*Giornale*), Gianni Brera (*Repubblica*), Mario Soldati (*Corriere della Sera*) e Oreste del Buono (*Stampa*). Bearzot, de vez em quando, busca o olhar deles encontrando a mesma perplexidade em relação ao clima de linchamento perene. Em seu diário, Brera nota: "Em Pontevedra, assisto a uma conferência de imprensa e tenho pena dela". Além deles, os repórteres que não participam do apedrejamento de Bearzot são poucos: Pier Cesare Baretti (*Tuttosport*), Giorgio Lago (*Gazzettino*), Bruno Amatucci (*Avvenire*), Mario Sconcerti (*Repubblica*) e especialmente Italo Cucci (*Guerin Sportivo*).

As coletivas de imprensa se transformam em um jogo de matança. De um lado, Bearzot: "Estou aqui, estou aqui. O que querem?". À sua frente, um pequeno exército de jornalistas italianos que todos os dias aparecem na sala apenas para se engalfinhar pelos ossos roídos da seleção nacional. E, quando não encontram nada para devorar, limitam-se a notícias sem sentido. Ou imprecisas. Ou pior: inventadas.

Todas as manhãs surge um caso: o caso Conti, o caso Dossena, o caso Antognoni, o caso Rossi. Os *azzurri* que não são avisados de um coquetel organizado pela Cinzano se tornam indiferentes e esnobes. Nos bastidores, os excluídos da equipe titular são retratados pela imprensa como rebeldes ansiosos. Dançarinas, modelos e artistas complacentes estariam por toda parte. Até a amizade histórica de companheiros de equipe e de quarto, Rossi e Cabrini, transforma-se em uma história de amor. Claudio Pea, o enviado mais jovem da tropa do *Giorno*, comandada por Gian Maria Gazzaniga, vê os dois olhando pela janela do hotel. Acabam de se levantar, seus rostos estão sonolentos e os cabelos despenteados. "Se sua mulher Simonetta está grávida de três meses", grita a Pablito, "ela não poderá vir a Barcelona em caso de classificação para a segunda eliminatória". E Rossi: "Significa que ficarei satisfeito em dividir meu quarto com Antonio". Eles sorriem e trocam mais duas palavras. As que Pea usa nas falas enviadas ao jornal, via Vigo, tornam-se outra coisa: "Sem Simonetta, Pablito por enquanto divide o quarto com o belo Cabrini: sendo puritanos, evitemos os comentários irônicos feitos sobre esse novo casal, de quem — isso se pode dizer — está oficialmente decidido que Pablito é o homem; e Cabrini, a *muchacha*". Dezenove linhas que dão a volta ao mundo. Mas o entusiasmo de Pea vai além: "Depois de Camarões, por três ou quatro dias os *azzurri* poderão se encontrar — dizem no jargão puritano — com suas esposas em Barcelona. Desde que, obviamente, passem pela primeira fase em Vigo". O que a imprensa tem certeza de que não vai acontecer. "Vocês todos me fazem rir. Mas de que Barcelona do Egito estão falando?", grita um repórter. "Todos vocês verão o monumento de Cristóvão Colombo do avião. Com binóculos. E não as esposas e namoradas dos *azzurri*." A piada tira Rossi do silêncio: "Que amolação sem fim. Quer saber o que vou fazer? Vou guardar bem o que você disse e lembrá-lo de tudo quando estivermos em Barcelona. Aí veremos quem de nós terá feito pior papel".

A onda de críticas é parcialmente inspirada por Italo Allodi, chefe do setor técnico de Coverciano. Sua universidade está formando novos técnicos. Um deles, Eugenio Fascetti, esteve entre os que mais questionaram a seleção depois dos jogos da primeira fase: "Temos vergonha de pertencer à mesma categoria que Bearzot". Existe um desejo de renovação. O futebol italiano é pré-histórico. O Velho é um dinossauro. No centro de formação, naquela época, também estava o conde Rognoni. Quatro anos antes, ele havia pedido ao homem que domina todas as tramas do mercado que fizesse um protegido seu conseguir uma inscrição no curso de Coverciano. Graças a esse técnico desconhecido, sua equipe de jovens do Cesena acaba de ganhar o Scudetto Primavera (dos juvenis) de 1982. Apesar de, na noite anterior à final, um grito ter despertado os jogadores do time com um sobressalto. É que o jovem treinador tinha tido um pesadelo: era Arrigo Sacchi. Allodi, em suas pupilas atormentadas, já havia visto nele a centelha dos predestinados: "Ele será o novo Herrera". Enquanto isso, os ventos levam o clima de confrontação de Coverciano até a Espanha.

17. O Quadrado Mágico III

No dia da estreia, dois rostos oscilam constantemente na cabeça de Telê Santana: os de Dirceu e Paulo Isidoro. A imprensa quer o nome; o técnico abre a gaveta secreta, pensa alto e erra ao presentear os jornalistas com suas ideias: "Paulo Isidoro sofreu uma contusão, e Dirceu aproveitou a oportunidade que lhe foi oferecida. Ele foi bem, aplicou-se muito, marcou, moveu-se bem para a direita e até trocou de posição com os companheiros. Qualidades que me fizeram optar por ele, deixando Paulo Isidoro para outra ocasião". Telê crê que se libertou das dúvidas, mas os tormentos continuam a persegui-lo e, algumas horas depois, numa entrevista de rádio, ele anuncia a escalação do time. Surpresa: Paulo Isidoro está lá, Dirceu no banco. Então, muda novamente e anuncia Dirceu como titular. No primeiro jogo da Copa do Mundo, contra a União Soviética, Telê o coloca no lado direito do ataque. Pelo meio, encaixa Falcão, nunca convocado nos dois anos anteriores. Os dois "estrangeiros" conquistam lugar no time graças a alguns amistosos pré-Copa.

O primeiro tempo termina com o Brasil atrás por um gol. O futebol exibido pela seleção cria mais uma certeza em Telê: ele tem que mexer no time. E a peça que é retirada do tabuleiro montado no Ramón

Sánchez Pizjuán, em Sevilha, é justamente Dirceu. Seu lugar é dado a Paulo Isidoro, e o Brasil joga 45 minutos sensacionais, empatando com Sócrates e marcando o gol da vitória com Éder. Dirceu nunca mais vê seu nome ser mencionado durante a competição. Sua almejada terceira Copa do Mundo dura apenas três quartos de hora. Mas é o suficiente para que suba ao último degrau: três Olimpíadas (1972, 1976 e 1980) e três Copas (1974, 1978 e 1982). É um recorde. Ninguém o iguala. Nem mesmo Pelé. O treinador, porém, tampouco se convence com Paulo Isidoro. Zico tenta defendê-lo: "Um tempo de jogo não pode pôr em questão dois anos de grandes atuações". Paulo Isidoro e Falcão passam a dividir as chances de jogar as partidas seguintes.

O primeiro deles acaba de ganhar a Bola de Ouro brasileira, fez um campeonato esplêndido, contribuiu nas eliminatórias e tem ajudado no bom nível de jogo da seleção. Trabalha com Telê desde a primeira hora. São 22 jogos juntos em dois anos. O lugar é dele, pertence a ele. Falcão, por sua vez, acaba de ser reconvocado: não viveu uma só página da era Telê, nem as eliminatórias para a Copa nem a triunfante turnê europeia. Nenhum jogo oficial. Estava na Itália desde a chegada do treinador ao cargo e se afastou das câmeras, lentes e microfones da mídia brasileira. Ele próprio se mostra disposto a ceder sua posição de titular: "O Cerezo é um campeão, tem mobilidade e resistência impressionantes. A equipe sente falta dele; então, se for esse o caso, eu saio com toda a humildade, dou meu lugar a ele e aplaudo".

A estima não é retribuída. Ao saber que vai ser escalado contra a Escócia, o próprio Cerezo manifesta, talvez involuntariamente, o desejo de ter Paulo Isidoro a seu lado: "Ele ajudou o Brasil a vencer o jogo contra a União Soviética e, francamente, não acho que seja certo tirá-lo. Obviamente, estou aqui para respeitar as decisões do treinador, mas preferia jogar no meio, na minha verdadeira posição, enquanto o Paulinho poderia continuar na sua".

Telê não quer ouvir outras razões. Está tentando criar um quadrado no meio do campo e, para isso, decidiu sacrificar um dos atacantes. Abandonou o consagrado esquema 4-3-3 para abraçar um novo 4-4-2. Aquela área do campo que ocupava quando jogador, a ponta-direita, deve se tornar cada vez mais um espaço vazio, preenchido ocasionalmente de acordo com o andamento de cada jogo pelos integrantes de seu meio de campo, cuja rotação deve evitar dar pontos de referência aos adversários.

Às vésperas da Copa do Mundo, a escolha de Telê gerou muita polêmica. Até o comediante Jô Soares havia criado um bordão: "Bota ponta, Telê!", que tinha se espalhado pelo país. Na realidade, o jogo e os resultados contradiziam a necessidade real de um ponta legítimo. Apesar disso, Telê se viu obrigado a se defender de um exército de saudosistas e, quando partiu para a Espanha, com a paciência completamente esgotada, decidiu declarar publicamente a morte dos pontas no futebol: "Aqueles que fazem questão de pontas fixos, especialistas numa só posição, incluindo aqueles que costumam usar as camisas números 7 e 11, já estão mortos e não sabem disso. O futebol moderno não permite que existam jogadores fixos em determinadas posições; caso contrário, serão facilmente marcados pelo adversário". Assim, ele sacrifica o badalado Paulo Isidoro, acolhe Cerezo, confirma Falcão no time e deixa Serginho centralizado, com Éder, Zico e Sócrates por trás. Paulo Isidoro é informado por alguns repórteres: "É certamente um mal-entendido". Poucos minutos depois, ele percebe que não é mais titular. Nada, porém, mudará a opinião de Telê agora. Depois de Itália × Peru, uma hora antes do jogo contra a Escócia, o treinador chama de lado Cerezo, Falcão, Sócrates e Zico: "Vocês quatro agora viverão juntos no meio de campo". São oito horas da noite de 18 de junho de 1982. O Quadrado Mágico está completo.

18. O encontro com o rei

Pontevedra se apresenta com o habitual tempo cinzento. A garoa persistente de sempre que assombra a costa atlântica. O encarregado de cuidar da saúde dos italianos, Leonardo Vecchiet, no treino que acontece no Estádio Municipal de Pasarón, recebe os parabéns por ter adivinhado a mudança climática. Ele dá de ombros: "Eu simplesmente li as previsões, não adivinhei nada". O treinador Bearzot tem expressão mais aérea. É o dia do Peru. Jornalistas italianos se espremem do lado de fora dos vestiários ansiosos por saber tudo sobre o próximo jogo. "Não só a formação da seleção", escreve Del Buono, "mas também o resultado e suas consequências, seja para o futuro imediato ou para aquilo que virá depois". Bearzot tira o cachimbo da boca: "Não posso falar do que ainda não sei. Os jogadores devem ser deixados em paz: são só rapazes, têm esse direito. Essa é a minha filosofia".

Em meio à turba barulhenta, Soldati escuta de seus colegas que, para o capitão Zoff, é o jogo número 101. Certamente, aquilo não é notícia. O número redondo já foi comemorado na partida de estreia da seleção. Mas Mariòn, como Brera o chama carinhosamente, tem uma visão própria das notícias. E Soldati dá uma de Soldati: "Embora ninguém, nem mesmo Soldati", diz Montanelli, "saiba o que é ser como Soldati". Alega-se, então, que o número deve ser celebrado e que talvez o capitão da Azzurra não se importe com uma visita de felicitações. Mas o cronista diferente possui boas maneiras das quais não abre mão. Sabe que no lar alheio quem comanda é o dono da casa: então, procura Bearzot, localiza-o e, depois de superar a multidão de escribas, enfim o alcança.

"Até agora, não falei com ninguém. Eu adoraria trocar algumas palavras com Zoff hoje. Poderia me dar seu consentimento?"

"Claro, imagine", aprova o Velho, sem a menor hesitação. "Ali está ele, o nosso Zoff, está vendo?"

Soldati se aproxima de Zoff à beira do campo.

"Ele tem 40 anos", continua Bearzot. "Mas, de certa forma, é o mais jovem de todos. Porque permaneceu um menino."

"E como se permanece jovem?", pergunta o velho Soldati.

"É preciso acreditar nos mais belos ideais de sua juventude", responde ele, num piscar de olhos. E, enquanto Bearzot pretende fechar os parênteses de seus pensamentos, um homem alto e atlético, com expressão familiar, obstrui sua visão. E, como bom anfitrião, o Velho nunca perde a oportunidade de fazer apresentações. É o médico da seleção, o professor Leonardo Vecchiet.

"Ele também é de Friuli, como eu e o Zoff. Vecchiet é de Moraro; Zoff, de Mariano; eu, de Aiello, entre Gradisca e Cervignano. São cidades vizinhas. As três torres dos sinos podem ser vistas juntas."

Bearzot, que também entrará em campo com sua equipe dentro de algumas horas, está com disposição para conversas agradáveis.

"Você escreveu que sou sério por causa da tradição dos Habsburgos."

Poucos dias antes, Soldati o havia retratado como "um funcionário honesto, sério e fiel ao estilo da Europa Central, como é natural para seu sangue friulano e sua educação austro-húngara".

"Não tem ideia de como acertou!"

"Fico feliz."

"Lembro-me muito de que, quando era menino, eu e meus irmãos, para provocar meu avô, tirávamos a bandeira tricolor italiana e ele, entre sério e brincando, pegava a amarela com a águia negra do fundo de uma gaveta."

"Na nossa casa, não", ri Vecchiet. "Éramos sinceramente ligados à Itália."

Zoff aparece. Soldati e ele se sentam lado a lado em um banco, sob um teto de plástico descolorido, enquanto fora dali, sob a garoa, outros jogadores continuam o treinamento de todas as manhãs. O jornalista já havia se encontrado com o goleiro friulano em outras ocasiões, mas sempre de passagem, talvez no meio de um almoço ou em alguma festa da Juventus. Mas nunca a sós como agora. Ele imediatamente percebe que está ao lado de "uma criatura simples, forte, boa, com sangue quente e vivo, muito humano, de alguma forma inarticulado e estupendamente forte". O capitão da Azzurra ouve-o fechado em pose imóvel, com as mãos nos joelhos "como as de um faraó esculpido". Seus olhos luminosos são protegidos por uma perpétua penumbra, enquanto sua voz é baixa, um pouco lenta e vibrante, "como a quarta corda de uma viola ou um violoncelo, dependendo do momento". Ele fala sobre sua família: sua esposa, que é de Mântua; seu filho; seu carinho por Turim; seus planos. Todas as coisas que Soldati não escreve em seu artigo. Na verdade, é ele quem começa a falar. Del Buono também faz o registro: "O filho mais velho de Bearzot, Dino Zoff, está sentado em um banco, ouvindo um monólogo de Mario Soldati, que deveria entrevistá-lo. De vez em quando, balança a cabeça educadamente e, com educação ainda mais evidente, às vezes sorri, com seu jeito reservado e modesto. Ele tem razão, porque Soldati é sempre divertido". Pode ser verdade, mas o correspondente especial, por outro lado, retoma quase sem perceber a discussão iniciada com Bearzot e Vecchiet: "Os imunes a esse ceticismo que é 'prerrogativa da tradição' são apenas os piemonteses, os trentinos e os friulanos, como Zoff, Bearzot e Vecchiet". É nesse momento que, com uma velocidade que o surpreende, Zoff emerge de sua pose escultural, traz à tona os reflexos de um arqueiro e irrompe contra as palavras de Soldati.

"Ah não! Não! Assim a Itália se divide!"

Ao ouvir aquelas poucas palavras ditas em tom baixo e dolorido, Soldati fica com um nó na garganta. "Eu o chateei, zombei do mais belo ideal de sua juventude. Bearzot não se enganou ao dizer que Zoff continuava sendo um menino."

No dia seguinte, Soldati, com Manlio Cancogni e Antonio De Rosa, vai a La Coruña para assistir a Polônia × Camarões. Está acontecendo uma greve dos jornais na Itália, e depois do jogo eles não precisarão escrever. No retorno a Vigo, aproveitam para fazer uma parada em Santiago de Compostela, que nenhum dos três conhece. Chegam lá atravessando o planalto galego ao pôr do sol. Depois do Palácio do Governo e da Catedral, Soldati propõe a seus dois companheiros uma visita ao antigo Hospital Real, já transformado em um hotel de luxo. Salas imensas, sofás, tapetes, pinturas barrocas. Depois de passar pelo bar ("ar de Danieli, Ciga, Cipriani, mas me transportou até a época de Hemingway e dos martínis"), chegam à *salle à manger*. Pelas janelas baixas, vê-se o brilho dos últimos raios do dia. A sala está deserta. Existe apenas uma mesa ocupada. Três comensais. Um homem de cada lado e outro mais velho, um pouco mais atrás, ao centro. Um jantar cedo, incomum na Espanha. "Quem sabe, talvez, os três não sejam espanhóis." Soldati, guiado por um impulso sem razão, dá um passo à frente para a esquerda. E vê o rosto do homem mais recuado. O comensal percebe sua presença e se volta para ele. É Havelange. Sem pensar, Soldati se apresenta falando em francês. O rei do futebol repara na etiqueta pendurada no paletó, levanta-se e troca algumas palavras com ele.

"Vejo que é italiano."

"Sim, presidente, sou de Turim, mas moro em Tellaro, uma pequena vila de pescadores com vista para o golfo de La Spezia."

"Eu conheço o lugar. É esplêndido."

"Eu que o invejo pelo escritor Machado de Assis. Entre os brasileiros, é o meu preferido. Acho-o extraordinário."

Havelange sorri. Os dois se cumprimentam, Soldati vai embora, Havelange retoma seu assento à mesa com seus convidados, provavelmente Blatter e Dassler. Soldati não os reconhece. O que importa é que ele, um repórter de ocasião, conseguiu o lance da Copa. Um encontro cara a cara com o mestre absoluto do futebol. Aqueles que não esperam o inesperado nunca o alcançarão.

19. **O outro *furlan*[12]**

A Big Apple da Itália já foi chamada de Milão. À compacta metrópole, havia chegado um menino de Friuli de 7 anos, só pele e osso. Fulvio Collovati. Longe das 1.000 luzes da cidade, seu mundo girava apenas em torno do oratório. Um salto duplo o levou, aos 13 anos, primeiro para Cusano Milanino, a mesma localidade onde Trapattoni e Oriali haviam sido batizados, depois para o Milan, onde trilhou seu caminho: passou por todas as categorias de base, equipe *primavera*, e chegou ao primeiro time. Educado, correto, nunca violento. Eram poucos os que previam para ele uma carreira gloriosa, no entanto. Diziam que tinha muita bondade, defeito deplorável para um zagueiro: "Com esse jeito de fazer as coisas, você não vai longe. Tem que se fazer respeitar". Os medos do jovem zagueiro foram atenuados por um segundo pai, Nereo Rocco: "Quando entra em campo, você tem que chutar tudo o que se move: *e se xe el balòn pasiensa*".

Rocco, o "Paròn" (Mestre), morava no internato com os meninos, e Fulvio dividia o quarto com Baresi. Para todos os meninos, aquele era um período difícil. A adolescência era o primeiro bem a ser sacrificado no altar do futebol. Rocco sabia disso, mas os outros talvez demorassem a entender. Falava apenas em dialeto triestino, chamava a todos de "*mona*" e comia à mesa com os garotos mais novos, tentando ir fundo com eles. Quando, em 1980, o Milan acabou na *Serie B* por causa do escândalo de apostas batizado de *Calcioscommesse*, Collovati permaneceu no time. Foi uma escolha dolorosa, com a qual arriscou perder as chances na seleção por atuar numa série inferior. Sábado de azul, domingo vestido de *rossonero*. Uma loucura. Bearzot, entretanto, aceitou-o.

E o tempo desmentiu os críticos. Collovati é o único zagueiro do futebol italiano que nunca foi expulso ou suspenso. Sinal de que às vezes vale a pena apostar na elegância e no estilo.

A Espanha é sua primeira vitrine mundial. Ele tem apenas um arrependimento. O de não poder ser visto pelo homem que o descobriu. No dia 4 de dezembro de 1978, a convite do Milan, Rocco acompanhou a equipe num jogo em Manchester. Na noite da partida, Collovati entrou em campo, e Bearzot, como sempre, estava nas arquibancadas.

12 Aquele que é nascido em Friuli, região no nordeste da Itália.

Uma pneumonia contraída na estrada enfraqueceu Nereo Rocco, e uma doença hepática o levou ao hospital em Trieste. Ele morreu às 11h47 de 20 de fevereiro, numa manhã fria e clara. As últimas palavras ao filho Tito: "Dê-me o tempo". Como dizia no banco, a Bearzot e Maldini, no fim das partidas. Quatro dias depois, Collovati estreou na seleção de Bearzot. E seu tempo, então, começou.

20. **O vazio**

Até a fantasia impõe sacrifícios. O quadrado de Telê deixa um lado descoberto. Se na esquerda tem Éder, coberto por Júnior, no lado oposto, eliminado o ponta-direita, existe o vazio. O objetivo do técnico é o carrossel, uma rotação para iludir os adversários, tirando seus pontos de referência. Mas em campo não é tão fácil implementá-lo.

Para ceder à vontade do treinador, Zico se vê obrigado a mudar de função ao ocupar um espaço que não é o seu. Uma escolha que, desde o jogo contra a Escócia, o deixou com algumas sensações: o quadrado errou demais, não foi tão criativo quanto deveria, o rodízio na direita não deu certo, e a vitória se deveu mais às jogadas individuais que ao futebol mostrado. Ao descobrir que o esquema será mantido contra a Nova Zelândia, ele afia a língua: "Vou jogar pela direita, abrindo mão do meu verdadeiro papel, só porque é uma imposição tática necessária para a equipe e porque tanto Falcão quanto Cerezo não foram capazes de se adaptar. Mas isso não significa que farei o papel de salvador da pátria. Ninguém pode render o melhor fora de sua verdadeira posição".

Os bons resultados obtidos não o tranquilizam. O Brasil sofre com a ausência de um ponta de verdade. Por isso, Zico chega a exigir publicamente o fim do quadrado no meio de campo. Um dos quatro campeões — Cerezo, Falcão, Sócrates ou ele próprio — deve ir para o banco. O alvo, indireto, é o último a chegar: Falcão. "Quando as coisas ficam complicadas, ninguém quer acabar do lado direito. Mas quando se simplificam, porque o adversário abre a defesa para nós depois de ter sofrido alguns gols, todos querem estar lá. Assim é fácil! Acho que o jogo contra a Nova Zelândia é o último teste que podemos fazer com esse quadrado. Depois, se não funcionar, Paulo Isidoro é o mais indicado para ocupar a posição, porque joga desde a primeira convocação, conhece aquela posição mais do que todas as outras e sabe como encará-la."

Falcão foi o último a chegar, de fato, só que não se sente mais um peixe fora d'água: "Todos temos que nos adaptar aos planos do técnico. O nosso está nos pedindo que alguém, em rotação, esteja sempre na direita. Porém, acontece que, pelas suas características, o Zico e o Sócrates jogam sem ter de marcar, enquanto Cerezo e eu temos que ficar para trás ajudando a defesa nos primeiros momentos da ação adversária. Seria ainda mais fácil para mim jogar pela direita, mas me pergunto: quem cobriria Luizinho e Oscar? O difícil mesmo é jogar atrás e depois atacar".

Telê Santana não se abala com a polêmica envolvendo dois de seus melhores jogadores. O que lhe interessa são suas crenças. E elas incluem os quatro gênios do meio de campo. Uma escolha que também deixa espaço para Éder, Júnior e Leandro. Como bom mineiro, ele joga água no fogo. "Quem estará na direita não é algo que me preocupa, principalmente pela boa vontade que o Zico está mostrando. Não pedi para ele ficar parado, tem liberdade de movimento, mas os outros devem entender que aquela faixa do gramado não pode ficar descoberta e, quando o Zico não está lá, é importante que sempre haja algum dos seus companheiros. Pode ser o Cerezo, o Sócrates, o Serginho, até o Leandro. Todos menos o Falcão, que está mais acostumado a avançar pelo centro do que pela direita. Parece uma posição amaldiçoada, mas é como todas as outras."

A vitória contra a Nova Zelândia, a terceira consecutiva na Copa, põe fim ao conflito. O preparador físico Moraci Sant'Anna contabiliza cada jogada: "Fizemos 584 passes. Com a União Soviética, tinham sido 383; e, com a Escócia, 415. O índice de erros foi de 8%. O mais baixo da era Telê". Pela segunda vez na história de suas 12 participações em Copas do Mundo — a outra foi no México, em 1970 —, o Brasil vence todas as partidas da primeira fase. O técnico fica radiante: "A rotação para a direita funcionou de forma exemplar". Controvérsia enterrada. Também por essas razões é que seu Quadrado Mágico chega ao campo do Sarriá no jogo contra a Itália.

21. Deus é brasileiro

O ambiente de combate leva os *azzurri* mais prudentes a se retirarem para seus quartos, abandonando o encontro com a imprensa. Poucos abrem corajosamente o peito.

Mas entre eles está Causio, um dos heróis da Copa na Argentina. Causio conhece o Velho desde sempre. E o chama assim com carinho desde os 16 anos. Bearzot era treinador do segundo time do Torino, e Causio, para um teste com os *granatas*, treinou no Filadelfia. Foi lá que conheceu Bearzot, então auxiliar de Nereo Rocco. Parecia feito, já tinha até escolhido o quarto da pensão para onde iria no ano seguinte. Mas, em vez disso, ouviu: "Você não tem físico para jogar". Diante de Bearzot, anos depois, repreendeu-o. E Bearzot um dia lhe mostrou os relatórios que tinha escrito. Tudo excelente. A rejeição veio de cima. Mais tarde, reencontrou-o nas seleções juvenis e, finalmente, na principal. Tem 33 anos e ainda é um dos maiores intérpretes de um papel inventado pelo futebol italiano: o do *tornante* — o meio-campista de ida e volta pelo lado do campo. Usa sempre paletó e gravata e se movimenta com elegância em campo. O apelido de Barão, dado a ele pela primeira vez por Fulvio Cinti do *La Stampa* em seu ano de estreia pela Juventus, lhe cai como um terno sob medida. Mas, como Causio dribla com "fantasia carioca", Vladimiro Caminiti, do *Tuttosport,* encontra-lhe outro codinome, "Brasil". Pelo talento ao estilo sul-americano, a técnica acrobática, o gosto pelo desperdício, o prazer de uma finta. Após os anos de glória na Juve, encontrou uma casa em Udine. Não é o fim da linha, como muitos pensam. Causio não se sente acabado e traz à tona o que tem de melhor. Joga com orgulho. Mas o estímulo mais forte foram as palavras de Bearzot: "Vá para a minha terra, comporte-se. Saiba que sigo seu trabalho. Talvez não telefone imediatamente, mas, se você conseguir se sair bem, irá comigo para a Copa". Faz um campeonato digno de Guerin d'Oro. O Velho o convoca: "Conti é o titular, as hierarquias são claras. Mas eu quero que você venha de qualquer maneira. Mesmo que não coloque os pés em campo, ainda será precioso. Aceita?". O Barão imediatamente diz que sim. E dessa forma, 19 meses depois do último jogo de Causio com a seleção, Bearzot mantém sua palavra.

O Velho o acolheu na concentração de Alassio abrindo os braços: "Olá, Barão, velho provinciano! Você também perdeu um pouco de cabelo". E ele, dando de ombros: "Sabe, não estou mais acostumado com tanta gente, isso me afeta". E Bearzot: "Agora me confundi. Chamei você porque é um veterano". E como um veterano, de fato, três dias antes da estreia no Mundial, ele aparece na sala de imprensa com ar severo, assumindo a cadeira em defesa dos companheiros: "Do que estão reclamando? Escreveram que fomos ao cassino, e não era verdade; que estávamos com as dançarinas, e não era verdade; que Rossi e Cabrini se gostavam, e não era verdade; e até que nossas esposas serão o prêmio pela passagem de fase. Mas me recuso a considerar minha esposa como premiação por um jogo. Os jogadores sobre os quais vocês escrevem têm todo o direito de se calarem porque vocês não têm lealdade. E isso é o mais grave".

Bearzot está do lado de seus rapazes e fala no lugar deles durante horas, deixando-se torturar implacavelmente, para divertir os jornalistas e deixar os jogadores com a cabeça fresca. Além de nadar na piscina e jogar cartas, ele os proibiu de ler jornais italianos, cuja circulação pelo hotel evita rigorosamente. Mas a notícia chega. Frequentemente, são as esposas preocupadas que ligam da Itália pedindo confirmação. Depois da bronca do Barão, naquele mesmo dia, para mostrar um ar mais descontraído, os fotógrafos preparam uma mesa com um tabuleiro de xadrez e convidam o presidente da Federação, o advogado Federico Sordillo, e Bearzot a se sentarem simulando um jogo. Depois da incerteza inicial, Sordillo parece aceitar, mas Bearzot veta: "Eu não jogo xadrez; e, depois, essas encenações não são do meu gosto".

Em Vigo, o outro alvo da imprensa, Paolo Rossi, ficou dias sem aparecer. Certa manhã, para espanto geral, os jornalistas o veem descendo as escadas. Imediatamente lhe perguntam a respeito de sua forma física, dos quilos perdidos, seu humor e seus diagnósticos. Rossi fica impaciente: "Eu precisava ficar sozinho, reorganizar minhas ideias, sem polêmica". Magro, pálido e taciturno — os repórteres sempre o retratam triste. O período de inatividade reduziu significativamente seu tônus muscular. O professor Vecchiet o trata com estímulos elétricos, mas tudo leva tempo. "Eu só tenho que jogar, jogar, jogar. Fiquei parado por dois anos, lembram?" Não quer falar, mas em um canto do piano-bar, debaixo das escadas, fica frente a frente com Sconcerti.

Foram amigos por um tempo, muito amigos. São da mesma terra: apenas alguns quilômetros separam a casa do jornalista e a do jogador. Quando meninos tiveram até o mesmo treinador, Enrico Orioli, um homem do passado que os ensinou a amar o adversário. Sconcerti o conheceu ainda bem jovem, quando ia a Coverciano para cobrir as convocações da seleção de juniores. Ainda se lembra de todos os observadores dos clubes profissionais que apareciam só por causa de Rossi. Jogava pela ponta-direita, passava pelo adversário fingindo ir para a esquerda e sempre conseguia escapar pelo flanco. Era bonito de ver. Claramente diferente de todos. Leve, rápido, muito habilidoso. Sconcerti era um jovem repórter.

Encontravam-se aqui e ali pela Itália: um, jornalista; o outro, jogador. Quando se tornou o primeiro Rossi, o do Vicenza e da Copa da Argentina, concedeu-lhe algumas entrevistas exclusivas que o fizeram dar passos importantes em sua carreira. O escândalo das apostas os dividiu. Em seu jornal, Sconcerti o colocava entre os culpados.

Eles se viram no inverno antes da Copa do Mundo: Sconcerti tentando esconder o constrangimento, Rossi fingindo que nada aconteceu. Almoçaram juntos em um restaurante onde o jogador era tratado como se estivesse em casa. Só então Sconcerti entendeu que Paolo Rossi havia sobrevivido. Agora, tem a nítida impressão de que fica feliz ao parar e falar com ele. Por isso, deixa de bancar o jornalista e pede que o ajude a compreender o que é uma Copa do Mundo: "É uma coisa imensa. Fiz muitos gols na minha carreira, mas sou o Paolo Rossi apenas pelos três gols que marquei em Buenos Aires, entende, Mario? Serei Rossi apenas pelo que puder fazer aqui. Se eu falhar, não existirei mais para o mundo". Isso é uma Copa do Mundo.

Enquanto os jogos em Vigo não começam, na Andaluzia, no campo de esportes da Mareina, a 30 quilômetros de Sevilha, o Brasil comandado por Telê Santana improvisa a cada dia um Carnaval fora de época. Escancara as portas para todos e qualquer treino, até o mais insignificante, vira festa com Júnior, que, tocando pandeiro, canta "Voa, canarinho, voa", o hino que gravou para embalar o país, enquanto Éder, observado por milhões de admiradoras, faz gols do meio de campo descalço para divertir as 11 modelos sevilhanas que acompanham a seleção. Não é por acaso que a equipe brasileira fez os três primeiros jogos em solo andaluz. Nos bastidores, as lideranças da Confederação Brasileira de Futebol trabalharam muito para facilitar o trabalho de Telê. A fim de acomodar o Brasil em Sevilha, cidade ao nível do mar, cuja temperatura no verão europeu é semelhante à do Rio de Janeiro, Giulite Coutinho, presidente da Confederação, foi quatro vezes à Espanha e convidou a seleção espanhola para ir ao Brasil, com Raimundo Saporta, presidente do comitê organizador da Copa do Mundo.

O entusiasmo da torcida está nas estrelas ("Bienvenido, Mister Fútbol", anunciam as faixas). Um torcedor de 24 anos, Ramon, para estar perto de seus ídolos, partiu do Brasil no dia 26 de novembro, percorrendo 26 mil quilômetros de bicicleta, carregando apenas uma mochila e 120 dólares, além de todo o seu otimismo. O Brasil não decepciona a torcida e vence todos os jogos do seu grupo, contra URSS, Escócia e Nova Zelândia, marcando dez gols, todos dignos de cinema, sofrendo apenas dois. A imaginação de Zico, a força de Éder, as peripécias de Cerezo, a alegria de Júnior, a arrogância de Serginho e a classe de Sócrates encantam espectadores e cronistas de todo o planeta. Sevilha foi invadida por 15 mil torcedores, todos com uniformes amarelos. Durante as noites insones, eles soam os tamborins, dançam o samba, falam apenas da vitória brasileira e rezam, porque, para eles, até Deus, sim, até Deus é brasileiro.

22. **A escala da vergonha**

Naquela noite do verão de 1960, ele corajosamente saiu de seu Dino cupê azul-metálico — carroceria Fiat com motor Ferrari — em frente à entrada do Canottieri,[13] em Nápoles. Durante as semanas quentes das Olimpíadas em Roma, a capital da Campânia foi o teatro escolhido para as competições de vela.

Ele já havia passado por muita coisa, mas o esporte percebeu sua existência naquele momento. Era o homem de referência, o senhor da casa; e, nos corredores do clube, que o *L'Équipe* acabava de chamar de "o maior complexo náutico da Europa", numa atmosfera irreal se desenrolava

13 Circolo Canottieri Napoli: tradicional clube de remo de Nápoles, sedia também outros esportes aquáticos.

um baile que ficaria na história. No meio da noite, Carlo De Gaudio, um mediterrâneo de 30 anos, eternamente bronzeado, não muito alto, mas atlético e transbordando simpatia, sentou-se no terraço com vista para o Vesúvio a fim de desfrutar do primeiro momento de satisfação. Notou um jovem desenvolto convidando uma donzela esguia de olhar tímido e austero. Era Juan Carlos, o futuro rei da Espanha, e ela era Sofia da Grécia.

O primeiro encontro entre os dois havia acontecido seis anos antes, durante o famoso cruzeiro dos reis organizado pela rainha Frederika com o objetivo de reavivar o turismo helênico, mas que na realidade pretendia secretamente favorecer os casamentos reais. O filho mais velho do conde de Barcelona, pretendente a um trono temporariamente congelado pelo Generalíssimo Franco, tinha pouco mais de 16 anos e parecia não reparar em sua análoga grega. A princesa, por outro lado, notou imediatamente o jovem Bourbon. Ela o achava simpático e, como boa menina, o fato de ele ser rebelde a fascinava terrivelmente. Tudo os separava: o caráter, as origens, as amizades. Ele frequentava as casas de Orleans e Savoia; ela, a realeza inglesa e os príncipes alemães. Nada aconteceu durante o cruzeiro, e Juan Carlos sequer a convidou para dançar — o convite viria apenas em Nápoles. O que De Gaudio testemunhou com encanto foi a primeira dança entre os dois, que uniria seus destinos para sempre.

Vinte e dois anos depois, é De Gaudio quem se encontra "na casa" de Juan Carlos. O jovem, dois anos após o baile napolitano, casou-se com Sofia e é o soberano do país. Já De Gaudio está na Espanha na função de conselheiro diplomático da seleção. É uma figura incomum, muito desejada para o cargo pelo presidente da Federação Italiana, Sordillo. O legado é pesado. É o deixado por Gigi Peronace, generoso e incansável descobridor de talentos que desempenhou papel decisivo na eleição de Artemio Franchi para a presidência da Uefa e na nomeação de Enzo Bearzot como treinador — antes de morrer nos braços do próprio Bearzot numa noite de 1980.

De Gaudio herdou não só a função, mas também a jovialidade de seu antecessor. Oficialmente, é o responsável pelas relações entre a delegação *azzurra* e a imprensa; mas, na verdade, é uma espécie de tutor dos *azzurri*. É o anjo da guarda, o amortecedor, o filtro entre eles e o mundo exterior. Não existe um verdadeiro porta-voz. Bearzot fala por todos; ele, com todos. Conhece os verdadeiros sentimentos entre repórteres e jogadores e costuma se antecipar. Já passou por muita coisa, e sua afabilidade sempre o salvou.

As necessidades da guerra lhe forneceram dons inesperados. Com pouca vontade de estudar, sem pai, o mais velho de sete irmãos, logo teve de dar bom uso à sua grande carga de simpatia e, aos 16 anos, com os americanos em Nápoles, conseguiu sobreviver controlando o descarregamento de mercadorias dos navios. Vinte e cinco liras por dia, montante fabuloso para a época. Um dia, um padeiro perguntou se ele conseguiria encontrar um fornecedor de farinha. Carlo conhecia um moinho, então contratou um carroceiro para transportar o produto. O caminho era longo; a carga, pesada; e o perigo de assaltos, muito real. De Gaudio fez disso um trabalho, tornou-se, de improviso, vendedor de um pastifício, chegou a Gragnano e tornou-se diretor de uma fábrica de massas. O trigo era sua mina de ouro. Mas ele queria crescer, e então foi até a fonte, na Argentina, onde descobriu outro produto: a carne. Comprou 50 toneladas e, na Itália, vendeu-as à Simmenthal. Seu maior negócio. Fez bom uso dos recursos obtidos ao criar a única indústria do sul capaz de reciclar resíduos de polietileno. Tornou-se o homem dos sacos descartáveis. Uma revolução na coleta de lixo — até então eram usados sacos de juta — que o levou a criar a Polisud, a Iplar e a Policolor.

Antes de conquistar posições de prestígio no futebol, De Gaudio tinha dois grandes amores: a natação e o polo aquático, com o Canottieri Napoli. Aproximou-se da bola de futebol primeiro como árbitro, como Franchi e Klein. Um trabalho perigoso em sua região. Propuseram-lhe a presidência do Napoli, mas ele a recusou; preferiu fundar um segundo clube na cidade, o Internapoli, que jogava no bairro Vomero. Encontrou Giorgio Chinaglia atuando pelo Massese, que depois o vendeu à Lazio por 200 milhões, em dinheiro. Foi encarregado de organizar os quatro jogos da Eurocopa disputados em Nápoles em 1980. Sordillo, presidente da Federação Italiana, nomeou-o, então, conselheiro diplomático da seleção de futebol.

E no Mundial, na véspera da partida contra os camaroneses, "o marquês do Vomero" está sentado a uma mesa para governar o destino de uma equipe apavorada com uma possível derrota. Mesmo que não acredite nela, tem que se preparar. Se a Itália perder, todos para casa. Portanto, cria um plano de retorno que cheira a fuga. A primeira proposta peneirada levaria os *azzurri* de Vigo a Madri, dali a Paris, para então se chegar ao aeroporto de Ciampino, em Roma, que está fechado à população civil. Mas ele escolhe outra rota. Desembarque em Nice e ônibus noturno até Milão. A notícia vaza. O rótulo está pronto: será "a escala da vergonha". O plano não é colocado em prática: os *azzurri* passam de fase sem ter vencido, Camarões volta para casa sem ter perdido. O marquês suspira aliviadamente.

23. **A cura**

Em 1965, quando Paolo Rossi tinha 9 anos, o cardiologista Leonardo Vecchiet se tornou o médico-chefe mais jovem da Itália. Três anos depois, acrescentaria a esse título o de médico da seleção. Por algum tempo, preparou um programa detalhado para os *azzurri*, estudando cuidadosamente cada problema potencial. Sabe que as Copas do Mundo acontecem em lugares variados, onde comumente surgem situações extremas capazes de afetar negativamente o desempenho físico dos jogadores. México, Alemanha, Argentina, agora Espanha. Cada país tem sua própria condição climática. Dessa vez, há dois problemas a serem enfrentados: o calor e a umidade. Desde o momento em que a Itália alcançou a classificação para a Copa, eles têm sido sua obsessão. Começou a considerar as temperaturas médias e o grau de umidade de todos os locais onde os jogos seriam disputados. Ao saber que o destino inicial da Itália seria Vigo, na parte mais fria da Espanha, descobriu que a localidade italiana mais próxima dessas condições climáticas era Alassio. Assim iniciou a manobra de aproximação da seleção, realizando a preparação da equipe na cidade da Ligúria, para depois evitar qualquer tipo de estresse com o traslado até a Espanha.

Mas em Barcelona o ar é outro. Jogar em clima quente significa acumular calor. Vecchiet, portanto, precisa ajudar os *azzurri* a dispersá-lo. Mas o suor diminui a capacidade física. No treino, cada jogador pode perder dois quilos; no jogo, três. Seu objetivo, então, passa a ser preocupar-se com a restauração dos tanques que se esvaziam. Aposta tudo nisso.

Com alimentos e o socorro da medicina. Os massagistas Giancarlo Della Casa e Luciano De Maria abasteceram continuamente os jogadores com água. Para fazer os rapazes se recuperarem mais rápido, Vecchiet também pôs à mesa frascos de creatina, um suplemento simples, porém útil para o combate do calor. Mas cuidar do tônus físico não basta: apoio psicológico também é necessário. Essa é uma prerrogativa de Bearzot. O técnico trabalha constantemente nas relações humanas. Fala honestamente com cada jogador. Se não utiliza algum deles na equipe, diz honestamente por quê. Vecchiet e Bearzot são amigos há muito tempo. O técnico tem total confiança na formação científica do amigo e acredita profundamente na relação entre os dois. Vecchiet é a parte que falta nele próprio. Humanista e cientista. Psicólogo e médico. Quando Paolo Rossi foi submetido a uma série de testes na véspera da Copa, Vecchiet analisou todos os dados para concluir que o jogador havia conseguido: "Ele está abaixo do peso e ainda fora de forma, mas vai recuperar o ritmo competitivo". Bastariam alguns jogos. Disse isso a Bearzot. Para o técnico, não faltava mais nada.

Em 14 de junho, em Vigo, Rossi entra em campo no primeiro jogo do Mundial, contra a Polônia. Placar em branco e jogador desaparecido. A imprensa deixa a piedade de lado. "Não para em pé, tropeça no gramado e demora a se levantar." Para o jogo contra o Peru, Bearzot confirma a mesma escalação da estreia, Rossi incluído. Naturalmente, o técnico não é poupado: "Só os imbecis poderiam achar que um jogador parado há dois anos seria capaz de recuperar em poucos dias as condições de jogo"; "Ele teima em escalá-lo"; "Mandá-lo a campo é uma blasfêmia". Rossi joga mal, está irreconhecível ("É um cadáver"; "É de fazer chorar"; "Dá pena"). Gianni Brera o define como "um ectoplasma de si mesmo". Marco Bernardini, do *Tuttosport*, às 18h16 da sexta-feira, 18 de junho, admite ter compreendido que "o mito de Pablito se desmanchou como um castelo de areia". Depois de 45 minutos contra os peruanos, Bearzot não tem alternativa a não ser substituí-lo. Causio entra em seu lugar. As cortinas deveriam se fechar ali. Mas no vestiário tem lugar o enésimo ato de fé. Seus companheiros estão prestes a voltar para o campo; ele está dobrado sobre si mesmo, sentado num banco. Com um pé calçado e o outro descalço. E pensa: "Acabou". Mas, antes de fechar a porta, Bearzot olha nos seus olhos e diz: "Prepare-se para o próximo jogo".

24. **O clube dos senis**

Enquanto isso, o *La Repubblica* supera os 400 mil exemplares em circulação. Eugenio Scalfari exulta, transformando-se, segundo Brera, no mais caloroso dos torcedores. O poder das vendas. Suas duas canetas mais pesadas, Brera e Sconcerti, reúnem-se com Mario Soldati, Oreste del Buono, que se autoproclama o presidente do clube dos mudos, às vezes Gianfranco Giubilo, do *Tempo*, e Manlio Cancogni, correspondente do *Globe*, de Nova York, enviado por seu jornal à Espanha para falar sobre a Copa do Mundo.

Em Vigo, para se distanciarem do restaurante Bella Napoli, sede noturna dos repórteres, os "escritores" encontraram-se ao longo de vinte noites à mesa da taberna Los Garavelos, de um socialista galego, Roberto Romero, que mantinha o local aberto mesmo depois do expediente para que os comensais pudessem jogar *scopone*, um jogo italiano de cartas, até tarde. O quarto jogador muitas vezes foi o pintor Antonio De Rosa, que acompanhava Mario Soldati.

Os quatro se odeiam visceralmente, porém sem demonstrações evidentes. Brera tem uma espécie de prevalência física sobre os demais, é o mais forte, o mais duro; Soldati é o mais indefeso e o mais velho. Viaja todas as noites com carro e motorista. Por duas vezes, relata o roubo de sua mala, vagando pelo hotel de camiseta, para não deixar dúvidas. Durante o *scopone*, ocasionalmente entra em transe por alguns minutos. O charuto ao lado da boca segue o batimento cardíaco; então, acorda e recomeça o jogo de onde havia parado, inspirando a falta de ar de 1.000 vidas.

Na última noite antes de Barcelona, bebem todos os vinhos italianos que o anfitrião galego lhes encontra. No caminho de volta, Brera coloca a mão no ombro de Sconcerti. A noite está linda, e o ar tem cheiro de mar. Quando as luzes do hotel aparecem ao longe, Brera para: "Você é um bom rapaz, de verdade. Vai se tornar um bom homem". Sconcerti olha para ele: "Gianni, já sou um homem". Brera balança a cabeça: "Ainda não. Quando se tornar, será uma bela pessoa". E lhe dá "boa noite", deixando-lhe a dúvida sobre o que ele, Sconcerti, é naquele momento, a apenas cinco horas de partir para Barcelona.

25. O silêncio é de ouro

"Alguém acrescentou que os jogadores da Azzurra ganharão 60 milhões cada um se passarem à segunda fase, em Barcelona; 95 milhões, caso cheguem às semifinais; e 180 milhões se forem campeões." É 2 de junho, dia da viagem para a Espanha, e faltam duas semanas para o primeiro jogo da seleção. A pedra é cantada por Tony Damascelli, no *Giornale Nuovo*. Algumas linhas que começam a desencadear um diz que diz abafado, que explode de fato quando a seleção italiana passa de fase. Não é a primeira vez que o jornalista usa a fórmula da ilação. A técnica é testada: basta atribuir um fato a terceiros com a cumplicidade sintática dos pronomes indefinidos e impessoais. Montes de formas aproximadas (parece, diz-se, pensa-se...) revelam-se muito úteis para quem quer se libertar da responsabilidade de certos enunciados. É uma forma de a pessoa se aventurar, já que a calúnia é anônima.

Quando, 20 dias depois, os *azzurri* passam à segunda fase, o deputado socialista Ermido Santi, o deputado democrata-cristão Publio Fiori, o senador, seu homônimo, Giuseppe Fiori, da esquerda independente, e o presidente da Comissão de Assuntos Constitucionais do Senado, Antonino Murmura, apresentam, um após o outro, questão parlamentar ao primeiro-ministro Giovanni Spadolini e ao ministro do Turismo e Entretenimento Nicola Signorello, a fim de que se verifique, julgue e impeça o desembolso daqueles milhões considerados excessivos, ofensivos e moralmente inaceitáveis precisamente no dia seguinte ao anúncio do governo ao Parlamento de que novos sacrifícios serão exigidos dos italianos. A televisão espanhola também ridiculariza a seleção: "Na Itália, existem fábricas que estão fechando e jogadores que estão prestes a ganhar 6 milhões de pesetas". A reportagem, veiculada durante a noite pelo programa diário *TeleMundial*, também chega aos *azzurri*. É a gota d'água que os faz dizer basta. Rossi e Cabrini, o cassino, as dançarinas, o futebol de totó, os patrocinadores, as esposas, os insultos e, agora, os prêmios inflacionados.

A noite traz consigo a sugestão do silêncio. Na manhã da viagem para Barcelona, uma comissão interna se reúne com Zoff, Tardelli, Graziani e Causio. Pauta: as relações entre jogadores e jornalistas. Nunca é fácil, nunca é feliz. "Temos de pensar em jogar, e não em nos defender." A decisão floresce unânime: a partir de agora, nenhum jogador vai responder às perguntas dos repórteres. O encarregado de comunicar a decisão será o capitão, Dino Zoff. Justo ele, o mais taciturno dos *azzurri*. Silêncio total. O primeiro episódio dessa natureza na história do futebol, uma iniciativa sem precedentes. Bearzot os convida a refletir: "Quando se tem certeza de que se está do lado da razão, erramos em nos autocondenar ao silêncio". Os *azzurri* não retrocedem. O técnico respeita a decisão deles.

A viagem está marcada para quatro da tarde. Depois de deixarem a concentração que os acolheu durante 22 dias, os jogadores se encontram no pequeno aeroporto de Santiago de Compostela com a boca fechada e as feições soturnas. Ainda falta uma hora para embarcar para Barcelona, e Bearzot está sentado em uma mesa do bar. Gianni Brera se aproxima dele. O técnico está absorto, fumando o cachimbo Enea Buzzi que o próprio Brera lhe deu em Braga.

"Está pitando bem?"

"Sim, estou muito satisfeito", responde Bearzot.

Pela primeira vez desde o início da Copa, os dois se veem conversando intensamente, sozinhos, protegidos por uma nuvem de cordialidade penetrada de longe apenas pelos olhos atentos de Mario Sconcerti.

"Por que tanta teimosia em manter Rossi na equipe?"

"Porque ele precisa jogar."

"Mas ele está em condições péssimas."

"Está melhorando."

"E Antognoni? Você não está vendo o jogo."

"Os outros sempre o temem. E ele ainda é capaz de marcar gols."

"Dossena não seria melhor?"

"Ainda é jovem, mas vai chegar lá."

"Sem ofensa, mas no jogo de ontem você parecia concordar comigo."

As veias do pescoço de Bearzot se inflam.

"Está brincando? Nunca na vida eu chegaria a esse ponto!"

Arrependido, Brera se sente compelido a encorajá-lo.

"Verá que em Barcelona vai ser melhor."

"Tenho certeza. Nós nos sentimos à vontade, renascemos", surpreende-o Bearzot.

"Mas Argentina e Brasil não são brincadeira!"

"Conhecemos o jogo deles de cor."

Brera revira os olhos.

"Tenho certeza de que nos vamos divertir", acrescenta o treinador, "mas não saia dizendo isso por aí".

Brera faz uma reverência.

"Estamos aqui para servir vocês."

"Navarro, Rossi vai aparecer, você vai ver", sussurra Brera no avião, para o vizinho de assento. Navarro é o apelido que deu a Sconcerti. Surgiu no dia da viagem para a cobertura da Copa, durante a escala em Madri do voo Milão-Vigo. Brera havia se dirigido a uma aeromoça: "Uma passagem para meu amigo cordobês". "Por que cordobês?", perguntou ela. "Porque ele é moreno como os que vivem em Córdoba." Sconcerti tem pele bronzeada e cabelos compridos. Nesse momento, a mulher ri: "*El señor es pálido, un hombre del norte; es un navarro*". Pamplona, os touros, Hemingway. Sconcerti aprova. Desde então, ele é "Navarro".

"O que Bearzot disse a você?"

"Que jogará com seus homens. Não tem outros."

"Mas agora a Itália tem tudo a ganhar, não acha?"

"Acho que, se você confiar nos italianos, sempre se decepcionará."

"Guicciardini?"[14]

"Não, a frase é minha."

Durante o voo para Barcelona, Brera escreve uma invocação consciente do "santo *catenaccio*", porque, quando os italianos têm medo, eles jogam o seu melhor. "Rossi vem melhorando, e eu daria um dedo da mão esquerda para vê-lo fazer um golzinho no Brasil." Mas, ruminando em seus pensamentos, não percebe o que está acontecendo no avião.

Os repórteres que seguem a expedição italiana partem do fundo e atravessam o corredor, passando pelas numerosas filas de passageiros que os separam da delegação da Azzurra. Os jogadores colocados nas primeiras filas têm feições tristes e olhares cabisbaixos. O primeiro a voltar com a caneta ainda tampada é Antonio Corbo, do *Corriere dello Sport*.

"O que aconteceu?", perguntam os colegas.

"Não quiseram me responder."

"E por quê?"

"Eles não vão falar. É um *blackout*!"

Sconcerti faz uma pausa para falar com Brera.

---

14 Nascido em Florença, Francesco Guicciardini (1483-1540) foi um historiador e estadista italiano.

"Black o quê?"

"Mario, eles não estão falando conosco, estão calados."

A notícia se espalha rapidamente entre os assentos do avião. Uns sorriem, outros ficam incrédulos, mas o pânico vai crescendo aos poucos: "Como vamos fazer agora?". As abordagens se sucedem, eles tentam fazer valer a amizade, a simpatia, a torcida pela seleção, mas não há nada a ser feito.

Quando o avião está prestes a pousar em Barcelona, cabe a Beppe Dossena dar a temida confirmação a Roberto Renga, do *Paese Sera*, e Giuseppe Rossi, da *Gazzetta*.

"Sinto muito, mas decidimos não falar mais com os repórteres. A partir de agora, apenas Zoff será o porta-voz da equipe."

"E por quê?", perguntam em coro.

"Pergunte ao Zoff."

Em Barcelona, a comitiva se divide: jogadores mudos de um lado, repórteres furiosos do outro. A opinião geral dos jornalistas é a de que a novidade passará em poucas horas. Não acontece, mas, à noite, o pacto de silêncio também se torna assunto de debates e, portanto, tema para matérias dos jornais. A maior curiosidade é a busca do porquê.

A resposta chega às 11h30 do dia seguinte, no frescor do jardim do Hotel El Castillo, sob uma colina que emoldura o município de Sant Boi de Llobregat, com a primeira entrevista coletiva de Zoff. O termômetro está parado em 37 °C. O capitão se dirige a três jornalistas escolhidos como representantes dos enviados que seguem a seleção: Angelo Pesciaroli (*Corriere dello Sport*), Gino Bacci (*Tuttosport*) e Giuseppe Maseri (*L'Unità*).

"Decidimos não manter mais contato com vocês. As razões estão estritamente ligadas ao que foi escrito até agora sobre nós."

A seleção não recebe jornais, e num envelope lacrado são recolhidos todos os dias os telexes com as manchetes indesejáveis vindas de Roma. Mas, quando o pacote chega a De Gaudio, já é tarde. Os jogadores foram informados por telefonemas dos familiares, com todas as implicações emocionais imagináveis.

"Sabemos que não ganharemos nada com essa ação", explica Zoff. "Na verdade, isso nos traz dificuldades, mas os rapazes estão cansados de ler declarações relatadas de maneira ambígua ou comentários sarcásticos que nos fazem parecer ridículos. Como podemos aceitar perguntas provocativas, tendenciosas e ambíguas todas as manhãs?"

Quem mais sofreu nos últimos dias foi Paolo Rossi. Sua crise foi enfatizada, e recaiu sobre ele uma grande carga de responsabilidade.

"Não é verdade", continua o goleiro, "que vamos receber muito dinheiro, e, ao escrever que já ganhamos 60 milhões, vocês não só mentiram, como também nos definiram como pessoas que vivem em outro mundo, em sua própria ilha, como se não percebêssemos o momento difícil que nosso país está vivendo e ignorássemos que tantos trabalhadores estão sob risco de ficar sem emprego. Estamos nas mãos de vocês, e vocês nos pintaram de tal forma que perdemos a simpatia dos italianos. Todo time precisa de apoiadores e da imprensa. Não nos consideramos fortes o suficiente para vencer sem contar com todo o apoio possível, mas exatamente porque não houve boa vontade é que tomamos essa decisão, na esperança de reencontrar um pouco de serenidade. Espero que isso acabe rapidamente, porque logo vou me cansar de falar. A democracia também é o direito de ficar em silêncio."

"Quais são as condições que vocês estabeleceram?", pergunta Pesciaroli.

Zoff se encontra na função que também desempenha em campo.

"Esta não é uma manobra de ataque, é apenas um ato de defesa. Vocês nos escalpelaram, por isso somos obrigados a defender a tranquilidade de que precisamos."

Os jornalistas italianos mais desesperados recorrem com esperança a De Gaudio, que toma seu tempo e os tranquiliza.

"Calma, senhores, não vai durar muito."

França e Alemanha, e até mesmo a Espanha, que tiveram resultados decepcionantes, também mantêm relações tensas com a imprensa, mas não como a Itália. O mais aberto aos jornalistas é o Brasil. Darwin Pastorin se regozija. Em Sevilha, conseguiu arrancar confissões de cada um dos mitos com os quais sonhava, e agora não crê no que ouve ao conversar ao telefone com o colega do *Tuttosport*, Marco Bernardini, que segue a seleção italiana: "Darwin, aqui está um inferno. Ninguém fala. Todos os dias tenho que inventar os pensamentos de Rossi, Conti e Tardelli. Venha a Barcelona e você entenderá".

No dia seguinte, sábado, Bearzot se dirige ao hotel que hospeda os jornalistas em Barcelona para evitar os transtornos da viagem e oferecer a habitual entrevista coletiva de imprensa. É um sinal de afrouxamento. Mas, a seu redor, a música não muda. Santi lhe diz que o estado é de confusão. O Velho não tem medo e continua de peito aberto. "Querem saber quanto ganho? Meu contrato está registrado no Coni." Os mais atirados descobrem que, fazendo uma comparação com a *Serie A*, o treinador é o que ganha menos na Itália: não chega a 80 milhões de liras brutos por ano, o que dá 50 milhões líquidos.

Uma hora depois, no salão do hotel Princesa Sofia, Federico Sordillo informa os números exatos. As Copas do Mundo movimentam grandes somas de dinheiro (entre direitos de rádio e televisão, exploração comercial, publicidade e ganhos ligados aos dias de jogos), que são, então, divididas entre a Fifa (10%), o Comitê Organizador (25%) e as várias Federações (65%), que recebem suas partes pelos jogos disputados e por passarem de fase. Depois da primeira etapa do torneio, a Itália tem direito a uma parte dos proventos da Fifa. Os jogadores receberão uma porcentagem legítima, de cerca de 40% do total, da qual serão deduzidas em primeiro lugar todas as despesas de viagem, hospedagem e organização. "Cada jogador receberá, portanto, não mais do que 20 milhões brutos, ainda sujeito a desconto fiscal."

Nenhum presidente da federação tinha anunciado a extensão das premiações. É uma reviravolta nos costumes do futebol italiano. Mas nos jornais continuam as pesquisas: "Você concorda?". Entre os VIPs, a escritora Camilla Cederna e o jornalista Enzo Tortora se posicionam contra; a favor, estão o campeão de atletismo Pietro Mennea e o empresário Silvio Berlusconi. A eles se junta o escritor Enzo Biagi: "A Copa do Mundo é um espetáculo que fatura bilhões. É certo que alguns deles acabem no bolso de seus protagonistas. Por que não são feitas perguntas para descobrir quanto ganham os atores de comédia? Se eles lotam os cinemas, há um motivo, não?".

O que escapa aos políticos e jornalistas é que as Federações são organizações autônomas: quando distribuem prêmios, o fazem com a receita dos eventos e não com aportes públicos. Além disso, os prêmios para os *azzurri* pela passagem de fase estão entre os mais baixos da Copa. Na Argentina, ficarão com 60% do arrecadado; na França e na Inglaterra, os jogadores têm direito a 35 milhões; e, na Espanha, a 120 milhões. E para o Brasil?

Pela conquista da Copa do Mundo, os brasileiros reivindicam 120 mil dólares (20 milhões de cruzeiros) para cada jogador. O suficiente para comprar um apartamento de três quartos no Jardim Paulista, em São Paulo, ou no Leblon, no Rio de Janeiro. "Partimos do prêmio de 1978, que era de 35 mil dólares para o terceiro lugar. Aplicamos a correção da moeda e da inflação mundial", explicou Sócrates. Giulite Coutinho contrapropõe um terço do valor pedido pelos jogadores, 40 mil dólares: "Cinco mil a cada fase vencida. Como são quatro etapas, superando todas cada um ganharia 20 mil dólares. Também propusemos os 20% da parte que os promotores da Copa vão pagar à CBF Assim, saem mais 20 mil dólares para cada".

Realiza-se a reunião final nove dias depois da estreia, no Hotel do Guincho, em Portugal, onde a seleção se concentra. Antes da reunião, as cifras pedidas vazam para a imprensa. A indiscrição expõe os jogadores ante a opinião pública, e nesse ponto tudo o que resta é se submeter aos ditames da CBF: a negociação é fechada em 10 milhões de cruzeiros, cerca de 60 mil dólares, pouco mais de 80 milhões de liras, para cada jogador. Zico admite que os atletas cederam para não serem tachados de mercenários. O valor do prêmio pago ao grupo no caso de título não chega a 10% do faturamento esperado pela CBF: cerca de 1 bilhão e 300 milhões de cruzeiros — ou 8 milhões de dólares. Da Fifa, como verba de participação, a Federação receberá mais de 3 milhões de dólares; da Topper, a empresa de equipamentos esportivos, 1 milhão de dólares; outros 500 milhões de cruzeiros virão do rateio da Loteria Esportiva; além da receita de publicidade com patrocinadores (Gillette, Hering, Chicletes Adams e IBC) e das cotas dos direitos de transmissão dos jogos. Dias antes do confronto com a Itália, Sócrates desabafa com alguns amigos: "Fomos convocados como se fôssemos um exército que deve defender sua pátria. Não é assim. Esta é apenas uma competição esportiva. Foi um trabalho cansativo para não conseguirmos nada. Não, nunca mais quero falar sobre esse negócio".

26. **O grupo da morte**

Os mecanismos da tabela da Copa do Mundo foram construídos em torno de uma mesa de reuniões. Devem chegar à semifinal a Espanha, a anfitriã, a Alemanha, a campeã europeia corrente, e também o país do presidente do comitê organizador da Fifa, Hermann Neuberger, a Argentina, defensora do título e protegida do vice-presidente da Fifa, o vice-almirante Carlos Alberto Lacoste, e o Brasil, a equipe mais amada e acompanhada, além de pátria do presidente da Fifa, João Havelange.

O futebol, porém, como sentenciou Telê Santana, é uma mina de imprevistos e é exatamente sobre suas incertezas que se erguem seus segredos. E, de fato, os organizadores viram todos os seus projetos cancelados no campo. Nos planos de Saporta, Neuberger, Lacoste e Havelange, as semifinais deveriam ter sido Brasil × Argentina de um lado e Espanha × Alemanha do outro. A Argentina, se não tivesse perdido na estreia para a Bélgica, teria vencido seu grupo, evitando, assim, o Brasil na segunda fase. O mesmo vale para os anfitriões, derrotados pela Irlanda do Norte, apesar de terem contado com árbitros complacentes e pênaltis presenteados.

A mais bela das Copas do Mundo até esse ponto não foi abalada apenas por escândalos de arbitragem, mas também em razão de um mecanismo classificatório grotesco, cujas consequências, nesta segunda fase, estão à vista de todos. A desproporção das forças nos quatro grupos criados é abissal.

Os seis cabeças de chave da Copa foram comprimidos em apenas dois grupos (Argentina, Brasil e Itália de um lado e Alemanha, Inglaterra e Espanha do outro). No Grupo C, o da Itália, estão o primeiro, o terceiro e o quarto classificados da última Copa do Mundo; o Grupo D, com França (que desde 1962 não passava para a segunda fase), Áustria e Irlanda do Norte, ostenta, por sua vez, impressionante modéstia. Os irlandeses, que chegaram de forma surpreendente à segunda fase, não tinham sequer hotel reservado em Madri.

Em todo caso, embora tenha nascido de forma surpreendente, o supergrupo da cidade de Barcelona agora está fazendo o mundo enlouquecer. Os holofotes e os olhos de todos estão voltados para a capital catalã.

Quando os *azzurri* acabam em um grupo tão difícil, a imprensa começa a considerar o fim de sua aventura na Espanha. Fabrizio Cerri (*Il Popolo*) já fala da "presumível saída da seleção de Bearzot". Gian Paolo Ormezzano (*La Stampa*) escreve sobre uma "decadência certa". Não são os únicos que não acreditam: "É um grupo muito difícil para a Itália", infere Franz Beckenbauer, "e a equipe tem jogadores muito velhos".

O tema da véspera passa a ser o "saber perder". Os jornais sempre reforçam a mesma ideia: "Se temos que nos despedir, vamos deixar pelo menos uma boa recordação" (*Corriere dello Sport*); "Vamos pelo menos fazer boa figura!" (*Il Messaggero*); "Basta saber perder" (*Corriere della Sera*); "Cair fora, talvez, mas com alegria" (*Il Giorno*); "É necessário ao menos perder bem" (*La Gazzetta dello Sport*). Oreste del Buono, de sapatos Clarks, necessários depois de ter encharcado dois pares de mocassins nos riachos da Galícia, tinha comprado o último livro de Gabriel García Márquez e ficou impressionado com a coincidência do título pessimista: *Crônica de uma morte anunciada*. "Se a Itália desta vez realmente está a caminho de encontrar a morte... bem, ela será gloriosa, com Brasil ou Argentina."

Em Barcelona, porém, a Itália respira um ar diferente. E não só porque, finalmente, o sol saiu. O espírito dos jogadores começa a mudar. Os *azzurri* parecem renascidos. Estão conscientes de que sua condição não é pior que a de outras equipes. Áustria e Alemanha passaram de fase depois de um vergonhoso jogo de cena que condenou a Argélia. Para estigmatizar a farsa, o *El Comercio*, jornal de Gijón, moveu a reportagem sobre o jogo das páginas de esportes para as criminais. O título foi bem descritivo: 40 mil pessoas enganadas no estádio El Molinón por uma gangue de alemães e austríacos.

E a Espanha também foi indecente, vaiada por seu próprio público, capaz de eliminar a Iugoslávia e a surpreendente equipe de Honduras apenas graças aos pênaltis oferecidos generosamente pelos árbitros; mas incapaz de evitar a derrota, em casa, contra dez homens da Irlanda do Norte. Sem falar no árbitro russo Miroslav Stupar, que voltou em sua decisão depois de clamorosa negociação com o xeque do Kuwait, Al Ahmed Al Sabah, presidente da federação de futebol de seu país, que conseguiu um lugar na história por ter entrado em campo e convencido o juiz da partida a anular o quarto gol da França, feito por Giresse. Até mesmo os brasileiros, no jogo de estreia, o mais importante, igualmente se beneficiaram da cumplicidade da arbitragem.

Felizmente, a comissão presidida por Franchi restaurou a credibilidade do torneio afastando quatro homens de preto: Lamo Castiello, que favoreceu o Brasil ao negar dois pênaltis e anular um gol da URSS; Luis Barrancos, acusado de ter presenteado um pênalti inexistente à Argentina contra El Salvador; Henning Lund-Sørensen, que ajudou a Espanha inventando uma penalidade máxima contra a Iugoslávia (em todos os três casos, os árbitros foram auxiliados por bandeirinhas espanhóis); e, claro, Miroslav Stupar.

A Itália chegou a Barcelona titubeante, na ponta dos pés. Mas chegou. E não tem que agradecer a ninguém por passar pela primeira fase. Mesmo que seja a única equipe a ter se classificado sem uma vitória, ainda não teve resultados negativos e é uma das seis que chegaram invictas à segunda fase.

Quatro anos antes, havia sido a única seleção a se classificar com a pontuação total: três jogos, três vitórias e seis gols. Agora, porém, tem a grande oportunidade de mudar o tom de sua Copa do Mundo. E os rapazes de Bearzot não querem desperdiçá-la. Sim, o ar mudou. A condição física melhorou, a equipe está de volta à boa forma. Desapareceu o medo de não ter sucesso, de falhar no objetivo mínimo de classificação. O clima, a umidade, aquele frio fora de época de Pontevedra permitiram à equipe armazenar energias úteis para resistir ao calor sufocante de Barcelona. Há o estímulo de jogar contra duas grandes seleções, uma campeã em exercício e outra considerada por unanimidade a virtual vencedora desta Copa. E existe, por fim, a carga de se sentirem sozinhos contra todos. O que pode se tornar um trunfo.

A Itália, porém, não faz parte dos pensamentos do Brasil. As atenções estão voltadas para outro lado. O grupo da segunda fase deixa Telê mais focado, mas não preocupado. Até a imprensa brasileira viaja com tranquilidade. O Brasil, elogia a revista semanal *Placar*, "venceu os três jogos, fez dez gols, sofreu apenas dois e é, mais do que nunca, o favorito da competição. Não apenas porque tem o melhor desempenho entre todos os candidatos que aspiram ao título, mas por ser o único time a mostrar, além de um talento individual invejável, um plano de jogo arejado, moderno, ofensivo, quase irresistível". A Itália não é uma preocupação. *Placar* deixa de lado as nuances: "Olhando para trás na história da seleção italiana, não há por que temer [...], temos todas as condições para superá-los sem grandes dificuldades". Certeza acompanhada dos vaticínios do editor Juca Kfouri: "A Itália, não se pode negar, não dá medo. É um time antigo e que joga um futebol sem graça ou criatividade. Devemos nos perguntar: até quando seremos campeões apenas três vezes?".

Prognósticos, declarações, jornalistas, até mesmo o presidente da Fifa, o brasileiro João Havelange ("É uma pena que Brasil e Argentina estejam jogando pelo acesso à semifinal em um estádio como o Sarriá"), ignora completamente a Itália. Na Espanha, a Argentina provou ser um time instável, capaz de perder sem lutar contra a Bélgica, de fazer gols contra a modesta Hungria e, finalmente, de passar de fase vencendo o azarado El Salvador também graças a um pênalti questionável. Mas é uma seleção composta quase inteiramente de campeões mundiais, aos quais acrescentou um suntuoso reforço: Maradona, o melhor jogador do mundo.

Em 7 de maio de 1979, Osvaldo Soriano escreveu a Giovanni Arpino: "Amigos me dizem que num pequeno clube de Buenos Aires, o Argentinos Juniores, está a salvação para o Torino. Chama-se Diego Armando Maradona, tem 18 anos e é, segundo os jornais e meus próprios amigos, o maior jogador (mesmo que baixinho de altura) dos últimos 30 anos. Faz dois gols por jogo (seu time é ruim, mas eles estão em primeiro lugar) e integra a seleção. Claro, todos os grandes, e o Barcelona, querem comprá-lo: custa, eu acho, 5 milhões de dólares. Se o Torino tiver esse dinheiro, está feito. Dizem que, comparado a ele, Sívori é um pé-torto. Então, não diga que eu não avisei".

Por causa da grande rivalidade entre Brasil e Argentina, a expectativa é de que esta seja a partida mais disputada. Telê também está convencido de que serão os argentinos, e não os italianos, que vão endurecer para sua seleção: "Certamente, é improvável que alguém mostre, no momento mais difícil, qualidades que não demonstrou em horas menos complicadas. A Itália é uma seleção inócua, desgastada, provavelmente devido às campanhas dirigidas contra Bearzot e seus jogadores". Com Carlos Maranhão, enviado da *Placar*, ele se solta: "A minha equipe vive um excelente momento. Hoje não tenho medo de dizer que estamos entre os melhores do mundo e que ninguém pode brincar com a gente. Prevejo um espetáculo maravilhoso contra a Argentina e admito que os atacantes italianos podem, sim, reagir. Mas não arrisco um prognóstico. Esta fase é difícil, passa só uma seleção. No entanto, confio totalmente na minha equipe".

Anunciando o desembarque da seleção no festivo aeroporto El Prat, de Barcelona, o jornal local *El Periódico* é capaz de resumir numa manchete o sentimento que permeia os torcedores espanhóis: "Chega o maior espetáculo do futebol". Os brasileiros se estabelecem a 40 quilômetros de Barcelona, no hotel Mas Badó, uma casa de fazenda que, entre 1929 e 1944, foi um importante sanatório para o tratamento de tuberculose. Antes de chegar lá, o presidente Giulite Coutinho comunicou à equipe que cada jogador receberá uma televisão e um gravador de vídeo Sharp. Em comparação com Sevilha, o ritmo diário muda para eles. As partidas da segunda fase são realizadas à tarde. Na quinta, foram conhecer o campo do Sarriá, onde jogarão contra Argentina e Itália. Sócrates anotou em seu diário nesse dia: "O estádio está em péssimo estado, mas o campo é tão bom quanto o de Sevilha. Para quem joga, o importante é isso".

O primeiro treino dos brasileiros na Catalunha é no estádio do Centre d'Esports Sabadell, a cerca de 30 quilômetros da concentração. O preparador físico Tim monitora meticulosamente a execução dos exercícios. Ao lado dele, o auxiliar técnico, o campeão mundial Vavá. Os brasileiros se espantam com o silêncio dos italianos com a imprensa: "Nós falamos até nos treinos", diz Éder. E, de fato, mesmo naquela ocasião não faltam declarações: "O Brasil joga futebol em constante movimento. É o futebol do futuro", diz Zico, "a Itália, por outro lado, ainda marca homem a homem. O futebol triste do passado. Neste século, é uma coisa ridícula. Os italianos podem ficar satisfeitos por terem passado pela primeira fase. Mas eu ainda não consigo acreditar que não conseguiram vencer Camarões". Segundo Sócrates, "Antognoni é o melhor jogador italiano e um dos melhores do mundo". Então, sorrindo com seu ar absorto, de pensador, para os rostos perplexos dos entrevistadores italianos, o capitão pergunta: "E a história sobre Rossi e Cabrini é verdadeira?". E volta a trocar passes de cabeça com Dirceu. Os dois se dobram sobre os joelhos, deitam-se na grama, e a bola insiste em ir e vir de uma testa à outra, como se fosse magnetizada por dois ímãs.

Ao mesmo tempo, a 45 quilômetros dali, Giovanni Trapattoni e Giancarlo De Sisti, técnicos de Juventus e Fiorentina, respectivamente, acompanham com atenção os últimos treinos dos *azzurri* à beira do campo do Deportivo Gavà. São os comandantes do campeão e do vice-campeão da *Serie A* que acaba de terminar e sentiram a necessidade de se aproximar de seus rapazes. Trapattoni se hospedou em um hotel na Costa Brava, a 80 quilômetros de Barcelona, e De Sisti nos arredores da capital catalã, no luxuoso hotel Princesa Sofia, na praça Pio XII.

Ambos têm um Brasil em suas histórias. Trap marcou Pelé em 12 de maio de 1963, no estádio San Siro, quando os *azzurri* esmagaram os então campeões mundiais por 3 a 0. Picchio De Sisti, sete anos depois, jogou contra a seleção a final da Copa do Mundo do México, titular de uma Itália que, na noite de 21 de junho de 1970, sucumbiu devido ao cansaço apenas a 24 minutos do fim do jogo. "Ainda me lembro como meu coração batia enquanto escutava com atenção o hino de Mameli.[15] Estava em jogo a posse definitiva da Taça Julets Rimet, e os *azzurri* a disputavam contra a equipe mais forte do planeta.

No fim da sessão de treinamento, os técnicos são abordados por seus jogadores. Não é preciso muito para Trap entender que Paolo Rossi está cansado da desconfiança, sobrecarregado com a responsabilidade de conduzir uma equipe inteira. De Sisti recorda as glórias mexicanas a Graziani, Antognoni e Massaro: "Nós também começamos mal, sem brilho nos jogos de grupo, nos classificamos marcando só um gol, mas depois explodimos e chegamos até a final". Conversando com os rapazes, os dois descobrem com espanto que a tática do silêncio está dando frutos. Diante de ambos os técnicos, está um grupo finalmente calmo e decidido. Realmente parece ser outra equipe.

27. O Sarriá

O destino do grupo mais espetacular, que tem Argentina, Brasil e Itália, será decidido, ironicamente, no Sarriá, o pequeno estádio do Espanyol, segunda equipe de Barcelona, com apenas 44 mil lugares contra 98 mil do esplêndido Camp Nou dos *blaugrana*.

Os organizadores se perguntam como Argentina × Brasil, uma final antecipada, pode ser disputada num estádio de capacidade tão reduzida. É uma oportunidade perdida, uma renda desperdiçada. Como se não bastasse, as partidas devem acontecer às 17h15, horário infeliz para que se tenha um número de espectadores à altura do evento. Por essas razões, o comitê organizador propõe oficialmente inverter campos e horários. A ideia vem do alemão Hermann Neuberger, e João Havelange a aceita, lhe parece lógica: o futebol é um negócio e não deve haver motivo para se abrir mão de 50 mil espectadores. A proposta é adequada a todos, porque as 12 seleções restantes dividirão as receitas globais da segunda fase; portanto, é do interesse de todos que os estádios estejam cheios.

15 Goffredo Mameli (1827-1849) foi um poeta italiano, autor da letra do hino nacional da Itália. A canção também é conhecida como "Fratelli d'Italia".

Mas basta uma única recusa para impedir tudo. E a recusa chega. É da Bélgica, que, ao lado de Polônia e URSS, conquistou em campo o direito de jogar no principal estádio de Barcelona, com jogos se iniciando no horário nobre, às nove da noite, e não quer abrir mão disso. Ambiente luxuoso, início da noite e clima ameno. Quem abriria mão? E, de fato, o presidente da Federação Belga, Louis Wouters, que sonha em botar água no chope de João Havelange desde o sorteio de janeiro (quando sua seleção, vice-campeã europeia, teve negada a possibilidade de ser incluída entre os grandes da Copa), não tem intenção de renunciar a um pedaço de bolo tão apetitoso: "Ficamos indignados até mesmo por ouvir a ideia. Se isso acontecesse, a equipe deixaria a Espanha ou jogaria de camisa preta as partidas restantes. Preto é a cor do luto e também da vergonha".

Não é o primeiro protesto do belga. Ele quis ser cabeça de chave, quis jogar no grupo da Itália, quis substituir na última hora o atleta Vandereycken, levado à Espanha machucado. Mas esse ponto é o único em que ele está do lado da razão. O técnico Guy Thys bate ainda mais duro: "Primeiro, eles foram malandros ao manipular os grupos. Agora que caíram na própria armadilha, gostariam de fazer tudo de novo por dinheiro. Mas nós discordamos".

Até mesmo os dirigentes do Espanyol, anfitriões do Sarriá, negam a possibilidade da troca: "Foram designados Argentina, Brasil e Itália, e nós os queremos aqui". Poucos dias antes, deveriam ter se apresentado no estádio os Rolling Stones, carro-chefe do festival Cultural España 82 (30 milhões de pesetas em ingressos já tinham sido vendidos), mas o clube anfitrião, temendo atos de vandalismo da multidão, disse não. Esses três jogos são muito importantes. Então, pensa-se em salvar a vaca que ia para o brejo com um truque: uma compensação pelas perdas de receita do Espanyol colocando Bélgica, Polônia e URSS para jogar no estádio do clube, mas às nove da noite. Parece certo, mas no fim é um problema técnico que encerra a discussão. A iluminação do Sarriá não é suficiente para jogos à noite. A Bélgica, portanto, garante sua primeira noite no Camp Nou. Itália e Brasil jogarão no Sarriá, às 17h15.

O estádio do Sarriá é, portanto, o único teatro em que se decidirão os destinos das três seleções do grupo. É um estádio em declínio — a colocação da pedra fundamental data de 31 de dezembro de 1922 —, que parece ter sido pousado acidentalmente no vértice do ângulo criado pela Avenida de Sarriá e pela Rua General Mitre, em meio a um conjunto de arranha-céus residenciais, na extremidade oeste da cidade. De acordo com Oreste del Buono, "parece empenado, torto, é também desajeitado e apertado. Assemelha-se um pouco ao antigo Flaminio,[16] e as casas que o rodeiam estão repletas de espectadores condenáveis como no Marassi.[17] O cenário certo para os encontros desse grupo latino". Mais de 400 milhões de pesetas foram gastos na reforma do gramado e na ampliação, em 4 mil almas, de sua capacidade original, de 40 mil, mas segue sendo um estádio apertado e sufocante. Entre o campo e o início das arquibancadas, não há mais de dois metros. Um êxtase para a torcida.

28. **A vigília**

O meio de campo é uma região de alma, reflete a identidade de quem o ocupa. Podem habitá-lo criadores de formas ou infladores de pulmões. A fantasia ou a corrida. Na Itália muito moderna de Bearzot, há um homem que representa a junção das duas categorias. O técnico, negando décadas de lugares-comuns de *catenaccianos* e contra-atacantes, confiou a região a ele. Porque sabe que somente no campo ele é capaz de encontrar seu sossego. Os olhos ardentes pela perene inquietação, refletida em sua neurastênica magreza, não devem enganar: talvez seja o jogador mais universal entre os que o futebol italiano está produzindo. Um feixe de nervos capaz de acelerar, neutralizar, recuperar a bola e fazer gols.

No gramado do Deportivo Gavà, Marco Tardelli corre mais do que todos. Seus galopes de tirar o fôlego lhe renderam um apelido de que não gosta, "Schizzo"[18] (o *copyright* é de seu velho amigo Luciano Spinosi), mas também o ingresso para o futebol de verdade. Para ele, crescido esguio e frágil na "serena pobreza" de Capanne, situada nos Alpes Apuanos, correr sempre foi uma brincadeira. No futebol simples de uma Itália camponesa, era um menino que vivia na rua. Passava o

16 Estádio inaugurado em 1957 na cidade de Roma, serviu de sede para as Olimpíadas de 1960, disputadas na capital italiana.

17 Inaugurado em janeiro de 1911, o estádio Luigi Ferraris, em Gênova, é a casa do Genoa e da Sampdoria. É também chamado de Marassi em razão do bairro onde está localizado.

18 Rascunho, esboço, desenho.

tempo roubando a bola do adversário e as ameixas das árvores. Além de transportar seus 59 quilos de uma mesa a outra, nos meses quentes do verão. Como os de 1970, ano que se diverte ao fazer dois destinos se cruzarem. O de Dino Zoff, goleiro da seleção campeã da Eurocopa, de saída do Napoli, que se senta à mesa do bar Ciocco, em Garfagnana; e o de Marco Tardelli, lateral de 16 anos dos juniores do Pisa, que o reconhece na hora e, com as pernas tremendo, vai anotar seu pedido.

Agora tudo mudou — mas talvez nada tenha mudado. O capitão Zoff continua a fazer pedidos e dar ordens a partir de sua meta. Tardelli, mesmo já aos 28 anos e no auge da maturidade, não esqueceu o que é o sacrifício. Sabe que o meio de campo do Sarriá é o lugar onde os pratos serão servidos. Poucos acreditam nele. Alguns, como Brera, consideram-no ultrapassado. Quando Tardelli o viu entrar no bar do hotel, levantou-se: "Vou embora, aqui está cheirando a merda". Além disso, na véspera do jogo contra os argentinos, no campo de treinamento do Gavà, Tardelli desafiou para um duelo o chefe de serviço de Brera, um toscano como ele.

A Toscana é uma terra de rivalidades e paroquialismo. Os sienenses odeiam os florentinos, os florentinos odeiam os de Pisa, os de Pisa odeiam os de Livorno, os de Pistoia odeiam o povo de Prato, e assim por diante. Os rancores entre Florença e Pisa remontam à época da batalha naval de Meloria, em 1284, quando a primeira deixou a segunda para trás favorecendo Livorno. Em torno do campo de Gavà se movem os destinos de três toscanos representando três cidades unidas pelo ódio atávico: Sconcerti (Florença), Tardelli (Pisa) e Del Buono (Livorno).

Como se estivessem num palco, Gentile e Dossena convidam para o número teatral um apresentador de rádio da RAI, Ezio Luzzi, conhecido dos ouvintes italianos por "Tutto il calcio minuto per minuto", pois, seguindo seu estilo, tem o hábito de interromper as narrações da *Serie A*, de Enrico Ameri e Sandro Ciotti, para falar de futilidades. À frente dele, os dois jogadores fingem enfim estar retomando as entrevistas. Movem as bocas como peixes. Para eles, é uma forma de amenizar a situação e aliviar o clima. Luzzi entra na brincadeira e ri. O florentino Mario Sconcerti não pensa do mesmo modo, reunido nas arquibancadas com outros colegas, ansiosos pela abertura de alguma fenda no *front* do silêncio *azzurro*.

"Estão zombando de pessoas que estão aqui para trabalhar."

"Venha aqui!", grita Tardelli com ele.

Mas o jornalista não se mexe.

"Pode guardar para si o que quer me dizer. Para mim, o que vocês falarem agora não importa mais!"

Os outros jornalistas ouvem, um pouco atordoados com o calor. Oreste del Buono, também sentado na arquibancada, fica tentado a intervir. Mas permanece preso a suas próprias ideias: "E se essa raiva for útil?". De Livorno, Buono nota em Tardelli, de Pisa, uma vontade desesperada e heroica de reagir.

Tardelli se aproxima da arquibancada, Sconcerti desce até o campo. O duelo ocorre sob os olhares atordoados dos espectadores e dos jornalistas. Eles se olham nos olhos e se ofendem, trocam insultos, estão prestes a chegar às vias de fato, quando alguém intervém.

"Aqui não é digno", diz o jornalista. "Se vamos resolver o assunto, que seja lá fora."

Pausa. Segundo ato: eles se encontram na parte exterior, no pátio em frente aos vestiários. Um de frente para o outro. Mas a briga se tornou um subterfúgio. E o instinto dá lugar à razão.

"Estamos fazendo teatro", avisa Sconcerti.

"Vamos, sejamos mais inteligentes do que estamos demonstrando."

Apertam as mãos. Para a imprensa, é mais um episódio desagradável. Para Del Buono, um sinal. É a raiva pelo orgulho ferido. E então, mesmo se "oficialmente o voto de silêncio não foi revogado, algumas palavras foram trocadas; em suma, o silêncio continua ao estilo italiano, o que significa que não é mais silencioso. Como nas brigas entre os amantes". E, então, aquele punhado de palavras dá a ilusão de que uma ponte foi finalmente baixada. As frases certamente não são pronunciadas como um sinal de relaxamento. Mas alguns jornalistas se animam; afinal, o contato parece ter se restabelecido.

29. **A primeira dança**

Cabe aos *azzurri* abrir a pista para o grupo. Terça-feira, 29 de junho, primeira dança com a Argentina, já certa de que irá impor seu tango: "A Itália é a equipe mais anacrônica da Copa, até porque está 50 anos atrasada".

Bearzot não consegue acreditar que Luis Menotti tenha proferido essas palavras. Eles se conhecem há algum tempo. Fizeram um pacto por ocasião da Copa de 1978: caso se enfrentassem, não se machucariam. Em seguida, o técnico argentino retirou o que havia dito, e a Itália o puniu com a grande ferida que o time sofreria naquela Copa do Mundo. Menotti sempre perdeu para Bearzot, mesmo quando o enfrentou como técnico da Argentina contra o Resto do Mundo. "As equipes se tornam anacrônicas em função dos resultados que obtêm. Um dia são assim; no outro, não. Menotti sabe dessas coisas, assim como sabe que julgamentos feitos antes de um jogo são suscetíveis a mudanças, até mesmo radicais, uma vez que se entra em campo."

Com a imprensa, Bearzot é uma esfinge: "Todos os homens que tenho à minha disposição se adaptam a esse jogo". O regulamento lhe permite divulgar a formação uma hora antes do início da partida. "Confirmo os mesmos 16 do primeiro jogo", murmura somente para agradar aos repórteres. Para os jornalistas, isso significa: Marini volta, Oriali vai para o banco, Dossena para a tribuna e Tardelli marcará Maradona. Os repórteres vindos de Alicante, onde a Argentina jogou as últimas duas partidas da primeira fase, contra Hungria e El Salvador, insistem em cravar Bertoni na esquerda. "E eu continuo a não acreditar", responde Bearzot. "Menotti não será tão ingênuo!"

É um jogo de xadrez. O treinador está convencido de que no final Ramón Diaz vai para a direita, Bertoni ficará no centro e Kempes, à esquerda, com Maradona mais à frente. Para ele, o importante será conseguir as aproximações certas no meio de campo para que o jogo possa fluir. Sua Itália não tem intenção de se defender a todo custo. Quer se impor, apesar de jornais como o *L'Unità* e o *La Repubblica* a apunhalarem preventivamente, determinando o calendário das quartas de final com antecedência: terça-feira, 29, Itália × Argentina; sexta-feira, 2, Brasil contra o perdedor do primeiro jogo; segunda-feira, 5, Brasil contra o vencedor da primeira partida. Título: "Itália em campo na terça e na sexta-feira".

Às 11h30, chega um telegrama para Sordillo. O presidente o abre imediatamente:

Os *azzurri* vencedores dos títulos mundiais de 1934 e 1938 oferecem seu velho coração à seleção.

Seguem oito assinaturas lendárias: Borel, Ferrari, Ferraris, Foni, Locatelli, Olivieri, Piola, Rava. Cheio de emoção, Sordillo coloca o envelope no bolso, leva-o ao Sarriá, desce até o vestiário e, um pouco antes do começo do jogo, o lê para Bearzot e seus rapazes, os únicos que ainda acreditam.

O Velho esconde zelosamente sua formação até o último momento. Menotti tenta embaralhar as cartas: desloca Bertoni para afastá-lo de Cabrini, sua besta negra, dá a Maradona a posição de centroavante para colocar em dificuldade Tardelli, seu tradicional oponente, pondo Diaz na direita. O objetivo é arrastar Collovati para a lateral e Cabrini para longe de sua posição. Mas, ao fazer isso, cai direto na rede que Bearzot teceu em silêncio. Em resposta aos movimentos de Menotti, o treinador entrega Bertoni a Collovati e Diaz a Cabrini, ambos deixados em sua área de competência apenas trocando marcações, move Oriali para marcar Ardiles, confia a missão Maradona a Gentile e põe Tardelli colado em Kempes, permitindo-lhe construir com Oriali, Antognoni e Conti uma articulação de meio de campo de grande mobilidade, que impede o adversário de pensar.

Os *azzurri* são posicionados em suas zonas com tarefas específicas: quando os adversários chegam ao limite da área italiana, devem assumir a marcação do jogador que se apresenta em seu espaço de competência. Oriali é o meio-campista encarregado de manter a ligação entre ataque e defesa; mais à frente, Antognoni é o armador que deve direcionar as ações para o jogador sem marcação e pode se mover com muita liberdade com Tardelli, que terá a tarefa de entrar na área adversária. Do jogo de ataque de Rossi e Graziani, fazem parte também as incursões pela esquerda de Cabrini e os dribles rápidos de Conti pela direita. Tendo as tarefas de proteção em mente, a equipe está sempre preparada para virar completamente o jogo depois de recuperada a bola, com Cabrini, Conti, Antognoni e Tardelli: é um contra-ataque que espera alcançar o último quarto do campo adversário rapidamente para então se abrir o jogo na direção do companheiro livre. Em torno de Maradona, Bearzot instala uma gaiola de segurança. Se Gentile perdê-lo na marcação, virá primeiro Oriali, depois Scirea. Mas Bearzot não quer fazer um jogo defensivo.

Na véspera, foi até Tardelli: "Preciso de um jogador a mais no meio de campo, um que vá até a área. Gentili cuidará de Maradona". A mudança acaba sendo decisiva; o plano é executado à perfeição, o jogo, uma obra-prima tática. Bearzot não perde um movimento.

Bloqueando os cinco jogadores argentinos, neutraliza toda a equipe. Gentile se acorrenta ao Pibe de Oro, Tardelli faz a bola passar entre as pernas de Fillol (num contra-ataque trabalhado que começa com Cabrini, é apurado por Conti, iluminado por Antognoni e finalizado pelo *azzurro*), Cabrini amplia (graças a uma finta mortal de Conti) e Passarella diminui (numa cobrança de falta irregular, enquanto Zoff ainda posicionava a barreira). A Argentina está de joelhos. Quando o árbitro apita o fim, Bearzot está emocionado e perplexo. Sente uma emoção especial; é sua primeira vitória na Copa da Espanha. Criticado com desdém na primeira fase, seu esquema se consagra contra os atuais campeões mundiais. Algo lhe diz que a verdadeira final será contra o Brasil.

Depois do jogo, o diretor-operário Cucci e o advogado-presidente Sordillo se cruzam no estádio, ambos com lágrimas nos olhos, e sem perceberem já estão abraçados. É uma vitória pacificadora. Sordillo acredita que o telegrama, ainda guardado em seu bolso, tenha sido importante: "Com o coração, e também com a técnica, se vence". Os repórteres mais maliciosos, por outro lado, observam que o árbitro Rainea permitiu a Gentile roer Maradona um pedaço de cada vez até comê-lo todo. Um repórter espanhol contou 21 faltas do zagueiro no argentino, também observando com exagero anatômico "três cotoveladas de prótese dentária, duas mordidas de orelha e uma joelhada desclassificante". O presidente Pertini, por sua vez, justifica os atos do marcador italiano em nome do amor à pátria: "O futebol é um esporte para pessoas duras, não para bailarinos!". Assim, ao final do jogo, enquanto os *azzurri* desfrutam de seu primeiro sucesso, os vestiários italianos são invadidos por um grupo de dirigentes eufóricos da Federcalcio. Mas o Velho, sem hesitar, corre até a porta: "Todos para fora, esta é uma vitória de que os rapazes e eu vamos desfrutar. Sozinhos".

30. **A revolta dos excluídos**

Bearzot fecha a porta para o mundo. Faz isso para proteger seus rapazes. Nunca antes os jornais italianos criaram tantos casos e dualismos como nas últimas semanas, arriscando-se a arruinar a harmonia do grupo. Oriali contra Marini, Tardelli contra Massaro, Conti contra Causio, Graziani contra Rossi e outros embates fratricidas. Nada mais distante da realidade.

Os dois meios-campistas da Inter têm relacionamento excelente. A história deles é a de um clássico em família. Oriali e Marini, irmãos rivais por uma única camisa. Ao segundo, coube enfrentar Polônia e Peru; o primeiro atuou contra Camarões e Argentina, deixando o último quarto da disputa com os argentinos para seu parceiro. Um é pensativo e silencioso; o outro, aberto e alegre. Dois lados da mesma moeda. O revezamento entre eles começa dois anos antes, quando a Itália inicia a luta pela classificação para a Copa do Mundo. Oriali é o dono da posição. Dez anos antes, depois de marcar sua majestade Cruyff numa final de Copa dos Campeões da Europa, e pouco após ter chegado à maioridade, parece ser o homem mais importante para os novos rumos do futebol italiano dos anos 1970. Em vez disso, assiste às Copas dessa década — 1974 e 1978 — pela televisão. Bearzot o faz estrear pouco depois do Mundial argentino, ele vai bem e faz por merecer a Eurocopa. Mas, então, machuca-se. A seleção tem um mês difícil — Dinamarca, Iugoslávia e Grécia —, e Bearzot se encrenca. Não encontra nada na gaveta das memórias e não pode se dar ao luxo de experimentar uma promessa. Escolhe Marini: é um atleta generoso, tem quase trinta anos e fôlego de sobra. Pede licença ao companheiro e vai cumprir seu papel. Bearzot obtém três vitórias. Na Copa, Damascelli, dando-o como reserva às vésperas da estreia contra os poloneses, descreve-o como alguém de "cara comprida e triste". Mas é ele quem joga. Oriali volta a ser titular contra Camarões, quando toma o lugar do parceiro que sofre de pubalgia. "Sem problemas", diz Marini. "Lele é um amigo, ele e eu somos a mesma coisa." Oriali e Marini estão em sua primeira Copa, mas também nas últimas voltas da carreira. Para ambos, no entanto, o risco de perder a chance e encerrar no banco a trajetória pela seleção não é algo que possa enfraquecer a amizade.

Depois do revezamento entre Tardelli e Massaro no jogo contra o Sporting Braga, às vésperas da Copa, rios de tinta são desperdiçados para tratar de um suposto antagonismo. Na época, Tardelli ainda não estava em sua melhor forma. Massaro tinha pouca experiência, mas energia para dar e vender. Havia apenas um lugar em disputa. O jovem Massaro decidiu então dizer como as coisas aconteceram: "Tardelli foi o primeiro a me dar conselhos sobre como manter a calma e jogar sereno em campo".

Mesma história entre Graziani e Rossi. Foram os gols do primeiro, com os de Bettega e Antognoni, que levaram a Itália até a Argentina em 1978. Mas "Ciccio" Graziani teve dois infortúnios: estava em má forma às vésperas da Copa do Mundo, e quem lhe fazia sombra era o melhor jogador daquele momento: Paolo Rossi. Convencido de que na vida não se pode ser sempre o primeiro, engoliu a pílula amarga e torceu por Pablito. Mas foi difícil. No começo da Copa na Espanha, com a volta de Rossi à seleção, sua titularidade ficou ameaçada. Se Bearzot tivesse usado Causio à esquerda e Conti na direita, o único atacante seria Rossi. Graziani correu o risco de se tornar o centroavante de duas eliminatórias de Copa do Mundo sem nunca disputar a fase final do torneio. A imprensa se aprofundou nesse tema e lhe perguntou se ele fazia questão de ter a vaga dessa vez. Graziani não vacilou: "Farei o mesmo, como há quatro anos. Espero jogar com ele, mas também estou pronto para ceder o meu lugar. Sem polêmica". Em Vigo, durante um treino à tarde, entre os jogos contra o Peru e Camarões, um torcedor italiano armado de um megafone gritou: "Rossi, você é risível!". Graziani respondeu-lhe: "Se veio encher o saco, por que não ficou em casa?".

Foi nesse dia que Franco Esposito, do *Mattino*, em vez de se solidarizar, falou de um "emaranhado de víboras", do "bordel" e da "revolta dos excluídos".

Entre Conti e Causio, os maiores representantes do chamado "tropicalismo italiano", a imprensa criou seu enésimo dualismo. Os dois, na verdade, nunca foram rivais. Sim, Causio ajudou muito Conti, tornando-se seu conselheiro particular. O Barão já tinha duas Copas do Mundo nas costas e, na de 1978, enfrentou exatamente Argentina e Brasil. E, se os brasileiros formaram uma equipe praticamente nova, os argentinos não mudaram muito. Então, alguns dias antes do desafio com os atuais campeões do mundo, Causio buscou fundo em suas memórias e foi pródigo em sugestões ao colega. Tarantini seria o rival direto de Conti. O Barão o tinha levado à loucura em Buenos Aires e sabia como lidar com ele: "Coloque a focinheira nele, deixe-o perceber que nas divididas você também não tira o pé. Fique na intermediária para encará-lo na velocidade, faça-o ficar atordoado com os dribles. Arrisque também alguns chutes e verá que vai privar Zoff e nossa defesa de alguns riscos. Depois de um tempo, ele vai grudar em você, vai perder a vontade de tentar a sorte no ataque".

Em seguida, mostrou-lhe dezenas de vezes, em videoteipe, os carrinhos de Passarella ("Se pegar no seu tornozelo, você está frito") e o estilo das saídas de gol de Fillol: dois detalhes técnicos fundamentais para alguém como Conti, que joga sobretudo em velocidade e com cruzamentos. Conti nunca escondeu sua admiração pelo Barão; na verdade, sempre pretendeu enfatizar seu orgulho por usar a camisa 7 da seleção, a mesma de Causio na Copa da Argentina. Causio sempre foi seu ídolo. Foi nele que se inspirou e é a ele que deve muito do que aprendeu a fazer em campo: driblar bem, parar, mudar de ritmo, cruzar em velocidade. Reencontrá-lo a seu lado, depois de tantas vezes acompanhá-lo de olhos arregalados, constitui uma experiência inesquecível. E é sentado a seu lado que vai no ônibus que leva os *azzurri* ao estádio para o jogo contra a Argentina. Conti estava agitado no banco, fumando nervosamente. Causio lhe arrancou o cigarro dos dedos e o fez se acalmar: "Você sabe com quem vai jogar, quem vai enfrentar, o que está em disputa. Enlouquecer agora não vai adiantar, faça isso em campo".

Quando, no início da Copa, Marco Bernardini, do *Tuttosport*, perguntou a Causio quem dos dois deveria vestir a camisa de titular, ele não hesitou um momento: "É justo que jogue Conti, muito justo!".

Mesma resposta a Angelo Pesciaroli, do *Corriere dello Sport*: "Conti é o titular, estou bem com isso". Lealdade retribuída pelo companheiro: "Quem dera tivesse adversários honestos como ele. Seria bom se o Bearzot nos deixasse jogar juntos!". E o treinador os fez jogar juntos um tempo contra o Peru, na partida em que, por coincidência, Conti marcou seu único gol no torneio. Mas nem isso foi suficiente para acalmar os espíritos dos cronistas italianos da capital.

31. O exército de Brancazot

O covil dos conspiradores romanos reside na Via del Tritone, no quarto andar de um antigo edifício do início do século XX que outrora fora o Hotel Select. É o espaço que aloja a editoria de Esportes do *Il Messaggero*, jornal inimigo ferrenho de Bearzot. Lá, de uma sala, o chefe dos serviços esportivos Gianni Melidoni, neto de um almirante, comanda seu navio. Um a um ele escolheu os membros de sua tripulação. A Lino Cascioli, cronista alegre e jovial, sempre pronto para brincadeiras, com talento e inteligência para dar e vender, confiou uma tarefa precisa: marcar Bearzot homem a homem, sem lhe dar descanso, até que ele fique exausto. Cascioli segue a ordem. Durante a Eurocopa de 1980, faz-lhe ataques por negligenciar Bruno Conti e por deixar Roberto Pruzzo em casa. Ambos jogam na Roma, time da capital. Quando o técnico anuncia o grupo que vai para a Copa do Mundo, a escolha dos jogadores se torna "um erro escandaloso". Apesar de Cagliari, Fiorentina, Udinese e Roma serem equipes representadas na esquadra Azzurra, para ele Bearzot atua "com o maior desprezo pelo patrimônio técnico das equipes não relacionadas ao Vale do Pó.[19] Mas o técnico é assim mesmo; é pegar ou largar. Nós o deixaríamos em casa. Mas é muito tarde".

Às vésperas da Copa, Cascioli vai espionar a concentração dos *azzurri*: "Bastaria gravar os movimentos dos jogadores para entender o abismo de ignorância esportiva em que o futebol italiano caiu". As fotos de Bearzot estampadas no *Il Messaggero* sempre o retratam como um homem nebuloso e confuso: "Pudemos aprender que, antes de assumir o alto posto de técnico da seleção, Bearzot passava os dias sentado num café com vista para a Praça de Aiello del Friuli, e quando motoristas hesitantes passavam e paravam para perguntar qual caminho seguir, o futuro treinador apressava-se a ensiná-los o caminho certo, ponderadamente, tanto que sempre foi unanimemente reconhecido por sua qualidade professoral. Mas, além disso, é sabido o que acontece com quem, sem ser dotado de um equilíbrio robusto, tem a sorte de desenvolver uma carreira vertiginosa: facilmente perde a cabeça". É ele quem realmente tem o poder de fazer o técnico enlouquecer. Basta uma pergunta sua, formulada com o distanciamento angelical de quem sabe quem está do outro lado, e Bearzot pega fogo.

---

19 Também conhecida como Planície Padana, é uma área geográfica do norte da Itália cortada pelo rio Pó (o maior do país, com 652 km de extensão) e que se localiza entre os Alpes, ao norte, e os Apeninos, ao sul.

No momento mais feroz da campanha crítica, Cascioli abandona Vigo para acompanhar o Brasil em Sevilha e Málaga, deixando a seleção para Giuseppe Rossi e seu chefe de serviço, Melidoni, que, em "homenagem" ao técnico e seus rapazes, se prepara para inventar um rótulo depreciativo que imediatamente faz história: "O exército de Brancazot cresceu à imagem e semelhança de seu condutor de ossos grandes e salientes, cujo estilo de jogo sombrio, sem impulsividade, monótono, preso a esquemas muito antiquados, materializa personagens que não são nossos e não nos pertencem, porque são de Bearzot, que por apenas dez quilômetros não nasceu do outro lado, na Iugoslávia". Mas Melidoni vinha se enfurecendo desde as vésperas da Copa: "Estamos onde já estávamos. O trabalho teimoso de Bearzot coleta agora seus fracassos, que são os piores dos piores e não representam as reais, ainda que medíocres, possibilidades nacionais... Bearzot quis chegar até o fundo do poço e tocá-lo". Nos dias que se sucedem, intensifica sua implacável campanha. Até que, mesmo com a vitória sobre a Argentina, põe por terra qualquer possível entusiasmo: "Estamos celebrando a conquista de Pirro, uma maldita fraude que talvez tenha adiado mais uma vez a chegada da necessária consciência". Em suma, a Itália "não pode" e "não deve" vencer o Brasil. Caso contrário, o que seria de toda a categoria?

32. A guerra das canetas

As polêmicas da imprensa italiana ampliam o círculo, ou melhor, reduzem-no, e a batalha se torna fratricida por força da tensão e dos golpes de tinta desferidos entre os próprios jornalistas: o *Corriere dello Sport* provoca o *Guerin Sportivo*, que, por sua vez, critica o *La Gazzetta dello Sport*, muito pró-federação; o editor Giorgio Tosatti polemiza com o editor Italo Cucci; cronistas acostumados com sangue e poeira, como Lino Cascioli (*Il Messaggero*) e Mimmo Carratelli (*Mattino*), atacam a "velha carcaça" de Mario Soldati, hospedado na Galícia, enviado com três quartos de século sobre os ombros, às custas do *Corriere.*

Desertor da literatura, isento dos deveres do noticiário aos quais os outros enviados devem se submeter, Soldati sabe que dele, que pela primeira vez se pega escrevendo artigos diariamente, se esperam apenas peças criativas. Não lhe compete fazer prognósticos: seu estado de espírito é superior ao das querelas de jornal; então, mesmo diante do sofrimento e da miséria, ele sempre escreve: "Quem sabe?". E é por isso que o grupo dos ressentidos o acusa de "confusionista" e de esnobismo, sem poupar toda a categoria de escritores que foram à Copa, à qual, entre outros, pertence também o eclético intelectual Oreste del Buono.

Giovanni Arpino pensa em se voltar contra a imprensa especializada em defesa da categoria dos romancistas que ocasionalmente emprestam seus valores ao futebol: "Quem sabe de verdade como usar a caneta se dobra aos homens e aos fatos, não se deixa poluir por preconceitos táticos e venenos crônicos". E, se nem sempre é assim, pelo menos para o escritor peruano Mario Vargas Llosa, outro correspondente especial, esse tipo de cronista é quem cria as novas lendas. "A crítica do futebol é uma máquina formidável de fazer mitos, uma fonte fabulosa de irrealidade para a sede de fantasias que têm as grandes multidões."

No dia de Itália × Camarões, o jogo que marca a passagem de fase dos italianos, a situação se degenera. Pietro Calderoni, correspondente de 26 anos do *L'Espresso*, aproxima-se de Cucci e lhe pergunta, apenas para provocá-lo, o significado da palavra *criticonzi* que aparece no *Guerino* sobre jornalistas que se opõem a Bearzot. Cucci responde: "Críticos babacas", e acaba imediatamente sendo castigado nas páginas do semanário. O próprio Calderoni vislumbra Lino Cascioli na tribuna de imprensa de Vigo com a intenção de festejar com um abraço em Gianni Melidoni o empate marcado por Camarões. Cascioli escreve uma carta a Nello Ajello para avisar que estava a centenas de quilômetros de distância, mas em resposta vê publicado: "Evidentemente o jornalista não está arrependido".

Nesse mesmo dia, Alfio Caruso, que, em nome do *Giornale,* de Indro Montanelli, foi enviado à Copa com Arpino (são amigos desde 1975 e trabalham lado a lado há três anos), mancheta que "A Itália de Ridolini[20] segue em frente", despertando a ira de seu colega escritor,

20 Ridolini (provém do verbo *ridere*, rir) é como os italianos se referiam ao comediante norte-americano Larry Semon, estrela do cinema mudo no início do século XX. Em 1966, o então assistente

que daquele dia em diante não fala mais com ele. Sem mencionar a guerra fratricida entre o próprio Arpino e Brera, outrora companheiros de bebedeira, agora inimigos em nome de Bearzot. Eles provavelmente sabem disso, mas são os dois pesos pesados do jornalismo esportivo italiano, e estão entrando na história desse Mundial também por conta da amizade literária que misteriosamente termina em ódio.

33. O Grangiuàn[21]

Ele tem o rosto barbado desde que percebeu certa manhã, no campo, que não havia trazido lâminas de barbear. "Eu deveria ter pensado nisso antes, é muito mais confortável", disse a si mesmo, "e ainda fico melhor". Os pelos escondem as maçãs do rosto herdadas da avó húngara e a cicatriz de um coice de cavalo. Solene e rechonchudo, como Buck Mulligan, de James Joyce, perpetuamente insatisfeito até tangenciar momentos de frustração, na confusão senatorial dos enviados à Copa Gianni Brera sabe bem de sua superioridade cultural. Ele ama a vida e a agride como um personagem de Hemingway: escreve, vai caçar, pescar, atende pintores, poetas, bebe e fuma. Mas ser personagem não significa ser autor. E Brera gostaria de ser Hemingway. Tem as possibilidades e os talentos; falta-lhe tempo: a profissão o oprimiu inexoravelmente. A ambição de viver como escritor foi atropelada pela necessidade de ganhar dinheiro: "Primeiro o bife, depois o Nobel". No entanto, sofre por se sentir parte de um jornalismo *Serie B*, sabendo muito bem que na América estão envolvidas com esportes as canetas de Erskine Caldwell, Francis Scott Fitzgerald e do próprio Hemingway. O problema para ele é que "se envolvem com os nossos esportes tanto professores de grego, enfadonhos e aborrecidos, quanto escribas desleixados e de erros graves".

E, se o autor de *O sol também se levanta* encontrava paz nas touradas, Brera vê indícios de significado no futebol. Cria neologismos aos montes, enobrecendo assim o jornalismo esportivo, mas no fundo

técnico da seleção Ferruccio Valcareggi, que comandaria a equipe no Mundial de 1970, disse antes de enfrentar a Coreia do Norte que eles se pareciam "com uma comédia de Ridolini". Os norte-coreanos venceram os italianos por 1 a 0, em uma das maiores zebras da história das Copas.

21 "Grande Gianni", no dialeto lombardo.

é ciente de que desperdiça sua genialidade escrevendo sobre os jogos. Confidencia a Roberto Gervaso que se sente desprezado, mas tenta encontrar sentido no luxo improvisado que esculpiu: "Acho que é melhor ser bom alfaiate do que mau literato. Eu confecciono cuecas de moletom que depois adorno com renda, só para mostrar que também sei bordar". *"L'Arcimatto"*, a coluna que manteve no *Guerino*, foi durante anos seu refúgio catártico, o único lugar em papel onde conseguiu resgatar sua veia de escritor puro-sangue, criando, filosofando, brincando, inventando. Um território em que nem todos o entendiam. Mas a Brera isso sempre interessou pouco. Ele não escreve para os outros, mas para si mesmo. Cultiva para comer. Filho de alfaiate, mas formado em ciências políticas, porque o pedaço de papel lhe deu o pedaço de pão; não é um campesino, nunca segurou uma enxada, mas é um lavrador da linguagem, dos provérbios, do humor, do estar à mesa. É um daqueles italianos que carregaram nos ombros uma língua do tamanho de um país, capaz de ser lida, compreendida e admirada em todas as cidades. Essa é sua labuta. O italiano é sua terra, onde dobra a espinha. E no esporte, palavras dele, o léxico incha como um músculo.

Grande bebedor, intolerante aos conselhos e amante da vida, Gianni Brera era o jornalista que mais entendia o futebol italiano. Até os jogadores ouviam o que ele falava porque era capaz de mostrar a eles o que faziam inconscientemente no campo. Nenhum cronista antes dele jamais conseguiu exercer semelhante poder sobre o mundo do futebol. Os treinadores lhe telefonavam secretamente, e ele se divertia fazendo-os mudar as funções dos jogadores com base em lógicas nas quais ninguém jamais havia pensado. Com o tempo, no entanto, foi a imaginação, combinada à escrita, que se apossou dele. Levado pela beleza de suas próprias palavras, começou a ver os jogos apenas em sua cabeça, perdendo o senso de realidade. Também foi o protagonista dos desafios dialéticos entre as duas academias que dominavam a imprensa esportiva italiana: a "Liga Lombarda" e a "Escola Napolitana", portadoras de visões opostas sobre o futebol. Ele, naturalmente, pertencia à primeira, com Gualtiero Zanetti e Gian Maria Gazzaniga, canetas diferentes, mas unidas pela bandeira comum do antiliberalismo e do *catenaccio*. A segunda facção contava com Gino Palumbo e Antonio Ghirelli, os "Dioscuri del Sud",[22] como os chamava Brera, "pessoas que resolvem o esporte em um nível sentimental", amantes do salto alto, do espetáculo e dos gols.

A igreja breriana segue seu credo defensivista também na Espanha. É de boa-fé, embora seja brutal em todas as suas facetas, e suas verdades sejam sempre dogmáticas. Acima de todas elas: a Itália é uma nação incapaz de atacar, de criar jogo. Pode jogar somente no contra-ataque; ou seja, *no* e *para* o contra-ataque. De acordo com Brera, Bearzot, com os homens que tem, engana-se ao tentar montar um time que crie jogo. O cronista está sempre entre aqueles que vêm jogar conversa fora em solidariedade com o técnico, independentemente de concordar ou não com ele profissionalmente. Mas, sempre que pode, acusa-o de não estar na defensiva; na verdade, de se opor ao defensivismo, o único modelo possível para os italianos. No entanto, tem o cuidado de não entrar em detalhes que não sejam muito relevantes para o esporte. Os julgamentos expressos a respeito do técnico costumam ser, para dizer o mínimo, impiedosos. Dizem que "rouba" o salário que recebe, que só trabalha um mês por ano ou que perdeu o bom senso. E, em todas as ocasiões, Brera reafirma sua absoluta certeza na honestidade de Bearzot, como homem e como profissional. Bearzot sabe disso e, quando Brera sai em sua defesa, fica agradecido.

Quando Bearzot se torna técnico da seleção, Brera o estuda por um tempo e então cunha um lema para ele: "Bearzot prega mal, mas arranha bem". Segundo ele, o técnico na verdade fingia ser um modernista, inspirar-se na escola holandesa, mas na verdade jogava estritamente à italiana. Só que não era assim, e Bearzot explicou por que: "É verdade, nosso modelo de jogo é de estilo italiano, mas constituído por jogadores ecléticos e não mais por especialistas em cada função como costumava acontecer". Houve, além disso, a tentativa de superação de um jogo compartimentado, e todos esses ingredientes reunidos levaram a um futebol que não era mais de espera, mas de iniciativa: às vésperas da Copa, o treinador exibiu algumas estatísticas que demonstravam que em sua seleção todos tinham feito gol, menos Zoff. Brera se rendeu, e foi nesse dia que lhe deu um cachimbo.

Na Espanha, Brera está conhecendo pessoas maravilhosas, de coração generoso e sorriso aberto — desde o anfitrião de Vigo, Roberto

---

22 Dióscuro significa "filho de Zeus" e remete aos irmãos da mitologia grega Pólux e Castor.

Romero, até o catalão Agut d'Avignon —, e em nenhum lugar do mundo sente-se tão em casa, compreendido tão fraternalmente e amado tão fervorosamente; mas tem diante de si os chifres "afiados e pontudos" de um dilema que o perturba. Pendurada no primeiro, uma tese polêmica: "Esses pobres rapazes italianos, que nós amamos, merecem represálias preventivas daqueles que acreditam saber muito bem que no fim eles ficarão amargamente decepcionados". O segundo chifre do dilema é aquele que seu sentimento lhe impõe: tirar o corpo fora não é mais possível: "A vergonha deles é a minha, os defeitos deles são os meus". Por isso, deve sustentar com a razão o mínimo de otimismo que seu coração evoca. Não considera Bearzot um gênio, mas tampouco alguém desonesto; ele o vê como um ingênuo, sob a ilusão de que pode sempre traduzir em atos suas boas intenções. Em sua opinião, o técnico tentou reagir ao defensivismo que domina a escola italiana e, infelizmente, não tem os homens necessários para isso. "Vamos com Bearzot", escreveu no momento mais sombrio, "porque a esta altura nem Jesus Cristo nos salvaria". No entanto, ele sabe que o treinador entende de futebol, só precisa se reconfortar numa realidade que vem negando por motivos do coração: "Não seria mais bonito se o nosso técnico reconhecesse os limites do nosso viveiro e construísse o esquema menos perigoso e mais produtivo sob esses limites?". Das arquibancadas, onde ele também se senta, lançam-lhe muitos nomes, todos igualmente insuficientes para Brera. Sua tese é benevolente e implacável: a base da seleção é pobre, "empobreceu gradativamente pela deserção da pequena e da média burguesia, que descobriu que o futebol não é qualificante do ponto de vista social. Apenas o quarto e o quinto estados permaneceram fiéis à sua pátria, enervados pelos pobres que herdaram a fome e a inevitável, portanto natural, brutalidade dos seus antepassados".

34. **O grande resfriado**

Giovanni Arpino é amigo de longa data de Bearzot. Chegou até a lhe dedicar um romance, *Azzurro tenebra*, crônica melancólica da infeliz Copa do Mundo da Alemanha, em 1974, dando-lhe o papel de protagonista, o Velho. Foi nessas mesmas páginas que ele demonstrou que desde aquela época já entendia tudo sobre seu ambiente, dividindo os jornalistas em duas categorias: aqueles que sempre procuram escândalos e malícia (os *Jene*) e aqueles serenos e patrióticos (os *Belle Gioie*). Em seguida, acrescentou um terceiro tipo: Gianni Brera, que escrevia sobre futebol, mas fazia literatura, e a cada vez que dizia algo todos ouviam, para o bem ou para o mal. Arpino sempre ia aos estádios e quando o diretor do *Stampa*, Alberto Ronchey, o convidou a meter o nariz no mundo do futebol, ele imediatamente entendeu que não poderia fazê-lo pela metade. E nunca mais parou. Quando lhe ofereceram uma reportagem sobre Muhammad Sadat,[23] ele respondeu: "Prefiro Causio; está mais perto da minha realidade".

O *Guerino* tomou conhecimento de sua pena de ouro e lhe fez a corte. O noivado definitivo parecia certo, mas, no último momento (3 de setembro de 1969), o escritor escreveu ao Conde:

> "Caro Rognoni, meu esplêndido amigo, aconteceu algo novo no *La Stampa*, relacionado especificamente a mim, e temo que nosso acordo deva ser arquivado, pelo menos por enquanto. Tive muita vontade de colaborar com você, com Brera, com o *Guerino*, e ademais, essa colaboração teria sido menos cansativa e trivial que o trabalho numa página de esportes difícil e arcaica. Mas hoje estão amadurecendo coisas novas, e não consigo fechar os olhos para isso. Além disso, partindo assim tão de repente, eu me verei como derrotado, e isso não é bonito, tampouco útil. Podemos adiar tudo para outro momento? E deixarmos em suspenso tanto meus desejos quanto suas belas propostas? Ficaria muito agradecido. Acredite na amizade e na mais calorosa saudação de Giovanni Arpino".

Esse "algo novo" foi, na verdade, um acontecimento histórico: a morte de Vittorio Pozzo, treinador da seleção italiana bicampeã mundial, que se tornou um dos principais colunistas do jornal em Turim depois da guerra. Paolo Bertoldi, chefe das páginas de esportes, na decisão entre dois colegas — Bruno Perucca e Giulio Accatino —

23 Muhammad Anwar Al-Sadat (1918-1981) foi um militar e político egípcio, presidente do Egito de 1970 a 1981. Em 1978, recebeu o Nobel da Paz por suas negociações com Israel para o fim dos conflitos entre os dois países. O acordo de paz firmado entre as nações gerou insatisfação em grupos extremistas, e Al-Sadat acabou assassinado por soldados egípcios durante uma parada militar no Cairo, em 1981.

acabou escolhendo o escritor piemontês como o herdeiro do trono. Arpino ganhou assim a fama e o dinheiro que seus fabulosos livros ainda não tinham conseguido lhe proporcionar. Só no jornalismo esportivo é que foi recebido com desconfiança; na verdade, eles o comeram vivo. E ele não fez por menos: "Sou o único que não entende de futebol na Itália, confesso com ironia, assim faço alguns jornalistas romanos felizes". No entanto, na década de 1960, Arpino, autor afinal estabelecido, escreveu sobre esporte nos veículos *Europeo*, *Epoca*, *Tempo Illustrato* e *Guerin Sportivo*, em que nasceu a primeira parceria com Gianni Brera. Eles se tornaram colegas, amigos, companheiros de viagens, férias e jantares. Enquanto trabalhava em *Delitto d'onore* e *L'ombra delle colline*, Arpino comparecia assiduamente aos eventos gastronômicos de Brera, Dario Fo e companhia bela. Durante um mês, no verão de 1970, estiveram lado a lado para acompanhar a Copa mexicana. Apaixonaram-se os dois. Brera lhe dedicou um *Arcimatto*,[24] Arpino retribuiu com um *Fuorigioco*.[25] Não lhes bastavam mais as duas horas roubadas das tardes no San Siro, passadas inventando histórias de futebol que sublimavam as verdadeiras: tornaram-se amigos da noite, perguntando a seus copos o que teriam sido se não tivessem se tornado o que são. Foram mais longe: Arpino primeiro nomeou os protagonistas do romance *Randagio è l'eroe*, Giuan e Olona (como Brera e seu amado rio), depois o fez aparecer em sua própria pele na obra *Azzurro tenebra*, enquanto Brera o definiu publicamente como "meu Nobel privado". Tornaram-se parceiros de escalada. Eles se apaixonaram a ponto de um querer ser o outro. O escritor que quer ser jornalista e o jornalista que quer ser escritor. Ambos à procura da grandeza própria de um homem antes que de um literato. Mas com o tempo eles se transformaram. As crônicas de Arpino se tornaram cada vez mais lúcidas; as de Brera, mais herméticas. O segundo sempre foi fascinado pelo primeiro porque o fazia ver coisas diferentes das dele, mas, se por um lado sofria com seu sucesso como escritor, por outro não podia mais tolerar o progresso de seu discípulo. De brincadeira em brincadeira, os dois começaram a não se gostar mais.

24 *L'Arcimatto*, além do nome de sua coluna, foi o nome de um livro publicado por Gianni Brera em 1977.

25 *Fuorigioco* foi um livro publicado por Giovanni Arpino em 1970.

É a era Bearzot que consolida a ruptura do idílio. O confronto acontece sob o olhar de todos, ao vivo na TV, numa *Domenica Sportiva*, de 1977: Brera ataca impiedosamente Roberto Bettega, que, com Paolo Rossi, vai liderar a Itália de Bearzot na Copa do Mundo do ano seguinte, e Arpino critica Brera em público. De um lado a raiva que não precisa de explicação; do outro, o raciocínio lógico. Eles são de dois mundos opostos que, até então, se atraíam. Brera é sanguinário, divinatório, prepotente. Sabe tudo e entende tudo. O tempo todo. O resto e os outros não contam. Arpino se move com decisão, mas na ponta dos pés, sempre com o cuidado de não machucar as pessoas com seus julgamentos. A derrocada da parceria continua, a golpes tensos. Brera define Arpino como "um Maletto[26] qualquer, o último dos cronistas". Arpino responde: "Desejo que tenha o fim de Falstaff.[27]

Arpino e Brera se enfrentam durante anos em suas respectivas colunas de chumbo. "Ainda há alguém convencido de que para falar de futebol é essencial citar Brera?", questiona Arpino. "Acho que não tenho nada a temer dele. Como jornalista esportivo, o que nos deu?" Brera responde novamente com a retórica de um ponto de interrogação. Arpino não aguenta mais o jornalista "arrogante, pouco fundamentado, de violência verbal desprovida de graça que teve sucesso porque somos um povo de pouca leitura e ficamos impressionados com quem grita". Ele o critica por atuar durante anos dando conselhos errados a técnicos, presidentes, atacantes e goleiros, de ter "zero de coerência, contradições às centenas, e fazer uso desumano de suas ferramentas a propósito de quase todos os protagonistas". Brera, por sua vez, não acerta uma previsão (ainda que seja o primeiro a dizer que só erra um prognóstico quem os faz): profetiza que os *azzurri* de Bearzot não conseguiriam cruzar o estreito de Gibraltar em 1978 e chegar à segunda fase na Espanha; que o grupo da Itália seria vencido pelo Peru; que a Bélgica brilharia no Mundial ao lado dos esquadrões do leste, Tchecoslováquia, URSS e a Hungria.

Mas então, três anos antes da Copa, um lance do destino quis que as duas penas mais influentes do futebol italiano acabassem sob o mesmo

---

26 Gianni Brera provavelmente se refere a um antigo colega de *Giorno*, Gian Maria Maletto. A comparação é feita para diminuir as qualidades de Arpino como jornalista esportivo.

27 Sir John Falstaff foi um personagem de sucesso criado por William Shakespeare e que esteve presente em diferentes peças do dramaturgo. Obeso, beberrão, comilão e covarde, ele é a representação do típico bufão.

teto: o *Il Giornale*, de Indro Montanelli. O editor é incrivelmente astuto em nunca os deixar se encontrar na redação, nem mesmo acidentalmente. Isso não é suficiente para acalmar os ânimos acirrados. "Não escreverei sobre esportes enquanto aquele Gianni Brera estiver por perto. Para recomeçar, espero que ele vá embora", confidencia a um colega do *Espresso*. "Quer dizer, espero encontrar Brera para lhe partir a cara, fazê-lo engolir os dentes com os meus punhos, basta que fique ao meu alcance." O balé dura até alguns dias antes da Copa, quando o número um do jornalismo esportivo italiano deixa o *Il Giornale* de Montanelli — que tinha lançado a edição de segunda-feira logo após tê-lo contratado —, cede à bajulação de Eugenio Scalfari, a quem Giorgio Bocca e Enzo Biagi sugeriram seu nome, e acaba no *La Repubblica*, o terceiro maior jornal diário na Itália, e Arpino torna-se o colunista principal do *Giornale*.

Com a notícia de que o Profeta teria deixado *Il Giornale*, desencadeou-se uma campanha de contratações sem precedentes. Willy Molco, seu amigo, voou até Gaspare Barbiellini Amidei para dizer que Brera estava disponível para o *Corriere della Sera*. No mesmo momento, ele também foi cortejado pelo *Giorno* ("Você é um Pavarotti padano, tem que cantar no seu teatro"), mas ao amigo Guglielmo Zucconi dessa vez, seria a quarta, disse que não. Além disso, lá ele teria encontrado Gian Maria Gazzaniga (entre ele e o Grangiuàn, ambos entregues ao sarcasmo e às tabernas, não corria mais bom sangue), assinatura que, ele não deixa de dizer a Giorgio Rivelli do *Guerino* às vésperas da Copa, "se apropriou das minhas ideias e cada vez que volto à ativa tem de recuar um pouco". A polêmica caneta de Gazzaniga, que apimenta cada linha escrita, imediatamente responde, em tom poético: "Não sou Zaratustra, isso não é comigo!". O *La Stampa*, de Turim, também o contata, por intermédio de Oreste del Buono. O diretor Giorgio Fattori é um velho conhecido. Brera declina. Até que, a menos de quatro meses da Copa, Scalfari o chama: "Um pombo-correio me deu notícias de Paris. Quer se juntar a nós no *La Repubblica*?". O pombo foi Mario Sconcerti, o primeiro a entender que o amor entre Brera e Montanelli, também devido a Arpino, havia acabado.

Apenas uma semana antes, no voo fretado da Alitalia que estava levando a seleção italiana de futebol a Paris para o amistoso de luxo com a França, foram reservados dois lugares próximos um do outro para Sconcerti e Brera. Separados por 30 anos de diferença e por um apoio de braço, eles descobriram que estavam ligados por uma paixão comum: a história. "Esta noite eu quero levá-lo para comer ostras no Quartier Latin." Encontraram-se às nove, com Cancogni e Soldati, na Rue de la Harpe para discutir os lombardos e os romanos. Noite adentro. Quando se despediram, Brera deixou escapar algo que Sconcerti pegou no ar: "Estou muito feliz por tê-lo conhecido, gostaria de fazer parceria com alguém como você; em vez disso, tenho de trabalhar com quem se aproveita de mim. Até o meu patrão, Alfio Caruso, me usa para parecer bonito". Sconcerti entendeu o recado e, assim que pousou em Roma, bateu na porta de Eugenio Scalfari: "Temos a possibilidade de ter o número 1". O diretor colecionava bons cronistas, pensou no assunto durante cinco dias, e então, na manhã do dia 2 de março, decidiu-se: "Rolando", disse, pressionando no interfone a tecla da secretária comandada por Montesperelli, "ligue para Brera".

No dia seguinte, Brera almoçou com Fedele Confalonieri, em cujas mãos depositou seu último adeus. No papel, tinha anotado: "Aceitem minha demissão com alívio, mesmo que ela os desagrade... pelo constrangimento diante dos leitores". Antes de mudar de ares, tinha confidenciado a Bocca: "No jornal de vocês, a crônica praticamente não existe". E recebeu dele, em troca, a dose usual de sarcasmo: "E onde estão os cronistas? Venha até nós Gianni, você ficará bem. Basta que não aceite ordens daqueles idiotas do esporte". No dia seguinte, Brera estava diante de Scalfari. Oferta generosa, acordo rápido. O Profeta encontrou um lar.

Para dizer a verdade, a direção de *La Repubblica* é muito cética quanto à contribuição que as páginas de esporte, e em particular as dedicadas à Copa do Mundo, poderão dar às vendas. Até alguns meses antes, as notícias esportivas apareciam com pouca frequência, geralmente na edição de domingo e às terças-feiras (o jornal não sai às segundas-feiras). Tornaram-se diárias somente por conta da Copa do Mundo. Scalfari pretende dar ao noticiário esportivo a conotação de cultura, por isso aposta tudo no comentarista esportivo mais conhecido do país.

Durante os dias na Espanha, Arpino é forçado a ler uma entrevista de Mario Soldati a Brera (as duas pessoas que, com Oreste del Buono, ele mais detesta) em que o Grangiuàn não faz rodeios para dizer que "os artigos de Arpino são como a urina de um cocker". Arpino, que carrega nos ombros um prêmio Strega e um Campiello, enquanto esteve na

Espanha nunca se encontrou com Brera ou Soldati. Já odeia tudo o que diz respeito a eles, as partidas de *scoponi*, os charutos toscanos e, acima de tudo, as "breradas" contra Bearzot, que, por sua vez, continua a ser, para ele, o herói errante de seu *azzurro tenebra*.

O técnico *azzurro* se sente responsável, é amigo dos dois e tenta de todas as formas reconciliá-los. Mas não é capaz. Os dois escritores, de qualquer maneira, embora amem a Itália e apreciem a natureza humana do Velho, não apostam um centavo nos rapazes de Bearzot. Brera, que odeia o excesso de tranquilidade do Brasil, o pouco respeito dispensado ao esforço atlético honesto e viril que constitui o futebol, murmura em voz alta no *La Repubblica*: "Não sei quanto pagaria para eles perderem". Para ele, o conjunto de Telê Santana está para o futebol como Metastasio[28] está para a poesia. Frívolo, tolo e desdenhoso do esforço honesto dos outros. Brera, contudo, está tão convencido de que a Itália não triunfará que cogita fazer uma aposta com seus leitores. Arpino também acha que os brasileiros têm valores muito evidentes para serem postos em dúvida. Manobram o jogo com alegre habilidade, exprimem-se de forma improvisada, incendeiam as defesas adversárias, trocam a bola com uma facilidade que beira a dos mágicos. Enquanto desencava lendas de um Davi que pode derrubar o Golias da vez, sabe que a realidade é muito mais dura que o mito. "Um retângulo de grama com uma bola para chutar deixa pouquíssimo espaço para esses tons lendários. Até a bola vive de uma lógica própria", admite. "E uma Copa, depois de sobressaltos e várias idas e vindas, acaba sempre por impô-la."

35. **A valsa de despedida**

Patrick Nally está sentado em seu escritório espanhol numa suíte do Eurobuilding Hotel, a poucos passos do Estádio Santiago Bernabéu em Madri. Olha fixamente para o vazio. Sente-se perdido e não é mais capaz de acompanhar o andamento da Copa. Dentro de sua cabeça, existem muitas dúvidas. Está realmente fazendo seu trabalho? Conseguiu representar da melhor forma os interesses da Coca-Cola, da Canon e

---

28 Pietro Metastasio (1698-1782) foi um poeta e libretista de ópera italiano.

de seus outros clientes? Ou está apenas trabalhando para ajudar Horst Dassler e sua Adidas? Conhece a verdade. Quem está obtendo mais benefícios econômicos nessa Copa do Mundo é a Fifa. E a pessoa que a está manipulando para atender a seus interesses é Dassler. O plano dos dois visionários está ficando turvo. E Nally começa a ter a impressão de que está vivendo no sonho de outra pessoa.

Ele não é o único. Um ano antes da Copa na Argentina, Helmut Käser, secretário-geral da Fifa desde 1960, também teve a consciência de se encontrar no lugar errado sob o comando do presidente errado.

É um homem equilibrado, competente e íntegro. Advogado vigoroso, fala cinco línguas e nunca faltou a um compromisso. Trabalha no mundo do futebol desde 1942, quando se tornou secretário da Federação Suíça de Futebol. Sempre gostou de viajar, fotografar e, sobretudo, esquiar. Atividades que lhe têm permitido manter uma invejada agilidade física e mental. Mesmo agora quando se encaminha para os 70 anos. Havelange sempre lhe pareceu suspeito, desde o primeiro momento. Ao chegar ao cargo em 1974, o novo presidente o fisgou aumentando seu salário consideravelmente. Não foi o bastante para domesticá-lo. Käser reivindica conformidade com contratos, regras e estatutos, promove uma gestão contábil transparente e não se mostra indulgente com a forma ambígua de fazer as coisas da nova gestão. E Havelange, por isso, sempre o pressiona mais e mais. O jurista suíço, então, entende que precisa de um suporte. Assim, aproxima-se de Rolf Deyhle, o empresário que providenciou para Havelange o local para a sede da Fifa em Zurique.

Deyhle é um homem de negócios com os braços abertos sobre todos os gêneros de empreendimentos (incluindo um estúdio de desenho, em Londres) que está trabalhando em operações próximas às de Dassler e Nally. Acredita que pode combinar alguns de seus interesses criando um desenho animado com um jogador de futebol. Então, recorre a um artista húngaro que cria o *Sport Billy*. É um plano de três fases. Primeiro, quer fazê-lo ter vida própria por meio de uma série animada. Depois, quer torná-lo mascote da Fifa. No fim, quer organizar a venda dos direitos de uso da imagem da mascote. Munido de esboços preparatórios, corre até a sede da Fifa em Zurique. É calorosamente recebido por Käser, que trabalha acompanhado de dois cachorros sonolentos embaixo de sua mesa. Havelange está fora a negócios.

No local, eles têm campo aberto e, superadas as primeiras gentilezas, vão direto ao ponto. "Eu não gosto dos amigos de Havelange. Temos que lutar contra eles." Para Deyhle, é uma proposta de casamento. Sabe que a única maneira de conseguir é roubando uma fatia do bolo da SMTP. Que ele mesmo comeria. Na verdade, Käser lhe oferece o contrato para a gestão dos direitos de marketing dos símbolos da Fifa pelos 12 anos seguintes (até 1994). O contrato prevê a utilização da mascote e do emblema da Fifa. Este, no calor do momento, é desenhado pelo próprio Deyhle. As duas faces do planeta grafadas em uma bola. Dois globos brilhantes como o diamante, que Deyhle desenha apressadamente num guardanapo enquanto viaja de trem de Stuttgart até Zurique para ver Käser. O acordo deixa ambas as partes satisfeitas. Käser tem nas mãos Dassler (e, portanto, Havelange); Deyhle, o marketing mundial do futebol. Em agradecimento, o tímido secretário oferece um presente inesperado a seu padrinho.

Na sede da Fifa, Deyhle tinha se encantado ao ver o troféu da Copa. Ao contrário do que aconteceu com a Taça Jules Rimet, a nova Copa do Mundo é "emprestada" aos vencedores apenas pelo tempo necessário para a cerimônia de premiação, para, então, ser imediatamente substituída por uma réplica. No momento, o troféu, após a inscrição dos nomes da Alemanha e da Argentina, conta em sua base com 15 espaços livres, o que significa que será utilizável até a edição de 2038. A decisão da Fifa de manter o original foi tomada depois de vários danos sofridos durante as "custódias" do passado. Os vencedores, e somente eles, recebem uma réplica exata. Portanto, até aquele momento, existem outros dois troféus no mundo: um na Alemanha e outro na Argentina. A única Copa do Mundo Fifa original, com 36,8 cm de altura e pesando 6,175 kg, de autoria do artista milanês Silvio Gazzaniga, repousa sobre uma prateleira do escritório de Zurique. Ao vê-la, Deyhle se deslumbra: "Helmut, preciso dela!". Para agradar o aliado e como sinal oficial de gratidão por sua contribuição para a construção da imagem da Fifa, Käser pede que se prepare para ele uma terceira réplica. Deyhle se torna, assim, o único homem no mundo a possuir um troféu Fifa. E dará à Federação outra taça. De fato, a partir da Copa do Mundo de 1982, e graças a Deyhle, o Troféu Fair Play Fifa, concedido à equipe de maior espírito esportivo do torneio, não será mais um diploma, mas uma verdadeira taça de ouro ostentando a silhueta de seu Sport Billy.

Quando Dassler e Nally ficam sabendo do negócio, não acreditam no que ouvem.

"João, pensei que tínhamos um acordo com você!"

"A culpa é de Käser", diz Havelange. "Ele assinou o contrato sem me consultar."

É um grande problema. Dassler e Nally detêm a gestão dos emblemas da Copa do Mundo, enquanto Deyhle detém os da Fifa. Ambos podem criar negócios que tiram receitas do concorrente. Não só isso: daquele momento em diante, as equipes de ambos os grupos devem se preocupar constantemente em não violar seus respectivos contratos. Dassler fica furioso. Tem seus próprios planos de marketing para a Fifa a partir da Copa do Mundo de 1982. Tenta, em vão, comprar o rival. Em seguida, passa a bola para Havelange: "Isso quem tem que resolver é você". O presidente da Fifa informa Deyhle que os contratos ligados aos direitos de marketing estão rescindidos. O destinatário da comunicação entra com uma ação num tribunal suíço. E a vence. Para Dassler, por outro lado, é a primeira derrota. Ele e Deyhle se veem forçados a trabalhar juntos, duas personalidades pesadas demais, destinadas a se chocar o tempo todo. Quando Dassler e Nally conseguem persuadir a Coca-Cola a investir pesadamente na Copa do Mundo de 1982, Deyhle aborda a Pepsi para vender os direitos de uso dos emblemas da Fifa. Esses eventos convencem Dassler de que Havelange precisa de um novo parceiro. "Käser tem que sair, não importa como." Horst pede ajuda ao amigo André Guelfi, o homem que tem contato com os serviços de inteligência.

"Você tem que pensar numa maneira de eliminá-lo."

"Não se preocupe. Se ele se recusar a sair, nós tornaremos sua vida inviável."

No momento da assinatura do contrato de comercialização da Copa, Dassler, em vez de usar a SMPI, prefere recorrer a outra sociedade, a ROFA, por precaução. Käser, que se revelou um personagem incômodo durante a negociação, fica encantado ao descobrir esse nome. Nunca tinha ouvido falar dele antes. E com razão: a agência tinha acabado de ser criada. Käser reclama com o chefe da Federação Alemã de Futebol (DFB), Hermann Neuberger. Espera seu apoio. Não o recebe. Começa a investigar. Descobre que Havelange impõe condições rígidas à concessão de contratos de seguro para a Copa do Mundo em 1982: 20% do valor deve ser transferido ao Atlântica Boavista Gruppe, com sede no Rio de Janeiro. Käser anota o nome. Que o faz se lembrar de algo. Vai checar o currículo de Havelange, que tinha sido distribuído a todos durante sua campanha eleitoral em 1974. Encontra o nome no ponto "F". O diretor da seguradora Atlântica Boavista é o próprio Havelange. Nos registros contábeis, encontra dois pagamentos de 30 mil e 50 mil dólares pelo aluguel e outros custos de um escritório do Rio, depositados numa conta em Nova York. E se depara com outras cifras anômalas, como os 103 mil francos para os relógios Longines ou os 100 mil francos para a Café do Brasil. Anota tudo.

Mas ele também está sendo observado. Como secretário-geral, vem sendo espionado até dentro da Fifa: alguém faz cópias de suas cartas e as envia para Havelange. Guelfi prepara o ataque. Käser recebe um relatório que conclui que ele é "um secretário-geral não muito transparente e que não merece confiança". Mais tarde, é acusado de ter ganho casas e cavalos de Dehyle.

Um homem ligado a Guelfi, então, comete um erro fatal. Envia as informações coletadas ao perseguido e não aos perseguidores. Käser se encontra com o francês em Zurique. Guelfi se desculpa. De acordo com os resultados das investigações, Käser está limpo. Até Dassler concorda em se encontrar com Käser, mas Havelange terá de cuidar do resto.

Em maio de 1981, quando acontece a reunião da direção da Fifa, em Madri, sua demissão está planejada. O encontro se converte num clássico da arte da intriga. Havelange sentencia o destino do secretário-geral, fazendo uso de suas previsões alarmistas sobre o futuro da Fifa. Confessa, então, a seus executivos que a Federação, ao fim de seu segundo mandato, estará falida. Um relatório final sobre as deficiências de Käser resulta decisivo. Käser percebe que está perdido. Guelfi sussurra duas palavras: "Cabeça erguida". Melhor abdicar com a cabeça erguida e embolsar uma licença de ouro do que ser cassado. Käser inclina a cabeça, retira-se, como fica registrado nos anais da Fifa, e aceita os 300 mil francos anuais até 1986. "Se precisar de informações mais detalhadas sobre a remuneração", diz Havelange, "vá até o sr. Blatter".

O nome indicado traz os planos à tona. Para o cargo de Käser, é escolhido Joseph "Sepp" Blatter. Dois meses depois, Blatter se casa com Barbara Käser, a filha de 20 anos do homem que ele substituiu. No dia do casamento, Käser fica em casa chorando. O mesmo homem desprezível roubou seu futuro, seu emprego e sua filha. Sua humilhação é completa.

De outra parte, a trindade se completa. O suíço é esperto, embora desprovido do carisma de Havelange e da natureza visionária de Dassler. O alemão continua a manobrá-lo como uma marionete, dando ordens que devem ser cumpridas. Quando os três se reúnem para comer, Blatter olha para Horst como se ele fosse um deus. Sabe perfeitamente bem que sem ele não teria qualquer chance de ocupar aquele lugar na Fifa. E talvez Mario Soldati, no dia em que esteve em Santiago de Compostela, tenha conseguido captar esse olhar de veneração.

Enquanto isso, Havelange tenta se blindar ainda mais. Sabe que a Itália quer se candidatar para sediar a Copa do Mundo de 1990, portanto designa o insuspeito Artemio Franchi para a Comissão de Finanças da Fifa. O dirigente passa a estar, assim, numa posição impossível. Descobre sobre os gastos, os desperdícios e a corrupção, mas não pode revelá-los. Entende a manobra do brasileiro: sabe que, se denunciá-lo, a Itália nunca mais disputará a sede da Copa do Mundo.

Pouco depois, a Rofa transfere os direitos de exploração comercial da Copa do Mundo à SMPI, que os cede à West Nally, que por sua vez vende os direitos à Galeria Maeght, de Paris, enquanto que para regular o uso comercial de mascotes e símbolos é criada a IberMundial, composta em partes iguais por West Nally e Real Federación Española, que, então, troca seus 50% incertos por um fixo mais sólido. Depois dessa retirada, percebendo a óbvia desvantagem, José María Riera, deputado do Partido Comunista Espanhol para a cidade de Barcelona, tenta azedar o caldo, denunciando publicamente que a "West Nally parece uma empresa de fachada para outras".

O alarme disparado pelo parlamentar espanhol, somado aos embates com Deyhle e às humilhações de Käser, tudo combinado com o trabalho de Horst, que o cercou numa de suas muitas pirâmides financeiras, leva Nally em plena Copa a decidir parar. É a hora da separação. A relação de negócios entre eles será dissolvida no fim do Mundial.

Horst não espera nem o tempo de sentir o golpe. Já está criando uma nova empresa em Lucerna, a International Sports and Leisure Marketing (ISL), que assumirá todo o marketing esportivo da SMPI. Seu novo sócio será a japonesa Dentsu, que vai deter 49% da sociedade. Em 1979, a empresa japonesa começou a construir um relacionamento com Havelange para a gestão e o marketing do Mundial Sub-20 no Japão. Fortalecida pelo sucesso do empreendimento, já havia tentado a sorte propondo-se a gerir a comercialização da Copa de 1982, que a Fifa havia confiado, como sempre, à SMPI. Foi assim que emplacou a gestão de direitos das Olimpíadas de Los Angeles de 1984. A agência japonesa vinha tentando fazia anos cair nas graças do alemão. Ele sabia, mas mantinha tudo às escondidas de Nally. Clientes como JVC ou Fuji Film foram obtidos pelo próprio Nally, por meio da Hukuhodo, agência que concorre diretamente com a Dentsu. Portanto, estava certo de que assinariam um acordo com ele de olhos fechados. Dessa vez, porém, pelo menos em casa, Horst quer fazer as coisas do jeito certo. Revelará à família suas atividades no marketing e dividirá as ações da ISL com as irmãs. Mas chega então o jogo do Brasil, que pode alterar todos os planos de marketing.

36. O fracasso

A Espanha está no meio do turbilhão da Copa. Depois da primeira fase, a mais longa, já aguarda os quatro semifinalistas que sairão da segunda etapa. O país, porém, que vinha atraindo uma cascata de ouro com esse evento histórico, passa a ver a ruína de todas as suas ilusões. A média de público nos estádios é a mais baixa para uma Copa do Mundo desde a disputada no Chile em 1962. Os espectadores abandonaram os jogos em reação à especulação nos preços dos ingressos, indisponíveis nos pontos de venda oficiais, mas à venda no mercado paralelo pelos cambistas.

Até o Naranjito, a alegre mascote da Copa do Mundo, está com os dias contados. Despejado no mercado em variados formatos, amuleto que deveria gerar rios de dinheiro, ele está se transformando no melancólico símbolo de um fracasso. A figura da laranja sorridente, nascida três anos antes da imaginação de dois publicitários, José María Martín e María Dolores Salto, tinha conseguido superar outros 600 projetos. Os dois criativos pareciam destinados à fama e à glória, bem como a 1 milhão de pesetas a serem compartilhadas com a agência. Trinta e seis meses depois, a Copa se esqueceu deles, o dinheiro nunca chegou e nesse meio-tempo María Dolores também perdeu o emprego. O Naranjito não trouxe sorte nem mesmo para os comerciantes que depositaram suas esperanças de lucro, bem como seus investimentos, na mascote da Copa. Oito multinacionais e 84 empresas espanholas adquiriram os direitos de exploração da marca da IberMundial, empresa criada em 20 de maio de 1979 por West Nally Group, Federação Espanhola e Fifa, para o que seria a Copa mais aberta à lógica comercial do século. De acordo com as projeções da Dispansa 82, empresa encarregada da produção e da distribuição dos símbolos da Copa (adesivos, cinzeiros, fósforos, gravatas, ternos, óculos, cachimbos, cofrinhos, chapéus e camisetas), os espanhóis gastariam em média 1.000 pesetas por pessoa por ano em itens com o Naranjito. Agora, na metade da Copa, esgotada a fase de lançamento, a média consolidada é de 50 pesetas, 5% da previsão. Lojas e depósitos transbordam de itens não vendidos. A Mundimar 82, que tem licença para produzir cerâmica com o Naranjito, ainda mantém 35 mil das 50 mil peças fechadas nos caixotes de madeira. Ninguém as quer. A *Sal y Pi Menta*, uma revista satírica espanhola, admite candidamente: "Não somos tão idiotas quanto eles pensavam".

37. **O calcanhar de Aquiles**

A missão impossível de Bearzot começa três dias antes do jogo contra o Brasil. Sexta-feira, dia 2, no Sarriá, na arquibancada. O técnico força todo o time a assistir a Brasil × Argentina ao vivo. Seus rapazes não se empolgam com a ideia de se amontoar sob o sol, no caldeirão que se torna o estádio, quando poderiam acompanhar o jogo tranquilamente pela televisão. Mas o treinador quer que eles tenham uma visão ampla desse Brasil, a qualquer momento e em qualquer setor do campo, com todos os seus movimentos, suas manobras táticas e também suas fraquezas.

O capitão dos brasileiros acordou cedo naquele dia, tomou café e voltou a dormir, retornando ao saguão somente para o almoço. Lá, encontrou o preparador físico Tim, Oscar e Dirceu, que discutiam a próxima partida contra os argentinos. Quando o envolveram na conversa, ele foi direto: "Como vocês podem conversar sobre futebol assim que acordam, após um mês só de futebol?". Pouco depois, no hotel Mas Badó, a concentração do Brasil, chegou um telegrama:

"Estou melhor, torcendo por vocês. Boa sorte. Careca."

Duas horas antes da partida, os *azzurri* recebem a visita do primeiro-ministro Giovanni Spadolini. Ele prometeu isso na Itália e manteve a palavra. Doze minutos, passados em meio a 22 jogadores ansiosos que estão com a cabeça no Sarriá, são o bastante para que ele comemore a vitória sobre os argentinos e ainda conte anedotas: "Eu estava em Bruxelas para a reunião dos chefes de governo da Comunidade Europeia, e as discussões sobre a Copa do Mundo estavam na ordem do dia. As previsões não eram a favor da Itália, e a sra. Thatcher, apontando o dedo para mim, ordenou que eu batesse a Argentina a todo custo, como se eu fosse a seleção italiana. Respondi: "Senhora, faremos de tudo para vencê-los, mas com a alma diferente da sua". Depois, voltando-se para Bearzot: "Compararam o meu jogo com o seu. Escreveram que não temos conseguido manter ou melhorar nossas posições. Isso, no entanto, antes da vitória sobre a Argentina". Um triunfo que balançou o país e que também parece ter beneficiado o governo — se é verdade que durante uma reunião com os sindicatos, ao abrir a janela, Spadolini foi visto sendo aplaudindo pela torcida. "E então, graças a vocês, eu recebi minha cota de aplausos. Senti que aqueles vivas afastaram as nuvens ameaçadoras que pesavam sobre o país." E, quando os *azzurri* já estão com um pé no ônibus, ele se despede à sua maneira: "Espero transmitir a vocês um pouco da sorte a que me atribuem frequentemente". Avisa que gostaria de um empate entre Argentina e Brasil: assim, bastaria aos italianos empatar com os brasileiros para avançar. Melhor ainda, seria uma vitória para Maradona e seus companheiros.

Relegada a um setor do estádio do Sarriá tomado de assalto por torcedores do Brasil, a Azzurra busca tomar as medidas de seu adversário ao ritmo de samba. Trinta pessoas, entre jogadores e membros da comissão, encontram-se amontoadas nos dois últimos degraus da arquibancada, atrás do gol à esquerda.

Noventa minutos para encontrar o calcanhar de Aquiles que vem de outro mundo. A Argentina joga seu jogo, mas é o Brasil quem impõe sua lei. Num ambiente de grande festa, enquanto uma banda completa marca o ritmo do sucesso alcançado pelos homens de Telê, Zoff e companhia têm uma amostra significativa do que terão que sofrer para tentar conter a onda verde-amarela. O jogo termina 3 a 1. Gols de Zico, Serginho e Júnior. Um resultado que, para a Itália, tem gosto de condenação. Poucos dias antes, a Fifa divulgou um comunicado oficial para relembrar os principais critérios que regem as classificações na Copa do Mundo. Na segunda fase, o regulamento prevê a admissão às semifinais do primeiro classificado de cada grupo. Em caso de empate, aplica-se o saldo de gols. No grupo, as duas seleções venceram a Argentina, mas o Brasil marcou um gol a mais: dessa forma, para os brasileiros bastará um empate.

Esse gol a mais exige que os *azzurri* tracem uma meta precisa: para avançar, é preciso vencer. O Brasil, por outro lado, pode escolher a melhor atitude: esperar que a Itália ataque ou tomar a iniciativa do jogo. É capaz de fazer ambas as coisas muito bem, graças ao meio de campo que se movimenta constantemente. Bearzot não tem quatro homens para confrontá-los diretamente se não envolver também Cabrini, mas isso significaria fazê-lo abandonar a ala esquerda. Se Oriali ou Gentile forem envolvidos por Éder, recuando ao meio de campo ou abrindo muito na ponta, quem conterá Júnior em suas incursões no ataque?

Bearzot deixa o Sarriá às pressas, enquanto a torcida brasileira sai pelas ruas de Barcelona cantando sua inabalável alegria. Pitacos do treinador italiano: "A Argentina favoreceu o jogo dos brasileiros, deixando-lhes muitos espaços convidativos. Mas jogar contra os brasileiros é muito difícil porque sempre atuam com o melhor de sua capacidade. Hoje também ninguém esteve mal, e isso confirma que será uma tarefa muito difícil. Contra os homens de Telê, temos que adotar o mesmo tipo de jogo que nos permitiu vencer a Argentina. Portanto, devemos atacá-los imediatamente, sem lhes dar trégua".

Por isso, quer adotar uma zona mista de marcação: "Vamos fazer o homem a homem, mas não em todo o campo". Os repórteres o alertam: "Pastar na horta do Brasil só pode trazer problemas". Mas Bearzot não tem dúvidas: "Devemos ser agressivos desde o início e nunca dar espaço ao adversário". Antognoni terá que lidar com Cerezo, sem abdicar de finalizar ou armar o jogo para Rossi e Graziani, com o apoio de Conti, que tentará segurar as investidas de Júnior. Bearzot sabe bem que a seleção brasileira faz estragos, mas também que sofre com uma marcação firme, como aconteceu em Montevidéu na final do Mundialito contra o Uruguai. Portanto, é crucial uma excelente condição atlética: os movimentos italianos dependem dos brasileiros. Se com a Argentina "bastava" deter Maradona, contra o Brasil, serão muitos os homens para ficar de olho. "Diego é toda a Argentina, mas Zico não é todo o Brasil."

A ameaça vem de Júnior. Leovegildo Lins da Gama Júnior, ou simplesmente Júnior, apelidado de "Capacete" devido ao penteado *black power*. É lateral por força das circunstâncias, pois no meio de campo não havia mais vaga. Mas Telê já não pode abrir mão dele. Defende, ataca e cruza magnificamente, além de saber fazer gols. Foi seu o último marcado contra a Argentina que obriga a Itália a vencer. Mas, mesmo com a vantagem do empate, a seleção brasileira manterá seu habitual padrão ofensivo contra a Itália. Telê Santana decidiu jogar no ataque, apesar da possível ausência de Zico. Está convencido de que Bearzot usará a marcação homem a homem, porém vem se preparando para possíveis variações sobre esse tema: "Estamos prontos para enfrentar qualquer sistema defensivo". A manchete da primeira página da *Folha de S.Paulo* titula: "O Brasil ataca, e a Itália espera o milagre". Um cronista avisou Santana de que Bearzot está pensando em usar a marcação individual, mas também a zona. Só que Zezé Moreira, um dos seus espiões, o tranquiliza: "Ele nunca fará isso. Seria praticamente impossível. Um ou outro". Em qualquer caso, mesmo que Zico não possa estar em campo contra a Itália, o preparador físico Gilberto Tim não pensa que o poderio da equipe se reduzirá: "Vamos jogar com 11 de qualquer jeito".

"É verdade", confirma Bearzot, "todos os brasileiros são capazes de chegar com perigo ao nosso gol, mas tenho certeza de que seremos capazes de voltar a jogar em alto nível". Seu auxiliar Cesare Maldini faz coro e sinaliza: "Já estudamos as contramedidas adequadas para enfrentá-los. O Brasil não terá vida fácil". A razão não dá chance aos *azzurri*, mas o treinador italiano tem em mente um plano preciso para que o milagre aconteça. Desde o primeiro jogo da Copa, identificou os pontos fracos de cada adversário: o Brasil, com seus deslocamentos ao ritmo de samba, é bom em escondê-los, mas um jogo elegante não é suficiente para vencer uma verdadeira batalha.

38. **O plano do Velho**

Na concepção de futebol de Bearzot, conhecer o adversário é essencial para evitar ou reduzir ao mínimo as margens para surpresa. Não basta acompanhar os jogos da seleção que se vai enfrentar. Também é preciso saber quais são os peões alternativos, os emergentes, os repescáveis e estudar bem suas características. Viagens repentinas, disfarces, clandestinidade, missões oficiais. Bearzot é um estudioso. Em seu sangue friulano, ainda circulam elementos clássicos sólidos. Ele acredita obstinadamente em um punhado de valores esquecidos que o fazem seguir sozinho contra todos, confiando no método, no sacrifício, na constância, na convicção, na paciência e no renascimento. E se esforça para compreender de forma mais profunda qualquer rival que deve enfrentar, do último dos cronistas ao mais inofensivo entre os reservas de sua equipe. Está sempre pronto. Franco Mentana, um dos principais repórteres da *Gazzetta*, sabe bem disso e o tem acompanhado em suas infinitas viagens ao redor do mundo. O técnico estudando futebol, o enviado estudando o técnico.

Mentana não está na lista negra de Bearzot, a de jornalistas que chegaram a ofendê-lo demais, não só como técnico, mas também como homem e pai, acusando-o de "confusão mental" e de ter sofrido um "curto-circuito cerebral". O tiroteio é contínuo. O técnico pede tempo, mas não lhe dão sossego, e, durante um voo, ele confidencia a Mentana:

"Estou sozinho contra todos, só tenho os jogadores."

"Isso não é verdade, Enzo. Tem muita gente que o respeita."

"Mas, no fim, apenas meus rapazes acreditam em mim."

"E os outros?"

"Você vê: eles me apunhalam pelas costas."

"Você sabe como nosso trabalho funciona."

"Claro, eu conheço esse jogo."

"Os jornalistas *têm* que criticar."

"E eu aceito os julgamentos técnicos. Mas não os insultos."

O repórter do jornal rosa tem a impressão de que o técnico quer pedir ajuda, mas é orgulhoso demais para fazê-lo explicitamente. Bearzot segue constantemente buscando afeto e compreensão dos outros, tentando estender a mão para ter um diálogo. Para ser entendido. Mas não adianta. Mentana o conhece desde que o técnico, então auxiliar, viajava sob o comando de Valcareggi, analisando os adversários que a Itália teria que enfrentar. Quando Bernardini chegou, as coisas mudaram. "Fuffo" preferiu contar com o conhecimento dos jornalistas, ignorando os relatos de seu assistente técnico. Bearzot não se fez de rogado: continuou a estudar futebol para si mesmo, anotando as formas de jogo e as características das equipes. Esperando a evolução do futebol italiano, ampliou seus horizontes. E esse conhecimento se tornou seu patrimônio.

Depois de se tornar técnico da seleção nacional, ao conhecer o calendário das eliminatórias da Copa de 1978 ele não se preocupou apenas com a Inglaterra, maior adversária de seu grupo, ou com Luxemburgo, time condenado ao habitual papel de azarão. Sua atenção se concentrou na modesta Finlândia, não tanto pelo medo de não conseguir vencê-la, mas porque logo sentiu que o saldo de gols seria decisivo no grupo. Quem mais marcasse nos finlandeses iria para a Copa do Mundo. A Finlândia se tornou sua principal preocupação e depois sua obsessão. Bearzot foi vê-la em todos os lugares. Escondeu-se, sofreu com o frio, acabou ridicularizado. Foi observá-la até mesmo em Ancara, contra a Turquia. Sabia que aquele enfrentamento decidiria a viagem à Argentina. E os fatos lhes deram razão. Com a Inglaterra, foi 2 a 0 e 0 a 2, igualdade absoluta. Mas a Itália acabou indo a Buenos Aires graças a nove gols marcados contra a Finlândia.

O sentido de previdência do Velho o conduziu, na última primavera, à América do Sul. Oficialmente a fim de estudar o Peru, futuro adversário da primeira rodada da Copa do Mundo da Espanha. Mas depois o técnico foi ao Rio de Janeiro para ver Brasil × Alemanha Ocidental porque algo lhe dizia que as estradas de Brasil e Itália poderiam se cruzar ao longo da Copa. E agora, à luz de tudo o que sabe, decide mudar a postura defensiva que sua equipe utilizou contra a Argentina. É hora de mostrar que seus rapazes podem ser ecléticos. Ele então imagina uma organização de jogo moderna e capaz de combinar a tradição da marcação homem a homem com as renovadas diretrizes a respeito de como cobrir todo o campo de jogo. Algumas funções fixas e todas as outras dispostas em zona. Com o Brasil, dada a imprevisibilidade do rival, seria tolice montar uma estratégia estática.

Para confrontar o jogo da seleção brasileira, Bearzot pensa em um revezamento nas laterais. À direita, Oriali e Conti devem combater os avanços de Júnior; à esquerda, Cabrini e Graziani os de Leandro. Assim, cria-se uma barreira móvel, naquela zona, que bloqueia o atacante mais aberto e também o lateral adversário que avança. Quando os jogadores brasileiros se moverem para o centro ou diagonalmente, receberão a atenção dos meios-campistas. Tardelli e Antognoni, aliás, terão que trocar continuamente as marcações sobre Sócrates, Falcão e Cerezo e, além disso, apresentarem-se no ataque. As investidas dos meias brasileiros serão combatidas primeiro por Conti e Graziani, antes que a defesa italiana se encarregue deles. Apenas Rossi poderá estar livre dos compromissos defensivos. Na defesa, Gentile, Oriali e Collovati terão que cuidar de Zico, Éder e Serginho. Na ausência de um ponta-direita brasileiro, Cabrini ficará encarregado de guarnecer o território e fazer a marcação sobre Zico ou Sócrates, qual dos dois avançar mais. Scirea será o homem da sobra nos espaços defensivos, com impostação física, um jogador completo, capaz de sair de trás e avançar de cabeça erguida até o meio de campo brasileiro quando sua equipe tem a bola.

O ecletismo permite aos *azzurri* render o máximo em qualquer situação de jogo. Nas primeiras semanas da Copa, Bearzot seguiu observando com muita atenção a equipe de Telê Santana. E percebeu que seu jogo é fundamentado em verticalizações. Naquele meio de campo estelar, existe uma passagem obrigatória para todas as ações ofensivas. Zico, Éder, Falcão, Sócrates e Júnior miram sempre o mesmo jogador para tentar fazer estragos nas defesas adversárias, mas deixam costumeiramente um espaço sem cobertura atrás de si: "Se o jogo deles funciona, nós os encontramos de frente e não temos como escapar; se em vez disso nos anteciparmos, vamos pegá-los descobertos quando estão avançando e conquistamos todos os espaços de que precisamos para machucá-los". O homem-chave, para ele, torna-se Collovati: "Quando eles vierem na sua direção, esteja sempre atento. Se se antecipar, nós é que levaremos o perigo até eles".

No Brasil × Argentina, a confirmação é ouvida direto das arquibancadas do Sarriá: "Pessoal, o jogo vai se resolver no meio de campo".

"Mas como, *mister*?", perguntam seus comandados em meio aos gritos ensurdecedores da torcida, enquanto a banda de instrumentos de percussão dá a cadência para o jogo dos homens de Telê. "Quando o Brasil ataca", explica Bearzot, "faz tudo tendo como referência um homem só. É o menos talentoso de todos, mas nunca entra em impedimento, consegue dar profundidade ao time e é, portanto, dele que todos os outros dependem para chegarem ao gol. Estão vendo?". E aponta para Serginho.

39. **Serginho**

Sua Copa do Mundo devia ter sido a de 1978. Na Argentina, sim, é que poderia ter dado espetáculo. No Campeonato Brasileiro de 1977, Serginho havia sido o melhor jogador do São Paulo, vice-artilheiro da competição, com 18 gols. Era nome certo para aquela Copa, mas acabou perdendo a chance de jogar. Em 12 de fevereiro de 1978, em jogo na cidade de Ribeirão Preto, contra o Botafogo local, o São Paulo estava perdendo por 1 a 0 quando Serginho fez o gol aos 45 minutos do segundo tempo. O árbitro Oscar Scolfaro observou a indicação do bandeirinha Vandevaldo Rangel e anulou o lance por impedimento. Fora de si, Serginho quebrou a haste da bandeirinha e, segundo relato do árbitro, chutou a canela esquerda do auxiliar, provocando-lhe um corte de cerca de dez centímetros de comprimento. Serginho negou como podia. Segundo ele, foi uma pedra atirada pelo público que causou o ferimento. Duas semanas depois, acabou condenado a uma suspensão de 14 meses, depois reduzida a 11, por agressão. Nunca um jogador havia sido suspenso por tanto tempo na história do futebol brasileiro. Ele perdeu tudo: a final do campeonato, o título brasileiro, que o São Paulo conquistou sem ele alguns dias depois, e acima de tudo a Copa do Mundo.

Dessa vez também, poucos dias antes do início da Copa, depois de ter que disputar a vaga com artilheiros consagrados do futebol brasileiro, como Roberto Dinamite, Nunes, Reinaldo e Baltazar, sem falar em Careca, Serginho arriscou-se a jogar tudo pelos ares. Sua ex-mulher, Nancy de Jesus Madeira Bernardino, que exigia o pagamento de pensão alimentícia para as filhas, denunciou-o por maus-tratos. O julgamento seria realizado na 22ª Vara Criminal de São Paulo, mas a audiência foi adiada para permitir sua participação na Copa do Mundo. Até o presidente da República do Brasil, o general João Baptista Figueiredo, disse-lhe antes da viagem à Europa: "Serginho, meu rapaz, tenha cuidado. Não faça bobagem. Cuide-se porque precisamos de você". E o centroavante são-paulino prometeu deixar em casa a impulsividade. Deixou no Brasil também Nicole Puzzi, atriz de 24 anos, estrela da "pornochanchada" (o gênero de pornô *soft* nascido em plena ditadura militar, sob forte influência da comédia *sexy* italiana), com quem alguns anos antes havia tido um caso de amor escandaloso.

Sérgio Bernardino, também conhecido como Serginho Chulapa, vinha de 20 gols marcados no campeonato pelo São Paulo, o time da cidade onde nasceu. Talvez por isso Telê Santana o tenha levado para a Espanha quase "a seco": na seleção, disputou apenas três partidas inteiras em três anos, jogando, antes da Copa, apenas um jogo do primeiro ao último minuto, amistoso, contra Portugal. Mas, na Espanha, ele logo marcou contra a Nova Zelândia e depois contra a Argentina. É bom pelo alto, conduz bem a bola, ainda que depois às vezes tropece e perca a coordenação necessária. Mas sabe lutar. Sempre foi briguento, ainda que na conversa pareça uma seda.

O treinador Gigi Radice tinha voado ao Brasil dois anos antes para trazê-lo para o Bologna, mas Serginho estava machucado. E agora o São Paulo, graças a seus gols, não o libera. As brasileiras o elegeram o jogador mais atraente da seleção. Na verdade, em campo, ele parece gordo, mas tem quase dois metros de altura, e seu porte o ajuda a abrir espaços com facilidade. Por isso, seus companheiros lhe deixam a tarefa de ser a referência na frente.

Ele não é amado, há muitos que querem o mais técnico Paulo Isidoro em seu lugar, mas Telê não vê motivos para isso, tem grande confiança em seu gigante, que é um pouco grosso no tratamento da bola, mas decisivo no miolo das defesas adversárias atuando como pivô para os companheiros que vêm de trás.

Apesar da fama de provocador, brigão e encrenqueiro que traz consigo, Telê bancou sua convocação. E por enquanto não se arrepende. Nunca perde a oportunidade de elogiar a dedicação do centroavante ao funcionamento de seu esquema: "Se o Serginho faz gol ou não, é um detalhe. O que importa é que a equipe marque, como aconteceu até agora. Se um esquema dependesse de um determinado jogador, bastaria anulá-lo e tudo ficaria mais difícil". Seu ataque, na verdade, é imprevisível, mas, no fim das contas, passa com muita frequência pela mesma pessoa. Isso pode ser previsto. E Bearzot parece ser o único a perceber isso. Não considera Serginho, como muitos repórteres apressados, o elo fraco desse Brasil, mas uma força crucial que deve ser neutralizada.

No São Paulo, Chulapa chegou a marcar 242 gols. Tornou-se o maior artilheiro da história do clube, mas no esquema de Telê Santana é um dos jogadores mais sacrificados. Não deve pensar só em balançar as redes e tem que evitar trazer à tona sua impetuosidade. São raros os ataques que têm como destino final seu pé. Os dois gols marcados tiraram um peso de seus ombros: o de mostrar ao mundo que ele também sabe fazer isso.

O técnico ordenou que ele jogasse de costas para o gol, fazendo o papel de pivô. E desse jeito, de fato, nasceram as principais oportunidades do Brasil. Por isso, Bearzot viu em seu papel uma das chaves da partida. Para a imprensa esportiva e os torcedores, porém, o trabalho de Telê Santana com relação ao temperamento do atacante também influencia diretamente seu jogo como centroavante. O técnico o domesticou, mas também o desnaturou. Tradução: quanto mais Serginho se rebelava contra seus marcadores, de modo mais ou menos violento, mais gols fazia. Agora que está mais "controlado", inevitavelmente marca menos também. Uma dupla perda para ele, de acordo com rumores da imprensa. Pois há um boato de que ele e seu companheiro Éder firmaram acordos secretos com Dassler para comemorar em frente a certas placas publicitárias depois de um gol. Ambos marcaram até agora dois cada. Éder correu para comemorar diante do pôster da Iveco depois do terceiro gol contra os escoceses. Serginho fez o mesmo depois de marcar o segundo contra a Argentina, entre outras coisas, abraçando o próprio Éder. Nos outros gols, não ficou claro se queriam favorecer algum patrocinador. São os dois cabeças quentes da seleção, às vezes acusados de viver no limite da legalidade, mas são jogadores do Brasil. E, quando um brasileiro faz gol, é difícil que pense onde vai vibrar. Comemora e pronto.

Polêmico em muitas ocasiões, Serginho, neste caso, tem plena consciência da oportunidade perdida quatro anos antes, do caminho que teve que percorrer para conquistar a condição de titular da seleção brasileira e da oportunidade única que se apresenta a ele na Copa do Mundo. Mais do que isso, ele nunca se esquece de onde veio: "Se eu não tivesse jogado futebol, com certeza seria um criminoso agora. Para quem nasceu sem roupa na Casa Verde (bairro da Zona Norte de São Paulo) e agora está aqui na Espanha, tudo é um luxo".

Mais estoico do que nunca, por incrível que pareça, Chulapa está aceitando seu *status* de soldado raso numa seleção de astros. E, sem hesitar, trocou o papel de protagonista pelo de coadjuvante. Com lucidez fora do comum, explica-se também aos repórteres: "Não me incomoda fazer sacrifícios. Eu não me importo muito em ser um astro, não tenho o toque de bola do Zico ou do Sócrates, só quero abrir os espaços certos para meus companheiros. Numa equipe, alguns têm que se esforçar ao máximo, e sei que muitas pessoas não vão entender, mas esse é meu papel. Ao aceitá-lo, eu sabia que as pessoas iriam me criticar, é lógico. Agora me pergunto: quem jogaria de costas para o gol o tempo todo sem reclamar? Muitas vezes não participo do jogo, mas abro espaços. É uma missão e a estou cumprindo".

Serginho tem 28 anos e toda uma vida pela frente. Pela primeira vez na carreira, está prestes a enfrentar a Itália. Está convencido de que vai devorá-los de uma vez só. Nem lhe passa pela cabeça a ideia de que possa ser seu último jogo pela seleção.

40. **A guerra dos mundos**

Existimos para jogar ou jogamos para existir? No futebol, está em jogo a realidade. Antes da ação, nada existe. Um sujeito, um espaço onde se mover, um tempo de duração. O jogo brasileiro se orgulha de deixar alguma margem para a ação do acaso, porque sem o acaso não há existência. A salvação não está na razão que faz planos, nos esquemas da tática, nas marcações homem a homem, mas na capacidade de viver a aleatoriedade dos eventos com clareza. O segredo é encontrar o próprio ritmo e não se perder nele, aconteça o que acontecer. Brasil × Itália tem a harmonia das grandes obras de arte. Os brasileiros se movem como gotas de tinta em uma tela de Jackson Pollock, a Itália de Enzo Bearzot parece seguir o ritmo do jazz, onde cada instrumento desenvolve sua própria melodia enquanto se comunica com os demais. Fantasia *versus* estratégia, espetáculo *versus* lógica. Quem fica parado, quem falha, está perdido.

Nos esquemas da Azzurra, encontra-se o DNA do Velho, e as táticas que ele adota remontam a quase um século de história do futebol. Pede a seus homens de meio de campo que defendam cobrindo os espaços. No adversário com a bola, vai o jogador mais próximo. Na defesa, reverte o conceito implementando o ditame de Herbert Chapman, o homem que mudou para sempre a história do futebol no fim dos anos 1920: não é o espaço que conta, mas a bola. É inútil parar o espaço; o espaço é inofensivo. O homem é que deve ser marcado.

O futebol *all'italiana* nasceu das cinzas da Segunda Guerra Mundial. O jogo de bola é o espelho de um país que na passagem de um punhado de anos perde primeiro a guerra e depois seus melhores jogadores na tragédia de Superga. Pobres, sem recursos e, por força das circunstâncias, oportunistas, os italianos fazem da arte de sobreviver o ofício de seu dia a dia. O futebol italiano só poderia renascer defensivista e fazer do *catenaccio* sua forma de jogar. Busca essencialmente impedir o gol adversário, bloqueando sua própria meta. O adjetivo depreciativo *catenacciaro* passa a ser seu rótulo. O de uma equipe dedicada à defesa até o amargo fim, à destruição do jogo dos outros e à renúncia da construção de qualquer trama de ataque, tudo para não permitir que os atacantes adversários consigam chutar a gol. Na realidade, o *catenaccio* é uma tática muito mais nobre e complexa que não é imediatamente compreendida. Nem todo mundo nota sua modernidade. Tornaram-se menos populares o *Método* e o *Sistema*, táticas que impõem rotinas repetitivas e previsíveis. O futebol *all'italiana* é o primeiro a propor a racionalização. Uma estratégia de batalha que muda conforme o adversário que se irá enfrentar. O primeiro a adotá-lo, no entanto, para defender sua Salernitana, é Gipo Viani. Toma a estratégia emprestada dos pescadores.

Enquanto caminha ao longo do porto, ele percebe que os pescadores retiram do mar uma rede cheia de peixes e imediatamente em seguida uma outra com o restante do que foi pescado. Os peixes que escapam da primeira ficam presos na segunda. E lhe vem o lampejo: quando os atacantes superarem os zagueiros, para contê-los ele deve adicionar um último homem — livre de marcações fixas — atrás da linha defensiva. É um modelo que escandaliza, mas vai dominar o futebol durante 20 anos. Nereo Rocco adota o esquema na Triestina entre 1947 e 1954. O eixo da defesa de Rocco é Cesare Maldini. Quem faz do jogo à italiana — criado justamente para compensar a lacuna técnica entre as grandes equipes e os times pequenos — um modelo vencedor, porém, é a Inter de Alfredo Foni, no parêntese temporal entre as duas passagens de Bearzot pelo clube. O Velho jogou pela Inter de 1948 a 1951 e retornou na temporada 1956-57. Os anos de 1952 a 1955 são os de Foni, que, no período, monta o primeiro *catenaccio* construído para a vitória (dois *Scudetti* em dois anos). Bearzot retorna das passagens por Catania e Torino sem nunca ter encontrado o treinador *nerazzurro*, mas é evidente que seu perfume ainda está no ar. Em pleno *boom* (1961-1963), reúnem-se os destinos de Viani, treinador, Rocco, auxiliar, e Maldini, capitão de um Milan de marca Rizzoli, que domina o campeonato nacional e vence a Copa dos Campeões. Carregando toda a sua bagagem tática, Rocco vai parar no Torino (1963-1967). No clube, encontra um meio-campista no último ano de atividade. É o que tem mais idade entre todos, e os companheiros já o chamam de Velho. É Bearzot.

No ano seguinte, Rocco o quer como seu auxiliar para lhe contar os segredos da escola italiana. Bearzot ficará no posto até o último ano de Rocco (1966-1967), quando voltam a se cruzar os mesmos destinos com a chegada de Cesare Maldini, também em seu último ano como jogador. Na temporada seguinte, Rocco retorna a Milão para sete temporadas (1967-1974), com Maldini como seu auxiliar (1971-72) e co-treinador (1972-74). O Velho está em outro lugar, já a serviço da seleção nacional, pela qual começa a viajar o mundo. Do futebol jogado, passou para o observado. Quando Bearzot passa a ter a equipe realmente em suas mãos, o objetivo é que ele encerre uma era, a dos "mexicanos de 1970", e refunde o selecionado. Os *azzurri* ainda comem pão e *catenaccio*, mas o mundo está mudando e ele se encontra no meio de uma revolução. O futebol já é "total", e as funções são muito menos fixas. A escola italiana está fora de lugar. A fase ofensiva do *catenaccio*, que se limita aos contra-ataques fulminantes com bolas longas para os jogadores de frente, é extremamente penalizada pela aplicação das armadilhas de impedimento e pela marcação por zona. A fase defensiva, que prevê a marcação homem a homem, torna-se obsoleta em razão do movimento dos jogadores sem a bola.

Bearzot observa, estuda, compreende. Começa a fazer suas inovações tentando manter intacta a essência do futebol italiano. Não pode descartar completamente os modelos antigos, dada a grande solidez da escola defensiva italiana. Então, tenta enxertar movimentos ofensivos em um sistema que continua a prever a marcação homem a homem na defesa. A "zona impura" que está implementando é a condensação de muitas intenções, com vistas a combinar a marcação fixa de três ou quatro elementos com o controle do espaço. Naqueles anos, a vanguarda era representada pelo futebol holandês. Jogadores versáteis capazes de atuar em qualquer zona do campo. Mas o modelo holandês é muito negligente. Difícil de se adaptar às características italianas. Portanto, inicialmente, seu módulo de jogo passa a ser o polonês. Ainda moderno, mas menos ousado e mais sólido. De qualquer forma, na Copa do Mundo da Alemanha, a Holanda de Cruyff e a Polônia de Lato ficaram em segundo e terceiro lugares, respectivamente, logo abaixo dos anfitriões. O movimento de Bearzot é o primeiro passo rumo ao futuro. Seu DNA está completo:

Catenaccio [Líbero (Viani + Rocco + Maldini)]
+
Futebol Total [Ecléticos (Holanda/Polônia)

O resultado é a Zona Mista. Pela primeira vez no futebol italiano, um treinador coloca em prática uma estratégia flexível que mistura estilos diferentes e permite que sua equipe seja sempre eficaz.

Para concretizá-la, necessita de jogadores multifacetados capazes de lhe garantir a flexibilidade que o futebol moderno começa a exigir. É assim que escolhe os ecléticos, como Tardelli, enquanto descarta os astros, como Pruzzo e Beccalossi, que são muito compenetrados em suas funções. Scirea é a garantia como último homem, o líbero que continua a tradição italiana, mas com tarefas mais maduras. Na verdade, também pode atuar, com seus avanços e lançamentos, no apoio ao jogo ofensivo. Gentile e Cabrini são os zagueiros que permanecem dedicados à marcação homem a homem, mas na esquerda Cabrini também cumpre tarefas de ataque com avanços frequentes pela ponta. Até mesmo Collovati, o *stopper* (ou zagueiro de combate), permanece como marcador individual para todos os efeitos. No meio de campo, Bearzot — à parte do meio-campista defensivo, Oriali, que oferece equilíbrio à frente da defesa e muitas vezes assume as tarefas de marcação homem a homem do craque adversário — organiza a equipe por zonas: um *mezzala* faz-tudo à direita, Tardelli, e um armador mais avançado à esquerda, Antognoni. No ataque à direita, o ponta que vai e volta é Conti, geralmente com a tarefa de superar seu marcador, ir até o fundo e cruzar; o centroavante é Rossi; e o segundo atacante, Graziani, que troca de posição com o companheiro mais centralizado. Não é por acaso que 6 das 11 partes da equipe vêm da Juventus de um Giovanni Trapattoni que, como jogador, compunha a espinha dorsal do Milan de Rocco.

O técnico friulano prepara a equipe com a dupla intenção de parar Zico, Sócrates, Éder, Falcão e Cerezo e, ao mesmo tempo, estar sempre a postos para recuperar a bola e contra-atacar. Acabou o tempo das atitudes passivas baseadas na espera e nos lançamentos longos. As capacidades polivalentes de seus rapazes podem ser usadas simultaneamente para defender e propor o jogo. É o contra-ataque trabalhado.

Os brasileiros veem o jogo da Itália com desconfiança. Os esquemas são usados por aqueles que não sabem jogar. Constituem uma restrição, uma proteção, uma defesa. O jogo é outra coisa. Talvez, diz Bearzot. O jogo puro talvez saiba e deva se mover sem regras, mas, se num jogo o objetivo é vencer, então é preciso ter uma estratégia. E aplicá-la é sinal de empenho. Para marcar gols, é necessário estudo, conhecimento do adversário, análise das posições e avaliação das chances da equipe. Qualidades humanísticas. O Brasil rejeita a tática, evita as complicações, escolhe a linearidade em nome do espetáculo. Favorece a representação, o número pessoal. Escolhe, por consequência, uma velocidade moderada de jogo, que dá tempo para os refinamentos técnicos. Tudo deve ser suave. O toque, o jogo, o gol. As jogadas devem ser instintivas, porque só a improvisação, se você é um artista, cria o espetáculo. É um jogo em que, às vezes, as habilidades individuais ofuscam as coletivas. Culpa da história. Os primeiros jogadores no Brasil aprenderam futebol em jogos recreativos. Longe dos colonializadores ocidentais. Então, quando passaram a enfrentá-los, por medo de retaliação, evitavam qualquer tipo de contato físico. Para isso, recorriam ao drible. O que era fácil, já que dançavam o samba. Surpresa, vivacidade e espontaneidade eram qualidades já presentes em seu espírito mais autêntico.

Telê recuperou o auge da identidade futebolística do Brasil: a de uma tática menos vinculada aos esquemas. Fantasia, talento e individualidade. Uma tradição que remete à cultura do "malandro", festejada pela epopeia da seleção de Pelé e que vê na equipe de 1982 sua mais recente manifestação. Entre essas duas épocas, o Brasil abraçou o jogo organizado. Uma linha de atuação que faz eco ao golpe militar de 1964 e à política tecnocrata que o novo regime tentou impor em todos os setores sociais, inclusive no futebol. Uma ideia de futebol planejado, confiado a um sistema de jogo taticamente lúcido, foi utilizada nas seleções de 1974 e 1978. Uma linha que se valeu da organização em detrimento da fantasia.

A equipe de Telê vai a campo com um 4-2-2-2 simples. Para um jogador italiano, seria impensável estar num time que não tem amplitude. Mas o posicionamento colocado no papel é apenas indicativo. O Brasil chega ao ataque com todos os seus homens, restando apenas os dois zagueiros, Oscar e Luizinho, na retaguarda defensiva, que, no entanto, chega quase ao meio de campo quando os atacantes estão diante da baliza adversária. Já os dois laterais são homens que a defesa manda à frente como dois pontas em ações clássicas: Leandro com os longos galopes pela direita, numa faixa que é propositalmente esvaziada pelos companheiros, que "se abrem" para sua chegada, e Júnior, na esquerda, com investidas precisas à área adversária inclusive para a finalização das jogadas, no que é um autêntico artista. Mas é acima de tudo o excepcional meio de campo quem abastece ao máximo as manobras do ataque, o Quadrado Mágico: Falcão, Cerezo, Sócrates e Zico.

As posições dos quatro fantásticos não respondem a um esquema fixo, muitas vezes são ditadas pela inspiração e por um entendimento que não deixa que se sobreponham um ao outro. Todos os brasileiros vão finalizar as jogadas, inclusive Éder, que converge da esquerda para o centro para disparar seus chutes violentos e cheios de efeito, e Serginho, que, além de abrir espaços, está sempre presente na área.

Mesmo quando se defendem, os brasileiros buscam sempre a recuperação da bola, sem nunca a chutar para longe, e encurtam as distâncias ao máximo para cercar em espaços cada vez mais comprimidos os adversários que tentam chegar ao gol. A seleção tem uma fluidez capaz de recriar esquemas sempre novos, e sempre em perfeito equilíbrio, apesar do movimento constante dos jogadores. Mas nem tudo o que reluz é ouro.

41. O movimento da Torre

Em 27 de junho, Artemio Franchi voou para a Itália. Em 2 de julho, realiza-se o Palio de Siena, e, no dia 29 de junho, ele deve presidir a "trata", a prova final de adaptabilidade dos cavalos para a pista. A operação ocorre na Piazza del Campo, e o prefeito da cidade participará com os dez capitães que farão parte da corrida. Ele, desde 1971, é o capitão da Contrada della Torre, não pode faltar. Na véspera do sorteio, aceita o convite do *96 horas de Palio* e, durante a transmissão produzida pela emissora privada Siena Canale 3, dispara seu primeiro pensamento depois de encerrada a primeira fase da Copa do Mundo: "O campeonato começou com 24 países. Doze times foram para casa e 12 permaneceram. Entre esses 12, está a Itália. Acho que não é ruim ter acabado num grupo tão competitivo. Porque não há nada a perder. Tudo pode acontecer. Doze anos atrás, na primeira fase, a Itália fez apenas um gol, mas depois explodiu. Esperamos que aconteça o mesmo desta vez".

O Palio é sua vida. É um mundo à parte, muito diferente do futebol. Estrondoso, mas também genuíno. "Tem reflexos de uma humanidade incrível. Não existe algo do gênero em nada que se faz nesta vida. Sua intensidade não é comparável à do futebol. E nunca seremos capazes de fazer quem está fora desse pequeno círculo entender isso." No mundo do futebol, entretanto, graças a ele, todos agora sabem que existem datas sagradas em que as reuniões não podem ser realizadas. O 29 de junho é uma delas. No primeiro calendário pensado para a Copa, elaborado em 9 de maio de 1979, o dia, assim como o do Palio, foi inicialmente destinado ao descanso. Mas, depois, o calendário sofreu mudanças. E ironicamente o dia da *tratta* acabou coincidindo com o Itália × Argentina, e o do Palio com o encontro entre o perdedor da primeira partida e o Brasil. Franchi acha que perderá os dois jogos dos *azzurri*. Mas, em 2 de julho, quem joga contra os verde-amarelos são os argentinos.

Como homem de Palio, Franchi sabe que, no fim das contas, a escolha do cavalo, ainda que suas corridas sejam observadas anteriormente nas competições provinciais, é baseada na sensação do momento. E sua sensação, alguns dias antes, ele confidenciou a um amigo jornalista, o veterano de seleção Alfeo Biagi, que o contatou por telefone na véspera da viagem para a Espanha.

"Como vai, meu velho?"

"Estou começando a ficar um pouco cansado. Às vezes, acho que chegou a hora de me aposentar, mas, então, a paixão toma conta e vou em frente."

"Faz bem."

"Diga isso para a minha família. Em casa, eles nunca me veem, os anos pesam, e nem sempre as coisas saem como eu gostaria; então, bate o cansaço."

"Vamos, agora o que o espera é uma bela Copa do Mundo."

"Não sei por que, Alfeo, mas tenho uma fé estranha nessa seleção, mesmo que precise guardar isso só para mim."

"A diplomacia de sempre."

"Você vai entender, eu sou o presidente da Uefa, o presidente da Comissão de Arbitragem, sou... de tudo um pouco! Eu tenho que fingir ser neutro."

"A institucionalidade é uma coisa ruim."

"Mas eu tenho o azul no meu coração, você sabe."

"Eu sei bem. E, para você, os *azzurri* nos levarão até onde?"

"Olha, cheguei bem perto do título no México. Desta vez, tenho a sensação, e não sei lhe dizer a razão, de que Sordillo pode conseguir."

"Talvez."

"Não me chame de louco. Às vezes, acho que tenho intuição para as coisas."

O Palio de 2 de julho muitas vezes coincide com a Copa do Mundo ou a Eurocopa, mas nada pode impedir Franchi de estar em Siena nessa data. Em 1978, durante a Copa do Mundo na Argentina, como membro do Comitê Organizador da Fifa, teve que garantir presença constante no Mundial. Mas, no dia fatídico, não poderia se ausentar de Siena porque a Contrada della Torre participava do Palio. Com um bom estratagema, trabalhou para conciliar o calendário da Copa do Mundo com o do Palio. Embarcou num avião em Buenos Aires, cruzou o Atlântico, percorreu milhares de quilômetros e chegou a tempo à Piazza del Campo. No entanto, a viagem e o sacrifício não foram recompensados. Sua equipe não venceu.

Para evitar o azar, sua Torre teve que apostar no melhor jóquei da praça: Silvano Vigni, apelidado Bastiano. O único capaz de lutar contra Aceto, o lendário jóquei oficialmente ligado à Oca, o bairro rival. Os contatos não foram fáceis, mas no final Franchi chegou ao acordo com Bastiano para um contrato de três anos.

No Palio de 1982, após uma longa sequência de cavalos pouco competitivos, finalmente o sorteio atribuiu Rimini, cavalo vencedor de três Palios e indicado como favorito para a nova corrida, à Torre. É a conjunção que Franchi espera há 10 anos. O jóquei certo montando o cavalo certo. No dia do Palio, durante a bênção do cavalo, o Rimini de repente começa a mancar. O caso é sério; logo depois, vem o diagnóstico de uma fratura. Justo quando parecia perto de se tornar realidade,

Franchi vê seu sonho desmoronar de uma hora para outra. O desespero do capitão se torna o de todos. O distrito quer que Rimini esteja presente na corrida de qualquer forma. Poderia se aproximar do grupo da largada e tentar a sorte.

Enquanto a 1.000 quilômetros de distância, os *azzurri* estão sentados no Sarriá para assistir aos brasileiros contra os campeões mundiais, Franchi enfrenta longas horas de agitação. Se deixá-lo ir para o Palio, o cavalo corre o risco de ser sacrificado depois da prova. Ele toma sua decisão e avisa às autoridades municipais que a Torre não participará, salvando, assim, a vida do cavalo. Franchi e Bastiano, calados, assistem pela televisão à corrida para a qual tanto tinham se preparado. No fim, o jóquei suspira: "Eu teria ganhado este Palio, tenho certeza". Franchi, chateado, volta a Barcelona às vésperas de Brasil × Itália um pouco desanimado: "Esta Copa do Mundo só o Brasil pode perdê-la; mas, a esta altura, tudo pode acontecer".

42. **O blefe**

Após o confronto com os argentinos, a imprensa italiana, por causa de uma série de greves, suspende suas publicações até as vésperas da partida entre Itália e Brasil. Oreste del Buono, crítico literário que, depois de dez anos de direção da *Linus*,[29] uma dezena de livros e uma centena de traduções, vê-se comentando a Copa do Mundo em nome do *Stampa* e da *Guerino*, está sofrendo e vai ver como torcedor o desafio entre brasileiros e argentinos, sabendo que não poderá falar sobre o jogo. "Um jornal que não é publicado perde sempre uma grande oportunidade. Imagine só um jornal que não sai por três dias." Para ele, Brasil × Argentina não era um confronto entre duas equipes, mas um embate trilateral. "A Itália também estava em campo. As camisas azuis rastejaram, misturaram-se, apareceram e desapareceram, e reapareceram com pontualidade caprichosa entre os alvicelestes e os verde-amarelos, em recordações do Itália × Argentina e em antecipação ao

29 Revista italiana de história em quadrinhos fundada em 1965. O nome da publicação homenageia o personagem Linus van Pelt, melhor amigo de Charlie Brown na série *Peanuts*, de Charles Schulz.

Itália × Brasil." Inevitavelmente, ele se perguntava: "O que Zoff faria aqui? E Gentile? E Tardelli?". Quando os brasileiros, ao anularem os argentinos, hipotecaram a propriedade sobre o futebol do futuro. Ele se lembrou de Tardelli, de sua briga com Sconcerti, de seu gol que venceu Fillol. E se iluminou: "No papel, os jogos parecem realmente resolvidos, mas aquelas camisas azuis que na minha alucinação de torcedor italiano continuei a ver no estádio Sarriá entre as camisas verde-amarelas e as alvicelestes me sugerem não que tenha esperança, mas segurança, com a certeza de que pelo menos alguns dos italianos (os três mencionados, por exemplo, e para mim, principalmente, Tardelli) entrarão em campo para fazer uma bela figura". Claro, muita coisa dependerá de quem vai entrar em campo.

Depois do confronto com os argentinos, Juarez Soares, o repórter de campo da TV Globo, conversando com o médico Neylor Lasmar, fica sabendo que, se a contusão de Batista, causada por Maradona, parece curável, a de Zico é mais preocupante, tendo em vista o jogo decisivo contra a Itália. Questionado pelos jornalistas, Zico prefere desviar o assunto e falar do adversário: "Enquanto tento ter certeza de que meu trabalho em campo ajuda minha equipe, Maradona sempre cai na armadilha de precisar provar a todo custo que é melhor do que eu". Em seguida, mostrando as marcas da entrada de Passarella em sua perna esquerda, acrescenta: "Problemas como este precisam de dois a três dias para serem resolvidos, então espero enfrentar a Itália".

Zico sofreu uma pancada num músculo da perna. Se fosse no joelho, a Copa teria terminado para ele. Os jornalistas brasileiros ainda estão divididos em suas projeções: a maioria acredita que Telê Santana não mudará a equipe, ainda que não tenha feito esse anúncio oficialmente. Mesmo na véspera do jogo, Zico ainda sente algumas dores na perna esquerda, na parte da panturrilha por onde o pé de Passarella passou. Tentava driblá-lo quando veio a pancada, mas o atacante brasileiro nunca o acusou de violência intencional. Estavam no fim do jogo, e o cansaço diminui os reflexos. Antes mesmo de sofrer a patada traiçoeira do argentino, já estava treinado para escapar da marcação dos *azzurri* com muitas penetrações e deslocamentos laterais na frente, para abrir espaço a Sócrates, Falcão e, sobretudo, Éder, cujo poderoso arremate contava muito para o Brasil. Na verdade, a entrada do argentino serviu para desencadear uma guerra de nervos. A seleção concorda em provocar confusão na mente dos italianos. Na sexta-feira, Sócrates escreveu em seu diário: "O Zico vai jogar, mas a Azzurra só vai saber disso quando ele entrar em campo".

43. **Hotel Majestic, quarto 427**

Acende-se o último pavio de ressentimento na sessão de treinamento final. Saindo do Sarriá, depois de parar Maradona, Claudio Gentile soltou ao vento um grito libertador, dirigido aos adversários ou a quem não acreditava nele: "Desgraçados!". Para Cascioli, do *Messaggero*, esse grito vira um pretexto. "Mais que um insulto, é uma crueldade", revolta-se na tribuna de imprensa. Quando termina o último treino em Gavà, à véspera do jogo contra o Brasil, Gentile e Cascioli se confrontam. A ira do defensor azul destrói o silêncio por um momento.

"Você é um mentiroso!"

"Eu ouvi perfeitamente bem."

"Então você é um mentiroso duas vezes!"

Cascioli liga para Bruno Bernardi, correspondente do *Stampa*.

"Ele também ouviu! Você disse 'desgraçados'!"

Gentile se enfurece.

"Foi um alívio instintivo depois de uma partida tensa. Não me dirigi a ninguém em particular."

O tutor De Gaudio se aproxima. Mas desta vez nada pode fazer diante da ira do repórter. Cascioli tem veneno para todos.

"Viemos aqui para servir vocês, que se metem o tempo todo no processo! O que querem é criminalizar a imprensa!"

Entra em cena Bearzot. Ele mira Cascioli, o homem que o ridicularizou sem piedade durante meses nas páginas do jornal romano, e despeja todo o seu ódio.

"Não venha gritar na nossa casa! Vou dizer o que você é: um canalha! Não fez nada além de ofender a mim e à seleção!"

Os dois estão quase chegando às vias de fato. Entre eles, colocam-se os jogadores (Causio e Antognoni) e os dirigentes (De Gaudio e Vantaggiato). Roberto Renga, do *Paese Sera*, querendo pacificar a situação, dá uma pernada no técnico. Fotógrafos e cinegrafistas registram a cena; os outros repórteres ficam perplexos. O silêncio é interrompido por uma ameaça: "Bearzot, isso não acaba aqui. Vou processar você!". A promessa é de Cascioli. Fadiga, estresse, rancores, medos, cansaço, tensões. Faltam menos de 24 horas para encarar o Brasil. Para os *azzurri*, não há paz, nem mesmo na hora mais delicada.

Del Buono voa até seu quarto para atacar a máquina de escrever: "As últimas notícias dos vestiários são animadoras. O nível de nervosismo dos *azzurri* continua alto: eles mais uma vez se desentenderam com os jornalistas italianos, agora seus habituais parceiros e *sparrings*. E desta vez, para deleite das televisões italianas e estrangeiras, generosamente, o técnico Bearzot também entrou na briga. Todos por um, um por todos. A seleção é o único empreendimento italiano que não está loteado pelos partidos".

Mario Sconcerti, por outro lado, ouviu sem dizer uma palavra as condenações implacáveis de seus colegas (apenas alguns sussurraram consternados: "Você não, Bearzot!"). Sente-se deslocado. E gostaria de estar em outro lugar. O alvoroço dos dias anteriores deu-lhe a extensão do esfacelamento geral e da solidão em que Bearzot se encontra, "um homem de grandes defeitos e nervos tão aflorados como as rugas que cavam seu rosto". Um homem de fronteira, um combatente da vida, que adora se sentir à mercê de tudo e viver uma existência eternamente difícil. Ele o vê afligido por fixações e manias de perseguição, mas vê igualmente um homem real, autêntico, que nunca finge, disposto a seguir a si mesmo ainda que no meio de um paradoxo. Para o correspondente Sconcerti, é o Bearzot mais intratável que já conheceu.

São 13 anos em que os dois vêm se encontrando ao redor do mundo. Ele sempre estimou a pessoa, nem tanto o técnico. Observou-o durante as "guerras matinais", sozinho, sitiado, sem fôlego, mas sempre pronto a retrucar os jornalistas com toda a sua fúria. Quando, depois do jogo contra Camarões, ouviu-o dizer que sua equipe fez uma partida inteligente, levantou-se e o atacou com força. No dia seguinte, porém, desculpou-se. Pela forma, não pelo conteúdo. Pouco depois, repensou: "Talvez seja verdade, a Itália jogou com inteligência. O que contava era passar de fase. Além disso, foi a única que quase venceu os africanos".

O cronista do *Repubblica* faz sua estreia numa Copa do Mundo. Se chegou até esse ponto foi por conta de três movimentos impecáveis. Os furos do quente verão de 1974, quando se viu viajando pela Itália no carro do novo técnico da seleção, Fulvio Bernardini, e conseguiu contar ao vivo todo o processo de expurgo da velha guarda (principalmente Rivera e Mazzola) e ao mesmo tempo o nascimento da nova Itália. Um golpe que lhe valeu a transferência a Roma, para a sede do *Corriere dello Sport*, onde tinha ingressado aos 21 anos. Cinco anos depois, veio outra mudança. Mas só teve que descer dois andares, exatamente no mesmo prédio: aos 31 anos, recebeu a tarefa de lançar as páginas de esportes do *Repubblica*, na Piazza Indipendenza, onde o jornal ocupa os dois primeiros andares do prédio (deixando ao porão a tarefa de hospedar a tipografia, com o linótipo que compõe os caracteres e o contador onde são diagramadas as colunas de chumbo).

O jornal de Eugenio Scalfari, que nasceu três anos antes como um "segundo jornal" para um público que já havia lido os acontecimentos do dia, inicialmente renunciou à obrigação de ser exaustivo, deixando de fora boa parte das notícias e dos esportes. A virada aconteceu durante a outra Copa, na Argentina. É um sábado, 10 de junho de 1978. Scalfari, carinhosamente apelidado de "Barbapapa", organiza um jantar no terraço com a elite da cultura romana. De repente, é deixado sozinho à mesa. Levanta-se e encontra os convidados em frente à televisão. Veem Itália × Argentina. No dia seguinte, ele se aproxima de Gianni Rocca: "Por que damos tão pouco espaço para as Copas do Mundo?".

"Porque o esporte não faz parte do propósito do seu jornal."

"A partir de hoje, vamos lhe dedicar duas páginas."

O esporte do *Repubblica* nasceu ali, na casa dos Scalfaris. No último andar de um edifício dos anos 1930, na Rua Nomentana.

Às vésperas da Copa, a terceira jogada. Conseguir fazer seu diretor "contratar" o decano dos jornalistas esportivos: Gianni Brera.

E agora Sconcerti está na Espanha, por conta de seu jornal, com *Gioânnbrerafucarlo*, do qual é tecnicamente chefe, mas para quem, no fim das contas, leva as informações e as malas. Levanta-se todas as manhãs às 8h e vai se deitar às 2h, coordena o trabalho dos enviados e escreve em média três artigos por dia. À tarde, quando a Itália não joga, vai visitar Brera. Mais uma vez bate no quarto número 427 do Majestic Hotel. Encontra o Profeta de cueca e camiseta, meias longas e mocassim, com um lenço contra o suor colocado em volta da gola da camiseta. Dentro da sala, o calor é sufocante. Brera mantém as venezianas e as janelas fechadas; e o ar-condicionado, desligado. Ele ama o calor.

Fora, ninguém o viu dando uma volta sem casaco, nem mesmo sob os 40 °C do verão catalão.

Brera partiu para a 12ª Copa do Mundo com o despreparo do turista ignorante. Para ele, a Espanha é um país do sul que mal se divide da África escaldante. Em suas malas, colocou apenas camisetas de algodão e roupas leves. Quando desembarcou em Vigo, teve de rever seus conceitos. "Em junho, a Galícia tem clima norueguês. As pessoas que ali vivem são mestiças; os ibéricos e os celtas misturaram seus sangues e, de fato, são chamados de celtiberos. Eu olho para seus rostos e os acho muito parecidos com os nossos, os latinos do norte." A descoberta o mortifica nos aspectos etnológico, histórico e climático.

No calor escaldante de Barcelona, é o Majestic que não o empolga. Muito frio para ele. Depois de visitar o bar do andar térreo, no primeiro dia, jurou nunca mais voltar, por causa do ar-condicionado. Dorme pouco. Programou no termostato 25 °C. O ar está impregnado do cheiro do charuto toscano que ele sempre mantém na boca. Dorme num quarto com duas camas de casal; em uma descansa, na outra deixa suas duas malas. Parecem velhas, modestas e frágeis. Para Sconcerti, lembram as de papelão, dos imigrantes. Na verdade, são feitas de tecido duro, valioso e resistente, como a casca de seu dono. Numa delas estão as roupas; na outra, os remédios. Ninguém sabe o que ele toma, não tem problemas de saúde evidentes e não fala sobre isso, mas viaja com uma pequena farmácia a reboque, como todos os condenados ao nomadismo.

Para Brera, a jornada foi longa. Com Mario, viajou mais de 100 quilômetros. Assistiu a França × Irlanda do Norte na televisão e, em breve, se organizará para ir ver Polônia × URSS. Depois, está decidido: vai comer com Sconcerti e Soldati no Rancho Grande. Sente saudades das noites galegas. Em Barcelona, não encontra paz. Visitou o Museu Picasso e a grande basílica gótica de Santa María del Mar. Sempre passava as noites com Soldati e Cancogni. O último, de mau humor. Por causa do frio, Cancogni perdeu a voz e não pôde mais argumentar com o imparável Soldati. Mas Brera finalizou seu artigo: "Com este Brasil, a Itália atual só pode se esforçar para evitar uma goleada, não ficar marcada indignamente e perder seu prestígio". Também invoca a Madonna del Tibidabo e, em caso de graça recebida, promete usar o hábito dos flagelados ao acompanhar a procissão de San Bartolomeo em agosto em seu país.

Deixa Sconcerti ler o que escreveu, mas não quer falar no assunto. Sconcerti vê os jogos em campo, Brera adora examiná-los mentalmente. Fazem isso há anos, em todo o mundo, Sconcerti à procura de notícias, e ele a comentá-las. Mas só agora começam a fazer juntos. Um pelo outro. De volta ao quarto, Sconcerti revive em sua mente o confronto entre Bearzot e Cascioli e põe no papel o que acha que pode vir a ser seu testamento espanhol. O epílogo de uma crônica pessoal dedicada a uma Itália decadente. O último pensamento antes do fim: "É o sinal de um exército esgotado no limiar da última batalha".

44. **A última sessão**

Na concentração brasileira, o ensaio geral antes de subir ao palco é finalizado. O último treino ao ritmo de samba. Concluído o teste final, Telê encoraja os jogadores.

"Joguem amanhã como vocês sabem. Não precisam de mais nada."

Em seguida, ele se aproxima de Falcão.

"Você os conhece. Há algo que queira dizer?"

O meio-campista "italiano" é o mais preocupado.

"Vão ficar na defesa e jogar no contra-ataque."

Os companheiros sorriem.

"Paulo, deve ter sido fácil para você ganhar a vida na Itália!"

Falcão sorri, mas então se vira sério para Telê.

"A Itália não é o que vimos na primeira fase. É uma equipe que sabe ser perigosa. Não seria melhor mudar nossa tática amanhã?"

Telê é categórico.

"Queremos nos classificar com um empate? O Brasil sempre joga para ganhar."

O coro eufórico dos atletas acompanha o treinador.

"Estamos jogando bem assim; se mudarmos e perdermos, o que poderemos dizer depois? Os amistosos correram bem, os jogos da primeira fase também, vencemos a Argentina. Por que mudar se tudo está indo tão bem?"

A reunião termina. Todos para o chuveiro. Só Oscar se aproxima de Telê.

"Telê, vamos pensar um pouco, não será um risco se jogar ao ataque contra os italianos?"

Telê o tranquiliza.

"Não se preocupe: ganharemos por 4 a 0. Sem problemas."

Naquele exato momento, o ônibus espacial Columbia, que partiu do Kennedy Space Center em 27 de junho, volta à Terra. Depois de 4.700.000 quilômetros, 113 órbitas terrestres, sete dias, uma hora, nove minutos e 31 segundos, traz para casa o piloto Henry Hartsfield e seu comandante Ken Mattingly, ambos acordados naquela manhã ao som da patriótica canção "This Is My Country". Mattingly não é qualquer um. Era o "comunicador *capsule*",[30] o homem que manteve contato entre o centro de controle da Nasa e os astronautas da *Apollo 11*. Alguns dias depois, em 6 de agosto de 1969, foi nomeado piloto do módulo de comando para a missão da *Apollo 13*. Na véspera do lançamento, porém, descobriu-se que o piloto reserva do módulo lunar, Charles Duke, estava sofrendo de rubéola. Quando souberam que Mattingly nunca tinha contraído a doença, para evitar o risco de que adoecesse durante o voo espacial ele foi substituído. Não adoeceu, mas da Terra salvou os astronautas.

Desta vez, esperando por ele e por seu companheiro na pista 22 da Base Aérea de Edwards, na Califórnia — a primeira de concreto para um ônibus espacial —, lá estão o presidente Ronald Reagan, em um terno creme com uma camisa branca e uma gravata marrom regimental, e sua esposa, Nancy, patrioticamente envolta numa saia vermelha sob uma camisa branca e um lenço azul. Ambos com os cabelos penteados e fixados para trás, como se o jato de uma turbina tivesse acabado de alisá-los.

A notícia da volta do ônibus espacial enche as primeiras páginas dos jornais americanos de 5 de julho. Sobre a Copa do Mundo, porém, não sai quase nenhuma linha, nem nas seções de esportes. Se a Europa não entende o beisebol, os Estados Unidos retribuem com o futebol. Quem consegue apreciá-lo é Lawrie Mifflin, uma das primeiras jornalistas esportivas do país. Ela se revelou ao mundo com suas coberturas das Olimpíadas de Montreal, em 1976, no *New York Daily News*. Desde 25 de abril, escreve no *The New York Times*. O jornal está dedicando

30 O *capsule communicator*, ou CAPCOM, é a pessoa responsável por fazer a comunicação da base da Nasa, na Terra, com as tripulações de astronautas durante as missões espaciais.

pequenos artigos com certa continuidade à Copa desconhecida. "Este é um fenômeno pouco conhecido nos Estados Unidos", escreveu Warren Hoge que trabalha no Rio de Janeiro para o *Times* há três anos. Talvez a partir da cidade brasileira tenha conseguido entender melhor o que está acontecendo na Espanha, onde nos últimos dias "pelo menos 24 nações, incluindo as potências mundiais, entraram em estado de encantamento".

No dia do jogo do Sarriá, Mifflin, intrigada com a indiferença americana, está ao telefone com Jim Spence, vice-presidente da ABC Sports. A conversa não é sobre a partida do dia entre Itália e Brasil. Pela primeira vez, uma rede americana planeja transmitir a final da Copa do Mundo ao vivo, de Madri, no domingo, das 11h às 13h30 da costa leste americana: a cobertura total do evento por cabo é oferecida apenas pela rede de televisão de língua espanhola dos Estados Unidos, a National Spanish Television Network (SIN), que, em acordo com a mexicana Televisa, adquiriu os direitos de transmissão por 1,5 milhão de francos suíços. As edições de 1966 (NBC), 1970 (ABC) e 1974 (CBS) vieram apenas por meio de clipes dos jogos. A última Copa do Mundo, a de 1978, não teve cobertura em inglês na televisão americana.

"É um evento muito especial", explica Spence a Mifflin. "É o evento mais assistido do mundo e se encaixa perfeitamente na filosofia do nosso *Wide World of Sports*, que mostra apenas os mais importantes eventos internacionais." A ABC não está fazendo isso por questões comerciais; seus executivos desta vez não esperam uma receita excepcional. Spence não quer mais transmitir o Soccer Bowl da North American Soccer League, como aconteceu nos últimos quatro anos, porque as audiências têm sido muito baixas. Se a rede embarca na empreitada, é apenas por uma questão de prestígio. Mesmo que não faltem problemas.

Quando a ABC se inscreveu para alugar o satélite para a final, descobriu que as posições das câmeras não eram tão fáceis de se obter como em qualquer outro evento esportivo americano. Dar a cada país câmeras adicionais separadas do *feed* principal fornecido pela televisão espanhola é realmente impraticável. A ABC é surpreendida. Sabe que a rede espanhola tenderá a oferecer planos abertos para atender o ponto de vista preferido dos torcedores de futebol, aqueles da plateia central, enquanto os fãs de esportes americanos estão acostumados a uma visão mais espetacular, em que planos amplos se alternam com detalhes em *close*. Por enquanto, são garantidas ao canal apenas duas posições pouco invasivas: uma nas tribunas de imprensa, para mostrar seus locutores, como de praxe, e uma no alto para mostrar uma visão geral do estádio. O outro problema está relacionado à publicidade. Ao contrário das redes estrangeiras, a ABC interromperá a transmissão para mostrar os comerciais. "Em cada tempo, teremos dois pontos de 30 segundos seguidos", explicou Spence. "Mas e se sair um gol durante um intervalo comercial?", pergunta Mifflin a ele. "Durante os jogos da North American Soccer League raramente aconteceu."

Faltam seis dias para a final. Nesse 5 de julho, os executivos da ABC não ligam para o jogo que está para ser disputado no Sarriá. Naquelas mesmas horas, porém, Mifflin entendeu algo que lhes escapa: "Um jogo de futebol", escreve em seu editorial, "é como um teatro, com uma história principal que inclui também dramas pessoais menores, entre jogadores que se enfrentam a cada passo. Perder parte do diálogo numa obra teatral não é como deixar de lado algo decisivo, mas significa igualmente perder uma parte essencial da história". Sair do campo para um comercial, mesmo que não aconteça o gol, é frustrante para o verdadeiro torcedor de futebol.

O espectador brasileiro, por sua vez, só precisa de uma coisa para se satisfazer: vencer. Até os americanos sabem disso. Nas mesmas colunas do *Times*, George Vecsey tinha escrito: "O Brasil jogará contra a Itália no pequeno Sarriá, na próxima quinta-feira, pelo direito de passar às semifinais. Os brasileiros avançam em caso de empate. Mas Telê Santana, o técnico do Brasil, disse: 'Não vamos jogar pelo empate. Vamos jogar pela vitória'."

45. ***Quelli che...***

"Francesco Graziani dá mais entrevistas que Robert Redford no Festival de Cannes." Para entender como e por que alguém pôde assinar, com o carimbo da RAI, essa declaração de zombaria, devemos primeiro voltar no tempo.

O avô do cronista em questão, casado duas vezes com senhoras endinheiradas, era o senhor da comuna de Contursi, na província de Salerno. Animais, homens, casas, terrenos e montanhas. Era tudo seu.

Bastou uma noite apenas, uma mão de cartas, para perder tudo. Tudo o que era dele, o que seria de seus filhos e dos filhos de seus filhos. O senhor de Contursi, pouco depois, perdeu também a vida. Alegou ser capaz de comer 60 ovos cozidos. Numa aposta. Ganhou. Mas foi a única vez. Seu filho Mario, por outro lado, perdeu duas mulheres: a primeira, para a pneumonia; a segunda, por um mal do coração. De resto, era igual a ele. Elegante, perfumado, generoso. E, claro, apostador. Doze irmãos. Todos arruinados pelos cavalos. Seu filho ainda não era nascido quando ele se viu pela primeira vez frequentando o hipódromo de San Siro. Perdeu nas apostas e teve que ir para casa caminhando com a esposa grávida de nove meses porque jogou o dinheiro do bonde também.

Com esse DNA, nosso personagem vem ao mundo numa quinta--feira de fim de outubro. Chama-se Giuseppe. Depois Peppi, Peppino e finalmente Beppe. Quando faz 12 anos e seu pai o deixa com sua mãe e sua irmã para se mudar para Caracas, pensa: "Você fez bem em torrar seu dinheiro nos cavalos; se tivesse me deixado um pouco, eu teria feito o mesmo, talvez no bilhar, onde, entre outras coisas, respira-se pouco por causa da fumaça".

Grato ao pai ausente, amaldiçoou a mãe presente. Vai à escola com relutância e, quando lê no boletim final "Viola Giuseppe: reprovado", comenta: "Mas eles nem me conhecem. Deviam escrever distraído". É nesse ponto que as palavras benevolentes da mãe o alcançam: "Encontre um lugar e que Deus o ajude". Seu deus tem um nome: Vito Liverani. Fotógrafo por profissão, está no processo de criação da agência Olympia. Cansado de tê-lo por perto, recomenda-o ao diretor da *Sportinformazioni*, a agência de notícias (onde ele mesmo aluga um quarto que usa como estúdio fotográfico) que funciona como o escritório de correspondência milanês do *Corriere dello Sport*. O diretor se chama Luigi Ferrario, conhecido como Babbone,[31] por ter se comprometido em plena República de Salò com a direção da *Gazzetta dello Sport*, comprada na época pelo Grupo Editorial do Partido Fascista. Um homem enorme e severo que inspira temor em qualquer pessoa. Menos em Giuseppe. A agência é um local para mentes frescas. Trabalha-se em velocidade alucinante, três páginas em 15 minutos sem margem para erros, pois Ferrario não os tolera. Os jornalistas escrevem diretamente

31 Significa "avô" no dialeto corso, falado na ilha de Córsega e em algumas regiões da Itália.

numa matriz que imprime os boletins distribuídos aos jornais a cada duas horas.

Às vezes, os redatores entram numa cabine telefônica com três anotações em um pedaço de papel e ditam para o plantão do jornal longos artigos de cinco páginas, incluindo pontuação e ortografia. De "prima", sempre. Sem se intimidar com nada, o jovem Viola entra primeiro como colaborador e depois é contratado por 30 mil liras mensais, incluindo domingos, horários noturnos e todos os outros feriados do calendário. O dia em que sua mãe morre, às sete da manhã, Babbone vai até sua casa, duas horas depois do evento, para confortá-lo: "Olha, querido Viola, para esquecer dores tão grandes, só o trabalho. Venha à agência e você verá que tudo vai passar". Viola segue o conselho. No meio de seus jovens colegas — Rino Tommasi, Pilade Del Buono, Oliviero Beha e Giulio Signori —, faz seu nome. "Beppeviola", uma marca que começa a dar o que falar. A tal ponto que, após a morte de Babbone, herda a direção da agência. Alguns anos antes, Ferrario havia feito um acordo com Aldo De Martino, seu equivalente na *Agisport*, outra agência italiana dedicada ao esporte, para fundir as duas publicações sob a égide da nascente Editoriale Sportiva Lampo SRL. De Martino, embora mantendo sua parte do capital na *Sportinformazioni*; pouco depois, começa a operar no escritório de Milão da RAI, dentro da seção experimental da televisão, onde faz sua estreia em 3 de janeiro de 1954, logo na sequência de se tornar chefe da redação de esportes da televisão. Talvez tenha sido graças a esse gancho que Viola, da agência, começou a dar os primeiros passos na RAI. Ele se encontra no quarto 341, no terceiro andar, com Adone Carapezzi e Ivo Fineschi. Um trio avesso às regras e que vive em sintonia. No exame para se profissionalizar, Enzo Biagi lhe perguntou: "Em sua opinião, Fanfani é direita ou esquerda na Democracia Cristã?". "Depende do dia", respondeu ele. Promovido.

O contrato final com a RAI, em 1966, permitiu-lhe casar-se com Franca, a garota do último andar do prédio que é um dos vértices do triângulo onde ele armou seu palco desde o nascimento (Piazza Adigrat, Via Sismondi, Via Lomellina), numa Milão dominada por uma nova energia, ávida por mudanças. Uma vida entre o hipódromo, onde se inspira numa aposta ou outra, o Gattullo Bar — onde devora pães enormes com Paolo Villaggio, Cochi e Renato, Massimo Boldi, Teo Teocoli, o jovem Diego Abatantuono, filho da guarda-volumes do Derby — e o cabaré, onde junta as duas partes anteriores, escrevendo os textos para seus cúmplices. Foi ele quem inventou o *Quelli che*[32] com Enzo Jannacci, que mora no prédio ao lado do seu na Via Sismondi. Escreve em todos os lugares; colaborações não lhe faltam: da *Linus* à *L'Intrepido*. Trabalha muito porque tem família e dívidas de jogo, por causa dos cavalos. Mas não consegue vencer sua genética.

E se resulta que Graziani dá mais entrevistas do que Redford é também porque Beppe Viola é o correspondente da RAI que melhor conhece vida e alma dos *azzurri*. E ele não pensa duas vezes antes de ironizar esse fato. Qualquer definição para ele acabará sendo restritiva, e sem exageros. Ele é jornalista de impresso, comentarista de rádio, repórter de televisão, autor, roteirista e até ator. Rosto imperturbável, tez pálida, tom monocórdio, pálpebras pesadas, sorriso contagiante, eternamente vestido com uma Lacoste de mangas curtas, normalmente na cor vinho, permanentemente suada. Com isso, cavalga de forma astuta seu ideal de jornalismo fora dos esquemas, culto e popular ao mesmo tempo, certamente longe de épicos, clichês e estrelato. Aparentemente distraído, no trabalho tem uma intransigência que não admite erros. É o par perfeito para Gianni Brera na TV e para Bruno Pizzul no jogo de *scopa*. Sempre inclinado a brincar, conduziu uma entrevista com Gianni Rivera no bonde número 15; decidiu não mandar ao ar, na *Domenica Sportiva*, a esperada reportagem sobre o clássico de Milão porque seria terrível de assistir ("Mandemos a do ano passado, pelo menos era futebol"); e, obrigado a comentar jogos sob a neve, confidenciou com franqueza aos telespectadores: "Vocês ficarão surpresos por eu ter topado esse trabalho, mas sou um funcionário da RAI com filhas para sustentar". Talvez por isso não seja muito popular na RAI. Esse modo diferente de ser jornalista esportivo o vem marginalizando dos caminhos que importam: "Sigo batendo, continuamente, o recorde mundial de como perder uma carreira". Só recebe elogios falsos, nenhuma promoção e ainda menos dinheiro. Depois da Copa na Argentina, enviou uma "Carta ao Diretor" que se revelou uma obra-prima da comédia dramática:

32 Beppe Viola compôs com o músico Enzo Jannacci a canção "Quelli che" para o álbum homônimo, lançado em 1975. A música inspirou o título de um programa dominical sobre futebol transmitido pela RAI, o *Quelli che... il Calcio*, apresentado por Fabio Fazio.

"Tenho 40 anos, quatro filhas e a sensação de estar ferrado. Há poucos dias, o secretário editorial me disse que não tenho direito aos jornais distribuídos. Dou minha palavra, nunca roubei nada, nem no relatório de despesas. Nunca atentei contra as virtudes das inúmeras senhoras e senhoritas que circulam no terceiro andar. Nunca bati ou apanhei em confusões. Acredito nunca ter 'perturbado' a carreira de colegas culturalmente mais preparados do que eu. Sempre tentei atender, na minha modéstia, o interesse da empresa que amo como mãe, ou como madrasta, diria. Neste ponto, porém, deixo o TG3 para que outros trabalhem, aqueles mais preparados intelectualmente e dotados de boa vontade. Estou indo para Londres a partir do próximo dia 10 de janeiro; Marx e Mazzini fizeram o mesmo, posso me dar a este luxo. Para aprender inglês com o meu dinheiro da vez (desculpem a rima)."

Gostavam tanto dele na RAI que alguém o denunciou sob a acusação de que ganhava dinheiro da "marca dos crocodilos". Investigação rigorosa e nenhuma responsabilidade apurada. Apenas uma repreensão com a obrigatoriedade de usar camisa e gravata. "Assim teria suado mais e melhor." Mas na Copa faz calor demais, e ele se refugia no conforto de sua fresca Lacoste de sempre. Com essa vestimenta, livre, leve e solto, radiografou o interior dos jogadores.

Quando entrevistou Graziani no campo de treinamentos italiano, primeiro o lisonjeou ("Tire os óculos que você fica mais bonito"); depois, desferiu três de seus golpes típicos, plácidos, mas perspicazes: "Por quanto tempo consegue ficar sem fazer amor?", "Há homossexuais também na seleção?", "Está ficando careca, por quê?". Beppe Viola é assim: uma figura inconfundível. Não tem medo dos poderosos. Como quando, em Montecarlo, conseguiu parar Luca di Montezemolo: "Então diga, soltos e belos". Referia-se aos cabelos compridos de Luca. "Desculpe, o que quer dizer?", respondeu atônito o dirigente. "Ah, sim", explicou Beppe, imitando o comercial de um conhecido xampu, "cabelos soltos e belos sem caspas". Montezemolo o fulminou: "Vá embora". Ou como quando respondeu ao pedido de um general do Corpo dos Carabinieris por "uma punição exemplar" para a equipe que atravessou um bloqueio na estrada para registrar um incêndio.

"No que diz respeito a seu pedido de punição exemplar, informamos que os três protagonistas do crime — motorista, jornalista (que era eu) e operador de som — foram executados de madrugada no pátio da RAI em frente aos trabalhadores perfilados."

Está, por princípios, do lado dos menos favorecidos. Como quando, às vésperas da Copa, encontra e acoberta um aspirante a repórter com menos de 18 anos que se escondia nos arbustos da concentração de Alassio. Ele se chama Fabio Fazio e quer ser jornalista, por isso colabora com uma rádio em Savona e consegue um credenciamento que só vale para aquela manhã. Mas as entrevistas são adiadas para a tarde. Então, na hora do fechamento dos portões, decide se esconder por quatro horas enquanto espera o horário do encontro com os *azzurri*. "Você não me viu aqui", implora o jovem Fazio. "Viu quem?", responde Viola com uma piscadela.

Com o técnico italiano, Viola não tem sido condescendente nas últimas semanas. Mas sua ironia é difusa, não direcionada. O Velho, porém, olha-o com desconfiança e, quando volta à concentração da Puerta del Sol à tarde, não quer falar com ele. Gianfranco De Laurentiis, também correspondente da RAI, encarrega-se disso e, apenas graças a suas boas relações, Bearzot finalmente lhe concede a entrevista. Mas Viola, em vez de perguntar como estão os *azzurri* ou as previsões para os jogos da Copa, indaga se ele não se sente um pouco cansado. Na véspera dos dois jogos do "grupo da morte" contra Argentina e Brasil, mais uma vez conseguiu ser irônico, crítico e confiante ao mesmo tempo: "Os nossos jogadores encaram os compromissos convencidos de que são coadjuvantes, mas os *azzurri*, pelo menos assim se espera, também estão habituados a um heroísmo repentino. Por exemplo, o de dispensar os jornalistas e aproveitar as horas de liberdade em meio aos turistas e de mãos dadas com os fãs mais fiéis". Ironia que leva à certeza de que passará "mais quatro anos no círculo dos medíocres". Viola pende para o lado dos brasileiros. Ele os compara a Picasso. Não quer classificá-los ("Definir o Brasil apenas como um time de futebol é reducionista ao ponto da insolência"); em vez disso, prefere se concentrar na "Banda Bearzot". Se os brasileiros "chegaram cantando em Barcelona", os *azzurri* são devorados por "nervosismo, pequenas rivalidades, polêmicas". Um hospício, segundo ele. E contextualiza o gancho: "Trabalham num pequeno lugarejo, onde, entre outras coisas, existe um asilo para doentes mentais, pelo que nos contaram quando pegamos um táxi. Talvez zombem de nós, talvez a imagem da nossa equipe hoje em dia sugira essa ideia. A verificação usual será feita no campo. Se conseguirmos algo decente, significa que estamos loucos. É sempre melhor do que ser chorão e anônimo".

No dia da estreia contra a Polônia, a RAI o colocou, ao lado de Daniela Poggi, na apresentação do Azzurro, festival de canções criado por Vittorio Salvetti para dar sorte à seleção italiana. No teatro Petruzzelli, de Bari, ao vivo para todo o país, Franco Battiato cantou "Cuccurucucu" (a música que na Espanha os *azzurri* sempre cantam no ônibus); Vasco Rossi, "Splendida giornata"; Loredana Bertè, "Non sono una signora"; Marco Ferradini, "Teorema"; Fabio Concato, "Domenica bestiale"; e Riccardo Cocciante, "Celeste nostalgia"; enquanto Lucio Dalla e gli Stadio entoam "Grande figlio di puttana". E também lá estavam Antonello Venditti, Franco Califano, Alberto Camerini, Roberto Vecchioni, Peppino Di Capri, Enrico Ruggeri, Milva, Fred Bongusto e Gianni Morandi, capitão da equipe vencedora.

Cansado de se sentir atípico, criou com alguns colegas (entre eles, Gianni Mura) a *Magazine*, uma agência de notícias sediada numa vila na Rua Arbe. Transitam por lá personagens como Giovanni Trapattoni, Gianni Rivera, Jean-Louis Trintignant e talentos emergentes como Giorgio Terruzzi. É um lugar de diversão e trabalho, onde passa a gerir uma editoria que combina esportes, entretenimento e costumes que para ele, pai de família, serve para levantar dinheiro e fechar o mês. Acima de tudo, porém, poderia lhe permitir dizer adeus à RAI após mais de 20 anos de tolerância mútua.

Enquanto isso, em Barcelona, já fez as malas. Do lado de fora, deixou apenas uma Lacoste branca. A que ele vai usar no dia seguinte no Sarriá.

46. **A noite**

É noite. No retiro de Mas Badó, o telefone toca. A chamada é para Telê Santana. Do outro lado da linha, está o presidente brasileiro João Figueiredo: "Você fez um excelente trabalho. Amanhã, tenho a certeza de que vai completá-lo. Meus cumprimentos!".

No hotel El Castillo, todas as luzes estão apagadas. Apenas quatro olhos estão bem abertos. São os de Tardelli e Conti. Bearzot sabe disso, ele os rebatizou de "Coiotes". É para eles que precisa contar histórias, conduzindo-os até o amanhecer.

O primeiro a adormecer é Gaetano Scirea. A serenidade que irradia no campo o acompanha à noite. Entre os melhores líberos do mundo, está cumprindo seu papel com absoluta naturalidade, sem alarde, contribuindo pouco para a beleza do espetáculo. Nunca foi expulso, apesar de jogar na defesa. Bastam-lhe a classe e o jogo limpo. Cabeça erguida, elegância, uma pureza no toque que é uma espécie de asseio moral. Tem a modéstia das palavras. Não vai marcar época porque não faz barulho. Mas o seu é um silêncio que pesa.

Ele começou na carreira jogando na frente. Escalado um dia como líbero, assumiu a função sem entusiasmo, pensando ser quase um rebaixamento. Mas, acostumado a respeitar, honra seu papel até que o destino lhe abre um caminho: o titular quebra a perna, e ele se torna Gaetano Scirea. Um dia, em Bérgamo, o jornalista Angelo Caroli o aborda: "Você jogou uma partida maravilhosa". Ele baixa os olhos. Vai para a Juventus. Achille Bortolotti, presidente da Atalanta, diz a Giampiero Boniperti assim que conclui o negócio: "Vou levar Gaetano a Turim até você. Porque esse rapaz é diferente de todos os outros". No decorrer da Copa do Mundo na Argentina, vem sua explosão técnica. Em Mar del Plata, sede das duas primeiras partidas da Itália que acaba de vencer a França e a Hungria, o mesmo repórter lhe diz: "Você é o melhor do mundo em sua função". Scirea se cala de novo, olha para o chão, mas admite: "É verdade, talvez você tenha razão". Caroli fica perplexo, e então percebe que o jogador, honesto até as entranhas, não consegue mentir para si mesmo.

É uma função difícil. De compromisso contínuo. O cérebro está sempre em movimento. O olhar em todos e em ninguém. A intuição que antecede o raciocínio. Mas ele tem qualidades extraordinárias. Sabe como se mover em campo e é capaz de ler o jogo um segundo antes dos outros. Com seus companheiros, joga de memória. Quando Cabrini avança, por exemplo, fica na marcação do atacante que sobra livre. E, quando está com a bola nos pés, não só limpa a área, mas organiza o jogo a fim de reiniciar da melhor maneira sua construção. Para ele, nada parece excepcional, pois aprendeu a medir todos os elementos de sua existência com base no bom senso, seja como jogador de futebol profissional, seja na intimidade de pai e marido. E sua polidez moral o torna um extraclasse também fora de campo.

Após o treino, ocasionalmente volta para casa na hora do almoço com um grupo de estranhos: "Mariella, esses senhores viajaram centenas de quilômetros para vir ver a Juve e pensei que tinham que comer alguma coisa". É um homem que anda em paz: bom, fácil de lidar, honesto e humilde. Com o estilo de antigamente. Mas já não tem medo de parecer velho. Possui o conforto do exemplo. O de Zoff. Um homem que o ensinou a não olhar para trás. Sempre compartilharam o quarto. Dentro dele, jogam cartas, às vezes leem, coisas simples, como seus ideais, porque não precisam de tantas complicações. O quarto que compartilham tem um nome: "a Suíça", dado por Tardelli.

Os outros quartos têm os pares predeterminados Antognoni e Graziani, Causio e Selvaggi, Conti e Galli, Dossena e Altobelli, Marini e Bergomi, Massaro e Vierchowod, Collovati e Baresi, Oriali e Bordon, Cabrini e Rossi. Gentile sempre esteve no mesmo cômodo de Tardelli. Contudo, enquanto ele adormece em segundos, seu companheiro nunca dorme, razão pela qual foi para a Espanha carregado de livros. Para Gentile, porém, sono e desempenho são companheiros inseparáveis, então Bearzot colocou Tardelli sozinho em um quarto. E acabou fazendo o mesmo com Conti. Então, Gentile e Galli é que formam um par. E os dois insones ficam cada um na sua.

Tardelli está lendo *A jovem irmã,* de Giovanni Arpino; de vez em quando, pega uma foto e a contempla. É de Sara, sua filha. Conti, por sua vez, revira-se na cama. Mil pensamentos habitam sua cabeça. Um o persegue. Leva-o para o Campo Tre Fontane, em Roma, às vésperas da Copa. Ele e Falcão, com as camisas das respectivas seleções, posam para o fotógrafo Giuseppe Calzuola. O presidente Dino Viola se aproxima dos pupilos: "Na volta, quero uma camisa de campeão mundial de um dos dois". Falcão parte antes do fim do campeonato. Ao companheiro, diz: "Vá em frente, ano que vem jogarei até o fim, quem sabe como campeão mundial". Em algumas horas, ele o encontrará em campo.

Naquela manhã, Conti viu Pato Moure, grande amigo de Falcão, que veio a Sant Boi de Llobregat para uma entrevista com Bearzot para a emissora brasileira TV Globo: "Bruno, o Brasil até agora venceu quatro de quatro jogos, enquanto vocês, antes de vencer a Argentina, corriam risco de serem eliminados por Camarões. Agora, enfrentam o Brasil. E, embora os prognósticos sejam todos a nosso favor, vocês não estão condenados antecipadamente. No papel, é verdade, não tem comparação. Mas nenhum de nós pode garantir a vitória final. O futebol é lindo por isso".

Conti e Tardelli se cruzam no corredor. A insônia mantém acordados os dois que, de uma forma ou de outra, são e serão "vizinhos" de Falcão. Tardelli, que será seu cão de guarda, pede a Conti que abra o cofre de seus segredos: "Ele é um brasileiro moderno, é bom em prever o jogo e sempre sabe com antecedência o que fazer. Driblar não é sua melhor habilidade e, se for marcado em cima, não fica à vontade. Pode dar uma assistência de 30 metros a um companheiro e normalmente bate na bola com a parte interna do pé. Com o direito, é preciso; com a esquerda, potente".

É longa a noite da véspera. Dúvidas, esperanças e confissões cadenciam o tempo. Não há lugar para sonhos. Para tê-los, é preciso dormir, e Bearzot não dorme; para dormir, é preciso ter digerido, mas ele não come. Fuma cachimbo. Um enorme cachimbo, dado a ele pelos rapazes. Um Savinelli Autograph. Quase um *calumet*. É tão grande que, se o atacassem, poderia usá-lo como arma para se defender. É o que diz. O Velho está na cama com um livro nas mãos e a cabeça no amanhã. Seu centroavante lhe tira o sono. Ainda está sumido. Para a imprensa, é um corpo estranho. Mas ele acredita. Teimosamente. Rossi está evoluindo, precisa jogar. O tempo, porém, está passando. Contra o Brasil, amanhã, quem sabe?

Folheia sem ler. É um volume vermelho, em latim, da Loeb, uma série inglesa de clássicos. Pega três livros de Quintiliano. Sua filha, Cinzia, estudante do secundário clássico, colocou-os em sua bolsa. Entre as páginas, um folheto com alguns capítulos indicados: "Eles podem ser úteis para você com sua turma de campeões, Mestre!". Ele se deixa guiar: "*Igitur nato filio pater spem de illo quam optimam capiat*". Um pai deve conceber a maior esperança possível a um filho. E Paolo é como um filho para ele. Mas insistir até o fim pode lhe fazer mal? Deve retirá-lo da equipe ou deixá-lo como titular? "*Ingenia puerorum nimia interim emendationis severitate deficere; nam et desperant et dolent et novissime oderunt et, quod maxime nocet, dum omnia timent nihil conantur.*" As qualidades naturais dos meninos às vezes ficam reprimidas devido à severidade excessiva de uma sanção. É por isso que perdem a confiança e acabam, então, com medo de tudo, sem força para ousar. É o retrato de seu centroavante. "*Quatenus nullo magis studia quam spe gaudent.*" Nada aumenta mais o comprometimento do que a esperança de ter sucesso. No conforto dessas ideias, ele repousa suas expectativas.

47. Maratona-Sarriá

A vitória, quando é inesperada, multiplica a alegria de quem a conquista. A história diz isso. E Bearzot a conhece bem. Principalmente a grega. Ele sabe quem foi Milcíades, o homem a quem foi confiada a tarefa de comandar o exército ateniense contra aquele que, até o século V a.C., era o mais poderoso do mundo. Se no futebol de 1982 d.C. o Brasil é o invencível, naquela época era, sem dúvida, o Império Persa. Se os verde-amarelos derrotaram todas as seleções de seu continente e até mesmo os europeus, as conquistas dos persas haviam incluído a Índia, a África e a Ásia Menor. O que faltou para a Pérsia se sentir a dona do mundo foi a região do Mediterrâneo. Para conquistá-la, no entanto, seu rei precisava passar pela Grécia. Como Telê pela Itália. Pura formalidade.

Determinado a subjugar todas as cidades que se opusessem a seu domínio, Dario, cabelos grossos e barba encaracolada, sólida e dura como um sarcófago, mas astuto e com a clarividência de poucos, armou uma frota impressionante, nunca antes vista, exatamente como o Quadrado Mágico, e se dirigiu com decisão rumo a Ática. Suas quartas de final teriam que ser disputadas na Península Helênica. Como a seleção brasileira, sua Pérsia havia vencido praticamente tudo. Mas a Grécia lhe teria aberto as portas do Ocidente, assinalando o fim da jornada. Destino comum ao de Telê: o título fará de seu Brasil campeão mundial pela quarta vez, portanto, inatingível.

Entre a seleção brasileira e o acesso às finais está a Itália. Possibilidade de vitória para os italianos, nenhuma. Para os atenienses também. A Pérsia também tinha seu Falcão, o tirano Hípias, exilado de Atenas 20 anos antes, que se lançara a vender segredos militares ao inimigo. Ele propôs começar o ataque com os arqueiros: a falange grega seria primeiro alvejada de longe, pelos arcos, e então, a caminho do colapso, viria o golpe de misericórdia desferido pelas duas cavalarias avançando pelos flancos. Mas Milcíades também conhecia o reino persa e sua organização militar. Exatamente como Bearzot, adorava fazer estudos de campo, espionar inimigos, entender a psicologia dos adversários. Dirigiu-se à planície, olhou em volta por algumas horas e analisou a situação. O embate se desenrolaria em Maratona. Um espaço muito amplo que teria permitido aos persas alcançarem seus flancos num piscar de olhos. Exatamente como o pérfido Hípias havia planejado. Então, ele permaneceu à procura de uma solução. E, como costuma acontecer com os azarões, desde os dias de Davi e Golias, conseguiu transformar sua fraqueza em sua força.

Primeiro, derrubou árvores que empilhou nas laterais para restringir o espaço e dar menos margem de manobra aos adversários. Maratona se tornou, assim, o estreito de Sarriá, o campo sem flancos laterais. Então, chegou sua vez de decidir como dispor seus homens. A única solução possível, a que lhe restou, foi a mais ousada. Mas também a mais arriscada. Decidiu enfraquecer o centro em benefício dos flancos. Organizou o exército em quatro linhas, em vez das oito habituais, para tornar sua distensão no campo tão ampla quanto a dos persas. Vendo-o de longe, o adversário, pelo menos a princípio, desistiria das manobras laterais.

Como Telê, os generais persas confiaram no fato de que os atenienses ficariam parados, aguardando por eles; esperavam uma equipe empoleirada nas próprias defesas. Em vez disso, Bearzot e Milcíades deram o mesmo comando a seus rapazes: "Vão em frente e mostrem quem vocês são!". Quando os adversários apareceram, naquele 21 de setembro de 490 a.C., o exército ateniense começou a dobrar os joelhos. Os oponentes eram realmente muito grandes. E muito bem armados. Verdadeiros semideuses. Algo como ver Sócrates, Zico, Cerezo, Éder e Júnior, um ao lado do outro. Vinte e seis mil corpos humanos com um currículo imaculado nas costas. Mas Milcíades não vacilou. Tinha um plano na cabeça, sabia o que queria e o que tinha que fazer. Tudo seria executado em pouco tempo. Tinha dado o primeiro passo. Esperava que o segundo viesse dos persas. O terceiro, de Deus — de um dos tantos.

Os gregos ouviram seu comandante. Foram à frente. E correram, atacaram, agrediram. Corajosamente, sem medo. Talvez desesperadamente. Mas o fizeram. E, enquanto o centro grego avançava sob uma violenta chuva de flechas, os flancos avançaram ultrapassando-o. A maioria das flechas furou o chão atrás das costas dos atenienses. A velocidade e a leveza venceram a experiência dos persas. A agilidade no manejo dos tempos e a disposição em campo se mostraram certeiras. Quando os grupamentos centrais de ambos os alinhamentos entraram em choque direto, aconteceu algo portentoso: os flancos dos atenienses, fortíssimos, fulminaram seus espantados oponentes, forçando-os a fugir. Esse Brasil das armas, porém, não ficou só olhando; avançou para fazer o adversário recuar. Mas foi justamente nesse momento que o rival transformou fraqueza em fortaleza. A infantaria grega se desagrupou, e suas alas, como Cabrini, Conti e Oriali poderiam fazer, abandonaram os espaços laterais, convergiram para o centro e atacaram, dos flancos, o âmago do exército persa, o qual, privado de suas defesas, se viu enredado numa manobra de pinça, submetendo-se exatamente à estratégia com a qual tinha planejado castigar os gregos. E, incrivelmente, contra todas as probabilidades, o gigante persa, surpreso e assustado, foi derrotado.

Quando o árbitro de seus destinos apitou o fim, os soldados se entreolharam com espanto. Aconteceu. A Pérsia foi derrotada por um apanhado de camponeses. Era inacreditável, mas era verdade. Milcíades tinha conseguido. Não tinha errado nenhum movimento: soube combinar muito bem a defesa e o ataque, preparou o melhor campo de batalha e esperou com sangue-frio a ofensiva inimiga, mantendo o controle de suas tropas, e, acima de tudo, adivinhando o momento certo para lançá-los ao ataque. A imaculada psique dos persas foi perturbada naquele dia. Foi a primeira vez que os gregos levaram a melhor sobre eles numa batalha campal. A vitória deu aos gregos confiança em seu destino e marcou o início da era de ouro de Atenas. Vencer o Brasil poderia significar vencer a Copa do Mundo. Uma empreitada que poderia fazer um país inteiro decolar. Rumo ao futuro.

48. **Contra a lenda**

Onze homens de casa contra uma lenda. Assim, em oito palavras, o editor do *Corriere dello Sport* estigmatiza o evento na primeira página de seu jornal. Estava sentado em sua mesa quando se decidiu. Não saiu de lá durante toda a Copa. Quando tinha 12 anos, no dia 4 de maio de 1949, uma tragédia abalou sua vida mudando seu curso, conduzindo-o à redação de um jornal esportivo, o *Tuttosport*, em vez das salas de aula e dos estudos universitários. Seu pai, Renato, jornalista que acompanhava o Grande Torino, perdeu a vida no desastre aéreo de Superga. Tinha 40 anos; agora, ele é cinco anos mais velho. Talvez por esse histórico familiar, ao contrário de muitos de seus colegas, Giorgio Tosatti sempre tenha feito suas Copas do Mundo a partir da redação da Piazza Indipendenza, a 500 metros da estação Termini, em Roma. E igualmente dessa vez, portanto, não pôs os pés na Espanha. Sua função também impõe isso. Gosta mais de falar de futebol do que do futebol em si (é o único jornalista esportivo italiano com licença de treinador) e passa o tempo cuidando de seu jornal, título por título, página por página. Adquiriu o hábito de abrir a primeira página com uma manchete bombástica de nove colunas, como se construísse um ponto de virada épico todos os dias. As que vem escolhendo para marcar as etapas do caminho *azzurro* até Barcelona foram lapidares: "Um outro papelão", "Voltemos para casa", "*Azzurri*, que dor!", "Fim de um pesadelo". O título que inventou para o 5 de julho é: "Contra a lenda". A lenda, naturalmente, é o Brasil. Os 11 homens da nossa casa são para ele os de uma "seleção que dá pena", "frutos da incerteza, das mudanças de ideia tardias, da insegurança" de seu técnico, idealizador de uma expedição montada de modo "improvisado e amador". Ele não gosta de rodeios, vai direto ao ponto: o adversário desta Itália confiada "em contrato a um homem que dela faz e desfaz como se fosse sua propriedade pessoal" é muito grande para suas possibilidades. E, se você não dispõe dos meios necessários, não tem como superar uma lenda.

Não é o único a pensar assim. O Brasil sempre representou o eterno encanto do futebol. Nenhum país participou de tantas edições da Copa do Mundo — todas, 12 de 12 — e nenhuma equipe pode se orgulhar de currículo tão rico, adornado por três títulos mundiais conquistados em 12 anos, seguidos por 12 de jejum. Desde a final na Cidade do México, em 1970, o Brasil está esperando para ter a Copa do Mundo de volta nas mãos. Dessa vez, a ocasião certa parece ter chegado: há algum tempo, o time verde-amarelo não oferecia uma sensação tão viva de irresistibilidade. Sob a orientação de Telê Santana, joga um futebol formidável, bailado, puro espetáculo. O escritor Mario Soldati se encanta ao vê-lo em ação pela primeira vez. Parece-lhe incrível que cada um dos jogadores seja capaz de se mover sem trégua continuando a manter entre si e o parceiro mais próximo — à direita, à esquerda, à frente e atrás — a mesma distância: "Uma única figura geométrica perfeita que avança, retrocede, ondula, se expande, se encolhe, com um automatismo estupendo".

No momento em que se apresentar diante da Itália, o Brasil não terá perdido nenhum jogo. Chegou à Espanha como o único grande favorito. Para a Azzurra, o objetivo máximo parece ser voltar para casa com a pele preservada, sem arranhões. Traduzindo: conseguir empatar, para retornar invicta. A vitória é um milagre com o qual eles só podem sonhar. Um empate ou uma derrota decente são, por sua vez, resultados que os fariam deixar a Copa do Mundo de cabeça erguida. Todos, portanto, concordam em esperar apenas uma saída digna; a imprensa entra em consenso sobre a razoável perspectiva de perder com honra, aconselha um sábio jogo de contenção, adverte os *azzurri* da insanidade de enfrentar o Brasil de igual para igual, instigando a equipe a negar, diante de uma verificação objetivamente terrível, as ideias consideradas visionárias do técnico Enzo Bearzot. O prognóstico adverso é unânime. A *Placar*, a bíblia do futebol brasileiro, põe em sua manchete: "Italianos rezam aos santos: têm medo de levar goleada". E também na Itália Gianni Brera sentencia no *Repubblica* que, "por volta de sete da noite, o rei Enzo e seu exército se verão sob uma tormenta", enquanto o *Corriere della Sera*, pela mão de seu editor de esportes, Carlo Grandini, fala da "eliminação próxima" e da "rendição normal" frente a esse Brasil de outro planeta.

Todos os magos do futebol concordam: a Itália vai sucumbir rapidamente. Profecias sinistras e previsões fúnebres são despejadas em todos os lugares. De acordo com o Instituto Gallup, que realizou uma pesquisa em 19 países ao redor do mundo, a Itália tinha 1% de chance de ser campeã, ao lado de Peru e Chile, enquanto o Brasil liderava com 24%. As seleções da primeira fase que os jornais esportivos elaboraram não contam com jogadores italianos. No *ranking* das 24 equipes que participaram na primeira fase, publicado pelo diário espanhol *El Mundo Deportivo*, a Itália é a 15ª. A revista *France Football* elegeu a seleção brasileira a melhor do mundo, seguida por Alemanha e Argentina. Não há vestígios da Itália. Às vésperas da segunda fase, a bolsa de favoritos para a classificação às semifinais dava ao Brasil 55% de chances de passar; à Argentina, 35%; e à Itália, apenas 10%. Agora, com a eliminação da Argentina, a cotação do Brasil saltou para 70%, enquanto a da Itália ficou em 30%.

Até os astros avisam Bearzot: Marte e Saturno em Libra são presságios nada bons (especialmente para Cabrini, Gentile, Rossi e Tardelli), e essa conjuntura favorece um clima geral de disputa com possíveis acidentes: lesões, penalidades não concedidas e gols anulados. Ao Brasil, em vez disso, sinaliza sorte, intuição e capacidade de realização. Tese confirmada pela revista *Alien*, dirigida a futurólogos e cabalistas ("O Brasil é a equipe com as melhores chances de se tornar campeã"), e pelo futurólogo italiano Giuseppe "Giucas" Casella, certo de que os verde-amarelos vão para a final: "Infelizmente, não espero resultados brilhantes para a Itália". O *Drible*, programa semanal do TG2, confiou a um computador eletrônico o destino magnífico da Copa: de Barcelona, a Itália tomará o caminho de casa, e o Brasil, aquele que levará à conquista da Copa do Mundo. Na mesma linha, vão os *bookmakers* clandestinos: a seleção brasileira na liderança (com chances variando entre o par e 1,25), os *azzurri* em 7º, pagando 15 para 1. Para o jogo, as variáveis são: pagamento de 0,4 para a vitória do Brasil, 2,25 para o empate e 4 para o triunfo italiano. Nils Liedholm, técnico do time da Roma, padrinho de Bruno Conti por um lado e de Paulo Roberto Falcão pelo outro, concorda com as projeções: "Por mais que eu tente, não consigo imaginar como os *azzurri* vão conseguir derrotar o Brasil".

Até o clima parece se aliar ao favoritismo dos sul-americanos. É o dia mais quente da Copa do Mundo. "Um cinturão de fogo envolve Barcelona", grita o *El Noticiero*. O *La Vanguardia* enfatiza a primazia: "A temperatura mais alta do século". O anticiclone dos Açores, uma depressão com origem no Atlântico Norte e uma camada de ar fervente do Magrebe são os principais atores da excepcional onda de calor que sufoca a Catalunha. As correntes de vento do Saara impulsionaram a bolha ardente ao longo do Mediterrâneo Ocidental, trazendo a temperatura a níveis nunca antes vistos. A primavera foi econômica na água: entre abril, maio e junho, caíram apenas 39 milímetros de chuva, o que deixou os campos completamente secos. Situação que tem favorecido inevitavelmente o desenvolvimento de incêndios que provocam a mais forte onda de calor a atingir Barcelona no século XX. Durante o dia, a máxima chegou de 39,8 °C, um recorde absoluto; à noite, a mínima nunca desce abaixo dos 30 °C. A atmosfera está em ebulição.

O sol castiga impiedosamente durante a última sessão de treinamento da Itália, enquanto perto de Sant Boi, onde os *azzurri* estão concentrados, 6 mil hectares estão queimando devido à combustão espontânea e pelo menos 20 vilas na região foram destruídas. Bearzot enxuga o suor da testa com um lenço. Sabe que os brasileiros estão acostumados a essas temperaturas, enquanto para seus jogadores ela é terrível. Mas diante dos jornalistas ele sorri: "A perspectiva de tentar inverter a previsão é fascinante". Dirigindo a Azzurra, enfrentou o Brasil duas vezes, perdendo em New Haven, em 1976, durante o Torneio Bicentenário dos Estados Unidos, e em Buenos Aires, na disputa pelo 3º lugar da última Copa do Mundo. Quando na sala de imprensa os jornalistas lhe perguntam como vai receber a terceira derrota, ele os fulmina com uma dúvida: "E se for o Brasil quem vai perder?".

Ainda em janeiro, outra pesquisa do Instituto Gallup mostrou a confiança de paulistas e cariocas nas possibilidades de a seleção brasileira se consagrar em solo espanhol. Um otimismo desenfreado que levou Telê Santana a ser constantemente obrigado a responder a mesma pergunta: "A equipe brasileira atingiu o auge da perfeição?".

"Não chegamos lá", explicou ele em janeiro, "mas estamos trabalhando, pelo menos, para nos aproximarmos disso". Alguns dias depois, foi novamente importunado com o mesmo assunto. "O time perfeito não existe", respondeu impaciente, "e, se existe, eu não vi". Mas os jornais continuavam insistindo, e Telê tentava encerrar a questão de uma vez por todas: "Eu não quero a perfeição, só quero fazer o time jogar futebol, satisfazer a torcida e dar espetáculo". As estatísticas, no entanto, transformam o jogo num fantástico tira-teima: oito jogos, quatro vitórias para cada lado, 13 gols da Itália e 13 do Brasil. No entanto, fora das fronteiras italianas, o retrospecto é todo favorável aos brasileiros: vitórias no Rio de Janeiro em 1956, na Cidade do México em 1970 e em Buenos Aires em 1978. Para localizar a única vez em que a Itália conseguiu levar a melhor numa Copa do Mundo, era preciso voltar a 1938.

49. **A banda do *Corriere***

Na Espanha, ele é o porta-estandarte da Bíblia da Via Solferino. O *Corriere della Sera* algum tempo antes manchetou "Ou Bearzot ou a Copa do Mundo", escancarando, se não o lado em que estava, pelo menos contra quem se posicionava. Fazem coro com ele os editores de esportes Mario Gherarducci, Silvio Garioni e Franco Melli. Como chefe do setor do futebol, Carlo Grandini não passa um dia sem esculhambar essa Itália "mal administrada, fraca das pernas e do coração", seu jogo e seu treinador.

Quando, antes da Copa do Mundo, Bearzot promoveu a entrada de Bruno Conti, ele escreveu que o treinador tinha enlouquecido. Da mesma forma que na Argentina havia sido vítima de uma "confusão mental" por não ter divulgado a escalação à imprensa. Dois anos antes, indicara a Sordillo o nome de Liedholm como substituto de Bearzot. O problema número 1 para ele é justamente o Velho, um homem com "nervos frágeis" que "comete erros com mais frequência do que imagina", inclinado a "transmitir mais suas tensões à equipe do que a dar confiança aos jogadores".

Grandini tem três certezas: a primeira é que "urge a improrrogável reestruturação da configuração da Azzurra"; a segunda é que "nosso futebol não suporta comparação com o de Brasil, Argentina ou Alemanha"; a terceira é que Rossi é um jogador acabado: "o pálido anjo da guarda desta opaca aventura espanhola [...], uma espécie de pássaro solitário ferido que não pode mais voar".

Doze anos antes, a seleção italiana que chegou à final no México, depois de vencer a Alemanha naquele épico 4 a 3, foi recebida com ameaças e espancamentos no aeroporto de Fiumicino mesmo depois de ter se rendido somente nos últimos 25 minutos da Copa, justamente contra o Brasil. Grandini era um dos repórteres que seguiam a seleção e, portanto, acabou envolvido na briga de Roma. Com a ajuda do cair da noite, escapou com outros companheiros em camburões da polícia e, somente quando chegou às portas da capital e a luz dos postes penetraram as grades das janelas, percebeu que a seu lado, encostado num cesto de roupas de jogo ainda sujas, estava Ferruccio Valcareggi, o técnico derrotado pelos brasileiros, mas de qualquer forma o segundo mais glorioso em Copas do Mundo pela Itália desde a era Vittorio Pozzo.

Neste 5 de julho, o mesmo jornal está convicto de que se passará da euforia aos tomates mais uma vez. Continua, portanto, a sugerir o abandono dos sonhos, porque "dez Gentiles podem não bastar para bloquear a máquina maravilhosa de jogar bola com camisa amarela e calções azuis", já que o Brasil, até aquele momento na Espanha, pertencia a outra dimensão do futebol.

Silvio Garioni, um elegante aventureiro gastronômico e também um retratista implacável, segue na mesma linha: "Bearzot provavelmente ainda está convencido de que não houve guerra nas Malvinas, porque a sra. Thatcher se esqueceu de avisá-lo". Dois anos antes, o técnico da seleção concordou em tirar uma foto com os repórteres milaneses. Lá estavam Gigi Garanzini, Marino Bartoletti, Tony Damascelli, Gino Bacci, Franco Mentana e outros. Bearzot estava no centro do enquadramento, sorrindo, vestindo um casaco de lã azul que emoldurava uma camisa com gravata. Silvio Garioni era o único que estava envolto em seu braço.

50. **O artista**

Chegou o dia. Antes da Copa, o estádio esteve fechado por várias semanas, o que permitiu que o gramado chegasse em ótimas condições para as três partidas do grupo. Na véspera do jogo, a equipe de manutenção dedicou todo o dia, até as nove da noite, ao reparo dos buracos criados na batalha entre Brasil e Argentina.

Na manhã do jogo, o supervisor Tonino Fernández, funcionário do Real Club Deportivo Espanyol contratado pela Fifa para a função de cuidador do Estadio Sarriá, e sua equipe — Isidro Toribio Pavón, cortador de grama, Manolo Espinosa, do sistema sanitário, e Carmelo Ruíz, do sistema elétrico — apresentam-se pontualmente às sete, apesar de terem dormido pouco. Alguns dias antes, chegaram da Alemanha as novas traves, que substituem as antigas, de madeira, por vigas quadradas de alumínio. Eles as montam respeitando exatamente as medidas de largura (7,32 metros) e altura (2,44 metros) oficiais. Durante o café da manhã, Isidro apresenta seu plano aos colegas. Para Itália × Argentina, desenhou uma espiga de milho; para Brasil × Argentina, uma série de círculos concêntricos. Dessa vez, tosará a grama desenhando listras diagonais de um metro de largura. Respeitando sempre os 18 milímetros de altura. O corte é executado utilizando-se os pentes da segadeira motorizada. Não há muito tempo para decidir, o trabalho vai demorar no mínimo três horas, o jogo está marcado para às 17h15 e as seleções chegarão ao estádio algumas horas antes. Tem que estar terminado por volta das 14h. Os desenhos de Isidro já ganharam os cumprimentos oficiais de Ramón Glariana, supervisor da Fifa, e até de Havelange. Nunca se haviam visto desenhos na grama numa Copa do Mundo. A técnica que Isidro utiliza para o tapete de Brasil × Itália envolve um jogo com a cor verde. Arruma num sentido e depois em outro as roldanas da máquina, para que seus dentes possam pentear a grama para os dois lados numa franja imaginária. Trabalho longo e cansativo que Isidro realiza em pé, percorrendo cerca de dez quilômetros, acelerando e desacelerando seu cortador motorizado. Há muito mais a fazer: jogar o fertilizante químico para fazer o campo brilhar, regá-lo e arrumar os vestiários.

Para traçar as linhas, Tonino, o maestro, opta por não usar o giz, mas cal. Delinear o campo é a tarefa a que se reserva. É sua forma de emoldurar o trabalho.

51. O exercício

Já se passaram seis dias desde a primeira partida do Sarriá, e a vitória dos italianos sobre a Argentina ainda ocupa a pauta midiática e os comentários da torcida. O silêncio dos italianos frente à imprensa continua, mas já rendeu seus primeiros frutos. "Continuem sem falar", escreveram alguns jornais. Em todo caso, acima de todas as palavras, ditas ou não, o entusiasmo se tornou contagiante. A cidade de Barcelona, tingida de repente de azul, foi invadida por milhares de italianos que estavam esperando para participar de uma festa.

Por outro lado, na concentração de Mas Badó, a seleção brasileira assiste pela manhã a um jogo entre a comissão técnica e os jornalistas. Após a partida, começa a missa na capela do retiro. Falcão é o primeiro a cruzar a soleira, mas é logo parado por Luizinho: "Paulo, não convém; estamos de calção". Falcão amigavelmente lhe pega pelo braço: "Não crie caso. O que conta é o que você tem por dentro, não a aparência".

Em sua oração, Falcão pede a Deus que ninguém se machuque no jogo da tarde. Sempre foi religioso, sua família é católica, estudou no La Salle, de Canoas, um colégio de frades, e frequenta a igreja. Acreditar em Deus lhe dá segurança. Jogará contra a Itália confiante de que tudo ficará bem. Nunca rezou para vencer. A vitória é conquistada em campo e não com súplicas. Além do mais, sabe que os italianos também são religiosos. No entanto, espera que suas invocações, junto às de todos os brasileiros, ajudem a seleção nacional a contar com Zico. Ele é muito importante para a equipe. É quem mantém a bola em segurança quando a equipe avança pelo lado direito do campo. Apesar de conhecer os italianos, Falcão só jogou uma vez contra a Azzurra. Foi em 1976, pelo Torneio do Bicentenário dos Estados Unidos. O Brasil venceu por 4 a 1, mas ele teve que sair no intervalo por uma entorse no tornozelo. Está convencido de que isso aconteceu porque naquele dia tinha se esquecido de rezar.

Além dos apelos divinos, a opinião geral é de que a partida será como um exercício para os homens de Telê Santana. Na sala de imprensa, o jovem Pastorin pontifica: "Aqui termina em goleada. Acredite, eu vi a seleção de perto".

Só um homem discorda, seu editor, Baretti: "Olha, os *azzurri* estão se recuperando".

Bearzot confirma: "Quanto mais forte é o nosso adversário, maior é a nossa ambição". Já tinha confidenciado a Adalberto Bortolotti, nos dias de Vigo: "Quando é preciso vencer, os meus rapazes sabem responder". Segundo o técnico, Paolo Rossi, o homem que devia salvar essa Itália, mas de quem agora ninguém espera mais nada, está evoluindo. Ele o viu nos treinos, acompanhou-o nos jogos, observou-o com atenção particular, falava disso todas as noites com Maldini.

"Mas não é ainda o Rossi de Buenos Aires."

"Está preocupado, Enzo?"

"Temos que estudar para ele um campo de ação mais limitado."

"Sem obrigações defensivas?"

"Sim, Cesare. Eu sinto que falta pouco."

"Mas o tempo não está do nosso lado."

"Eu sei. Você o viu contra a Argentina?"

"Quase marcou."

"O senso para se desmarcar está intacto. As escolhas de tempo que confundem o adversário também."

"Seu chute também está voltando aos poucos."

"Falta pouco, Cesare. Eu sinto isso."

Depois do almoço, os repórteres hospedados no Majestic começam a se movimentar. O Sarriá fica a apenas dois quilômetros de distância. Na imprensa italiana, espalha-se o pessimismo. Antes de sair do hotel, todos fazem as malas. Sem a Azzurra, a Copa do Mundo termina para a maioria deles. Voltam, enfim, para casa. Um dos repórteres tem tanta certeza que faz um cartaz:

> HORA 15H30
>
> PARTIDA DO ÔNIBUS
>
> PARA OS SENHORES JORNALISTAS QUE QUEIRAM ASSISTIR
>
> AO TREINO DO BRASIL NO SARRIÁ

52. **A dúvida**

Assim que o sol nasce, uma impensável eliminação gela a espinha de Alberto Helena Jr., da *Placar*. E, quanto mais perto da hora do jogo, mais esse sentimento desagradável se intensifica. No caminho para o estádio Sarriá, o mau presságio ganha o reforço do colega Maranhão.

"Até agora, o Brasil de Telê só enfrentou uma vez a marcação homem a homem", diz, por trás de seu cachimbo inseparável. "Foi contra o Uruguai, lembra?"

Foi a final perdida do Mundialito de 1980, uma das duas únicas derrotas sofridas pelo Brasil de Telê antes da Copa — a outra foi em amistoso contra a União Soviética, no Maracanã, em 1980.

"Mais ou menos", responde Helena. "Não era exatamente uma marcação à italiana, mas, de qualquer forma, era semelhante."

No entanto, há algo que o anima: no fim das contas, se a Itália visasse somente à marcação individual, insistisse apenas em resistir às contínuas investidas brasileiras, o que poderia conseguir? "Só um enorme 0 a 0", diz a si mesmo, "enquanto nós teríamos o dom da beleza, e isso, até hoje, nos tornou imbatíveis". Mas, então, por que essa sensação estranha, essa premonição nebulosa?

Ao chegar ao Sarriá, ele se senta e tenta dar a si mesmo uma resposta antes que o jogo comece. "A Itália, caramba, é a Itália, duas vezes campeã mundial. E hoje vai jogar livre, sem qualquer responsabilidade." Em seguida, lembra a frase que ouviu de um jornalista italiano depois da vitória sobre os argentinos: "A Itália tem mais medo de enfrentar uma seleção considerada pequena do que os campeões mundiais". "É possível", pensou ele. "Isso acontece com todas as equipes latinas: têm mais medo da vergonha do que da força do adversário."

Então, eis a essência do jogo: do Brasil, tudo se espera, já que nada se espera da Itália, apesar do sucesso contra a Argentina. Ainda assim, graças a essa vitória, os italianos podem se dar ao luxo de entrar em campo com tranquilidade. A única obrigação deles é evitar uma goleada para quem todos consideram o melhor time da Copa do Mundo. Logo, se eles não têm o que perder, por que não ganhar, então? Aqui é onde a dúvida de Helena se insinua. Quem olha para dentro pode encontrar os próprios medos, que são todos crias de uma palavra até então esquecida: perigo. O Brasil corre o risco de sair da Copa do Mundo.

Maranhão, perto dele, tem a frieza no olhar. Martelam sua cabeça as palavras de Telê: "Não somos imbatíveis". Em todo caso, pensa, esse jogo vai entrar para a história. Será uma exibição maravilhosa de técnica e coragem. De ambos os lados.

53. **Lettera 32**

Sconcerti e Brera se encaminham ao estádio com bastante antecedência. Estão cheios de papéis e máquinas de escrever. Suam para acender um fósforo. De terno e gravata, Brera bufa ao perceber que as barreiras policiais os forçam a fazer o último quilômetro a pé. Sua arma mais pesada é uma Olivetti portátil. Lettera 32. Trinta e cinco centímetros por 34, 10 de altura, menos que uma caneta, e apenas 6 kg de peso.

O velho Sarriá, onde jogavam Zamora e Schiaffino, está abarrotado. Colorindo-o, os brasileiros com suas camisas amarelas. Cerca de 20 mil italianos se vestem casualmente; já é um milagre que estejam ali. Sconcerti sabe bem que nesse exato momento, pelo menos em três partes diferentes do mundo, seis exércitos de verdade estão um de frente para o outro. Mas não pode acreditar que não se esteja escrevendo um pouco da história também neste canto suado de Barcelona, onde perto de 20 mil presentes estão tentando se reconhecer como italianos.

Os dois cronistas se sentam no local de costume, a um palmo da curva ocupada pela colônia brasileira. Da bolsa de couro de hipopótamo,

Brera extrai as ferramentas de seu ofício e prazer e as dispõe cuidadosamente à sua frente. Carteira de charutos toscanos, cachimbo e tabaco, cigarros, cronômetro, blocos de notas, três canetas, minifarmácia de campo disfarçada de embalagens de comprimidos sem nome. E a inseparável agenda. Esse ano é da marca *Piaggio*. Ao abri-la, ele se vê projetado para trás em duas semanas. Oito páginas antes do momento presente — 20 de junho: "Vigo. Está chovendo. Melancolia. Nada para fazer. Já há 25 dias aqui. Que barba, hein!". Chega ao 5 de julho. Encontra de novo a anotação da manhã. "Sol quente." E, depois, logo abaixo, ao centro:

"Brasil × Itália (Jesus)"

Ele faz registros das áreas de marcação individual e de marcação por zona com precisão notarial, mas quando a cortina subir o torcedor ardoroso que existe dentro dele despertará. Desde que entrou no *La Repubblica*, sua vida ficou mais confortável. O jornal não vai às bancas às segundas-feiras, portanto, tem muito tempo para refletir, reler e repensar antes de compor seu artigo. Nada a ver com a vida que tinha antes, no *Il Giorno* e na *Guerin Sportivo*: 20 laudas jogadas no papel em poucas horas furiosas, com uma relação inversamente proporcional entre qualidade e tempo. Acabava quase à meia-noite, saía de carro e entrava no Riccione, em Milão, onde encontrava três jarras de Barbaresco e o calor dos amigos. As 5 laudas do *Repubblica*, 30 linhas de 61 toques, na Copa, ele escreve de improviso, depois que o jogo acaba, batendo 9 mil vezes na folha exaurida, seguindo a trilha das anotações feitas em seu caderno.

Os *azzurri* estão reunidos no saguão do hotel esperando a saída do ônibus, um Pegasus 6100S Mundial-82. Apresentados no Salão do Automóvel, em Barcelona, em maio do ano anterior, e entregues às 24 seleções participantes, os ônibus da Copa são pintados com as cores dos times; o italiano (placa M7242R4) é tricolor, o brasileiro é verde e amarelo (chamado de "Verdão"); têm motor de 300 cavalos, 32 poltronas reclináveis, área de estar para sete pessoas, banheiro, bar, aparelho de som e duas TVs em cores com videocassete. Na volta do jogo contra a Argentina, aconteceu de tudo no ônibus brasileiro. Quarenta e cinco minutos de ruas sinuosas e samba desenfreado, e até uma guerra com creme de barbear, em que Cerezo e Paulo Isidoro levaram a pior. Entre os italianos que estão de saída para a partida, no entanto, poucas palavras e muita concentração. O mais alegre é Franco "Spadino" Selvaggi. Para animar a equipe, dá comandos táticos fingindo ser Bearzot: "Gentile, fique à direita; Cabrini, avance pela esquerda; Tardelli, entre de surpresa". Ele é o elemento que ajuda os companheiros a aliviar a tensão. No entanto, existem aqueles que não conseguem ficar parados, como Conti, que se senta num canto e reprime a torrente de pensamentos com o jogo *Octopus*, em seu Game & Watch.

É hora de partir para o Sarriá. Quinze quilômetros separam a Azzurra do estádio. Meia hora, se o trânsito permitir. O ônibus atravessa o rio e pega a Autovía del Nordeste; uma vez na Autopista, vai direto para a Avinguda Diagonal, até chegar à curva para a Avinguda de Sarriá. Ao entrar no último trecho, Tardelli grita: "Lá está!".

No Sarriá, o ônibus dos *azzurri* fica ao lado do brasileiro. Os jogadores se observam das janelas. Os olhares dos italianos são tensos, concentrados, talvez assustados. A delegação brasileira está cantando alegremente. Só falta uma volta dos ponteiros para o jogo começar. Os treinadores são obrigados a divulgar as escalações. Bearzot forma a Itália: 1 — Dino Zoff (capitão), 4 — Antonio Cabrini, 5 — Fulvio Collovati, 6 — Claudio Gentile, 7 — Gaetano Scirea, 9 — Giancarlo Antognoni, 13 — Gabriele Oriali, 14 — Marco Tardelli, 16 — Bruno Conti, 19 — Francesco Graziani e 20 — Paolo Rossi.

No dia 21 de maio, em Alassio, o técnico tinha estabelecido os critérios de atribuição dos números das camisas. Aos goleiros, a 1, a 12 e a 22; todos os outros em ordem por setor (defensores, meio-campistas e atacantes), e depois em ordem alfabética. Se Bettega tivesse ido, Pablito teria recebido a camisa 21, como na Copa da Argentina, e seu parceiro, a 20. Mas, com a chegada de Selvaggi, a 20 ficou com Rossi.

Telê, por sua vez, atribui os primeiros 11 números aos titulares. O buraco relativo à camisa 7 revela a dúvida envolvendo Paulo Isidoro, que perdeu o lugar para Falcão.

O treinador escala: 1 — Waldir Peres, 2 — Leandro, 3 — Oscar, 4 — Luizinho, 5 — Toninho Cerezo, 6 — Júnior, 8 — Sócrates (capitão), 9 — Serginho, 10 — Zico, 11 — Éder e 15 — Falcão. Zico jogará.

Meia hora antes do jogo, as equipes entram em campo para se aquecer. Pastorin se aproxima da rede que separa o gramado da arquibancada inferior.

Vê Edinho, o zagueiro do Fluminense, comprado pela Udinese.

"Você está tranquilo?"

"Não, não estamos plenamente confiantes, vimos a Itália contra os argentinos, eles foram perfeitos."

"Você vai ver, vão conseguir."

"Não sei, tem algo de estranho."

Então, percebe que, um pouco mais adiante, Claudio Gentile está isolado, olhando para o campo. Os dois são tão amigos quanto podem ser um repórter (que segue a Juventus) e um jogador de futebol (que joga pela Juventus).

Ele pergunta: "Gento, quem você vai marcar?". Pela primeira vez, pelo amigo, Gentile rompe o silêncio: "Éder, o que tem a cicatriz no braço". Antes de ir para a Espanha, foi ele quem pediu um favor ao jornalista: "Durante a Copa do Mundo, eu gostaria de ler um grande livro, sugira um". Poucos dias depois, o jornalista o presenteou com *Nada de novo no front*, de Erich Maria Remarque. "Ei, Darwin", grita Gentile para a arquibancada, "o livro mexeu comigo". Pastorin fica satisfeito. "Deviam fazê-lo ser lido em todas as escolas." E, no silêncio que os acolhe um instante depois, os dois se lembram da inútil luta fratricida criada entre jornalistas e jogadores. Bem cientes de que as guerras de verdade são outras.

54. **O matador**

O correspondente da RAI, Gian Piero Galeazzi, corre pelo campo em busca da Azzurra. Tito Stagno,[33] "o homem da Lua" e depois chefe da equipe editorial de esportes, convenceu-o a fazer entrevistas à beira do campo. A técnica foi estudada detalhadamente: ele deve bloquear fisicamente o jogador sem deixá-lo andar até que termine o comentário no calor do momento. Seu campo de ação é amplo. Começa na área do estacionamento dos ônibus, onde recolhe as previsões dos jogadores;

---

33 Tito Stagno, jornalista e apresentador, foi o narrador da transmissão que contou a saga da *Apollo 11*, missão que decolou da Terra para levar, pela primeira vez, o homem à Lua, em 1969. Stagno morreu em fevereiro de 2022, aos 92 anos.

durante o intervalo segue para as tribunas, onde estão as personalidades e VIPs à espera de serem entrevistados, e, enfim, para tentar arrancar dos jogadores a última grande verdade, ele se apresenta na saída do campo. Como um matador. Assim realiza seu serviço para que depois Beppe Viola costure o texto.

É sua primeira Copa do Mundo. Na verdade, estava pronto para a Argentina, mas, no último momento, Stagno o deixou em Roma, na equipe de Paolo Valenti para a produção do *Novantesimo minuto*, onde, um par de anos depois, deu sua grande tacada. Em 23 de março de 1980, tinha acabado de encerrar uma transmissão do Estádio Olímpico, de um jogo Roma × Perugia, quando foi informado por Claudio Ferretti, enviado da rádio, que os vestiários estavam bloqueados pelas forças policiais. Pediu a Valenti que restabelecesse a transmissão e, inesperadamente, tornou-se a única testemunha do primeiro ato flagrante do Totonero, o escândalo de manipulação de resultados. Um furo que lhe valeu a convocação para estar "em campo" na Copa do Mundo de 1982.

Quando Claudio Villa, escolhido pelos organizadores espanhóis para cantar o hino da Copa do Mundo, chegou montado em uma motocicleta Guzzi ("Como se chama este lugar?", "Ciudad de Vigo, señor", responde o porteiro do hotel. "Bem, agora cheguei"), Galeazzi logo foi procurá-lo porque todo romano precisa de seus pontos de referência. O seu na Espanha era também Giacinto Facchetti, responsável comercial da empresa Le Coq Sportif. O ex-jogador da Azzurra tem um apartamento disponível no Grand Hotel Princesa Sofia e acesso ao Real Club de Barcelona para jogar tênis. Não deixam Galeazzi entrar: "Sou um jornalista italiano". Nada. "Sou um correspondente da RAI". Nada ainda. Experimenta em espanhol. "Soy el famoso periodista de la televisión italiana Juan Pedro Galeazzi; por favor, se puede practicar un poquito de tennis?" Silêncio. "*El mio amico* es Giacinto Facchetti, grande campeón de l'Inter de Milán." *Prego, señor*. Daquele momento em diante, passa a viver como um verdadeiro cavalheiro.

Em Vigo, antes, estava sempre chovendo. É a Galícia, a terra dos mariscos e do polvo na feira, onde não se oferecia massa de nenhum tipo; assim, em plena abstinência, ele e Enrico Ameri obrigaram o restaurante Bella Napoli a preparar um espaguete com *angulas* (filhotes de enguias) para todos os jornalistas. Já em Barcelona, renasceu. Os jogadores são fantasmas, as notícias, poucas, o tempo para recreação, muito.

A folga termina quando chegam as esposas dos *azzurri*. No dia livre dos jogadores, decide escolher o caminho das matérias sobre comportamento para enviar aos telejornais da noite. Coloca uma câmera no *hall* dos elevadores do Princesa Sofia e registra todos os movimentos dos atletas na companhia de suas esposas. Entrada e saída. O objetivo é cronometrar o tempo de permanência. O recorde é de Selvaggi (entrada às 13h45, saída às 16h45). Mas, em Roma, eles se opõem ao conteúdo e a reportagem não é exibida.

Trabalha em dupla com Beppe Viola. Foi enviado à entrevista com Bearzot todas as manhãs e, agora, com bastante antecedência, ao Sarriá. Viola atua como seu irmão mais velho. Galeazzi o adora. Seguindo suas instruções, posiciona-se com o cinegrafista em frente aos anúncios publicitários. Do lado de fora dos portões, é cercado por milhares de torcedores brasileiros. Já dentro do estádio, aproxima-se da beira do campo. Encontra Paolo Rossi. Fala com ele sobre o passado. Mas dessa vez é o centroavante que o interrompe: "Acertaremos as contas no final".

Poucos metros acima deles, na tribuna de honra da Itália, estão o ministro do Desenvolvimento, Claudio Signorile, e o ministro do Patrimônio Cultural e Ambiental, Vincenzo Scotti. O único da área de fato envolvida, Nicola Signorello, ministro do Turismo, Esporte e Entretenimento, permaneceu em Roma para assistir ao jogo dos escritórios de sua pasta. Ao lado deles está Luca Cordero di Montezemolo, CEO da Italiana Edizioni. Não faltam, naturalmente, o vereador Carlo De Gaudio, o presidente do Coni, Franco Carraro, o presidente da Federação Mundial de Atletismo, Primo Nebiolo (que, para estar no Sarriá, partiu de Indianápolis, fazendo quatro escalas) e o presidente da Uefa, Artemio Franchi. Juntos, é claro, com o presidente da Federação Italiana de Futebol, Federico Sordillo, acompanhado de sua esposa e de Antonio Matarrese, presidente da Lega Calcio por apenas quatro meses.

Às tribunas, também comparecem os treinadores Giovanni Trapattoni, Sandro Mazzola, Picchio De Sisti, Carlo Mazzone, Rino Marchesi e Antonio Valentín Angelillo. E Felice "Farfallino" Borel, campeão mundial em 1934, convidado da RAI e da *Radiocorriere*. Dos quatro grandes campeões mundiais do passado ainda vivos, apenas ele tomou o avião para ir sofrer com os *azzurri* no Sarriá: Schiavio não estava bem de saúde e Ferrari só compareceu ao jogo de abertura entre Bélgica e Argentina, depois voltou para casa, enquanto Pizziolo teve que ficar perto de sua esposa doente. Borel assistiu aos jogos de Vigo e está otimista: "As quatro equipes da primeira fase jogaram para não perder, o que dificultou aos atacantes encontrar uma brecha na área. Agora, a Itália recuperou seu jogo e seu moral, porque está enfrentando times que não se preocupam apenas em se defender. Voltará a fazer gols", sentencia aquele que foi duas vezes artilheiro do Campeonato Italiano (1933 e 1934), "e será a vingança do futebol italiano".

55. O futuro chegou

A bola no centro do Sarriá, o árbitro acima dela, os jogadores no campo, o perímetro de publicidade em torno deles, as arquibancadas a emoldurá-los. Por dentro de cada átomo do palco, há uma história. Cada elemento desse vislumbre da realidade é orquestrado por homens que movem os destinos da Copa do Mundo. Havelange, Lacoste, Blatter, Samaranch, Nebiolo, Deyhle, Franchi e Saporta. São os homens mais poderosos do esporte. Mas é Dassler quem está decidindo a sorte de todos eles. Junto à dos jogadores de futebol, dirigentes, responsáveis pelas televisões estatais, presidentes de federações e comitês olímpicos. O homem que controla os fantoches e movimenta os fios do esporte mundial tem agora o poder de eleger o presidente do COI ou de uma federação internacional. Também é capaz de controlar a escolha de cidades que sediarão os Jogos Olímpicos ou a Copa do Mundo. Depois de Havelange, todos os personagens-chave foram a emanação de sua vontade: Juan Antonio Samaranch, presidente do COI e membro de honra do Comitê Organizador da España 82; Primo Nebiolo, presidente da IAAF e Joseph Blatter, que foi introduzido na Fifa como seu braço-direito. No ano da Copa do Mundo espanhola, um caudaloso rio de dinheiro começa a correr para os cofres das federações, graças aos direitos televisivos e aos contratos de patrocínio. O público não pode mais ser negligenciado. Os presidentes das três organizações esportivas mundiais mais importantes compreenderam que era chegado o momento de apoiar um grande projeto ligando o esporte à televisão. Um programa de patrocínio que sirva às empresas promotoras da imagem do futebol e de seus campeões. O futuro chegou.

Anatomia do Sarriá

O jogo

Quem vencer o grupo de
Brasil, Argentina e Itália
vence também a Copa.

PELÉ

1. **Por quê?**

Em 5 de julho de 1982, não deveria haver nenhum jogo. No decorrer da Reunión de la Comisión Organizadora de la Copa Mundial de la Fifa que ocorreu em 17 de maio de 1979, o calendário incluía a cerimônia de abertura, em 16 de junho de 1982, uma primeira fase com quatro jogos por dia até 25 de junho, seguida de uma segunda etapa entre 27 de junho e 4 de julho. O 5 de julho seria o dia de descanso e nada deveria acontecer. Mas a cabeça de Dassler, quando viu um calendário tão comprimido, pensou imediatamente nos direitos televisivos. Sobrepor tantos jogos assim significaria reduzir pela metade suas possibilidades. Então, ele fez algumas retificações. Tudo se decidiu no dia 22 de março de 1980. A Copa começaria em 13 de junho e, a partir do dia 15, os jogos diários da primeira fase seriam apenas três. A segunda fase teria que ser realizada de 28 junho a 5 de julho. O futuro, portanto, estava começando.

A bola repousa imóvel no círculo central, à espera de que chegue sua hora de rolar. Naturalmente, é a oficial, a Tango España, criada pela Adidas, imposta por contrato à Fifa. Já desde a Copa do Mundo do Chile, em 1962, a Federação percebeu que não era mais possível delegar à equipe da casa a responsabilidade pelas bolas — que rotineiramente eram esvaziadas ou desapareciam. Dassler teve prazer em atender a essa necessidade. A Adidas dedicou um estudo à criação de bolas mais leves e com melhor desempenho até que, por ocasião da Copa do Mundo de 1970, apresentou a Telstar, a primeira bola do início da era moderna, em couro impermeável. Tinha 32 gomos — 20 hexágonos brancos e 12 pentágonos pretos costurados à mão — e era inflada com ar. O resultado foi uma esfera quase perfeita, o arquétipo das bolas de futebol. A alternância das cores preto e branco foi pensada para os espectadores, principalmente para quem acompanhava os jogos de casa (a Copa do Mundo realizada no México foi a primeira transmitida pela TV). Daí o nome "Telstar": estrela da televisão. Depois, em 1974, repetiu-se a designação Telstar, mas com dois modelos diferentes: Chile e Durlast. Em 1978, na Argentina, foi a vez da "Tango".

Diante da bola está Klein. Sua escolha como árbitro é fruto das boas intenções de Artemio Franchi. Seu uniforme, bem como o de todos os seus colegas na Copa do Mundo, é assinado pela casa de Dassler, e o logotipo da Fifa que se destaca acima de seu bolso é o desenhado por Deyhle. Seus pés usam um protótipo de calçado preto que a Adidas planeja lançar para as próximas Olimpíadas de Los Angeles: a parte superior respirável em *nobuck* e náilon com malha grande e entressola com *polyair*, que o torna muito leve e flexível. Além de três blocos estabilizadores nas cores branca, vermelha e azul, chamados de *plugs*, com corte cilíndrico, aplicados na entressola, que regulam a rigidez da sola e atuam como amortecedores por força de um mecanismo denominado *Vario Shock Absorption System* — que permite melhor desempenho, dependendo do terreno, do estilo de corrida e do peso.

A assinatura Adidas também está nas chuteiras de Tardelli, Cabrini, Oriali, Gentile, Graziani e Luizinho. E nas de Falcão. Na verdade, seus pés, para aliviar a dor causada pelo joanete, calçam sapatos artesanais costurados à mão. Mas a Adidas, por contrato, exigiu que ele adicionasse as três listras brancas. São mal pintadas, mas esse detalhe é imperceptível pela televisão. E é isso o que importa.

Os *azzurri* estão vestindo seus uniformes Le Coq Sportif. O regulamento os proíbe de exibir a marca, não permite qualquer tipo de propaganda nas camisas, exceto "figuras que representem símbolos nacionais". É por isso que eles usam a jaqueta de treino branca durante o hino.

No entanto, a Fifa não se atenta para o emblema costurado na camisa do Brasil. Nem todo mundo percebe que ele contém um segredo. No escudo azul que abriga a imagem dourada da Taça Jules Rimet, entregue definitivamente ao Brasil após suas três conquistas (simbolizadas pelas três estrelas verdes acima dela), foi inapropriadamente sobreposto um disco branco contendo uma planta verde estilizada com três bagas vermelhas. É o café. A Confederação Brasileira vendeu-a à imprensa como a imagem de um símbolo brasileiro, mas na verdade é a logomarca da empresa Café do Brasil.

Em torno de todos eles, os painéis publicitários de Coca-Cola, Gillette, Canon, Iveco e JVC condicionam a direção da televisão espanhola com base em contratos assinados e na vontade de Dassler.

Na tribuna de honra, as personalidades aplaudem. Havelange, Nebiolo e Franchi: de formas diferentes, os três devem algo a Dassler. O primeiro, o poder; o segundo, a cadeira; o terceiro, o respeito conquistado pela seleção de seu país. Sem contar que em campo vão se enfrentar a equipe do presidente da Fifa (Havelange) e a do presidente da UEFA (Franchi), o homem que todos apontam como seu sucessor. Na final de 1970, na Cidade do México, eles se viram um contra o outro. Havelange, o presidente da federação brasileira; Franchi, o da italiana. Dois títulos cada. Em jogo, uma glória imensa. A maior já oferecida pelo futebol. A terceira e definitiva conquista da Copa do Mundo Jules Rimet. Havelange ganhou. Para Franchi, hoje existe sede de vingança.

2. **Os presidentes**

Na tribuna de honra, sentam-se também as duas figuras mais importantes do futebol italiano. Eles vasculham o campo, não se olham, não se amam. Entre o mandachuva da Liga, Antonio Matarrese, e o da Federação, Federico Sordillo, divergências estão na ordem do dia. No entanto, ambos podem reivindicar algo da vitória sobre a Argentina, na qual, porém, apenas o último acreditou.

Matarrese pertence a uma poderosa família de Andria que construiu metade de Bari. Iniciou sua ascensão política ao chegar à presidência do clube de sua cidade. Recorrente nas gafes, instintivo e perigoso, passou dos limites quando, comentando as primeiras saídas dos jogadores da seleção, soltou, galvanizado por alguns dos jornalistas, uma frase bumerangue: "Eu daria um chute na bunda de todos eles".

Já Sordillo é feito de outra matéria: de Pietradefusi, formado em direito em Nápoles, desembarcou cheio de esperanças em Milão na aurora do *boom* econômico e logo se tornou um dos consultores jurídicos de maior autoridade para empresas e indústrias, além de conselheiro altamente considerado pelas melhores e mais influentes famílias lombardas. A 1.000 quilômetros de distância do arquétipo do picareta, é um profissional rigoroso e de aspecto moderno, cuja única fraqueza, dizem, é se considerar um grande contador de piadas. Conhece bem o futebol, desde os tempos do Milan: com ele como presidente, Nereo Rocco no banco e Gianni Rivera no campo. Sua referência sempre foi Artemio Franchi, que o sucedeu na direção da Federcalcio, em 1980, depois de sua demissão voluntária em razão do escândalo das apostas no futebol. Destino que corria o risco de se repetir.

Às vésperas da Copa, a Itália esteve prestes a chegar à Espanha com uma federação desprovida de seu principal representante. A renúncia de Federico Sordillo estava pronta; o dia para acontecer, já decidido. Seria o da última reunião da federação, antes do amistoso contra a Suíça, em Genebra. Crises pessoais, cansaço moral, dificuldade em manter ao mesmo tempo as rédeas da vida profissional e as do futebol. Mas, então, ele se lembrou de que nunca na vida tinha deixado as coisas pela metade. E seguiu em frente.

A Copa do Mundo lhe havia sido descrita como algo terrível, mas, uma vez lá, a realidade claramente excedeu a imaginação. Polêmicas a cada passo, problemas e dificuldades de todos os tipos. Já havia testemunhado mais de uma vez o naufrágio organizacional de equipes montadas pela federação. O Mundial é, de fato, um evento monstruoso, e ele sente que é necessário encontrar figuras capazes de gerenciar. De Gaudio, por exemplo, está fazendo todo o possível, mas a seus olhos ainda parece pouco. Em sua cabeça, deveria existir um escritório de patrocínios vinculado à federação. Está cansado de ver jogadores com chuteiras de uma empresa e camisas de outra. Sordillo é um inovador:

introduziu os patrocínios na *Serie A* e ampliou as fronteiras, permitindo um segundo jogador estrangeiro por time. Nesta sua última aventura, porém, a equipe de Bearzot lhe traz grande satisfação.

Alguém o havia aconselhado a manter mais distância do clã da seleção e, sobretudo, dos jogadores. Ele não o fez. É um presidente torcedor, queria manter com eles um relacionamento constante, queria fazer os *azzurri* se sentirem próximos dele. E percorreu todos os caminhos possíveis na tentativa de incentivá-los a jogar uma boa Copa do Mundo. Persuadiu, encorajou e até criticou a equipe. Ainda assim, na véspera da estreia na Espanha, depois de suas declarações inesperadas, ninguém se levantou quando ele cruzou a soleira da Casa del Barón para entrar na sala de jantar. Ninguém saudou o presidente. Todas as cabeças permaneceram inclinadas sobre os pratos. Um silêncio que o levou a dar meia-volta e sair: "Aqui não sou bem-vindo". Provavelmente, suas declarações foram mal interpretadas, atingiram o orgulho dos rapazes. Foi nesse momento que Bearzot percebeu que os jogadores estavam tão machucados quanto ele, que naquele grupo não havia espaço para ninguém de fora, e que a partir daquele dia teriam que encontrar forças para lutar por conta própria.

3. **Três homens e um cachimbo**

Três homens queimam seus pensamentos no fornilho de seus cachimbos. O presidente Pertini está no carro, em Paris, durante visita oficial. Acaba de deixar François Mitterrand no Elysée[1] e orienta o motorista para que "voe" até a embaixada italiana de modo a não perder o início do jogo. De Bearzot, critica apenas uma escolha: "Não deve usar esses cachimbinhos. Vou lhe dar um apropriado". Naquele momento, o presente já tinha sido antecipado por Gianni Brera. O presidente é um amante dos bons cachimbos, tem mais de 500. Antes, fumava apenas os com corte inglês. De preferência, Dunhill ou Barling, confortáveis para segurar na boca. Mais tarde, seu cargo e seu orgulho lhe fizeram aderir, com razões de estado, aos fabricados na Itália, cachimbos grandes

1 Residência oficial do presidente da França, localizada em Paris.

e vistosos, ainda que difíceis de controlar. No entanto, odeia recebê-los como presente, prefere comprá-los. Reconhece o árduo trabalho e a arte dos grandes mestres e, quando surge a oportunidade, adora levar suas qualidades ao exterior.

Diferentemente do presidente, Brera não compra mais seus cachimbos. Ele os ganha de Enea Buzzi, da Brebbia, e depois os distribui a quem merece. E entre seus presenteados esteve também Bearzot, que assim agregou o presente do poeta a seus habituais Peterson e Castello. Nos vestiários do Sarriá, porém, mantém entre os dentes um Autograph que ganhou dos seus rapazes. Usa-o habitualmente com um pouco de Riff de Borkum com uísque de bourbon. De sua bolsa de tabaco verde-escuro, por outro lado, Brera, sentado confortavelmente nas arquibancadas, saca uma mistura composta de Dunhill 965, Three Nuns e Antico Toscano. O vício de fumar, para Brera, é de origem divina: deve servir aos pulmões como recompensa pela ginástica forçada à qual estão sujeitos no exercício da respiração. Talvez fosse a forma como o papa também veria a questão.

Karol Wojtyła é igualmente fã de futebol. Em seu coração, provavelmente espera que Itália e Polônia saiam "milagrosamente" ilesas de seus grupos para se encontrar nas semifinais. Na véspera da partida entre Itália e Brasil, durante o encontro dominical do Angelus, oferece aos dez mil fiéis da Praça de São Pedro palavras ecumênicas carregadas de institucionalidade espiritual: "Nestes dias, a atenção de milhões de pessoas está voltada para a Copa do Mundo que se realiza na Espanha. Desejo enviar a todos os jogadores uma saudação cordial, com a esperança de que o esporte contribua para fortalecer o sentido de solidariedade universal e o compromisso comum pela paz e pela harmonia entre todos os povos". Esperança que, entretanto, está cedendo às paixões mais terrenas. É hora de apagar o cachimbo da paz. No campo, em alguns minutos, acontecerá a batalha.

4. O cavalheiro

Ele foi um pouco de tudo. Talvez por isso todos o amem. Pacifista, herói de guerra, advogado, socialista, exilado, pintor de paredes e figurante no cinema. Criou a primeira rádio antifascista da Europa (lançada depois da venda de uma fazenda familiar), organizou, com Adriano Olivetti, a fuga de Turati[2] para a Córsega, foi líder militar da Resistência, detido pela SS, escapou por pouco da morte, foi condenado a 14 anos, entre prisão perpétua e confinamento, mas depois salvou a vida de quem o prendeu. Por princípio de justiça, recusando sempre qualquer forma de compromisso. Quando Alessandro Pertini se tornou presidente da Câmara, assim que eclodiu o escândalo financeiro que envolveu também seu partido (descobriu-se que durante anos a União Petrolífera Italiana pagou 8 milhões de liras aos caixas dos partidos, incluindo o Partido Socialista Italiano, em troca de atuações favoráveis a ela), fez tremer o palácio dos poderosos. "Meus amigos", desabafou numa entrevista a Nantas Salvalaggio, "não fico nem mais um minuto nesta cadeira se minha consciência se rebelar. Eu nunca vou aceitar ser cúmplice daqueles que estão destruindo a democracia e a justiça em uma avalanche de corrupção".

A crise dos partidos, sobreposta à econômica, havia mergulhado a Itália em um profundo mal-estar. O equilíbrio era precário, mas Pertini, ao custo de explodir todo o sistema, nem quis considerar a hipótese de acobertar um desonesto, ainda que fosse seu companheiro de partido: "Não dou a mínima para o sistema se ele dá razão aos ladrões. Já disse à minha Carla: deixe as malas prontas, posso largar tudo". Dizem que um partido moderno deve "se adaptar". "Mas se adaptar a que, Deus do céu? Se o dever de se adaptar significa roubar, eu não quero me adequar. Melhor, então, um partido não adequado e pouco moderno. É melhor o nosso velho partido clandestino, sem poltronas de neon, sem secretárias de pernas compridas e unhas ultrapintadas." Ele fala assim porque conhece a maior armadilha para um político: a de se apaixonar pelo poder. "Um homem que tem medo de perder seu cargo, sua influência sobre outros homens, os telefonemas, os quadros de artistas nas paredes, a limusine do Estado, bem, esse é um homem perdido." O antídoto? "Sempre deixe prontas as malas e sua carta de demissão. Minha Carla sabe. Temos um pequeno apartamento na Corso Vittorio, não há qualquer problema em renunciar."

2 Filippo Turati (1857-1932) foi o principal líder político socialista da Itália antes da ascensão do regime fascista. Fundador do Partido Socialista Italiano, fugiu do país para a França em 1926, quando o fascismo já estava instalado na Itália. Morreu em Paris, em 1932.

Sempre falou sem medo. Atrás dele, não há correntes, interesses, bancos, indústrias, alianças. Sua riqueza exclusiva é seu passado como homem livre, um cavalheiro. Há pouco tempo, recusou-se a assinar o decreto aumentando a remuneração dos deputados. "Mas como, eu digo, em um momento grave como este, quando o pai de família chega em casa com o pagamento fustigado pela inflação, você poderia dar esse exemplo de insensibilidade? Eu, com estas mãos, não assino." E seu rigor é total. Não concebe nem a ideia de emprestar o carro oficial para que a esposa possa ir fazer compras. As esposas de subsecretários e ministros usam todos os carros ministeriais azuis para circular pelas butiques: "Quando estas pobres garotas provincianas percebem que seus maridos fizeram carreira, todas se sentem como Popeia.[3] Sua esposa, por sua vez, toma o ônibus. "Carla teria vergonha de ir ao Campo de' Fiori comprar saladas ou peras no carro ministerial. Seria um tapa na cara dos pobres, um abuso de poder, um roubo."

Poucos dias depois de sua eleição para presidente da República, Pertini acordou sobressaltado, batendo a mão na testa: "Claro! Como diabos eu não pensei nisso antes! Ele seria ótimo: é bom, honesto e também entende de esportes". Dona Carla se assustou: "Sandro, o que é, de quem você está falando?". O presidente encontrou seu porta-voz (e só ele poderia fazer semelhante escolha). É Antonio Ghirelli, jornalista esportivo, autor de *Storia del Calcio in Italia*,[4] diretor do *Corriere dello Sport*, expoente, com Palumbo, da Escola Napolitana muito contestada por Brera. Parceria que se encerrou dois anos antes da Copa, justamente em Barcelona.

Pertini inaugurou o hábito da intervenção direta na vida política do país, o que é uma novidade para seu papel. Em vez de uma interpretação estritamente "notarial" dos poderes presidenciais, prefere uma abordagem fora dos esquemas tradicionais e a participação nos principais eventos da vida nacional, os felizes e os tristes. Nunca perde a oportunidade de fazer Bearzot sentir toda sua proximidade. Compartilham o caráter, o rigor, o cachimbo e o signo do zodíaco (coincidente a meia

3 Popeia Sabina foi a segunda esposa do imperador romano Nero. Ao casar-se com ele, tornou-se imperatriz.

4 Considerado um dos mais importantes livros sobre futebol publicados na Itália, foi lançado em 1954 e ganhou uma reedição em 1990. A obra explica as origens do esporte no país e como o jogo se tornou rapidamente uma paixão nacional.

seleção: Rossi é nascido em 23 de setembro, Tardelli em 24, Pertini em 25, Bearzot em 26, Gentile em 27, Cabrini em 8 de outubro, todos de Libra). Ambos, ele e Bearzot, são acusados de serem diretos, teimosos, mal-humorados, às vezes loucos. Ambos escolhem os homens, independentemente da camisa que vestem. Bearzot, *granata* por dentro, convoca metade da Juventus para a seleção; Pertini, um socialista, escolhe como seu secretário particular o mesmo de seu antecessor, um democrata-cristão. Quando lhe perguntaram por que fez isso, pulou na cadeira: "Mas, santo Deus, que perguntas são essas? Se um funcionário cumpre seu dever, por que devo mudar? Claro, muitos de meus pares estão em guerra comigo. Eles dizem: 'Bem, você poderia ter colocado um companheiro e não o fez!'. Resumindo: eu nunca gostei da máfia. Escolho pessoas pelo que valem, não pelo rótulo ou pela recomendação que carregam". E, em nome de suas crenças, escolheu também de que lado estará no futebol.

Depois da vitória por 2 a 0 contra a modesta seleção de Luxemburgo (com uma equipe sem Rossi e Giordano, suspensos, Cabrini e Graziani, machucados, Antognoni e Causio, expulsos), Bearzot sofreu dos jornalistas um linchamento psicológico sem precedentes e se apresentou a Sordillo: "Presidente, se a minha presença prejudica a seleção, estou pronto para pedir demissão".

"Esqueça as críticas histéricas", tranquilizou-o Sordillo. "Ouça apenas as construtivas." "Então eu vou ficar", respondeu Bearzot, "porque acredito no que faço, mesmo sabendo que estou sozinho contra todos. Precisamos desesperadamente de apoio moral".

E ele veio de cima: "Continue seguindo sua própria cabeça, Bearzot!". Era o apoio de Pertini.

5. O contador de histórias

Jornalistas da RAI estão em greve para a renovação de seus contratos. O anúncio chegou aos ouvidos do jovem enviado Carlo Nesti enquanto estava em Madri. Ele o recebeu eufórico. Poderia lhe permitir uma mudança sensacional de planos. Desde o começo de sua trajetória profissional, em 1976, nunca mais pôde ser um simples torcedor, misturando-se à multidão. A ocasião era irrepetível; por isso, depois de pegar um voo de Madri para Barcelona e se juntar a um grupo de amigos que chegavam de Turim com um ingresso para o Itália × Brasil também para ele, viu-se nas arquibancadas do Sarriá, perto da curva *azzurra*.

Sentado exatamente onde deveria estar encontra-se Nando Martellini, a voz atemporal da RAI. Começou 38 anos antes. Era pouco mais que um rapazinho, tocava bateria, conhecia cinco línguas e queria seguir carreira diplomática. Mas o esporte era sua verdadeira paixão. Um bom boletim escolar convenceu seus pais a lhe darem uma viagem a Berlim para ver as Olimpíadas. De trem, terceira classe, pãozinho na sacola. E com Jesse Owens. Uma experiência que deixou sua marca. Na RAI, alternou a política externa (o Natal dos prisioneiros italianos no canal de Suez), as crônicas de notícias (o funeral de Luigi Einaudi e do papa João XXIII) e o esporte (primeira transmissão via rádio em 1946, Bari × Napoli; primeira transmissão televisiva, em 1958, em Londres, Inglaterra × URSS). Um dia, Vittorio Veltroni, chefe dos serviços jornalísticos, pegou-o pelo braço: "Se você continuar narrando os jogos e, em seguida, a bênção do papa, as pessoas vão imaginá-lo com a bola embaixo do braço. Escolha: notícias ou esporte". Ele escolheu o esporte. Acompanhava tudo: Copas do Mundo, Olimpíadas, Giros d'Italia e Tour de France. Nos anos 1960, foi a voz principal do programa de rádio *Tutto il calcio minuto per minuto*. O salto definitivo para os comentários televisivos ocorreu durante a Eurocopa de 1968. Uma estreia de ouro: o primeiro título dos *azzurri* no torneio. Voltou para o "banco de reservas" à sombra de Nicolò Carosio (foram suas as transmissões das Copas do Mundo vencidas por Pozzo), mas uma gafe sensacional deste último lhe abriu as portas para o jogo do século: Itália 4 × 3 Alemanha. A prorrogação esgotou a Itália, que desabou no segundo tempo da final contra o Brasil, e aquela derrota na reta final deixou entalado em sua garganta o grito de "campeões do mundo". Depois de 12 anos, ainda era capaz de senti-lo.

Sua voz é educada, calorosa e tranquilizadora. Nunca intrusiva, quase indiferente. No entanto, é muito familiar para os italianos. As ênfases não são usuais para ele. Não quer inebriar seu público, mas acompanhá-lo com graça e sensibilidade, com o gosto pelo essencial.

Enquanto espera o pontapé inicial do árbitro Klein, relê os papéis e revê os nomes. Terá a tarefa de relatar as 90 voltas do ponteiro do relógio que vão parar toda a Itália. Serão 32 milhões de telespectadores em frente às telas de tevê. Apenas metade deles poderá assistir ao jogo em cores.

Longe do modelo de moderação do narrador de televisão italiano, mas igualmente hábil em seu papel é Luciano do Valle, da Rede Globo, que, vestido com camisa polo branca de mangas curtas, está pronto para narrar as façanhas da seleção ao lado do comentarista Márcio Guedes e de dois repórteres, Juarez Soares e Pedro Rogério, coordenados por Fernando Vanucci no estúdio.

Igualmente a postos está a rádio italiana. Enrico Ameri está prestes a receber a linha. Não é um admirador do técnico *azzurro*: "Como técnico, sempre foi modesto, como selecionador da nossa Azzurra, eu o considero despreparado, aventureiro. Às vezes, vocês sabem, a modéstia vem acompanhada da sorte, e esta é a esperança que nos resta quando falamos de Enzo Bearzot".

Há outro narrador esperando o início da partida. Não é uma voz oficial e, por isso, não recebe salário. É o jornalista Michele Plastino, que, com seu fiel cinegrafista Valentino Tocco, deixou Roma munido apenas de uma câmera, um gravador e um microfone para contar a Copa do Mundo das arquibancadas. Verdadeiro pioneiro da transmissão de televisão local, três anos antes, na semiclandestinidade dos canais recém-nascidos, ocupava um espaço até então deserto. Com *modus operandi* idêntico ao do corsário e as mesmas intenções românticas, chegou a Barcelona para tentar imortalizar o que a RAI não é capaz de transmitir: a alma do jogo, o humor dos torcedores. Momentos esquecidos pelas cabines de controle das filmagens em todo o mundo, mas às vezes mais emocionantes que uma chance de gol.

Algumas semanas antes, ele convenceu Tocco e Giorgio Stagno a irem com ele à Copa do Mundo para capturarem as imagens. Mas seu pai ficou doente e então, a fim de começar a organizar o trabalho, pediu que os dois fossem na frente. A câmera, no entanto, não passou pela alfândega, e eles foram mandados de volta. No meio-tempo, seu pai faleceu. Expedição falida, câmera retida, ele de luto. Plastino estava destruído: "Preciso de algo forte. Vamos de novo. Mesmo sem câmera, sem nada. Encontraremos alguma coisa lá na Espanha". Chegaram algumas horas antes de Itália × Brasil, pegaram uma lista telefônica e procuraram quem alugasse equipamento. Acabaram de entrar pelos portões do Sarriá sem credenciamento, com uma câmera enorme no ombro de Valentino, e ingressos encontrados no último minuto. Para ficar nas arquibancadas, em meio ao público. Nos bloqueios de entrada, sentiram um ar de desconfiança, mas cumprimentaram, sorriram e fingiram não entender. Contra a força de qualquer tempestade adversa, agora estão dentro do ventre do Sarriá.

6. **Itália, faça-nos sonhar**

A passagem para a segunda fase atraiu para o solo espanhol milhares de italianos. Mesmo que a organização fizesse todo o possível para lhes complicar a vida. Apostando tudo na loucura da massa, o Mundiespaña, grupo que obteve o contrato de exclusividade da gestão de hotéis e ingressos durante a Copa, depois de destinar 50% das vendas ao exterior, impôs de forma absurda a compra da passagem combinada com a do hotel (após ter triplicado o preço das acomodações e alargado a estada mínima obrigatória no hotel para além das reais necessidades), o que resultou no desencorajamento do turismo: ingressos não vendidos, cancelamentos de reservas em hotéis e estádios meio vazios. Obrigados a reservar com antecedência e a pagar caro pelos pacotes, muitos torcedores decidiram ver a Copa na TV ou optaram até mesmo por voos fretados com ida e volta no mesmo dia. A Marconi Tours propôs um pacote com saída às 8h de Bolonha, chegada às 9h30 em Barcelona, breve *tour* pela cidade, almoço em restaurante típico, traslado ao estádio do Sarriá, ingresso de arquibancada central numerada e retorno à meia-noite. Tudo por 380 mil liras. Para a Espanha, é um colossal fiasco econômico que os hoteleiros procuram desesperadamente remediar: por um lado rompendo com a Mundiespaña e baixando suas tarifas, e por outro permitindo à organização que recupere os ingressos reservados e os despeje no mercado interno — que, em razão da infeliz estratégia, tinha menos acesso aos bilhetes do que gostaria. Quem reservou, por preços altíssimos, a estada em hotéis de apenas duas estrelas, oferecida pelas agências filiadas à Mundiespaña, fica com os piores lugares no estádio Sarriá. As melhores cadeiras ainda não foram vendidas e estão nas mãos dos cambistas. Uma arquibancada de 25 mil liras passa a custar 100 mil. Não é o único roubo. Os torcedores italianos que chegam a Barcelona estão sujeitos a todo tipo de assaltos. O consulado geral na Calle de Mallorca 270, aberto três horas por dia, está sobrecarregado de trabalho para emitir passaportes provisórios. Na véspera do jogo, José María Rodríguez, um dos responsáveis pela segurança, tranquilizou os torcedores: "Não se preocupem, temos o maior esquema de segurança já visto até hoje". São 30 mil funcionários, 3.500 inspetores, 22 mil agentes da Polícia Nacional e 6.500 da Guarda Civil. O Sarriá é vigiado dia e noite.

A compensação pelas desventuras dos 10 mil italianos que chegam à procura de um ingresso no mercado negro é a cortesia do povo catalão. Simpatia que os torcedores italianos retribuem no estádio. A imprensa espanhola os elogia: "São um exemplo de torcida calorosa e civilizada". O italiano que vem para lotar o Sarriá forma um público desordenado, genuíno e espontâneo que não planejou de jeito algum seu desembarque na Espanha. Os torcedores são engraçados e coloridos. Usam regatas e bandeiras tricolores. Para se proteger do sol, amarram um lenço na cabeça, preparam um chapéu de pintor de paredes com uma folha de jornal ou usam chapéus de pesca flexíveis. Não têm coreografia, uniformes ou coros organizados. Se têm que gritar alguma coisa, não contam com um repertório original, basta um vigoroso "*Forza, Italia!*"; e quando cantam é sempre "Fratelli d'Italia" ou "Volare", o hino institucional e o popular. E, claro, "Ale-ôô". Para Del Buono, que os viu na estreia no Sarriá, os torcedores da Azzurra são uma "raça que vai ser estudada nos manuais de sociologia". Embora "levados a uma viagem a terras estrangeiras, encontraram forças para cantar solenemente o hino nacional no início do jogo. "*Fratelli d'Italia, l'Italia s'è desta...*" Começaram e depois pararam. É difícil, mesmo para os fanáticos do futebol, cantar coisas como "com o elmo de Cipião cobrimos a cabeça". O resto do hino foi executado com a boca fechada no supremo ardor da paixão. Mas as bocas se escancararam depois. E a euforia italiana contagia até os maiores críticos. Uma faixa que, primeiro nas arquibancadas de Vigo e depois na capa da *Gazzetta*, acompanhou o caminho dos *azzurri* diz simplesmente: "Itália, faça-nos sonhar". É um convite pungente ao qual, como escreve Grandini no *Corriere*, "até o mais destacado cronista tem dificuldade de resistir".

Por outro lado, segundo o Brascopa, órgão que trata do fluxo turístico brasileiro na Espanha, o número de torcedores verde-amarelos no estádio será de mais de 20 mil. Todos se vestem como seus jogadores: camisa amarela de barras verdes com o anúncio do Café do Brasil, que paga 5 milhões de dólares à seleção. Outros 2 milhões são oferecidos pela Topper, que produz as camisas. O gerente de vendas, Paulo Nalon, explica que foram vendidos 60 milhões de camisas. Um número assustador. Nas ruas, eles cantam "Está chegando a hora". Parece que já venceram. O surdo, o tamborim, o reco-reco, o pandeiro, o repinique são ouvidos por toda parte. Barcelona é como o Rio. Um dos torcedores agita o *Jornal do Brasil*. O aviso é de página inteira: "Agora é a Itália". Todas aquelas camisas amarelas estão pulando e dançando sem parar desde 14 de junho, fortalecendo em alguns a suspeita de que não sabem fazer outra coisa.

Quem os lidera é Pacheco, o famoso torcedor símbolo do Brasil. Seu nome verdadeiro é Natan Pacanowski, tem 40 anos e, na vida real, trabalha no departamento de marketing da Gillette brasileira. Nascido como invenção publicitária nas mesas da agência de Alcântara Machado no fim de 1980 ("O Pacheco, camisa 12"), tornou-se primeiro fantoche e depois desenho animado. Perto da Copa do Mundo, a Gillette decidiu humanizá-lo em um funcionário bem-humorado, um pouco acima do peso, ligado ao escritório de vendas, que havia atraído a atenção dos administradores. Designado pelo gerente-geral ("Natan, você será o Pacheco que vai à Espanha"), Pacanowski passou a seguir a comitiva da seleção depois de a Gillette formalizar seu papel de mascote junto à CBF.

Entre os brasileiros, está também o fotógrafo finlandês Juha Tamminen. Aos 25 anos, ele se apaixonou por futebol assistindo, com o avô, ao Nottingham Forest na segunda divisão inglesa. Sua primeira paixão, na verdade, tinha sido a corrida de cavalos. Costumava ir quando criança com o pai enquanto pôde fazer apostas. Quando a lei endureceu com os menores, voltou-se para o futebol. Mas a sério, porque ia ao estádio para ver o Nottingham jogar. Buscando fugir do frio de seu país, no entanto, voou para a América do Sul no inverno de 1981 a fim de acompanhar o Mundialito. Pensou que seria uma jornada única em sua vida, mas agora está de volta a um país latino. Não se credenciou, veio ao Sarriá como torcedor. Na primavera, comprou uma câmera Canon A-1, com uma lente 35mm/f2.8 e uma teleobjetiva 100-300/5.6. Depois, adquiriu os ingressos via federação finlandesa. Agora se encontra no topo da curva, atrás de um torcedor suíço, logo acima do enorme bandeirão verde-amarelo que cobre a torcida.

Depois do fim do jogo contra a Itália, está planejada uma grande festa na Plaça de Catalunya, e ninguém pensa em perdê-la. Enquanto isso, o Sarriá já se embriaga dos sons que as bandas brasileiras tocam ao ritmo obsessivo do tamborim. Durante dias, a "febre amarela" infectou toda a cidade de Barcelona. Chega, afinal, o último delírio das noites brancas nas Ramblas.

7. Uma alma dividida em duas

Ele chegou à Espanha com uma licença militar em mãos: o destino era Sevilha, para acompanhar, pela primeira vez como correspondente, os jogos do Brasil, em nome do *Tuttosport* e da *Guerin Sportivo*. Foi Arpino, com grande generosidade, que o recomendou a Italo Cucci: "Vou lhe mandar um menino. Ele é bom, o nome dele é Darwin Pastorin. Tão bom que em Turim não encontrava trabalho". Pouco depois, Pastorin conheceu Bearzot. A Itália estava na concentração de Villa Sassi, e Cucci o enviou com um desafio: "Vamos ver se consegue entrevistar o técnico da seleção sabendo que conosco ele não fala". O semanário atacava o técnico na época. Um pouco antes, Cucci tinha publicado uma capa sarcástica: um King Kong furioso que, batendo os punhos no peito, gritava: "Eu voto Bearzot".

"Senhor Bearzot, tem um Darwin querendo falar com o senhor." E ele: "Para Darwin e Freud, sempre estou disponível". O técnico foi amigável desde o início: "Não devia conversar com um jornal que me ataca sempre, mas você é tão jovem e de cara limpa, como posso negar uma entrevista?". E lhe contou sobre seu amor pelos clássicos latinos e a poesia turca.

Pastorin é imaginativo, sonhador e romântico: o cronista perfeito para contar as façanhas dos brasileiros. Por outro lado, o Brasil é a seleção de sua paixão, seus mitos e suas memórias. Em seu torcer pelo Brasil, há romance, provocação e um vínculo antigo. Ele não vê sua São Paulo há 21 anos, mas a ama loucamente. É o lugar de sua infância. E, portanto, de seus sonhos. Para ele, o Brasil é mais do que nunca o favorito da competição: "Não só por ter feito os melhores jogos entre todas as seleções que aspiram ao título, mas por ser a única a ter mostrado, além de talento individual invejável, um plano de jogo ofensivo irresistível".

Acaba de se sentar na tribuna do Sarriá reservada aos jornalistas. Cabeça italiana, coração brasileiro. Uma única alma dividida em duas.

8. O jogo não é igual para todos

A Corporación de Radio y Televisión Española está pronta para transmitir. Há apenas alguns anos, teria sido impossível. A televisão espanhola não era capaz de encarar uma Copa do Mundo e teve que fazer um esforço incrível para modernizar sua tecnologia a fim de que todas as sedes pudessem enviar o sinal em cores. Barcelona, apesar de ser, ao lado de Madri, a única cidade apta às transmissões, não dispunha da infraestrutura técnica adequada ou as instalações necessárias para os enviados de televisões de todo o mundo. Então, utilizou-se um terreno em San Cugat para a construção, com o investimento de setecentos milhões de pesetas, do novo centro da RTVE.

Para levar o sinal internacional aos pontos principais de transmissão, a RTVE ergueu depois em Madri, em tempo recorde — 13 meses, ao custo de 3,5 milhões de pesetas —, a Torrespaña, uma antena de telecomunicações que atingiu a vertiginosa altura de 232 metros, desenhada pelo arquiteto Emilio Fernández Martínez de Velasco e jocosamente apelidada de "el Pirulí", devido a seu formato. Foi inaugurada em cima da hora, um mês antes do jogo, em 7 de junho de 1982, na presença de João Havelange.

Graças à antena, a direção de imagens da transmissão espanhola poderá interpretar à sua maneira os espaços e o tempo do jogo. O destino da emissão está nas mãos do diretor, na localização das câmeras e na escolha das tomadas. O ponto de observação principal fica no centro da tribuna. É nessa frente de filmagem que qualquer telespectador estará idealmente sentado para acompanhar a partida ao longo de um único eixo horizontal. Sete câmeras ao todo foram posicionadas no Sarriá. Três nas tribunas. A primeira para a totalidade do campo. É a principal, destinada a sempre seguir a bola, aconteça o que acontecer. Será capaz de capturar passes, lançamentos, formações e movimentos das duas equipes. Sua visão ampla conduzirá o telespectador na ação. A segunda, de ângulo de visão mais estreito, vai exaltar os duelos, as marcações, mas também a expressão das singularidades e os gestos técnicos individuais. A terceira está destinada aos primeiros planos. Já as câmeras no campo são duas, uma fixa e outra voltada para o banco de reservas. Atrás dos gols, no topo da arquibancada, mais duas destinadas aos *replays*.

A transmissão ao vivo exige que o tempo televisivo rearranje o tempo de jogo, negando-lhe a possibilidade de organizar a sucessão de eventos segundo uma convenção narrativa. Sofrimento, euforia, suspense e beleza serão variáveis que dependerão do jogo em si.

O diretor seguirá as instruções acordadas no início da Copa, sem personalização excessiva, seguindo uma linha austera e sem espetacularização. O gramado não pode ser perdido de vista, nem mesmo em caso de jogo aéreo. *Closes* de jogadores em plena corrida são desaconselhados. Tudo o que não faz parte da ação não deve ser mostrado. Somente no caso de algum tempo de inatividade, quando a bola está fora da área de jogo, pode-se demorar em tomadas de jogadores, treinadores e torcedores. Se sai um gol, a sequência é sempre a mesma: a ação vista em campo aberto dá espaço ao primeiro plano do jogador exultante, seguido dos abraços dos companheiros, enquanto o plano fechado enfoca a reação do goleiro a fim de exibir a feição psicológica dos protagonistas. Segue-se o primeiro *replay*, por trás do gol, sobrepondo-se o gráfico do nome do jogador que marcou. Em sequência vem o segundo *replay,* em plano aberto, depois as reações da torcida e, eventualmente, a dos bancos de reservas. Mas os *replays* podem ser outros também. Já não existe uma visão absoluta. O jogo criado pela direção da emissora anfitriã espanhola, graças ao satélite, pode ser customizado ou integrado pela emissora que transmite em cada país. Portanto, Espanha, Itália e Brasil nem sempre verão as mesmas imagens. O jogo não é mais igual para todos.

As câmeras de Tom Clegg também estão em campo. No currículo, o papel de Tashtego, em *Moby Dick*, de John Huston, e a direção de meia dúzia de episódios da série de ficção científica *Spazio 1999*. Está filmando material para o *G'olé!*, o filme oficial desta edição da Copa do Mundo, licenciado pela Fifa e produzido pela Tyburn Film Productions Limited. Os olhos por trás das câmeras são os dos irmãos Samuelson: Michael, Sydney e David, três filhos do cineasta britânico George Berthold "Bertie" Samuelson. O primeiro deles, em cinco anos, organizará o maior evento de caridade da Grã-Bretanha. O segundo, em 13 anos, receberá a ordem de cavaleiro do príncipe Charles. O terceiro, em 22 anos, ganhará o Oscar.

9. **As últimas palavras**

Faltam poucos minutos. Os *azzurri* estão sentados nos bancos dos vestiários do Sarriá. Aqueles nos quais o Espanyol gastou 21.098.000 pesetas. O vestiário atribuído aos *azzurri* é grande e espartano: os 147 m^2 normalmente usados pelos donos da casa, os anfitriões. Sem armários, apenas bancos em madeira, prateleiras e cabides. Um silêncio irreal envolve a sala. Os 11 rapazes comandados pelo Velho estão prestes a encarar a equipe mais forte do mundo. Bearzot apoia a jaqueta listrada de algodão nos ombros. Ele a viu em Milão, numa vitrine na Corso Buenos Aires. Foi amor à primeira vista. Quando a imprensa já estava pronta para o funeral, ele disse a si mesmo: "Esta jaqueta de visual beira-mar vai lembrar ao mundo que vamos à Espanha para jogar". Com aquele uniforme náutico branco e azul-claro, ele se posiciona no centro do vestiário. Procura as palavras certas, encontra as perfeitas: "Rapazes, fiquem tranquilos. Não somos mais fracos do que eles. Eu sei, são o Brasil. Mas, se são tão invencíveis quanto todo mundo diz, não será desonroso se formos eliminados. Então, o que temos a perder tentando? A pressão está toda sobre eles. Vamos fazê-los sentir isso. Pode ser nosso último jogo. Vamos jogar até o fim. Aconteça o que acontecer, eu estarei sempre orgulhoso de vocês".

As marcações são as previamente estabelecidas. Collovati em Serginho, Oriali em Zico, Gentile na direita em Éder, Cabrini na esquerda em Sócrates. Bearzot recomenda apenas uma coisa a Rossi, apontando-lhe Oscar e Luizinho: "Eles são o último baluarte da defesa de vez em quando se distraem, sempre cometem alguns erros. Quando isso acontecer, você terá que estar lá". O Velho tem ainda uma dúvida na cabeça. Rói o cachimbo em busca de respostas. Confabula nervosamente com o assistente Maldini. Na passagem subterrânea, os jogadores das duas equipes se encontram a poucos metros de distância, prontos para entrar em campo, divididos por uma rede que impede o contato físico, mas não a troca de olhares. Um momento antes de subir as escadas, o técnico grita para sua equipe: "Pessoal, vamos voltar!". Uma vez de volta ao vestiário, anuncia com firmeza: "Sentem-se e me ouçam. Claudio, você vai no Zico". Gentile não pisca: "Só ele ou o Éder também?". É uma pergunta sem sentido, ditada pela adrenalina. "O Éder é com você, Lele. Oriali na direita; e você, Claudio, só no Zico. Está tudo claro, rapazes?".

O capitão Zoff, do alto de seus 40 anos — é o mais velho da Copa, há inclusive três treinadores mais jovens que ele: Carlos Alberto Parreira, do Kuwait; Mancio Rodríguez, de El Salvador; e John Adshead, da Nova Zelândia —, terá que confirmar a todo o setor defensivo a segurança que se faz necessária. A Gentile, lateral-direito, depois de ter anulado Maradona, cabe agora a tarefa de bloquear o brasileiro mais perigoso, Zico. Do lado oposto, Cabrini poderá continuar com seus avanços ao ataque, enquanto Scirea permanecerá sendo o líbero impecável que tem a seu lado a sólida agilidade de Collovati. Um passo à frente deles, Oriali, que além de lidar com Éder, vai servir de elo com o resto do meio de campo formado por Tardelli, Antognoni e o ponta-direita Conti, prontos para servir os atacantes Graziani e Rossi.

Cada um agora sabe o que fazer.

10. **O italiano**

O brilho verde do campo inunda as íris famintas dos jogadores. Alinhados como soldados, 22 homens olham em silêncio para o esplendor da grama. Zoff tem nas costas 104 jogos pela Azzurra e nas mãos carrega uma flâmula. Sobre ele, estão os olhos de um brasileiro. É Oscar. Cujo pai, italiano, se chama Dino, assim como o capitão *azzurro*. Oscar, aliás, também já havia sido goleiro. Gostava de pular, adorava jogar no gol. Então, um dia o colocaram na defesa, e a partir desse momento ele abandonou as traves. Agora, se sai de sua zona, o faz apenas para cabecear contra o gol inimigo. O voo em direção à bola é uma questão de manejar o tempo. Como o papel de zagueiro. Ensinaram-lhe que um defensor deve chegar na bola no mesmo instante que o atacante. Para assustá-lo. Ele prefere o momento anterior. Para tomar a bola de forma limpa. Porque "quem é violento não sabe jogar". E Oscar nunca foi expulso por uma falta feia. Enquanto olha para Zoff no campo, vem à tona de repente a lembrança de sua estreia. Pelé estava por perto. Era seu mito. Seria seu adversário, podia quase tocá-lo. Queria lhe pedir a camisa, mas a vergonha o freou. Era o rei. E ele só um jovenzinho.

No dia anterior ao jogo de estreia, era um simples jogador de futebol da base da Ponte Preta. Um ano antes, nem queria jogar. Começou a dar seus primeiros chutes apenas para imitar o irmão mais velho. O treinador Mário Juliato teve que insistir muito para que continuasse. Oscar não queria saber. "Eu não quero ser jogador de futebol!" Era devorado pelo medo. Só queria ficar com os pais na fazenda de seu avô. Não se sentia pronto para ir de Monte Sião a Campinas. A cidade o assustava muito. Era muito grande, muito longe de casa, muito longe de sua família. Empurrado pelos pais, decidiu se apresentar no clube. Durante a viagem, Oscar tinha em mente o que dizer: "Obrigado, mas não é minha vontade". Quando se apresentou, Juliato lhe perguntou: "Onde está sua mala?". Ele estava prestes a abrir a boca quando o pai interrompeu: "Aqui". Oscar se virou rápido para o porta-malas, como se um atacante estivesse furando a defesa. Mas, se ele tremia, o pai estava firme: "Você veio para ficar". Oscar ficou.

Nos dias seguintes, esperava se machucar e até chegou a rezar para que pudesse voltar para casa. Mas acabou sendo a melhor escolha. Para todos. O técnico do time principal foi embora, Juliato assumiu o cargo, e Oscar logo se tornaria titular. Começou a saborear o prazer do jogo bonito, desfrutou de seu talento e encontrou a paz.

Naquela tarde, estava aproveitando as horas de ócio sentado em frente ao estádio. Depois dos jogos, Oscar geralmente corria para a casa da mãe. No dia seguinte, porém, a Ponte jogaria contra o Santos: "Eu quero ver o Pelé". O número 10 havia decidido se aposentar do futebol, era uma chance única. Mário Juliato, seu treinador, aproximou-se dele: "Italiano, acho que preciso de você amanhã". O lateral Araújo ainda não havia renovado o contrato. "Se ele não renovar, posso contar com você?" Oscar duvidou de que tivesse entendido. "Prepare-se, vai dormir com os profissionais amanhã." Araújo não renovou o contrato, e Oscar ficou com sua vaga.

Estreia contra o Santos, como o último marcador de Pelé em uma partida do Campeonato Paulista. Era 2 de outubro de 1974. Poucos meses antes, Dino Zoff tinha acabado na capa da *Newsweek*. Oscar, por sua vez, ainda completaria 18 anos, nem bem tinha começado a carreira. Foi bem no jogo e continuou com os profissionais.

Concluiu os estudos do secundário e se matriculou na Pontifícia Universidade Católica de Campinas, para fazer fisioterapia. Não era fácil. A universidade o forçava a faltar aos treinos, e o futebol, a perder aulas. Mas se recuperava treinando por conta própria e fazendo estágios em hospitais. Quando se formou, foi levado para o Cosmos, de Giorgio Chinaglia, nos Estados Unidos. Um inferno para ele. Jogava pouco, sofria por causa de um cisto sob a artéria femoral e sentia falta da família. Chamou o pai, depois o irmão e, finalmente, um amigo que sabia cozinhar. Ninguém acompanhava o futebol dos Estados Unidos. Ele tinha sumido da mídia e dos olhos de Telê Santana. Até que aceitou a oferta do São Paulo. Se não o tivesse feito, não estaria no Sarriá.

11. *"Fratelli d'Italia"*

Os *azzurri* emergem dos vestiários envoltos em branco, vestem o agasalho de treino. A seleção brasileira emana luz no brilho dourado de suas camisas. No meio deles, a trindade da arbitragem. O bandeira búlgaro Bogdan Dotchev tinha sido o árbitro de Itália × Camarões. Seu colega de Hong Kong, Chan Tam-Sun, conheceu o Brasil na partida contra a Escócia, quando foi o segundo bandeira. Klein acena com a cabeça. Zoff encara o vazio que se abre à sua frente e dá um passo, apenas um. O olhar de Sócrates, o outro capitão, engole-o. Os jogadores se fazem presentes no útero do Sarriá. Em volta, um sem-fim de prédios amontoados como caixotes na planície seca da *ciudad*. Não há sombra, não há vento. O estádio regurgita de euforia. Bandeiras são agitadas. A brasileira une a Floresta Amazônica, as reservas de ouro e os céus e rios da nação, com um lema positivista e militaresco, "Ordem e progresso". A tricolor italiana, símbolo do Risorgimento, por sua vez, imortaliza o verde dos campos, o branco da neve e o vermelho do sangue dos caídos.

Enfileirados lado a lado, os 22 homens estão imóveis no terreno do Sarriá. É o momento em que é fácil acreditar em tudo. O dos hinos.

Fotógrafos se aglomeram na região central. Apenas um deles se posiciona mais à esquerda. Faz isso para enquadrar as silhuetas em amarelo. São os semideuses que se destacam na moldura de sua Nikon. O repórter, porém, é Calzuola, um dos 15 fotógrafos italianos credenciados para o jogo.

Na véspera, Cascioli lhe disse: "Peppe, escute bem. Eu vi os brasileiros jogarem, são um time de outro mundo. Tire fotos diretamente deles e arrume sua mala hoje à noite. Vamos todos para casa amanhã". Foi o que ele fez. No pequeno hotel que o hospedou nas últimas noites, sua bagagem está fechada. Ele mesmo pagou o hotel. Assim como o voo, as refeições e todas as viagens. No Sarriá, usa o colete 47/441. Com ele, pode se mover como quiser. Sabe que atrás dos gols se posicionam as agências mais cotadas: Ansa, Associated Press, Olympia, EFE. Elas carregam o fardo de registrar os gols. Mas ele está procurando o homem. O personagem, o olhar, o movimento. Para capturá-los, usa três Nikons F3s ao redor do pescoço. Todas carregadas com rolos de 36 poses. Dois em preto e branco, para os jornais, e um em cores. E é com a câmera que carrega este último que, quando começam os hinos nacionais, fixa a mira de sua lente sobre o destacamento brasileiro.

Onze estátuas de ouro imobilizadas pelo hino se erguem. Éder, Serginho e Waldir Peres se acalmam em silêncio. Falcão, Zico, Oscar, Luizinho, Júnior e Sócrates cantam a marcha triunfal. Aquela que Francisco Manuel da Silva compôs em homenagem à independência do país. "Brasil, um sonho intenso, um raio vívido, de amor e de esperança... És belo, és forte, impávido colosso. E o teu futuro espelha essa grandeza. Terra adorada, entre outras mil, és tu, Brasil, ó pátria amada!" O autor da música morreu antes que esses versos, compostos por Joaquim Osório Duque-Estrada, pudessem ser acomodados em meio às notas que compôs. Os dois autores nunca se conheceram, mas foram unidos para sempre por seu povo. O capitão da equipe que agora os representa, bem como Leandro e Cerezo, coloca a mão no coração. Aplausos. Novo silêncio. Começa a introdução ao hino italiano, Cabrini se volta instintivamente para o gol norte, a curva que reúne a torcida de seu país. Engole a saliva e encosta em Tardelli. Começa "Fratelli d'Italia". Giuseppe Garibaldi a considerava a canção de vitória de guerra mais entusiasmante depois da Marselhesa. Um punhado de estrofes para lembrar a história dos tempos de Roma. O elmo heroico do general romano Públio Cornélio Cipião, mais tarde chamado de "Africano", o homem que derrotou Aníbal na batalha de Zama em 202 a.C., episódio que encerrou a Segunda Guerra Púnica; o corte de cabelo dos escravos, as cortes legionárias. A vitória, o heroísmo, a Itália. Palavras escritas em Gênova no outono de 1847, pelo jovem poeta e patriota Goffredo Mameli, que, poucos meses depois, carregaria a patente de capitão dos franco-atiradores, à frente de 300 voluntários para combater os austríacos no Mincio, colaboraria com Garibaldi e, como ele, iria se ferir em uma perna. Um 5 de julho de outra época tinha sido seu último dia de vida. A madrugada seguinte concedeu a imortalidade àquelas cinco estrofes e aos 22 anos de vida de Mameli, os mesmos de Franco Baresi, que no momento se senta nas tribunas à espera de que o mundo descubra seu talento. A seleção de Bearzot, no entanto, não ouve esses versos. O que se transmite no estádio é a versão instrumental do "Canto degli italiani", apenas com as notas musicais compostas por Michele Novaro. As palavras fluem pela cabeça dos jogadores, misturadas ao medo e à esperança. Vêm as últimas. É chegada a hora do ajuste de contas.

12. No centro do campo

Um clamor desfaz as fileiras de jogadores. O último resquício de silêncio é expulso pelo troar de milhares de vozes. Tardelli e Gentile tiram os agasalhos. No centro do campo, dois amigos se reencontram vestindo cores adversárias. O braço de Falcão no ombro de Conti, como se para sacudir a poeira de uma velha amizade. Eles deixaram Roma com uma promessa. Caso se encontrassem em campo, trocariam as camisas. "Aconteça o que acontecer, Bruno." Estão ladeados por Tardelli e Cabrini, adversários diretos no Campeonato Italiano. Apertos de mão e sorrisos amigáveis. Depois, o brasileiro volta os olhos para o amigo.

"*Che vinca il migliore*, Paulo", sussurra Conti para ele.

"Que vença o melhor, Bruno", responde Falcão, mastigando sem parar um chiclete.

Os braços se cruzam para tocar o rosto de um amigo. O último gesto de carinho. Durante 90 minutos, serão rivais.

O gesto é imortalizado por Calzuola. Não podia perdê-lo. É uma história que começou em Roma e foi ele quem a criou. Antes de partir para a Espanha, pediu a Conti e Falcão que posassem com as camisas de suas respectivas seleções. Com o brasileiro, ele tem um relacionamento peculiar. Em Roma, ambos vivem em Monteverde, a dois passos um do outro: o repórter, em Orti di Trastevere; Falcão, no Hotel Villa Pamphili. Mas, além de não ter casa na capital, Paulo tampouco tem carro. Então, sempre o chama: "Peppe, quero ir à praia, vamos até Fregene?". Ele vai buscá-lo, leva-o até a praia e pode até fazer algumas fotos. Para aquele registro pré-Copa, Conti, que conhece o fotógrafo desde 1976, não teve dificuldades em encontrar uma camisa da Azzurra; Falcão, por outro lado, nunca tinha usado a nova camisa verde-amarela. Calzuola, então, pediu ajuda a colegas. "Peppe, não se preocupe", assegurou-lhe Massimo Tecca, do *Paese Sera*. "Procuro uma para você."

A sessão está programada para uma luminosa manhã de maio em Tre Fontane, o campo de treinamento *giallorosso*.[5] Os dois jogadores posam lado a lado. Ainda não sabem que se verão frente a frente na Espanha. E os uniformes não são exatamente os da Copa do Mundo (Conti veste a camisa de manga comprida; Falcão, uma camisa mais antiga da seleção, com gola coreana, que Tecca conseguiu). Também são encontrados meiões. Junto a eles, posam ainda Liedholm e Viola. Assim que a foto é tirada, o presidente da Roma se volta a seus dois pupilos pedindo que pelo menos um deles lhe traga uma camisa de campeão mundial. "Seria bom", Calzuola pensa naquele momento, "se vocês realmente jogarem um Itália × Brasil". A esperança se tornou realidade e, neste ponto, falta ao repórter apenas a conclusão da história. "Se no fim do jogo eu fotografar a troca, vou fechar esse ciclo lindamente." Mas, naquele dia em Roma, eram dois companheiros de clube que posavam para uma foto habitual.

Enquanto isso, o Brasil para. Todas as atividades estão suspensas. Correios, bancos, lojas e escolas decidiram cessar as atividades uma hora antes do início do jogo. As instituições concordam. Ninguém sonharia em fazer outra coisa durante um jogo como esse. "Ladrões não roubam e fantasmas não assustam", escreveu o dramaturgo brasileiro Nelson Rodrigues. "Não há crimes, nem mortes, nem adúlteros. Tudo é adiado para depois do jogo." Até as igrejas interrompem suas funções; e as fábricas, a produção. Não adianta deixar os operários nas linhas de

5 *Auri-rubros*, em italiano, é como são chamados os torcedores e jogadores da Roma.

montagem sabendo que todos estarão assistindo à seleção. A Fundação Getulio Vargas do Rio estimou que enquanto o Brasil jogar com a Itália o país perderá 225 milhões de dólares em produção. Mas, apesar da recessão, as vendas e os aluguéis de aparelhos de televisão explodiram. "Com a perda do poder aquisitivo, as pessoas de classe média também perderam a autoestima", explicou o psicanalista André Luiz Gaiarsa. "E nesse sentido o futebol se torna um elemento salvador pela sensação de participação em uma empreitada coletiva tão rica em emoções quanto distante de um cotidiano que se despreza." Então, "só depois da Copa" é a resposta padrão para todos os prazos. Inclusive os institucionais. "A partir de agora,", declarou Ibrahim Abi-Ackel, ministro da Justiça do Brasil, no dia 14 de junho, "as preocupações políticas são secundárias". Bastaram algumas horas de Copa para se perceber que esse propósito também era levado a sério pelo ministro-chefe do Gabinete Civil da Presidência da República, João Leitão de Abreu: "Hoje foi um dia feliz. Além da vitória do Brasil sobre a União Soviética, também tivemos um cessar-fogo no Atlântico Sul".

13. **As certezas do senhor Tim**

O banco está encravado no gramado como uma trincheira. Para técnicos, médicos e reservas, é a hora de nele mergulhar. Bearzot escolheu um substituto para cada setor: um goleiro, um zagueiro, um meio-campista, um armador e um atacante. A caverna cercada de cal branca engole, então, os corpos de Bordon, Bergomi, Marini, Causio e Altobelli; no caso do Brasil, os de Paulo Sérgio, Juninho Fonseca, Edevaldo, Paulo Isidoro e Renato. Junto a eles, no banco sul-americano, está o preparador físico Gilberto Tim, que se apoia sobre uma certeza granítica que nunca escondeu: "O sonho vai se tornar realidade, o Brasil vai vencer a Itália e seremos campeões mundiais". A razão para tamanha confiança é a seriedade de seu trabalho.

Autoritário e intolerante, Tim tem ideias claras sobre a preparação física da seleção. Em vez de se concentrar em exercícios para reforçar agilidade e velocidade, na Espanha ele deu enfoque à resistência muscular, aplicando métodos nem sempre bem recebidos pelos atletas. Por outro lado, não tolera gente preguiçosa e, para acordar os jogadores nos treinos, tem um método particular baseado em tiros seguidos de 200 metros e 400 metros. Na véspera da estreia, quando, devido à condição de favorita absoluta, era praticamente a mais observada do planeta, a seleção brasileira parecia mesmo estar vivendo um momento de graça. Nada de muito grave vinha tirando o sono dos membros da comissão técnica durante a fase de preparação para a Copa do Mundo. Com a preparação física nas mãos do homem de confiança de Telê Santana — ajudado pelo médico Neylor Lasmar, por auxiliares técnicos (o campeão mundial Vavá e Paulo César da Costa) e o massagista Abílio José da Silva —, os jogadores se queixaram apenas de dores musculares, ligeiras contusões ou leves indisposições. Até que uma série de episódios sinistros abalou as certezas de Tim. Sócrates foi acometido por um mal-estar que ele próprio, formado em medicina, não conseguia explicar. "Sinto um cansaço físico estranho e não sei a que atribuir, pode ser uma descompensação orgânica causada pela perda de sais minerais", disse no processo de autodiagnóstico. Depois foi a vez de Careca, que não vinha suportando os treinos de Tim. De todos, no entanto, o único a se expor foi Dirceu, que reclamou abertamente dos métodos de trabalho e ritmo de treinamento impostos por Gilberto Tim e entrou em polêmica com o preparador físico e também com o médico Neylor Lasmar ao esconder uma contusão na véspera do amistoso contra a Suíça: "Vim muito empolgado, mas os testes me extenuaram. Nem um garoto de 15 anos aguentaria as sessões de treinamento. Imagine alguém como eu, de quase 30". Gilberto Tim, então, respondeu: "Os meus jogadores têm que se cansar no treinamento para não se cansarem no jogo, e a equipe em campo deve ter mobilidade até o fim". Quem se dá bem com Tim, porém, é Oscar. Se o treinador cultua a preparação física, o zagueiro adora trabalhar. Sente a necessidade, para jogar bem, de se sentir em perfeita forma física; caso contrário, não tem confiança em suas capacidades. Sábado, Tim só treinou com os jogadores que não participaram do jogo contra a Argentina. Graças ao descanso e à dieta estabelecida com Lasmar, a equipe recuperou todas as energias e está no Sarriá em sua melhor forma.

14. As luvas de Zoff

Klein coloca a bola no centro do gramado. É a Tango com a assinatura da Adidas. Uma das 5 mil feitas na fábrica de bolas de Caspe, a dois passos de Zaragoza.

Ela pesa 420 gramas e possui *design* semelhante à Tango Riverplate '78 da Copa da Argentina, mas seu couro é muito mais flexível. As costuras que unem seus gomos foram feitas à mão e impermeabilizadas com banho de poliuretano. Possui excelente contato com o pé, resiste à abrasão, não deforma, quica magnificamente e é rápida. Dizem que pode enganar os goleiros nos chutes de longa distância. Waldir Peres que o diga, ainda que seu erro contra a URSS tenha acabado se tornando uma ocasião para maior união, camaradagem e solidariedade entre os companheiros. No intervalo daquele jogo, toda a seleção, por mais grosseira que tenha sido sua falha, deu uma lição de humanidade. Naquele dia, Telê escreveu em suas anotações: "Todos nós cometemos erros, tanto eu na escalação quanto o atacante no momento de marcar. O problema é que quando o goleiro erra sai um gol".

Quem sabe que nesse dia não se pode errar é Dino Zoff (um nome rápido e ágil, um sobrenome que lembra um mergulho). Por isso, o capitão *azzurro* não negligencia o revestimento das mãos. Cinza nas costas para lembrar a camisa, vermelho-ardente na palma, para homenagear a Espanha. As luvas de Zoff marcam uma fronteira no tempo. Entre o que passou e o que está por vir.

Quando ele começou, as luvas de goleiro eram principalmente de lã. Alguns, como Ivano Bordon, reserva de Zoff, preferiam jogar com as mãos livres. Ou usavam a parte interna de luvas de esqui ou até mesmo luvas de corda, cujo exterior era revestido com a borracha das raquetes de tênis de mesa.

A década de 1960 foi um campo de experimentação. Luvas eram consideradas um luxo, e os clubes não investiam. Os goleiros tentavam encontrar o material mais adequado para melhorar a pegada, para proteger as mãos do frio ou da chuva. Algumas fabricantes colaram tiras de borracha em luvas de couro, na altura dos dedos e palma da mão, a fim de aumentar sua espessura e, portanto, a resistência ao impacto com a bola. Mas quando chovia a aderência se reduzia.

O momento decisivo foi na mudança no material da bola. Do couro para o plástico. Transformação que tornou o jogo mais espetacular, mas também mais difíceis as defesas dos goleiros. As bolas de couro tinham costuras tão grossas que transformavam os dedos em verdadeiras garras. Já as bolas de futebol revestidas de plástico impuseram definitivamente aos goleiros a necessidade de luvas. Era hora de encontrar uma solução. A velocidade da bola e a capacidade de resposta do goleiro tornaram-se os novos tópicos sobre os quais pensar. E, assim, foi-se da lã para a pele e a borracha, alcançando-se, finalmente, um ponto sem volta: o látex. Uma emulsão complexa e quase secreta da seiva de borracha em água. Com isso, surgiram os primeiros fabricantes. Em busca dos primeiros patrocínios rudimentares, eles foram às concentrações de verão para mostrar as luvas aos goleiros. Se eles gostavam da mercadoria, bastava um aperto de mão e se fazia a troca. O uso pela visibilidade. Ambos gratuitos.

Os mais sortudos foram os senhores Allegri e Montescani de Fiorenzuola. Suas luvas pretas feitas na Suíça por um artesão obscuro, batizadas sem muita imaginação de A/M e polvilhadas com pedaços de látex nos dedos e na palma da mão, tornaram-se em pouco tempo o objeto de desejo dos números 1. E, portanto, também de Zoff. Pouco antes de partir para a Copa do Mundo de 1974, ele viu o colega de Cesena, Lamberto Boranga, usando um par e pediu ao massagista Selvi que descobrisse onde poderiam encontrá-las.

No fim, foi o próprio sr. Allegri quem entregou a Zoff um suprimento de luvas A/M. Três pares e um pedaço de *coppa piacentina*.[6] Foram os termos do contrato.

Outras luvas de artesãos italianos começaram a aparecer, como as da Due Lupi. E as pesquisas também evoluíram. Até que chegou à Itália a Uhlsport. Ela nasceu em 1948, em Balingen, no sudoeste da Alemanha, quando seu fundador Karl Uhl começou a fabricar chuteiras de futebol. Mas, nos anos 1970, a importância das luvas para o goleiro foi se tornando cada vez mais evidente. E as que Zoff usa contra o Brasil — a Uhlsport 040 com fecho de velcro — inaugura a temporada dos modelos Supersoft, com cores vivas, punhos finos, macias e seguras para agarrar.

6 Embutido suíno que utiliza os músculos cervicais do porco. Bastante comum na região de Piacenza, no norte da Itália.

Anatomia do Sarriá

Primeiro tempo

Rossi, o personagem mais discutido, o jogador mais criticado, parte com poucas glórias e muitos problemas de uma Copa que nunca viveu como protagonista.

FABIO VERGNANO

La Stampa, às vésperas de Brasil × Itália

1. O pontapé inicial

O primeiro acorde é uma promessa de felicidade. Uma bola que gira rapidamente enquanto acaricia toda a metade do círculo central do campo verde-amarelo. Quatro toques são suficientes para o Brasil pintar o sorriso. Eles se encerram nos pés de Júnior, que, pela esquerda, é o primeiro a decidir cruzar a linha de fronteira.

Ele, que pôs o disco brasileiro para tocar, é quem dá a primeira nota do jogo. Lança a bola em profundidade em direção a Serginho, mas Collovati se antecipa a Chulapa e dá o tom, num movimento de manual, do que será o roteiro do jogo: o Brasil indo à frente, a bola em voo, a chegada do zagueiro italiano e a Azzurra recomeçando o lance. Bearzot aprova com um aceno de cabeça. Passa pouco tempo e a bola sai pela linha de fundo da Itália. Éder, cheio de energia, vai buscá-la e a chuta em direção a Zoff. Essa mesma bola em seguida passa nervosamente de pé em pé, de uma equipe à outra, até chegar ao meio de campo e às pernas de Paolo Rossi. Uma, duas, três vezes, em três minutos. Mas Falcão lhe nega qualquer impulso de renascimento.

O primeiro movimento realmente orquestrado do jogo, entretanto, é italiano. No meio do Sarriá, enquanto Antognoni e Cabrini triangulam rapidamente, Conti, Graziani e Rossi aprofundam suas corridas abrindo espaços. Os passes são rápidos. A bola salta de um lado a outro, costura uma linha dupla sobre o gramado, volta aos pés de Cabrinie e, depois de uma cavada pelo alto, é cruzada por Tardelli para o centro da área brasileira. Chega até Rossi. À frente dele, Luizinho e Leandro deixam um buraco. O gol está aberto.

O *azzurro* escolhe a finalização de primeira. Vira um chute no vácuo. Na disputa pela bola, Rossi só vê o cotovelo de Cerezo. E cai no chão novamente. Quatro minutos, quatro bolas, quatro quedas. O que faz em campo numa partida tão importante da Copa do Mundo um jogador de futebol sem três meniscos, com cinco quilos a menos e que não jogava havia dois longos anos é impossível de entender. Talvez o único capaz de explicar seja Bearzot.

2. O ponto P

O ponto de partida é uma bola que chega perto da linha de fundo italiana. As costas de um *azzurro* são cúmplices no lance. O erro anterior de Rossi dá ao Brasil a chance de um ataque que acaba acidentalmente com a bola deslizando pelas costas de Conti antes de correr inexoravelmente rumo à linha de fundo. Inevitabilidade frustrada pela rápida ação de Collovati, que refreia um escanteio já escrito. A bola respira e a história se modifica. A iniciativa se torna italiana. Scirea usa a parte interna do pé direito para tirar a bola da área, em direção à faixa lateral. O destinatário é Conti. O eclético de que Bearzot tanto gosta. O teste final para receber o título de "brasileiro" está marcado para o quinto minuto do jogo. À sua frente, a dança descomposta de Serginho, camisa para fora e pernas desengonçadas. Conti finge que vai tocar à esquerda, mas passa para a direita (parte 1). No lance seguinte, desenha-se um triângulo; Oriali o fecha na linha do meio de campo, onde está Cerezo, que se agita desnecessariamente, como se seus pés doessem. Conti gira sobre si mesmo, finta Cerezo, engana-o novamente e o supera (parte 2). O jovem Bruno dirigia um carrinho de mão em seu primeiro ofício como pedreiro. Entregou cilindros de gás, de bicicleta, na fase seguinte de sua formação. Por fim, treinava às escondidas na loja de cristais onde foi trabalhar mais tarde. Lições de equilíbrio e dribles oferecidas pela vida. Conti cruza o meio do campo e entra no terreno dos brasileiros. Encara Éder e passa por ele (parte 3). O brasileiro se recusa a comprometer os pulmões e respira próximo de um companheiro de time. Falcão observa o amigo italiano. Oriali entende tudo e o despista. O movimento se revela acertado. O brasileiro desiste de Conti para cobrir seu avanço. Em seguida, é Júnior quem abandona a posição. Mas, naquele exato momento, Conti levanta a cabeça. Percebe, do lado oposto, que um *azzurro* o seguiu, livre de marcação.

Ainda sem ser titular da Juventus, Bearzot queria vê-lo em ação antes de preparar as malas para a Argentina. Correu tudo bem: "Vou levá-lo para Copa". Deu a ele, que ainda não tinha 21 anos, a primeira camisa *azzurra* oficial no primeiro jogo da Copa. E ele não a tirou mais. Daquele dia em diante, o Bell'Antonio — apelido que nunca o entusiasmou — passou a correr pela faixa esquerda do campo e nunca mais parou. Como fez alguns momentos antes, com um silenciador debaixo de suas rápidas asas. A fim de cumprir sua missão, Cabrini partiu de longe, da área que foi escalado para defender. E se atreveu a ir até o ninho do cuco, pelo lado frágil do Quadrado Mágico, o direito, aquele que ninguém quer vigiar, com uma aposta em mente. Já para Conti, é a hora da prova oral. Naquele instante, as linhas se dobram para tecer o drama. São sete jogadores envolvidos, sete pontos que quase formam uma reta. Luizinho, Júnior, Rossi, Cerezo, Graziani, Oscar e Leandro. Uma imagem perfeita: duas duplas de defensores brasileiros pelos lados, dois atacantes italianos pelo centro e, no meio deles, um meio-campista do Brasil. Os cinco brasileiros se voltam então para o lateral *azzurro*, como se o vissem pela primeira vez. A bola está voando. A linha brasileira começa a correr imediatamente para a direita. Graziani e Rossi se precipitam à frente no lado oposto. Júnior, o único que foi na direção de Conti, está um passo atrás e tenta uma volta desesperada. Falcão começa a fechar a diagonal em seu lugar, depois para. Faz isso para se centralizar, mas deixa um buraco nas costas de Luizinho. A bola de Conti dá apenas um quique. O segundo é amortecido por Cabrini. Dois passos, uma olhada para a área e o movimento de seu pé esquerdo. A ação se torna um postulado euclidiano. A reta brasileira observa atônita um ponto externo enquanto a bola de Cabrini voa firme para traçar no ar a única trajetória que alcança o ponto P. Graziani invade a área, enquanto o mesmo rastro de olhares agora aponta para a esfera suspensa no ar. Rossi observa a bola vir em sua direção. Waldir Peres se posta debaixo das traves. Rossi dá dois passos à frente. O ar se desloca. E, *sim, sendo muito leve, levíssimo,*[1] Pablito se livra do peso do mundo, aproxima-se da bola e com a testa a pressiona contra aquele vazio em suspenso. O último defensor da meta brasileira se vê desequilibrado sobre o pé esquerdo, com a perna direita erguida e os braços abertos. Pablito abre bem a boca. Até hoje sua marca está registrada no ar. Waldir Peres se volta para ele, assume uma expressão de terror e observa a bola escorregar atrás de si. O tempo para.

3. O momento fugaz

Atrás do gol dos brasileiros, uma explosão de cliques quebra o silêncio antes do estrondo. Calzuola fica à direita das traves de Waldir Peres. Enquadra na diagonal um espelho da pequena área que acolhe Rossi, Júnior e o goleiro. Pressiona o dedo indicador no botão do obturador. E roda o rolo de filme. Aperta e gira novamente. E mais uma vez, de novo. Um arrepio percorre seu corpo enquanto segue o destino da bola de sua pequena janela com vista para o campo. Cesare Galimberti, fotógrafo esportivo da agência Olympia, senta-se no melhor lugar, no centro do gol. Frio como um assassino, já tinha pressionado o dedo em sua Canon. Seus 38 anos não lhe tiraram o diminutivo "Cesarino" que carrega desde que, aos 14 anos, como havia acontecido com Beppe Viola, encontrara trabalho ao lado de Vito Liverani. Era 1958 e já fazia um par de anos que Vitaliano, conhecido como Vito, havia aberto a primeira agência especializada em eventos esportivos. Quando chegou a hora de batizá-la, Gianni Brera foi o padrinho: "Vito, não ponha um nome como os de sempre e à frente dele a palavra *Press.* Em 1960 acontecerão as Olimpíadas em Roma, então...". E assim surgiu a Olympia. Na verdade, Photocronache Olympia. Ainda que sua esposa não tenha gostado porque era o mesmo nome da porteira do prédio deles. No ano anterior à Copa, ele a vendeu e, com os milhões que arrecadou, fundou a Ome-

1 "*Sì come colui che leggerissimo era*", trecho de *Decamerão*, a obra-prima do escritor italiano Giovanni Boccaccio (1313-1375). A fala está presente, dentro da estrutura do livro, na nona novela do sexto dia, e pertence ao poeta Guido Cavalcanti, que repreende, com tom sarcástico, alguns cavalheiros florentinos que haviam se aproveitado dele.

ga. Mas Galimberti permaneceu na Olympia e a agência que lhe serviu de lar durante toda a vida segue se oferecendo a seu olhar. Ele sabe que depois de cada clique deve recarregar a máquina. Tem apenas uma bala, não pode desperdiçá-la. O cérebro precisa se mover mais rápido do que sua técnica. E seu cérebro disse: "Agora!".

"*Nihil potest homo intelligere sine phantasmate.*" Nada pode ser compreendido sem imaginação. Um gesto que congela o movimento, tornando-o eterno, impressiona nossos olhos e nossa mente antes mesmo dos filmes. A história é uma exposição em coro de representações que nos falam sem mediação, numa narrativa sempre aberta. Fotografar significa reconhecer um fato e organizar as formas em uma fração de segundo. Enfileirar, em uma mesma linha de visão, cabeça, olhos e coração. Parando o tempo, criando o espaço, um espaço, um dos 1.000 espaços que podemos viver (e ver) entre todos os espaços possíveis. O olho, a cabeça, o dedo têm a obrigação de estar atentos, precisos, rápidos e capazes. Prontos para apreender os fragmentos de um discurso visual. A união fecunda entre a intuição e a sorte, apesar da distração, em tributo à curiosidade. "Sentimos que algo vai acontecer", escreveu Robert Louis Stevenson. "Não sabemos o que, mas estamos procurando por isso." E a procura acaba aqui. Quando Waldir Peres arregala os olhos, cerra os dentes, engole em seco e estica os músculos do pescoço até travar a mandíbula. Uma careta que apenas um repórter da agência de fotografia espanhola EFE posicionado atrás do gol, consegue congelar para sempre. Tudo se move. Tudo flui. Talvez seja por coisas assim que o ser humano atravessa sua existência em contínua busca pelo absoluto. Mas a verdade se esconde no instante.

O mundo é uma totalidade de fatos. Os fatos existem por meio de interpretações. As interpretações são formuladas pela mente. Mas não há nenhuma que se pareça com outra. Porque cada mente tem sua própria visão. Portanto, toda verdade é relativa. Mas um gol é um gol. Para todos, para sempre. É o absoluto. Contém o antes da ação, o depois da celebração e um momento central, único, memorável, eterno. O momento fugaz finalmente imobilizado, consolidado, imortalizado. Como a fixidez cinematográfica dos afrescos de Giotto. É o momento captado pelo repórter. Rossi e Peres se veem frente a frente, no mesmo momento e na mesma posição simétrica. Waldir Peres é imortalizado no ato de cair no chão. O suor escorre pela jugular, as mandíbulas rangem, o braço esquerdo pesa no gramado, o direito ainda erguido arrasta o eco de uma tentativa. Ele acaba de se virar, e em seus olhos está todo o medo terreno, em sua mandíbula cerrada a consciência de ter perdido um duelo. Paolo Rossi está à sua frente. O olho vivo, a boca escancarada. Também tem apenas um braço levantado, o esquerdo, mas o está levando para o céu, quer comemorar. Como diante de um espelho. Igual e oposto. Atacante e goleiro. Rossi-que-comemora à frente de Peres-que-cai. Assim como na ética o mal se apega ao bem, na realidade de um jogo a ferocidade de uma alegria não pode evitar cravar suas unhas na dor.

É gol. Rossi, depois de 777 dias de limbo, corre instintivamente em direção à arquibancada do gol norte. Antognoni o abraça, Graziani vai em sua direção. Conti põe as mãos no rosto. A corrida de Júnior termina dentro das redes. Falcão, por instinto, procura uma âncora de resgate à sua direita. Ele acena para o auxiliar, mas por dentro já sabe: a bandeira de Dotchev indica inexoravelmente o meio do campo. É gol. Uma ação longa de 60 segundos, realizada de uma ponta a outra do campo, por seis *azzurri* — Collovati, Scirea, Conti, Oriali, Cabrini, Rossi — desencadeada por (um erro de) Rossi e concluída pelo próprio Rossi. No *quinto* minuto da *quinta* partida da Azzurra, neste escaldante *5* de julho, sua cabeçada de *cinco* metros deu a vantagem à Itália. São apenas *cinco* e vinte da tarde. Uma hora que esculpe os números desse minuto e da camisa de Pablito.

4. **O Galinho**

Um a zero, a bola está no gol. Júnior se abaixa tristemente para pegá-la na rede. Serginho e Zico, como haviam feito cinco minutos antes, pegam-se olhando para ela imóveis na metade do campo. Assim que Klein apita, o Galinho a chuta para a frente na busca por um caminho até o gol de Zoff. Telê Santana masca seu insondável chiclete enquanto lança ao universo seu personalíssimo "Puta que pariu!". Parece um sinal. Os brasileiros voltam a dançar como antes, ainda que girem de forma confusa e a bola crie laços apertados no gramado. Quando Cerezo avista Oscar na área, opta por uma ação sem sentido e, assim, manda a bola para o vazio absoluto. O meio-campista é vítima de seus maneirismos, mas Telê o perdoa por tudo. A Itália recomeça: passes rápidos, bola perdida e recuperada, Conti, Rossi e Graziani que triangulam felizes, um chute que passa longe do alvo. Considerando-as ineficazes, Zico abandona as enjoativas melodias em andamento: interrompe a enésima jogada *azzurra*, arranca a bola dos pés de Antognoni com os nervos e faz um lançamento longo para Serginho. Mas a pressa prejudica a trajetória e, para Zoff, é pura formalidade.

Aos dez minutos, Sócrates cruza o meio de campo e direciona a bola a Serginho, que é caçado por Collovati e tenta se virar, mas Cabrini também está em cima dele. A bola, no entanto, rebate no lateral e volta para o centroavante. Sua marcha é desengonçada, mas inexorável. Scirea tenta detê-lo, mas a bola se coloca aos pés de Zico, antes de passear de novo até os de Serginho. Zico olha para o companheiro com cara de quem acaba de ser roubado. É assim. Poucos dias antes, contra a Argentina, os dois tinham avançado sobre uma bola que quicava na área. E Zico roubou do parceiro a alegria do gol. Dessa vez, com o pé direito Serginho colhe a bola na entrada da área, dá dois passos, chega à marca do pênalti e se vê sozinho diante do gol *azzurro*. Entre ele e a rede, existe apenas Zoff. Levanta a perna direita e ajusta a mira. Zoff estende sobre a grama seu 1,82 m. Mas seus dedos não tocam a bola. Porque o chute não encontra o gol. Vai para fora. Serginho se detém incrédulo, vira-se, sente o peso de milhões de olhos fixos sobre ele e toca o nariz por um instante, como se quisesse esconder o constrangimento. Até que sorri. Zico observa aquela boca cheia de dentes. "De que diabos está rindo? Não pode perder uma bola dessas!"

Zico já tinha perdido uma Copa quatro anos antes sem que sua equipe tivesse sido derrotada. Por isso, antes de iniciar o Mundial na Espanha, tinha dito aos companheiros: "Não se preocupem, não haverá fantasmas nesta Copa". Arthur Antunes Coimbra, conhecido como Zico, é o homem que nesse campeonato disputa com Maradona o título de melhor jogador da América do Sul, talvez do mundo. O físico nem tão potente e a baixa estatura são compensados por músculos flexíveis e técnica refinada. É um extraclasse construído em laboratório. Leve como uma pena, ele antes não tinha esperança. Mas as dores do jovem Arthur foram confiadas a José Francalacci, um preparador físico de origem napolitana, que todos os dias lhe impunha sessões exaustivas de treino na academia. E depois de quatro anos, Zico, com 13 quilos e 16 centímetros a mais, estava pronto para o time profissional do Flamengo. Incendiou os gramados e se tornou, depois de Pelé, o jogador mais famoso do Brasil. Não à toa, depois de "Galinho", ganhou um apelido precioso: "Pelé Branco". Vive um incrível estado de graça: em dois anos, foi artilheiro e melhor jogador da Copa Libertadores, melhor jogador do Mundial Interclubes, artilheiro do Campeonato Brasileiro, e o jornal *El Mundo* lhe concedeu a terceira Bola de Ouro da América do Sul depois das oferecidas em 1977 e 1981. Chegou à Espanha depois de ter marcado mais de 300 gols em jogos oficiais. Mas, em vez do preciosismo de um superastro, prefere a eficácia do jogo coletivo. A maturidade o aproximou da humildade. E tirou de sua cabeça o desejo de ser famoso. É o resultado que importa. Assim, a concretude se tornou sua melhor arma.

5. **O Doutor**

Sua fama de filósofo o precedeu. Na Espanha, serviu para acentuar sua aura de imperturbabilidade. Na verdade, se na Copa há um jogador boêmio, é ele. Avesso ao treinamento intensivo, leva uma vida à margem do futebol, entre escritores e artistas. Fuma para pensar melhor, bebe para conversar com os amigos. Até tarde da noite. Mas não fala inglês, porque "é a língua do imperialismo". No dia 17 de maio, durante o período de concentração da seleção na Toca da Raposa, grava um episódio da série de televisão *O bem-amado* ao lado dos atores Paulo Gracindo e Lima Duarte. "Nunca neguei: gosto de fazer incursões no mundo das artes. Afinal, a novela é uma espécie de teatro. E jogar futebol também é uma arte. Pelo menos eu sempre vi assim." Um mês depois, em 23 de junho, em plena Copa do Mundo, no dia de Brasil × Nova Zelândia, subiu ao palco em Sevilha para fazer dueto com o amigo Raimundo Fagner.

O preparador físico da seleção, Gilberto Tim, obrigou-o a reduzir o consumo de cigarro e álcool, submetendo-o a um programa de aumento de massa muscular. Graças a isso, passou dos usuais 81 quilos para os atuais 86, seu perímetro torácico aumentou, e com ele sua capacidade pulmonar. Traduzindo: grande estabilidade, mais fôlego e maior resistência.

Não chama a atenção pela velocidade ou pela força, mas pela inteligência e pela intuição. Seus pés são os últimos guardiões do jogo bonito. Progressão irreal, como se estivesse flutuando no ar. Sua especialidade é o toque de calcanhar. Para os brasileiros é "o calcanhar que a bola pediu a Deus". Pelé diz que ele joga melhor de costas do que os outros de frente.

Fora de campo, é um homem de poucas palavras. Por discrição, vergonha, timidez. Dentro, transforma-se: grita, orienta a equipe, estimula os companheiros. E todos obedecem. "Falo durante 90 minutos. O resto do tempo, prefiro ouvir." Como se fosse um apache, o grito lhe dá força interior, oferecendo-lhe a certeza da vitória. Depois do primeiro tempo contra a União Soviética, com derrota parcial por 1 a 0, Telê Santana conversou com o time. Sócrates o observou sem dizer uma palavra. Subindo os degraus até o campo de cabeça baixa, chamou Falcão: "Você avança mais, e eu fico atrás. Essa função hoje é mais apropriada pra você". Falcão obedeceu. E o Brasil venceu. No jogo seguinte, o mesmo *script*. A Escócia faz gol, e ele grita para Zico: "Vamos parar de correr e deixar a bola girar mais". E a Tango começou a rolar suave. Era exatamente isso o que o técnico queria quando o escolheu como capitão. Deu-lhe a faixa dizendo apenas: "Vire-se!". Nada mais, não era necessário.

Ele tem quase 30 anos e está no auge da carreira. Único corintiano convocado, apresentou-se na Espanha com a responsabilidade de liderar uma das mais fortes seleções de todos os tempos, rumo ao quarto título mundial. Em casa, deixou seus ideais, seus dois livros mais amados — *O processo*, de Kafka, e *Cem anos de solidão*, de Gabriel García Márquez —, três filhos e a esposa, Regina, que está prestes a lhe dar mais um rebento. Para Falcão, confessou: "Espero que nasça depois da final, assim já seria campeão". Antes mesmo do jogo contra os argentinos, ele tinha mostrado fé cega na seleção: "Podemos não ser campeões, mas já somos o melhor time desta Copa". Depois da vitória, e às vésperas de Brasil × Itália, confidenciou aos repórteres mais íntimos: "Sabem, eu já me vejo levantando a taça". Uma imprudência que não surpreende nem um pouco os interlocutores. "Não estou sendo excessivamente otimista. Eu simplesmente acredito que ninguém pode tirar o título do Brasil." Declarações sinceras que, se feitas por qualquer outro jogador, seriam vistas como prepotência. Mas o Magrão não é um jogador comum. Está se arriscando a exercer um papel significativo na política de seu país. Na verdade, talvez já seja assim. E ele faz questão de deixar claro que, se o Brasil for campeão mundial, o governo não deve se beneficiar da vitória: "Hoje, os brasileiros sabem muito bem que o futebol é apenas um esporte, e isso não pode servir de apoio para nenhuma campanha política. Se nosso time ganhar a Copa, o eleitor não deve encarar o título como uma vitória do governo, mas apenas dos jogadores. Estamos aqui para jogar futebol, e nada mais. Se ganharmos, será maravilhoso; se perdermos, não será a pátria que sairá derrotada".

Embora joguem pela mesma seleção, ele sente que não tem muito em comum com os demais companheiros. Seus colegas pensam em ganhar muito hoje para não trabalhar amanhã, querem conquistar seus cantos de paz, protegidos dos males do mundo. Ele não quer perder o espírito crítico. A atratividade econômica é secundária, o importante é seguir seu próprio caminho. "Com certeza, esta será a minha primeira e última Copa do Mundo", desabafou para o jornal *O Estado de S. Paulo* no dia de Itália × Argentina, "também porque não pretendo jogar até 1986". Quer pendurar as chuteiras para se dedicar inteiramente às populações mais pobres e marginalizadas. Seu futuro está na medicina social. Sonha em construir uma vila para viver em comunidade com todos os amigos e um hospital para trabalhar ao lado de ex-colegas da faculdade. Mas sabe que é uma utopia. E, para um idealista como ele, uma Olimpíada teria sido melhor: "Participar da Copa do Mundo foi uma frustração terrível". Sonhava com intercâmbios culturais, poder conhecer pessoas de outros países: "Seria bom poder discutir com eles os nossos problemas, mas ficamos isolados uns dos outros e só nos encontramos em campo". É uma decepção que o afasta de um ideal de esporte. O seu.

6. **Os 12 passos**

O Brasil sabe correr atrás do resultado. Ficou em desvantagem contra a Rússia. Aconteceu também diante da Escócia. Em ambos os casos, a resposta foi implacável. Qualquer ação pode ser a boa, mesmo uma que se inicia na cobrança de um lateral. Quem faz o movimento é Leandro, que aciona Sócrates, pouco antes da linha do meio de campo. O Doutor rastreia todo o campo com um olhar. Antognoni e Cabrini chegam junto como cobradores de dívidas. Mas a bola passa por eles e vai parar em Zico. Gentile late, mas não consegue morder. Toque rápido com a parte externa do pé. A bola volta para Sócrates, os *azzurri* continuam entocados. O Doutor dá seis passos antes de tocar a bola e mais seis antes de finalizar. Quando levanta a cabeça, encontra Zoff embaixo das traves. O goleiro encara aqueles dois olhos homéricos encravados num rosto de pergaminho. Mas não é capaz de interpretá-los. Sócrates mantém os ombros retos, conserva toda a elegância, segura a respiração, inclina-se para a frente e, numa fração de segundo, decide chutar na fenda que se abre entre o goleiro e a trave. Na tentativa desesperada de chegar na bola, Scirea desliza sobre a linha de cal desenhada por Tonino Fernández, transformando-a em pó. O pé direito de Sócrates é como um taco de bilhar. Um projétil certeiro rente ao chão passa exatamente entre o primeiro pau e a perna. A bola entra. É o 1 a 1.

Zoff se senta no chão com as pernas abertas, quase grogue. Scirea, deitado de bruços, olha para cima. Diante dele, o companheiro de 1.000 batalhas. É um diálogo com os olhos. O Brasil empata e o faz com uma simplicidade impressionante. Um par de homens e três toques. Sócrates levanta as mãos para o céu. Por um instante, revela uma expressão infantil. E é então submerso pelos corpos de Éder, Júnior e Falcão. O setor do gol sul explode.

A dobradinha entre Sócrates e Zico atordoa a defesa *azzurra*. Aqueles 12 passos mandam os italianos para casa. Doze anos depois da final na Cidade do México, a Itália ainda cede facilmente à vontade do Brasil. É o minuto 12 do jogo.

7. O palhaço

Estádio sevilhano Benito Villamarín, a um minuto de Brasil × Nova Zelândia. A seleção verde-amarela se alinha à beira do campo para a tradicional fotografia. Há algo errado. Sete jogadores estão em pé, apenas quatro ajoelhados, com uma ausência sintomática à direita. Normalmente, Cerezo ou Falcão posam na linha superior. Sócrates se dirige a eles: “Um de vocês pensa em se agachar?”. Sem receber resposta, ele se move para o canto e deixa o espaço reservado ao meio-campista pela direita. Um pouco relutante, Cerezo se agacha, e os fotógrafos podem finalmente operar os obturadores de suas câmeras. Um pequeno ato, mas simbólico de uma decisão polêmica: alinhar, lado a lado, dois craques de estilos à primeira vista inconciliáveis. "Eu acho que o Falcão deveria jogar de terno e gravata", brincou Éder, "enquanto o Cerezo se vestiria de palhaço". O elegante Falcão que pede a bola sussurrando. O malemolente Cerezo que grita "Pra mim!", com voz estridente. "E ele não pergunta", ressalta Sócrates, "passa correndo e exige a bola". "São muito diferentes, mas inseparáveis", justifica-se Telê antes de enfrentar a Itália. "Cada um joga de seu modo para chegar a um objetivo comum."

Cerezo é mineiro, de Belo Horizonte. Seu pai era palhaço de circo. Então, tomou o caminho do futebol por acaso, praticando o futebol de salão. Suas longas pernas chamaram a atenção de um olheiro do Atlético-MG, que o levou até o técnico do time. Era Telê Santana. Foi sua sorte. O treinador sempre foi seu maior admirador. Também na seleção, Antônio — conhecido como "Toninho" — Carlos Cerezo é seu amuleto, precisa estar sempre em campo. A vida perto do circo e a semelhança incomum com o ator Richard Pryor[2] não devem enganar. Da figura dos palhaços, possui apenas a melancolia. Se em campo sabe dar espetáculo, fora tem uma personalidade fechada, adora pescar e, quando pode, esconde-se nas margens de algum rio do Mato Grosso com a esposa e os dois filhos. No Mundialito, foi eleito o melhor jogador do torneio, mas, devido à rigorosa suspensão imposta a ele pela Fifa às vésperas da Copa, vive dias de angústia diante da possibilidade de perder a vaga de titular: "Depois do jogo contra a URSS, o time estará, então, pronto, e Telê não vai modificá-lo a partir desse momento. Eu não tenho dúvidas". A CBF aponta para a possibilidade de uma anistia. "Não acredito", responde desconsolado. "A verdade é que estou fora da estreia e, provavelmente, da Copa do Mundo." Ninguém pode refutá-lo, a possibilidade existe, e mesmo quando os jornalistas perguntam o que vai acontecer se a equipe vencer sem ele, Zico responde com lucidez: "Depende de como jogarmos". E durante um simples treino

2 Richard Pryor (1940-2005) foi um ator e comediante norte-americano. Protagonizou uma célebre parceria nos cinemas com o também comediante Gene Wilder (1933-2016) em filmes como *O expresso de Chicago* (1976) e *Loucos de dar nó* (1980).

em Lisboa, ansioso por ser notado, ele se arrisca a ficar de novo fora da disputa: uma entrada forte para parar um jogador português lhe causa uma contusão no dorso do pé direito. Nesse ponto, ele se fecha em si mesmo. Continua lutando sozinho. Na concentração, reclama apenas de não poder pescar. Sequer aproveita o dia de folga antes de embarcar para Sevilha. Prefere ficar no hotel, para descansar o pé, com o sapato desamarrado, aliviando a dor.

"Vamos dar uma volta, Toninho", convida Falcão.

"Sabe que eu não posso. Preciso me exercitar", responde, colocando entre os dentes as medalhinhas de Santo Antônio e São Geraldo.

A troca de palavras não escapa a Carlos Maranhão, da *Placar*. É ele quem, quando Cerezo se distancia, ouve as confidências de Falcão: "Esse homem é um dos quatro candidatos ao título de melhor jogador do mundo".

Sem ter ouvido a opinião do parceiro, Cerezo chega perto de Maranhão. "O Telê está chegando, ele vê tudo. Eu me mato no treinamento, cuspo sangue, corro, empurro, ataco e defendo. Tenho uma vontade louca de vencer, tenho uma fé tremenda no fato de que não me faltará força e inspiração para percorrer um centímetro a mais, esticar um pouco mais a perna, chegar na melhor condição no momento em que a bola aparecer, para marcar um daqueles gols que ninguém vai esquecer." Nos exercícios liderados por Gilberto Tim, é o último da fila, mas ninguém estica as pernas para cima ou os braços para trás com mais energia do que ele.

Com Dirceu, a seleção brasileira perdeu o primeiro tempo da partida contra a União Soviética. Com Paulo Isidoro, virou o jogo. Com Cerezo, a expectativa é de espetáculo. Na realidade, Cerezo não exibe o talento apurado de Sócrates, não executa os dribles desconcertantes de Zico e não possui a elegância de Falcão. É a antítese do fora de série. Mas, paradoxalmente, exatamente por isso, é um fora de série. Com sua corrida oscilante, voa incansavelmente até todas as áreas do campo, e é graças a ele que o talento dos outros brilha. Sua presença no time é, portanto, inquestionável.

"O Cerezo é muito importante para a equipe hoje. É um dos melhores jogadores do futebol brasileiro. Não jogou contra a União Soviética só porque estava suspenso", disse Telê Santana na véspera da partida contra a Escócia. Sem dúvida, é a peça que faltava.

"Que pesadelo tenho vivido ultimamente", suspirou de alívio quando se viu entre os 11 titulares. "Falava-se só do Falcão, que tem prestígio internacional, do Zico, que é do Rio, e do Sócrates, que é de São Paulo. De mim, simplesmente tinham se esquecido. Eu era apenas um rapaz mineiro machucado, que ninguém queria entrevistar." Na sexta-feira da partida contra a Escócia, Antônio Carlos Cerezo fez a barba diante do espelho. É o ritual que para ele significa apenas uma coisa: hoje vai entrar em cena.

8. O homem que corre

Para explicar a evolução de um jogo de futebol, o filósofo pré-socrático Demócrito teria considerado apenas três conceitos: os jogadores, o movimento e o vazio. Jogadores em movimento no vazio. Cada evento gira em torno dos jogadores individualizados. Sob a condição, porém, de se admitir o vazio entre um e outro. Sem o vazio, não pode existir o movimento. E, num jogo de futebol, tudo se resume a um fenômeno mecânico que pode encontrar fundamento apenas em si mesmo. Sem a necessidade de evocar intervenções divinas, deusas vendadas, santos e beatos, sorte ou fatalidade. Os espaços vazios do gramado do Sarriá não são menos reais e menos decisivos do que as jogadas de Sócrates ou de Tardelli. Porque é só graças a eles que os jogadores conseguem se mover. E se Gentile sufoca todos os espaços de Zico, se Cabrini preenche sua faixa lateral, se Antognoni escolhe o corredor livre, Paolo Rossi orienta constantemente seu olhar para a busca obsessiva desse vazio. Sua missão reside naquele espaço desabitado. Dentro daquela ausência, tem de encontrar sua bola. Quando o espaço e o tempo de sua necessidade se descobrem perfeitamente alinhados, deve se apresentar ao encontro. Sem perder uma fração de segundo. Movendo-se rapidamente nesse vazio antes que os outros possam pensar em fazê-lo.

Durante dez minutos, as equipes se encaram sem descanso. Quando a Itália avança, o Brasil sofre. Falcão é obrigado a derrubar Tardelli a cinco metros da área. Klein apita a falta. A bola de Antognoni é desviada por Oscar, terminando nos braços do goleiro. Waldir Peres a segura com força contra o peito, em segurança. Não pode imaginar o que está para acontecer.

O próprio Peres reinicia o jogo com as mãos, bola no peito de Leandro, depois para Cerezo. Três brasileiros em linha, entre a área e o meio de campo. Leandro, Cerezo, Júnior. Atrás, os dois zagueiros. Pouco mais adiante, Falcão. Os *azzurri* em outros mundos: Rossi e Graziani voltando para a própria metade do campo, os outros param para observar. Cerezo levanta uma perna e domina a bola. Espera que ela descanse na grama, levanta a cabeça para ver os companheiros e, enamorado de si mesmo, se contorce ligeiramente para colocar a bola mais à sua esquerda. Seu passe com a direita tem um pouco de efeito. "Se ele tivesse um pé bom, faria muitos gols, porque sempre chega na bola e sabe se desmarcar, mas chuta mal", admitiu Telê na véspera, "mas faz muitas outras coisas e quando ele está em campo fico tranquilo". Qualquer um em seu lugar estaria sereno. Se o Brasil de Pelé conseguiu codificar o jogo de futebol segundo harmonias clássicas, os homens de Telê memorizaram esses códigos e agora são capazes de trabalhá-los da forma que preferem, numa perfeita tensão entre regras e liberdade, onde a facilidade de execução se alia às ações maneiristas. O *jeito brasileiro* que dessa forma se traduz em inventividade e requinte, mas também em artifício e preciosismo. O Brasil continua sua dança. Mas a dança, você sabe, cria movimento. Assim, na esquerda, para fechar aquela linha, Éder não está mais lá, deslizou um pouco mais à frente. E o passe de Cerezo se torna uma dramática assistência para o nada. Pela segunda vez em poucos minutos, Antônio, apelidado Toninho, lança para o vazio. O circo, o medo, o pé ruim de chute. Tudo volta. A bola chega entre Falcão, que está dois metros à frente, e Luizinho, cinco metros atrás. Os jogadores assistem à bola rolando na grama do Sarriá. Em direção a ninguém sabe onde. Um silêncio repentino toma conta do campo. Mas não há respiração em suspenso que possa impedir a bola de continuar sua inexorável trajetória. Falcão, Luizinho e Júnior são lebres assustadas pelos faróis. E perdem o momento. O tempo para. E se expande. Para todos, menos para um.

O mundo, diz o primeiro silogismo do *Tractatus Logico-philosophicus*, de Ludwig Wittgenstein, é tudo o que acontece. É a totalidade dos fatos, não das coisas. Um homem que corre em direção à bola é um fato. E *o homem que corre* vem do nada. É o homem que entendeu tudo antes mesmo que o todo pudesse tomar forma. Encontra-se muito atrás da linha de brasileiros que está prestes a se quebrar. Roubar a bola de um brasileiro não é só questão de esforço, demanda imaginação. Porque o gênio, como disse Perozzi, em *Meus caros amigos* — o filme sobre o qual falaram Mondadori e Scalfari na noite em que o *La Repubblica* nasceu —, é imaginação, intuição, decisão e velocidade de execução.

Quando a bola parte em direção a Cerezo, *o homem que corre* dá as costas para o gol do Brasil pretendendo voltar para sua metade do campo. Mas, assim que Cerezo começa a brincar com a bola, contorcendo-se como uma dançarina bacante, *o homem que corre* se vira. E o observa. "De vez em quando eles se distraem, sempre cometem alguns erros: quando acontecer, você terá que estar lá." No momento em que a bola está prestes a descolar da chuteira direita de Cerezo, *o homem que corre* decide interromper seu percurso. E começa a voltar. Mira a bola com os olhos e a segue. Num instante, naquele momento fugaz para os brasileiros, entende que aquela esfera que viaja no vazio pode ser sua. Que esse pode ser seu momento. Que aquele Brasil supremo está para cometer, finalmente, um erro. E que ele tem que estar lá. Se o tempo se dobrasse nesse fotograma, ninguém apostaria uma lira *no homem que corre*. São três brasileiros ao redor da bola. Para Falcão, bastaria um par de saltos. *O homem que corre* está fora da jogada. Ocupa um espaço de esquecimento. Mas *o homem que corre* é Paolo Rossi. E sabe que essa é sua bola. Então ele corre, corre, corre. Passa pelas estátuas douradas de Falcão e Júnior, recolhe a bola e levanta a cabeça. Waldir Peres balança em pé à sua frente. Luizinho ataca a bola desajeitadamente com as pernas abertas. O *azzurro* se esquiva dele antes de acariciar a linha da área. Waldir Peres está fora das traves. Rossi descarrega na bola toda a violência das palavras que o fizeram sofrer. Disparada de uma distância de 25 metros, ela passa por Waldir e entra no gol. É o 2 a 1. Estamos apenas no minuto 25.

9. A defesa com o bigode

Waldir Peres rasteja até a linha do gol como uma mosca com apenas uma asa. No meio do campo, Cerezo está paralisado. Zico e Júnior o procuram com o olhar, encontram-no em lágrimas, gritam com ele. "Se não parar de chorar", grita o primeiro, "meto a mão na sua cara, este jogo é pra homem!". Não lhe ocorre pronunciar as mesmas palavras que Obdulio Varela havia dirigido a Schiaffino no fatídico jogo de 1950.[3] O segundo engrossa o coro: "Toninho, se estiver com medo, tenha coragem de sair. Agora!". Cerezo não diz nada e caminha com a cabeça baixa para assumir sua posição. Falcão observa Rossi com uma sensação estranha. Como se o rival tivesse se transformado numa borboleta enquanto ele olhava para outro lugar. O gol também faz surgir um pensamento na cabeça de Klein: "Talvez estejamos fazendo a história da Copa do Mundo aqui".

Ele, Zico e Serginho pela terceira vez no centro do campo. A investida brasileira recomeça. Gentile bloqueia Zico no limite da área. É uma luta justa. Zico levanta e aperta sua mão. Duas noites antes do jogo contra a Argentina, Bearzot havia batido no quarto do *azzurro*: "Claudio, o que acha de marcar Maradona?". Gentile não deixou passar um segundo. "*Mister*, qual é o problema?" Talvez imaginasse que seria função de Tardelli, como de hábito. Em vez disso, Bearzot, sorrindo, atribui-lhe a tarefa: "Bom, então vá estudá-lo". Gentile viu as imagens em videocassete e entendeu que só existia uma maneira de pará-lo. Asfixiando-o. Maradona estava ansioso para mostrar seus truques, mas o trabalho de Gentile o anulou, deixando-o furioso. A marcação sobre Zico lhe foi confiada no último segundo. Mas Gentile sabe que, em comparação com o argentino, Zico é mais afeito a jogar pelos companheiros. Não pode deixá-lo girar. Caso contrário, não o pegará mais. Então, joga se antecipando e tenta apartá-lo o máximo possível do jogo dos brasileiros, de modo que tenham dificuldade de servi-lo e ele de servir os outros. Aplica uma regra de ouro: ser percebido, sem ser visto, tornar-se a sombra do adversário. Segue-o por toda parte como uma babá, mesmo no meio de campo. É ali que Klein o para. Em retribuição a seus protestos, presenteia-o com um cartão amarelo. Quatro anos antes, já havia procurado seu nome no mesmo cartão. Dessa vez, a reprimenda significa adeus à semifinal. Caso a Itália chegue lá.

O estrangeiro. A luta. O calor. E uma bola. Gentile está na sua. Cresceu enfrentando o sol nas ruas empoeiradas de Sant'Antonio, em Trípoli. Todas as tardes, depois da escola, emigrantes contra árabes. Ainda

3 É atribuída a Obdulio Varela, capitão do Uruguai no Mundial de 1950, a frase "*los de afuera son de palo*" ("os de fora são de pau", em tradução livre — algo como "os que estão na arquibancada não contam"), dita aos companheiros no vestiário do Maracanã antes do jogo final da Copa do Mundo, contra o Brasil, vencido pelos uruguaios por 2 a 1.

que tenha nascido na Líbia. É assim que o menino Claudio aprende os primeiros truques do ofício. Além de pensar na bola, tem que estar atento com as costas. Adversários maliciosos estão sempre prontos para agredi-lo com as mãos. Ou com os pés descalços. Jogos de futebol se transformam em batalhas. Pergunte ao pó. É o único mundo possível. Não havia sequer como saber que em outra parte do planeta um jovem de nome Pelé estava sendo coroado rei da Suécia.

Gentile tem um sobrenome que se contrapõe às suas maneiras, que são rudes. E um apelido que odeia: "Kadafi". Quem lhe deu foi Vladimiro Caminiti, pensando em fazer um favor a ele. Um rótulo odioso que agora tem que aceitar. Mãe líbia, pai italiano. Um vínculo indissolúvel que o une ao outro lado do Mar Mediterrâneo. Na Líbia, um filho único de dois beduínos pobres e analfabetos sempre punha os camelos da família para pastar na propriedade de sua mãe. Era meio bruto, mas a mãe deixava que fizesse. Era Muammar Kadafi. Em 1961, o ar estava mudando. O senhor Gentile, "líbio" desde 1 ano de idade, descobriu a tempo. Pegou o pequeno Claudio, de 8 anos, e o resto da família, embalou a vida inteira numa mala e partiu de Trípoli para sempre. No mesmo ano, enquanto Saporta se dirigia ao Brasil, Darwin Pastorin fez o caminho inverso e chegava igualmente ao *Belpaese*. As duas crianças, ambas arrancadas de sua terra natal, encontraram-se numa Itália ávida por crescimento. A mesma onde um jovem repórter, Italo Cucci (para quem o próprio Pastorin trabalhará), colocou pela primeira vez os pés na *Guerin Sportivo*, a revista que está prestes a exaltar os feitos do Milan de Rocco, Viani e Maldini, ou seja, de mais da metade do DNA contido nos glóbulos táticos do sangue de Bearzot.

O senhor Gentile enxergou longe: com apenas 27 anos, seu vizinho de modos rudes se tornou o chefe de Estado mais jovem do mundo, expulsou os 20 mil italianos que residiam na Líbia e expropriou impiedosamente todas as suas posses.

Em 1976, quando Bearzot começava a pegar o jeito com a seleção, a Fiat vendeu 10% de suas ações ao banco central líbio do coronel Kadafi em troca de 415 milhões de dólares. "Nós não precisamos desse dinheiro", justificou-se Gianni Agnelli diante da mesa oval de um salão do oitavo andar da Corso Marconi, no quartel-general da empresa de Turim, "mas é uma boa regra a de encontrar capital quando ele não é necessário". Não era verdade. A Fiat precisava desesperadamente de oxigenação. E seu presidente sabia. Talvez Claudio Gentile também. E, por respeito ao *Avvocato*,[4] manteve-se o apelido. Apesar de tudo.

Seus companheiros preferem chamá-lo de Gento, como o ponta do Real Madrid. Para Brera, é Saladino.[5] Também por conta do bigode. Ele o deixou crescer antes da Copa, em razão de uma aposta. No fim do último treino em Alassio, desafiou quatro jornalistas: Luca Argenteri (*Corriere dello Sport*), Tony Damascelli (*Il Giornale*), Silvio Garioni (*Corriere della Sera*) e Franco Mentana (*La Gazzetta dello Sport*): "Vocês continuam escrevendo que logo voltaremos para casa, mas vão se arrepender. Apostariam que ainda vamos chegar entre os quatro primeiros?".

Diante do riso dos repórteres, Gentile lançou sua provocação: "Não acreditam? Ok, a partir de hoje vou deixar crescer o bigode. Se não terminarmos entre os quatro primeiros, vou mantê-lo por mais quatro anos, até a próxima Copa do Mundo". Não era brincadeira. Desde aquele dia, pela primeira vez na vida, Claudio Gentile, seguido por Oriali, começou a deixar o bigode crescer. A esposa Laura o viu numa reportagem da RAI: "Claudio, tire o bigode, você está parecendo um vendedor ambulante!". Ele sempre foi confiante. Em janeiro do ano anterior, durante um simpósio organizado pela Adidas em Nuremberg, perguntaram-lhe o nome dos dois finalistas de Madri. "Tenho certeza de que serão Itália e Alemanha." Risos e descrença. Mais uma vez, ele olhou para a frente e tranquilizou a esposa: "Vou tirá-lo assim que chegarmos às semifinais". Este pode ser o último dia do bigode.

10. **A escolha certa**

"Eu quero três!" Os gritos de Zoff são direcionados a seu meio de campo. A falta é a favor do Brasil. Conti, Tardelli e Oriali se apresentam ante o chamado do goleiro. Na área, Collovati se joga no chão sob o olhar de Klein. O jogo está parado. Bearzot manda a campo o professor Vecchiet. O zagueiro *azzurro* se arrasta em lágrimas para fora do campo, atrás do gol

4 Advogado, em italiano. Era o apelido de Gianni Agnelli, presidente da Fiat e da Juventus.

5 Salah al-Din Yusuf al-Ayyubi, mais conhecido como Saladin ou Saladino, foi um chefe militar de origem curda e sultão do Egito e da Síria, responsável por retomar o poder de Jerusalém dos Cruzados em 1187 d.C. após mais de um século de presença ocidental.

de Zoff. O jogo recomeça. A Itália com dez. Éder vai para a bola. Disparos seus resultaram nos gols mais espetaculares do Brasil. Aqui na Espanha, ele é uma das grandes revelações: fez o gol da vitória contra a URSS, deixando um goleiro como Rinat Dasaev sem ação com uma de suas típicas bombas de fora da área em que a bola cai de repente, a poucos metros do gol. Seu gol contra a Escócia já faz parte da história das Copas: todo o estádio Benito Villamarín se levantou como se estivesse presenciando o encerramento de uma ópera. Sua arma é o domínio técnico. Bate com a parte inferior externa do pé esquerdo. Seu chute sai tão rápido quanto uma flecha. São 164 quilômetros por hora. A bola espirra, flutua no ar e se catapulta para baixo. Dessa vez, porém, ricocheteia na canela de Cabrini. Logo em seguida, Cerezo a manda de volta para a área, Sócrates cabeceia firme para o gol, mas Zoff se agacha e agarra sobre a linha. Alguns segundos depois, Collovati desiste. Tornozelo esquerdo torcido. Depois de apenas meia hora, lá se vai o plano de Bearzot. O treinador se lembra das palavras de Hesíodo: "A escolha certa a cada momento é o fator mais importante". Ele se vira para o banco e se dirige ao último que pensava em ser chamado: "Rapaz, é a sua vez, aquece". O jovem nem deveria estar aqui. Só *34* dias antes era para ter chegado a Barletta para o serviço militar. A Espanha parecia um sonho. Mas ele, então, conseguiu desenrolar o novelo. E agora Giuseppe Bergomi está prestes a pisar na grama verde de uma Copa do Mundo. São *34* minutos de jogo.

11. **O Tio**

No ano anterior, para parecer mais velho Bergomi deixou crescer o bigode, como o irmão. Para todos, é o "Tio". O meio-campista Marini é o responsável pelo epíteto. Em sua primeira aparição na equipe, depois de olhá-lo, ele disse: "E você tem 17 anos? Mas parece o meu tio!". Giuseppe Bergomi, porém, nunca foi menino. Não podia ser. Aos 16, partiu para Leipzig com a seleção de juniores, enquanto seu pai, Giovanni, entrava na faca.

Assim que chegou, ligou para casa: "Mãe, como foi a operação?".

"Bem, não se preocupe."

Depois de algumas horas, porém, o telefone tocou em seu quarto: "Vá para casa imediatamente, Beppe. Papai não resistiu!".

Ele sofreu muito, mas reagiu como um homem. Nesse ponto, o futebol tinha que se tornar seu futuro, rapidamente. E Bearzot, que também havia perdido o pai enquanto a bola o afastava de casa, presenteou-lhe com a estreia dois anos mais tarde no âmbito de uma pequena compensação existencial: o jogo de Leipzig que o destino o havia feito perder. Vestiu a camisa azul da seleção somente essa vez, num amistoso contra a Alemanha Oriental, jogando os 29 minutos finais, mas agora a música que toca é outra.

Com 18 anos e 195 dias de vida, o mais jovem *azzurro* numa Copa em todos os tempos estreia no jogo mais importante, contra o time mais forte do mundo. Em seu rosto, não transparece emoção nem mesmo quando recebe um afago de Cabrini: "Coragem, Beppe!". Posição assumida, Gentile lhe diz: "Vai, Tio, é a hora certa". Ele não responde, mas basta seu olhar para tranquilizar os companheiros.

Nas tribunas, os jornalistas resmungam: "Bearzot arrisca muito. Esse rapazinho tem uma tarefa grande demais para sua idade". Mas o técnico não teve dúvidas: "Você cuida do Serginho". Sabia que o jovem poderia lidar com situações ainda piores. Bergomi cola na torre brasileira. Poucos minutos depois, o primeiro teste. A manobra é brasileira. Júnior aciona Serginho. Bergomi desliza entre o homem e a bola. E o perigo é afastado. É seu primeiro ato.

12. Os últimos incêndios

Escorrem os últimos grãos de areia, o tempo se vai. Zico, inspirado por Sócrates, dirige-se à área *azzurra*. Gentile o agarra pelo braço. Eles cruzam colados um corredor estreito entre Antognoni e Scirea. Zoff sai do gol. Zico olha para ele. De repente, um ruído agudo interrompe sua respiração. O brasileiro descarrega com a perna direita, desliza e acaba no chão. Zoff rebate. A bola quica na área. Klein apita. Zico olha para o lado. Encontra a mordida de um tubarão. O Galinho confia no pênalti. Os *azzurri*, em Klein. O árbitro, no bandeirinha. Tam Sun-Chan, em seus próprios olhos. Que lhe dizem para levantar a bandeira. Impedimento. Zico mostra o rasgo na camisa. Klein é prático: "Se quiser, pode trocá-la". O entrevero foi com o jogo parado, o fato não existe. *Dura lex sed lex*. E Zico continua no jogo com as costas descobertas.

Se é amarelo o tecido que envolve o peito do brasileiro, é porque as cores do uniforme nacional não ficaram imunes ao *Maracanazo*. A derrota na Copa do Mundo de 1950, em que a seleção jogou com camisa branca de colarinho azul, levou o jornal *Correio da Manhã* a realizar um concurso para a escolha de um uniforme que pudesse apagar aquela brancura ofuscante e que havia sido profanada, cobrindo-a com as cores da bandeira nacional: azul, amarelo, verde e branco. Mais de 300 *designers* gráficos profissionais participaram do concurso, incluindo também João Ney Damasceno, autor do pôster da Copa do Mundo de 1950. De brincadeira, quem também enviou seu esboço foi um ilustrador de 19 anos de Jaguarão, na fronteira com o Uruguai: Aldyr Garcia Schlee. Nele, desenhou a camisa amarela, cor que para ele representava o exótico por excelência, com mangas e gola verdes, calções azuis com faixas brancas, meias brancas com punhos verde-amarelos. Não tinha à mão a cor azul do mesmo tom da bandeira, então escolheu a que havia disponível, um cobalto. A Associação Brasileira de Belas Artes considerou o esboço de Schlee o mais harmonioso e o escolheu. A camisa verde proposta por Damasceno terminou logo atrás da dele. A de Schlee, que estreou em 14 de março de 1954, no Maracanã, contra o Chile, tornou-se o uniforme esportivo mais conhecido do mundo graças à cor tão evocativa. Abaixo da camisa, o azul-cobalto de Schlee é reproduzido fielmente, exatamente o que ele tinha em suas mãos no dia da concepção. Ele, que criou a nova identidade visual brasileira, torce pelo Uruguai, o país que deu origem à necessidade de uma nova camisa. Na tarde da fatídica final, Schlee cruzou a ponte Mauá Internacional para ir ao Cine Rio Branco, em território uruguaio. No meio do filme, as luzes se acenderam, e uma voz declarou solenemente: "Atenção, temos a honra de informar que o Uruguai é o novo campeão mundial!". Naquele momento, a euforia tomou conta do salão, e o público se levantou para entoar o hino nacional.

A Itália também começou usando o branco, mas logo o abandonou. Aconteceu durante o Dia de Reis de 1911, quando a seleção italiana enfrentou a Hungria, em Milão. As razões para o azul são muitas e turvas. O mar e o céu da Itália, a cor dos Savoia, o manto da Virgem Maria (de quem a casa era devota). Além do mais, naquele dia tinha nevado. E a névoa teria causado confusão com as cores claras. Então, talvez tenha sido também fruto do ocaso. Ou uma escolha precipitada. Mas foi o azul. E o azul permaneceu.

Graziani de um lado, Éder do outro: são os últimos focos de incêndio no jogo. Na confusão logo depois de uma cobrança de escanteio, Oriali limpa a área italiana e Klein apita o fim do primeiro tempo. Foram 13 minutos de posse de bola para cada lado, o mesmo número de finalizações. Os brasileiros voltados ao ataque, a Itália sem renunciar a ele. E 2 a 1 para os *azzurri*. Ninguém teria apostado nisso. Nem mesmo Klein. Quando soube que os *azzurri* seriam os adversários do Brasil, ele não ficou animado: "Os brasileiros vão vencer facilmente", disse aos bandeirinhas antes de entrar em campo. "Ninguém vai se lembrar deste jogo daqui a três meses."

Anatomia do Sarriá

Intervalo

Na verdade, digo a você que na terça-feira
faremos as malas e voltaremos para casa
razoavelmente satisfeitos.

GIANNI BRERA
La Repubblica

1. Na tribuna

A tribuna de imprensa é um dilúvio de murmúrios e debates. Violentos e acalorados. O Brasil credenciou 610 postos. São 164 jornalistas da imprensa, 220 comentaristas de TV e rádio (públicos e privados), 40 fotógrafos, 44 assistentes, 104 técnicos, 7 administradores, 15 dirigentes executivos e 16 cinegrafistas. O exército italiano tem 160 jornalistas, 32 fotógrafos, 40 repórteres da RAI, 32 técnicos, 16 administradores, 8 dirigentes executivos e 16 cinegrafistas. Os soldados italianos que participaram da Copa do Mundo da Espanha são 304, metade das tropas desembarcadas do Brasil. Ao todo, a tribuna de imprensa e a lateral do campo contam com 1.600 profissionais, quase 4 jornalistas para cada 100 espectadores.

No último quarto de hora do primeiro tempo, Soldati deixou a arquibancada para tomar um drinque. Naquele momento, ponderou se deveria sair do estádio. Não sentia vontade de sofrer novamente. Mas, então, lembrou-se do compromisso que assumiu e agora volta a se acomodar em um dos "bancos dos jornalistas". Giuseppe Calzuola também se afasta da beira do campo para se aproximar de colegas sentados na tribuna de imprensa. De lá, Sconcerti o viu correr ao longo do campo demonstrando cansaço. Calzuola está sem fôlego, mas respira a felicidade do artesão que está no maior evento do mundo. Já pensa em como vai se movimentar depois do apito final. O problema é como fazer os rolos chegarem à Itália o mais breve possível. No fim do jogo, junto a outros colegas, terá de se deslocar ao aeroporto — "Sempre se encontra alguém voltando para casa" — para entregar seu trabalho em mãos confiáveis. A organização da Copa oferece embalagens prontas. Os fotógrafos precisam escrever o nome do destinatário, preenchê-las com os rolos de filmes e confiá-las aos funcionários para embarcá-las.

Gianni Brera observa o manto verde do Sarriá. Nele, ainda vê os jogadores. Os italianos descidos de Marte lhe remetem aos uruguaios de 1950. Ele relê suas anotações: "Sócrates trota sereno como se deslocado por um pontapé na bunda", "Falcão vai muito mal nas recuperações defensivas", "Serginho pisca acelerado ao ver Collovati ir embora com lágrimas nos olhos". Reflete em voz alta com Sconcerti: "Entre os *azzurri*, três homens de destaque não jogam nas melhores condições. Portanto, é impensável que os brasileiros se deixem tourear como aconteceu nos primeiros 45 minutos". Em seguida, começa a escrever rapidamente. Assim como a Itália de Bearzot, também seus dedos grossos, ao bater nas teclas mecânicas da Olivetti Lettera 32, encontram uma inesperada agilidade. Esquadrinham em versos evocativos as danças do futebol bailado, imprimindo suas iluminações em folhas super-resistentes presas no rolo — que evitam que o papel seja rasgado pelo violento impacto dos caracteres de metal. Depois de datilografar, pega sua Montblanc e segue para a correção. Quando olha para seus conterrâneos nas tribunas, vê apenas rostos sombrios. Decepcionados com o resultado, Melidoni e Grandini ainda mantêm a caneta envenenada. Se o jogo continuasse como está, seria um sonho para a Itália, um problema para eles. Para Alberto Cerruti, em sua primeira Copa como correspondente da *Gazzetta*, trata-se de um caso de família. Sua irmã está prestes a se casar. Meses antes, perguntou a ele qual data escolher: "Agende para fim de junho. A Itália não conseguirá ir tão longe". Ela marca o casório para 10 de julho. "Nessa data também já estarei de volta." E, no entanto, Cerruti ainda está na Espanha. Sabe que, se a Itália ganhar, não verá sua irmã se casar. Ainda é uma hipótese distante. Na qual, no entanto, acreditam cegamente Cucci, seu vice Adalberto Bortolotti, do *Guerino*, e Baretti, diretor do *Tuttosport*, os dois únicos periódicos que apoiam Bearzot.

Pier Cesare Baretti, conhecido como Pierce, conheceu Bearzot no pátio do Estádio Filadelfia. Era um jovem estudante, de boa família, apaixonado pelo jornalismo esportivo. Quando chegou ao estádio com uma moto vermelha, o Velho olhou para ele com desconfiança, mas logo percebeu que o menino queria muito entender em profundidade como funcionava um time de futebol, um vestiário, as táticas. Sempre justo, profissional e leal, começou a trabalhar graças a Antonio Ghirelli e, com o tempo, tornou-se diretor do *Tuttosport*, um dos poucos jornais que agora está se mantendo à parte do massacre. Desde fevereiro, tomou partido a favor das escolhas de Bearzot. Quando toda a imprensa esportiva começou a se insurgir para ver Beccalossi e Pruzzo no elenco, Pierce foi um dos poucos a procurar entender o raciocínio do técnico. Tinha compreendido bem que alguém como Beccalossi, um talento indiscutível, mas atípico, não poderia ser incluído nos planos do *mister*. Já podia ver as características precisas da equipe: a única possibilidade teria sido incluí-lo como *tornante* (o ponta que recompõe), mas o papel já estava garantido a Conti ou ao antigo titular, Causio. Alternativamente, poderia ser o meio-campista finalizador, função, porém, que já se reservava a Antognoni.

Há também quem tenha acabado acidentalmente na área brasileira da tribuna de imprensa. É o caso de Roberto Renga. A da Espanha é sua primeira Copa do Mundo. Tem 36 anos, mas já cobriu para o *Paese Sera* a Eurocopa italiana de 1980. Com ele, estão os mais experientes Mimmo De Grandis, chefe de serviço, e Gianni Ranieri. Cabe a ele trotar, "olhar para o campo". Antes do jogo contra a Argentina, apostou com a tríade do *Messaggero*, Melidoni-Cascioli-Rossi, e os dois colegas do *Paese Sera* que a Itália venceria com um gol de Tardelli. "O quê? Está louco?", riram os outros dele. Antes do jogo com o Brasil, parou Falcão e perguntou quais cuidados o time tomaria. "Nenhum. Jogamos apenas de uma maneira." O intervalo o encontra mais confiante do que nunca. "Se Rossi faz gol até de fora da área, tudo pode acontecer." Ele fica impressionado com os gritos: os *azzurri* em campo berram como índios pele-vermelha possuídos, incluindo Zoff. Da arquibancada, pode ouvi-los com clareza. Eles atacam uns aos outros para assustar os adversários.

O diretor da *Placar*, Juca Kfouri, também notou isso. Levantando-se, encontra os olhos de seus colegas e retorce a boca. Poucos dias antes, no momento de maior euforia, parou para pensar: ao Brasil, na Copa do Mundo anterior, só faltou coragem. O time não mostrou seu jogo nem impôs seu estilo. E, ainda assim, saiu invicto e quase ganhou. Telê trouxe de volta a magia que o Brasil havia esquecido. E Kfouri escreveu sem medo: "Podemos não ganhar a Copa do Mundo, mas o mais importante foi reconquistado". A beleza, a sutileza, a magia com que os brasileiros fizeram do futebol uma arte misteriosa para a maior parte do mundo. "Nosso feitiço está de volta, definitivamente restaurado, para homenagear aqueles que, antes de tudo, amam um campo verde, cheio de gente em volta, um baile e 22 artistas que tentam vencer, em busca desse momento supremo chamado gol." Uma beleza a ser preservada a qualquer custo: "Pensem, amigos, enquanto esperamos o título que deve chegar. Não é melhor perder assim do que uma vitória traiçoeira?". Perto dele, Helena viu Zico escapar, diante de seus olhos, da perseguição ferrenha de Gentile com habilidade incrível, e Sócrates perfurar a rede de Zoff avançando pela direita, como Telê pretendia. Os que atuam pelas pontas não o convenceram; acha que Leandro está tendo tantas dificuldades pela direita quanto Éder, mais à frente, pela esquerda. Mérito dos italianos. Firmes na marcação, eles estão tendo em Scirea o líbero impecável para tapar os buracos que o talento individual dos brasileiros pode abrir ao chegar à área. O Brasil agora tem que superar a barreira do nervosismo e quebrar a muralha italiana. Helena aproveita o intervalo para se movimentar. Encontra um lugar mais desconfortável, porém mais próximo do campo. Está a poucos passos de Robério Vieira, o Gata Mansa, assessor de imprensa da seleção. Entre eles, um espanhol que, compreendendo seu pessimismo, o encoraja: "O Brasil não pode perder, amigo. Porque, se acontecer, todos aqueles que amam futebol terão que chorar". Helena olha para ele, sorri gentilmente e pensa: "Que Deus o escute, meu amigo, porque aqui dentro ainda acho que a injustiça já foi cometida".

Enquanto isso, em Roma, Paolo Samarelli, de 33 anos, está fechado em sua casa na Via Nizza. Está calor; as janelas estão abertas; do lado de fora, não voa uma mosca. O televisor Mivar está ligado. Durante o primeiro tempo, ele fez anotações rápidas, desenhando com a caneta esferográfica num bloco grande. Está preparando os quadros para os desenhos que completará depois do jogo, repassando-os a tinta. O *Guerin Sportivo* prometeu lhe enviar um videocassete. Algum tempo antes, foi ele que mandou ao semanário algumas de suas *moviolas*.[1] Assim que as viu, Italo Cucci correu para ligar para sua casa: "Venha a Bolonha no domingo". Apanhou-o na estação num Volkswagen Fusca preto, e juntos aceleraram rumo ao *Comunale*, o Estádio Renato Dall'Ara. Estava chovendo. Depois do jogo, direto para a redação. Foi então que Cucci fez sua proposta: "Você faz todos os gols da rodada, e eu lhe pago todos os domingos". E foi aí que Samarelli começou a se tornar Samarelli. Não era mais (somente) um *designer* gráfico ou o *designer* do caderno policial como no *Paese Sera*. Era um artista. O homem capaz de fixar o momento. Da grama para o papel.

Consegue ser muito rápido — está acostumado, tem que fazer todos os gols de domingo em três horas —, mas ao mesmo tempo é bastante preciso. Seus desenhos são o que mais se aproxima da essência do futebol. Prendem a respiração, param os movimentos. Porque ele, mais do que ninguém, sabe fazer os jogadores tomarem vida. Mesmo desenhados, seus protagonistas não estão aprisionados na quietude, eles se movem em um equilíbrio maravilhosamente precário, estão sempre prestes a: cair, mover-se, correr, render-se ou chutar. E isso os faz vivos. Suas composições casaram-se com uma complexidade que é uma grande lição de harmonia. O corte de perspectiva, os cheios, os vazios, os espaços, o reenquadramento. Tudo é composto na dosagem perfeita. Além do talento, há outro motivo. Samarelli joga futebol. Os jogos e o campo lhe mostram as verdadeiras perspectivas. Ele recria dentro de si, com a vivência nas suas partidas, o gesto e a postura dos jogadores.

Sempre gostou de desenhar movimentos, mas para ele o futebol nunca é uma tarefa fácil. Um jogador de futebol ou a bola estática são apenas uma categoria, mas se eles se movem, transformam-se em outra coisa. Um gol perdido não é realmente um erro, assim como um gol marcado nunca é de verdade uma façanha. Seus desenhos coletam a série de circunstâncias que se sucedem e que, somadas, levam ao que outros chamam de gesto técnico. Vive obcecado com as proporções corretas. Sabe que o gol do Sarriá visto de dentro é enorme, que a grande área em frente a Zoff tem uma vastidão que às vezes a tela da TV modifica. Para o primeiro gol de Rossi, escolheu um ponto de vista lateral para

---

1 *Moviola*, em italiano, pode significar câmera lenta ou *replay*. Neste caso, refere-se a desenhos que ilustravam lances importantes dos jogos de futebol, como a jogada que resultava em um gol.

usar o limite da área de Waldir Peres como a diagonal da sua ilustração. A largura estudada dos espaços lhe permitiu retratar os três toques cruciais: o passe de Conti, o cruzamento de Cabrini e a cabeçada de Rossi. Até o voo de Waldir Peres, detido um instante antes de ele cair no chão. Já para o segundo gol, optou por ficar atrás de Rossi a fim mostrar a curva de seu chute, o carrinho de Luizinho, a imensa área que inunda o quadro e o voo em vão do goleiro sobre a linha do horizonte.

Vai enviar os desenhos dos gols do jogo na mesma noite num malote especial, o serviço dedicado à imprensa que tem prioridade absoluta sobre a correspondência normal. Para fazer isso, terá que cruzar a cidade deserta e deixá-los na agência dos correios do pátio ferroviário de San Lorenzo. De lá, no último trem possível, chegarão por volta de nove horas da manhã na estação de Bolonha, onde um funcionário designado pelo secretariado do jornal estará pronto para recolhê-los. A partir desse ponto, a coleção de instantes congelados por Samarelli passará a estar para sempre impressa nas páginas do *Guerino* e na memória dos italianos.

O jogo está prestes a recomeçar. Nos vestiários azuis, é a hora das mais novas recomendações. Bearzot fala com a equipe. Sem gritar. A calma é sua força, um legado de sua educação, de sua estirpe, de sua tradição. Acusaram-no de ter isolado a seleção. Mas a equipe precisava ser protegida. Defendida de todos os interesses que pudessem infiltrá-la vindos do mundo exterior. Ele e os *azzurri* criaram realmente uma ilha e, assim, sobreviveram. Um tempo de jogo os separa da glória. Bearzot sabe que a perspectiva é infinita: "Vai demorar, mas fiquem tranquilos. Vocês vão conseguir. Agora eles vão nos atacar, mas seremos mais rápidos". É hora de sair, de mostrar ao mundo quem eles realmente são.

2. O plano B

O incansável Horst segue de perto o caminho da Itália. Assistiu à vitória sensacional dos *azzurri* contra a Argentina e está aguardando para ver quem vai prevalecer entre os times de Bearzot e Telê. Há muito mais em jogo do que uma partida de futebol. A Itália, assim como a Argentina, usa uniformes seus, mas o Brasil movimenta mais dinheiro.

O dos patrocinadores. Se a equipe de Telê perder, as indústrias brasileiras sairão de cena. Depois da segunda fase, faltarão duas etapas de jogos: as semifinais e a final. As empresas brasileiras, seguras da presença de seus campeões, optaram pelos espaços mais valorizados. Como fazem no Sarriá as Casas Pernambucanas, o jeans Staroup, o analgésico Doril, o multivitamínico Vitasay, os cigarros River 90 e as bicicletas Caloi. Mas, se avança a Itália, que também está representada no estádio (eletrodomésticos Zanussi, peles Annabella, pijamas Irge, roupas Ellesse e, sobretudo, à vista de todos, os veículos Iveco), elas bateriam em retirada precipitadamente, possibilidade concreta de que — desconsiderando-se os inoxidáveis JVC, Seiko, Canon, Gillette, Winston, Coca-Cola, Sport Billy, Fuji Film e Metaxa — sejam criados espaços vazios de publicidade. É preciso pensar num plano B.

No intervalo, Horst liga para Gabriele Brustenghi, advogado de Leonardo Servadio, patrono da empresa esportiva perugina Ellesse, seu concorrente direto (que, no entanto, abrange setores não saturados pela marca alemã, como os de tênis, esqui e surfe). No ano que passou, seu faturamento cresceu de 75 para 107 bilhões de liras. Servadio tem negócios pendentes com Horst e com a Federcalcio, relacionados a mais de uma questão. A mais relevante é a relativa aos uniformes da seleção italiana. À Argentina, os jogadores viajaram com a marca Ellesse, aparecendo na televisão e em todas as fotos com o patrocínio, e em troca a empresa concedeu 10 milhões como premiação ao fim da Copa do Mundo. Os agasalhos usados pelos *azzurri* geraram 1 milhão de peças produzidas e vendidas. Um sucesso retumbante para a Ellesse. Inevitável tentar o bis na Espanha. Em ambas as Copas do Mundo, abriu-se uma concorrência para vestir a seleção nacional. A casa perugina se apresentou sozinha e venceu em 1978 com uma oferta de 4 bilhões de liras por quatro anos. Voltou a enviar peças de roupas de lazer à Federcalcio por acreditar ser a única a participar da nova concorrência. Mas a federação chegou a um acordo em 28 de outubro de 1981 com a empresa francesa Le Coq Sportif — uma parceria controversa que foi aceita pelos *azzurri* apenas em 20 de maio —, e alguns dias depois forneceu aos jogadores as roupas da Ellesse com a marca descosturada.

A Ellesse enviou um telex a Sordillo no qual se queixava da atitude da federação, que excluía uma empresa italiana para favorecer uma estrangeira: "Não gostaríamos que na inexplicável decisão da FIGC tenham pesado motivos outros que os que regulam a concorrência estabelecida". No dia 9 de junho, representando a Ellesse, voou para Vigo o advogado Gabriele Brustenghi, homem que conhece de cor os mecanismos do novo futebol. Na verdade, foi ele quem, nessa ordem, levou um time de província como o Perugia a um passo do *Scudetto*, fez Paolo Rossi chegar ao clube no ano seguinte e, para isso, inventou o patrocínio nas camisas. Brustenghi foi cooptado pela empresa em 1975. Cuidava da papelada da Ellesse, mas Servadio gostava dele e pediu conselhos ligados à "comunicação". Uma palavra que valeu por pelo menos outras quatro: marketing, publicidade, promoção e relações externas. Brustenghi, que jogava tênis, conseguiu imediatamente se aproximar de Corrado Barazzutti. Foi um golaço, porque a Itália, em 1976, venceu a Copa Davis, e um *azzurro* se tornou o primeiro tenista internacional a entrar em quadra com uma faixa (com a marca Ellesse, é claro) na testa. Brustenghi é fechado, mas determinado. Poucas palavras, mas ótimas ideias. Acima de tudo: "A empresa deve produzir uma imagem". Um ano depois da Copa, contando com a sobrinha de Servadio, Titti D'Attoma, e com Susanna Masci, o advogado criou, sem avisar Servadio, a Ad-Link, empresa para administrar de forma independente as operações publicitárias da Ellesse. Sua função é ambígua, é o elo publicitário entre a empresa e os eventos esportivos, braço executivo da Ellesse. Diante de suas queixas, Sordillo primeiro deu de ombros ("Sinto muito, não sei nada sobre isso"), depois tentou consertar as coisas equivocadamente ("A concorrência aconteceu, mas não deve ser considerada finalizada"), e finalmente jogou a responsabilidade sobre os outros ("O caso foi mal gerido por algum executivo da federação"). Brustenghi tentou ver os jogadores, mas De Gaudio o impediu. Poucos dias depois, o advogado da Ellesse fez declarações inflamadas: "Agora entendo tudo: está claro que na época foi fechado um acordo num segundo momento, certamente irregular, com a empresa Le Coq Sportif". Ninguém quis dar respostas. Ou ele não conseguiu. O caso, depois, foi varrido para debaixo do tapete.

Em todo caso, Servadio não se limitou a receber promessas por parte da seleção, mas também garantiu o acesso à publicidade nos estádios, e muito mais. A Ellesse chega a um acordo com a SMPI, em agosto de 1981, e garante, por 400 mil dólares, o fornecimento exclusivo de roupas para todo o pessoal envolvido na Copa. Os que giram em torno das equipes e todo o pessoal de serviço, incluindo as centenas de gandulas. Também obtém o direito de estar presente nas placas publicitárias dos estádios, mesmo que não aparecendo no primeiro plano das posições de televisão. Esses, os destaques, ficaram com quem moveu mais recursos e com bastante antecedência: os principais patrocinadores, empresas do porte de Fuji, Gillette, Coca-Cola e Canon. Afinal, já que Servadio acaba de inaugurar em terras ibéricas uma fábrica da Ellesse, marca estampada no canto mais oculto do campo, pouco exibida pelas transmissões de televisão (entre o gol e a bandeirinha de escanteio, onde a marca Irge também está representada), não há problema em ser notada somente pelo público espanhol.

A desagradável surpresa recebida da Federcalcio fez a missão espanhola começar em desvantagem, é verdade, mas também levou os embaixadores da Ellesse a multiplicarem seus esforços. Quase improvisando, os rapazes do time de Brustenghi conseguiram montar estandes fora dos estádios, para fornecer casacos a jornalistas italianos e estrangeiros. Em frente aos boxes, criaram-se filas intermináveis e até os correspondentes mais conhecidos apareceram várias vezes com 1.000 desculpas ("Perdi", "Roubaram o meu", "É para o meu colega") a fim de receber outro item grátis. Para a Ellesse, o momento é de sorte, pois está em todos os jornais a sensacional descoberta da história de amor entre a princesa Caroline de Mônaco e o tenista Guillermo Vilas, ambos próximos da marca de roupas (Vilas é garoto-propaganda, enquanto a princesa tinha até aparecido, em 1978, na capa da revista *Paris Match* com um chapéu Ellesse). Nessa Copa do Mundo, porém, Dassler, com a Ellesse, criou, desfez e reformulou pactos que pareciam consagrados. Até mesmo os relacionados às placas publicitárias.

No dia da abertura do Mundial, foi colocada no centro do campo uma bandeira da Robe di Kappa. Uma violação contratual devido à exclusividade acordada. Brustenghi ficou indignado. Servadio estava chegando a Barcelona. Falou com os envolvidos. Nada mais havia a fazer: o estádio estava totalmente nas mãos do exército mobilizado para a chegada do rei. Brustenghi retorna ao hotel furioso. Surge diante dele um homem de 50 anos com ar aparentemente insignificante. Sob o braço esquerdo, ele segura um rolo de papel. O homem estende a mão: "Sou Horst Dassler". Brustenghi está diante do homem mais poderoso do mundo dos negócios esportivos. Mas também o culpado por uma falta grave. Portanto, olha para ele com desdém. "Ouvi dizer que meus homens fizeram algo errado. Estou aqui para consertar." Abre sobre a mesa o rolo de papel. É o mapa das posições publicitárias do estádio. "Neste ponto, é impossível remover os *banners* da Robe di Kappa, mas ainda tenho tempo de colocar seus cartazes atrás dos gols. Fica satisfeito?" Brustenghi está tenso e agitado. Acena com a cabeça, mas reitera: "A afronta que sofremos permanece". Horst, irritado, faz uma bola de papel com a planta e a joga na lixeira. O advogado, sabendo que puxou demais a corda, tenta falar, mas Dassler já desapareceu de sua vista sem dizer uma palavra. Brustenghi fica sentado no corredor por três horas e desiste de assistir ao jogo. Até que recebe um telefonema da recepção. É Enzo Gentili, o faz-tudo da Ellesse: "Gabriele, não dá para entender; os painéis da Robe di Kappa desapareceram e os nossos estavam atrás dos gols!". Dassler fez o gesto de reparação. Tinha sido justo. Com a notícia, lágrimas de gratidão escorrem pelo rosto de Brustenghi.

Agora Horst, dada a tendência a favor da Itália, percebe o desejo de Servadio de ganhar visibilidade adicional. Por isso, pensa em lhe oferecer a possibilidade de destacar sua marca em volta do campo, enfatizando-a com zooms da televisão. "Se a Itália for para a final, quanto dinheiro você pode gastar para ter os *closes*?" Brustenghi responde: "Tenho 300 mil dólares". Dassler pede tempo para conhecer o resultado do jogo: "Deixe-me pensar sobre o assunto".

Anatomia do Sarriá

Segundo tempo

Eu olhava para a multidão e para
os companheiros e por dentro sentia um
fundo de amargura. Tenho de parar
o tempo agora, agora, dizia a mim mesmo.
Nunca mais viveria um momento igual.
Nunca mais em toda
a minha vida. E eu o sentia escapando.
E então: já tinha acabado...

PAOLO ROSSI

1. O segundo ato

O segundo tempo começa sem mudanças. Bearzot e Telê ainda confiam na força de seus rapazes. As equipes são essas e não mudam, aconteça o que acontecer. A cortina se abre. Klein apita, Rossi rola para Antognoni. Começa o segundo ato de Brasil × Itália.

A seleção brasileira imediatamente parece mais encrespada. A inquietação envolve também a defesa da equipe. Luizinho tenta fugir de casa mais vezes, abandona sua área e vai tentar a sorte 30 metros à frente. O pote de ouro se chama "empate", e ele também quer participar das manobras de ataque. Mas a marcação homem a homem escrita por Bearzot e dirigida por Zoff logo volta a operar, inibindo implacavelmente as iniciativas de ataque brasileiras. O desejo de ter a posse da bola ainda incendeia a alma de Luizinho. A bola é dele de novo e, se ele a toca, é só para recebê-la de novo mais adiante. Escolhe Éder, de quem roubou o papel e a posição, e o usa para tabelar. Pede o um-dois, mas Cabrini estraga seus planos, varrendo de uma vez a bola e as ambições do rival. Depois de alguns poucos toques de ambos os lados, Falcão o imita. É sua vez agora de desenhar um triângulo, o que faz com Júnior. Quando a bola é devolvida, a atenção dos *azzurri* está em outro lugar. Gentile e Bergomi seguem os seus — Zico e Serginho — na área. A ação é de manual de futebol: simples, porém eficaz. Igual à que levou ao gol de Sócrates, e também é idêntica a tentativa de interceptação de Scirea, só que Júnior desempenha o papel de Zico e Falcão interpreta o do Doutor. Mas Zoff não quer ver o mesmo filme duas vezes e mergulha rapidamente para a direita.

Há um ritmo ruim no samba desse Brasil. Foi a campo para buscar o empate em qualquer lance. Não há tempo para recuperar o fôlego, apenas para grandes investidas. Como a que parte de Júnior, praticamente deslocado para o meio de campo, e chega a Serginho. Bergomi faz uma falta lateral. Com a cobrança, o Brasil recomeça de onde havia sido interrompido. Feitiços são como sonhos, têm que se tornar realidade para fazer sentido. A bola volta para Júnior, que procura novamente Serginho. Mas não há nada a ser feito: a jogada não evolui. Bergomi ainda está lá. E antecipa o brasileiro, indo à frente com passos firmes e bigode de homem feito.

A música muda, o fraseado sul-americano se torna mais elementar, despindo-se de sua elegância. Um lançamento de Júnior sai fraco pela linha de fundo, e as más intenções de Éder são ceifadas perto da entrada da área, pelos pés de Oriali: daqui você não passa. O volante *azzurro* levanta a cabeça, vê vários brasileiros à sua volta e pastos abandonados no horizonte. Bearzot levanta a baqueta; inicia-se o contra-ataque. Conti atravessa as pradarias sem limites do Sarriá deixando um rastro diagonal no chão. Ao longo da estrada, veem-se símbolos épicos que cantam os feitos de Iveco, Gillette, Canon, Coca-Cola, Fuji Film, Seiko e Sports Billy. Ele se aproxima da defesa brasileira; dessa vez, é um italiano que quer triangular. E o faz com Antognoni, que olha para a frente e vence dois defensores com um passe por cima — seu companheiro recebe a esfera dentro do retângulo da grande área.

Quem entra em cena, então, é o goleiro. Conti o vê fora da baliza e usa o lado externo do pé esquerdo tentando encontrar a melhor solução. Waldir Peres só observa a bola, que rola mansamente para fora, passando pelo seu lado, e com sinceridade agradece.

2. **A última lembrança**

Bastam oito toques brasileiros para levar Sócrates ao reino defendido por Zoff, e a Itália precisa de muito menos para fazer a viagem contrária; com apenas três, encontra-se na margem oposta. Cabrini bloqueia o Doutor perto da linha de fundo e lança na direção do meio de campo para Antognoni, que oferece a Rossi a oportunidade até a terra prometida. Pablito desce da nave e entra na área. A orla fica a poucos metros de distância; vê as ondas em sentido contrário e, à sua frente, Luizinho. Ele o desequilibra para a esquerda para escapar pela direita. Ouve a respiração de Waldir Peres e começa a seguir o rastro de suas arfadas. A sombra do *azzurro* aponta diretamente para o goleiro. Ele o vê por cima do ombro de Luizinho. Está lá, em seu canto de costume, com as pernas dobradas e os braços estendidos. Sua sombra já está dentro do gol. Luizinho, por sua vez, apodera-se da de Rossi. O atacante e o zagueiro se grudam. Os mesmos gestos, os mesmos movimentos, os mesmos passos milimétricos. Até que Luizinho, com aquele mesmo ombro que Rossi está usando como mira, o atira na água. Pablito se afoga na área diante dos olhos opacos de Waldir Peres. Homem ao mar. Klein os segue e decide não parar o navio. Os *azzurri* assimilam e seguem em frente, sem confusão. O show tem que continuar.

Éder, Paulo Isidoro e Cerezo eram seus ídolos. Agora são seus companheiros. Luiz Carlos Ferreira, conhecido por todos como Luizinho, jamais teria imaginado. O futebol é sua vida. E o salvou. Para ele, nascido em Nova Lima, Minas Gerais, o destino quase certo era a mina. Ele ouvia os jogos, as notícias vinham do rádio. Havia poucas televisões. Mas tudo bem: sua família era calorosa. Seu pai lhe passou valores sólidos. E ele vivia em uma cidade acolhedora. A harmonia oferecia vidas pacatas e um dos mais baixos índices de criminalidade do Brasil. Eram as minas do Morro Velho que davam direito à vida ou à morte no local. Elas podiam oferecer trabalho aos mineiros, mas também ceifar suas existências. Quando Luizinho tinha 8 anos, um trem carregado de ouro atropelou seu avô, que perdeu a perna, e seus tios adoeceram com a silicose provocada pela poeira de sílica. Os melhores amigos de sua família morreram. Seus pais queriam salvá-lo e, quando ele tinha 15 anos, matricularam-no em um curso de mecânico. Luizinho o frequentava à noite. O dia era dedicado à bola. Desde os 12 anos, jogava pelos amadores de Vila Nova, participando dos campeonatos amadores da cidade, no Morro Velho, o bairro de seus pais. Baiano, o roupeiro do Vila Nova, um dia o levou para jogar na base como centroavante. Durante uma partida, o lateral se machucou e dois companheiros foram expulsos. O treinador Nelsinho, que jogou no Cruzeiro, Vila e Bangu, olhou para o banco: "Quem quer jogar de zagueiro?". Ninguém disse nada. Luizinho aproveitou o momento e ergueu a mão: "Eu fico atrás". E lá ele ficou. Em 1977, veio o salto. Foi um ano mágico: conheceu a mulher de sua vida, profissionalizou-se e disputou o Brasileirão. Um ano depois, Procópio Cardoso o levou para o Atlético-MG. Lá atuavam jogadores já consagrados como Cerezo, Paulo Isidoro, João Leite e Reinaldo. O time havia perdido o Campeonato Brasileiro, mas invicto. Ele não tinha carro, ganhava pouco. Embarcava no ônibus em Nova Lima às cinco da manhã, chegava a Belo Horizonte, descia pela Guarani, pegava outro ônibus e finalmente chegava à Vila Olímpica do Atlético. Às seis da tarde, quando não conseguia tomar o ônibus, pedia aos jogadores mais velhos uma carona até o centro. Depois pegava o ônibus para Nova Lima e às nove da noite chegava em casa, onde seu prato estava pronto, esperando-o ao lado do fogão a lenha. Hora de comer e dormir, antes que o alarme tocasse às cinco da manhã. Tudo isso todos os dias. Por dois anos. Assim que ganhou algum dinheiro, pensou em um carro. Procópio interveio: "Você não compra um carro antes de conseguir uma casa para a sua mãe".

Luizinho não se opôs: "É o que eu também quero, mas você precisa encontrar um lugar para eu dormir aqui em Belo Horizonte". Assim, viveu algum tempo no Hotel Bragança. Mais tarde conseguiu comprar um Chevetinho, a vida melhorou, e pôde se casar com Márcia, nascida a poucos passos de sua casa. O momento dourado se prolongou. Em 1980, ele conquistou a Bola de Prata como o melhor zagueiro brasileiro. Esperava ser convocado para a seleção de juniores. Mas Telê o notou e o chamou para a principal. Quando leu seu nome na lista, não conseguia acreditar. Ele, muito jovem, ao lado de Zico, Júnior e Sócrates. "Meu Deus, e agora?" Muitos torcedores nunca o tinham visto jogar: "Quem é esse Luizinho?". Nos dois anos seguintes, mostrou serviço. Está jogando sua primeira Copa do Mundo aos 24 anos. Infelizmente, seu pai não teve tempo de vê-lo em campo. Mas o filho leva algo dele também ao gramado do Sarriá. Seus valores permaneceram com Luizinho e o ajudaram muito. Mesmo que tenham que combater o lado obscuro de seu jogo: faltas com as mãos e as pernas fazem parte de seu repertório. Antes de levar Rossi ao chão, já havia sido absolvido dentro da área duas vezes nessa Copa do Mundo. No jogo contra a URSS, primeiro agarrou-se a

Shengelia, e depois bateu na bola com a mão. Em ambos os casos, o árbitro fingiu não ver. Em Pelé, deixou uma memória indelével. Estavam um diante do outro num dos jogos de despedida do Rei. Luizinho deu um carrinho para tirar a bola dele, acertando sua perna. Quatro pontos de sutura. A última lembrança do futebol jogado em campo.

3. **Sem trégua**

No oitavo minuto, a bola chega plácida a um Serginho contido por Bergomi. Klein vê falta. O *azzurro* estende a mão e levanta o colosso. Os dois trocam um afago. Sorriem. Seus respectivos humores não estão tão distantes. Provavelmente têm a impressão, certa ou errada, de se sentirem um passo fora de seus respectivos domínios. Serginho, cercado de semideuses, dos quais, segundo muitos, não possui nem um pedaço do talento; Bergomi em sua estreia de verdade, um rapaz a quem, nos tempos de Pontevedra, Bearzot havia dito para que observasse e aprendesse. "É o que vou fazer", anunciou em Vigo, "com a esperança de que meus companheiros que entrarão a campo me mostrem como ganhar uma Copa". Os repórteres riram. Mas agora a Itália está aqui. E ele está em campo jogando com esse propósito.

O Brasil está furioso e golpeia sem trégua. A falta é para Zico: levantada de direita, barreira superada, boa direção, trajetória alta (8'). Na reposição de Zoff, Leandro fustiga o goleiro, lançando um torpedo de mais de 30 metros de distância, mas o capitão *azzurro* aparece (9'). Éder vai interromper uma conversa entre Antognoni e Oriali, recomeça o ataque rapidamente com Zico, que levanta a cabeça e vê à sua frente uma avenida livre e muito longa que leva até os limites da grande área. Cerezo recebe a bola e vê à frente apenas o gol. E Zoff, é claro. O brasileiro está prestes a furar o cerco, mas o capitão deixa sua toca como uma fera, atravessa o terreno correndo e se lança contra o rival, arrancando a bola de seus pés (10'). Arremesso na área *azzurra,* e Zoff tira da cabeça de Zico a ideia do empate (11'). Os torcedores italianos cantam sem medo: "*Forza, ragazzi*!". O Brasil insiste. Até que Oriali, cansado de ouvir apenas samba, levanta a agulha, intercepta uma bola que ia até Júnior e recomeça a marcha: Conti para Cabrini para Antognoni para Rossi, que vê Graziani na área no mesmo lugar onde ele estava aos cinco minutos. Imita o cruzamento de Cabrini do 1 a 0 e espera. Luizinho tem um *déjà-vu*, e dessa vez sua testa se antecipa à do oponente (11').

É o alvorecer de um minuto louco. A investida brasileira culmina com um cruzamento de Júnior. A bola passa da esquerda por toda a área *azzurra* para encontrar Serginho. Zoff percebe, avança e a soca de volta. Ela cai nos pés de Éder e volta a Júnior, que domina com a parte inferior do abdômen enquanto com um olho avista um companheiro na área. É Cerezo, que de cabeça serve Serginho, caçado por Bergomi. A bola quica e Serginho, o menos brasileiro dos brasileiros, tenta a redenção de uma vida: de costas para o gol, levanta a perna esquerda e procura o calcanhar. Ele o encontra, mas com o corpo de carvalho do capitão Zoff. No contra-ataque, Graziani, da esquerda, engole Luizinho e Falcão com uma finta; Oscar se precipita na área, mas o pé generoso do rival já tinha atuado. O lançamento é para Rossi. Oscar sente a bola deslizar atrás de si, tenta alcançá-la com o calcanhar, mas fica no vazio. Waldir Peres vê a cópia do primeiro gol, só que dessa vez são os pés de Pablito que estão em ação. Ele bate nela no ar, de direita. O goleiro fecha o ângulo. A esfera toma outro caminho e sai. É uma graça recebida (12').

O Brasil não está preparado para o ataque *azzurro*. E a desvantagem faz o esquema de Telê vacilar. Bearzot estudou bem. Oriali à direita e Cabrini à esquerda seguem suas orientações ao pé da letra: "Se avançarem pelas laterais, a defesa deles se alargará". E, então, Rossi poderá ter campo livre. Os defensores estão, de fato, em apuros: de um lado, Leandro e Oscar sofrem com as investidas de Cabrini, Tardelli e Antognoni (mas também de Rossi e Graziani); do outro, Luizinho e Júnior, desorientados por Conti e Oriali, acabam muitas vezes mal posicionados e são pegos de surpresa. Assim, Rossi e Graziani recebem a bola sem marcação.

O goleiro *azzurro* defende um tiro livre de Éder (13'). Combinações de passes são contidas nas áreas azul (14') e amarela (15'). Em cobrança de falta de Antognoni, Graziani cabeceia de raspão para fora (16'). A partir de uma triangulação com Júnior, Cerezo, recebendo pelo alto, manda a bola do lado de fora da rede (17'). Éder se lança em direção à área, mas Oriali corta suas asas (17'). É falta. A 30 metros de distância. Os brasileiros são fenomenais nas bolas paradas, e Zoff sabe disso. Éder e Júnior posicionam-se perto da bola. A barreira italiana está se arrumando. Zoff grita como um endemoniado: "Antoniooo! Antonioooo! Fica no meio!". Júnior cobra. Do banco, afundado, o enfermeiro Alessandro Selvi, com o cachimbo preso entre os dentes, o massagista Luciano De Maria, o secretário Guido Vantaggiato, o técnico Enzo Bearzot, o colaborador técnico Cesare Maldini, o médico Leonardo Vecchiet e o massagista Giovanni Della Casa seguem a trajetória da bola petrificados. Ela bate na barreira. Os torcedores gritam: "I-tá-lia! I-tá-lia!". Paulo Isidoro aquece. Serginho vê o banco, tenta três vezes deixar sua marca, mas, primeiro Gentile com a cabeça e, depois, duas vezes Bergomi, tiram a bola de seus pensamentos. Até agora ele, Zico, Cerezo, Júnior e inclusive Leandro tentaram de todas as formas. Quem quase não tocou na bola foi Falcão.

4. O grito do Judas

A traição existe apenas na prisão de um relacionamento. Quem trai não são os inimigos, mas os custodiantes da nossa confiança. Falcão é o homem que não pode trair a Itália. Quando pôs os pés na nova casa ao lado da mãe, foi saudado por 5 mil abraços. Pensou que encontraria dirigentes e formalidades, mas foi recebido com um calor que o fez se sentir em casa. Não será ele quem despedaçará os sonhos azuis. Fará o jogo de sua vida, isso sim, mas sem fazer mal a ninguém.

Quando, sob grande expectativa, teve início a era Telê, ele estava lá. Mas, quatro meses depois, a partida para a Roma foi fatal. Passados dois anos, Telê, cumprindo o compromisso assumido (de observar também os jogadores do exterior), lembrou-se dele. E, no momento da divulgação dos convocados, o nome de Paulo Roberto Falcão apareceu ao lado do número 15. Em busca do tempo perdido, para tê-lo já na fase inicial de preparação, Telê pediu aos dirigentes da CBF que obtivessem do clube romano uma liberação antecipada. Duas semanas antes do fim do Campeonato Italiano. O presidente Giulite Coutinho, a fim de satisfazer o pedido do técnico e obter a dispensa, viu-se obrigado a fazer um seguro de 2 milhões de dólares em caso de eventual contusão.

A escolha, inesperada, despertou o ciúme de seus colegas de setor. Meio-campistas titulares como Batista, Cerezo, Zico e até Sócrates.

Todos eles tentaram marcar território. O mais preocupado em perder posição, Cerezo, foi defendido pelos companheiros. "Não creio que Falcão, depois de tanto tempo fora dos gramados brasileiros, consiga entrar no time", apressou-se em avisar Sócrates, antes da chegada do colega. O Galinho também expressou perplexidade: "Falcão chegará a uma equipe já montada há muito tempo e com certeza terá dificuldade em se adaptar, porque na Europa se joga um futebol muito diferente do nosso". Batista escolheu um caminho mais diplomático: "O que eu faço, Cerezo e Falcão não fazem. E o que eles fazem, eu não faço. Nossos estilos são completamente diferentes e serão usados conforme a necessidade". O volante, titular na Copa de 1978, ainda foi apoiado por Pelé: "Não nego o grande talento do Falcão e o fato de merecer toda a fama que tem. Mas, jogando com laterais ofensivos, Batista é o jogador ideal para exercer a função de cabeça de área, dando cobertura a Júnior e Leandro e tranquilidade a Oscar e Luizinho". Como de costume, ante tanto ruído, Telê não se escondeu: "Batista é bom na marcação, mas não tem fluência no ataque. Falcão é um jogador capaz de avançar, e Cerezo é mais completo, porque sabe como defender e atacar perfeitamente, dando à equipe mais mobilidade do que Falcão".

Falcão guardou suas opiniões para si. Não podia polemizar com os companheiros, e tinha sido o último a chegar. "Eu não acho que eles vão me sabotar. Quase todo o grupo jogou comigo, tenho certeza de que me ajudarão." Na verdade, a recepção dos colegas não foi tão calorosa. Falcão foi tratado com respeito, mas também com distanciamento. Para alguns, ainda era um intruso. Afinal, não participou dos amistosos ou dos treinos diários nos últimos dois anos. Um estrangeiro, como os brasileiros chamam quem joga no exterior. Telê o trouxe para o campo de jogo pela primeira vez em maio. Contra a Suíça e a Irlanda, já em vista da estreia contra a URSS. Falcão, em poucos dias, conseguiu se encaixar na equipe sem nenhuma crise de rejeição. Fez dois gols, contra Escócia e Nova Zelândia, e se tornou a cereja do bolo no Brasil. Mas, acima de tudo, o primeiro "estrangeiro" a conseguir um lugar fixo na história da seleção brasileira.

Sua expectativa de jogar na Espanha era enorme. Queria sentir o sabor de um jogo de Copa do Mundo. Sua estreia o fez se lembrar de Jofre Funchal, seu primeiro treinador. Ele ainda era apenas um menino frágil e sem futuro. Estudava no Colégio São José, em Canoas, forçado por Pedrinho Figueiro, seu professor de ginástica, a longas sessões de alongamento antes que pudesse tocar na bola. Odiava ginástica; Jofre, por sua vez, além de lhe oferecer a bola, deu-lhe também ensinamentos, suplementos vitamínicos e passagens de volta para casa. Falcão treinava no antigo Estádio Nacional, em José de Alencar. Tinha que pegar dois ônibus para lá chegar. Vendia garrafas vazias para pagar as viagens. Mas, às vezes, não ganhava nada, e nesses dias quem resolvia era o velho Jofre. No dia do teste para novos jogadores, os pais lhe presentearam com chuteiras, mas um dos meninos as tirou dele. E também dessa vez Jofre lhe comprou outro par, para que não tivesse que voltar descalço. Foi a ele que Falcão dedicou a vitória contra a Escócia. Estava tão confiante que o fez antes da partida. Como sempre, guardou a camisa para a mãe. Durante o último treino, um menino lhe pediu o calção do jogo seguinte, contra a Nova Zelândia. "Sinto muito, já foi prometido à minha avó Angelina." Ela, que já guardava os usados pela seleção em 1976, 1978 e 1979, é filha de italianos. E dela, Paulo ouviu as primeiras palavras na língua estrangeira.

Ele conhecia bem tanto os argentinos quanto os italianos. Mas, quando se formaram os grupos da segunda fase, foram os sul-americanos que o preocuparam: os mesmos jogadores de 1978, com o acréscimo de Maradona. Contra a Itália, sabia que precisava escapar da marcação cerrada. Até o último obstáculo: Scirea, o líbero que fecha permanentemente a defesa *azzurra*. É a função que ele mais teme, porém que mais o fascina. Antes de encerrar a carreira, quer ocupar a posição.

Telê Santana gosta de observá-lo correr. Registra seus passos, sua maneira de se mover em campo. Mesmo quando está absolutamente sob estresse, seu coração não ultrapassa os 35 batimentos por minuto. Os de uma pessoa em repouso batem mais de 60 vezes. Nas horas imediatamente anteriores ao jogo, metade da equipe acusa um aumento significativo da frequência cardíaca; a de Falcão não exibe qualquer alteração, sinal de perfeito autocontrole e uma incrível capacidade de conter qualquer estado de ansiedade.

Ele faz o técnico se lembrar do grande Ademir, o campeão dos anos 1950, que por sua vez herdou o talento de Leônidas. Genes "brasileiros" que foram sendo transmitidos ao longo do tempo. A *Placar* arrisca-se a chamá-lo de "o maior jogador do mundo". Está vivendo o minuto 68 de seu quarto jogo na Copa. Já se passaram 43 desde que Paolo Rossi deixou Waldir Peres deitado, surpreso ao contemplar a segunda bola em sua rede. Falcão estava a seu lado. O Brasil continua pressionando. Cabrini segue na marcação homem a homem sobre Sócrates, que centraliza. Mais uma vez, a faixa da direita permanece desprotegida. Júnior corta o campo por dentro. Falcão percebe a sugestão de movimento. Seus pés flutuam em chuteiras costuradas à mão. Seus olhos percorrem a área e depois começam a vasculhar a faixa lateral. Assim que domina a bola com a parte de dentro do pé direito, chega a cobertura de Tardelli. Cerezo, desesperado para ajudá-lo, lança-se à frente para despistar o marcador. E consegue. A finta de Falcão engana Tardelli e Cabrini. E também Scirea. Uma fenda se abre. Falcão vê Zoff de relance. Júnior se paralisa. Na área, forma-se uma colunata berniniana.[1] De um lado, Sócrates, Scirea, Cabrini, Tardelli; do outro Serginho, Gentile e Zico. Bergomi permanece ancorado na marca de pênalti. Parte o chute. Forte, de pé esquerdo. Zoff segue a bola em meio a uma selva de corpos desequilibrados para a esquerda. Ele salta. A bola tangencia o homem que permaneceu no centro da área. Bergomi, instintivamente, consegue apenas triscar a esfera. É um suspiro em uma tempestade, mas muda o curso da história e o destino de um goleiro.

No intervalo, o capitão prometeu que nenhuma bola entraria em suas traves. Mas o gol acontece. Dois a dois. Zoff fica furioso: "Beppe, você tocou nela?". O coração do brasileiro pulsa como o de um felino louco. Falcão, o mesmo que encontrou a América na Itália, grita possuído. Para os italianos, é o grito do Judas. Ele abre bem a boca, cerra os punhos e voa de forma icônica rumo ao banco de reservas e à semifinal da Copa.

João Batista Scalco tira sua foto naquele momento. Chamam-no de "Van Gogh dos Pampas" pela excelência de suas atuações profissionais. Foi testemunha e protagonista, em novembro de 1978, de um dos mais famosos casos de violação de direitos humanos ocorridos durante o período militar: o sequestro do casal uruguaio Lilián Celiberti e Universindo Díaz. No ano seguinte, recebeu o Prêmio Esso de Jornalismo, reconhecimento que o consagrou publicamente como um dos maiores fotojornalistas do país. Nessa Copa do Mundo, não se sente bem. Tem

1 Na arquitetura, a colunata é uma sequência de colunas, como as que Gian Lorenzo Bernini projetou para a Praça de São Pedro, no Vaticano.

apenas 31 anos, mas se sente habitualmente cansado. Leva as mãos ao peito repetidas vezes. Acha que é o calor. E é o calor de um verdadeiro choque elétrico que ele consegue aprisionar em sua foto de Falcão. Os braços esticados como dois postes de luz. As veias que descem do pescoço aos pulsos como fios de eletricidade. Os punhos cerrados. A boca bem aberta. O Brasil está presente. E Falcão, nesse instante, é seu profeta. Bruno Conti o observa movendo-se entre um e outro abraço. E pensa: "Talvez seja justo assim".

5. A hora do Tiziu

Sua cabeça lhe diz: "Tire a boia do ataque, faça o Paulo Isidoro entrar e ganhe esse jogo!". Se o Brasil está jogando, tem que fazer as pessoas sonharem. E um empate não traz sonhos. Telê Santana quer a cereja do bolo. Zunem em seus ouvidos as palavras de João Saldanha, quando Serginho foi substituído contra a Nova Zelândia: "Agora a bola é redonda novamente". O ataque de uma autoridade no assunto, mas talvez injusto. Ainda que pressionado pelo peso da fama, o centroavante desempenhou seu papel com dignidade. Se algumas vezes pareceu desajeitado, foi apenas porque não estava jogando na sua. Telê lhe atribuiu uma tarefa sutil e ingrata: "Torne-se indispensável e invisível ao mesmo tempo".

Paulo Isidoro, em pé à beira do campo, está olhando para o gramado do Sarriá. Ele é chamado de Tiziu, em homenagem ao pássaro brasileiro. Pequena estatura, grande velocidade. Taciturno como todos os mineiros, fala com os olhos. Duas órbitas negras suspensas em dois globos de leite. Até algumas semanas atrás, pareciam carregar uma só certeza. Estava em ótima forma, recém-saído de um ano de ouro. O melhor de sua vida. A convocação de Telê era apenas uma formalidade: "Fui chamado porque mereço, sou o Bola de Ouro, o melhor jogador do campeonato, o meu lugar não pode ser outro senão aqui".

Isidoro também esteve observando o gramado numa manhã de 1972. Tinha 19 anos, a idade em que seu destino se cumpriu. Poucos dias antes, haviam reparado nele enquanto batia bola com os amadores do Ideal do Bairro da Graça. A oportunidade lhe foi dada por Carlos César

Pinguim, o presidente da associação: "É a sua oportunidade, Paulo. O Atlético mandou um olheiro, chamado Irineu. Mostre a ele o que você sabe fazer". Terminado o jogo, Irineu se aproximou: "Gostaria de fazer um teste com a gente?". E o chamou até o bairro de Lourdes, onde o Atlético-MG tinha um campo de treinamento. Paulo jogava todos os domingos em campos de terra. Na poeira, sentia-se em casa. Mas, terreno de futebol de verdade, nunca tinha visto. Ouvia os jogos pelo rádio e, na única vez que havia ido ao estádio, tinha sentido medo.

A terra sempre foi sua casa. Quando criança, enquanto o gado pastava, ele e seus irmãos afastavam o esterco para poder jogar futebol descalços no lugar. Dos estábulos aos amadores do Cruzeirinho de Matozinhos. Até que o pai, um mestre de obras que tinha se instalado em Matozinhos para a construção de uma usina de açúcar, com a esposa e oito filhos, decidiu se mudar para Belo Horizonte. Paulo parou de estudar aos 11 anos. Era 1964, o ano do golpe. Aquele em que seu contemporâneo Sócrates viu o pai atear fogo nos livros subversivos. No ano seguinte, foi inaugurado o Mineirão. A família não podia pagar o preço da passagem, mas um dia sua irmã conseguiu um ingresso para ele. Que o recusou. "Você tem que ir, Paulo. Adora jogar futebol e tem que ver para saber como é." Foram juntos. Uma experiência traumática: a multidão o apavorou, e o medo o impediu de ver o jogo.

Na manhã do teste, não tinha os calçados adequados. No caminho, pensou: "É o Atlético. Certamente, o gramado vai ser esplêndido". Quando chegou, encontrou apenas terra. "Pense um pouco: é igual ao nosso." Olhou para os calçados que usava: "Por hoje vão servir". Entrou em campo. Jogou sereno, calmo, até feliz. Não teve medo de cometer erros. O tipo de terreno o fez se sentir em casa. Depois de apenas 20 minutos, ouviu uma voz: "Basta, garoto. Já pode sair!". Ele se sentiu humilhado. Mas o tempo já havia sido suficiente para convencer os dirigentes do Atlético-MG: "Amanhã de manhã, você volta aqui. E peça ao roupeiro que encontre chuteiras pra você".

As coisas não mudaram quando ele se viu do outro lado. O Atlético-MG o emprestou ao Nacional para que ganhasse experiência. E toda vez que entrava no estádio Vivaldo Lima, em Manaus, a multidão gritando fazia suas pernas tremerem. Só com o tempo conseguiu controlar suas emoções. Mas não foi fácil. Em 1975, o Atlético-MG o integrou definitivamente. E o treinador começou a fazê-lo jogar. Era Telê Santana. Paulo

Isidoro disse a si mesmo que estava feito: "Darei tudo o que puder. Deus certamente vai me ajudar. E só Ele poderá me fazer parar". Começou a pensar grande: seleção brasileira, Bola de Ouro. Queria conquistá-las a todo custo. E conseguiu. Na seleção, encontrou o técnico que o descobriu e se tornou um atacante da equipe. O sonho dos sonhos de qualquer brasileiro. Chegou à Espanha em plena forma física. Nenhum obstáculo poderia se colocar entre ele e seu sonho. Só Deus poderia pará-lo. E seu Deus na Espanha se chamava Telê Santana.

A batalha por sua camisa envolveu todo mundo. Ele usou a astúcia. Mantendo o silêncio, sem se enervar, demonstrando no campo o que sabia fazer. Acariciou a medalha de São Judas pendurada em seu pescoço, exibindo uma frieza que desconcertava os rivais. Mas os olhos de Telê moviam-se mais rápido do que a bola. Quando Telê anunciou a convocação, o espanto lhe roubou as palavras: "Vou colocar um ponto falso, digamos, um ponta que não é ponta, que pode dar liberdade aos laterais". Isidoro não entendeu. Então, Telê se aproximou dele: "Paulo, você tem as condições técnicas e físicas para fazer o que quero". Isidoro balançava a cabeça, como se dissesse: estou pronto. "Quando os outros estiverem com a bola, você terá que voltar para ajudar a fechar o meio." Isidoro arregalou as pálpebras e sorriu: "É isso que tenho que fazer? Conte comigo". O esquema funcionou perfeitamente ao longo da temporada e até as vésperas da Copa.

Ao sair do campo no último treino, Isidoro economizou nas palavras diante dos jornalistas: "Mundialito, excursão pela Europa, eliminatórias, amistosos: bastam estas credenciais?". Telê Santana sempre o escalava. O lugar era dele. O palco da Copa do Mundo se preparava para recebê-lo. Sua esposa Silvana, antes de embarcar para a Europa, havia lhe mostrado um álbum: "Vai tranquilo, amor, colocarei aqui suas fotos de campeão com a camisa 7". Mas, quando Isidoro se preparou para entrar em cena, Telê trocou as cartas. No primeiro jogo, não o colocou em campo entre os titulares. Tiziu achou que a ausência de Cerezo implicava um esquema de emergência. Mas, na verdade, esse jogo foi fatal para ele. Um enviado lhe perguntou por que não tinha pedido uma explicação: "Quando o Telê me havia pedido para seguir o seu esquema, não perguntei o porquê. Agora que ele me tirou, devo perguntar? Ele tem o direito de fazer escolhas. É o treinador". Paulo tinha certeza de que jogaria na partida seguinte. Mas ficou apenas na reserva. Um tempo contra a URSS, dez minutos diante da Escócia e um quarto de hora frente à Nova Zelândia. Sempre colhendo as migalhas deixadas por Serginho. Seu ritmo extraordinário e sua habilidade para marcar gols e fazer coberturas já não eram mais suficientes.

Ainda não está claro por que seu treinador o relegou ao banco de reservas. Ele era o titular. O maior de todos no Brasil. Mas nunca perdeu a esperança. O sentimento o mantém de cabeça erguida e lhe foi transmitido por seu pai, que não queria que o filho pensasse que era pobre: "Lembre-se, Paulo, se quiser, podemos conseguir qualquer coisa!". E era assim agora. "Sou reserva? No próximo jogo, voltarei a ser titular." Ainda não aconteceu. Ele nem entrou em campo contra a Argentina. Embora devorado pela amargura, tinha certeza de que jogaria contra a Itália. Amanhã é sempre outro dia. E à beira do campo manteve alta a chama de sua esperança. "Minha hora vai chegar. Só preciso jogar o que sei nesses 20 minutos. Sou o meu próprio passe para a vaga no time nas semifinais e, quem sabe, talvez até na final."

Luizinho volta o olhar contrariado para Telê Santana. Preferia um zagueiro em vez de um atacante, para segurar o resultado. "Já empatamos duas vezes. Não tem jeito de ganhar este jogo. Vamos só defender, nos fechar na defesa, para seguir em frente e vencer esta Copa."

A boia de referência brasileira, ao dar lugar a Isidoro, atravessa o gramado do Sarriá com a cabeça erguida. Serginho deixa o campo como semifinalista da Copa do Mundo. A 21 minutos da glória. Não desconfia de que esses seriam seus últimos passos com a camisa da seleção.

6. Três a dois

O tempo não existe por si só. São as próprias ações que criam o sentido do que sucede em seus minutos. O cronômetro de Klein fustiga as esperanças da Azzurra. E não resta alternativa aos italianos senão apresentar em campo uma multidão de ideias simultâneas e rapidíssimas.

O empate não satisfaz nenhuma das equipes. Os italianos precisam vencer. Os brasileiros querem vencer. Mas cada final que se apresenta pode se tornar um novo começo. Como quando Cerezo toca de cabeça numa bola levantada por Antognoni. O movimento desajeitado pega de surpresa Waldir Peres, que persegue a bola para evitar o escanteio. Ele a alcança com a mão inteira, a esquerda, como um jogador de pelota basca. Mas Thomson Tam Sun-Chan, o bandeirinha de Hong Kong, faz valer sua presença na Copa, sinalizando que a bola saiu. Por um centímetro, mas saiu. Peres finge que nada aconteceu e volta ao gol com a bola entre os braços, pronto para colocá-la de volta em jogo. Rossi vai a seu encontro: "Dá a bola". Peres brinca e gira sobre si mesmo, fazendo malabarismos.

São os últimos suspiros do jogo. O Brasil empatou e, portanto, está entre as quatro melhores equipes da Copa do Mundo de 1982. Não há um soldado deste exército invencível que não comece a sentir a emoção da semifinal. Rossi insiste: "Pode me dar a bola?". O goleiro enrola. Então, muda de expressão. Ao ver Klein apontar para o bandeira, Waldir Peres, de 31 anos de idade, o último defensor de um Brasil dos deuses, faz um gesto que talvez nunca mais se veja num campo de futebol: não lança a bola para o outro lado, não a abandona no lugar, não a chuta para fora, não a joga longe, não a afasta de si. Não deixa que o atacante vá buscá-la. Simplesmente a oferece a seu adversário. Entrega a bola nas mãos de Rossi. É a imagem mais forte do jogo. É o condenado que entrega a arma a seu carrasco. Como se dissesse: "Se algo tem que acontecer, que você cuide disso".

Então, é escanteio. É o primeiro conquistado pela Itália no jogo. Com os braços, Rossi joga a bola para Conti. O companheiro a pega no ar e se dirige à bandeira colocada à esquerda do gol de Waldir Peres. A área do Brasil se enche de vida. Os jogadores se movem como formigas. Tardelli os observa. Procura aberturas entre os defensores, mas todos os caminhos estão bloqueados. Todos os jogadores do Brasil voltam para a área. Ninguém nunca viu todos eles juntos defendendo a meta, os dez reunidos num pequeno pedaço de terra. Waldir Peres está no centro da baliza, colado à linha. Balança inclinado para a frente com as mãos apoiadas nos joelhos. Vira a cabeça na direção de Conti com a boca entreaberta. Parece quase sorrir. Mas suas certezas divinatórias não estão mais lá. O sol bate em seu rosto. É o presente que Zoff escolheu para este momento do jogo, quando ganhou na moedinha, antes do apito inicial.

Conti observa a bola. Uma esfera que seis mãos levaram ao canto do campo antes que seu pé a possa chutar. Lança um olhar para o bando que se agita à frente de Peres. E bate. A bola chega bem alto no limite da área. Eles saltam juntos, costas contra costas, Sócrates e Paulo Isidoro, que bate nela de cabeça. A bola sobe percorrendo no ar uma trajetória lenta e inexorável em forma de sino e depois cai no meio de sete brasileiros e uma dupla de *azzurri*. Um deles é Tardelli, que gira sobre o próprio corpo para dar força à sua perna esquerda. Voam em sua direção com asas furiosas Luizinho e Oscar. Inutilmente. O chute de Tardelli passa por eles, cortando toda a área brasileira. Waldir Peres fixa o olhar. À sua frente, Graziani à esquerda e Rossi à direita posicionam-se como sentinelas. Ambos de costas. Rossi mantém os pés na linha da pequena área. Graziani está um metro à frente. É o detalhe que muda os acontecimentos. A bola de Tardelli está destinada a passar entre os dois italianos para chegar ao gol, direto nos braços de Waldir Peres, que segue sua trajetória. Mas Graziani, em uma imitação do gesto do companheiro, começa a girar o corpo para acertá-la com o pé esquerdo. Rossi pensa o mesmo e apoia o pé esquerdo no chão para disparar com o direito.

A imagem, vista pelos olhos de Waldir Peres, é esta: dois *azzurri* perfeitamente simétricos estão prestes a acertar a bola. Um com a direita, o outro com a esquerda. Se o chute é de Graziani, a bola vai para a direita; se é de Rossi, vai para a esquerda. A escolha está aprisionada no metro que separa os dois italianos. Peres se concentra em Graziani: ele vai bater na bola primeiro porque será o primeiro a alcançá-la. Parece isso mesmo por um instante. Enquanto vê os dois pés dispostos no mesmo movimento, o goleiro dá meio passo para a direita. Não dá para saber. Ele não tem tempo para entender. Graziani erra o giro, por um fio. E a bola é tocada por Rossi. Conecta-se a seu campo energético. E Waldir Peres sente que ela passou por ele.

7. Os sofrimentos do jovem Waldir Peres

Está escuro. Waldir Peres sai de uma imensa pálpebra negra. No ritmo de seus batimentos cardíacos, uma falha acaba de acontecer. Ele parece retornar de uma longa ausência. De uma inocência perdida. Sempre percebeu a necessidade de dar um sentido à sua existência. A partir do momento em que o encontrou, sentiu-se seguro. Waldir Peres imediatamente mergulhou no mar formidável de sua fé absoluta. Tornou-se um cristão, um teocrata, um milenarista e um restaurador. Testemunha de Jeová (tradição dos goleiros brasileiros; seu antecessor João Leite, durante o Mundialito, antes de cada jogo dava uma Bíblia a seu homólogo adversário com a inscrição "Jesus te ama" na capa), nadou desesperadamente em seus credos sabendo que seu deus estaria na margem oposta para atendê-lo. Braçada após braçada, manteve-se em seu caminho, orgulhoso e certo de sua própria crença sagrada, mas agora que emergiu das águas santas, para se encontrar ereto sobre a linha branca de um prado verdejante, começa a vacilar e parece perder todas as certezas.

Alguém perguntou a ele com quem se parecia. "Com ninguém", respondeu secamente, "porque desde criança sempre fui tão bom que só queria ter semelhanças comigo mesmo". Parece tentar se esconder no excesso de segurança. Poucos jogadores no Brasil podem se orgulhar de ter disputado mais de 500 jogos pelo mesmo clube. Waldir Peres Arruda é um deles, e sua casa é o São Paulo.

Dizem que é frio porque não se exalta, nem se abate. Na verdade, ele veste uma máscara. O Brasil há muito tempo não é a terra dos grandes goleiros; ele sabe disso muito bem. Inveja seus colegas europeus porque se aproveitaram de uma escola que ele não pôde frequentar. No entanto, onde suas mãos não alcançam chega a fé. Na noite anterior à sua estreia contra a URSS, Waldir Peres Arruda sonhou que a bola estava ricocheteando em um chifre nascido em seu antebraço esquerdo. Enquanto entrava no Estádio Ramón Sánchez Pizjuán, de Sevilha, ele ainda se perguntava o que a visão significava. A resposta chegou no minuto 34, quando uma bola inofensiva chutada por Andrey Bal acertou seu antebraço antes de balançar as redes e fazê-lo viver uma hora de pesadelo, até que viessem os gols de Sócrates e Éder. Tempo em que Waldir se viu só no estádio de Sevilha, perturbado pela falha mais infame já vista numa Copa do Mundo; as metas invioladas, as defesas espetaculares que o fizeram entrar para a equipe, de repente, tornaram-se passado.

Frango. É como os brasileiros chamam as falhas do goleiro. A partir do dia seguinte, Waldir é "o frangueiro". Ele culpou a bola Tango, pequena demais em sua opinião ("desviou antes de me alcançar, mudou sua trajetória"), e o ataque da seleção ("eu não tinha ainda participado do jogo até aquele momento, tinha só gritado, orientado meus jogadores. Se eu estivesse ativo, como Dasaev, aquela bola não teria entrado"), mas depois admitiu: "Acho que estava tenso, um pouco sem controle, e falhei no único chute a gol". Jura que não vai acontecer de novo:

"Talvez esta tenha sido a melhor coisa que aconteceu em toda a minha carreira, porque eu errei num momento em que não podia e agora posso atuar prevenido pelo erro". Desde aquele momento, passou a escolher sempre a rebatida para evitar qualquer tipo de problema.

Quando o público começou a não confiar nele, seu reserva, Paulo Sérgio, em tese o grande beneficiário da falha, foi muito solidário. Depois de consolar o parceiro nos vestiários, disse aos repórteres que o cercaram: "Sim, eu quero jogar. Mas não posso garantir que, no lugar de Waldir, não teria feito coisa igual". Por este e outros motivos, Waldir permanece no time, mesmo contra a vontade de alguns. Enquanto isso, o excluído Leão se regozija.

É verdade: a boca de Waldir se curva nos cantos, para cima, e sempre parece que ele está prestes a sorrir. Mas a boca diz pouco sobre ele. É preciso atentar para seus olhos. Tem o olhar de quem tem medo de que algo terrível esteja para acontecer. Sua constituição física é modesta; e seu rosto, bronzeado, mas já vem perdendo os cabelos há alguns anos, e isso o faz parecer muito mais velho do que os outros. Além de lhe dar uma aura decididamente terrena. Não é considerado uma divindade, como Sócrates, Falcão e Zico; aliás, com seu companheiro de time que ocupa o vértice oposto, o atacante Serginho, é apontado como o ponto fraco da constelação brasileira. Na verdade, sempre se portou bem no Campeonato Brasileiro, já venceu quatro vezes o Paulista, e por isso não merece desconfiança. Mas um pouco pela posição — no Brasil, e não só lá, um goleiro é considerado apenas um jogador de futebol fracassado — e um pouco pelo frango sofrido contra a União Soviética, ele sem dúvida apresenta, se as coisas não andarem bem, potencial para bode expiatório. Sabe disso. E se move entre as traves devorado pelo medo, engolido pelos piores pesadelos, aqueles que sempre terminam da mesma forma: com a bola às suas costas e o peso da culpa que o faz afundar.

Peres sabe o que significa má sorte e não quer morrer duas vezes. Conhece o destino amaldiçoado dos goleiros brasileiros que cometeram ainda que um só erro. O de Barbosa, goleiro do grande Brasil de 1950, foi decidido a 11 minutos do fim de uma Copa do Mundo que estava sendo conquistada. Gylmar dos Santos Neves, mais conhecido como Gilmar (da combinação dos nomes dos pais, Gilberto e Maria), considerado o melhor goleiro verde-amarelo do século XX, o único a ter vencido duas Copas do Mundo, após uma derrota em 1951 ficou sem jogar por quase um ano. Sete anos depois, ao apito final de Maurice Guigue, um garoto de 17 anos chamado Pelé se apoiou em seu ombro para chorar a conquista de uma Copa do Mundo. Exatamente desse mesmo Pelé, Heitor Perroca, em 1964, conseguiu defender um pênalti. Mas bastou um jogo desafortunado para que torcedores, dirigentes e seu clube, o Corinthians, o condenassem. Foi forçado a desperdiçar seu talento em times pequenos, até que, em desespero, decidiu desistir do futebol para sempre, convertendo-se em testemunha de Jeová. Luís Antônio, depois de sofrer cinco gols em 1975, em uma goleada de 5 a 1 para a Portuguesa, defendendo o Corinthians, foi esmagado por críticas e pressões insuportáveis. Os torcedores o ridicularizaram jogo após jogo, e o futebol o traumatizou a ponto de fazê-lo decidir voltar para seu caminhão, com o qual começou a viajar na esperança de não parar e deixar as lembranças cada vez mais longe. Nesse mesmo ano, Waldir Peres venceu a Bola de Ouro. O melhor jogador de todo o Brasil. Ele, um goleiro. O futuro parecia brilhante.

Agora, quando perguntado se teme alguém entre os atacantes adversários, responde solenemente: "São eles que devem ter medo de mim, e não o contrário". Mas ele viu a Itália contra a Argentina e observou Paolo Rossi com atenção. Estava obcecado. Algo, ou alguém, estava lhe dizendo que mais cedo ou mais tarde o *azzurro* iria acordar. Talvez tenha sido um sonho. Ou seu deus. E nele colocou suas expectativas. Para se salvar de tudo o que não conseguia controlar, começou a considerar sagrado o que os outros chamam de desconhecido. Sempre projetou no céu seus temores, suas esperanças e, sobretudo, o medo que vive nas profundezas de sua alma, onde as instâncias da razão não valem e onde tudo se confunde na noite escura das incertezas. Sua doutrina lhe pede que sufoque todos os possíveis eternos retornos, impondo-lhe sua própria noção de inferno absoluto, em nome da qual tudo é consumido. E Waldir Peres, goleiro de profissão, neste momento se corrói por dentro até extinguir a última possibilidade de ter um espaço e um tempo para si na glória dos dias que virão. Ele poderá renascer, é claro. Mas não ali. A vida para ele será em outro lugar. Como para Barbosa. Porque foi gol.

Os torcedores italianos do Sarriá explodem. Klein apita e corre impassível para o centro do campo. Em sua cabeça, pensa: "Isso é inacreditável!". Tão incrível que o comentarista da RAI, Nando Martellini, abalado pelo calor tórrido e a tensão, anuncia emocionado: "É o empate!". Na verdade, é o 3 a 2. Falta um quarto de hora para terminar.

8. **O último quarto de hora**

Era o outono quente de 1968. Ele estava prestes a entrar em campo quando um dirigente o abordou: "Um dia você poderá dizer que jogou na terceira divisão".

Nas universidades, movimentos estudantis protestavam contra a sociedade construída por seus pais. No ano anterior, nasceu o Potere Operaio, de Pisa. O menino Marco vivia a efervescência juvenil por meio das histórias de seu irmão, Flavio. Mas não se importava com política. Era em campo que ele queria continuar sua luta. Muito magro para jogar, dedicava-se mais do que os outros e tinha que treinar em dobro. Foi colocado em uma negociação conjunta ("Ou leva o garoto", disse seu treinador Romano Paffi, "ou pode esquecer Zanni e Lucarelli") que o levaria a vestir a camisa do Pisa, de sua cidade, antes das do Como e da Juventus.

Mas esse foi seu rito de iniciação. Jogava nos juvenis do San Martino, uma equipe local de direção familiar. Na terceira categoria daquele dia, o jogador de 35 anos que atuava na sua posição não apareceu. Paffi lhe disse: "Falta um, você vai jogar". E ele, um garoto, se lançou à frente. Os adversários eram homens feitos, o campo duro como concreto, as chuteiras levavam pregos atarraxados. Seus pés estavam sangrando, mas ele ficou quieto e jogou. Como no dia de hoje. No início da partida, depois de uma dividida com Falcão, lesionou-se. Mas cerrou os dentes e seguiu em frente. Novamente, resistiu firme. Até o fim. E serviu Paolo Rossi. O chute a gol do 3 a 2 partiu do seu pé. Um giro que, no entanto, o fez sentir a panturrilha esquerda. Naquele dia, na terceira divisão, ele tinha apenas 14 anos. Aconteceu 14 anos atrás. Ao sair ferido do campo de batalha no Sarriá, Marco Tardelli já tem o dobro de idade. O pescoço que involuntariamente se vira para um último olhar para o gramado tem um número estampado logo abaixo: o 14. É dele. Agora pode dizer que jogou uma Copa do Mundo, contra o Brasil.

9. Um leão na jaula

Ele foi para a Copa do Mundo com um violão. Toca todas as noites para que o grupo fique junto. Vez ou outra, Bearzot também contribui no piano do hotel. O destaque é "Generale", de De Gregori. E, a seu técnico, Tardelli é leal como a um general. Bearzot lhe pediu ajuda num momento difícil, e Giampiero Marini respondeu com total dedicação, lutando estoicamente contra os atacantes de Dinamarca, Iugoslávia e Grécia. Em seguida, o Velho lhe prometeu: "Se nos classificarmos para a Espanha, vou achar um jeito de fazer você chegar a 20 jogos disputados". Um marco que vale a medalha de ouro do prêmio Pozzo, com todos os benefícios associados. Bearzot nunca desistiu de cumprir sua palavra. E agora, conquistada a vaga para a Espanha, está cumprindo sua promessa. Depois de defender a Itália como titular contra Polônia e Peru, Marini entra em cena contra o Brasil.

É seu 15º jogo pela seleção. Também contra a Argentina, tinha entrado no minuto 75, para jogar 15 minutos de desespero. Os mesmos que o esperam dessa vez. É um dos homens que precisarão segurar o resultado. Pela primeira vez na Copa, Oriali e Marini, o dualismo fratricida, estão em campo ao mesmo tempo. Talvez por causa da emoção, Oriali é punido com cartão amarelo um minuto depois por falta em Éder.

No vestiário, Tardelli se sente um leão enjaulado. Cercado por um silêncio que agora lhe parece irreal, tenta seguir o eco dos rumores que rodeiam o campo. Do lado de fora do vestiário, os funcionários do estádio estão em frente a uma pequena televisão. O *azzurro* se aproxima, mas não tem coragem de olhar. É muita emoção. Não pode ver os companheiros em campo sem que seja capaz de fazer algo por eles. Então, mancando, começa a entrar e sair para pedir atualizações. Momentos depois, Sócrates faz um gol, mas está impedido.

Dotchev marcou o impedimento. Ninguém, talvez nem mesmo o próprio búlgaro, esperava ser convocado para a Copa do Mundo, até porque Ivan Yosifov e Welitschko Tzontschev sempre foram os preferidos para atuações internacionais. Tinha sido escalado para dirigir apenas um jogo na Copa, o da Itália contra Camarões, decisivo para a passagem de fase. Em Sofia, onde mora, Bogdan Dotchev passa seus dias no escritório administrativo de uma indústria de máquinas agrícolas. Sentado todos os dias em sua mesa tratando de cifras e campos que devem ser aparados, seus pensamentos inevitavelmente viajam em perseguição aos gramados dos campos de futebol. Rude nas relações com os jogadores e muito reservado na vida privada, ele, como Cerezo, adora se refugiar na pesca. Este ano, no Campeonato Búlgaro, não expulsou ninguém. É respeitado e temido. E Sócrates, de fato, só olha para ele, sem dizer nada.

Os brasileiros estão exaustos, mas não derrotados. Os *azzurri* ainda têm fôlego e tentam aliviar a pressão com contra-ataques elaborados. A estratégia de Bearzot é situacional. A mesma escolha pode ser progressiva ou reacionária, dependendo do resultado e de quem se está enfrentando. Sua abordagem é de matriz hegeliana. As ideias não ficam paradas, se movem, se contradizem se for o caso. É uma fuga do absoluto, dos padrões fixos. Porque sua Itália se manifesta de maneira diversa sob as diferentes circunstâncias. E o Brasil está mais uma vez desorientado. Antognoni se apodera dos últimos minutos. É seu jogo. Não errou nada. Cobra uma falta que Rossi manda de cabeça para fora, domina a faixa direita do campo com uma bola por baixo das pernas de Júnior e tenta de cabeça contra o gol de Waldir Peres. Agora, enquanto ele enfrenta a ira de Leandro pela esquerda da área de Zoff, é Cabrini quem afasta a bola até Graziani, que a controla na linha lateral. Antognoni parte da área italiana, começa a correr, recebe a bola de Graziani, cruza o meio de campo e, enquanto Rossi acelera pela direita, avança contra Júnior, Cerezo e Oscar para servir o companheiro. Rossi se aproxima da área e olha para ele. Oriali recebe primeiro, segura a bola e passa para Antognoni, enquanto Waldir Peres corre de uma trave a outra: um, dois, três, quatro passos. No quinto, ele abre os braços como pode diante da perfeita coordenação de movimentos exibida por Antognoni. E se joga. No vazio. Um rugido inunda o vestiário. Tardelli pensa: "Acabou, eles fizeram gol". Klein está perto da meia-lua da área. Olha para a direita e vê a bandeira de Thomson Tam Sun-Chan levantada. Antognoni comemora do lado oposto. Mas, atrás dele, Graziani contém sua alegria: "Anularam". Antognoni se vira e coloca as mãos na cabeça. O gol é anulado por impedimento. Que não existe. É a inveja dos deuses que persegue Antognoni.

10. A inveja dos deuses – primeira parte

Heródoto conta que, entre os antigos gregos, os dons particulares de um ser humano, como a elegância, a habilidade na dança ou na arte da guerra, podia despertar "a inveja dos deuses", cuja ira atingia impiedosamente aqueles que consideravam afortunados em demasia.

Giancarlo Antognoni joga de cabeça erguida, tem visão de jogo, passadas elegantes e facilidade para chutar com os dois pés. Estreou ao lado de um velho campeão brasileiro que chegava ao fim de uma carreira repleta de sucessos: Angelo Benedicto Sormani. A torcida da Fiorentina o adotou imediatamente; seu primeiro nome se transformou numa espécie de apelido, e para todos ele se tornou "Antonio, o garoto que joga olhando as estrelas". Parecia destinado a uma vida de sucessos, mas o ciúme divino abateu-se sobre ele com impiedosa constância.

Na estreia como *azzurro*, em jogo válido pelas eliminatórias da Eurocopa, no gramado do estádio do Feyenoord, em Roterdã, contra a Holanda de Cruyff, Antognoni tinha impressionado. Depois de um cruzamento seu, a Itália ficou em vantagem. Pouco depois, a 30 metros do gol, desferiu uma bomba de direita que entrou direto no ângulo direito de Jongbloed, fulminado, mas o inefável árbitro Kasakov, na última partida que apitou, já tinha parado o lance. Era a primeira de uma longa série de amarguras.

Quando os *azzurri*, em Roma, enfrentaram a Inglaterra pelas eliminatórias da Copa do Mundo da Argentina, foi ele quem fez o primeiro gol. Uma grande cobrança de falta que venceu Clemence depois de triscar na panturrilha de Keegan. Mas a autoria do gol, numa crueldade sutil, lhe foi subtraída nos almanaques. Paciência: iria à forra no Mundial. E, em vez disso, depois de dois anos de excelente condição física, acabou perseguido por uma síndrome do túnel do tarso, que afetou seu desempenho: muitas vezes tinha de jogar mancando, com dores cada vez mais insistentes no pé. No momento em que a Fiorentina começou a afundar, ele, que já tinha se tornado o capitão do time, decidiu lutar até o fim, assumindo todas as responsabilidades que o papel lhe impunha. Como em Pescara, quando, a poucos minutos do fim, a Fiorentina, que tinha a obrigação de vencer, viu um pênalti providencial marcado a seu favor. Antognoni andou até a marca para chutar a bola mais importante de sua carreira, fez a corrida e errou.

O azar o acompanhou até a Copa do Mundo da Argentina. Conseguiu jogar apenas a partida contra os donos da casa, vencida graças a uma ação definida por ele e magistralmente construída em triangulação com Rossi e Bettega. A decepção foi grande. A Itália, que com a contribuição de um Antognoni a 100% poderia ter lutado pelo título, teve que se contentar com o quarto lugar, e ele perdeu a chance de se exibir no plano internacional. Uma oportunidade que, dado o alcance restrito do clube de Florença, só a seleção poderia lhe oferecer.

11. A inveja dos deuses – segunda parte

Faltam pouco mais de seis meses para a Copa do Mundo. Ele tem dois sonhos no coração: jogar uma final de Copa e costurar no peito o *Scudetto*. Uma palmilha resolveu o problema do túnel do tarso, e ele sabe que, enfim, pode contar com um time competitivo. Confiada a "Picchio" De Sisti, antigo companheiro de Giancarlo com a camisa *viola*, a equipe de Florença se reforçou com a chegada de Graziani e do jovem Massaro. É o ano da verdade. Na seleção, porém, nas duas últimas batalhas válidas pelas eliminatórias da Copa, contra Iugoslávia e Grécia, Bearzot o substituiu no intervalo. Escolhas que foram "frutos de contingências", que o cartel da imprensa do norte do país explorou para forçar sua saída do time e apoiar a entrada do *granata* Dossena. Críticas que Antognoni não aceita.

Uma semana depois dos venenos da mídia, a Fiorentina do "ano bom" recebe o Genoa. O capitão *viola* disputa os primeiros 55 minutos movido por um desejo de vingança devastador, que leva a gestos técnicos de domínio incomparável. É praticamente perfeito. Até que Bertoni lhe lança uma bola sedutora, que passa por uma fila oblíqua de seis corpos adversários. Antognoni a observa vindo em sua direção. É convidativa, tentadora; só faz esperar que a bola chegue a ele. O capitão está sozinho, diante do goleiro Martina. A oportunidade que buscava desde o início do jogo. A bola quica sobre a linha de cal e flutua no ar. Ele salta, chega nela e a toca com a cabeça. Mas o joelho do goleiro genovês se planta em sua testa. Um choque impressionante. Antognoni permanece imóvel no gramado. Esticado, inerme, os braços caídos. Os adversários são os primeiros a entender. O genovês Gentile se afasta com as mãos na cabeça; o capitão Onofri começa a chorar. Corre em direção ao banco *rossoblù*. "Está morto", grita, apontando para ele. "Está morto!" Companheiros e adversários fazem gestos desesperados para os médicos. O da equipe visitante, Pier Luigi Gatto, atravessa a pista de atletismo. O jogador espuma pela boca. Os olhos estão virados. Ele não respira mais. O coração parou de bater. O estádio prende a respiração. Começa a massagem cardíaca. O professor Bruno Anselmi e o massagista Ennio Raveggi chegam correndo do banco *viola*. Há confusão. A tensão desencadeia uma altercação entre o dr. Gatto, que está fazendo com força a massagem cardíaca, e o perplexo massagista da equipe florentina. Antognoni está imóvel no terreno, rodeado de fotógrafos. Anselmi assume o lugar de Gatto, que checa o pulso de Antognoni. Então Raveggi passa à respiração boca a boca. Percebe que o rapaz está com a língua enrolada na garganta, puxa-a com o dedo e começa a praticar novamente a respiração. Uma cúpula de homens cerca a cena. Os dirigentes gritam: "Saiam! Saiam!". A maca chega sob um silêncio arrepiante. O capitão *viola* é carregado, mas os médicos logo descem novamente a maca ao gramado para retomar a massagem. Vinte e cinco segundos depois da escuridão, Antognoni levanta um pouco a cabeça. Os dois médicos salvaram sua vida. Reabre os olhos no vestiário. Está salvo, mas a lesão é grave. Fratura dos ossos cranianos. Operado de emergência pelo professor Mennonna, ele se recupera, mas sua convalescença é longa. A Fiorentina luta pelo *Scudetto*; ao final da temporada, acontece a Copa. É o ano com o qual sonhou toda a vida. Mas o time *viola* resiste e, em seu retorno, ainda está empatado com a Juventus. "Antonio" pode jogar a reta final na disputa pelo *Scudetto* que sempre quis. Mas perde o campeonato a 15 minutos do fim. Por apenas um ponto. Por um pênalti duvidoso. Por um gol anulado. Exatamente como contra o Brasil, quando um gol válido lhe é negado por um bandeirinha, a minutos do fim. Os deuses nunca se distraem.

12. **A promessa**

"Seguiremos em frente. E vou marcar de cabeça no último minuto." Oscar promete aos jornalistas na véspera de Brasil × Itália. Na véspera da partida contra a Escócia, sonhou com um bando de pássaros voando alto. Uma premonição, segundo ele. No terceiro minuto do segundo tempo, entrou na área indo ao encontro de uma bola lançada pelos pés de Júnior. Saltou e a acertou com a cabeça. Naquele momento, Edinho pulou do banco com os braços erguidos. Tinha certeza de que ia entrar. Até porque foi o próprio José Oscar Bernardi, 28 anos completados duas semanas antes, quem alimentou essa crença. Por 53 dias, treinou exclusivamente jogadas aéreas, alçando seus 1,85 m como um pássaro à caça de sua presa. Foi um longo aprendizado, fruto de uma ideia do técnico Mário Juliato, nove anos antes, na equipe de juniores da Ponte Preta, em Campinas. Três dias depois de começar os treinos, parecia um especialista. A cabeça é sua força. Carlos Maranhão, na *Placar*, dedicou-lhe uma foto de página inteira, sob o título "Oscar, um salto para a glória".

Tem mais confiança na cabeça do que nos pés. Sempre gostou de correr; é capaz de fazer isso o dia todo. Mas com as bolas aéreas se sente em casa. E, consequentemente, especializou-se. Treinou à exaustão diariamente e, só para tentar pular sempre mais alto, passou a usar sacos cheios de areia presos ao corpo. Na Ponte Preta, o técnico sempre escolhia jogadores mais altos para enfrentá-lo, fazendo-o saltar acima deles. Quando a Ponte jogou contra o Palmeiras, Oscar enfrentou João Leiva Campos Filho, o Leivinha, um dos melhores cabeceadores de São Paulo e do Brasil. Era apenas um rapazinho, mas conseguiu ganhar dele todas as disputas pelo alto, afastando-o, assim, da alegria do gol. Para Oscar, foi uma injeção de confiança, a convicção que o levou a se especializar em bolas altas.

Foi Telê Santana quem propôs o lance contra a Escócia: Júnior, lateral-esquerdo que usa o pé direito, bate na bola com o pé canhoto na primeira trave, onde Oscar deve estar. Falcão disse que ele tinha mostrado naquele jogo a maior qualidade que um jogador de futebol pode ter: "A de fazer exatamente aquilo que sabe, evitando fazer o que não sabe". Oscar, de fato, avança para cabecear e depois sempre retoma seu posto. Sabe que não pode competir com os pés de Sócrates, Zico e Éder. Faz apenas o que tem certeza de que sabe fazer. E sabe, portanto, que pode ter esperanças de marcar somente se uma bola sobrevoa a área. É um solitário. Os companheiros o chamam carinhosamente de "Belo". Lê muito, não bebe, adora ouvir mais do que conversar. É sempre atencioso, gentil e generoso com todos. É capaz de brincar, mas nunca é intrometido. Tem pavor de cometer erros. Está sempre receoso de causar problemas ou inconveniências, de dizer bobagens ou magoar alguém. Só quer facilitar a harmonia do grupo. Também levando em consideração as diferentes afinidades. Era companheiro de quarto de Leandro, seu parceiro na linha defensiva. Mas, sabendo que o lateral era amigo de Renato, deixou-lhe o lugar: "Fico com Cerezo".

É o último minuto de Brasil × Itália. São sete da noite. O Brasil acaba de ser agraciado pelo árbitro, e com dois toques, lança-se à frente. Num piscar de olhos, Éder tem a bola em seus pés, cavalga loucamente em direção à área *azzurra*, até ser agarrado por Conti. Klein marca a falta, quase na linha da direita da grande área de Zoff. O ponta-esquerda, nervoso, pede a bola para Falcão, a última. Zoff se move sobre a linha acenando com as mãos, tentando organizar seus homens. Na bola, Éder já está pronto. Conti e Oriali são as únicas sentinelas na barreira. Na área, estão todos os outros. Oito italianos e seis brasileiros. Entre eles, chega correndo Oscar. Ele se aproxima ofegante do ouvido de Cerezo, seu companheiro de quarto: "Toninho, é a última chance. Vamos trocar. Você mantém o zagueiro ocupado; eu entro na área e os surpreendo". Se decidiu deixar sua área, é para fazer o que sabe.

13. **O carvalho azul**

Ele tem a pele clara, o olhar confiante e dedos mágicos que parecem ampliar as tramas da rede de seu gol com fios invisíveis. Sempre soube onde botar as mãos. Estudou para mexer em motores. Três anos na escola, como aprendiz, quando não estava labutando no campo, pela família. O primeiro trabalho foi numa oficina em Cormons, como auxiliar de mecânico. A 4,5 quilômetros de Mariano del Friuli, onde nasceu. Depois vai a Gorizia: 14 quilômetros para ir e outros tantos para voltar, de bicicleta ou de ônibus, a depender também do clima. Traz para casa os primeiros salários: 60 mil por mês. E os donos do lugar permitem que ele vá jogar futebol. Embaixo das traves, é claro. Se não fosse jogador de futebol, teria acabado virando mecânico. Tem certeza disso.

Não idolatra nenhum mito. Nem televisão tem: joga como goleiro antes mesmo de ler na *Sport Illustrato* que essa função existe. Ainda se lembra das primeiras luvas. Cinza com as borrachas vermelhas. Tem 12 anos.

Em 1966, já era um dos melhores da Itália, mas Edmondo Fabbri, que o treinou em Mântua um ano antes de se tornar técnico da seleção, decide não o levar para a Copa do Mundo da Inglaterra, para evitar acusações de parcialidade. Quatro anos depois, chega ao posto de titular. Nesse ínterim, costura o único título europeu até então conquistado pela Itália, em 1968. No entanto, acaba perdendo a vaga na Copa do Mundo do México para Enrico "Ricky" Albertosi, seu reserva até o penúltimo amistoso. Vê do banco o mítico Itália × Alemanha. O lugar é seu, sem dúvidas, em 1974. A *Newsweek* lhe dedica a capa: é o melhor jogador do mundo. Mas o gol que deve defender é o de uma seleção forte, porém conturbada, que sai de cena depois de apenas três jogos. Em 1978, com 36 anos de idade, viu-se disputando pela primeira vez na vida uma Copa do Mundo até o fim. Quatro chutes de longe tiram a Itália do pódio. Primeiro, os dois gols dos holandeses Brandt e Haan; depois, os dos brasileiros Nelinho e Dirceu.

No dia seguinte ao fim do Mundial, a *Gazzetta* destaca impiedosamente em sua manchete: "Zoff nos condena". Parece o triste ocaso de um goleiro certamente irrepetível, mas já velho, que ficará sem o título mais importante: a Copa do Mundo. Os gols na Argentina o deixam sangrando. Quatro gols, outras tantas acusações. Enquanto isso, baixa a cabeça e começa de novo. Dia após dia, aumenta a carga de treinos, nunca para. Não abre a boca por quase cinco meses, ofendido como um chefe tribal acima de qualquer suspeita. Quando decide falar, faz isso em Bratislava com o *Corriere dello Sport*. "Aqueles gols não pesam na minha consciência. Minha capacidade profissional não foi afetada." E reforça o compromisso para 1982, na Espanha.

Parecia uma piada. Agora é realidade. Os exames médicos revelam um campo de visão e uma capacidade pulmonar impressionantes. A idade é um detalhe. Ele não perde uma partida do campeonato, vence o sexto *Scudetto* em dez anos e chega à Espanha aos 40 anos para comemorar sua centésima atuação pela seleção no jogo de estreia na Copa. Mas não é o suficiente para a imprensa. Jornalistas o consideram acabado: um homem daquela idade não deve mais entrar em campo. Chegam a atacá-lo depois de um jogo-treino e o acusam de ter levado dois frangos contra os juniores de Pontevedra. O capitão *azzurro* fica atônito diante de tanta crueldade sem sentido: "Todos vocês parecem loucos para mim". Roberto Renga conclui o episódio nas páginas do *Paese Sera* de modo lapidar: "Nem precisamos nos perguntar o que Zoff tem. Nós já sabemos: 40 anos".

"Aos 40 anos, você pode até andar na Lua", diz Zoff. "Imaginem se não pode se colocar entre as traves de um gol." E ele sempre quis estar lá. Desde quando o menino Dino disse aos companheiros: "Eu vou para o gol". E não porque tivesse sido o último a chegar ao campo de Mariano. A faixa branca que une as duas traves pode ter lhe parecido, talvez, uma fronteira. E quem, vindo de família camponesa, conhecia tão bem valores como o sacrifício, a paciência e o silêncio, queria aquele papel de guardião. Jogou contra John Charles, Sívori, Pelé, Cruyff, Maradona e Zico.

Parecia sempre o mais sério. Mas não é frio: o coração vem em primeiro lugar. Quem o conhece sabe bem. Só que no trabalho não consegue rir. Cresceu vendo o pai se matar de trabalhar para lhe dar o que comer. É por isso que trabalho é religião para ele. Vinte anos antes, era um menino que, com a bolsa no ombro cheia de roupas sujas, na noite de domingo, na chuva, esperava o ônibus que o levaria para casa. Mesmo tendo passado a tarde entre as traves da Udinese no estádio Moretti. E de gol em gol chegou ali naquele dia: capitão da seleção, responsável pelos destinos de uma Itália prestes a concluir sua missão. Contra todos os prognósticos, as apostas, a imprensa e a história.

14. **O Oscar de Zoff**

Ao cair da noite, o estádio Sarriá para, por encantamento, de mastigar as empanadas. As mandíbulas se paralisam. O silêncio envolve os pés de Éder. Ele ainda não é o filho favorito dos deuses, mas pode se tornar um deles. A grande área é uma *tonnara*.[2] Quem guia o bando *azzurro* é o mantra patriarcal de seu goleiro. Éder se abaixa estendendo os braços ao longo das pernas. Os olhos focam a área. Ele se afasta e Klein apita. Um passo, dois. A canhota acerta a bola com o lado interno do pé. A bola voa — lenta e suave — por toda a área. A viagem em busca do homem mais distante, a quem ela se destina. Corpos inteiros que migram em bloco em direção à meta. Defendida por um homem só.

---

2 Armação de redes verticais que conduz os peixes para o abate. Comum na pesca do atum na região da Andaluzia, sul da Espanha.

O gesto de Zoff começa no momento exato em que para de seguir a trajetória da bola. Leu a ação e entendeu antes de todos quem baterá nela. A cabeça que emerge do corpo a corpo no centro da área pertence a Oscar. Golpe certeiro e preciso: a bola dirigida ao gol é como um projétil. São 44 mil suspiros que permanecem contidos. Zoff está um passo à frente da linha. A bola voa para a sua esquerda, em direção à trave. Entre ele e a bola, no triângulo imaginário formado por três vértices cruciais (ele próprio, Oscar e a bola), há uma hipotenusa cruel, incômoda e infinita. Zoff precisa girar, encontrar a força para o impulso, mergulhar e alcançar uma bola forte e angulada. Não há tempo para pensar. No instante em que o disparo de Oscar percorre o espaço que o separa do gol, o destino de sua equipe confia apenas em seus reflexos. Os mesmos que foram feridos para sempre quatro anos antes, na Copa do Mundo da Argentina. Sua inoxidável carreira pode terminar ou se consagrar nesse momento, pouco depois de seus 40 anos.

Zoff tira o peso de sua perna direita por um longo instante e se lança como uma mola. A bola voa feito um cometa diante dos olhos de 12 bailarinos: Oscar e Cabrini, Isidoro e Graziani, Júnior e Marini, Sócrates e Bergomi, Zico e Gentile, Rossi e Luizinho. Enquanto a bola corta o ar apontando para baixo rumo ao gol, o capitão *azzurro* mergulha para a esquerda. Em direção a seu instante absoluto. Arregala os olhos dramaticamente, escancara a boca, abre as mãos e segue em seu voo a bola. Oscar volta ao solo sob a esperada emoção de quem pode entrar para a história. Ele, um zagueiro normal de uma equipe de atacantes semideuses, o salvador da pátria. Atrás da rede, um Galeazzi exausto, sentado em cima da maleta de um fotógrafo alemão, abraça com o coração na garganta o fotógrafo Galimberti. No irreal silêncio do estádio, ouve-se claramente o som das luvas na bola de couro. Zoff cai no chão a poucos centímetros da linha branca travando a Tango no limite do gol. Em seguida, permanece imóvel. Sabe que a vitória está aprisionada em suas mãos. E quer parar o tempo.

Exatamente dez anos antes, em 17 de junho de 1972, em Bucareste, estava exatamente na mesma posição. Era o mesmo minuto de jogo (89'); o resultado também era idêntico (3 a 2 para Itália). A bola de Hainal não tinha entrado, mas ele a colocou junto ao corpo. O árbitro eslavo Gugulovic interpretou o gesto à sua maneira. E presentou os romenos com o 3 a 3. Dessa vez, há uma Copa do Mundo em jogo, o sacrifício de uma equipe isolada contra tudo e contra todos e o último Mundial de uma vida. Ele pensa: "Se eu fizer o gesto de puxar a bola de volta para mim, Klein vai pensar que ela estava dentro e dará o gol". Portanto, mantém a bola pregada à linha. A única parte do corpo que se movimenta são os olhos. No meio de uma floresta de pernas, procura desesperado as meias pretas de Klein. Quando as vê, olha para cima e encontra seu rosto impassível.

O árbitro está na posição perfeita. Se errar, será o maior erro da Copa. Se acertar, será sua obra-prima. Ele também volta no tempo. Em circunstância semelhante, em Israel, tinha dado o gol. Mas descobriu mais tarde que a bola não tinha entrado. O goleiro e o árbitro estão trazendo à tona seus erros do passado. Têm a oportunidade de se redimir. Mas, enquanto a salvação de Klein depende do seu próprio olhar, a de Zoff está à espera de uma decisão. O israelense está diante da falsa alegria de seis braços levantados. Sócrates, Zico e Oscar voltam o olhar para ele. Sua visão de falcão os ignora, e continua mirando a linha do gol. Dotchev se mantém petrificado perto da bandeirinha com os braços ao longo do corpo. As mãos de Klein fazem sinal para que o jogo continue. Os brasileiros ainda acreditam que empataram, mas Zoff se levanta abruptamente sacudindo o dedo indicador. E os faz lembrar de que a vida começa aos 40.

15. **O fim**

Trinta segundos além do tempo. Batendo por espasmos, 22 corações. Quase todos estão na área de Zoff. O Brasil à caça do empate, a Itália defendendo o resultado a qualquer custo. O Sarriá está fervendo. Os espaços estão saturados. Quem os procura desesperadamente é um Éder que precisa bater um escanteio. O último. Mas está sufocado por um painel publicitário, posicionado no canto do campo com a melhor visibilidade. O da Coca-Cola. Tudo começou aí.

Mas agora não há mais tempo, não há mais espaço. Éder, que, dizia-se, comemorava por contrato em frente a seus patrocinadores, força a placa publicitária contra os fotógrafos. Dois torcedores brasileiros e alguns homens da Guarda Municipal o ajudam a afastá-lo.

Começa a última viagem da Tango no Sarriá. O perigo é aliviado por Zoff com as mãos e por Cabrini com a cabeça. Mas o zagueiro é atingido no rosto pela perna esticada de Cerezo. É falta. O banco salta: os *azzurri* se lançam para fora da trincheira. Maldini acena como um louco em direção à área italiana. Como se dissesse: "Não há mais tempo!". Telê fica impassível. Bearzot confia em seu time e coloca a jaqueta de volta. A seu lado, Altobelli e Causio. Os homens da Guarda Municipal correm para protegê-los. Um deles, mais amigável, faz um sinal com a mão, como se dissesse: "Não se preocupe, está feito". Mas é impossível seguir a ordem. A loucura toma conta do banco. Zoff toma a bola em suas mãos novamente. Klein olha para o cronômetro. Zoff rola a bola em frente de seu gol. Sócrates se atira sobre ele, mas o goleiro volta a recolhê-la.

Os capitães se reencontram no epílogo da batalha. Estão de novo um de frente para o outro. Exatamente como 90 minutos antes. Diferentes em tudo. O primeiro, equilibrado; o segundo, desajustado. Sobre os ombros, um peso idêntico, em nome da democracia. Para o brasileiro, o direito de fazer sua voz ser ouvida. Para o *azzurro*, o de poder ficar quieto. Era o capitão do silêncio. Por um momento, eles se olham nos olhos, e Zoff quase parece dizer "não" com a cabeça. Sócrates permanece petrificado, ereto em posição de sentido, como um Kouros grego. Zoff levanta a bola e a chuta em direção ao céu. Observa-a indo embora. O sol sobre o Sarriá a eclipsa por um momento. E, nesse momento, ele ouve um apito.

O Doutor aplaude. Daniel Souza, um jovem torcedor brasileiro junto à rede, ouve Gentile gritando para Zoff: "Acabou!". Talvez tenha sido o primeiro em todo o estádio a perceber. Bergomi volta o olhar para seu capitão. Scirea se vira para Klein, depois olha para Bergomi e então para Zoff. Numa fração de segundo.

Nos vestiários, o funcionário tira os olhos da tela: "Senhor, o jogo terminou 3 a 2". Tardelli, invadido por uma alegria irreprimível, sai correndo para fora. Sim, acabou! Todos os onze *azzurri* erguem os braços instintivamente. A Itália, dada como morta, bateu o invencível Brasil e será semifinalista da Copa do Mundo. Comissão técnica, reservas e massagistas *azzurri* disparam sem freio e entram em campo. Maldini pula feliz. Corre em direção a Scirea. Dá de cara com a defesa *azzurra*: Gentile, vestido com a camiseta de baixo e com a camisa de

Zico na mão direita, e Cabrini com os braços abertos. Eles se abraçam loucos de felicidade. O técnico encontra, finalmente, um sorriso no rosto de Zoff. Uma alegria louca envolve todas as coisas, esconde os medos, apaga os rancores.

Bergomi se vira para Sócrates puxando o tecido de sua camisa amarela. O capitão a despe. Para o menino Beppe, é o primeiro troféu. Marini vai até Falcão já tirando a própria camisa, mas Paulo, o mais italiano dos brasileiros, responde: "Está prometida". Observa Bruno Conti, o mais brasileiro dos italianos, que vai em sua direção. E, antes ainda de comemorar, opta por abraçar o amigo. Faz isso jogando os braços em volta do pescoço dele. Falcão abraça sua cintura olhando para o vazio. Não tem força para dizer nada. Um ano de sacrifícios virou fumaça, sua incrível recuperação no *ranking* de estima pessoal de Telê, suas atuações fantásticas, os três gols. Tudo desapareceu em minutos. E contra a seleção do país em que joga. À frente só vê desespero. Conti percebe e não tem coragem de lembrá-lo da promessa. Oferece ao companheiro uma expressão tão triste que o faz pensar, por um momento, que foi a Itália que perdeu. Então, o brasileiro tira lentamente a camisa, como um autômato, entrega-a ao amigo, recebe a azul, caminha desvencilhando-se de jogadores e fotógrafos e, sem dizer uma palavra, entra no túnel. Conti não consegue segurá-lo. Na véspera, tinha dito a si mesmo: "Que termine 2 a 2. Nós livramos a cara, e eles vão para a final". O fotógrafo Calzuola, que correu desesperadamente em direção a eles, consegue capturar a troca de camisas. E Plastino, da arquibancada, é o único a filmar o momento.

O primeiro que Bearzot corre para abraçar é Zico. Tinha sido seu treinador no jogo Argentina × Resto do Mundo, depois da Copa de 1978. Enquanto Dotchev pega a bola de volta e a segura embaixo do braço, Klein procura Rossi para apertar sua mão. O ritual da camisa se consuma em poucos segundos. Scirea a troca com Cerezo; Oscar, com Graziani; Antognoni, com Leandro. Oriali, com Éder, e depois, sem camisa e com o uniforme amarelo enrolado no punho, festeja com Altobelli.

Zico e Gentile se aproximam da passagem subterrânea. Exatamente ali, o zagueiro *azzurro* surpreende o brasileiro com uma pergunta no contrapé: "Arthur, poderia me dar, por favor, a do primeiro tempo?". Qualquer outro o mandaria para aquele lugar. No fim do jogo,

Maradona tinha fugido, furioso, do campo. Zico, por sua vez, destaca-se pela elegância. Gesticula para que o siga até o vestiário e entra no recinto sem dizer uma palavra. Gentile é o único italiano que consegue enfiar o nariz no inacreditável silêncio brasileiro. No início do jogo, tinha dito: "Vou segui-lo até o chuveiro". E agora sai do vestiário com uma camisa rasgada para voltar ao campo. Com o troféu na mão, abraça Causio e depois se agarra a Bearzot. E, no calor da comemoração, quebra a haste de seus óculos. Waldir Peres vai direto para o vestiário. Acariciando a medalha de São Judas, quem o segue é Paulo Isidoro, que partiu para a Espanha pensando em realizar um sonho, mas que terá de procurar em outro lugar.

Telê parece refugiado em outros tempos. Chegou a hora de recolher as velas e deixar o palco espanhol. Combateu sua batalha e terminou sua corrida. Mas manteve a fé. Seus homens saem de um campo que não lhes pertence mais. Os restos daquele que tinha sido o mais poderoso esquadrão do mundo se retiram "em desordem e sem esperança dos vales que haviam percorrido com orgulhosa confiança". A última carícia do sol catalão os vê desaparecer do Sarriá como sonâmbulos. Sem falar, enquanto se preenche o silêncio de sua música com uma euforia que lhes é estranha. O Brasil sempre poderá reencontrar campeões. Mas não as lendas. E a Itália acaba de derrotar uma lenda.

Em um momento mágico, Rossi e Bearzot se veem um de frente para o outro. O centroavante abre os braços e os cruza em torno do pescoço do técnico. Eles se olham sem dizer uma palavra. Pablito sorri como uma criança enquanto um emaranhado de homens os envolve. Um passo para trás Luizinho os observa e, instintivamente, os aplaude. Um homem sozinho. Três gols. Contra o Brasil. Na fase final de uma Copa do Mundo. Nunca tinha acontecido.

As bandeiras italianas tremulam. Milhares de chapéus brancos voam sobre as arquibancadas. Debruçado sobre eles, um punhado de arranha-céus cinzentos recortados contra o pôr do sol. Testemunhas silenciosas de uma tarde para recordar. Antognoni, Graziani, Cabrini e Conti estão envolvidos num só abraço. Uma ligação que não conhece fronteiras, que não tem mais bandeiras, que os unirá para sempre. São a *squadra azzurra*, e não eternos rivais. São os rapazes de Bearzot.

Os *azzurri* se dispersam em meio à sequência de abraços, enquanto Bearzot começa a descer as escadas que levam aos vestiários.

No terceiro degrau, ele é bloqueado por cima. São os microfones da RAI, de De Laurentiis e Galeazzi: "Enzo! Enzo!". Ele se vira e olha para os dois com um sorriso que lhe retira o véu carrancudo de sempre. Mexido pela façanha, ele tenta exprimir o que pode do furacão de emoções que está sentindo ("Foi um jogo excepcional, dramático"), elogia a equipe ("Uma Itália que nunca foi domada durante a partida. Poderíamos ter feito até quatro"), e não se esquece de honrar a batalha ("Eles jogaram muito bem"). Até que sua cabeça é puxada por uma mão firme, mas doce. E um beijo alcança seu pescoço. Às suas costas, distancia-se um homem de camisa cinza com o número 1 costurado entre os ombros.

Quase despercebida, uma pipa verde e amarela cai no chão. Balança algumas vezes como um peixe no convés de um barco, antes de pousar suavemente na grama. Naquele momento, Klein se aproxima da saída. Sabe que foi seu último jogo. Nunca vai arbitrar uma final: "Se o Brasil voltar para casa, Havelange vai querer um brasileiro no meu lugar. E Arnaldo Cezar Coelho é um árbitro excelente". A vitória da Itália o condena, mas ao mesmo tempo o consola: "Termino com um jogo que vai ficar para a história".

Mais alguns passos e ele não será mais um árbitro, o homem certo no meio de uma disputa. Um magistrado do campo de jogo, curto de estatura e grande no rigor. A tarde está começando a ir embora conforme o sol se põe, e mesmo um homem pequeno pode ter uma grande sombra.

Rossi alarga os cantos do rosto. Num instante pungente, percebe que este e somente este será o passado para o qual sempre desejará retornar. Então, seus olhos incrédulos vagam pelo espaço para coletar memórias. Waldir Peres, à beira desse exato momento, gostaria, em vez disso, de se jogar no nada. Suas mãos triscaram a glória. E agora, em sua cintura, pendem estúpidas e não servem para nada. Um não se esquecerá do rosto do outro. E a manhã seguinte os engolirá.

Os jogadores voltam para os vestiários. Graziani se detém por um momento, dá três passos em direção ao gramado e balança os braços para a torcida. Consome ainda a atmosfera soberba do Sarriá, abraça Causio e o aperta. O último ator a deixar o palco é ele, um *azzurro* feliz. Chamado de "Brasil". Talvez seja certo que aconteça assim. De repente, resta somente o gramado. E os torcedores enfeitiçados pelo encanto de seu manto. O coração do estádio continua a bater. "Ale-ôô, ale-ôô." Tum-tum-tum. "Ale-ôô, ale-ôô". Tum-tum-tum. O ar se enche do aroma adocicado da grama. Klein respira fundo para saboreá-lo pela última vez. E sai de cena.

Anatomia do Sarriá

Conclusão

Não estou exagerando ao dizer que
a derrota do Brasil para a Itália foi
o pior e mais perturbador acontecimento
dos meus primeiros sete anos nesta Terra.
A separação dos meus pais foi apenas um
contratempo em comparação.

TIM LEWIS
"1982: por que Brasil × Itália
foi um dos maiores jogos
de futebol de todos os tempos",
revista *Esquire*, 11 de julho de 2014

1. O menino do Sarriá

Poucos segundos depois do apito de Klein, o fotógrafo brasileiro Reginaldo Manente desvia o olhar dos jogadores. Vira-se para a arquibancada central à procura de um rosto na multidão que possa retratar o nó atado em sua garganta. Sua atenção é atraída por uma mulher. Linda e em lágrimas. No choro dela, encontra sua catarse. Nas prateleiras de casa, Manente tem três prêmios Esso, o Oscar do jornalismo brasileiro, atribuídos em função de outros retratos de figuras chorosas: o atacante Amarildo na Copa de 1962; um bombeiro apoiado por dois colegas; e uma mãe, recém-expulsa de casa, com a filha.

As lágrimas mancharam a maquiagem da mulher, que agora está tentando limpar o rosto. Manente continua com os olhos fixos nela, salta as barreiras de proteção e começa a subir os degraus para chegar o mais perto possível. Esbarra em João Havelange, a maior autoridade do futebol, mas nem percebe. Quando está a menos de dois metros do alvo, ele para. A luz está perfeita. Está prestes a disparar a máquina quando seu olhar pousa sobre a criança sentada ao lado dela. É o filho. Seu nome é José Carlos Vilella Jr. Está chorando muito. Sua família foi convidada diretamente pelo presidente da Fifa para ir à Espanha. Seu pai é advogado do Fluminense, no Rio de Janeiro, e conhecido como "o

Rei do Tapetão" por sua perícia forense. Sua mãe era a Miss Fluminense. O pequeno José tem apenas 10 anos e, nesse momento, nem percebe a presença do fotógrafo. A mulher tenta consolá-lo: "Não se preocupe, José. O Brasil não está saindo da Copa". O pequeno sabe que não é verdade. Mas olhar para a mãe o faz parar de chorar. Manente chega um pouco mais perto. "Se esse menino começar a chorar de novo", pensa, "eu tenho minha foto".

Ele vira sua câmera Reflex para cima e enquadra José. Através da lente, pode ver seus cabelos negros, a cabeça erguida e o peito estufado, cheio de orgulho da camisa amarela que está usando. O uniforme do Brasil. José inspira o ar. Está prestes a começar a chorar de novo. Nesse momento, Manente clica.

A um oceano de distância, Mário Marinho, redator-chefe da seção esportiva do *Jornal da Tarde*, tem um problema. Precisa definir como abrirá a edição da tarde do dia seguinte, quando todo o Brasil já saberá da derrota. Não pode manchetar que a seleção perdeu para a Itália com três gols de Paolo Rossi: "Preciso de algum elemento diferente". O que ele procura começa a aparecer quando o transmissor de fotografias, o dispositivo eletrônico conectado à sua linha telefônica, começa a tocar. É Manente. Está enviando 20 imagens do Sarriá. A seu lado, estão dois correspondentes, Roberto Avallone e Vital Battaglia, que acaba de pegar a foto de José — no momento em que o garoto começava a soluçar. Manente tem a confirmação de que era a fotografia que estava procurando. Em São Paulo, Marinho escolhe justamente essa imagem. Ao fazer isso, toma uma decisão ousada. Diz ao diagramador que a coloque em página inteira, na primeira do *Jornal da Tarde*, sem qualquer título. É um jornal inovador. O próprio editor incentiva seus jornalistas a serem criativos. Mas, dessa vez, o truque é ousado. Porém, está aprovado; e a capa do dia 6 de julho, apenas com a foto de José, é publicada. Aquele choro sincero consegue interpretar o sofrimento de um país, torna-se o símbolo da eliminação traumática da seleção brasileira e provoca a maior circulação da história de um dos mais importantes jornais sul-americanos. A foto vai valer o quarto Prêmio Esso a Manente. O quarto choro em sua estante.

Anatomia do Sarriá

Epílogo

"Com licença, quem ganhou?
Cheguei agora da Itália."
"Não, nada, foi um jogo… normal."
Diálogo entre um torcedor
recém-chegado ao Sarriá
e Antonio Matarrese
na saída do jogo

1. O destino de José

Quando voltou ao Brasil, o pequeno José Carlos não sabia que era tão famoso. Só percebeu quatro anos depois, às vésperas da Copa do Mundo de 1986. Um amigo da família viu a foto em um programa de televisão e o reconheceu. Os apresentadores comentaram: "Pena que o menino do Sarriá nunca foi encontrado". Nesse ponto, o pai não se fez de rogado. Ligou para o programa e promoveu o filho em todo o país por meio de entrevistas e aparições na TV. Desde então, o menino esteve envolvido em todas as evocações da tragédia do Sarriá.

Voltou aos holofotes em 1994. Brasil e Itália viram-se frente a frente de novo, no Rose Bowl, em Pasadena, na final da Copa do Mundo. A imprensa queria saber como ele reagiria, depois de 12 anos, no caso de mais uma derrota da seleção para o mesmo adversário. O pai mais uma vez aceitou com alegria a ideia e, no dia do jogo, organizou um coquetel com os jornalistas. Mas José, já com 22 anos, não queria correr o risco de voltar a ser o símbolo da dor de um país. Então, pediu refúgio na casa de um amigo e lá assistiu ao jogo. Os jornalistas iniciaram uma caçada por todo o bairro de São Conrado, batendo na porta de amigos indicados por sua mãe. Mas José conseguiu não ser encontrado. Só voltou para casa depois do pênalti de Roberto Baggio. Seu pai não lhe dirigiu a palavra durante três meses.

Passados 30 anos do jogo do Sarriá, o *Jornal da Tarde* fechou as portas. A capa do dia 6 de julho foi considerada a mais marcante para o periódico na história do jornalismo brasileiro. Ruy Mesquita, diretor do Grupo Estado, empresa que criou o jornal, chamou-o de "o maior momento do jornalismo sul-americano". Um momento que ficou gravado na memória de 120 milhões de brasileiros.

No ano seguinte, em 2013, o cartão de crédito Visa conseguiu reunir para uma campanha publicitária o carrasco e a vítima: o jogador de futebol Paolo Rossi e o espectador José Carlos. Foi um encontro intenso, durante o qual Pablito, de 57 anos, como querendo devolver a alegria que lhe tinha roubado, abraçou calorosamente o José de 40 anos.

Já o fotógrafo e o fotografado se encontraram várias vezes ao longo dos anos. São amigos, para sempre ligados pela imagem que mudou a vida de ambos. José, que é advogado, pendurou uma ampliação daquela primeira página em uma das paredes de sua casa. Um dia, os dois trocaram cópias da foto que os tornou famosos. Atrás de cada uma delas, havia uma dedicatória:

> *Para o meu amigo fotógrafo Manente.*
> *José Carlos, ex-menino chorão*
>
> e
>
> *Para o amigo José Carlos, que, apesar de estar tão triste naquele momento, me trouxe muitas alegrias.*
> *Um grande abraço do ex-desconhecido e amigo Reginaldo Manente*

2. A tragédia do Sarriá

A derrota causou, no Brasil, sofrimento e drama (foram sete infartos, quatro suicídios e um assassinato numa briga de bar logo depois do jogo). Foi equiparada à do *Maracanazo*, quando o Brasil perdeu a Copa de 1950 em casa, e hoje é lembrada como "A tragédia do Sarriá" (o rótulo foi criado por um jornalista do jornal *O Tempo*, Chico Maia, nascido Francisco Barbosa Duarte).

Depois do apito de Klein, o locutor brasileiro Fiori Gigliotti, de 54 anos, viu-se frente a frente com Telê Santana: "É tudo culpa sua. Você fez concessões demais aos jogadores!". Telê respondeu que ele era "um pobre velho". Ao entrar no vestiário, o treinador abraçou cada integrante de sua equipe: "Voltem tranquilos para o Brasil, pois o mundo inteiro aplaude vocês". Naquele momento, o preparador físico Gilberto Tim foi tomado por um profundo sentimento de perda: "Sinto como se tivesse morrido o meu parente mais próximo". E, com raiva, quebrou a porta de madeira do vestiário com um soco. Ninguém disse uma palavra. Só Júnior procurou reanimar os companheiros, lembrando-lhes o que a seleção representou naquela Copa: "Saio daqui com a convicção de que a melhor seleção vai embora somente por obra do destino". Mas quase ninguém o ouviu.

Para o controle *antidoping*, foram sorteados Paulo Isidoro e Paulo Sérgio, do Brasil, e Antognoni e Conti, pela Itália. Isidoro, num canto, ladeando a euforia dos dois italianos, ainda não conseguia acreditar. Quando se aproximaram os enviados do *Jornal do Brasil*, Antonio Maria Filho, Márcio Tavares e Marcos Penido, ele lhes perguntou: "Perdemos mesmo para a Itália?". Estava com os olhos vermelhos e a voz rouca. Até aquele momento, tinha guardado toda sua reprovação dentro de si, na esperança de voltar, mais cedo ou mais tarde, a ser titular. Mas agora que o sonho havia acabado, e pressionado por jornalistas destroçados como ele, a barragem se rompeu: "Sempre fui educado, nunca falei para criticar, mas por dentro tenho uma grande amargura. Não abri a boca para não atrapalhar o ambiente, mas agora tenho que dizer: não entendo por que o treinador me manteve como titular por dois anos para me deixar na reserva exatamente aqui. Preciso encontrar uma explicação. Nesta história, fui a maior vítima. Espero que vocês me entendam. Acho que tenho todo o direito de desabafar. E não digo isso porque perdemos. Teria feito o mesmo se tivéssemos conquistado o título". Marcos Penido vivia sua primeira experiência em Copas do Mundo. A reportagem que contou sobre o desabafo ("O amargo sabor da derrota. A doce alegria da vitória") rendeu a ele e a seus dois colegas o Prêmio Esso.

Paulo Isidoro sentiu a tentação de parar de jogar e deixou o Grêmio antes de o clube disputar o Mundial Interclubes. Poucos meses depois, seu filho nasceu. A tentação de parar reapareceu no dia da final do Campeonato Paulista entre Santos e Corinthians, em 1984. No intervalo entre o primeiro e o segundo tempo, o presidente santista, Milton Teixeira, abordou-o titubeante: "Aconteceu uma coisa ruim com seu pai". Ele respondeu: "Sem problema. Ele morreu, não foi?". Ao olhar consternado do presidente, disse friamente: "Não posso mudar o passado agora. Voltarei para o campo. A vida continua. Temos que ganhar este título". Ele voltou e jogou o segundo tempo tentando controlar os pensamentos. Terminou 1 a 0 para o Santos, gol de Serginho Chulapa a 15 minutos do fim. No apito final, ajoelhou-se. Naquele momento, dedicou o título ao pai. Após o jogo, pediu ao presidente que rescindisse seu contrato. Estava cansado. Mas depois decidiu voltar a jogar, com a camisa do Atlético-MG. Passados 30 anos da Copa, encerrou a discussão sobre o jogo do Sarriá: "Não podemos dizer que Rossi só teve sorte naquele dia. Foi graças a ele que a Itália venceu. E é justo lhe dar o crédito que ele merece".

Na entrevista pós-jogo, o técnico brasileiro, tentando explicar a queda de seu time, já havia formulado tese semelhante: "A Itália mostrou que sabe jogar bem na defesa e que é uma equipe perigosa no contra-ataque. Para tentar o empate, fomos obrigados a deixar a defesa descoberta e por pouco não sofremos outros gols". A imprensa brasileira o destroçou, acusando-o de incompetência. Não houve repórter que não pensasse em caçar um culpado. Telê já esperava: "A seleção jogou melhor hoje do que na partida contra a Argentina. Mas errou muito. E estou sereno ao declarar que também errei individualmente. Basta ver como nasceu o segundo gol dos italianos, quando Cerezo mandou a bola para os pés do adversário. Não afasto a minha responsabilidade. Também errei, todos erramos, sem dúvida". Quando questionado se já estava se sentindo campeão, não mentiu: "Estávamos confiantes. Afinal, como não estar? O trabalho foi bom, e os resultados ainda mais. Só pensávamos na final". Encerrou com uma explosão de orgulho: "Não queríamos ser apenas uma seleção confiante, mas uma seleção ousada e destemida". Foi nesse momento que Telê recebeu os aplausos dos jornalistas internacionais: "Senhor Santana, obrigado pelo futebol da sua seleção".

Passado algum tempo, os jogadores deixaram o estádio. Sócrates viu o cantor Fagner no corredor, abraçou-o, emocionou-se e subiu no ônibus. No instante em que se sentou, percebeu que perder o título lhe causou a maior frustração de sua vida. Alguns fãs espanhóis estenderam no caminho que levava à concentração uma faixa que ficou no coração da seleção: "Brasil, o melhor nem sempre vence". O presidente Giulite Coutinho fez uma reunião para agradecer a todos e elogiou Telê Santana por formar um grupo excepcional. Na ocasião, Sócrates decidiu falar em nome dos jogadores, explicando que tinham jogado como sabiam: da melhor maneira. Quando terminou seu discurso, todos estavam emocionados. Júnior disse que as lágrimas exprimiam apenas uma certeza: aquele grupo tão unido acabaria se separando. Para sempre. E assim foi.

Os ônibus das duas equipes partiram do Sarriá com ânimos diferentes. De volta ao hotel, os jogadores brasileiros receberam ligações de seus familiares. Poucos conseguiram dizer alguma coisa. Lágrimas obstruíam as conversas. A noite também foi terrível. Ninguém conseguia dormir. Falcão ficou horas debruçado na janela do quarto, olhando para a rua no escuro: "Procurei imaginar as pessoas que naquele momento dormiam em paz, sem preocupação, e aquelas que sofriam por nossa causa". Em seguida, escreveu em seu diário: "Não importa o quanto você se prepare. Você nunca está pronto para a derrota. Perdemos um jogo na hora errada, e não há explicação para isso. Nunca me senti tão triste na minha vida. Eu chorei como um bebê, e os outros jogadores também choraram: a concentração se transformou em um velório".

O cronista Ricardo Setti, com seus colegas, foi ao Mas Badó para tentar entender o que havia acontecido. Zico foi o mais severo: "Falamos pouco em campo. Este é um dos motivos da derrota. Se você chama a atenção de um companheiro, pode evitar um gol. E foi exatamente isso que faltou quando Cerezo teve a infelicidade de errar o passe. Se tivéssemos gritado, se tivéssemos avisado, talvez o destino da equipe tivesse sido diferente". Falcão, o mais lúcido: "Ao longo do jogo, a Itália não nos deu tempo para impormos o nosso jogo, fazer planos, fazer os *azzurri* entrarem no nosso ritmo".

Natan Pacanowski, o Pacheco, não retornou com a delegação, separou-se da equipe e não voltou a assumir o papel de mascote.

Sócrates, pela primeira vez, fez um pedido pessoal: o filho estava para nascer, e solicitou permissão para antecipar seu retorno.

3. **Rumo à glória**

Na noite de 5 de julho, o elenco italiano voltou ao El Castell quase na hora do jantar. Gentile, antes de se sentar à mesa, entrou no quarto, foi ao banheiro e raspou o bigode. Olhando no espelho, finalmente reencontrou o próprio rosto. Mas todos sempre se lembrariam dele com a feição do feroz Saladino que exibiu naqueles primeiros cinco jogos.

A seleção italiana encerrou o jantar sem comemorações especiais. Um brinde com uma taça de vinho branco: "Ainda não ganhamos nada".

No dia seguinte, Bearzot foi jogado na piscina por seus rapazes. Foi o único momento de euforia.

A Itália, daquele momento em diante, não errou mais nada. Rossi também não parou mais: depois dos três gols contra o Brasil, fez dois na Polônia, na semifinal, e um na final contra os alemães. Seis dias depois do jogo do Sarriá, com todo o mérito, a Itália foi campeã mundial. E os seis gols foram suficientes para coroar Rossi como o artilheiro da Copa, o melhor jogador do torneio e o Bola de Ouro daquele ano. Como ele próprio previu, em confidências com Sconcerti nos dias sombrios de Pontevedra, aqueles três últimos jogos mudaram sua vida para sempre. Em todo o mundo, a Itália significava "paolorossi". Para o bem ou para o mal: quando, logo depois do fim da Copa do Mundo, uma epidemia de gripe atingiu o Brasil, foi imediatamente batizada de "Paolo Rossi".

Cinco anos depois do jogo no Sarriá, Pablito deixou o futebol para sempre: "Parei de jogar porque sentia a necessidade de me desligar do mundo do futebol. Havia um forte desejo de administrar minha vida. Por muito tempo, foram outros que fizeram isso por mim".

Falando daquele ano dourado, Rossi repetiu várias vezes que a satisfação com os três prêmios conquistados nunca foi comparável à felicidade pelos três gols marcados contra o Brasil. "O recebimento de um prêmio não lhe dá a mesma alegria que um gol proporciona em campo. E o primeiro gol contra o Brasil foi fundamental para mim, o mais importante de toda a minha existência." Quando, em 2019, a revista esportiva *The Last Man* perguntou se ele trocaria os três gols feitos contra o Brasil por seis Bolas de Ouro, Rossi respondeu com firmeza: "Não. Passados 37 anos, você já se perguntou por que aquela Copa do Mundo permaneceu no imaginário coletivo do povo italiano? Porque foi a vitória de todos, não só do artilheiro Paolo Rossi, nem só da equipe. Essa vitória é considerada a vitória da Itália, na qual todos, sem exceção, participaram ativamente, sentindo-se parte da mesma Itália".

Marco Tardelli se recuperou da lesão sofrida no fim do jogo contra o Brasil e se mostrou fundamental na final, anotando o 2 a 0 sobre os alemães. Depois de marcar, cavalgou pelos prados do Bernabéu dando seu famoso "grito". Esse gesto significou muitas coisas. Foi a reação colérica e tresloucada a todas as acusações sofridas, mas também foi pura alegria. "Marcar em uma final de Copa do Mundo", explicou, "era algo com que sonhei quando criança e minha alegria também foi uma espécie de libertação por realizar esse sonho. Eu nasci com aquele choro dentro de mim e foi nesse exato momento que ele saiu". Aquele gol permaneceu como o último "gol *azzurro*" de sua carreira. E os passes que o precederam, trocados em plena área adversária, por um zagueiro, Bergomi, e um líbero, Scirea, derrubaram definitivamente o rótulo de futebol defensivo da Itália. A imagem do gol de Tardelli também acabou ligada à marca Ellesse, cujo painel publicitário foi colocado, dessa vez, em posição estratégica. Um sinal claro de que Dassler e Servadio haviam entrado em acordo.

Bruno Conti foi definido por Pelé como o melhor jogador da Copa do Mundo. De volta à sua cidade, Nettuno, foi saudado como um herói por uma multidão.

Marini também recebeu sua recompensa. Bearzot manteve sua palavra e o fez chegar a 20 jogos pela seleção em 16 de abril de 1983, pelas eliminatórias da Eurocopa, contra a Romênia.

A inveja dos deuses, no entanto, continuou a se abater sobre Antognoni. Após o gol injustamente anulado por Klein contra o Brasil, as chuteiras de um zagueiro polonês lhe abriram um corte no peito do pé direito, tirando-o da final, que foi forçado a assistir da tribuna sentindo a dupla amargura de ver escapar por entre seus dedos a última grande ocasião de sua carreira e a possibilidade de estar no lugar de Cabrini na hora da cobrança do pênalti. O gol contra o Brasil teria sido seu primeiro em uma Copa do Mundo. Antognoni o procurou desesperadamente na semifinal contra a Polônia, até que sofreu a falta que o tirou de ação. "É uma sina que carreguei comigo durante toda a minha vida", confessou depois com amargura. "Se Klein não tivesse anulado meu gol, aquela contusão não teria acontecido, e eu não teria perdido o jogo em Madri. É uma convicção que ninguém vai tirar de mim." Ele deixou a seleção um ano depois da Copa do Mundo da Espanha. No Campeonato Italiano, sofreu mais um grave infortúnio. Voltou a campo 21 meses e 51 dias depois. Mas não foram muitas as coisas que mudaram nesse ínterim. A Copa da Itália conquistada em 1975 permaneceu como seu único troféu de âmbito nacional. Os que ganhou pela seleção lhe foram roubados exatamente 30 anos após o triunfo espanhol. Entre eles, as 14 medalhas de ouro (uma por jogo) concedidas pela Federcalcio em função de suas atuações nas Copas do Mundo da Argentina e da Espanha, as quatro recebidas pela Eurocopa jogada na Itália, em 1980, e a relativa aos seus primeiros 20 jogos na Azzurra. Pouco antes, em 2011, Antognoni e Klein se encontraram por acaso em Tel Aviv, onde o ex-campeão *viola* acompanhava a seleção italiana sub-17. O árbitro, já idoso, assim que o reconheceu abordou-o com bom humor: "Opa! Olha quem está aqui!". Antognoni, elegantemente, deu sequência à conversa. Nenhum deles se lembrou do episódio do gol anulado.

Quando Gentile subiu os degraus do Santiago Bernabéu para receber a Copa do Mundo, cruzou com Darwin Pastorin. O abraço feliz permaneceu imortal em *G'olé!*, o filme oficial da Copa do Mundo. Os braços de Zoff prestes a levantar a taça acabaram, por sua vez, depois de uma foto de Zucchi, ilustrando um selo postal assinado por Renato Guttuso. O capitão *azzurro* se despediu do futebol um ano depois da Copa: "Não consigo defender o passar do tempo". Se 1982 permaneceu como um número mágico para ele, o mesmo não pode ser dito de 1983. Além de ter sido o ano de sua aposentadoria, foi o minuto em que, durante a Copa, sofreu o gol contra de Collovati diante do Peru, o de falta irregular cobrada por Passarella diante da Argentina, e o gol de Breitner na final contra a Alemanha.

Ele se tornou um excelente treinador e também presidente de clube, até que finalmente deixou o futebol. Como jogador, conquistou um título europeu e um mundial com a seleção, feito inédito na Itália. Quase ganhou a Eurocopa também como treinador em 2000, perdendo a final contra a França por um gol de ouro, na prorrogação, marcado por Trezeguet. A derrota despertou a ira do então primeiro-ministro italiano. "Do sr. Berlusconi", disse Zoff, "não recebo aulas de dignidade. Não é justo denegrir o trabalho alheio publicamente, não é justo que um homem que faz seu trabalho com dedicação e humildade não seja respeitado. Ele ofendeu um homem e seu profissionalismo, faltou com respeito a um trabalhador, e não posso aceitar isso. Não é uma questão de postura política; minha única política, vocês sabem, sempre foi o esporte".

Naquele dia, ele estava sentado a uma mesa numa sala de reuniões no primeiro andar da Via Allegri, na sede da Federcalcio. Quando parou de falar, os repórteres não entenderam. Até que alguém perguntou: "Mas o que isso significa? Está se demitindo?".

Ele respondeu, demonstrando contrariedade: "Claro. Sei que esta decisão vai me custar caro e que provavelmente não vou me sair bem depois disso, mas não posso deixar de fazê-lo". As mesmas palavras de Barcelona, na época do silêncio diante da imprensa.

Nunca se arrependeu: "Recebi tanto da vida. Deveria beijar o caminho por onde eu ando. Transformei minha paixão em trabalho. Joguei por muito tempo, mais do que pensava que faria. E fui feliz". E, entre todos os momentos vividos, a imagem que melhor estampou a felicidade para ele foi o beijo dado em Bearzot no Sarriá, depois de Brasil × Itália: "Naquele gesto, consegui pôr de lado o meu pudor". Ao longo da vida, sempre dirigiu palavras cheias de carinho, gratidão e admiração ao treinador: "Vencemos a Copa do Mundo só por causa dele. Todos estavam contra nós. Só um grande líder é capaz de conquistar uma Copa do Mundo dessa forma". Quando Zoff fez 70 anos e lhe pediram que se definisse com um adjetivo, ele respondeu: "Uma pessoa séria". O Hall da Fama do Futebol Internacional o colocou entre os 25 maiores jogadores de todos os tempos, ao lado de Pelé, Beckenbauer, Cruyff e Zico.

Com a vitória em 1982, a Itália se tornou a única seleção, ao lado do Brasil, a alcançar o tricampeonato mundial. Antes da partida de

5 de julho, Zico tinha declarado: "A Europa joga um futebol velho". No entanto, as primeiras quatro seleções da Copa do Mundo foram todas europeias. Itália e Polônia, duas das formações consideradas pelos jornalistas como "as mais rasas da Copa", terminaram em primeiro e terceiro lugares, respectivamente, batendo Alemanha e França nas finais correspondentes e contradizendo toda a falação e os rios de tinta gastos pelos cronistas. Depois da final contra a Alemanha, foi Enrico Mentana, de 27 anos, filho de Franco, quem deu a notícia na TG1.

Pouco depois, às 22h45, Giampiero Galeazzi para a TG1, Gianfranco De Laurentiis para a TG2 e Carlo Nesti para a TG3 posicionaram-se em frente à entrada do estúdio da RAI, prontos para dividir os três minutos cada um com Bearzot. O técnico campeão mundial apareceu um quarto de hora depois, acompanhado pelo dirigente Vantaggiato. Abraçou os dois primeiros, concedendo-lhes o tempo estabelecido, mas quando chegou a vez de Nesti levantou-se e saiu. Muitos meses depois, ao receber uma carta do jornalista, explicou-lhe que não tinha nada contra ele, mas que, na ocasião, ele representava o *Il Processo* de Aldo Biscardi, programa televisivo da RAI que tantas vezes o havia atacado.

Após a entrevista coletiva, Mario Sconcerti olhou para o campo para desfrutar uma última vez dos ares de um Santiago Bernabéu já deserto. De repente, Bearzot apareceu. Entre 1.000 perguntas, o jornalista sacou uma que o vinha perseguindo fazia tempo. A mais pessoal.

"Faço parte dos mocinhos ou dos bandidos? Não descobri ainda."

Bearzot estava exausto, mas teve forças para animá-lo.

"Não se preocupe, você é incapaz de ofender."

Sconcerti tentou fazê-lo entender que sentimentos tão mortais não eram úteis a um homem que havia entrado para a história. Mas foi imediatamente rechaçado por Bearzot.

"Não esqueço quem me ofendeu. Tenho muito respeito pelos valores humanos."

"Mesmo que agora derramem mel em todas as linhas?"

Bearzot permaneceu fiel a si mesmo.

"Acredite em mim: eu me afogo nesse mel, de tanto asco que me dá."

Depois da final de Madri, Zoff permaneceu mais tempo no Santiago Bernabéu que seus companheiros: concedeu entrevistas, deu suas luvas ao fotógrafo Giuseppe Calzuola e voltou ao hotel no furgão do roupeiro da seleção. Gaetano Scirea estava esperando por ele. Eles comeram apenas um lanche, acompanhado de uma bebida. "Pareceu tolice para a gente comemorar de forma muito exagerada", disse o capitão depois, "como, por exemplo, indo dançar. Seria como macular o momento". Eles voltaram para o quarto e se afundaram na cama, cansados, atordoados e entorpecidos de tanta felicidade. E desfrutaram do triunfo dessa forma. "Até a última gota. Porque nada como o esporte para nos dar uma alegria assim. Mas ela dura só um instante, e você tem que conseguir fazer esse instante perdurar no seu coração."

Mas, para a Itália, aquela noite no Santiago Bernabéu foi uma festa inesquecível. O presidente Pertini e o técnico Bearzot se entrelaçaram em um abraço que hoje é o retrato de um mundo que não existe mais. Pertini presenteou Bearzot com um cachimbo de Mauro Armellini e levou os *azzurri* de volta à Itália no avião presidencial. Foi nele que se disputou o famoso "*scopone* científico" entre Bearzot-Pertini e Causio-Zoff. Pertini nunca quis erguer a taça: "Ela é dos jogadores, eles é que a conquistaram!".

Para comemorar a vitória, porém, no dia seguinte à final, o presidente convidou toda a delegação italiana ao Quirinale.[1] Quando o chefe do cerimonial o informou da disposição dos convidados ("ministro Signorello à sua direita, Carraro, presidente do Coni, à sua esquerda"), Pertini reagiu: "Signorello e Carraro de novo? Este é o almoço em homenagem aos campeões mundiais: eu quero Bearzot à minha direita e Zoff, o capitão, à minha esquerda". À mesa, perguntaram-lhe que cara tinha feito o chanceler alemão Helmut Schmidt: "Parecia um cão espancado. Mas outro que parecia surrado era o Kissinger. Ele sofreu no jogo porque, vocês devem saber, rapazes, Kissinger torceu pela Alemanha".

Gentile, Tardelli, Scirea e Causio deixaram o futebol no mesmo dia, em 1º de novembro de 1988, num jogo entre a Itália de 1982 e os melhores do mundo.

Gentile ainda tem a camisa usada por Zico em 1982. A propósito do famoso rasgo, ele que, entre outras atividades, trabalhou com tecidos em Como, explicou: "A textura não era das melhores". Uma trama fina, em forma de colmeia, de desenho largo, na qual uma unha

---

1 Localizado em Roma, o Palácio Quirinale é a residência oficial do presidente da República da Itália.

ficou presa. Ele sempre foi considerado um zagueiro implacável (no *ranking* dos jogadores mais duros do mundo, feito pelo jornal inglês *The Times*, ficou em oitavo lugar, seguido por Bergomi e Tardelli), mas injustamente: "Nunca fiz mal a ninguém, todos os atacantes que marquei jogaram a partida seguinte". Na verdade, em toda a sua carreira, foi expulso apenas uma vez por colocar a mão na bola no meio de campo. No jogo contra o Brasil, foi advertido quando a bola estava parada. Zico sempre admitiu que sua marcação tinha sido dura, mas não desleal: "Gentile cumpriu seu dever". Os dois são amigos até hoje. No dia 25 de março de 2017, apresentaram-se juntos durante o programa de televisão *Dançando com as estrelas*, somando a pontuação máxima.

4. Os camisas pretas

Como o próprio Abraham Klein havia previsto, Brasil × Itália foi seu último jogo como árbitro. Arnaldo Cezar Coelho foi o escolhido para a final, escalação apoiada pelo presidente da Fifa, João Havelange, como compensação pela eliminação prematura da seleção verde-amarela. Artemio Franchi quis igualmente prestar uma homenagem ao árbitro israelense, designando-o como bandeirinha na decisão, para fazê-lo respirar a emoção de uma final de Copa. Foi uma espécie de compensação pelo último jogo da Copa de 1978, que o esperava e, no fim, foi-lhe negado.

Em todo caso, não poderia ter encerrado sua carreira de árbitro de outra forma. Havia apitado jogos de Itália e Brasil toda a sua vida: a Itália em seu primeiro jogo internacional, em Roma, contra a Polônia, em 1965; a seleção brasileira, depois de ter arbitrado no jogo de 1968 contra a Espanha, também esteve presente no dia de sua estreia em Copas do Mundo, no México, em 1970, na partida contra a Inglaterra. Em seguida vieram Brasil × Escócia e Brasil × Portugal, em 1972; Itália × Inglaterra e Rússia × Brasil, em 1976; Itália × Argentina e Brasil × Itália, em 1978; e Itália × Iugoslávia, em 1980. Sem mencionar o confronto de 1979, Argentina × Resto do Mundo, uma equipe comandada por Bearzot, que incluía quatro italianos (Cabrini, Tardelli, Rossi e Causio) e três brasileiros (Leão, Toninho e Zico).

David Miller no *The Times*, durante a Copa do Mundo da Itália, em 1990, chamou-o de "o melhor árbitro dos últimos 20 anos". Portanto, o melhor absoluto de sua geração. Os brasileiros, incluindo Zico, reclamam ainda hoje do pênalti não dado pela camisa rasgada por Claudio Gentile no primeiro tempo. Quando Klein esteve no Brasil alguns anos depois do jogo, a Rede Globo o perseguiu por todos os lados durante quatro dias perguntando apenas sobre esse episódio. Ele, por fim, respondeu: "Vocês esquecem que houve um impedimento, o auxiliar levantou a bandeira e, portanto, o lance foi anulado". A propósito, Klein ganhou nota 9,2 na partida, a mais alta de todos os tempos para um árbitro em um jogo de Copa do Mundo.

Em 2009, o *08397B*, documentário dedicado à turnê do FC Bayern Hof por Israel, em 1969, contou a história de sua arbitragem no primeiro jogo do pós-guerra disputado entre um time judeu e um alemão. Em 2016, por ocasião dos seus 82 anos, Klein foi entrevistado pelo repórter Uzi Dann do *Haaretz*. O jornalista esteve em Haifa, num pequeno apartamento com vista para o mar, entre fotos e lembranças: bandeiras, revistas, emblemas, gravatas, escudos, canecas, apitos e vários troféus. Lá estava a bola de Inglaterra × Brasil, a mesma que Pelé e Moore, Tostão e Charlton chutaram em 1970 e que, disparada pela cabeça do Rei, foi espalmada por Banks na "defesa do século". E a bola da final de 1982. E também, dentro de uma sacola plástica de supermercado, a do histórico Brasil × Itália. Uzi Dann pediu para tocá-la. Suas mãos tremiam. Ao encostar na bola com a qual Paolo Rossi fez os três gols, sentiu uma das emoções mais fortes de sua vida: "Se o futebol é uma religião, eu toquei na Arca da Aliança".

Em 2014, Klein tentou doar sua incrível coleção, sem encontrar interessados. Mas ele — como disse a Dann — não queria suas lembranças trancadas em um apartamento particular. Queria ver sua coleção em um museu, para que todos pudessem admirá-la, inclusive gerações seguintes às dos jogos de sua vida. A intenção de educador permanecia intacta.

Ao não encontrar ninguém, Klein colocou em novembro de 2016 seus objetos em leilão no eBay, incluindo os de Brasil × Itália. O uniforme preto (Adidas, feito na França, 100% poliéster), o apito (Balilla/2 G. Baldi, Florença), o *patch* de tecido com o logotipo da Fifa, o cartão amarelo, o relatório do jogo, a bola Tango e o relógio digital (marca Seiko Sports 100 Fifa, número de série 120303). Poucos meses depois, a Fifa, por meio do jornal *Haaretz*, soube do leilão e finalmente entendeu a condição de raridade das lembranças de Klein. Moritz Ansorge, curador do Fifa Football Museum, pediu a Klein que encerrasse o leilão do eBay para que a instituição pudesse adquirir toda a coleção.

No início de julho de 2017, 35 anos depois do jogo Brasil × Itália, o árbitro Abraham Klein e sua esposa Bracha foram pessoalmente a Zurique para levar o uniforme que ele usou naquele dia e a bola do jogo. Ele a tocou pela última vez e depois a entregou a um animado Ansorge: "É um tesouro incrível que tenho em minhas mãos". Em honra desse legado, no dia 25 de outubro de 2017, às 19h30, o Fifa World Football Museum homenageou Klein diante do presidente da Associação Israelense de Futebol, Ofer Eini, do presidente da comissão dos árbitros, Uzi Itzhaki, e do prefeito de Haifa, Yona Yahav. O sonho de ver sua coleção em um museu se tornou realidade.

Seu filho Amit tinha retornado a salvo da guerra do Líbano, seguiu seus passos e se tornou igualmente árbitro profissional.

O árbitro búlgaro Bogdan Dotchev, quatro anos depois do Brasil × Itália, foi o bandeira de Argentina × Inglaterra no estádio Azteca, na Cidade do México. De sua linha, viu "o gol do século" e validou o gol com "*la Mano de Dios*". Ambos marcados por Diego Armando Maradona.

Em 2014, o búlgaro admitiu ter visto a irregularidade cometida por Maradona, mas disse não ter sido capaz de denunciá-la ao juiz da partida porque, na época, as orientações da Fifa permitiam ao auxiliar dar seu parecer sobre um lance apenas se fosse consultado pelo árbitro principal: "Na ocasião, o juiz Ali Bin Nasser validou o gol sem sequer olhar para mim". Uma reconstrução negada, no entanto, pelo árbitro tunisiano: "Não foi minha culpa. Naquela Copa, os auxiliares não eram tão considerados como agora. Cabia ao árbitro decidir tudo. Então, a Fifa nos deu um conselho: só escute o bandeira se ele estiver em uma posição melhor do que você. Tive algumas dúvidas, mas vi Dotchev correndo para o meio de campo e tive que seguir. Dotchev me culpou? Ele também foi enganado pela mão do Shilton". Em razão desse gol de mão, Dotchev morreu (em 29 de maio de 2017) atormentado pelo remorso. Sua esposa Emily, um ano depois, revelou ao *The Sun* que a falha tinha arruinado a vida de seu marido. Depois do erro, de fato, ele escreveu no verso de uma foto do craque argentino "Maradona é o meu coveiro". "Aquela Copa do Mundo", disse a mulher, "arruinou nossas vidas, porque Bogdan se isolou de todos, e seus amigos já não nos cumprimentavam mais: para nós não foi 'a Mão de Deus', mas um chute nos dentes". A viúva Dotchev atribuiu a responsabilidade a Bin Nasser, culpado de ter ordenado ao marido: "Não faça nada, deixe todas as marcações comigo". E então o mundo conheceu "*la Mano de Dios*" e Dotchev se tornou o bandeirinha que não a viu.

Para o outro bandeirinha, Thomson Chan Tam-Sun, a Copa de 1982 permaneceu como o auge da carreira. Apesar de ter o título de único árbitro de Hong Kong a ter participado de uma Copa do Mundo, o torneio na Espanha acabou sendo um péssimo negócio para ele. Desde sua convocação, pensava em recusar o convite, porque tinha recebido uma excelente oferta de trabalho. Quando voltou para casa, depois do Brasil × Itália, o emprego já tinha sido atribuído a outra pessoa. Mas, se ainda hoje ele é lembrado, é só por causa da Copa do Mundo.

5. O avião do *scopone*

O avião que levou para casa a seleção campeã mundial de 1982 esteve no centro de um forte debate entre 2013 e 2016. A aeronave histórica do "*scopone* científico" entre Pertini, Bearzot, Zoff e Causio foi o McDonnell Douglas DC9-30 dos militares da Força Aérea, adquirida em 1974 com fundos do gabinete do primeiro-ministro e utilizada pelo 31º esquadrão para transporte médico e pessoal.

Sua história esconde uma mentira. Começa no fim de 1973, quando, para atender à necessidade de dotar o Estado-maior de uma frota mais moderna, o governo italiano decidiu adquirir duas aeronaves DC9-30 novas. Eram praticamente idênticas às destinadas ao mercado civil, mas com a cabine de passageiros modificada para o transporte de personalidades importantes. A capacidade foi reduzida para 45 passageiros para permitir que as duas aeronaves oferecessem um conforto consideravelmente maior. O espaço vazio localizado na parte dianteira da fuselagem foi, então, transformado para a criação de duas salas reservadas.

Para o pedido de compra, apresentado à McDonnell Douglas não pelo Ministério da Defesa, mas diretamente pela Presidência do Conselho de Ministros, 6 bilhões e 900 milhões de liras foram alocados do orçamento de 1973. A gestão dos valores, contudo, foi inteiramente confiada à Força Aérea através do General Staff Flight Department (RVSM) de Roma-Ciampino. Em sua história, os aviões conduziram em viagens três presidentes da Itália — Pertini, Cossiga e Scalfaro —, um papa — João Paulo II — e uma Copa do Mundo. Uma das duas aeronaves foi desativada pela Força Aérea, em 2001, e vendida primeiro para a Boeing, como parte do pacote de aquisição de tanques KC-767, depois para a Alitalia, em 2007, quando foi transportada, por vias urbanas, do aeroporto Ciampino para o Fiumicino. Já não tinha condições de voar e por isso foi destinada à escola de manutenção da empresa e à formação dos seus técnicos.

Em 2010, a frota foi renovada, e a Alitalia decidiu equipar a escola com um aparelho mais moderno e, portanto, mais adequado a seus treinamentos. O DC9 acabou, então, substituído, e a Alitalia, não querendo desmontá-lo, manteve-o em Fiumicino, estacionando-o na praça em frente ao hangar Avio 5 do aeroporto Leonardo da Vinci, onde ocupava uma baia completa de manutenção.

A Alitalia foi a primeira a entender que não poderia se livrar daquele pedaço da história e, ao longo dos anos, tentou doar o avião a entidades interessadas em preservá-lo e valorizá-lo. Entre 2013 e 2015, três instituições distintas (um museu, uma empresa e um curso de formação) mostraram interesse, mas, no fim, assustadas com a complexidade das operações de transporte, desistiram de concretizar os projetos. Diante da impossibilidade de doar o equipamento, a Alitalia foi obrigada a cogitar a hipótese de sucateamento. "Há anos que tentamos salvaguardar aquilo que se tornou um símbolo do nosso país", disse o presidente da empresa, Luca Cordero di Montezemolo, presente ao Sarriá, de Barcelona, em 5 de julho de 1982. "Estamos prontos para doá-lo, mas até agora não encontramos ninguém disponível. Temos tentado salvá-lo desde 2010, em busca de compradores, mas os que inicialmente manifestaram interesse deram um passo atrás."

De qualquer forma, os executivos da Alitalia se declararam confiantes: "Não levaremos esta questão adiante sozinhos". Eles então fizeram contato com a FIGC. A ideia era guardar pelo menos um pedaço daquela página histórica do futebol italiano: a sala que abrigou os jogadores de cartas, quatro poltronas e uma mesa de madeira, recriando o cenário icônico dentro do Museu do Futebol de Florença. Ainda era uma hipótese embrionária, mas começou a ganhar corpo nos círculos mais altos da Via Allegri. O responsável pela área do esporte no Partido Democrata, Luca Di Bartolomei, também interveio no assunto, fazendo um apelo às duas partes envolvidas: "Seria bom se a Alitalia desmontasse esse pedaço da história do esporte e a FIGC encontrasse um lugar para recriar a cena dentro do Museu do Futebol de Florença". Mas a hipótese acabou em espuma.

Assim, começou uma corrida contra o tempo. Toda a Itália se mobilizou. A web se tornou o centro principal para a polêmica. Havia quem considerasse vergonhoso abandonar um pedaço da história; outros viam como vergonhoso preservá-lo enquanto o país vivia uma das piores crises econômicas de sua história. Em 17 de março de 2016, a Alitalia finalmente conseguiu um acordo com a Fundação do Museu Aeronáutico Volandia e, quatro meses depois, o avião passou a ocupar um espaço adjacente ao Aeroporto Milão-Malpensa, o único capaz de preservá-lo em sua totalidade. O pedaço de história, prometeram, logo seria mostrado a todos. "Estamos muito contentes por esta história ter terminado da melhor maneira", comentou Montezemolo. "A Alitalia sempre procurou evitar que um símbolo da memória nacional se perdesse." Referindo-se ao famoso registro, disse: "Naquela foto estão representadas algumas das figuras mais queridas e amadas por todos os italianos". A empresa agradeceu, dessa forma, a todos os que generosamente se ofereceram para proteger um pedaço da história do país.

Mas, na realidade, o fator épico distorceu o enredo. O primeiro dos dois DC9-30 militares, matrícula MM62012, chegou a Ciampino no primeiro semestre de 1974, seguido algumas semanas depois do segundo modelo, matrícula MM62013. Este último, em 8 de fevereiro de 1999, estava estacionado no aeroporto Vnukovo de Moscou à espera de levar o primeiro-ministro Massimo D'Alema de volta a Roma após uma visita à capital russa. No mesmo aeroporto, o presidente Boris Yeltsin tinha acabado de desembarcar de Amã. A asa de seu avião militar russo VIP Ilyushin II-96 danificou violentamente a cauda da aeronave italiana durante a fase de taxiamento. Após esse incidente, o primeiro-ministro russo Primakov minimizou: "Nossos dois países são tão próximos que nossos aviões também sentiram a necessidade de se encontrar". Então, Primakov presenteou D'Alema com uma maquete de avião. Mas o DC9 permaneceu no chão, ferido, para nunca mais levantar voo. Seu reparo foi orçado em montante muito mais alto do que o valor residual do equipamento. Ele foi, portanto, "forçosamente" desativado e, em seguida, desmontado no local. Era o "avião da Copa", com a sigla de registro MM62013. As mentes de todas as partes envolvidas giraram durante anos em torno de um avião que não era o que se pensava ser.

A aeronave que, por sua vez, havia levado os *azzurri* para a Espanha (da Alitalia, Boeing 727-243/Adv I-DIRS cn 22168/1770 Cidade de Sulmona, entregue à companhia aérea em 3 de setembro de 1981 e depois desativada em favor da People Express, em 1985, passada à Continental Airlines em 1987, e à Hinduja Cargo Services em 1997) caiu em uma colina em 7 de julho de 1999, depois de ter decolado do Aeroporto Katmandu Tribhuvan, no Nepal, matando os cinco membros da tripulação. Curiosamente, as aeronaves de ida e volta da seleção italiana pararam de voar no mesmo ano, num intervalo de cinco meses.

6. No vagão dos vencedores

No dia seguinte ao jogo do Sarriá, as tiragens da *Gazzetta dello Sport* e do *Corriere dello Sport* ultrapassaram 1 milhão de exemplares, e o *Tuttosport* quebrou a barreira dos 400 mil. Em 6 julho de 1982, parte dos jornais italianos usou a manchete "O Brasil somos nós". O *Corriere dello Sport-Stadio*, que na véspera havia titulado "Avante, Brasil!", saiu-se com um "Perdão, Brasil!". A *Gazzetta* veio em letras garrafais: "Fantástico!". O *La Repubblica*, pela primeira vez, concedeu grande espaço ao futebol em sua primeira página ao dar o título "A Itália na bola". Guglielmo Zucconi comparou a vitória italiana à façanha de Gino Bartali no Tour de France de 1948. "A habilidade italiana derruba a arte brasileira" foi a manchete do *The Times*. Enquanto isso, o *El Periodico* propôs: "Vamos transformar o Sarriá em um museu. Foi um dos melhores jogos da história da Copa do Mundo. Há anos que não vemos futebol assim. Bearzot é um treinador notável". Ao mesmo coro se juntou também o futuro ganhador do Prêmio Nobel, Mario Vargas Llosa, que no *Corriere della Sera* elogiou os tão criticados, também por ele, jogadores italianos: "Seria uma injustiça descomunal dizer que a equipe de Enzo Bearzot venceu o jogo porque a de Telê Santana jogou mal". Anos mais tarde, o jornalista espanhol Quique Peinado, referindo-se ao Brasil, escreveu: "A Copa do Mundo de 1982 teve aquela que para muitos foi a melhor seleção de qualquer país em qualquer época da história do futebol, e certamente a seleção mais forte que já participou de uma Copa sem conquistá-la".

Poucos dias depois do jogo, descobriu-se que o repórter do *Avvenire*, Bruno Amatucci, tinha convencido Bearzot, durante a longa noite da véspera, a colocar Gentile, em vez de Tardelli, para marcar Zico. O diretor do jornal de esquerda *L'Unità*, Emanuele Macaluso, deu-lhe os parabéns. O elogio público de um comunista a um católico foi mais um milagre da Copa do Mundo.

Com a vitória na Copa, as vendas dos periódicos aumentaram ainda mais. A *Gazzetta dello Sport* alcançou a tiragem de mais de 1 milhão e 400 mil exemplares; o *Corriere dello Sport* vendeu 1 milhão e 600 mil, um recorde imbatível entre todos os jornais italianos. Giorgio Tosatti, para ganhar tempo, havia escrito seu artigo no dia anterior. A circulação recorde também foi possível porque o *La Repubblica*, com o qual o jornal esportivo compartilhava a gráfica, não ia às bancas às segundas-feiras. O *Guerin Sportivo* ultrapassou 300 mil exemplares. O editorial de Oreste del Buono ficou célebre: "Bearzot não errou um nome sequer, uma marcação, uma mexida. Percebo que estou escrevendo besteira. Paro, é a noite de um verdadeiro triunfo nacional. Na Itália, dizem, está acontecendo algo que se assemelha a todos os feriados nacionais juntos, o 24 de maio, o 28 de outubro, o 25 de julho, o 25 de abril,[2] e assim por diante, então, amanhã vamos acordar deste

2 O dia 24 de maio marca o aniversário da entrada da Itália na Primeira Guerra Mundial, em 1915, quando os italianos declararam guerra ao Império Austro-húngaro.
Em 28 de outubro, é recordado o fim da Marcha sobre Roma, manifestação organizada pelos fascistas e que oficializou a ascensão de Benito Mussolini ao cargo de primeiro-ministro do país, em 1922.

verdadeiro sonho ante uma realidade, aliás, uma irrealidade de merda. Não temos um centavo. Paciência. Façamos esta noite durar. Ela nunca deveria acabar". Esses números marcaram o início do grande *boom* editorial da década de 1980. Os jornais esportivos dobraram suas tiragens habituais e alcançaram o maior público de todos os tempos. Mas, para satisfazer uma audiência cada vez mais ávida por notícias, começaram a elevar o tom e diminuir a qualidade.

Se os editores se regozijavam, os jornalistas italianos foram os grandes derrotados daquela Copa do Mundo. No dia seguinte ao jogo contra o Brasil, alguns correram para dar explicações ou justificativas ("É apropriado um esclarecimento aos leitores...", escreveu Carlo Grandini no *Corriere della Sera*). A maioria, porém, começou a pular para dentro da carruagem de Bearzot com a maior desfaçatez, exibindo a típica arte de sobreviver à italiana. Poucos se desculparam: Claudio Carabba escreveu no jornal *Nazione*: "Lamento ter duvidado da inteligência de Enzo Bearzot, que eu considerava um pobre homem, mas que era um líder indestrutível [...]. Lamento ter humilhado e ofendido Paolo Rossi [...]. Por fim, lamento ter zombado repetidamente dos 40 anos de Zoff, um magnífico e venturoso capitão, que [...] evitou a tragédia voando para defender a bola golpeada pela cabeça de um brasileiro cujo nome não quero nem saber". Não foi o único mea-culpa. "Vamos reconhecer abertamente", escreveu Candido Cannavò na *Gazzetta dello Sport*, "que a grandiosidade do que aconteceu compõe-se também do nosso estupendo remorso". "Depois de tê-lo criticado tão duramente", escreveu o crítico mais amargo de Bearzot, Giorgio Tosatti, no *Corriere dello Sport*, "vamos tirar o chapéu e pedir desculpas a ele. Perde amistosos, comete erros, mas, no momento que conta, seu time prospera, sua teimosia se mostra sábia; suas escolhas, corretas; suas táticas, acertadas. Seria covarde não lhe dizer que ele estava certo".

Bearzot, por sua vez, na entrevista coletiva após o jogo final, não quis se vingar de ninguém. "E isso também", escreveu Giampiero

---

Em 25 de abril, celebra-se a Festa da Libertação, lembrança do dia em que a Itália se livrou do nazifascismo, em 1945, já no fim da Segunda Guerra Mundial.

Em 25 de julho, os italianos comemoram o aniversário da deposição e da prisão de Mussolini, ordenada em 1943 pelo comando do Grande Conselho do Fascismo, órgão do Partido Fascista que governava o país. Depois, Mussolini chegou a ser salvo por Hitler durante a ocupação dos alemães, que lhe deram proteção.

Masieri no *Nazione*, "é um modo de vencer". Roberto Renga, repórter estreante na Copa de 1982, admitiu em 2008: "Como categoria, erramos completamente na avaliação da seleção italiana".

A Itália, ao conquistar o título, conseguiu desbancar todos os críticos, e os jornalistas italianos fizeram um papelão mundial. Antes de 1982, a pena doía mais que a espada, os cronistas promoviam julgamentos, desafiavam tudo. Desde então, porém, a palavra de ordem se tornou "cautela". A imprensa tem o cuidado de não fazer previsões e, pelo menos nos jornais, a Itália muitas vezes permanece entre as favoritas.

Brera se lembrou da aposta. "Pois, então, vestirei o hábito dos flagelados", escreveu no *La Repubblica* depois do jogo, "e acompanharei a procissão de San Bartolomeo, em agosto, na minha cidade". Promessa que, é claro, não cumpriu. Consultando o calendário popular da Lombardia, percebeu que, felizmente para ele, a procissão havia sido abolida havia anos. Conseguiu mais uma vez apostar, perder e não pagar a promessa.

No Sarriá, Michele Plastino conseguiu imortalizar com exclusividade as primeiras declarações de Falcão, Sócrates e Zico, bem como de Sordillo e Matarrese, à saída do estádio. Também captou a alegria inesperada dos repórteres da RAI, um então sem voz Gianfranco De Laurentiis e um suado Beppe Viola: "Sinto que estou enlouquecendo. Finalmente perdi dez quilos". "Dez anos também", respondeu Plastino. "Eu ganhei dez anos!" Não foi assim, infelizmente. Após o verão da Copa, uma súbita doença pôs fim à curta e deslumbrante vida de Beppe. Ele dizia brincando que só tinha um sonho, o de conhecer pelo menos um albanês. "Como será possível? Nunca se viu um deles na Itália." Mas lhe bastaria ter vivido um pouco mais: nove anos depois, a bordo de navios mercantes e de todos os tipos, milhares de refugiados que tentavam escapar da ditadura e da crise, começaram a chegar ao porto de Brindisi, em busca de um futuro melhor.

Seis meses depois do jogo, em 3 de janeiro de 1983, o coração também se revelou fatal para o fotojornalista João Batista Scalco, o "Van Gogh dos Pampas" que imortalizou a comemoração de Falcão, transformando-a em uma imagem icônica. Aos 32 anos, ele deixou dois filhos, Mariano e Juliana. Uma rua do Rio de Janeiro é dedicada a ele. Depois da Copa, também se foi Jurema, a mulher que, segundo a imprensa carioca, tinha tido influência mística nas duas convocações do marido Roberto Dinamite para o torneio.

Dentro de alguns poucos anos, vias de asfalto levaram embora o diplomático Artemio Franchi, o tímido Scirea, o *Arcimatto* Brera, o simpático Dirceu. Cinco anos depois da Copa espanhola, o diretor do *Tuttosport*, Pier Cesare Baretti, morreu em um acidente de avião.

Fabio Fazio, aquele que aos 17 anos havia se escondido nos arbustos de Alassio, ganhou já adulto enorme popularidade com um programa dedicado ao futebol aos domingos. Ao batizá-lo, quis homenagear o repórter Beppe Viola, o homem que o acobertou em 1982, chamando-o de *Quelli che... il calcio* (*Aqueles que... o futebol*), parafraseando o título de sua canção mais famosa, "Quelli che..." (cantada por Enzo Jannacci, que nunca, porém, a creditou ao amigo jornalista).

Desde a final de 1970, Nando Martellini esperava o momento de poder gritar sua alegria. Esperou por três Copas do Mundo. E, como se quisesse fazê-lo também em relação às outras duas edições do torneio, ao apito final, em 1982, com a voz rouca pela emoção, gritou três vezes: "Campeões mundiais, campeões mundiais, campeões mundiais".

Pouco depois da Copa, Paolo Samarelli se demitiu do *La Repubblica*. No mesmo dia, Mario Sconcerti, chefe das páginas de esportes, pediu-lhe que ficasse. Após quase uma década, portanto, ingressou assim na corte de Scalfari como jornalista profissional, tornando-se posteriormente chefe do setor gráfico, função da qual se demitiu em 2013, depois de 32 anos trabalhando no jornal. Suas *moviolas* da época do *Guerino* são objetos de culto entre os colecionadores. Ele não conservou nenhum esboço original.

O finlandês Juha Tamminen continuou seguindo a Itália até a final. No ano seguinte à Copa, tornou-se fotógrafo profissional. Participou de outras quatro edições do torneio (1986, 1990, 1994 e 1998), entrevistou Pelé e fez mais de 100 mil fotos. Não acompanha mais o futebol. Seu maior arrependimento está relacionado à "*Mano de Dios*" de Maradona: ele abaixou a câmera quando a bola estava voando: "Foi o erro da minha vida".

Quatro anos depois da Copa, um dos quatro enviados do *La Repubblica*, Oliviero Beha, junto a Stefano Chiodi, argumentou que o empate entre Itália e Camarões tinha sido fruto de um acordo. A hipótese, apoiada em depoimentos tidos como pouco fiáveis, sobretudo o de um cozinheiro que teria agido como intermediário entre os repórteres e alguns jogadores camaroneses, nunca foi comprovada, mas deu ao jornalista grande fama. Quando ele morreu, em 2017, foi mais lembrado por sua investigação sobre o chamado *Mundialgate*.

7. O destino dos poderosos

O governo de Spadolini terminou no mesmo verão de 1982 (em 22 de agosto), devido ao que ele próprio rebatizou de "Briga das esposas" (entre os dois ministros ligados à economia em seu governo, o democrata cristão Nino Andreatta, do Tesouro, e o socialista Rino Formica, das Finanças). No dia seguinte, Spadolini reconstituiu um governo perfeitamente idêntico ao anterior (o "Spadolini-bis"), mas em novembro teve que renunciar devido ao afastamento do PSI, de Bettino Craxi. Tornou-se ministro da Defesa no primeiro e no segundo dos dois governos presididos por Craxi. Relegado a segundo plano após a aliança entre Craxi, Andreotti e Forlani, não voltou a participar dos demais acertos governamentais do Pentapartito.[3] Tornou-se presidente do Senado da República e foi nomeado senador vitalício. Em 1994, poucos meses depois de mais um decisivo Brasil × Itália, foi indicado de novo para a presidência do Senado na legislação que marcava o início da Segunda República. Perdeu por apenas um voto. Era o fim de uma era, a sua. E ele, então, morreu (duas semanas depois da final de Pasadena). Foi um dos poucos políticos do setor governamental a nunca terem sido afetados pelas investigações da Operação Mãos Limpas. Considerado um dos melhores estadistas italianos, teve a clarividência de sugerir um 1982 de marca *azzurra* à memória coletiva dos italianos.

Após a conquista da Copa do Mundo na Espanha, Bearzot se tornou diretor de todas as seleções da Federcalcio, enquanto Italo

3 Coalizão de cinco partidos formada em 1981 e dissolvida em 1991. Formavam o Pentapartito o Democracia Cristã (DC), o Partido Socialista (PSI), o Partido Socialista Democrático (PSDI), o Partido Republicano (PRI) e o Partido Liberal (PLI).

Allodi foi afastado do Centro Técnico de Coverciano. Os 15 anos de silêncio entre os dois terminaram seis anos depois, exatamente em Coverciano, com um abraço comovente. Envolvido e depois absolvido no dilacerante segundo episódio relativo ao escândalo das apostas, Allodi passou seus últimos anos em grande amargura, vivendo no esquecimento seu melancólico crepúsculo. Morreu em uma clínica em Florença, vítima de parada cardíaca, em 3 de junho de 1999, aos 71 anos, levando para sempre consigo a glória de sucessos monumentais (da Inter de Angelo Moratti e Helenio Herrera à construção do Napoli de Maradona, passando pelo ciclo da Juventus do início dos anos 1970) e a sombra de mistérios insondáveis.

O desgaste físico e emocional decorrente do cargo de presidente do Real Comitê Organizador da Copa custou a Raimundo Saporta sua saúde, uma depressão e, por fim, a vida. A profecia de Bernabéu ("A cadeira mais alta lhe causará somente dor") tinha se tornado realidade. Saporta sempre evitou qualquer protagonismo em toda a sua vida, abriu uma exceção apenas para a Copa do Mundo, mas nunca mais voltou a ser o mesmo. Poucos meses depois do torneio, pediu aposentadoria do Banco Exterior de España. Mais tarde, a iminência do fim o levou a exteriorizar um balanço de sua existência: "Fui um mau atleta quando jovem. Mas depois disso não fui nem jogador, nem árbitro, nem treinador, muito menos espectador. Nunca assisti a uma partida das arquibancadas: precisava ter certeza de que estava tudo bem ao redor. Só no fim checava o resultado. Fui diretor de apenas duas equipes: a mais pobre, no liceu, onde tinha de comprar as bolas e pintar as linhas do campo, e a mais rica". Poucos meses antes de sua morte, durante um torneio disputado na Espanha, os presentes no estádio lhe prestaram uma calorosa homenagem. Comovido, respondeu: "Agradeço a vocês de todo o coração, sei que este será o último torneio que verei na minha vida". E assim foi. Pouco mais de um mês depois, num frio domingo de fevereiro, o imenso coração de um dos melhores dirigentes esportivos de todos os tempos parou de bater. Pouco antes de partir, com a morte de dona Simona, havia quitado a dívida de gratidão que o ligava à mãe e, com quase 70 anos, casou-se com Arlette Politi Treves, a discreta companheira de uma vida inteira (oficialmente, outra residente francesa em Madri; como ele, na verdade, também sefardita). A figura de Saporta, na Itália, foi completamente esquecida.

O dirigente Carlo De Gaudio assistiu à final contra a Alemanha na tribuna do estádio, ao lado da mulher de Cabrini, a quem teve de consolar após o pênalti perdido pelo marido. Depois, o entusiasmo o arrastou até o campo, onde se agachou atrás de um painel de publicidade para desfrutar do triunfo *azzurro*. Ele foi chefe da delegação italiana de futebol nas Olimpíadas de Los Angeles, em 1984, e na Copa do Mundo do México, em 1986. Na edição disputada na Itália, quatro anos depois, foi presidente do comitê organizador em Nápoles. Cinco jogos foram disputados no San Paolo, incluindo a semifinal que a Itália perdeu nos pênaltis contra a Argentina de Maradona. Pressionado pelos pedidos das personalidades, ampliou a tribuna VIP a fim de encontrar assentos para Kissinger, Agnelli, Spadolini, Andreotti, Carraro, o prefeito Lezzi, Gardini, Pescante, Matarrese, Boniperti e políticos napolitanos.

Quatro anos depois da Copa da Espanha, houve um novo escândalo de apostas (o Totonero bis), e a Itália, a então campeã mundial, foi eliminada nas oitavas de final da Copa de 1986 pela França. Acontecimentos que levaram o presidente da Federcalcio, Federico Sordillo, a renunciar no dia 4 de julho. Matarrese, por sua vez, deu continuidade à sua coleção de poltronas (depois de ter sido presidente do Bari, da Lega Calcio e deputado democrata-cristão por cinco legislaturas, encontrou assento na Federcalcio, na Uefa e na Unire), conseguindo flutuar nos níveis mais altos do poder durante trinta anos consecutivos. Representou a Itália na Copa do Mundo de 1994, nos Estados Unidos, a de Roberto Baggio, mas nunca deixando de cometer suas gafes, instintivas e autoritárias. Sentado em seu carro com um chofer, a caminho da concentração da seleção, botou a mão para fora da janela e mostrou um par de chifres ao motorista de outro carro, que, em sua opinião, ia devagar demais. Dentro do veículo, estava o bispo de Frascati, o monsenhor Giuseppe Matarrese, seu irmão.

João Havelange permaneceu presidente da Fifa até 1998. Em sua gestão de 24 anos, conseguiu dobrar o número de equipes participantes no Mundial — passando das tradicionais 16 às 24 de 1982 na Espanha, e chegando a 32 em 1998, na França, em sua última Copa do Mundo. Com essas mudanças, continentes como África, América do Norte e Ásia passaram a ter mais seleções presentes na Copa. Em 8 de junho de 1998, dois dias antes do início do Mundial francês, o suíço Joseph Blatter, secretário desde 1981, foi eleito seu sucessor derrotando o presidente da Uefa, o sueco Lennart Johansson, vindo a assumir o cargo oficialmente no mês seguinte, logo depois do torneio. O Estádio Parque do Sabiá (Estádio Municipal João Havelange), em 1982, e o Estádio Olímpico do Rio (Estádio Olímpico João Havelange),[4] em 2007, receberam o nome do dirigente brasileiro. Ele permaneceu como presidente honorário da Fifa até 18 de abril de 2013, quando, aos 97 anos de idade, foi forçado a renunciar após seu envolvimento no caso de corrupção da ISL Após 8.762 dias no cargo, dos quais 7.200 foram passados longe de casa, 800 horas de voo por ano (num total de 288 rotas completas Rio-Zurique), Havelange morreu centenário em 2016, arrasado pelo dilúvio de escândalos em que a Fifa estava se afundando. Zombado pelo destino, partiu apenas quatro dias antes da final do futebol nos Jogos do Rio que ele mesmo tanto havia almejado, sem poder testemunhar a épica primeira vitória olímpica da seleção brasileira.

A Adidas Tango foi a última bola de couro em uma Copa do Mundo. Seu criador, Horst Dassler, morreu em 9 de abril de 1987, com apenas 51 anos. Emanuela Audisio o homenageou desta forma no *La Repubblica*: "Dassler foi um grande mediador para que mundos muito diferentes se falassem; graças a ele, o profissionalismo aconteceu e está florescendo em mundos que antes o rejeitavam (vejam a URSS, vejam o universo olímpico). Com ele, não só se vai o grande representante de um império econômico (restarão as irmãs para dirigir uma marca que movimenta anualmente 3 trilhões), mas também um período de fluidez e estabilidade político-esportiva. Dassler era muitas coisas: o fiel da balança mais importante, o homem das relações públicas, o distribuidor de votos. Construiu um monopólio perigoso, mas também foi graças a seu talento diabólico que o esporte pôde crescer e se multiplicar. A partir de hoje, deixará muitos órfãos e muita anarquia".

Três anos depois, seu primo Armin, filho de Rudolf (o pai da Puma), o seguiu. Com eles, terminou a guerra dos Dasslers. Presas à sua dinâmica, as duas facções subestimaram a ascensão do *jogging* e da ginástica em geral na década de 1980, o que favoreceu a entrada da

---

4 Inaugurado para os Jogos Pan-Americanos do Rio de Janeiro, em 2007, foi sempre chamado popularmente de Engenhão, por sua localização no bairro Engenho de Dentro. Em 2017, foi renomeado oficialmente para Estádio Olímpico Nilton Santos, em homenagem ao ídolo do Botafogo, clube que manda seus jogos no local.

Reebok e da Nike no mercado. O último expoente da família fundadora a cuidar do reino foi Frank Dassler, sobrinho de Rudolf, que até 2018 esteve na liderança do departamento jurídico do grupo, mas dentro da Adidas. Situação impensável até alguns anos antes. Em 2010, a bola Tango foi definida como "a melhor bola de futebol de todos os tempos" (Goal.com).

O magnata Rolf Deyhle, o único cidadão comum a ter em sua posse uma taça da Copa do Mundo Fifa, suicidou-se com uma arma de fogo em 2 de maio de 2014 em um asilo, em Badenweiler. Arrasado pela depressão, que não queria levar em consideração e tampouco achava necessário curar, morreu a poucos dias do início da Copa do Mundo no Brasil. Além de colecionar pinturas, fazer marketing esportivo e encenar musicais, produziu filmes de sucesso como *Sommersby — o retorno de um estranho*, *Um dia de fúria* e *JFK — a pergunta que não quer calar*. Em 2006, comissionou a mais antiga casa de leilões alemã para leiloar o troféu da Copa do Mundo. "Ele está em minhas mãos há quase 30 anos", disse à *Associated Press*, em Stuttgart, "em dois anos, eu farei 70. Tenho seis filhos e quero colocar minha casa em ordem, como dizem aqui. Não posso dividir este troféu em seis partes e é por isso que decidi vendê-lo enquanto ainda posso". O leiloeiro Lars Axendorf declarou: "O preço inicial é de 1 milhão de euros. Esperamos conseguir 10, 15 ou 20". O comprador do troféu esportivo mais cobiçado do mundo seria anunciado no dia 28 de junho (dia de descanso entre as oitavas e as quartas de final da Copa do Mundo da Alemanha). A Fifa, temendo que o vencedor do leilão começasse a comercializá-la, pressionou Deyhle, que respondeu: "Recebi o troféu como um presente pela minha contribuição para a Fifa e posso fazer com ele o que quiser. Eu tenho que cuidar dos meus filhos, os frutos da venda farão parte da herança deles". A Fifa, por meio de um porta-voz, informou que poderia recorrer a seus advogados para impedir a venda de um troféu que, segundo ela, era protegido por direitos autorais. Deyhle, por fim, entrou em acordo com a Fifa e decidiu desistir do leilão. Sete anos depois, o fotógrafo Bernd Weissbrod foi o último a retratá-lo com seus troféus. Na imagem captada em 30 de setembro de 2013, Deyhle posou em seu estúdio em Stuttgart acariciando com uma das mãos o troféu Fair Play da Fifa que ele criou e a Copa que Helmut Käser lhe deu com a outra. Mas seus olhos já estavam perdidos no vazio.

O editor do *Corriere della Sera* Angelo Rizzoli foi preso em 1983, sob a acusação de ter feito desaparecer os fundos para o aumento de capital do grupo RCS em 1981; foi condenado a três anos e quatro meses de prisão. Sofreu nos 407 dias em custódia (primeiro em San Vittore, depois em Como, então em Lodi, e finalmente em Bergamo) o agravamento da esclerose múltipla de que padecia desde 1963, a perda da mais importante editora italiana, fundada por seu avô Angelo; a morte de seu pai, Andrea, de desgosto; o suicídio de sua irmã, Isabella, aos 23 anos; e a prisão injustificada de seu irmão, Alberto. Pouco antes de morrer, seu pai disse: "Depois de trabalhar 48 anos, perdi tudo. A empresa, o nome, os filhos hoje presos. A casa da Via del Gesù está hipotecada, não temos mais terras e aviões. Estou sobrecarregado de dívidas, mais de 100 bilhões de liras, contraídas por meu filho. Hoje, não tenho mais nada meu. Apenas dívidas. Se os esforços de meu pai e os meus forem somados, trabalhamos exatamente cem anos para construir o império Rizzoli. Angelo o destruiu em dois anos". Todos os bens de Angelone, incluindo os 50,2% da editora que permaneceram em seu nome, foram sequestrados e confiados à custódia judicial. Depois de obter seis absolvições na Suprema Corte, ele não conseguiu se livrar de todas as acusações, ainda que já estivesse em liberdade. Em julgamento de 1992, a mais alta corte italiana decidiu que o empresário não havia retido parte dos recursos pagos pela "Central" de Roberto Calvi.[5] Esses recursos tinham desaparecido graças a Tassan Din, Gelli e Ortolani. Em 2006, o crime pelo qual foi preso em 1983 prescreveu. Viveu os últimos anos de sua vida em Roma, no bairro Parioli, na Via Pietro Paolo Rubens, a poucos passos de onde viveu o rei espanhol Juan Carlos. Em 14 de fevereiro de 2013, foi preso sob a acusação de falência fraudulenta. Sofrendo de esclerose, diabetes, insuficiência renal crônica, hipertensão arterial, pancreatite e mielopatia cervical, foi internado na enfermaria do hospital Sandro Pertini. Após períodos de prisão domiciliar e liberdade, em 30 de novembro foi internado na Policlínica Gemelli, onde faleceu na noite de 11 de dezembro de 2013, aos 70 anos. Seu destino final o assemelhou a Bruno

---

5 Em 1981, Roberto Calvi, presidente do Banco Ambrosiano, adquiriu 40% das ações da editora de Rizzoli, operação realizada por meio da Central Financeira, uma *holding* controlada pelo Ambrosiano. O dinheiro pela aquisição das ações da empresa (cerca de 150 milhões de liras), porém nunca chegou às contas de Rizzoli.

Tassan Din, seu CEO na Rizzoli-*Corriere della Sera*. Oprimido pelo escândalo da Loja Maçônica P2 e condenado a oito anos pela falência do antigo Banco Ambrosiano, Bruno também adoeceu com esclerose múltipla e morreu em 2000, aos 65 anos, de hemorragia cerebral.

Franco D'Attoma, o presidente do "Perugia dos milagres", invicto por um campeonato inteiro (1978-79), o homem que comprou Paolo Rossi e introduziu o patrocínio no Campeonato Italiano, voltou a dirigir o time da Úmbria até quando, em 1991, uma doença incurável pôs fim à sua vida. O empreendimento que idealizou (para contornar as regras da federação), uma malharia com o nome de uma fábrica de massas, mudou para sempre a história do futebol, desencadeando um processo irrefreável. Após suas iniciativas, na temporada que transcorreu antes da Copa, a FIGC e as Ligas levantaram bandeira branca, abrindo definitivamente as portas aos patrocinadores comerciais, permitindo a exposição em suas camisas. A rendição propriamente dita foi assinada quando o próprio D'Attoma acabou encarregado da gestão da Promocalcio, a estrutura da Liga criada para gerir patrocínios.

À fuga empreendida por Felice Riva, presidente do Milan entre as gestões de Rizzoli e Carraro, dedicaram um verso Rino Gaetano ("Quem parte para Beirute tem 1 bilhão no bolso" em "Il cielo è sempre più blu") e Antonello Venditti ("Quarenta bilhões de liras escondidas entre o aço e o forro do teto" em "Lo stambecco ferito"). Na "Suíça do Oriente", o ex-presidente Riva voltou a viver como um jovem cavalheiro. Mas exatamente no ano de 1982 os ventos mudaram, e seu hotel se tornou um campo de batalha. Aquele em que Amit Klein combateu. Ele voltou para a Itália com passaporte libanês em 15 de junho, dia de seu aniversário. A Copa do Mundo na Espanha havia acabado de começar: dentro de poucas horas, a Itália enfrentaria a Polônia; e o Brasil, a URSS. O destino veio em seu socorro novamente. Indultos, anistias e cidadania estrangeira o salvaram: ele não era punível por ser estrangeiro. Depois da Copa, ninguém o procurou mais: estava esquecido, mas livre para o resto da vida, que terminou em 2017.

8. O homem que não queria os Estados Unidos

Artemio Franchi sofreu todo tipo de pressão do ex-secretário de Estado norte-americano Henry Kissinger, um grande amante do futebol, para que os Estados Unidos pudessem sediar uma Copa do Mundo. Já durante o torneio espanhol, ele havia manifestado publicamente seu desejo. No dia seguinte ao jogo no Sarriá, Kissinger voou para a Espanha a fim de acompanhar a final. Na ocasião, após elogiar a organização — "Foi uma Copa do Mundo perfeita" — e parabenizar Raimundo Saporta, declarou à imprensa: "Se por algum motivo a Colômbia não conseguir organizar a Copa do Mundo de 1986, os Estados Unidos estariam dispostos a recebê-la". Então, depois de ter se desiludido com a eliminação dos brasileiros, mas satisfazendo-se por fim com a classificação italiana, desejou que a final fosse entre Itália e Alemanha. O que acabou acontecendo. Quando a Colômbia desistiu da Copa, em 5 de novembro de 1982, seu outro propósito, porém, não foi alcançado.

Quatro meses mais tarde, na primavera europeia de 1983, em Estocolmo, a Fifa precisava designar a sede da Copa do Mundo de 1986 (que os Estados Unidos também disputavam) e estabelecer as bases para a de 1990. Os americanos haviam sentido o cheiro de *business*. O comitê organizador norte-americano estimou uma receita de US$ 400 milhões, um quarto dos quais apenas com direitos de televisão. Entre os principais patrocinadores, dessa vez a Pepsi pretendia suplantar a concorrente Coca-Cola e, na ocasião, fez-se representar por Pelé. Com ele, Franz Beckenbauer, capitão da Alemanha campeã mundial de 1974 e aliado de Horst Dassler. Na véspera da designação da sede, Kissinger convidou Franchi para um café da manhã na varanda francesa do Grand Hotel, no coração da cidade velha, com vista para o Palácio Real. Junto dele, estavam Havelange e Elliot S. Berry, gerente de uma agência que administrava os direitos televisivos. O grupo ofereceu 20% a mais do que a soma garantida pelos mexicanos. Franchi ouviu com óbvio embaraço e depois explicou seus motivos: "Não se pode transformar um campeonato de futebol exclusivamente em um negócio de publicidade". No dia seguinte, a votação andou como ele havia previsto (designada ao México, por unanimidade, a edição de 1986; e feita a opção pela Itália em relação à edição de 1990).

No dia seguinte, Franchi confidenciou a Franco Mentana: "Eu nunca vou dar meu parecer favorável a uma Copa do Mundo das multinacionais". Os americanos queriam colocar o futebol nas mãos das multinacionais, para fazê-la ser jogada em gramado sintético e sob luz artificial, mesmo durante o dia, em estádios cobertos: "Mudaria completamente o jogo e o transformaria em algo que já não seria futebol. Uma Copa do Mundo não pode ser distorcida, nem por 1 bilhão de dólares. Terão que passar por cima do meu cadáver para chegar lá".

Perdida a oportunidade em relação às edições de 1986 e 1990, os Estados Unidos, dois meses depois, retomaram seu projeto com um pedido para a edição de 1994. Negociação habitual entre Kissinger e Franchi, epílogo idêntico. No mês seguinte, Franchi encontrou dois norte-americanos o esperando no hotel onde estava hospedado. O presidente da Uefa explicou-lhes por que, sendo otimista, o objetivo não seria possível antes de 1998: "O esforço da Fifa é levar o futebol aos países africanos, por isso um deles é que receberá a Copa. Não será um grande negócio, mas o futebol não pode viver apenas de *business*". No dia seguinte, Franchi almoçou com Dassler em Roma. "As exportações europeias de calçados estão começando a incomodar os americanos", explicou o alemão, "e a insistência deles vem precisamente do desejo de relançar todo o setor de roupas esportivas norte-americanas em todo o mundo". Foi o último encontro entre os dois, exatamente um ano depois do Brasil × Itália: 5 de julho de 1983.

Se as palavras do amigo o preocupavam, as notícias familiares estavam lhe dando muitas alegrias. Nos primeiros meses do ano, a filha Giovanna deu à luz sua primeira neta, Maria; e seu filho Francesco logo duplicaria sua felicidade, anunciando a chegada de seu segundo neto.

Então, 38 dias depois da reunião com Dassler, um Fiat Argenta o esperava em frente ao prédio da Bruzzi, a petroleira que fundou. Pouco antes, ele havia telefonado para o jóquei Silvano Vigni, conhecido como Bastiano: "Estou na praça, indo embora, daqui a pouco encontro você". Franchi pegou a rodovia estadual 438 que o teria levado primeiro a Vescona, para pegar Vigni, depois a Siena, para o tradicional jantar da equipe da Torre, na véspera do Palio dell'Assunta. O carro que ele dirigia bateu em um caminhão que se movia na direção oposta. Por uma coincidência melancólica, o dono do veículo era Danilo Boschi, capitão do Bruco, querido amigo e adversário de Franchi. O socorro foi imediato, e as equipes de resgate perceberam de pronto que o presidente da Uefa, Franchi, estava ao volante do Argenta. Fizeram todo o possível para reanimá-lo, mas em vão: Artemio morreu na ambulância que o transportou a uma velocidade insana ao hospital Le Scotte, em Siena. Assim partiu o maior dirigente esportivo italiano do pós-guerra, o homem que todos indicavam como o sucessor de Havelange.

O relatório da autópsia indicou uma laceração do tórax e uma ruptura da aorta. Pouco depois das 19h30, a agência Ansa lançou o primeiro e breve alerta informando sobre a morte de Artemio Franchi. Naqueles minutos, o telefone também tocou na casa à beira-mar da família Franchi em Vittoria Apuana. Durante a noite, os membros da contrada da Torre transportaram o corpo de seu capitão até a capela de Salicotto dedicada aos padroeiros Sant'Anna e San Giacomo. Desde a madrugada, iniciou-se um fluxo contínuo de parentes, amigos, conhecidos, autoridades e personalidades do esporte: todos próximos de sua esposa, Alda, e dos filhos, Francesco e Giovanna. Do lado de fora da igreja, buquês e coroas de flores da Torre e de outros bairros, personalidades de Siena e do mundo do futebol, amigos e autoridades se aglomeraram nas ruas. De Siena, seu corpo foi levado para Coverciano, ao CT que ele idealizou e tornou importante. No funeral, estavam presentes, entre outros, o presidente da Fifa, João Havelange, chegado do Rio de Janeiro, Jacques Georges, que substituiria Franchi como presidente da Uefa, os representantes das federações europeias, os presidentes do Coni, Carraro, da FIGC, Sordillo, da Lega Calcio, Matarrese, Fino Fini, médico da seleção, a equipe da Fiorentina e o treinador da Azzurra, Bearzot.

A última homenagem ao futebol italiano Artemio prestou indiretamente no dia de seu funeral, quando Havelange disse: "Muitas nações, incluindo a Itália, pediram para organizar a Copa do Mundo de 1990. Para homenagear a memória de Artemio Franchi, a Fifa atribuirá a organização do torneio ao seu país no próximo ano". Diante do caixão, acrescentou: "Devemos nos comprometer a cumprir o desejo de Artemio". O que, de fato, aconteceu. Os estádios de Florença e Siena receberam o nome de Franchi. O árbitro Klein, em 1995, dedicou a ele sua autobiografia. A morte acidental de Franchi nunca convenceu o jornalista Alberto Ballarin, que dedicou uma série de investigações jornalísticas ao episódio, ao final das quais suas dúvidas se fortaleceram: "Cabe perguntar se foi realmente o destino, e não uma mão assassina, quem dirigia aquele carro".

Ballarin — crescido no círculo de Gianni Brera, colaborador da *Gazzetta* e do *Guerino* — notou que os relatórios dos *carabinieri* não registraram qualquer sinal de frenagem do carro de Franchi (cujo sistema de freios estava intacto) e que não foi feita nenhuma autópsia. Na sequência da investigação, percebeu que a intervenção do Corpo de Bombeiros para extrair seu corpo do veículo não havia sido levada a cabo e que o vidro à direita do motorista estava abaixado. Nem os tempos batiam: mais de 30 minutos para completar 12 quilômetros de uma estrada mais do que familiar para ele. A apuração de Ballarin se concentrou na hipótese de dois motociclistas estrangeiros o terem parado com uma desculpa, deixando-o inconsciente (ou já morto) e, portanto, abandonado a uma colisão sem poder oferecer qualquer resistência (como mostram as fraturas em seus braços). Quer essa hipótese seja verdadeira ou não, mortos Franchi e Dassler, por apenas três votos a mais que o Marrocos, os Estados Unidos ganharam o direito de sediar a Copa do Mundo de 1994.

9. *Made in Italy*

A conquista do título pela Itália contribuiu de forma decisiva para gerar uma nova onda de orgulho nacional. Pela primeira vez, desde o fim da Segunda Guerra, a bandeira tricolor foi hasteada em varandas de todo o país e abertamente adotada pelos projetos de marketing e publicidade. Identificar-se com o *Made in Italy* se tornou sinônimo de sucesso. No exterior, transformou-se em cartão de visitas capaz de ampliar o interesse de contrapartes de todos os ramos, da moda (com Armani, Valentino e Versace) à indústria alimentar. Muitas empresas se reuniram para aproveitar as luzes refletidas desse triunfo, e Sordillo ficou assustado com a revolução inesperada que não queria administrar: "Não é que não quero comer esse bolo, não quero nem o tocar". Mas o bolo estava lá, ao alcance da mão, poderia se traduzir em patrocínio da seleção de futebol, campeã mundial de 1982, e era atraente demais. Artemio Franchi o levou até a casa de Dassler, dono da Adidas, para convencê-lo a fechar um acordo com a recém-criada empresa de marketing ISL, a International Sport and Leisure. As ofertas da ISL chegavam quase a 1 bilhão de liras por ano, incluindo as placas nos estádios que já rendiam valor substancial. Sordillo não se convenceu. Mas era preciso golpear o ferro ainda a quente, para explorar o entusiasmo decorrente do sucesso na Copa do Mundo. Em 25 de maio de 1983, em Atenas, dia da final da Copa dos Campeões entre Juventus e Hamburgo, Dassler e um parceiro italiano, a MKT, com capital da Fiat, elevaram a proposta para 1,1 bilhão por ano. Sua oferta, porém, novamente não foi considerada suficiente, e Sordillo nem quis participar da reunião. Criou-se, então, uma comissão de patrocinadores composta por: Gianni De Felice, novo chefe da assessoria de imprensa, o advogado Pesce e Dario Borgogno, secretário da federação. Mas foi Riccardo Corato, dono da *Network*, agência romana de relações públicas, que resolveu a situação se apresentando no escritório de Sordillo. No verão europeu de 1984, o contrato foi assinado, e o acordo foi anunciado no outono. Uma chuva de bilhões estava sendo despejada no futebol nacional. A Federcalcio estava totalmente despreparada. As metodologias de patrocínio da seleção até então eram opacas e funcionavam à base de aproximações. Sordillo declarou publicamente: "Eu não sei sobre essas questões publicitárias; elas podem se complicar, passa dinheiro daqui, dinheiro de lá". E o dinheiro veio. Dassler tinha feito escola. Corato criou um pacote de oito empresas (Coca-Cola, Kodak, Assitalia, G. F. T. Armani, Pop '84, Alivar-Pavesi, Grana Padano e Cinzano), às quais acrescentou depois a Diadora, empresas de faturamento anual bilionário, que nos primeiros 27 meses (setembro de 1984 a dezembro de 1986) pagaram à federação cerca de 6 milhões, aos quais se somaram valores de fornecimento de material esportivo e publicidade. Um número recorde, entre os mais altos do mundo no que dizia respeito aos patrocínios esportivos de seleções.

10. A evolução do futebol italiano

Com a abertura do futebol italiano para o segundo estrangeiro, em poucos meses todas as outras estrelas da Copa (além dos brasileiros,

Maradona, Rummenigge, Boniek e Platini, para citar apenas alguns) foram jogar na Itália. Naqueles anos, o Campeonato Italiano viveu sua fase mais brilhante e passou a ser considerado "o mais bonito do mundo". Mas logo tudo mudou. Tudo se tornou mais padronizado, endurecido, previsível, dado como certo e, portanto, esperado, exigido e devido. O futebol perdeu, senão sua inocência, que talvez já não ostentasse havia algum tempo, sua espontaneidade. A comemoração dos jogadores também começou a ser decidida nas mesas de reunião. Os gritos de Tardelli e Falcão, ou os braços erguidos de Rossi e Sócrates, foram os últimos atos de alegria espontânea celebrados nos campos. Até a torcida se organizou, com uniformes e coros preconcebidos — os gritos caóticos e ingênuos dos torcedores do Sarriá se tornaram uma lembrança distante. Ninguém mais escreveu em faixas "Itália, faça-nos sonhar" ou "Força, *azzurri*". A música "Volare" também desapareceu das arquibancadas. Os patrocinadores primeiro, e depois os direitos de televisão, mudaram os hábitos. O futebol se transformou em entretenimento, negócios, moda. Os jogos do campeonato, que eram sempre e apenas disputados aos domingos, foram distribuídos ao longo de toda a semana, o mesmo valendo para os jogos de copas, que antes eram reservados apenas às quartas-feiras. Os números das camisas também explodiram. Os jogadores, que antes tinham físicos normais, conscientes de que subiriam ao palco sob o olhar de milhões e milhões de pessoas, incharam seus músculos, começaram a se pentear ou se barbear com imaginação e se cobriram de tatuagens. Entre eles, começou a aparecer um jeito mais inteligente de jogar, menos "esportivo", através de técnicas experimentadas também em treinos, onde se buscava refinar a malícia. Os jogadores aprenderam a cair, a simular, a exibir a dor e a contestar a decisão do árbitro. A esportividade deixou de fazer parte do futebol, que se reduziu, de fato, a mera atividade profissional. Nos dias de hoje, se a bola for do adversário, ela é deixada no lugar, quando não jogada longe ou para fora. Qualquer coisa para irritar o rival. Éder indo buscar a bola para Zoff continua sendo um exemplo iluminado de espírito esportivo. Óbvio na época, mas impensável hoje, em tempos em que o jogo limpo foi reduzido a uma categoria financeira.

Após recomendação do conde Rognoni, Italo Allodi enviou o jovem Sacchi para ganhar experiência no Parma, que havia sido rebaixado para a *Serie C1*. Ele imediatamente trouxe o clube de volta à *Serie B* e, na temporada de 1986-87, ganhou os holofotes ao eliminar o Milan da Copa da Itália, no San Siro. O presidente *rossonero*, Silvio Berlusconi, ficou impressionado com o jogo do time de Sacchi — baseado em marcação por zona e pressão — e o quis em sua equipe a todo custo. Sua chegada marcou um divisor de águas na história do futebol italiano moderno.

Tardelli e Sconcerti, os dois protagonistas toscanos do desentendimento às vésperas do jogo, mais tarde se encontraram lado a lado como comentaristas do *Domenica Sportiva*. Em uma edição do programa televisivo, no fim de janeiro de 2018, os dois, 36 anos depois da Copa, voltaram a se envolver em uma briga ("Marco", disse o jornalista ao vivo na televisão, "você não pode ter vencido tanto com a Juventus e achar que sempre fez o certo. Contente-se em ter vencido").

11. **Bearzot**

Bearzot, mantendo os heróis da Espanha para a Copa do México, optou por morrer com seus soldados. Quando se demitiu, afastou-se de um futebol que não reconhecia mais. Permaneceu para todos como o símbolo de uma época para se lembrar, de um futebol que desapareceu para sempre. Na pátria dos oportunistas, não tirou partido da empreitada espanhola que fez dele e de seu cachimbo ícones para, pelo menos, três gerações de italianos. Encerrada a aventura *azzurra*, não procurou clubes para treinar, não frequentou *talk shows*, não aceitou acordos de publicidade nem assinou contratos de consultoria. Simplesmente ficou à parte (passou os dias pedalando sozinho em Milão, entre a Via Washington e a Piazza Piemonte, ou frequentando o café da Via Oriani, onde era muito querido e discutia futebol e política, sempre falando baixo, como era de sua natureza), com um tino perfeito para a saída de cena, deixando de se apegar à nostalgia do triunfo. Para ele, guardá-lo na memória era mais do que suficiente. Ainda se lembrava da tarde de 19 de junho de 1938: "Quando estávamos todos na praça de Gradisca para ouvir a voz de Carosio nos alto-falantes". E da final de 1982: "Os rapazes me jogaram para o alto". Mas a imagem mais viva da Copa do Mundo na Espanha, para ele, sempre foi o beijo de Zoff depois do jogo contra o Brasil.

Bearzot reencontrou Barcelona dez anos depois, por ocasião das Olimpíadas de 1992. Apresentou-se como embaixador dos sonhos olímpicos de uma candidatura Milão 2000 que jamais se concretizaria. Naquela noite, do dia 24 de julho, a Itália comandada por Maldini e Tardelli faria seu primeiro jogo olímpico contra os Estados Unidos: "Estou aqui a convite de Massimo Moratti, sou hóspede da Fifa, e não porque a federação pensou em mim. Os jogadores da seleção são os meus rapazes mesmo que eu não tenha mais nada a ver com eles. E os meus rapazes são, sobretudo, Cesare Maldini e Marco Tardelli: vou ligar para eles. Não irei à Vila Olímpica: lá é território da federação, não gostaria de ser denunciado por invasão".

Em 2005, confessou a Gianni Mura que, quando menino, tinha pavor da ideia da morte. "Agora não tenho mais medo de nada, de verdade." Cinco anos depois, morreu. Por ironia do destino, também se foi em 21 de dezembro, como o outro treinador italiano campeão mundial, Vittorio Pozzo (que partiu em 1968, no ano da única Eurocopa vencida pela Itália até então). Exatamente como havia acontecido na noite do Santiago Bernabéu, partiu da freguesia de Santa Maria al Paradiso, em Milão, carregado por seus rapazes, que o acompanharam em sua última viagem: de um lado, Conti, Rossi, Cesare Maldini, Collovati e Marini; do outro, Zoff, Cabrini, Tardelli e Altobelli. E também estiveram presentes Antognoni e Bergomi. Todos lá para saudar o Velho. Gianni Mura, ao descrevê-lo como um homem sério, honesto, leal, sincero e culto, escreveu no *La Repubblica*: "Desde ontem, na Itália há um cavalheiro a menos, Enzo Bearzot". Três anos antes, no dia do aniversário dele, a última pergunta que lhe fez — "Como gostaria de ser lembrado em alguns anos?" — teve como resposta: "Como uma pessoa decente".

Um ano depois da morte de Bearzot, Sepp Blatter, secretário da Fifa na época da Copa do Mundo da Espanha, e já presidente da entidade, enviou uma carta com votos de Feliz Natal e Feliz Ano-novo, dirigida pessoalmente a Enzo Bearzot, à casa milanesa onde ele tinha vivido até o último dia. No bilhete, dentro do envelope, havia sua assinatura e a do secretário-geral, Jérôme Valcke. Uma gafe sensacional, por ocasião, entre outras coisas, do primeiro aniversário da morte do treinador. No mesmo dia, a esposa de Bearzot, Luisa, acompanhou um dos enviados da Copa de 1982, Alberto Cerruti, a um gramado no cemitério de Paderno d'Adda. "Ele gostava de visitar meus pais, porque aqui tem muito verde e parece um jardim em vez de um cemitério." E o Velho quis ser enterrado lá. Atrás da tumba em que ele repousa, as crianças jogavam futebol: "Muitas delas, antes de irem para casa, param em frente à lápide do meu marido para fazer uma oração". Um dia a sra. Luisa encontrou uma flor com uma nota assinada "Um dos seus rapazes de 1982".

Simples e reservada, a família do técnico nunca foi afeita a aparições públicas — nem nos estádios. Mesmo na inesquecível noite de Madri, a senhora Bearzot não estava nas arquibancadas. "Estávamos todos em casa, com as crianças e os amigos das crianças. No fim, ficamos felizes, mesmo sem ter feito uma comemoração especial. Eu sei que vai parecer estranho, mas é o que ele queria. É assim que nós somos." Quando Franco Mentana da *Gazzetta* ligou para ela de Madri a fim de perguntar o que achava da vitória triunfal, mal pôde acreditar no que ouviu: "Meu marido apenas cumpriu o seu dever e no máximo o que posso fazer é um bolo a mais para ele. Enzo adora doces".

Além dos sólidos valores em que acreditava, o técnico conseguiu transmitir à família também o amor pelos estudos clássicos. Sua filha, Cinzia, tornou-se professora titular de História e Epigrafia Grega e coordenadora da escola de doutorado em Humanidades na Faculdade de Letras da Universidade Católica do Sagrado Coração de Milão; entre as netas, Giulia se formou em História, e Livia em Literatura Antiga, com louvor, na mesma manhã em que o avô morreu.

Ao vencer a Copa da Espanha "no contra-ataque", Bearzot se tornou um dos mais importantes professores de história da escola do futebol. E uma das figuras mais queridas do século XX italiano.

O que ele fez por Rossi permanece único. Nunca mais aconteceu de um treinador apostar em um jogador debilitado e fora de forma apenas em nome de uma profunda confiança. Exatamente 20 anos depois, Roberto Baggio, o único jogador *azzurro* tão amado quanto Pablito, não foi convocado por Giovanni Trapattoni para a Copa do Mundo da Coreia e do Japão, apesar da incrível recuperação após uma lesão, da mobilização do mundo do futebol, do clamor dos torcedores e de uma sensacional manifestação em frente à sede da Federação Italiana.

Ermido Santi, o parlamentar socialista autor do inquérito sobre os prêmios para a seleção de Bearzot (no qual questionava se era certo gastar dinheiro público com jogos de futebol num momento em que o país atravessava uma devastadora crise econômica), três anos depois da Copa foi alvo de um mandado de prisão expedido por juízes milaneses, por ter recebido propina como presidente do Instituto Autônomo de Casas Populares de Gênova. A suprema corte italiana, dez anos após a Copa do Mundo, confirmou a sentença, condenando-o a três anos e seis meses. O outro signatário do inquérito, Publio Fiori (que perguntou ao presidente Spadolini se ele considerava correta e moralmente aceitável a concessão de prêmios aos *azzurri*), foi parar nas manchetes quando sua declaração de impostos de 2004 o colocou em segundo lugar no *ranking* dos deputados mais ricos da Câmara, com 1.441.865 euros de patrimônio e um salário vitalício de 9.950 euros mensais.

O conselheiro de Bearzot, Leonardo Vecchiet, foi preso em Nápoles em 7 de abril de 1994. Terminou em Poggioreale. Corriam os anos mais escandalosos da Operação Mãos Limpas. Duilio Poggiolini, o Rei Midas da saúde, confessou os delitos de um setor em colapso, envolvendo também o médico dos milagres. Nos dizeres do Ministério Público de Nápoles, Vecchiet teria recebido "verbas indevidas a fim de agilizar o tratamento e a avaliação positiva das práticas relativas a certos produtos farmacêuticos junto à Comissão Única de medicamentos". O processo passou, então, a correr em Roma, onde o Ministério Público mudou imediatamente sua abordagem, reconhecendo, de fato, que Vecchiet não tinha culpa. Ele deixou o presídio onde se encontrava apenas em 27 de junho, passando para o regime de prisão domiciliar. Conseguiu demonstrar sua inocência dez anos depois: a décima seção penal do tribunal de Roma o absolveu por inexistência do fato criminoso, a pedido do Ministério Público. "Esta história me destruiu e me causou muito sofrimento", disse ele, "tanto do ponto de vista moral quanto físico, foi uma década terrível. Agora, finalmente, tudo passou com o reconhecimento total da correção do meu comportamento". O professor aceitou dinheiro, registrado regularmente, para o financiamento da universidade que enfrentava uma crônica falta de recursos. O dinheiro da Sigma-Tau[6]

6 A Sigma-Tau é uma empresa farmacêutica, cujo presidente teria pago 50 milhões de liras a Vecchiet,

foi para os bolsistas que, de outra forma, teriam precisado abandonar suas pesquisas. E, de todo modo, o financiamento foi interrompido em 1990, então Vecchiet nada recebeu enquanto esteve na Comissão Única de Fármacos. Ele também ligou para Gianni Mura: "Sou o professor Vecchiet. Você se lembra de mim? Queria lhe dizer que me absolveram por completo porque o fato não existiu, e o pedido partiu do Ministério Público". Mura percebeu que Vecchiet estava pedindo a ele, mesmo sem dizê-lo diretamente, que abordasse, ainda que em poucas linhas, sua comprovada inocência. O jornalista, no *La Repubblica* de 1º de fevereiro de 2004, dedicou-lhe um espaço "não para compensar a suposta desonestidade que havia sido estampada nas primeiras páginas, mas porque era justo que se desse a notícia. Ninguém vai indenizá-lo pelas duas cirurgias e pelas cinco pontes de safena". Vecchiet morreu três anos depois.

A imprensa não contou a história do tapa na Villa Pamphili. Depois do episódio, Bearzot chamou Anna Ceci de lado e explicou os motivos que o levaram a excluir da seleção o atacante Beccalossi, cuja presença ela havia pedido. A jovem, mortificada, concordou com sua escolha e se desculpou entre soluços, até que os dois se abraçaram e trocaram seus respectivos endereços. Mais tarde, Anna Ceci convidou Bearzot para seu casamento.

12. **Depois de Bearzot**

Depois de Bearzot, seus homens de maior confiança se sentaram no banco *azzurro*. Todos eles estiveram perto de repetir sua glória. Seus dois auxiliares, Azeglio Vicini e Cesare Maldini, foram derrotados em disputas por pênaltis (nas Copas do Mundo de 1990 e 1998). Para o capitão dos *azzurri*, Dino Zoff, um gol de ouro negou a satisfação de vencer a Eurocopa em 2000. Façanha que, no mesmo ano, Marco Tardelli alcançou, mas no sub-21, assim como Claudio Gentile, quatro anos depois. Ambos triunfaram na esteira das vitó-

---

médico da seleção italiana principal entre o fim da década de 1960 e o início dos anos 1990, para que ele favorecesse o uso de uma medicação da empresa, a "carnitina".

rias anteriores de Cesare Maldini, tricampeão europeu na mesma categoria em 1992, 1994 e 1996, anos em que a sub-21 italiana às vezes emocionou mais do que a seleção principal, terminando na primeira página dos jornais. Maldini faleceu em 2016. O mérito de ter criado o mito da sub-21, porém, deve ficar com Vicini, que também nessa categoria foi parado apenas pelos pênaltis, na final de 1986. O treinador não conquistou troféus, mas levou para casa grandes feitos: nenhum outro treinador italiano participou de seis Copas do Mundo, como auxiliar ou técnico, liderando todas as equipes, desde a de juniores até a principal. Também está relacionado a ele o recorde italiano de 27 milhões de telespectadores, obtido com o Itália × Argentina de 1990, a partida decidida nos pênaltis que, afinal de contas, decretou o seu fim, apesar de a seleção da casa ter jogado o melhor futebol das "noites mágicas" italianas. Ele correu o risco de não participar do Mundial: no verão de 1987, enquanto estava no Brasil para estudar o futebol sul-americano, foi traído por uma onda repentina e quase se afogou. Foi salvo por Fabio Capello. Morreu, então, em sua cama, quase 30 anos depois, em 2018, lembrado por todos como o técnico do sorriso e do bom senso.

O lugar de Zoff foi ocupado por Trapattoni, o homem que tinha fornecido o bloco de atletas da Juventus (incluindo Zoff) à seleção de Bearzot.

A seleção da Itália, vencida em três Copas do Mundo consecutivas nas disputas por pênaltis (em casa em 1990, nos EUA em 1994, na França em 1998) e depois por um gol de ouro (em 2002), acabou então conquistando seu quarto título com Marcello Lippi, em 2006, exatamente nos pênaltis, contra os franceses, em um contexto aparentemente semelhante ao de 1982 (escândalo das apostas antes da Copa, o time sozinho contra todos, um presidente recém-empossado etc.), mas num mundo já completamente transformado, sem bandeiras, exemplos e romantismo.

"A quarta Copa do Mundo italiana", estampou o *Il Post*, por ocasião do 30º aniversário da vitória de 1982, "foi conquistada por jogadores muito diferentes, em uma Itália e um mundo muito diferentes. Tudo foi diferente". Um ano antes, o diretor da mesma revista, Luca Sofri, havia resumido o mesmo conceito em seu livro *Un grande Paese*: "Vinte e quatro anos depois, a seleção italiana venceu a Copa do Mundo novamente, e as imagens da festa eram muito diferentes, tanto em campo quanto no Circo Massimo: com os jogadores — 'os gladiadores' — preocupados em exibir a si mesmos, seus corpos, seu orgulho, sua conquista. Uma geração havia passado".

Para os italianos que tinham vivido as noites espanholas, o pensamento era unânime: "Em 1982, foi outra coisa".

O título de Lippi veio com o erro na cobrança pênalti de um jogador francês, Trezeguet (que assim deu algo em troca aos *azzurri,* já que ele próprio havia tirado o título europeu da Itália de Zoff, em 2000), depois de a seleção ter enfrentado, excluindo-se os anfitriões alemães, equipes consideradas medíocres (Gana, Estados Unidos, República Tcheca, Austrália e Ucrânia). A Azzurra tinha um goleiro impecável (Buffon), um zagueiro em estado de graça (o capitão Cannavaro, mais tarde Bola de Ouro naquele ano) e um armador brilhante (Pirlo); mas, além deles, o restante da equipe, apesar de estar em excelente forma, não seria lembrado pela história. Aliás, um lugar nos anais viria a ser ocupado pelo espalhafatoso Materazzi, que, ao entrar no jogo apenas por causa da lesão de Nesta, depois de ter feito um gol e sido expulso na primeira fase, inesperadamente viria a se tornar o "homem da final". Ele fez de tudo: cometeu o pênalti que deu a vantagem à França, marcou o empate de cabeça, insultou Zidane, recebeu a lendária cabeçada que marcou a despedida do capitão dos *bleus* e converteu uma das cinco cobranças da disputa por pênaltis.

A Itália venceu na casa da Alemanha, assim como, ao contrário, havia acontecido em 1990. Em 2006, assim como em 1982, a Itália ganhou a Copa do Mundo depois de enfrentar e vencer nas semifinais a seleção do país do papa (a Polônia de Wojtyła e a Alemanha de Ratzinger).

Poucos se lembram dele, mas Ivano Bordon, o goleiro reserva de Zoff, um dos cinco *azzurri* que se sentaram no banco do Sarriá naquele 5 de julho, também ganhou a Copa do Mundo de 2006, como treinador de goleiros. Ele é, portanto, o único futebolista italiano vivo a ter vencido a Copa do Mundo duas vezes, tanto como jogador quanto como treinador.

Defendido pelo grupo inteiro, o técnico brasileiro se demitiu assumindo toda a responsabilidade pela derrota e partiu para o exílio voluntário na Arábia Saudita. Sem ele, a seleção se arriscou seriamente a não se classificar para a Copa do Mundo de 1986, no México. Até que, em 23 de março de 1985, a Confederação Brasileira o chamou para substituir Evaristo de Macedo. Os jornalistas brasileiros também não abandonaram suas próprias esquizofrenias. Esquecendo rapidamente o apelido "Pé-frio", eles o rebatizaram novamente de "Mestre". E o salvador da pátria venceu a empreitada: a seleção se classificou para a Copa do Mundo do México. No Brasil, que acabava de se libertar das garras da ditadura militar, Telê deu início aos expurgos. Primeiro, o ponta-esquerda Éder, por ter sido expulso ao reagir com uma falta monstruosa durante uma partida oficial contra o Peru. Em seguida, foi a vez de Renato Gaúcho, por ter sido flagrado pelos paparazzi voltando bêbado no meio da noite durante um período de concentração. O lateral Leandro o seguiu, sob o peso de ter defendido o amigo. Por fim, foi também a vez de o ponta Sidney, acusado de indisciplina, voltar para casa. O treinador decidiu, ainda, dar outra chance a alguns dos jogadores que viveram com ele o sonho destruído no verão de 1982: Zico, Falcão, Júnior e Sócrates. Mas nem mesmo no México seu Brasil encontrou melhor sorte. Como a Itália, saiu do torneio pelos pés da França. Mais uma vez, parando a um passo da semifinal. Um ano depois, Telê voltou a se sentar no banco do Atlético-MG; depois vieram Flamengo e São Paulo, no qual conquistou dez títulos, com duas Copas Libertadores e dois Mundiais Interclubes. Triunfos que levaram os jornalistas a se reconciliarem com ele. Em 1997, a revista *Placar* o coroou como o melhor técnico da história do futebol brasileiro. Ele não teve tempo de curtir o título. No mesmo ano, teve início a longa agonia que o levaria à morte em 2006.

Gilberto Tim, que sempre sonhou ser treinador de futebol, teve sua chance seis anos depois do jogo contra a Itália: no Coritiba, em 1988. Mas a experiência acabou sendo uma decepção, então ele voltou à preparação física. Dez anos depois, faleceu em Porto Alegre, aos 54 anos, vítima do mal de Alzheimer.

★

O técnico brasileiro demitido em 1970, João Saldanha, acompanhou o jogo contra a Itália no Sarriá. Havia deixado o Brasil otimista, mas logo se convenceu de que Telê Santana era "um incapaz" e, quando a seleção saiu derrotada, ele não teve piedade. "Campeões morais? Campeões da estupidez, isso sim. Com a qualidade dos nossos esplêndidos jogadores, poderíamos ter ganhado esta taça com um pé nas costas. Infelizmente, no entanto, faltou modéstia e não tínhamos ideia de como deveríamos nos arrumar num campo de futebol. Perdemos, paciência." Em 1990, os médicos diagnosticaram um problema e lhe deram três meses de vida. Ele partiu para a Itália para participar de sua última Copa do Mundo. Acabou assistindo a tudo de uma cama de hotel em Roma, onde ficou por causa da sua doença. Itália × Argentina foi sua última transmissão. Morreu em terras italianas, num quarto do Hospital Sant'Eugenio, no coração do bairro Eur, e foi sepultado no Rio, no cemitério São João Batista, sob as bandeiras do PCB, do Botafogo e da escola de samba Portela. Zagallo foi um dos que seguraram seu caixão. O homem que ocupou seu lugar no banco em 1970. Algumas ruas levam seu nome, assim como a sala de imprensa do Maracanã e a ciclovia que liga Ipanema a Copacabana.

14. A geração derrotada

A seleção de 1982 foi considerada a melhor seleção brasileira de todos os tempos, junto com a de Pelé de 1970, e se igualou à Hungria de Puskás, de 1954, e à Holanda de Cruyff, de 1974, como mais uma equipe lendária que não conseguiu ganhar a Copa do Mundo. Mas aquele grupo de semideuses não voltou a jogar junto: o Brasil × Itália de 5 de julho de 1982 foi a última partida em que se viu o time dos sonhos de Telê Santana alinhado. Concluída a Copa, os melhores pés daquele Brasil encontraram a América exatamente na Itália: Cerezo, Zico, Sócrates, Júnior, Dirceu, Edinho e Batista, sem falar em Falcão. O lendário Quadrado Mágico se tornou italiano. Zico e Sócrates, após a experiência italiana, reencontraram-se nas fileiras do Flamengo, em

1986, mas disputaram apenas uma partida juntos. Naquele ano, participaram de sua última Copa do Mundo. E foram eles que perderam pênaltis contra a França: o Galinho durante os 90 minutos; o Doutor, na disputa decisiva. A eliminação os consagrou definitivamente como a "geração derrotada".

Toninho Cerezo não foi perdoado pelo erro clamoroso que causou o segundo gol de Rossi. Graças à sua excelente condição física, continuou jogando em alto nível por mais uma década, mas nunca mais participou de uma Copa do Mundo. Segundo os companheiros, devido ao erro, Cerezo se sentiu sob pressão pelo restante do jogo. Três décadas depois do 5 de julho de 1982, Júnior negou ter ameaçado Cerezo após o erro que permitiu o segundo gol de Rossi. "Chamei a atenção do Cerezo, mas só lhe disse: 'Ei, temos todo o jogo pela frente!'" O conflito Júnior-Cerezo, depois das lágrimas deste último, encheu as páginas da imprensa, principalmente no Brasil, durante décadas. Cerezo sempre negou ter ficado perturbado com o segundo gol italiano, declarando que se manteve lúcido durante todo o jogo: "Confesso que chorei, mas foi depois do gol do Falcão. Era o segundo empate, senti uma coisa estranha naquele momento, uma alegria tão grande que não pude evitar as lágrimas na volta ao meio de campo. Foi uma emoção espontânea, que saiu do fundo do meu coração. Parecia que eu tinha feito aquele gol". E, no fundo, era um pouco verdade: Cerezo, para o bem ou para o mal, tinha sido cúmplice dos dois gols mais recentes do jogo, o 2 a 1 italiano e o empate brasileiro (se ele não tivesse avançado pela direita, a defesa italiana não se abriria). "Foi por isso que chorei. Mas eu estava no controle total das minhas ações", garantiu. Na época, Zico confirmou que Cerezo tinha se abalado com o erro no primeiro tempo: "Aquele gol do Rossi o influenciou muito. Foi como se ele tivesse errado uma cobrança de pênalti". O número 10 também se lembrou de um possível segundo colapso do meio-campista: "Quando empatamos, ele chorou muito e tentamos acalmá-lo". E foi nesse momento que, segundo Cerezo, o próprio Falcão, com Júnior, aproximou-se dele e disse: "Força, rapaz, vamos ganhar este jogo".

Por ocasião do trigésimo aniversário do jogo, Cerezo declinou todos os convites recebidos para não ter que repetir sua versão do episódio. Respondeu só à *Placar* quando lhe foi pedido que escolhesse os 11 melhores jogadores de todos os tempos. Inesperadamente, confirmou em bloco toda a defesa do Brasil de 1982 (Waldir Peres, Leandro, Oscar, Luizinho e Júnior), mas não mencionou nenhum jogador do Quadrado Mágico (no lugar, escalou Cruyff, Rivelino, Gérson e Vialli). À frente, ao lado de Reinaldo, colocou Bruno Conti. Cerezo, que tinha recebido de Leandro a bola que em seguida viraria uma assistência para o 2 a 1 de Paolo Rossi no pior passe a já ter saído de seus pés, batizou um de seus filhos com o nome do lateral. Já adulto, Leandro Medeiros Cerezo mudou de sexo, tornando-se, com o nome de Lea T, a primeira transexual a desfilar em passarelas e uma das modelos mais bem pagas do mundo. Foi também finalista da edição de 2013 do programa de televisão *Ballando con le Stelle*, a adaptação italiana do show de talentos da BBC *Strictly Come Dancing*, com melhor desempenho do que Paolo Rossi, que, na edição de 2011, ficou pelo meio do caminho.

O outro grande transgressor, Waldir Peres, voltou a defender o gol do São Paulo. Abandonado por seus defensores, acabou por receber toda a culpa pelas falhas da equipe. Suas responsabilidades não eram maiores que as de seus colegas de time, porém, exatamente como havia acontecido com Barbosa em 1950 (ao Brasil, naquele jogo, bastava também só um empate, para se sagrar campeão), ele se tornou o bode expiatório de uma tragédia que teve muitas causas. Poucos anos depois, no Guarani, defendeu três pênaltis em um único jogo, um deles do grande Bebeto, que jogava no Flamengo. Mas, mesmo assim, continuou a sofrer o julgamento implacável de seu povo, para quem permaneceu, para sempre, como o "frangueiro". Muitas vezes, sonhava com o jogo do Sarriá. E sempre acabava agarrando aquela bola que tratou com muita naturalidade na partida, presenteando o escanteio, o único da Itália, que resultou no terceiro gol dos *azzurri*. "Se tivesse acontecido de outra forma, tudo teria mudado. A minha vida e a dos meus companheiros teriam sido diferentes." Permaneceu convencido de que o bater das asas de uma borboleta, naquele caso, tinha mudado a história de seu país. O jogo contra a Itália, poucos se lembram, foi o único que a seleção perdeu com ele no gol.

Em 23 de julho de 2017, Waldir Peres estava em Mogi Mirim para uma festa de aniversário. Tinha acabado de comer quando sofreu um ataque cardíaco. Morreu aos 66 anos, como "ídolo do São

Paulo", após defender o gol do clube em 617 jogos (disputados entre 3 de novembro de 1973 e 26 de maio de 1984). Foi Bola de Ouro em 1975, tricampeão paulista (1975, 1980 e 1981) e herói do Brasileirão de 1977, decidido nos pênaltis contra o Atlético-MG. Na Itália, sua morte foi noticiada de forma sucinta, com quatro linhas no *La Repubblica* e cinco no *Corriere dello Sport*, sendo esquecida pelos demais principais jornais.

Serginho nunca mais voltou a vestir a camisa do Brasil: contra a Itália, disputou seu último jogo. Foi igualmente considerado um dos bodes expiatórios da tragédia do Sarriá. Na verdade, não foi sua culpa se aquele Brasil conseguiu não sofrer gol somente contra a Nova Zelândia, se Cerezo, com seu passe horizontal, inventou o segundo gol de Rossi e, com sua cabeçada desajeitada, deu origem ao escanteio que resultou no terceiro, em que Júnior, imóvel na linha da baliza, não permaneceu isento de responsabilidade. Não foi culpa sua se o Brasil não conseguiu empatar nos minutos finais porque, depois do gol de Falcão, ele já não estava mais em campo. Após aquela Copa do Mundo, Serginho iniciou uma trajetória descendente que, passados alguns anos, o levaria a abandonar o futebol. E, 37 anos depois (em 20 de fevereiro de 2015), ele confessou a uma reportagem que chutou o bandeirinha Vandevaldo Rangel na reta final do Brasileirão de 1977, episódio que lhe custou 11 meses de suspensão e, consequentemente, a exclusão da Copa do Mundo da Argentina: "Se eu soubesse que receberia um ano de suspensão, teria arrancado a cabeça dele". Serginho continua sendo o homem que mais fez gols, 242, na história do São Paulo.

Luizinho parou de jogar em 1995 no Vila Nova, onde havia começado, e tentou iniciar a carreira de técnico nas categorias de base do Atlético-MG; conquistou alguns títulos e foi chamado por Marcelo Oliveira para ajudá-lo no time profissional. Foi uma experiência terrível para ele: "Vi jogadores que não tinham ganho nada e se consideravam fenômenos". Percebeu que o futebol havia chegado a um ponto sem volta. Os jogadores, a essa altura, não sabiam nada da história de suas equipes, não tinham respeito pelo treinador e vontade de aprender com os mais velhos: "Hoje, os jovens se sentem fenômenos e não querem ouvir". Para ele, foi muito difícil; sentiu que a melhor opção era desistir da carreira de treinador ainda no começo.

Daquele Brasil de 1982, manteve-se muito próximo de Serginho, Júnior, Cerezo, Éder e Zico: "Hoje, é muito difícil nos encontrarmos, mas, quando temos oportunidade, é uma ocasião maravilhosa para relembrar nossas histórias".

Oscar se tornou capitão da seleção brasileira e permaneceu como peça-chave do time até uma semana antes da Copa do Mundo do México, quando, surpreendentemente, acabou entre os reservas. Ficou no banco durante todos os jogos e não colocou os pés em campo. Vinte anos depois, admitiu que a bola que cabeceou contra o gol de Zoff no último minuto parou em cima da linha: "Não foi gol. Cinco centímetros a mais para lá, apenas cinco, teríamos empatado, e nossa geração teria uma vida diferente. Em vez disso, acabou derrotada: não apenas naquele dia, mas para sempre. No Brasil, ainda hoje, nós somos os que perderam. Zoff disse que aquela foi a defesa da sua vida. Se a bola tivesse entrado, teria sido o gol da minha. Cinco centímetros e tudo teria mudado". Ele sempre foi crítico com sua equipe: "Até Leandro e Júnior foram para o ataque e me deixaram sozinho com o Luizinho contra Conti, Rossi e Graziani. A derrota foi justa. Dizem por aí: se jogássemos de novo 100 vezes, o Brasil ganharia sempre. Não é verdade. A Itália ganharia de novo porque nós, mesmo jogando um belo futebol, não entendemos nada".

Duas semanas antes das eleições, em 31 de outubro de 1982, os alvinegros do Corinthians entraram em campo contra o Palmeiras com uma inscrição no uniforme que marcou época: "Dia 15 vote", obra de Washington Olivetto. Em 1982, o Corinthians conquistou o Campeonato Paulista com a palavra "Democracia" estampada na camisa. Para Sócrates, foi o melhor período de sua vida. Ele e seus companheiros também conquistaram o bi no ano seguinte, o clube conseguiu manter as contas superavitárias e a autogestão corintiana desencadeou um processo virtuoso que levou o Brasil a reconquistar a democracia dois anos depois. Em 1989, o país teria sua primeira eleição direta para presidente da República.

Ao contrário do que havia previsto, o Doutor também participou da Copa do Mundo de 1986. No primeiro jogo, o Brasil venceu a Espanha graças a um gol seu, depois que o árbitro australiano Christopher Bambridge anulou um gol regular dos espanhóis. Após o jogo, Sócrates declarou à imprensa: "Todos sabem que por óbvias razões políticas e econômicas é preferível que o México, anfitrião, e o Brasil, a seleção com mais torcedores, cheguem o mais longe possível nesta Copa. São as duas equipes que mais vendem ingressos, garantindo que os estádios estejam sempre cheios". Havelange ficou chocado e abriu um inquérito interno. O presidente da Confederação Brasileira de Futebol, Nabi Abi Chedid, desmentiu imediatamente o capitão da seleção. Sócrates se apresentou diante dos repórteres para confirmar. Poucos dias depois, cobrou o primeiro pênalti contra a França, sem correr para bater. Perdeu. O erro dele e o de um companheiro de equipe mandaram o Brasil e sua geração de talentos para casa e sem o título.

No final do clássico com o São Paulo, que valeu o título do Campeonato Paulista numa quarta-feira, 14 de dezembro de 1983, a Rádio Jovem Pan perguntou-lhe como gostaria de morrer: "Quero morrer em um domingo e com o Corinthians campeão". Sua vontade, por incrível que pareça, foi respeitada: ele partiu no domingo da conquista do quinto título do Campeonato Brasileiro da história do clube, em 4 de dezembro de 2011, aos 57 anos, destruído pelo álcool e pelo fumo.

Em 1986, Dirceu deveria ter disputado sua quarta Copa do Mundo, igualando-se a Pelé, mas, devido a uma lesão um mês antes do início do torneio, Telê Santana não arriscou e optou por levar o jovem Edivaldo para o México.

Na noite de 15 de setembro de 1995, o ex-meio-campista voltava de um jogo de futebol. Ao cruzar a Avenida das Américas, na Barra da Tijuca, no Rio de Janeiro, seu carro foi atingido fortemente por outro veículo. Dirceu morreu a poucos metros da casa onde sua esposa, Vânia, o esperava. Ela não estava esperando apenas por ele, mas também tinha seu quarto filho na barriga.

Dirceu participou de três Olimpíadas e três Copas do Mundo em dez anos, entre 1972 e 1982, sem vencer nenhum desses torneios, mas se tornou o jogador brasileiro que disputou mais vezes essas duas grandes competições, superando até mesmo Pelé.

João Batista da Silva, o Batista, foi jogar na Lazio e teve um caso com a jornalista Francesca Guidato Berger; do relacionamento, nasceu Elizabeth Salomè da Silva, criada em Roma pelo padrasto, Helmut Berger. Em 18 de janeiro de 2017, a garota encontrou seus 15 minutos de fama ao escrever um *tweet* alarmado, que gerou pânico nas redes sociais: "Um prédio desabou na área do Flaminio, atrás do Teatro Olímpico". A notícia era falsa.

O papel de mentor para uma nova geração de criativos continuou a construir a fama de Washington Olivetto. Em 2001, ele foi sequestrado nas ruas de São Paulo e mantido em cativeiro por 53 dias. Depois de libertado, reassumiu sua posição na W/Brasil, conhecida agência de publicidade brasileira. Mais de 300 empresários foram sequestrados no Brasil naquele mesmo ano.

15. **A busca por explicações**

O jogo Brasil × Itália é considerado o divisor de águas entre dois períodos do futebol. Mas convencionalmente entrou para a história também como alegoria, o paradigma do confronto entre duas correntes opostas: o futebol espetáculo e o jogo organizado.

Para quase todos os jogadores da seleção brasileira, até mesmo para Zico, aquele confronto com a Itália seguiu sendo o jogo de suas vidas. Zico disse uma vez que, se pudesse fazer somente mais um gol em sua carreira, gostaria de ter marcado naquele jogo. E, argumentou, deveria ter marcado, não fosse por Serginho que lhe roubou a chance no primeiro tempo da partida. Trinta anos depois, em 28 de novembro de 2012, Zico disse que o Brasil × Itália de 1982 foi o jogo que mudou para sempre a história do futebol. "Se tivéssemos vencido, o futebol provavelmente teria sido diferente do que foi", desabafou. "Depois desse jogo, porém, começamos a lançar as bases para um futebol em que o resultado deve ser alcançado a qualquer custo, um futebol baseado na destruição do jogo do adversário e nas faltas sistemáticas. Essa derrota não foi boa para o mundo do futebol." Mas ele também admitiu: "Se tivéssemos feito cinco gols, a Itália teria marcado seis, porque eles sempre encontravam uma forma de tirar partido dos nossos erros". Como naquele dia no Sarriá, também neste debate a última palavra veio de Pablito: "Aquele 3 a 2 foi uma lição pela qual o Brasil deveria nos agradecer e nos premiar. Foi uma derrota com a qual aprenderam muito. Principalmente a jogar mais resguardados. Tanto que conquistaram duas outras Copas do Mundo depois. Desde então, a abordagem deles mudou, e eles se tornaram mais cautelosos, se europeizaram. Até porque muitos brasileiros conheceram os campeonatos do nosso continente. Mesmo assim, vê-los jogar é sempre um espetáculo. Ainda que tenha evoluído assim, o futebol dos brasileiros continuou sendo o espelho de um país onde o espetáculo é importante".

O Brasil × Itália não foi o dia em que o futebol morreu, mas o dia em que uma certa ingenuidade desapareceu. Daquela vez, a tática venceu a racionalidade em campo. A partir daquele momento, não foi mais possível simplesmente escolher os melhores jogadores, colocá-los em campo e mandá-los ao ataque. Ainda haveria espaço para o talento, que, porém, teria de ser inserido num esquema de jogo que também pensava em como proteger a defesa.

A busca pelas explicações para a derrota continuará uma constante no Brasil. Centenas de reportagens, programas de televisão e livros, alguns escritos pelos protagonistas daquela Copa, vêm há décadas tentando dar, em vão, uma resposta. Para os brasileiros, o Brasil × Itália de 1982 é considerado "o jogo que nunca acabou".

Marcelo Idiarte, torcedor, já reviu o jogo 20 vezes desde então. Agora que o futebol não importa mais para ele, aprendeu que um jogo sempre tem algo de imponderável e imprevisível. "Mas o do Sarriá é particularmente difícil de aceitar e esquecer. Cada vez que o vejo em uma fita VHS antiga, tenho a impressão de que o Brasil está prestes a fazer gol a qualquer momento. Cada triangulação, cada drible, cada bola que chega à área italiana me dá a sensação de que vai superar Zoff. Mas o tempo passa e a bola não entra, mesmo muitos anos depois. Depois daquela Copa do Mundo, a seleção brasileira se tornou sinônimo de tragédia para mim. Prefiro ver Flamengo de Varginha × Asa de Arapiraca. Mas tiro o videocassete do armário e coloco a velha fita VHS de Brasil × Itália. Porque, não sei, às vezes tenho a impressão de que ainda vamos fazer um gol."

Depois da tragédia do Sarriá, Daniel Souza, o jovem torcedor que ouviu primeiro o grito de Gentile de que o jogo tinha acabado, nunca mais quis derramar uma lágrima por qualquer outro time. Ele não se lembra de como voltou para o hotel depois do jogo. Chocado e muito furioso, passou duas noites sem dormir no hotel localizado na Gran Vía 2, a apenas 15 minutos do Sarriá. Ainda hoje, porém, orgulha-se de sua presença em Barcelona, no dia em que "nosso futebol morreu". Está convencido de que levará aquele grito de "acabou!" para o túmulo.

16. Os tristes destinos dos campeões

Itália e Brasil também passaram pela vida de Mané Garrincha. Foi exatamente durante os dias da Copa do Mundo da Espanha que o bicampeão mundial viveu a fase mais trágica de sua existência: totalmente desligado da sociedade, incapaz de se relacionar com seus filhos e maltratado por seus companheiros. E foi ele o modelo que os jogadores da seleção de Telê usaram indiretamente como pretexto para a questão dos prêmios. Para não acabarem como Mané.

Sua existência foi, de fato, marcada por tragédias de todos os tipos. Devastado pelo álcool e pela pobreza, foi responsável por um trágico acidente de carro no qual sua sogra perdeu a vida. A culpa o levou à depressão e a uma tentativa de suicídio inalando gás. Sua esposa, Elza Soares, cantora que apoiava o presidente reformista João Goulart, convenceu-o a deixar o Brasil para se mudar para Roma, na Itália. Posteriormente, os dois viveram em Torvajanica, onde Garrincha jogou futebol em times amadores, disputando também a Copa de Remo do Lazio Rowing Club. Em 1970, o Sacrofano, pequeno time da província de Roma, recém-promovido à primeira divisão e treinado por Dino da Costa, ex-atacante ítalo-brasileiro da Roma e da Juventus, além de ex-companheiro de Garrincha no Botafogo, chamou-o para jogar um quadrangular em Mignano Monte Long. Garrincha, já sem um tostão, vítima do alcoolismo e da depressão, concordou em jogar por 100 mil liras por partida e levou o Sacrofano à vitória marcando dois gols. De volta ao Brasil e abandonado pela esposa pelas contínuas agressões que ela sofria, iniciou um longo e lento calvário que o levaria a morrer prematuramente, cinco meses depois da Copa da Espanha, aos 49 anos, em condições de pobreza, devido às consequências de uma cirrose hepática e um edema pulmonar. A morte o poupou de uma última dor: seu filho Manuel Garrincha dos Santos

Júnior, conhecido como Garrinchinha, morreria três anos depois, aos 9 anos, também em um acidente automobilístico.

★

Moacir Barbosa, considerado o bode expiatório da derrota do Maracanã em 1950, ficou sumido até 1993. Foi um canal de TV brasileiro que o resgatou do esquecimento: ofereceram-lhe trabalho como comentarista de TV antes da Copa do Mundo dos EUA. Ele foi mandado à concentração do Brasil, às vésperas de um jogo pelas eliminatórias, justamente contra o Uruguai. Mas nem teve tempo de se instalar no hotel: a Confederação Brasileira de Futebol pediu e conseguiu que ele fosse destituído do cargo. Sua presença perto da equipe era perturbadora. "Má sorte", alegaram os homens da CBF. Barbosa foi embora chorando. Disse: "Se não há memória, que ao menos exista respeito". Foi para casa. Depois de tantos anos, quando senhoras idosas o encontravam na rua, avisavam os netos: "Veem aquele senhor? Há muito tempo ele fez o Brasil inteiro chorar". Antes de morrer, teve forças para declarar: "A pena máxima prevista na lei brasileira é de 30 anos, mas a pena que tenho cumprido já dura 50". Tudo o que podia fazer era esperar que se concluísse. Ele morreu em 7 de abril de 2000: sua extrema pobreza comoveu muitos fãs de futebol, e sua história lembrou ao mundo a crueldade do esporte moderno.

17. **O fim do Sarriá e o Jogo do Século**

Como num mantra inexorável, 12 anos depois da Copa espanhola e 24 após a final mexicana que concedeu a Taça Jules Rimet à seleção brasileira, Itália e Brasil se encontraram mais uma vez frente a frente na final de Copa mais premiada da história, a dos EUA em 1994, para a qual se apresentaram com três títulos cada. Foi a primeira a terminar em pênaltis. Roberto Baggio, que tinha sido insuperável naquela Copa do Mundo, errou a cobrança decisiva e deu a um Brasil opaco seu quarto título. Essa Itália nasceu de Arrigo Sacchi, o homem que, em 1982, poucos dias antes de Bearzot triunfar na Espanha, tinha levado o Cesena a ganhar o campeonato italiano de juniores. Nos anos que se seguiram, ocorreu um fenômeno singular: o povo brasileiro externou sempre mais estima pela seleção de 1982 do que pela de 1994. Ainda hoje, o Brasil de Telê Santana, junto ao de Pelé, permanece na memória coletiva como o mais lindo de todos os tempos.

O estádio Sarriá, com seus 74 anos de história, foi vendido para saldar as dívidas do clube catalão Espanyol e, 15 anos depois do jogo, em 21 de setembro de 1997, também às 17h, foi demolido para dar lugar a um shopping. Assim, desapareceu para sempre.

Junto de 50 jornalistas, dezenas de câmeras e com transmissão ao vivo da TV3, o canal estatal catalão, 5 mil pessoas quiseram assistir ao último suspiro do palco histórico, enfrentando os cordões policiais para depositar flores e arrancar um último tufo de grama do campo, como se fosse uma relíquia.

Os 70 quilos de explosivos não demoliram imediatamente a velha arquibancada. "O estádio continua de pé, não morre", gritou a multidão. Sessenta segundos depois, o baque. O velho baluarte, onde se exibiram os pés de Zamora, Di Stéfano, Maradona, Zico e Paolo Rossi, dobrou-se sobre si mesmo, exausto. O Sarriá não existia mais.

Entrevistado por meio mundo, o homem que deve sua imortalidade àquele estádio e a quem nos anos de Copa do Mundo chamavam de "senhor Sarriá" nem piscou. "Não vou perder o sono", disse Pablito. "Afinal, só joguei duas partidas lá. Pediram para eu ir assistir à demolição. Mas não era o caso. O estádio foi demolido, é isso, porque o tempo passa, porque os interesses importam mais do que as outras coisas, porque é um estádio de concepção antiga, que hoje não serve mais a ninguém. A demolição não vai tirar nada da minha vida. Os jogos que lá joguei permanecem."

No dia do jogo entre Brasil e Itália, em 1982, nasceram dois jogadores de futebol, um italiano e outro brasileiro: Alberto Gilardino e Fabrício de Souza.[7] O *azzurro* se tornou campeão mundial em 2006. Três anos depois do jogo do Sarriá, Zé Tadeu, um brasileiro que tentava se tornar jogador de futebol, decidiu levar adiante a história de seus dois ídolos — Marco Tardelli e Diego Maradona — e chamou seu filho de Diego Tardelli, unindo em um único nome dois astros do Grupo da Morte. O menino se tornou jogador da seleção brasileira.

---

7 Ex-volante de Corinthians, Cruzeiro e São Paulo.

Quando, em 2014, em um Superclássico das Américas realizado em Pequim, o Brasil venceu a Argentina de Messi por 2 a 0, Diego Tardelli ganhou o jogo sozinho, fazendo os dois gols, seus primeiros na seleção, e assim roubando a cena de Messi e Neymar.

Em 28 de março de 2015, o técnico Antonio Conte promoveu a estreia na seleção de um jogador brasileiro naturalizado italiano (seu bisavô Battista Righetto era de Nove, província de Vicenza) denominado Éder Citadin Martins, conhecido simplesmente como Éder.[8] Ele recebeu esse nome do pai em homenagem a Éder Aleixo de Assis, o atacante da seleção em 1982.

Em 1983, na esteira do enorme sucesso da Copa do Mundo na Espanha, tinha sido criado o desenho animado japonês *Captain Tsubasa* (lançado na Itália, em 1986, com o título *Holly e Benji, due fuoriclassi*). Na atração, o brasileiro Roberto Sedinho vestia a camisa dos sonhos despedaçados, a da seleção de 1982. No mesmo desenho, durante a final do campeonato nacional do ensino fundamental entre o New Team, de Oliver Hutton, e o Muppet, de Mark Lenders, o chute combinado (*Twin Shot*) de Hutton e Tom Becker (mais tarde repetido na final do Mundial de Juniores contra o próprio Brasil) foi evidentemente inspirado no de Rossi e Graziani, que resultou no terceiro gol da Itália contra Waldir Peres.

Em 2017, coincidindo com os 35 anos da Copa do Mundo, os *azzurri* criaram um grupo no WhatsApp, imediatamente rebatizado pela imprensa de "o bate-papo dos campeões". O *Corriere della Sera* escreveu: "Eles ainda trocam bom-dia todas as manhãs, como há 35 anos, como quando estavam no campo de treinamento em Vigo, na Copa da Espanha de 1982. Hoje como ontem". Prova de que aqueles rapazes, já na casa dos 60 anos, "foram e são uma equipe".

Ao término do mesmo ano, o "Il canto degli italiani", adotado em 12 de outubro de 1946 como hino provisório da República Italiana (e ainda não oficial durante a Copa do Mundo de 1982), finalmente alcançou, graças à Lei nº 181, de 4 de dezembro de 2017, e passados mais de 60 anos, o estatuto de hino nacional por direito.

---

8 Atacante nascido em Lauro Müller, Santa Catarina, foi revelado pelo Criciúma e teve passagens por clubes italianos como Empoli, Cesena, Sampdoria e Inter de Milão. Em seu retorno ao futebol brasileiro depois de duas temporadas na China (com o Jiangsu Suning), foi campeão paulista de 2021 pelo São Paulo.

Em 2019, o capitão da Azzurra, Dino Zoff sentenciou com orgulho: "A vitória de 1982 será irrepetível. Não haverá mais uma Copa como aquela. Com um time capaz de fazer muitos gols (12), marcando todos com bola rolando, contra os melhores times. Acontece quase nunca. Acho que é algo que nunca mais vamos ver".

Ele não é o único a pensar assim. Em 2010, a revista *Time* decretou que o Itália 3 × 2 Brasil, de 1982, foi "não só a melhor partida de uma Copa do Mundo, mas o maior jogo de todos os tempos". Ao definir o jogo como o mais bonito do século, deixou para trás outra partida da Azzurra, o Itália 4 × 3 Alemanha, de 1970, que até então, na memória coletiva, detinha essa primazia. Desde então, no entanto, a batalha do Sarriá se tornou "O jogo do século".

Anatomia do Sarriá

Nota do autor

Os ares da Copa

Talvez eu sempre tenha respirado os ares da Copa do Mundo da Espanha. Ao olhar para trás, para minha vida, tenho a impressão de que tudo leva ao confronto do Sarriá.

Vim ao mundo nas horas em que Angelo Rizzoli se foi, poucas semanas depois da final entre Itália e Brasil de 1970, no mesmo dia do mês em que nasceu Pertini, um dia antes de Bearzot, um depois de Tardelli, dois antes de Gentile, dois depois de Rossi. Todos nós sob o signo de Libra. Minha avó morava no palácio romano onde Juan Carlos cresceu, na Viale dei Parioli, em Roma. Vi o Itália × Brasil de 1982 com a minha família, a dois passos dali, na mesma rua onde viveu Juan Alberto Schiaffino, o herói do *Maracanazo*. Os primeiros jornais que guardei na vida foram os que meu pai comprou na manhã seguinte ao jogo. Seis dias depois, comprei meu primeiro jornal, o *La Gazzetta dello Sport* com a manchete "Campeões do mundo" (ainda tenho os dois exemplares comigo). Desde aquela época, tenho pesquisado, recolhido e colecionado tudo o que tem a ver com aqueles dias: são principalmente recortes de jornais, adesivos, fotografias retiradas de encartes e ilustrações dos gols; material que reuni, por fim, em um grande álbum. Depois comecei a procurar documentos, recordações, troféus, ingressos, cadeiras, copos, medalhas, selos, canecas, adesivos, moedas, lenços, almofadas, camisas, livros e todo tipo de relíquias. Entre elas, a flâmula da final de Madri assinada pelos jogadores, centenas de fotos (inclusive a tirada por Daniele Massaro do famoso grito de Tardelli), os ingressos para os jogos e os agasalhos dos jogadores, além de negativos e filmes. Desde então, o caso cresceu dentro de mim até ganhar um certo nível de obsessão. Isso se intensificou quando comecei a: identificar as casas dos protagonistas, refazer seus trajetos, fumar as combinações de fumo de Bearzot e Pertini e procurar garrafas *vintage* de 1982. Passei, então, a rastrear os documentos originais da organização da Copa, os folhetos de pacotes aéreos da Mundiespaña, os formulários de preenchimento para credenciamento de jornalistas, as plantas do estádio Sarriá. E é claro que me vi condicionado a assistir a vídeos, a examinar fotogramas, a ler documentos, fichas técnicas, folhetos, bilhetes, cartas, cartões, postais, comunicados de imprensa e artigos direta ou indiretamente relacionados com os eventos em questão. Até o ponto de chegar a analisar os detalhes mais insignificantes na tentativa de reconstruir as tramas invisíveis *daqueles* homens, dentro *daquele* jogo, contidas *naquela* Copa do Mundo, acontecida *naquele* ano.

Os sopros da Copa continuaram a cruzar minha existência, sugerindo meus passos. Fui morar a meio caminho entre a casa de Mario Sconcerti e o estúdio de Lino Cascioli (os dois enviados de *La Repubblica* e *Il Messaggero* que brigaram com os *azzurri* na véspera da partida), quase em frente à casa de Paolo Samarelli, o desenhista do *Guerin Sportivo*, a dois passos da sede da Federcalcio. Foi dentro dessas paredes que me encontrei diante de Dino Zoff na manhã em que ele renunciou ao cargo de técnico da seleção, usando as mesmas palavras que haviam sido pronunciadas na Espanha. Para mim, foi como voltar no tempo. E pouco depois, fora dali, nos dias em que nascia a *Sky*, pude trabalhar com Darwin Pastorin, o correspondente do *Tuttosport* que em 1982 estava em sua primeira Copa, e cruzei o caminho do campeão mundial José Altafini e do "Pelé branco" Angelo Benedicto Sormani, os brasileiros mais bem conhecidos na Itália.

Continuando minhas pesquisas, eu me deparei com o fotógrafo Giuseppe Calzuola, que mais tarde me deu uma "caixa mágica", inesperadamente encontrada em um armário após 35 anos, contendo centenas de negativos inéditos da Copa do Mundo de 1982. Foi nessa ocasião que pude colocar minhas mãos mortais dentro das luvas da Copa que Zoff deu a Peppe ao final do jogo. O círculo então se fechou com o árbitro Abraham Klein, de quem tive a honra de receber três incríveis relíquias do jogo no Sarriá (pouco antes de ele entregar seus tesouros ao Museu da Fifa): a súmula do jogo, escrita de próprio punho, o cartão amarelo utilizado (com os nomes de Gentile e Oriali) e o apito Balilla com o qual dirigiu a partida. Com isso, finalmente consegui ver e inclusive tocar o que havia apenas imaginado por décadas. Eles eram meu Santo Graal. A jornada, para mim, tinha acabado. Talvez fosse a hora de contá-la.

Sempre se falava sobre o jogo, que já estava desgastado em razão das lendas que o cercavam, pelas palavras que se repetiam e por imagens que eram reproduzidas a cada recorrência. Eu tinha percebido que aqueles 90 minutos frequentemente levavam a pontos fixos, sem variações particulares sobre o tema. As mesmas declarações dos protagonistas eram rastreadas ano a ano. Na verdade, a batalha do Sarriá era já uma história perfeita e mudá-la não faria sentido. Por outro lado, eu não tinha a intenção de transformá-la. Simplesmente sentia vontade de contá-la à minha maneira. Reforçando-a com aquilo que eu tinha conseguido ver, mas que não havia tido a oportunidade de ler. O epicentro de tudo sempre foi o enredo, é claro. Um treinador de outros tempos que, contra todos, aposta até o fim em um jogador considerado acabado, que o recompensa quando o destino parecia já estar escrito. Era impossível não partir desse ponto. O mito também precisava ter espaço. O mito bíblico, de Davi contra Golias. Assim como a história. E as histórias. Eram tantas. Algumas esplêndidas, outras extraordinariamente insólitas. Por exemplo, aquela que muitas vezes é lembrada, de um punhado de jogadores e jornalistas de um mesmo país que, em vez de participar da construção de um êxito, vira-se, na Galícia, travando uma guerra. Por fim, existia também o próprio jogo, que parecia ter sido composto numa partitura.

Já entre os elementos mais evidentes do jogo, aliás, ligados às suas ações e aos seus homens, eram muitos os que aos meus olhos pareciam fascinantes, porém ao mesmo tempo negligenciados, desde o início. Às vezes, eram meros instantes, aparentemente insignificantes. Mas cada um deles podia conter em si uma história. E eu queria detê-los, expandi-los, estudá-los, como se estivessem sob uma lente de aumento.

O que mais me impelia à frente, no entanto, era reconstruir os eventos ocultos por trás de cada aspecto, mesmo inanimado — pesquisando não tanto sua causa, mas sua origem — para assim poder ver o jogo sob uma nova luz. Porque um acontecimento, seja ele qual for, é também um ponto de chegada, a fatídica ponta do *iceberg*. Então, comecei a seguir os fios de história a fim de encontrar os "porquês" ocultos lá em seu início. Para poder fazê-lo com clareza, defini dois parâmetros: o espaço e o tempo. O primeiro, ajudou-me a compreender quais eram os elementos (o quê e onde), o segundo, de onde eles vinham (como, quando e por quê). Portanto, acumulei fatos, histórias e pessoas; em seguida, organizei-os por níveis (humano, político, esportivo, jornalístico, técnico, filosófico, científico, sociológico etc.), criei mapas e comecei a cruzar dados (também encontrando combinações fascinantes, ainda que beirando o absurdo, como a ligada ao 2 a 1, quando um fino e zombeteiro fio de marketing amarrou a trajetória da bola fazendo-a girar de uma chuteira — de Cerezo — a outra — de Rossi — em nome da Lancer, empresa de roupas esportivas que tinha contrato com ambos).

A densidade da narrativa abriu possibilidades infinitas para mim; percorri muitos caminhos e editei as histórias individualizadas várias vezes. Até escolher a abordagem mais linear, aquela que segue — caso se exclua no início um tríplice desbotamento temporal em retrospectiva — uma tendência ordenada de acordo com uma lógica tendencialmente cronológica, dentro da qual os fios narrativos esparsos se fragmentam e alternam entre si.

Cada aspecto da realidade hoje exige de nós uma simplificação. Assim, tentei traduzir uma potencial complexidade em uma simplicidade evidente, sem que a segunda distorcesse a primeira: compondo uma obra que consiste em um grande número de unidades autoconclusivas e autossuficientes que, somadas entre si — e quase, espero, sem que se perceba —, poderiam restituir uma certa ideia de complexidade.

Para chegar a esse objetivo, no entanto, primeiro tive que organizar as milhares de fontes orais e escritas, em todas as línguas possíveis, com as quais havia me deparado. Depois, tive que verificar cada episódio até a fonte matriz. Para ficar mais seguro, procurei obter sempre dados certeiros, que depois se traduziam em números, porque isso me ajudava a dar precisão ao passado. E encontrei muitos desses dados e números, dos tipos mais diversos, mesmo que depois quase nunca os tenha destacado.

Aponto alguns, diferentes e incomuns (para mim, é uma forma de fazer justiça a uma de suas representações e, de todo modo, juntos eles podem contar uma história).

10.358: o decreto pelo qual o Brasil declarou guerra à Itália em 31 de agosto de 1942. *80*: o minuto em que em 15 de janeiro 1950, em Florença, no decorrer de Fiorentina × Juventus, a façanha de Carlo Parola (o gol de bicicleta) é flagrada pelo fotógrafo Corrado Bianchi, agachado em um buraco atrás do gol; a imagem se tornará o símbolo das figurinhas da Panini. *112*: o número da casa de um edifício sem aquecimento localizado na Viale dei Parioli, onde, no primeiro andar, residiu Juan Carlos di Borbone (futuro rei da Espanha), nascido no exílio em Roma. *500*: as liras que, em 1974, o presidente da Câmara, Pertini, entregou ao garçom que colocou um suco de laranja e uma xícara de café (para o convidado) em sua mesa, diante de um jornalista atônito, Nantas Salvalaggio, que, então, escreveu: "É a primeira vez que vejo um político de alto escalão realizar um gesto tão descarado. Normalmente, eles não dão nada, deixam o Estado pagar". *2.354/2.346*: o outro decreto de 29 de setembro de 1978 assinado por Juan Carlos, por iniciativa do ministro da Cultura espanhol, Pio Cabanillas Gallas, pelo qual Saporta foi nomeado presidente do Real Comité Organizador de la Copa Mundial de Fútbol, em 9 de outubro de 1978. *10%, 25%, 65%*: a distribuição das receitas da Copa entre a Fifa, a Federação Espanhola e as 24 seleções participantes, divulgada por Saporta — um ano antes do alvoroço gerado pelos políticos italianos — em entrevista ao jornal *Le Monde* (também relatada na *Olympic Review*, n. 162, de abril de 1981). *11 de junho de 1981*: data do primeiro artigo assinado por Enzo Biagi, no *La Repubblica*, depois de fugir do *Corriere*. *26*: episódios da série criada pela *Sport Billy Productions*, dona da franquia Sport Billy, e licenciada para a Filmation Associates, veiculada na Europa e América Latina. *288*: o número de voos Rio-Zurique feitos por Havelange em seus 8.760 dias de serviço. *502*: a resolução adotada pelo Conselho de Segurança das Nações Unidas, em 3 de abril de 1982, para exigir a cessação imediata das hostilidades entre Argentina e Reino Unido e a retirada completa das forças argentinas. *500.000*: as liras a serem depositadas a título de caução para o credenciamento dos repórteres na Copa (solicitação dividida em três fases: preenchimento do formulário na Federcalcio, emissão do depósito bancário e finalmente, na Espanha, retirada do passe com crédito da caução. Nessa ocasião, enquanto aguardavam na fila, Sconcerti, Brera e Calzuola estavam um atrás do outro). *Top 10*: a canção do ano de 1982 é "Felicità", de Romina e Al Bano. Seguida pelo sucesso mundial "Paradise", de Phoebe Cates, "Il ballo del qua qua", novamente de Romina Power, e a música-tema de "Lady Oscar".1 Culturalmente, é uma Itália ingênua; no cinema, os italianos se consolam com Paolo Villaggio (*Fracchia la belva umana*),[2] Lino Banfi (*Vieni avanti cretino*),[3] Diego Abatantuono (*Eccezzziunale veramente*),[4] Renato Pozzetto (*La casa stregata*),[5] Alvaro Vitali (*Pierino contro tutti*),[6] Jerry Calà (*Vado a vivere da solo*)[7] e Adriano Celentano (*Innamorato pazzo*).[8] A grande temporada da comédia italiana, que começou com *I soliti ignoti* e *La Grande Guerra*,[9] que Bearzot mostrou a seus rapazes no primeiro dia, conclui-se com o melancólico canto do cisne do gênero: *Amici miei* (*Meus caros amigos*), de Monicelli, o filme de que se fala no jantar na casa dos Mondadori quando nasceu o *La Repubblica*. *61,7*: os quilômetros percorridos de ônibus pelos *azzurri* de Santiago de Compostela, onde pousaram, à concentração de Pontevedra. *M7242R4*: a placa do ônibus Pegaso 6100S usado pela seleção italiana na Espanha. *3*: na Calle del Marqués de Valladares, o número da residência de Vigo onde se encontrava o barbeiro Manuel Blanco Varela, conhecido como Manolo, que faria a barba de Soldati ao longo de 14 manhãs. *19*: as linhas sob o título "As esposas como prêmio (se passarem)" escritas por Claudio Pea, na página 3 do encarte dedicado à Copa do Mundo contido no jornal *Il*

---

1 Famoso mangá da autora Ryoko Ikeda, ganhou uma série em anime no fim da década de 1970. Na Itália, estreou em março de 1982, com a canção-tema "I cavalieri del re". No Brasil, o *anime* recebeu o nome de *Rosa de Versalhes*.

2 Comédia de 1981, dirigida por Neri Parenti.

3 Comédia lançada em 1982, dirigida por Luciano Salce.

4 Comédia de 1982, dirigida por Carlo Vanzina.

5 Comédia lançada em 1982, dirigida por Bruno Corbucci.

6 Comédia lançada em 1981, dirigida por Marino Girolami.

7 Comédia de 1982, dirigida por Marco Risi

8 Comédia romântica lançada em 1981, dirigida por Franco Castellano e Giuseppe Moccia.

9 Dirigidos por Mario Monicelli. O primeiro filme, uma comédia de 1958, ganhou no Brasil o nome de *Os eternos desconhecidos* e concorreu ao Oscar do ano seguinte como Melhor filme Estrangeiro. Já o segundo, lançado em 1959, recebeu o nome de *A Grande Guerra* no Brasil e também concorreu ao Oscar, em 1960, na categoria de Melhor Filme Estrangeiro.

Giorno, de 7 de junho de 1982. *20h*: horário, de 18 de junho de 1982, em que, em Madri, Klein lê o telegrama do filho e, em Sevilha, Telê oficializa seu Quadrado Mágico. *2*: malas perdidas por Mario Soldati na Espanha. A primeiro foi no voo Milão-Santiago de Compostela (a bagagem continha, entre outras coisas, o texto de uma conferência que o escritor daria em Paris, no dia 25 de junho, no intervalo entre a primeira e a segunda fase da Copa); a segunda no dia seguinte à conferência, na volta de Orly a Barcelona (nesse caso, os óculos é que foram perdidos). *19 de 22*: os *azzurri* sentados nas cadeiras do Sarriá, em 2 de julho de 1982, para ver Brasil × Argentina (faltaram apenas Graziani, Causio e Antognoni). *105 × 69,5*: a medida em metros dos lados do campo do Sarriá. *4.496.000*: o custo em pesetas do terreno de jogo do Sarriá (o restante: vestiários, *21.098.000*; iluminação, *43.853.000*; tribuna de imprensa, *21.344.000*; estacionamento, *6.683.000*; benfeitorias genéricas, *159.349.000*). A restauração do estádio foi conduzida pelos arquitetos Francisco Cavaller Soteras, José Soteras Mauri, Antonio Bergnes e Juan Pablo Mitjans Perello e implementada pela construtora Agromán S. A. *Entre 8 e 12*: os centímetros de espessura das linhas do Sarriá, sulcadas com cal por Tonino Fernández. *147*: os metros quadrados do vestiário usado pelos *azzurri* em Sarriá (que tinha mesa de massagem, sauna, banheira e banheiros). Os brasileiros foram destinados ao dos visitantes: 105 metros quadrados, igualmente austero, sem sauna ou banheira (que de qualquer forma não teria sido usada). E eram 29 metros quadrados os destinados ao vestiário dos árbitros. Enquanto as duas salas que, nas passagens subterrâneas do Sarriá, iam dos vestiários ao campo ocupavam 84 e 42 metros quadrados. *35*: batimentos cardíacos por minuto de Falcão nas horas imediatamente anteriores ao jogo; o único de sua equipe a não registrar aumento de frequência, sinal de perfeito autocontrole e incrível capacidade de dominar qualquer estado de ansiedade. *13h45*: a hora definida no início do jogo em um dos dois relógios Seiko Sports 100 de Klein (o de quartzo) para acompanhar melhor os 45 minutos. *120.303*: o número de série do segundo relógio de Klein. *47/441*: o número do colete usado pelo fotógrafo Calzuola no Sarriá. *71%*: o percentual dos 571 entrevistados no estado do Rio de Janeiro que tinha fé cega na vitória do Brasil (entre os 624 entrevistados no estado de São Paulo, porém, eram 66% os que acreditavam). *C2*: a série em que jogava o Pavia Calcio, onde atuava Mauro Aguzzoni, o queridinho local, a quem os patronos do Bar Oratorio di Mirabello dedicaram uma faixa ("Mauro, faça-nos sonhar"), depois adaptada para "Itália, nos faça sonhar", levada à Espanha para apoiar a seleção. Fotografado em Vigo, aquele tímido apelo, numa pequena faixa retangular, tornou-se um lugar-comum na imprensa, assim como um amuleto de sorte na primeira página da *Gazzetta dello Sport*, que também a publicou em 5 de julho 1982. *1.034.049*: a circulação de exemplares da *Gazzetta dello Sport* no dia seguinte ao jogo do Sarriá. A do *Corriere dello Sport* foi de *1.067.000* (*1.063.503*, de acordo com outras fontes).

Na miríade de dados, um mesmo número podia levar a muitos caminhos. *13*, por exemplo, foram os quilos acumulados por Zico depois do tratamento conduzido pelo preparador físico José Francalacci; os gols marcados pela Itália e pelo Brasil em confrontos diretos anteriores; os times dos quais Telê tirou seus 22 jogadores; os minutos de posse de bola, de Itália e Brasil, no primeiro tempo do jogo (mas também os que Careca jogou em 10 de junho, antes de se machucar); as horas decorridas entre a consulta de Trinca e Cruciani com o *Corriere dello Sport* e o encontro com a Federcalcio; os meses necessários para construir a antena Torrespaña da RTVE de Madri; os anos passados juntos por Sconcerti e Bearzot em giro pelos estádios (e aqueles que passariam entre o jogo e o dia em que Sydney Samuelson, um dos cinegrafistas do Sarriá, receberia o título de cavaleiro das mãos do príncipe Charles).

Números à parte, eu nunca teria conseguido obter sozinho essa quantidade de informação. Se, para citar algumas não incluídas no texto, fiquei sabendo que em 1970, durante uma festa em Guadalajara, alguém colocou veneno no copo de Klein para impedi-lo de arbitrar as quartas de final entre Itália e México, para a qual fora escalado; que na mesa do Chalet delle Rose, em Sasso Marconi, onde em 1975 conheceram-se o editor Luciano Conti e Italo Cucci para relançar o *Guerino*, foram colocadas uma garrafa de água, um copo e uma arma; que o modelo da máquina de *pinball* usada por Edinho na Espanha foi a Space Invaders Pinball Machine (na qual chegou a 2 mil pontos); que os três netos de Telê se chamavam Diogo, Mariana e Camila; que Havelange encontrou Soldati quando foi ao Santuário de Santiago de Compostela para benzer o troféu da Copa na catedral; que, a propósito do bigode de Gentile, tão criticado por sua esposa, o ciclista Giuseppe Saronni pôde ver sua filha, nascida poucos dias antes da partida para a Copa, graças a uma foto publicada pelo *Corriere dello Sport* (porque na época as famílias, de uma forma ou de outra, tinham notícias dos ausentes apenas pelas fotos publicadas nos jornais ou imagens transmitidas em algum programa de televisão); ou então que o jogador Roberto Dinamite esteve em campo durante Operário × Vasco da Gama, na noite de 6 de março de 1982, quando no Morenão um disco voador (um objeto luminoso não identificado em forma de charuto) atravessou o estádio, fazendo os espectadores fugirem, certamente devo isso exclusivamente às pessoas me fizeram conhecer essas histórias.

Portanto, tenho dívidas de gratidão com todos que, direta ou indiretamente, me ajudaram neste empreendimento: pessoas e coisas, histórias e textos, filmes e imagens, historiadores e espectadores, jornalistas e fotógrafos. A começar por quem mais quis transmitir aquelas semanas de 1982 — Mario Sconcerti, Italo Cucci e Darwin Pastorin —, junto daqueles que contribuíram de forma impecável para delinear os retratos de Enzo Bearzot: Gigi Garanzini, Franco Mentana e Gianni Mura.

Preciosas também foram todas as memórias dos *azzurri* Paolo Rossi, Dino Zoff, Marco Tardelli, Antonio Cabrini, Claudio Gentile, Bruno Conti, Giuseppe Bergomi, Fulvio Collovati, Francesco Graziani e Franco Causio.

Depois, é claro, temos Gianni Brera, Giovanni Arpino, Mario Soldati e Oreste del Buono. Com eles, os principais periódicos da época. Especialmente *Guerin Sportivo, Placar, La Repubblica, Corriere della Sera, La Stampa, Il Giornale, Il Messaggero, Il Tempo, Paese Sera, L'Unità, Il Giorno, La Nazione, Il Mattino, Avvenire, La Gazzetta dello Sport, Corriere dello Sport, Tuttosport, Panorama, L'Espresso, Epoca, L'Europeo, El País, ABC, La Vanguardia, Jornal do Brasil, Jornal da Tarde, Veja, Folha de S.Paulo, El Mundo Deportivo, Times, The New York Times, The Guardian, Die Welt* e muitos outros. Mas também *Il Post, L'Ultimo Uomo, Storie di Calcio* e UOL.

As dívidas de gratidão se estendem em relação à Fundação Memorial Adi & Käthe Dassler, ao Arquivo Gianni Brera da Fundação Arnoldo e Alberto Mondadori, ao Arquivo Histórico da Presidência da República, a Fernando Arrechea, Alberto Ballarin, Alex Bellos, José Oscar Bernardi, Marco Bernardini, Enzo Biagi, Gianni Bondini, Nicola Carraro, Alfio Caruso, Solange Cavalcante, Centro de Investigaciones de Historia y Estadística del Fútbol Espanyol, Centro de Pesquisa e Documentação de História Contemporânea do Brasil, Cuadernos de

Fútbol del Cihefe, Giulia Maria Crespi, Franco Di Bella, Beppe Di Corrado/Giuseppe De Bellis, Elio Domeniconi, Paulo Roberto Falcão, Fédération Internationale de Football Association, Federação Italiana de Futebol, Massimo Ferrari, Luiz Carlos Ferreira, Fabrizio Ferron, Raffaele Fiengo, Fifa/Coca-Cola World Football Development Programm, Fundação Artemio Franchi, The Forward Association, Dan Friedman, Fundação Getulio Vargas, Luigi Garlando, Mario Gherarducci, Antonio Ghirelli, Carlo Grandini, Alberto Helena Jr., Marcelo Idiarte, Lorenzo Iervolino, Andrew Jennings, Antonella Leoncini, Pablo Llonto, Riccardo Lorenzetti, Carlos Maranhão, Víctor Martínez Patón, Francesco Luti Mazzolani, Indro Montanelli, Marcello Mora, Carlo Nesti, Gianluca Oddenino, Giampaolo Pansa, Quique Peinado, Mario Pennacchia, Waldir Peres de Arruda, Angelo Maria Perrino, Carlo Petrini, Michele Plastino, Stefano Corsi, Gino Cervi, RAI, Real Comité Organizador de la Copa Mundial de Fútbol de 1982, Franco Recanatesi, Roberto Renga, Gianfranco Ricci, Review of Brerian Studies, Alberto Rizzoli, Gustavo Roman, João Saldanha, Nantas Salvalaggio, Eugenio Scalfari, Vittorio Sermonti, Juan Antonio Simón, Rob Smyth, Luca Sofri, Daniel Souza, Juha Tamminen, Giorgio Tosatti, Giovanni Valentini, Mario Vargas Llosa, Marina Viola, Adriano Wilkson, Jonathan Wilson, David Yallop, Renato Zanata, Furio Zara, West Nally Group e a qualquer outra pessoa que tenha participado da reconstrução daquele dia, mesmo que apenas através de um comentário em um blog, fórum ou rede social.

Agradeço novamente a Cinzia Bearzot por sua gentileza, a Abraham Klein por suas respostas, a Giuseppe "Peppe" Calzuola por suas recordações, a Paolo Samarelli por seu carinho. E a Mary Elizabeth Pickford, pelas caminhadas esclarecedoras. Sem falar no apoio de minha irmã, Valeria Trellini, adicionado ao (injustificado) entusiasmo de Giulia D'Anna Lupo e de Pietro "Petricca" Macaluso, os primeiros a terem lido estas páginas em parcelas quando eram apenas arquivos avulsos em PDF (posteriormente compostos e impressos graças à incessante disponibilidade de Antonio Fagioli).

Agradeço também a Matteo Codignola e Giovanni Nucci por suas palavras. E, acima de tudo, a Beatrice Masini: por ter feito a coisa andar sem me deixar.

Também tenho dívidas materiais antigas com alguns amigos: Gianluca Marziani, pelas figurinhas de *España 82* (Primavera de 1982);

Andrea Brunelli, pelo encarte da Copa do Mundo da Época (verão de 1982); o inesquecível Daniele Zannoni, pelos números do *Guerin Sportivo* de maio e junho de 1982 (outono de 1984); Vincenzo "Vicius" Daniele, pelo *Corriere dello Sport* de 5 de julho de 1982 (inverno de 1995); Francesco "Cecchino" De Facendis, pelo álbum *España 82* (Primavera 2010).

Peço desculpas a quem, nestas folhas, se encontre desempenhando, injustamente, um papel marginal, ou àqueles que se sentiram mal retratados: na reconstrução dos eventos relacionados ao jogo, sempre me baseei em fontes orais ou escritas, verificadas tanto quanto possível, com o único propósito de tentar contar uma história que pudesse, pelo menos, aproximar-se da autenticidade dos fatos. Provavelmente, isso não se alcançou, mas a intenção, sim, foi autêntica.

De qualquer forma, esta história, originalmente duas vezes mais longa e sadicamente recheada de notas, jamais teria cruzado a ponte que separa um desejo de sua realização sem o trabalho amoroso de meus agentes Fiammetta Biancatelli, Ombretta Borgia e Paolo Valentini, a ousada paixão de Giovanni Francesio e o meticuloso cuidado de Mario de Laurentiis. Mas, mesmo antes disso, nunca teria sido escrita sem o desejo de conhecimento que meus pais me inspiraram e o apoio contínuo da minha Dabò, a única responsável por todas as coisas boas que aconteceram em nossa vida. As melhores delas são Arturo e Olivia.

Uma dedicatória especial vai para Enzo Bearzot, onde quer que ele esteja. Sem sua moral e seu exemplo, eu nunca teria tido vontade de respirar os ares da Copa do Mundo da Espanha.

10

Este livro foi composto nas fontes
Bembo Std [texto], Address Sans Pro
e Address Sans Pro Condensed [títulos], impresso
pela gráfica Ipsis em papel Pólen Soft 80g
e diagramado pela BR75 texto | design | produção.
São Paulo, 2022

FSC
www.fsc.org
MISTO
Papel produzido a partir
de fontes responsáveis
FSC® C011095